Timm Kunstreich

Grundkurs Soziale Arbeit

Sieben Blicke auf Geschichte und Gegenwart Sozialer Arbeit

Band II: Blicke auf die Jahre 1955, 1970 und 1995 sowie ein Rückblick auf die Soziale Arbeit in der DDR (von Eberhard Mannschatz)

Band 7

Schriftenreihe der Fachhochschule für
Sozialpädagogik der Diakonenanstalt
des Rauhen Hauses, Hamburg

Timm Kunstreich

Grundkurs Soziale Arbeit

**Sieben Blicke
auf
Geschichte und Gegenwart
Sozialer Arbeit**

Band II:

Blicke auf die Jahre
1955, 1970 und 1995
sowie ein Rückblick auf die
Soziale Arbeit in der DDR
(von Eberhard Mannschatz)

Kleine Verlag • Bielefeld

Die Deutsche Bibliothek – CIP-Einheitsaufnahme

Kunstreich, Timm:
Grundkurs Soziale Arbeit : sieben Blicke auf Geschichte und Gegenwart
Sozialer Arbeit / Timm Kunstreich – Bielefeld : Kleine
Bd. II. Blicke auf die Jahre 1955, 1970 und 1995 / sowie ein Rückblick
auf die Soziale Arbeit in der DDR (von Eberhard Mannschatz). – 2001
   (Impulse ; Bd. 7)
   ISBN 3-89370-329-2

2. korrigierte Auflage

Alle Rechte vorbehalten.
© 2001 Kleine Verlag GmbH
Postfach 10 16 68
33516 Bielefeld

Das Werk einschließlich aller seiner Teile ist urheberrechtlich geschützt.
Jede Verwertung außerhalb der engen Grenzen des Urheberrechts-
gesetzes ist ohne Zustimmung des Verlags unzulässig und strafbar. Dies
gilt insbesondere für Vervielfältigungen, Übersetzungen, Mikrover-
filmungen und die Einspeicherung und Verarbeitung in elektronischen
Systemen.

Herstellung: Kleine Verlag GmbH
Printed in Germany

Dieses Buch ist aus säurefreiem Papier hergestellt und entspricht
den Frankfurter Forderungen zur Verwendung alterungsbeständiger
Papiere für die Buchherstellung.

Lob des Lernens

Gelobt sei das Sprechen,
denn es macht erkennbar.
Gelobt sei die Neugier,
denn sie öffnet Türen.
Gelobt sei der Fehler,
denn er erlaubt einen neuen Anfang.
Gelobt sei der Zweifel,
denn er verflüssigt Festes.
Gelobt sei die Frage,
denn sie will eine Antwort.
Gelobt sei der Widerspruch,
denn er macht lebendig.
Gelobt sei die Krise,
denn sie ermöglicht Häutungen.
Gelobt sei der Respekt,
denn er erlaubt Gleichwertigkeit.
Gelobt sei die Distanz,
denn sie führt zu neuen Perspektiven.
Gelobt sei der Dissens,
denn er erzeugt Spannung.
Gelobt sei die Ambivalenz,
denn sie erhält offen.
Gelobt sei das Tun,
denn es leitet Veränderungen ein.

Helmut Becker
(1934-1996)

für Karin

INHALT

GRUNDKURS SOZIALE ARBEIT
Band II

Seite

Eine ausführliche Inhaltsangabe befindet sich am Beginn eines jeden BLICKES.

VORWORT			III
FÜNFTER BLICK:	1955 -	Soziale Arbeit als methodische Kunst des Möglichen - "Wirtschaftswunder" und Kalter Krieg	1
SECHSTER BLICK:	1970 -	Soziale Arbeit als Sozialtechnologie im "Modell Deutschland" und als kritische Gesellschaftstheorie	81
RÜCKBLICK ...		... auf die Soziale Arbeit in der DDR - Eberhard MANNSCHATZ berichtet am Beispiel der Jugendhilfe	209
SIEBTER BLICK:	1995 -	Umbau statt Ausbau: Lebensweltorientierung als Widerspruch von flexibler Modernisierung und neuem Paradigma	249
AUSBLICK:		Das "Neue Steuerungs-Modell" (NSM) als Modernisierung konservativer Hegemonie	389

ANHANG

Abkürzungen	414
Literatur	414
zum Autor	427
Bestellabschnitt (Kopiervorlage)	428

Inhalt Band I

ÜBERBLICK

ERSTER BLICK: 1850 - Proletariat: Klasse mit historischer Mission - Klasse für die Innere Mission

ZWEITER BLICK: 1890 - Elendsquartiere: Ursprung Sozialer Arbeit zwischen Beheimatung und Kolonialisierung proletarischer Sozialräume

DRITTER BLICK: 1925 - Pädagogisierung sozialer Ausgrenzungen: Soziale Diagnose, soziale Therapie und Reformpädagogik

VIERTER BLICK: 1935 - Volksgemeinschaft und Prävention - Selektion und Ganzheitlichkeit

VORWORT

Soziale Arbeit verstehe ich als **Arbeit am Sozialen**. Daß diese Formulierung nicht nur ein Wortspiel ist, habe ich in den ersten vier BLICKEN (Band I) **historisch** zu belegen versucht. Die drei BLICKE auf die "Gegenwartsjahre" 1955, 1970 und 1995 sowie der RÜCKBLICK von Eberhard MANNSCHATZ auf die Jugendhilfe der DDR versuchen diese auf den ersten Blick banale These auch **systematisch** zu fundieren.

Die Schlüsselthemen "Sozialdisziplinierung" und "Pädagogik des Sozialen" bleiben die beiden Pole, zwischen denen sich die unterschiedlichen Spannungsfelder des Sozialen aufbauen. Das Leitthema "Soziale Gerechtigkeit" gewinnt angesichts der sich verschärfenden sozialen Spaltungen in unserer Gesellschaft an Brisanz. Im AUSBLICK versuche ich, die wesentlichen Facetten der BLICKE zu bündeln. Er läßt sich deshalb auch als Überblick zu diesem Band lesen.

Was zu den jeweiligen BLICKEN im einzelnen zu sagen ist, habe ich in den Vorbemerkungen zu jedem BLICK zusammengefaßt. Jedem BLICK ist ein eigenes Inhaltsverzeichnis vorangestellt worden; die Anzahl der Querverweise habe ich erhöht. **Dies soll es der Leserin und dem Leser ermöglichen, jeden BLICK für sich lesen zu können.** Ich hoffe, daß so das Volumen dieses Bandes weniger abschreckt.

Daß auch dieser Band umfangreicher als zunächst geplant wurde, liegt zum einen daran, daß ich der Versuchung nicht widerstanden habe, meine eigenen Schlußfolgerungen aus dem Spannungsfeld der Schlüsselthemen vorzustellen (Kapitel 6 im SECHSTEN BLICK, Kapitel 4 und 5 im SIEBTEN BLICK). Der andere Grund für den erweiterten Umfang sind die vielen Zeitzeugnisse, die ich nicht noch mehr kürzen wollte, als ich es schon tun mußte.

So wurde aus dem Vortrag von Eberhard MANNSCHATZ (zur Person: S. 210) ein eigenständiger Beitrag, den ich aus zwei Gründen für bedeutsam halte. Zum einen macht der RÜCKBLICK auf die Soziale Arbeit der DDR deutlich, daß das Jugendhilfesystem der DDR facettenreicher und widersprüchlicher war als es aus West-Sicht vielen erscheint, zum anderen unterstreicht Eberhard MANNSCHATZ in seinem Beitrag, daß auch in der Sozialen Arbeit die Grenze nicht zwischen Ost und West verläuft, sondern zwischen einem affirmativen Konzept Sozialer Arbeit und einem kritischen. Seiner Einladung zum Dialog darüber, daß weder Torgau, noch Glückstadt, noch sonst irgendeine Form des Ein- und Ausschließens in ein Verständnis kritischer Sozialer Arbeit und Pädagogik paßt, sollten wir annehmen.

Ansonsten gleicht der Aufbau der einzelnen BLICKE denen des Band I. Wieder habe ich ausführlich aus Texten zitiert, die für den jeweiligen Zusammenhang m.E. besonders aussagekräftig sind, so daß der Charakter eine kommentierten Dokumentation gewahrt bleibt. Das erleichtert es auch, die Texte als Arbeitsmaterialien für andere Fragestellungen zu nutzen. Auch die "Familien-Geschichte" wird in jedem BLICK weitergeführt. In ihrem Mittelpunkt steht Magda Kromme, geb. Müller, eine bewundernswerte Frau, die es tatsächlich gab (Bd. I, S. 175) und die hier stellvertretend für die vielen "unbekannten KlientInnen" Sozialer Arbeit zu Wort kommt (s.S. 8 f., S. 33 f., S. 111 ff., S. 252 f.).

Die ZeitzeugInnen der drei BLICKE stelle ich in den Vorbemerkungen vor. An dieser Stelle möchte ich sie in der Reigenfolge ihres "Auftritts" nennen und ihnen herzlich danken - für das Mitmachen und für die Zustimmung zum Abdruck. Der umgangssprachliche Duktus der Texte wurde bewußt erhalten, zugunsten ihrer Lebendigkeit (ich hoffe nicht zu Lasten der Präzision der Aussagen). Die Seitenzahl nach den Namen verweist auf die Stellen, an denen die MitautorInnen sich kurz vorstellen.

Zeitzeugnisse für den FÜNFTEN BLICK gaben:

| Erich HASS | (S. 9)[1] | Lisel WERNINGER | (S. 11)[1] |
| Jürgen KALCHER | (S. 36)[1] | Gesa von BENTIVEGNI | (S. 37)[1] |

Zeitzeugnisse für den SECHSTEN BLICK gaben:

| Peter-Jürgen BOOCK | (S. 84)[1] | Wolfgang BRAUN | (S. 102) |
| Josef BURA | (S. 112) | | |

Zeitzeugnisse für den SIEBTEN BLICK gaben:

Wiebke HANSEN	(S. 253)[1]	Lieselotte PONGRATZ	(S. 263)[1]
Fred WOHLERT	(S. 264)[1]	Dorothee BITTSCHEIDT-PETERS	(S. 265)[1]
Jochen RÖSSLER	(S. 266)[1]	Wolfgang HEINEMANN	(S. 268)[1]
Hagen WINTER	(S. 281)[1]	Ilse SCHWENKEL-OMAR	(S. 319)[1]
Anke STEENKEN	(S. 335)[1]	Michael TÜLLMANN	(S. 352)[1]
Ulrike OSCHWALD	(S. 369)[1]	Reinhard HOSMANN	(S. 370)[1]
Jochen SCHMACHTEL	(S. 372)[1]	Peter NEUTZLING	(S. 373)[1]

Danken möchte ich auch C. Wolfgang MÜLLER, Manfred NEUFFER, Thomas KLATETZKI, Kurt HEKELE und Michael MAY und ihren Verlagen für die großzügige Erlaubnis, über das normale Maß hinaus ihre Texte zu zitieren.

Meinen Freunden und Kollegen Michael Lindenberg und Michael Langhanky möchte ich für ihre kritischen Kommentare danken, Anja Neutzling und meinem Sohn Tjark für das Lektorieren und das Korrektur lesen und Christine Hamer für die Betreuung der Literaturliste.

Ich gestehe an dieser Stelle, daß ich des Umgangs mit einem PC unkundig bin und danke Johanna Behr für das Wunder, mein Manuskript umsichtig und professionell zu einer perfekten Druckvorlage verarbeitet zu haben.

Meiner Frau Karin danke ich auch für das Korrekturlesen, noch viel mehr aber dafür, daß sie mehr als drei Jahre mein dauerndes Arbeiten an diesem Text nicht nur ertragen, sondern mich auch tatkräftig unterstützt hat.

---

1) Für diese Zeitzeugnisse liegen Video-Aufzeichnungen vor - leider in schlechter Qualität, aber trotzdem interessant. Sie können zum Selbstkostenpreis bestellt werden (Bestellvorlage im Anhang dieses Bandes).

FÜNFTER BLICK: 1955 - Soziale Arbeit als methodische Kunst des Möglichen - "Wirtschaftswunder" und Kalter Krieg

	Vorbemerkung	2
1.	"Wir wollten einen Neuanfang" - Erich HASS und Lisel WERNINGER berichten	5
2.	"Wiederaufbau" und sozialpolitische Modernisierung im Westen	12
3.	"Neubau" als widersprüchliche Modernisierung im Osten	25
4.	Der Hansische Jugendbund (HJB) - Gesa von BENTIVEGNI und Jürgen KALCHER berichten über ein "unzeitgemäßes" Projekt	33
	(1) Elisabeth SÜLAU, Gründerin und "Gruppenberater"	37
	(2) Freundschafts- und Neigungsgruppen	38
	(3) Organisations- und Angebotsstruktur und typische Konflikte	42
	(4) Zwei Beispiele praktischer Partizipation	45
	(5) Gründe für das Scheitern	49
5.	Professionelle Deutungsmuster in der Beabeitung von Vergangenheit und Modernisierung	51
	(1) Group Work als neuer Ansatz	52
	(2) Personalisierende Professionalität als Bearbeitung der Vergangenheit	55
	(3) Verstehende als alternative Professionalität	61
	(4) Von der (alternativen) verstehenden zur (hegemonialen) klinischen Professionalität	66
6.	Soziale Arbeit in post-faschistischen Modernisierungen	72

Vorbemerkung

Der Blick auf das Jahr 1955 fiel mir schwer. Im Unterschied zu den ersten vier BLICKEN, in denen ich mich aus der Beobachterperspektive heraus nur in den Gesprächen auf eine virtuelle Teilnehmerperspektive einzulassen brauchte, bin ich in den Zeiten der nun vorliegenden drei BLICKE wirklicher Teilnehmer gewesen - d.h. Handelnder und damit - Normbestärkender oder Normbrechender (vgl. Bd. I, S. 18 f.). Meine Schwierigkeit mit dem Blick auf 1955 ist aber noch einmal von besonderer Art. Diese Zeit ist in meiner Erinnerung grau und angstbeladen. Als Kind spürte ich, daß irgendetwas Schlimmes vorgefallen sein mußte. Hinter vorgehaltener Hand flüsterten die Erwachsenen über einen Hitler, der doch nicht so schlecht gewesen sei. Ein Junge, der sich damit brüstete, daß sein Vater ein hohes Tier in der SS gewesen sei, wurde nur deshalb in unserer Straßenclique aufgenommen, weil er glaubwürdig drohen konnte, daß bald die Nazis wieder an die Macht kämen und er dann mächtig mit uns aufräumen würde. Und daß die Russen bald kämen. Die Russen würden alles kaputt machen; die kannten nicht einmal einen Wasserhahn. Außerdem würden sie den Frauen etwas ganz Schlimmes antun.

Politik verkörperte sich für mich in einem uralten Mann: Adenauer. In der Tat, wenn man diese Zeit politisch mißt, waren die 50er Jahre ein langes Jahrzehnt: von 1949 bis 1963 - das Adenauer-Jahrzehnt. In der Schule hörte ich dann, daß es eigentlich gute Deutsche - die verführten Nazis - und schlechte Deutsche - die bösen Nazis - gegeben habe. Letztere hätten auch die Juden vergast. Aber, so wurde wieder auf der Straße geflüstert, daran hätten die selbst schuld. Die waren nämlich auch böse. Vielleicht habe ich die Grauheit und Dumpfheit, diesen übelmachenden Konformismus auch nur deshalb so stark erlebt, weil mein Elternhaus so ziemlich das Gegenteil davon war. Mein Vater, Pfarrer und Monarchist, war an ungewöhnlichen Menschen interessiert; er glaubte an die Eliten in jeder Schicht und jeder Klasse - aber eigentlich nur an herausragende Personen. Diese Einstellung hatte praktische Folgen: All das, was im Adenauer-Staat als abweichend galt, lernte ich in unserem Hause kennen: Nazis und Kommunisten, Sozialdemokraten und Liberale, Schwule und Lesben, Gangster, Künstler, Heimentlaufene und flüchtige Fremdenlegionäre. An zwei Besucher erinnere ich mich noch sehr gut. Der eine war Generalmajor Otto Remer (gest. 1997), der sich rühmte, die "Vaterlandsverräter" des 20. Juli 1944 an die Wand gestellt zu haben (wofür er vom Major zum Generalmajor befördert wurde). Er ist bis in unsere Tage ein bekannter Altnazi mit starkem Einfluß auf die Neonaziszene gewesen.

Der andere war Reinhard Strecker. Er war Ende der 50er Jahre SDS-Vorsitzender in Berlin. Seine Eltern waren im KZ ermordet worden. Von ihm hörte ich, daß er mit Hilfe französischer und englischer Journalisten eine Kampagne gegen die "131er Richter"[1] in Gang gesetzt habe, die in der Zeit des Eichmann-Prozesses (1961) immerhin den Erfolg hatte, daß über 100 Nazirichter in den vorzeitigen Ruhestand versetzt wurden - natürlich mit vollen Bezügen. Eine Erklärung für diese für mich bis dahin nicht oder nur lose zusammenhängenden Erfahrungen vermittelte mir ein Seminar im Jugendhof Steinkimmen (Re-education!). Ein SDS-Student bearbeitete mit uns eine Woche lang die Frage, wie es zum Antisemitismus und zum Völkermord an den Juden gekommen war (die Begriffe Holocaust oder Shoa kannten wir damals noch nicht). Der Student muß gut vorbereitet gewesen sein, denn ich erinnere mich heute noch, wie wir uns Stück für Stück anhand von vorbereiteten Materialien die damals vorliegenden Erkenntnisse über den Antisemitismus und über die KZs erarbeiteten. Noch heute weiß ich, daß es mir wie ein Schreck in die Glieder zog, als ich erkannte, daß alle Bedingungen, die in der Weimarer Zeit und während des Dritten Reiches geherrscht hatten - die mächtigen Eliten, das autoritäre Kleinbürgertum, der dominierende Antikommunismus und - vor allem - die kapitalistische Grundstruktur - weiterhin ihre Wirksamkeit entfalteten und daß so etwas wie der Mord an den Juden wieder vorkommen könnte, wenn wir diese Gesellschaft nicht grundlegend veränderten. Das hieß - und ich mochte es mir kaum eingestehen - diese Gesellschaft muß revolutioniert werden. Ich war so erschrocken über den Gedanken, daß ich lange mit kaum jemandem darüber sprach.

Kurz vor meinem Abitur 1964 in Delmenhorst fragte ich mich, wo die Juden dieser Stadt geblieben seien, und wie man das herausbekommen könnte. Meine zaghaften Versuche, diese Frage zu beantworten, endeten in Schweigen oder in wütender Abwehr, bestenfalls in Beschwichtigungen: "Dazu ist es noch zu früh!" oder "Die alten Nazis sind ja immer noch in den führenden Positionen in unserer Stadt" oder "Was soll's - die Juden sind tot. Laß uns neu anfangen. Laß uns nach vorne schauen."

Als ich diesen BLICK verfaßte, wurden diese Erinnerungen wieder wach. Ich merkte, daß ich kaum die nötige Distanz aufbringen konnte, wenn ich auch diese Zeit gemäß meiner eigenen Maxime der Entwicklungsoffenheit gesellschaftlicher Prozesse untersuchen wollte. Die ersten Entwürfe zu diesem BLICK waren entsprechend hölzern und bemüht - bis ich einer Anregung Lisel WERNINGERS nachging, mich mit einem in vieler Hinsicht damals "unzeitgemäßen" Projekt Sozialer Arbeit genauer zu beschäftigen: dem Hansischen Jugendbund. Die Tradition demokratischer Jugendbewegungen (vgl. DRITTER BLICK) genauso aufnehmend wie Elemente der Settlements (vgl. ZWEITER BLICK), realisierte sich in dieser Praxis eine "Grenzsituation" (FREIRE), die noch heute Modell einer die administrativen "Versäulungen" überschreitenden Sozialen Arbeit sein kann

---

1)   1951 wurde ein Gesetz zum Artikel 131 des Grundgesetzes erlassen, das die Rehabilitation der Nazi-Beamten forcierte.

(vgl. SIEBTER BLICK). Lisel WERNINGERS Begeisterung machte mir darüber hinaus auch deutlich, daß es in den 50er Jahren Menschen gab, die diese Zeit vollkommen anders als ich erlebt hatten, nämlich als Aufbruch, als Neubeginn, als bewußten Gegenentwurf zur Sozialtechnologie des Faschismus (vgl. VIERTER BLICK). Vieles davon entdeckte ich auch bei Erich HASS, der in den 50er Jahren Dozent an der Arbeiter- und Bauernfakultät in Rostock war und später Leiter des Referates Jugendhilfe. Während meiner Beratertätigkeit in Rostock (1992-1994) lernte ich ihn als engagierten Vorsitzenden des Vereins "Balance of Power" kennen, bei dem viele Jugendliche Anerkennung, Bestätigung und Unterstützung fanden.

Lisel WERNINGER ist in Hamburg eine "Institution". Generationen von SozialarbeiterInnen hat sie nicht nur ausgebildet, sondern auch begeistert. Wie nur wenige vermittelt sie glaubhaft die Position, daß Fachliches und Politisches zusammen gehören, ohne es zu vermengen.

Durch beide Zeitzeugnisse ermutigt, bat ich meine Kollegin aus der Sozialpädagogischen Fortbildung des Amtes für Jugend, Gesa von BENTIVEGNI, und meinen Kollegen vom Staatlichen Fachbereich Sozialpädagogik, Jürgen KALCHER, von ihren Erfahrungen und Erlebnissen im Hansischen Jugendbund zu berichten. Beide machen deutlich, wie lebendig die Tradition einer sich in umfassenden Sinne demokratisch verstehenden Soziale Arbeit ist.

Nach einführenden Hinweisen auf die damalige politisch-ökonomische Situation in beiden deutschen Staaten (Kapitel 1 bis 3) soll die relativ ausführliche Darstellung des Hansischen Jugendbundes (Kapitel 4) es auch ermöglichen, am Beispiel dieser "Abweichung" die bedrückende Kontinuität des "Anstalt-Klinik-Prävention"-Modells (Bd. I, S. 221 ff.) zu verdeutlichen (Kapitel 5 und 6).

1. "Wir wollten einen Neuanfang" - Erich HASS und Lisel WERNINGER berichten

Die bedeutendsten Ereignisse des Jahres 1955 stellt KRAUSHAAR in seiner umfangreichen Protest-Chronik über die 50er Jahre u.a. wie folgt dar:
"Zehn Jahre nach Kriegsende steht die europäische Sicherheits- und Blockpolitik im Zentrum des internationalen Geschehens. Einerseits vollzieht sich zwar eine staatliche Normalisierung, andererseits aber zwingt der Ost-West-Konflikt diesem Prozeß Grenzen auf und diktiert weiterhin das Geschehen. Wieder einmal erweist sich, daß es für die Bundesrepublik nicht die Alternative gibt, zwischen Westbindung und Neutralität zu wählen. Beide deutsche Staaten werden unter gewissen Einschränkungen souverän, die Türen zu einer Wiedervereinigung schließen sich aber auf unabsehbare Zeit. Der entscheidende Monat, in dem die Nachkriegspolitik wie im Zeitraffer zusammenläuft, ist der Mai. Nach dem Ende der Besatzungszeit und der Wiedererlangung der Souveränität wird die **Bundesrepublik** in **Paris** in die **NATO** aufgenommen. Im Gegenzug macht die Sowjetunion, nachdem sie einen Tag zuvor in **London** der UNO noch eine umfassende Abrüstungskonvention vorgeschlagen hat, ihre Ankündigung wahr und gründet in **Warschau** zusammen mit sechs anderen Ostblock-Staaten ein eigenes Sicherheitsbündnis, den **Warschauer Pakt**. Um eine Möglichkeit für den Abschluß eines Friedensvertrages mit Deutschland offenzuhalten, wird auf eine Mitgliedschaft der DDR vorläufig noch verzichtet. Einen Tag später unterzeichnen in **Wien** die Außenminister der vier Siegermächte zusammen mit ihrem österreichischen Amtskollegen den Staatsvertrag, der **Österreich** unter der Voraussetzung der Blockfreiheit Souveränität und Unabhängigkeit garantiert" (1996, S. 1092).

US-Präsident Eisenhower und Bundeskanzler Adenauer schlossen kategorisch aus, daß dieser Vertrag auch ein Modell für Deutschland sein könnte: Für sie stand die Westintegration der BRD zu diesem Zeitpunkt unwiderruflich fest:
"Das entscheidende politische Ereignis für die **Bundesrepublik** stellt die **Annahme der Pariser Verträge**, in der die Wiedererlangung der Souveränität mit der Wiederbewaffnung und der Westintegration verknüpft ist, Ende Februar durch den Bundestag dar. Trotz starker inner- und außerparlamentarischer Opposition wird der Beendigung des Besatzungsregimes, der Stationierung ausländischer Streitkräfte auf bundesdeutschem Territorium, dem Beitritt zur WEU[1] und zur NATO sowie dem Saarstatut[2] zugestimmt. Mit dem Inkrafttreten des Vertragswerks endet am **5. Mai**, zehn Jahre nach Kriegsende, die Besatzungszeit. Die Hohen Kommissare geben ihre Ämter auf und werden als Botschafter akkreditiert. Die Bundesrepublik erhält unter der Einschränkung, daß den drei Westalliierten bestimme Vorbehaltsrechte für den äußeren und inneren Notstand eingeräumt werden, ihre **staatliche Souveränität**. Wenige Tage darauf wird sie auf einer Ministerratstagung des Nordatlantikpakts

---

1) West-Europäische Union (T.K.)

2) Vereinbarung über den Beitritt des Saarlandes zur BRD (TK)

in Paris als 15. Staat **Mitglied der NATO**. Im Juni wird dann der bisherige 'Sicherheitsbeauftragte der Bundesrepublik', **Theodor Blank**, zum **ersten Bundesverteidigungsminister** ernannt" (a.a.O., S. 1093).

Noch im gleichen Jahr wurden die ersten Soldaten vereidigt. Das ganze Jahr über gab es heftige Demonstrationen gegen die Wiederbewaffnung, die sich mit den weltweiten Protesten gegen die Atomwaffen verbanden. Russell und Einstein sowie weitere Nobelpreisträger verkündeten ein entsprechendes Manifest, das international großen Anklang fand.

KRAUSHAAR führt noch weitere Beispiele dafür an, daß sich im Mai 1955 historische Ereignisse wie im Zeitraffer bündelten:
- Der mächtigste Mann der Sowjetunion, Chruschtschow, besucht den "Abweichler" Tito in Jugoslawien.
- In Kairo wird die algerische Befreiungsfront (FNL) gegründet, gegen die Frankreich mit aller Brutalität vorgehen wird.
- Der kubanische Diktator Batista entläßt den jungen Rechtsanwalt Fidel Castro aus dem Gefängnis. Dieser wird mit großem Jubel in Havanna begrüßt.

Innenpolitisch sind drei Ereignisse von Bedeutung, die Hinweise auf das Klima zehn Jahre nach Kriegsende geben:

(1) Gegen die verschiedenen Sammlungsversuche der Neo-Nazis regt sich heftiger Widerstand. Überall dort, wo sich die Rechten treffen, kommt es zu zahlenmäßig weit überlegeneren Gegendemonstrationen.
"Den größten Erfolg in der Abwehr eines rechtsradikalen Politikers können die Studenten und Professoren der Universität **Göttingen** verzeichnen. Als der neofaschistische Verleger **Leonhard Schlüter**, der aus taktischen Gründen von der DRP[1]) zur FDP übergewechselt war, in Niedersachsen zum Kultusminister ernannt wird, legen Ende Mai aus Entrüstung Rektor, Senat und Allgemeiner Studentenausschuß (AStA) ihre Ämter nieder. Innerhalb kurzer Zeit führt die 'Affäre Schlüter' an bundesdeutschen Hochschulen und Universitäten zu einer beispiellosen Welle des Protests. Als sich Anfang Juni sogar die Mitglieder des angesehenen 'Internationalen Komitees für Wissenschaft und Freiheit' solidarisieren, wird dem niedersächsischen Ministerpräsidenten **Heinrich Hellwege** (DP)[2)] ebenso wie dem FDP-Bundesvorsitzenden **Thomas Dehler** klar, daß der Kultusminister nicht mehr zu halten ist. Nachdem Schlüter zunächst beurlaubt wird, tritt er am 9. Juni von seinem Amt zurück. Zwei Tage danach setzt der niedersächsische Landtag in **Hannover** wegen der Affäre einen Untersuchungsausschuß ein, der zwar ein Jahr später zu dem Ergebnis kommt, daß Schlüter neonazistische Literatur verlegt, die Umstände seiner politischen Karriere aber weitgehend im Dunkeln beläßt" (KRAUSHAAR 1996, S. 1095).

---

1) Deutsche Reichspartei, Sammelbecken der Nazis, 1952 verboten (T.K.).

2). Deutsche Partei, rechte Sammlungspartei (T.K.).

(2) "In der **Rechtsprechung bundesdeutscher Gerichte** zeigen sich weiterhin krasseste Beispiele für eine Ungleichbehandlung von Angeklagten. Während tatsächliche oder vermeintliche Kommunisten wegen ideologisch definierter Straftatbestände zu mehrjährigen Gefängnisstrafen verurteilt werden, können NS-Straftäter, die direkt oder indirekt an Massenmorden beteiligt waren, häufig mit milden Urteilen rechnen. So wird mit **Gerhart Friedrich Peters** der geschäftsführende Direktor der Firma Degesch, die das in den Konzentrationslagern zur Massentötung eingesetzte Blausäurepräparat Zyklon B geliefert hat, Anfang Mai vom **Landgericht Frankfurt** ein Mann freigesprochen, der an der Ermordung von 2,5 Millionen Häftlingen mitschuldig ist. Mit einer fadenscheinigen Begründung kommt das Gericht zu dem Schluß, daß dem Angeklagten durch Zeugen nicht mit Sicherheit nachgewiesen werden könne, daß die Vergasungen 'gerade' mit dem vom Angeklagten gelieferten Gift durchgeführt worden seien. ...

Dagegen verurteilt der **Bundesgerichtshof** in **Karlsruhe** Anfang Juni mit **Josef Angenfort** und **Wolfgang Seiffert** zwei Funktionäre der verbotenen FDJ wegen Hochverrats zu fünf bzw. vier Jahren Gefängnis und Ende Juli mit **Georg Gampfer** den Ersten Sekretär der 'Gesellschaft für Deutsch-Sowjetische Freundschaft' (GDSF) wegen Staatsgefährdung zu drei Jahren Gefängnis. Der sozialdemokratische Abgeordnete **Walter Menzel** kommentiert das erste der beiden Urteile im Hinblick auf das im Vorjahr für NS-Täter vom Bundestag verabschiedete Straffreiheitsgesetz mit den Worten, daß das Rechtsgefühl tief verletzt werde, wenn 'Menschen vor dem Richterstuhl so verschieden und nicht gleich behandelt' würden" (a.a.O., S. 1096).

(3) "Große Gedenkveranstaltungen werden im April zum zehnten Jahrestag der Befreiung auf dem Gelände zweier ehemaliger Konzentrationslager durchgeführt. Bei **Weimar** treffen sich auf dem früheren Appellplatz des KZ Buchenwald 50.000 Menschen, um der Opfer des Nationalsozialismus zu gedenken und zugleich gegen Militarismus und Faschismus in der Gegenwart zu protestieren. Und in **Ravensbrück** ziehen nach einer Kundgebung auf dem Marktplatz 10.000 Frauen in einem Trauermarsch die Lagerstraße des ehemaligen KZ entlang. Im Unterschied zur Bundesrepublik, wo der **8. Mai** nur von Verfolgtenorganisationen als Gedenktag begangen wird, führt die Regierung der DDR in **Ost-Berlin** einen Staatsakt zum '**10. Jahrestag der Befreiung Deutschlands vom Hitler-Faschismus**' durch, an dem Delegationen aller Ostblock-Staaten teilnehmen. Zum Abschluß ziehen 200.000 Menschen in Marschblöcken an der Ehrentribüne auf dem Marx-Engels-Platz vorüber. Am selben Tag beginnt anläßlich des 150. Todestages von Friedrich Schiller eine Serie von Gedenkveranstaltungen in der gesamten DDR. Höhepunkt der eine Woche dauernden '**Deutschen Schiller-Ehrung**', durch die sich die SED den Dichter-Klassiker als Fürsprecher der deutschen Einheit ideologisch einzuverleiben versucht, ist eine Festansprache **Thomas Manns** im **Weimarer** Nationaltheater" (a.a.O., S. 1097).

1955 war zugleich auch das Jahr, in dem sich abzeichnete, daß die CDU 1957 die absolute Mehrheit bekommen würde. Adenauers Parteiführung war es gelungen, die ehemals nationalsozialistischen, protestantischen Milieus mit der traditionellen katholischen Zentrumswählerschaft zu einer Mehrheit zu formen, gegen die die "Klassenpartei" SPD scheinbar keine Chance hatte. Westintegration, Wiederbewaffnung und Wirtschaftswunder waren die politischen Strategien eines "Wiederaufbaus", der - wie wir sehen werden - in einer auf die Familie und die (Wieder-)Herstellung der Arbeitskraft gerichteten Sozialpolitik eine wichtige Basis fand.

Dieses eher impressionistische Panorama von Ereignissen macht deutlich, daß zehn Jahre nach Kriegsende viele bis heute erhaltene Grundmuster im politischen Raum schon wieder so festgelegt waren, daß wir einige ohne Schwierigkeiten wiedererkennen können, z.b. die bis heute andauernde Diskussion um die Bedeutung des 8. Mai 1945.

Für die Mehrheit des deutschen Volkes war das Kriegsende zweifellos ein "Zusammenbruch". Zwar wird nur eine Minderheit so fanatisch gewesen sein, sich unter einem Hitlerbild erschießen zu lassen, weil sie weiterhin von der Richtigkeit ihres nationalsozialistischen Weltbildes überzeugt war, wie mir dies eine ehemalige Fürsorgerin der NSV (Nationalsozialistische Volkswohlfahrt) berichtete. Sie fügte hinzu: "Erst nachdem ich von den Verbrechen im KZ erfahren hatte, habe ich mich enttäuscht abgewandt." Seitdem bezeichnet sie sich als apolitisch.

Für eine andere Minderheit aber bedeutete der 8. Mai 1945 die Befreiung aus Haft, Unterdrückung und Ausbeutung. Zu dieser Minderheit gehören die ersten drei Zeitzeugen dieses BLICKES, deren Befreiungs- und Nachkriegserlebnisse allerdings sehr unterschiedlich sind. Es sind dies Magda MÜLLER, Erich HASS und Lisel WERNINGER.

Magda MÜLLER, die bei Kriegsende 33 Jahre alt war, erlebte ihre Befreiung zweimal. Das erste Mal, als Anfang Mai 1945 die englischen Truppen Hamburg besetzten, und das zweite Mal Anfang 1946, als nach fast 14 Jahren ihre Zwangseinweisung in die Psychiatrie aufgehoben und sie wieder "bemündigt" wurde, ihr die bürgerlichen Rechte also wieder zuerkannt wurden (vgl. Bd. I, S. 175 f.).

"Nachdem ich wieder bemündigt war, wurde ich vom Wohnungsamt in eine Nissenhütte in Barmbek eingewiesen. Das war'n diese halbrunden Wellblechdinger, die damals massenhaft in Hamburgs Straßen aufgestellt wurden. Ich hatte da ein Bett und einen kleinen Schrank, so'n Spind von der Wehrmacht. Ich hatte mir aus Ochsenzoll noch'n paar Decken organisiert, damit ich mein Abteil wenigstens etwas abdecken konnte. Wenn's nicht zu kalt oder zu heiß war, war's da ganz gemütlich. Schrecklich war's im Winter '46/'47, da bin ich fast erfroren. Wenn da nich' Mitbewohner gewesen wären, die Kohle organisiert hätten, ich weiß nich', ob wir überlebt hätten. Wir war'n über 100 Leute in unserer Nissenhütte. Und Not schweißt zusammen. Die meisten jedenfalls. Arschlöcher gibt's immer.

Na ja, und dann lernte ich den Heinz kennen, ein Kerl wie'n Schrank, Hafenarbeiter, der kloppte auch mal zwei Schichten hintereinander. War zwar nicht die große Liebe, aber als Henry unterwegs war, ha'm wir geheiratet. Nach Henrys

Geburt, 1947, sind wir dann in eine andere Nissenhütte gezogen und hatten da auch etwas mehr Platz. Warum ich ihn Henry genannt habe? Ganz einfach - Henry war der erste Engländer, den ich kennenlernte und die Engländer haben mich ja schließlich befreit. Das werd' ich denen nie vergessen! 1950 kriegten wir sogar 'ne kleine Wohnung und '53 wurde Lore geboren. Das war 'ne schwere Geburt, mit 'ner Zange. Ich war ja auch schon 41. Bei der Lore ist, glaube ich, was zurückgeblieben.
Ach, bis dahin ging's uns eigentlich gut. Wir hatten 'n Radio, ein schönes neues Ding, und wenn Heinz nich' gerade Schicht hatte, sind wir am Wochenende in die Harburger Berge oder an die Elbe gefahren. Kurz nach Lores Geburt hatte Heinz 'nen Arbeitsunfall. Hätte ihm beinahe einen Arm und ein Bein gekostet, er war danach so gut wie gelähmt. Nun war er arbeitsunfähig, wurde ausgesteuert und von der kleinen Rente konnten wir natürlich nicht leben. Ich weiß noch, wie er sagte, den ganzen Scheiß-Krieg habe ich gut überstanden, hätte ich doch da bloß ein Bein verloren, dann kriegte ich jetzt 'ne bessere Rente. Und von da an ging's bergab. Heinz kam' an Suff, wir mußten Schulden machen, konnten unsere Miete nicht bezahlen und sind Anfang 1955 in die Eggerstedtstraße[1] eingewiesen worden."

Ganz anders hat Erich HASS das Kriegsende als Befreiung erlebt, wie er im Gespräch mit Lisel WERNINGER am 12. Januar 1995 berichtete.

Erich Hass   geb. 1929

Nach dem Abitur habe ich von 1948-1953 an der Philosophischen Fakultät der Universität Rostock studiert und das Lehrerexamen gemacht. Meine erste Anstellung bekam ich als Dozent an der Arbeiter- und Bauernfakultät in Rostock, deren Studiendirektor ich bis zu ihrer Schließung 1963 war.
Bis 1971 war ich Direktor einer Allgemeinbildenden Polytechnischen Oberschule und wurde dann zum Leiter des Referates Jugendhilfe berufen. Dieses Amt bekleidete ich bis in die "Wende". Meine letzten Berufsjahre arbeitete ich im Jugendamt Rostock als Jugendgerichtshelfer. Seit 1994 bin ich pensioniert, arbeite aber noch weiterhin als Vorsitzender des Vereins "Balance of Power" (BOP), den ich 1991 zusammen mit Kollegen gegründet habe.

Während meiner gesamten Berufstätigkeit galt in den verschiedenen Stationen meine Aufmerksamkeit der Befähigung der Jugend zu eigenständigem, verantwortungsbewußtem Handeln. In meiner Tätigkeit in der Jugendhilfe, besonders in der Jugendgerichtshilfe und im Verein "BOP", ging es um die helfende Balance zwischen Förderung und Sanktion bei straffälligen Jugendlichen und Heranwachsenden und die ständige Hervorhebung der Verantwortung der gesamten Gesellschaft.
Die Diskussion um das Problem "Erziehung statt Strafe" ist mir wichtig unter besonderer Betonung des Hinweises auf die Sicherung der Grundvoraussetzungen für eine gesunde Entwicklung der Heranwachsenden.

"Bei Kriegsende war ich 16 Jahre. Die Erlebnisse des Krieges und des Zusammenbruchs haben wesentlich dazu beigetragen, meine Einsichten zu fördern und meine Standpunkte auszuprägen. Mit allen gemeinsam, ganz egal, ob in West- oder Ostdeutschland, teilte ich die Position, alle Kraft dafür einzusetzen, daß es nie wieder zu einem so fürch-

---

1) Wohnunterkunft für Obdachlose in einer alten Polizeikaserne in Altona.

terlichen Krieg kommt, wie wir ihn gerade erlebt hatten. Das war meine wichtigste Erkenntnis. Natürlich haben wir uns auch mit der Frage auseinandergesetzt, wie es überhaupt zu einer solchen Entwicklung kommen konnte. Wir haben uns gesagt, daß all diejenigen, die an diesem furchtbaren Massensterben Schuld haben, auch zur Verantwortung gezogen werden müssen. Wir müssen daran arbeiten, ein neues antifaschistisch-demokratisches Staatswesen zu errichten, in dem ein solches Inferno nicht wieder möglich wird. Wenn wir vierzig Jahre später feststellen müssen, daß unser Versuch, eine sozialistische Gesellschaft zu errichten, sich so nicht hat verwirklichen lassen, dann ist das natürlich eine sehr, sehr schmerzliche Erkenntnis. Aber dennoch können wir mit Recht und Würde sagen: Wir waren von Anfang an all die Jahre hindurch bestrebt, an unseren Idealen zu arbeiten, an ihnen festzuhalten und sie auszubauen.

Für mich persönlich war bedeutsam, daß ich 1945 endlich die Möglichkeite hatte, die Oberstufe eines Gymnasiums zu besuchen. Ich betone das so nachdrücklich, weil mir das vorher aufgrund meiner sozialen Herkunft nicht möglich war. Weder waren meine Eltern in der Lage, eine solche Ausbildung zu finanzieren, noch gehörte ich zu den Auserwählten, die bis dahin für das Gymnasium in Frage kamen. Jetzt war es ein Grundanliegen der Politik im Osten Deutschlands, die Bildungsgleichheit für alle zu ermöglichen und jedem die Chance zu geben, sich entsprechend der persönlichen Voraussetzungen zu entwickeln. Dieses Erlebnis hat mich natürlich nachhaltig geprägt. Zu der damaligen Zeit war ich in meiner Klasse noch der einzige aus einer Arbeiterfamilie, der zur Oberschule gehen konnte. Die meisten meiner Klassenkameraden waren Kinder von Ärzten, Rechtsanwälten und wohlsituierten Bürgern, die das früher auch finanzieren konnten. Aber ich habe erlebt, daß wir alle, ganz egal, woher wir kamen, den Wunsch hatten, jetzt etwas Neues zu schaffen. In meiner beruflichen Tätigkeit seit 1954 habe ich als Dozent an der Arbeiter- und Bauern-Fakultät dann mit großer innerer Anteilnahme erlebt und daran mitwirken können, daß für unzählige junge Arbeiter und Bauern durch die Beseitigung des Bildungsprivilegs umfassende Möglichkeiten für ihre persönliche Entwicklung eröffnet wurden. Heute begegne ich vielen von ihnen als Wissenschaftler, Politiker, Ärzte, Techniker u.a.

Für mich ist das eine Bestätigung des richtigen Ansatzes unserer Bildungspolitik nach 1945 und eines deutlichen Neuanfangs."

Eine dritte Art, sich von der Nazi-Zeit befreit zu fühlen, schildert Lisel WERNINGER.

Lisel Werninger   geb. 1914

1934 machte ich mein Abitur - das erste Nazi-Abitur - am staatlichen Oberlyzeum in Herford. Zunächst durften Frauen im Dritten Reich nicht studieren, erst im Krieg (1940-1941) konnte ich bei Peter Petersen, dem Begründer der Jenaer Planschule, an der Universität Jena Erziehungswissenschaften studieren. Nach dem Krieg studierte ich von 1948-1952 bei Fides von Gontard am Evangelischen Seminar für Soziale Dienste in Kassel. Ein Praktikum leistete ich bei Elisabeth Sülau in Hamburg im Hansischen Jugendbund (HJB) ab, über den ich auch meine Examensarbeit schrieb. Das Berufspraktikum leistete ich ebenfalls in Hamburg ab und bekam dort auch meine erste Stelle. Bald darauf wurde ich Koordinatorin zum fachlichen Aufbau der Sozialen Gruppenarbeit (SGA) in den Bezirken, eine Funktion, die ich als Leiterin der SGA bis zu meiner Pensionierung 1979 innehatte. Bei meinem Weggang umfaßte die SGA 32 Arbeitsfelder mit hauptamtlichen GruppenarbeiterInnen.
Zwischen 1950 und 1970 habe ich als Stipendiatin der Victor-Gollancz-Stiftung an diversen Lehrgängen zur SGA teilgenommen und eine Ausbildung zur Supervisorin gemacht. Auf einer dieser Veranstaltungen lernte ich auch Gisela KONOPKA (vgl. S. 69) kennen, die ich während meines USA-Aufenthaltes 1966 auf einer großen Sozialarbeitskonferenz wiedertraf. Sowohl an der evangelischen Fachhochschule (1967-1974) als auch an der staatlichen (1958-1983) habe ich Lehraufträge durchgeführt, ebenfalls an der evangelischen Fachschule (1964-1979). 1985 bin nach Herford zurückgekehrt, und dort arbeite ich bis heute ehrenamtlich in einem Verein zur Befreiung psychisch Kranker.

"Bei Kriegsende war mir klar, daß ich in die soziale Tätigkeit wollte. Als Lehrerin wollte ich nicht arbeiten. Ich hatte durch den Reformpädagogen Peter Petersen, aber auch durch die Flucht und alles, was damit zusammenhing, den Wunsch, ins soziale Feld zu gehen. Ich habe mich dann um eine Ausbildung bemüht, die ich dann in Kassel bekam. Es war eine ganz junge Schule, die gerade von Fides von Gontard gegründet war. Wir waren sechzehn Frauen, alle mehr oder weniger durch den Krieg geprägt. Wir hatten Berufe verloren, Heimat verloren, Partner verloren, Männer verloren und wir orientierten uns neu. Unsere Schulleiterin war jünger als einige von uns. Wir hatten die Vorstellung, daß alles in der Sozialarbeit ganz anders gemacht werden müßte. Wir kamen uns vor wie die berühmte Beckmann-Generation, wie 'Draußen vor der Tür' (s.S. 53). Alles, was geschehen war, durfte nie wiederkommen. Schlimm war die Heimatlosigkeit, das Unbehaustsein. Man war äußerlich und innerlich unbehaust. Es war wirklich so etwas wie die Stunde Null.

Bereits in dieser Phase habe ich die Gilde Soziale Arbeit kennengelernt, einen Zusammenschluß von sozial engagierten Leuten aus Theorie und Praxis, die in den 20er Jahren aus der Jugendbewegung entstanden war und die auch sehr viele jüdische Freunde hatte. In der NS-Zeit mußte die Gilde aufgelöst werden. Das erste Treffen 1947 habe ich noch nicht mitgemacht, aber beim zweiten, 1948, war ich dabei. Da stand es für mich ganz fest: Mit diesen Menschen möchte ich neu anfangen. Wir wollten alles ganz anders machen. Wir hatten die Vorstellung, daß wir alle in einem Boot sitzen, so daß wir uns fragten, wer eigentlich Betroffener ist und wer nicht.

Das Kennenlernen der Gilde Soziale Arbeit war aufregend. Sie hat mich begleitet und begleitet mich auch heute noch. Sie hat immer heiße Eisen angefaßt und mir Orientierung im fachlichen und persönlichen Leben gegeben; und auch den Mut, gegen den Strom der jeweiligen Institution schwimmen zu können.

Die Arbeit in und mit Gruppen ist für mich von Anfang an der rote Faden gewesen, weil die klassische Form des sozialen Dialoges - hier der wissende Sozialarbeiter und da der unmündige Klient - für mich immer ein großes Potential an Macht enthielt. Ich habe sehr früh die Möglichkeiten des gleichberechtigten, sozialen Lebens in Gruppen erlebt. Das beinhaltet für mich die starke Prämisse eines Machtausgleichs. So lag es wohl an meinem Wege, daß ich sehr früh die Gruppenarbeit kennengelernt habe und sie in Hamburg realisieren konnte."

2. "Wiederaufbau" und sozialpolitische Modernisierung im Westen

"Wiederaufbau" ist in den 50er Jahren der nach meinem Eindruck am häufigsten benutzte Begriff, um die politischen und ökonomischen Anstrengungen zu charakterisieren, die in jener Zeit unternommen wurden, um die "Kriegsfolgen" (ein ebenfalls vielfach verwendeter Begriff) zu überwinden. "Wiederaufbau" symbolisiert allerdings in besonderer Weise auch die Zwiespältigkeiten dieser Zeit, läßt sich dieser Begriff doch auf (mindestens) dreierlei Weise verstehen:
(1) Wiederaufgebaut werden mußten zunächst die zerbombten Stadtteile und Verkehrswege, die zerstörten Betriebe und öffentlichen Einrichtungen. Hierbei wird allerdings oft übersehen, was trotz aller Zerstörungen noch funktionsfähig war - nämlich der überwiegende Teil aller Industrieanlagen und Unternehmen: "Auf dem Gebiet der britischen und US-amerikanischen Zone (Vereinigtes Wirtschaftsgebiet seit 1947) können wir für das Jahr 1945 ein um 20 Indexpunkte höheres unzerstörtes Bruttoanlagevermögen als im Jahr 1936 feststellen (1936 = 100). Und nach Demontagen, Restitutionen, Abschreibungen verbleibt selbst 1948 noch ein um 11 Indexpunkte höheres Anlagevermögen (ABELSHAUSER 1983, S. 21). Und der 'Gütegrad' (Verhältnis Netto- zu Brutto-Anlagevermögen) und die 'Altersstruktur' dieses Anlagevermögens sind zudem noch günstig, beides erreichte am Ende des Zweiten Weltkrieges seinen höchsten Stand seit Ende des Ersten Weltkrieges: 'Dies ist angesichts des Investitionsbooms in den Jahren der Rüstungskonjunktur nicht weiter erstaunlich. Aus denselben Gründen war auch der Altersaufbau des Brutto-Anlagevermögens der westdeutschen Industrie 1945 erheblich günstiger als in den dreißiger Jahren. Die deutsche Wirtschaft ging also mit einem - angesichts extrem niedriger Produktionszahlen - bemerkenswert großen und modernen Kapitalstock in die Nachkriegszeit' (ebd., S. 22)" (HOFFMANN 1996, S. 450/451).

Die Grundlagen für das spätere "Wirtschaftswunder" lagen also in der kriegsbedingten Modernisierung, die 1943/44 auch durch die über 9 Millionen im Reich ausgebeuteten Zwangsarbeiterinnen ihren Höhepunkt erreichte - erst 1944 übertrafen die Bombenschäden die Investitionen.

Wiederaufgebaut werden mußten vor allem das Transportwesen und die Grundstoffproduktion - das gelang umso schneller, je eher die politisch-ökonomischen Rahmenbedingungen dafür geschaffen wurden: durch die Währungsreform (1948) und durch ein gewisses Maß an staatlicher Eigenständigkeit, die mit der Gründung der Bi-Zonen-Verwaltung (einheitliches Wirtschaftsgebiet der britischen und US-Zone seit 1947) und der Gründung der Bundesrepublik (1949) gewährleistet wurde. Fachlich qualifizierte und motivierte Arbeitskräfte waren trotz der "Kriegsverluste" reichlich vorhanden (vgl. HOFFMANN 1996, S. 452 ff.).

HOFFMANN interpretiert folgerichtig den Wiederaufbau, der bald als Wirtschaftswunder tituliert wurde, nicht als Restauration, sondern als eine Modernisierung, die in den 30er Jahren begann und in den 60ern endete (a.a.O.).

(2) Wiederaufgebaut wurden die alten gesellschaftlichen (Un-)Gleichgewichte. In den ersten zwei Nachkriegsjahren, als wohl der Mehrheit der Deutschen der Zusammenhang zwischen Faschismus und Kapitalismus noch deutlich in Erinnerung war, gab es weit über die Arbeiterorganisationen hinausreichende Bestrebungen, das "alte" Übergewicht der traditionellen Eliten und Kapitalgruppen zu beschneiden (vgl. die Vergesellschaftungsoptionen in einigen Landesverfassungen und selbst in der CDU - im Ahlener Programm von 1947; vgl. HUSTER 1972). Diese Option konnte sich aber nicht gegen die traditionellen Korporationen durchsetzen, die im beginnenden Kalten Krieg unter dem Schlagwort "Soziale Marktwirtschaft" einen neuen hegemonialen Konsens etablieren konnten, dem die SPD und die DGB-Gewerkschaften 1959 mit dem Godesberger Programm auch offiziell beitraten. Vielleicht ist es auch hier angemessener, von Modernisierung statt von Restauration zu sprechen, denn das Betriebsverfassungsgesetz (1952) und die Montan-Mitbestimmung (1951 - fast paritätische Aufsichtsgremien in der Eisen- und Kohle-Industrie) waren beispielgebend für das spätere sozialdemokratische "Modell Deutschland" der 70er Jahre (vgl. SIEBTER BLICK).

(3) Wiederaufgebaut wurde schließlich ein soziales Sicherungssystem, das ohne Einschränkung eine sozialpolitische Modernisierung genannt werden kann, da es wirkliche Neuerungen enthielt - allerdings bei Beibehaltung der Bismarckschen Teilung in Arbeiter- und Armenpolitik.

Diese Rahmenbedingungen waren von grundlegendem Einfluß auf die Entwicklung der professionellen Sozialarbeit und Sozialpädagogik. Sie liefern zugleich auch eine Erklärung dafür, warum in der Sozialen Arbeit **nicht wiederaufgebaut** wurde, d.h., an die auch im internationalen Vergleich weit entwickelte Soziale Arbeit der Weimarer Zeit angeknüpft wurde (vgl. CWM, Bd. 2, S. 72/73).

Zwar gab es vor und nach Gründung der Bundesrepublik verschiedene Anpassungen an die noch immer gültigen Reichsgrundsätze bzw. an die Reichsfürsorgepflichtverordnung, aber keine gesetzliche Neuregelung. So wurde vor allem der tatsächliche Aufenthalt (und nicht wie bisher der "gewöhnliche") dafür bestimmend, wo Fürsorgeleistungen beantragt wurden (aufgrund der millionenfachen Flucht wäre jede andere Regelung auch nicht umsetzbar gewesen). Auch fielen die sogenannten besseren Kategorien der Fürsorge weg (vgl. Bd. I, S. 124). Sie wurden jedoch in Renten umgewandelt. Trotz großen Elends kam es auf diese Weise zu einer abnehmenden Bedeutung der Fürsorgeleistungen.

"Die abnehmende Bedeutung der Fürsorge in der Zeit bis zur Währungsreform, insbesondere in den Großstädten, drückt sich auch in einer sinkenden Zahl von Unterstützungsempfängern aus. So wurden von den 1946 in Frankfurt gemeldeten 18.000 Arbeitslosen nur 350 von der Fürsorge unterstützt, obwohl es zu dieser Zeit keine versicherungsmäßige Arbeitslosenunterstützung gab. Der relativ geringe Umfang der Fürsorgeleistungen dürfte in erster Linie darauf zurückzuführen sein, daß 'Geld als Tauschmittel völlig außer Kurs gesetzt und durch direkten Austausch von Waren ersetzt (wurde)'. Der Lebensunterhalt ließ sich um diese Zeit eher durch Schwarzmarktgeschäfte sichern als durch das fast wertlose Geld" (DYCKERHOFF 1983, S. 233).

Noch 1949 wurde das erste Lastenausgleichsgesetz, das Soforthilfegesetz (SHG) erlassen.

"Der Grundgedanke des Lastenausgleichs - und zugleich dessen Finanzierungsmodell - war es, kriegsbedingte Vermögensverluste durch diejenigen auszugleichen, die im Krieg keine Vermögensverluste erlitten hatten. Nach dem Erlaß des SHG schied ein großer Teil der bisher laufend von der Fürsorge unterstützten Personen aus der Fürsorge aus.

Soforthilfe wurde den Geschädigten gewährt, wenn sie
a) infolge der Schädigung der Hilfe bedurften (bedeutet nicht Hilfsbedürftigkeit im fürsorgerechtlichen Sinn) und
b) am 21. Juni 1948 im Währungsgebiet wohnten (Ausnahme: Kriegsgefangene). Unter Geschädigten wurden verstanden: Flüchtlinge, Sachgeschädigte, Währungsgeschädigte und politisch Verfolgte. Die Hilfe konnte erfolgen als Unterhaltshilfe, Hausratshilfe, Ausbildungshilfe, Aufbauhilfe und Gemeinschaftshilfe (Förderung wirtschaftlicher Vorhaben, die den Geschädigten mittelbar zugute kamen). Zur Erlangung der Unterhaltshilfe, auf die ein Rechtsanspruch bestand (im Gegensatz zu den anderen Hilfen), mußte der Geschädigte zusätzliche Bedingungen erfüllen: Er mußte ein bestimmtes Lebensalter erreicht haben (Männer 65, Frauen 60) oder dauernd erwerbsunfähig sein. Diesen Personen gleichgestellt waren Vollwaisen und Frauen, die mindestens drei Kinder zu versorgen hatten. Sie wurden bei völligem oder teilweisem Verlust der Sicherung des notwendigen Lebensbedarfs (Lebensunterhalt) unterstützt" (DYCKERHOFF 1983, S. 237).

Was das für die entsprechenden Finanzvolumina bedeutete, macht DYCKERHOFF am Rechnungsjahr 1949/1950 deutlich: Für nicht-kriegsbedingte Fürsorge wurden 432 Millionen DM ausgegeben, für die Kriegsfolgenhilfe insgesamt 751 Millionen. Davon entfielen allein auf die Unterstützung von Heimatvertriebenen 433 Millionen DM - also etwas mehr als die gesamte nicht-kriegsbedingte Fürsorge (a.a.O.).

In diesem Zusammenhang ist es interessant, einen Blick auf die besondere Situation Berlins in der Nachkriegszeit zu werfen. Dort entwickelte der von den vier Alliierten eingesetzte Sozialpolitiker Schellenberg die Grundzüge einer "Einheitsversicherung", die später in der DDR weiterentwickelt wurde, die sich aber im Rahmen der Restauration des zersplitterten Versicherungssystems im Westen nicht durchsetzen konnte.

"Hätte Dr. Schellenberg damals versucht, das alte System wiederherzustellen, so wäre das Ergebnis wohl verheerend gewesen. Aber Dr. Schellenberg - nicht die alliierte Kommandantur - beschloß, ein ganz neues System zu errichten, das auf einem Beitrag von 20 % der Löhne beruhte, der von dem Arbeitnehmer und seinem Arbeitgeber zu gleichen Teilen zu zahlen wäre und der mehr oder weniger alle Leistungen der früheren sozialen Systeme decken würde" (FOGGON 1977, S. 34; zitiert nach DYCKERHOFF 1983, S. 241).

Durch diese Schaffung von Rechtsansprüchen (z.B. bei Arbeitslosigkeit) gelang es der Berliner Sozialverwaltung, die Anzahl der Fürsorgeunterstützten von über einer halben Million Menschen im Dezember 1945 auf 150.000 im Dezember 1947 zu senken.

Zur Diskussion um die Tendenz von der Fürsorgeleistung (mit individueller "Bedürftigkeitsprüfung") zur Rente (Rechtsanspruch bei Vorliegen eines Tatbestandes) führt DYCKERHOFF aus:

"Vergleicht man die Situation der Fürsorge jeweils nach den beiden Weltkriegen miteinander, so ist der bedeutsamste Unterschied darin zu sehen, daß die Fürsorge nach dem Ersten Weltkrieg einen beispiellosen Bedeutungszuwachs als Instrument materieller Existenzsicherung erlebte, während unmittelbar nach dem Zweiten Weltkrieg die Fürsorge in dieser Funktion an Bedeutung verliert. Angesichts der hier ungleich umfangreicheren sozialen Probleme ist dies ein bemerkenswerter Sachverhalt. Die Frage nach dem Grund für die abnehmende Bedeutung der Fürsorge als Mittel materieller Existenzsicherung ist vordergründig leicht beantwortet: Sie wurde in dieser Funktion durch Renten ersetzt. ... Gerade dies erweist sich jedoch, dem Urteil führender Sozialpolitker zufolge, als ein problematischer Weg. In der Problematik zuweit gehender Rentenversorgung liegt auch der Grund dafür, daß die Funktionseinbußen der Fürsorge auf längere Sicht nicht so gravierend ausfielen, wie es zunächst sich abzeichnete. So weist z.B. Achinger mißbilligend darauf hin, daß die Weiterentwicklung sozialer Hilfeleistungen nach 1945 in der Richtung gesucht wurde, daß immer neue 'Staatsrentner' geschaffen wurden. In der Schaffung von immer neuen Gruppen, denen gesetzliche Rentenansprüche zugesichert wurden, sieht Achinger eine Fehlentwicklung der Sozialpolitik, durch die insbesondere die Bedeutung der Fürsorge eingeschränkt wurde.

'Das Rentenprinzip scheint das Fürsorgeprinzip völlig verdrängt, ja abgelöst zu haben. (...) Die gemeindliche Fürsorge ist daher geringer belastet als in weitaus besseren Zeiten' (ND 1949, Nr. 8, S. 182)" (1983, S. 247).

Neben diesem wichtigen materiellen Aspekt hat sicher die Tatsache eine Rolle gespielt, daß der enorme Bedeutungszuwachs der Fürsorge nach dem Ersten

Weltkrieg auch daran lag, daß sie ein wesentliches Element in der Emanzipation der bürgerlichen Frauenbewegung war. Nach dem Zweiten Weltkrieg dagegen wurde die Fürsorge von keiner gesellschaftlichen Bewegung getragen - im Gegenteil, insbesondere in der Arbeiterschaft hing ihr der Ruf einer NS-hörigen Staatstätigkeit an. Vielleicht liegt in diesem materiellen und ideellen Bedeutungsverlust ein Grund, weshalb im Bereich der Fürsorge/Sozialarbeit nach dem Zweiten Weltkrieg nicht an die Gründerinnen der Sozialen Arbeit und der Frauenbewegung der Weimarer Zeit angeschlossen wurde. Alice SALOMON starb 1948 - wie wir gesehen haben (Bd. I, S. 136) - isoliert in New York.

In der ersten Legislaturperiode bis 1953 wurde eine große Anzahl grundlegender Gesetze und Verordnungen erlassen, um die Integration der Flüchtlinge (vor allen Dingen durch den Lastenausgleich) und die Versorgung der Kriegsopfer (Bundesversorgungsgesetz) zu ermöglichen.

Wichtiger Beweggrund für diese "Verrentungs-Politik" war zum einen die Überzeugung, daß die BRD, die ja die Rechtsnachfolge des Dritten Reiches beanspruchte, auch für dessen Kriegsfolgen verantwortlich sei. Zum anderen waren die Gründe für Vertreibung und Flucht zu offensichtlich, als daß das Schnüffeln in einer kaum mehr vorhandenen Privatsphäre einen Sinn gemacht hätte. Dabei spielten die gerade gemachten negativen Erfahrungen mit staatlicher Beschnüffelung sicherlich auch eine Rolle. Ein dritter wichtiger Grund dürfte die beginnende Systemkonkurrenz im Kalten Krieg gewesen sein, denn Anfang der 50er Jahre war es durchaus noch nicht ausgemacht, daß das "Wirtschaftswunder" kommen würde bzw. - als es da war - ob es von Dauer sein würde. Deshalb rief die Tendenz zum Rechtsanspruch auf eine Rente nicht nur bei den Fürsorgeinstitutionen Besorgnis hervor, sondern war generell mit Befürchtungen verbunden, ob das ökonomische System diese Rechtsansprüche tatsächlich realisieren konnte - es konnte, wie wir heute wissen.

Die Anzahl der abhängig Beschäftigten wuchs nach 1950 enorm - entsprechend sank die durchschnittliche Jahresarbeitslosenrate. Es wird uns heute (1998) nur noch ein müdes Lächeln kosten, die 1,6 Millionen Arbeitslosen von 1950 mit einer Arbeitslosenrate von 10,3 % als - wie es damals genannt wurde - unerträgliche "Massenarbeitslosigkeit" zu begreifen. Inzwischen haben wir uns an weit höhere Zahlen gewöhnt.

Abhängig Beschäftigte und Arbeitslose 1948-1962

Jahr	Abhängig Beschäftigte in Millionen jeweils 30. September	Arbeitslose: im Jahresdurchschnitt	in % der Beschäftigten
1948	13,5*)		
1949	13,5*)	961.000,00**)	7,10
1950	13,8*)	1.580.000,00	10,30
1952	15,5	1.379.000,00	8,40
1954	16,8	1.221.000,00	7,00
1956	18,6	761.000,00	4,00
1958	19,4	683.000,00	3,50
1960	20,4	235.000,00	1,20
1962	21,3	144.000,00	0,60

*) Angaben vom 30. Juni. **) Stand am 31. Januar 1949
(Nach: Statistisches Jahrbuch, 1952-1964; ERHARD, 1962, S. 622 f.)
(NOOTBAAR 1983, S. 256)

Der Bedeutungsverlust der Fürsorgeunterstützung - auch im langfristigen Vergleich - wird aus den folgenden beiden Tabellen deutlich:

Zahl der Renten- und Unterstützungsfälle*

Leistungsart	1933 Zahl in 1000	in %	1938 Zahl in 1000	in %	1950 Zahl in 1000	in %	1954 Zahl in 1000	in %
Sozialversicherungsrentner und Hinterbliebene	4693	38,9	5227	59,4	5676	42,4	7411	49,7
Arbeitslosenversicherung und -fürsorge	1812	15,0	253	2,9	1456	10,9	1181	8,0
Kriegsopferversorgung	1703	14,1	1580	17,9	4010	30,0	4296	28,9
Lastenausgleich	-	-	-	-	1055	7,9	884	5,9
Öffentliche Fürsorge	3866	32,0	1739	19,8	1177	8,8	1118	7,5
Gesamtzahl	12074	100,0	8799	100,0	13374	100,0	14890	100,0
auf 1000 der Bevölkerung	182,9		120,3		267,5		287,5	
davon West-Berlin Gesamtzahl					649		791	
auf 1000 der Bevölkerung					301,2		360,7	

* Reichsgebiet bzw. Bundesgebiet einschl. West-Berlin
(Nach: DIE ÖFFENTLICHE FÜRSORGE, 1956, S. 3)
(NOOTBAAR 1983, S. 261)

Empfänger und Kostenaufwand von Fürsorgeunterstützung bzw. Sozialhilfe

(einschließlich Kriegsopferfürsorge) 1950-1978

Jahr	Unterstützte Personen		Geldaufwand	
	in 1000	auf 1000 Einwohner	in Millionen DM	je Einwohner
1950	1307	27,5	912	19,2
1954	967	19,5	1193	24,0
1958	927	18,0	1467	28,4
1962	857	15,0	1953	34,1
1970	1491	24,8	3335	55,8
1978	2120	35,3	11349	189,2

(Nach: Statistisches Jahrbuch, 1952-1964; ZINNER, 1981, S. 48/50)
(NOOTBAAR 1983, S. 264)

Die aus den Tabellen ersichtliche Wende in den Sozialhilfeleistungen begann nach dem Erlaß des BSHG (Bundessozialhilfegesetz) im Jahre 1962. Diese Leistungen wurden ab Mitte der 70er Jahre zu einer kontinuierlichen Existenzsicherung für immer mehr Menschen - entgegen der Intention der "Ausfallbürgschaft" für die Zeit, bis andere Einkommensarten wieder "griffen". Auf diese Entwicklung werden wir noch zurückkommen.

Zunächst aber gilt es, die deutliche Tendenz der Abnahme von Sozialhilfeleistungen und der fast doppelten Zahl der Lohnabhängigen als Kontext für die Veränderungen in der Sozialen Arbeit der 50er Jahre etwas genauer zu betrachten.

NOOTBAAR (1983) führt drei Gründe für die erfolgreiche sozialpolitische Abfederung der Restauration an, als welche er die konservative Hegemonie des "CDU-Staates" kennzeichnet: die **Familienorientierung (1)**, die **Arbeitszentrierung (2)** und die **Rentenreform (3)** von 1957.

HOFFMANN nennt u.a. ebenfalls diese Gründe, interpretiert die Nachkriegsentwicklung allerdings als Modernisierung (1996, S. 467 ff.). Beide Interpretationen ergänzen sich, wie wir im folgenden sehen werden.

(1) Die Bedeutung der **Familienorientierung** als einen ressortübergreifenden Politikansatz charakterisiert NOOTBAAR wie folgt:
"'Wenn man von den Problemen der heimat- und berufslosen Jugend einmal absieht, so kann heute gesagt werden, daß die nach dem Kriege befürchtete Zerstörung des sittlichen Gefüges und die Gefahr der allgemeinen Verwilderung der Jugend durch die Wiederherstellung der öffentlichen Ordnung und die der Familie

innewohnenden Kräfte im großen und ganzen abgewendet worden ist' (ND 11/1952, S. 339). Unter Führung des CDU-Abgeordneten Würmeling bildete sich bereits im ersten Bundestag eine 'Kampfgruppe', wie sie sich selbst nannte, die sich die Durchsetzung konkreter familienpolitischer Maßnahmen zum Ziel setzte. Ein erster großer Erfolg war die Schaffung eines Familienministeriums im zweiten Bundeskabinett (ab 1953) und die Durchsetzung eines Programms zur Familienpolitik, das 1954 von der Bundesregierung beschlossen wurde. Es wurden Maßnahmen zur Unterstützung des familiengerechten Wohnungsbaus, zur Bevorzugung des Eigenheimbaus, die Einführung eines Kindergeldes, Steuerfreibeträge für Familien mit Kindern, Kinderzuschläge für Rentenempfänger, Familienermäßigungen bei der Eisenbahn und Maßnahmen zum Schutz überbeanspruchter und verlassener Mütter angekündigt, die schrittweise mit entsprechenden Gesetzen realisiert wurden" (1983, S. 272).

HOFFMANN hebt darüber hinaus hervor, daß die Ideologie der Familie als Keimzelle von Staat und Gesellschaft nach dem Verlust der Volksgemeinschaftsideologie ein wesentliches Bindemittel in der von Flucht, Auflösung traditioneller Milieus, "Entwurzelung" und Orientierungslosigkeit gekennzeichneten Gesellschaft war. Zugleich diente die Familienorientierung als Legitimation, die traditionelle Frauenrolle wieder (bzw. weiterhin) zu betonen (1996, S. 448 f.).
"So wurde der mühsam im Parlamentarischen Rat errungene geschlechtliche Gleichberechtigungsartikel durch die Praxis einer konservativen Familienpolitik unter dem Familienminister Wuermeling unterlaufen, die die Familie wieder als 'Keimzelle' von Volk und Staat und die Rolle der Frau als Mutter festschrieb. Die Frauen, die in der Rekonstruktionsphase 1945-1948/49 die Hauptlast des Wiederaufbaus zu tragen gehabt hatten, 'durften' ihre Positionen in Beruf und Gesellschaft - ähnlich der Jahre nach dem Ersten Weltkrieg - wieder zugunsten der zurückgekehrten Männer räumen und mußten sich wieder mir ihrer traditionellen Mutter- und Hausfrauenrolle begnügen. Oder aber sie mußten sich in der Erwerbsarbeit in den 'frauentypischen' Berufen bzw. Leichtlohngruppen einrichten ..." (HOFFMANN 1996, S. 465).

(2) In der spezifischen Form der **Arbeitszentrierung** der konservativen Sozialpolitiker ist die Kontinuität der Sozialhygieniker der Weimarer Zeit und des Dritten Reiches in spezifischer Weise "aufgehoben": Sie ist aufgehoben im Sinne von "bewahrt" in der unhinterfragten Orientierung an den "Normalstandards" und Sekundärtugenden bürgerlicher Arbeitsmoral; sie ist aufgehoben im Sinn von "nicht mehr existent", da jetzt nicht mehr Ausgrenzung, sondern Integration im Vordergrund steht; und sie ist aufgehoben im Sinne von "erhöht", daß die Bestrebungen der Sozialhygiene auf eine neue Ebene gehoben wurden. Dieser Modernisierungsprozeß liest sich jetzt "psycho-sozial": Aus dem "Asozialen" wird der Rehabilitationsbedürftige, die "Arbeitsunwilligen" werden zu Hilfsbedürftigen bzw. kranken Menschen.
In dieser integrationsorientierten Umdefinition der "Auffälligen" spielte - wie wir noch genauer sehen werden - die methodisch fundierte, sich wissenschaftlich

verstehende Sozialarbeit eine wichtige Rolle. Ähnlich wie Ende der 20er Jahre aus dem "gefährlichen" der "gefährdete" Jugendliche wurde (vgl. Bd. I, S. 170), veränderte sich die "soziale Zensur" (vgl. Bd. I, S. 22 f.) der Menschen, die nur schwer in das herrschende Arbeits-Regime einzugliedern waren vom "Arbeitsunwilligen" zum "Arbeitsunfähigen", dem mit entsprechender Rehabilitation geholfen werden mußte - ggf. durch entsprechende Therapie -, sich in die herrschenden Arbeitsregularien einzugliedern.

Diese Auffassung erreichte Ende der 60er Jahre auch die Rechtssprechung:
"Der Personenkreis der sogenannten Arbeitsunwilligen ist nicht durch einheitliche Merkmale abzugrenzen. Auch die Mittel, das Selbsthilfestreben zu fördern, sind verschiedenartig ... . Nach den dem Senat vermittelten Erfahrungen der Wissenschaft und der Sozialhilfepraxis richten sich die Mittel nach der Eigenart des jeweiligen Hilfesuchenden und reichen von der Beratung durch den Träger der Sozialhilfe über die Vermittlung einer besonders überwachten und geschützten Tätigkeit hin bis zur Arbeitstherapie unter ärztlich-psychologischer Anleitung und zur psychotherapeutischen Behandlung" (Entscheidung des Bundesverwaltungsgerichts vom 31.1.1968, Entscheidungssammlung Bd. 29, S. 99 ff.; zitiert nach NOOTBAAR 1983, S. 284).

Auf dieser Linie liegt auch die Abschaffung des Arbeitszwanges durch die Einweisung in ein Arbeitshaus. Sah der § 26 des BSHG das Arbeitshaus als geschlossene Anstalt vor, so wurde diese Form des Arbeitszwanges in Urteilen des Bundesverfassungsgerichtes von 1967 und 1974 als grundgesetzwidrig verboten.
Daß dennoch die faschistischen SozialhygienikerInnen nicht in der Versenkung verschwunden waren, dafür legt die schon in der Nazizeit sehr aktive Hamburger Spitzenbeamtin Käte Petersen noch 1957 ein deutliches Zeugnis ab:
"Der Arbeitszwang ist ein Mittel, um zur Arbeit zu erziehen. Dieses Fürsorgemittel ist für den Betreuten der Gefährdetenfürsorge von besonderer Bedeutung. Das gilt z.B. für Frauen, die sich weigern zu arbeiten und die ihren Unterhaltsverpflichtungen gegenüber Kindern und Eltern nicht nachkommen. Das gleiche gilt in der Trinkerfürsorge für die Ehemänner, die durch ihre Trunksucht ihre Familien der öffentlichen Fürsorge anheim fallen lassen. Auch bei der Heranziehung von Vätern unehelicher Kinder zu Unterhaltszahlungen hat der Arbeitszwang erhebliche Bedeutung" (ND 6/1957, S. 170; zitiert nach NOOTBAAR 1983, S. 287).

(3) Die **Rentenreform** von 1957 brachte die patriarchale Familienorientierung und die (Lohn-)Arbeitszentrierung auf ihren konservativen **und** modernisierten Punkt. Bezogen auf die männliche Lohnarbeiterfigur (40 Jahre ununterbrochene Beitragszahlung als Bezugsnorm), knüpfte sie das Schicksal der Frauenmehrheit an die Arbeit ihrer Ehemänner, die auch deshalb ein Interesse an deren Arbeitsdisziplin hatten. Politisch spielte die Neuregelung der Altersversorgung eine herausragende Rolle, steckten doch breiten Kreisen der Bevölkerung die Schocks von zwei Inflationen innerhalb von knapp 40 Jahren (1924 und 1947) noch in den Knochen. Folgerichtig erlangte die CDU bei den Bundestagswahlen 1957 die absolute Mehrheit.
Durch die Reform wurde das Rentenniveau an die Entwicklung der Arbeitseinkommen gekoppelt und das (individuelle) Versicherungsprinzip zu einem

Umlagenprinzip zwischen den Generationen (Generationsvertrag) umgebaut: Die jeweils (lohn-)arbeitende Generation bezahlt die Rentenaufkommen für die zu diesem Zeitpunkt nicht mehr (lohn-)arbeitenden Menschen. Mit dieser solidarischen Umverteilung innerhalb der "Klasse" der Lohnabhängigen wurde zugleich eine tendenzielle Verarmung alter Menschen beendet bzw. deren unfreiwilliges "Sparen" zugunsten des Wiederaufbaus, hatte die große Mehrheit der RentenbezieherInnen doch lange auf ihre Teilhabe am "Wirtschaftswunder" verzichten müssen. 1957 wurden die Renten um durchschnittlich 65 % erhöht (HOFFMANN 1996, S. 473)!

Als "Schlußsteine" im integrativen Wiederaufbau durch die sozialpolitische Regulation der Adenauerzeit können das Bundessozialhilfegesetz (BSHG) und das Jugendwohlfahrtsgesetz (JWG) gelten, die beide 1962 in Kraft traten. Das BSHG sollte "nachrangig" zu anderen Einkommensarten den Rechtsanspruch auf ein "menschenwürdiges Leben" für diejenigen sichern, die dieses nicht durch andere Sicherungssysteme oder eigene Arbeit leisten konnten. Man ging - wie wir gesehen haben, nicht zu Unrecht - davon aus, daß der Kreis der Anspruchsberechtigten im Laufe der Jahre immer kleiner werden würde. Die Kerngedanken des Gesetzes sind neben dem Rechtsanspruch auf Hilfe die Nachrangigkeit der Hilfe (Subsidiarität) und die Individualisierung (positiv: Bedarfsdeckung; negativ: individuelle Kontrolle der Lebensumstände) sowie die Integration in den Arbeitsprozeß bzw. Rehabilitation der Arbeitskraft.

In eine ähnliche Richtung ging das Jugendwohlfahrtsgesetz (JWG) vom Juni 1961, das 1962 in Kraft trat. Es war im Kern eine weitere Novellierung des schon 1953 novellierten Reichsjugendwohlfahrtsgesetzes (RJWG) von 1922/1924 (vgl. Bd. I, S. 125). Durch beide Novellen waren die bekannten Schwächen des Gesetzes weitergetragen worden: Trotz programmatischen Erziehungsanspruchs, trotz proklamierter Einheit von Jugendfürsorge und Jugendpflege und trotz der Einrichtung des Jugendamtes in jeder Kommune, waren die Novellierungen nicht zu einem Leistungsgesetz weiterentwickelt worden, sondern standen weiterhin in der Tradition des Ordnungs- und Polizeirechts. Wenn überhaupt, so realisierten die seit Anfang der 50er Jahre mit starken jährlichen Zuwachsraten versehenen Bundesjugendpläne so etwas wie ein Leistungsgesetz, wurden aus diesen Mitteln Projekte gegen Jugendarbeitslosigkeit und für politische Bildung finanziert (NOOTBAAR 1983, 255). So blieb das JWG vorrangig ein Fürsorgeerziehungsgesetz (getrennt von allen sonstigen Rechtsgebieten) und war für "Ausfallbürgschaften" vorgesehen, wenn die Familie nicht "funktionierte". Das Jugendamt wurde weder fachlich profiliert noch wurde seine Stellung innerhalb der kommunalen Verwaltung gestärkt. Vielmehr setzte mit der Novellierung von 1953 verstärkt ein Abschieben Jugendlicher zu überkommunalen Trägern (Regierungsbezirk, Landschaftsverband oder Land) ein, da die großen Fürsorgeheime in den Flächenstaaten nicht-kommunal finanziert wurden. Dieser Abschiebemechanismus ist erst mit dem KJHG von 1990 beendet worden.

Im Zeitraum dieser ersten Novellierung standen Jugendsozialarbeit (als Jugendberufshilfe, als Aufbau von Lehrlingsheimen usw.) und Jugendschutz (Abwehr "sittlicher Gefährdung", ideologische Abwehr nach "rechts und links") im Vordergrund, und es wurden einige Veränderungen aus der Nazizeit rückgängig gemacht - sowohl im RJWG als auch im Reichsjugendgerichtsgesetz (RJGG). Alle Bereiche betraf das allerdings nicht. So ist uns der von den Nazis eingeführte Jugendarrest bis heute im JGG erhalten geblieben.

Blieb auch rechtlich vieles beim alten, so gab es im Verlauf der 50er Jahre jedoch eine breite Fachdiskussion um das "lebendige Jugendamt".

Christa HASENKLEVER berichtet umfassend und kritisch von den Bemühungen, nun endlich zu einer Einheit von Jugendfürsorge und Jugendpflege zu gelangen und den Leistungsgedanken statt den des Eingriffs zu stärken (dank dieser Orientierung entstanden z.b. zunächst in den Großstädten, dann aber auch in den kleineren Orten die Erziehungsberatungsstellen). Insbesondere aber betont HASENKLEVER die Versuche, die subjektiven Rechtsansprüche der Kinder und Jugendlichen selbst zu stärken. Heftig gestritten wurde darüber hinaus um die Frage der Kommunalisierung der Jugendhilfe (dies ging von der SPD und den Gewerkschaften aus) und der Weiterentwicklung des Subsidiaritätsprinzips (CDU und kirchliche Träger). Strittig war auch die Stellung des Jugendhilferechts im gesellschaftlichen System der Staatsapparate: Sollte es eher dem Sozialbereich oder eher dem Bildungssektor zugeordnet werden (vgl. hierzu HASENKLEVER 1978, S. 177 ff.).

Aus dieser Diskussion hebt HASENKLEVER drei Beiträge besonders hervor. Gerhard Mackenroth verfaßte 1952 ein Gutachten für den Verein für Sozialpolitik, in dem er für jede Kommune ein Jugendamt, ein Arbeitsamt, ein Rentenamt sowie einen umfassenden Gesundheitsschutz forderte. Auf diesen Einrichtungen sollte die gesamte Sozialpolitik basieren und eine bedarfsgerechte, im Bundesgebiet gleich verteilte Unterstützung ermöglichen. Die "Professoren-Denkschrift" von 1955, die von den Professoren Achinger, Höffner, Muthesius und Neundörffer verfaßt wurde, sah vor, den Sozialstaatsgedanken in einem eigenen "Sozialen Grundgesetz" zu verankern, also in einem Sozialgesetzbuch, das alle Versicherungs- und Versorgungsleistungen enthält. Das Jugendrecht allerdings sollte gesondert bleiben. 1957 veröffentlichte die SPD ihren "Sozialplan für Deutschland". Hier wurde eine völlige Neuordnung des Jugendrechtes als eigenständiges Recht zwischen dem Sozialrecht und dem Bildungsrecht konzipiert, das alle Aspekte des jugendlichen Lebens (Erziehung, Ausbildung, Arbeit) regeln sollte. Aus diesen Ansätzen sind in den 70er Jahren das Bundesausbildungsförderungsgesetz (BAFöG), das Berufsbildungsgesetz (BBiG), das Sozialgesetzbuch (SGB) sowie die diversen Entwürfe und Vorläufer des heutigen Kinder- und Jugendhilfegesetzes entstanden.

Die Realität um 1955 freilich war prosaischer. Wie Rudolf Martin VOGEL in seiner immer noch lesenswerten Untersuchung über das Jugendamt (1966) feststellte, hatte dieses Amt weiterhin ein geringes fachliches Profil, zu wenig Personal, zu wenig Einfluß und wenig funktionstüchtige Jugendwohlfahrtsausschüsse.

Nach der lebhaften Diskussion um das "lebendige Jugendamt" erwartete die Fachwelt einen neuen Entwurf eines Jugendhilfegesetzes (so der damalige Sprachgebrauch). Heraus kam eine weitere Novelle, die zentrale Streitpunkte festschrieb. Es gab einen tiefen Dissens zwischen Regierung und Opposition, vor allem, was den Leistungscharakter des Gesetzes anbetraf (gegen den Eingriffscharakter) und was die noch immer vorhandene Trennung von Jugendfürsorge und Jugendpflege anbetraf - auch wenn letztere gestärkt wurde. Besonders schroff war der Dissens hinsichtlich der Subsidiarität. Verschiedene SPD-regierte Städte und Länder klagten gegen den Subsidiaritätsgedanken im Gesetz, verloren aber diese Klage 1967. In der Folge bildete sich der Kompromiß heraus, mit dem das KJHG 1990 die in den 70er und 80er Jahren entwickelte Praxis festschrieb: Die Kommune setzt einvernehmlich mit den freien Trägern die Strukturen fest. Auf diese "Kartellbildung" wird noch einzugehen sein.

Die einzige Neuerung von Tragweite im JWG war die Verpflichtung der Regierung, in jeder Legislaturperiode dem Bundestag einen Jugendbericht vorzulegen. Wurde der erste noch von der Ministerialbürokratie erstellt, sind die weiteren von "unabhängigen Kommissionen", die von der Regierung benannt wurden, vorgelegt worden. Sie haben in unterschiedlichem Maße die Fachdiskussion beeinflußt - auch darauf wird zurückzukommen sein.

Lassen wir die in diesem Kapitel beschriebenen Tendenzen noch einmal Revue passieren - "Wiederaufbau" als Restauration **und** Modernisierung, patriarchale Familienorientierung und integrative Lohnarbeitszentrierung, Ausweitung der Rechtsansprüche auf der einen und ordnungspolitische Disziplinierung auf der anderen Seite -, so lassen sich mit diesen verschiedenen Regulationen identische Konsequenzen verbinden: die politische Herstellung einer hohen sozialen Stabilität, abzulesen an rechtlich fundierten Erwartungssicherheiten. HOFFMANN stellt diese Politik in den Zusammenhang einer erweiterten Stufe in der Entwicklung einer Regulationsform, deren Beginn wir in den 20er Jahren kennengelernt hatten: des Fordismus (vgl. Bd. I. S. 115). Den ökonomischen Zusammenhang charakterisiert HOFFMANN wie folgt:

> "Hohe Produktivitäten ermöglichten hohe Einkommenssteigerungen und damit die Entwicklung der Nachfrage nach Massenkonsumgütern, die wiederum durch die Massenproduktion preisgünstig befriedigt werden konnte. Tragende Produkte des Aufschwungs waren daher neben den Investitionsgütern vor allem die Massenkonsumgüter (Radio, Fernseher, Kühlschränke, Waschmaschinen ...) und das Automobil" (1996, S. 470).

Die genannten politischen Regularien können als "erwartungsstabilisierende" Komponenten aufgefaßt werden, die dem spezifischen Produktivitätstypus der politisch-ökonomischen Modernisierung der 50er Jahre entsprechen; der "inflexiblen Massenproduktion":

"Voraussetzung der erfolgreichen Umsetzung dieses Produktivitätstyps ist nämlich die Gewährleistung der Kontinuität von Produktion, Distribution und Konsum, da aufgrund der starren Verkettungen der Produktionsbereiche jede Art von Diskontinuität den Vorteil dieser Produktion, die Ausnutzung der 'economics of scale' (der Produktion der 'großen Zahl') sofort in einen gravierenden Nachteil umschlagen läßt, weil die gesamte, inflexibel aufeinander bezogene Produktion stillgelegt wird. Denn die 'Achillesferse' der inflexiblen Massenproduktion ist eine durch wilde Streiks, Undiszipliniertheiten, Marktausfall u.ä. bewirkte Diskontinuität der Produktion in einzelnen Abteilungen der Betriebe, die angesichts der starren Verkettung von Arbeits- bzw. Produktionsprozessen sofort zum Ausfall der gesamten oder doch relevanter Teile der Produktion führen mußte. Damit gewinnen die ökonomischen und sozialen Rahmenbedingungen einen besonderen Stellenwert: gesellschaftliche Kooperation und soziale Stabilität werden Produktivitätsfaktoren. Eben dafür besaß aber die Gesellschaft der Bundesrepublik in den 50er Jahren hervorragende Voraussetzungen: Es gab als Voraussetzung des Funktionierens einer gesellschaftlichen **Kooperation** ein entwickeltes Verbändewesen (Erbe von Kaiserreich, Weimarer Republik und (!) Nationalsozialismus); die Gewerkschaften waren nach dem Industrieverbandsystem aufgebaut und besaßen - wie die Unternehmerverbände - gegenüber ihren Mitgliedern eine hohe Verpflichtungsfähigkeit; die Mitbestimmungs- und Betriebsverfassungsgesetze verpflichteten die Tarifparteien zu kontrollierten Tarifauseinandersetzungen ('institutionalisierter Klassenkonflikt'), der Sozialstaat sicherte nach außen die soziale Stabilität (= hohe Erwartungssicherheiten) ab und eine ausgebaute Infrastruktur stellte für die fordistische Produktion die notwendigen Produktionsvoraussetzungen bereit" (1996, S. 470 f.).

Die Bedeutung dieses Produktivitätstyps der inflexiblen Massenproduktion für das professionelle Selbstverständnis der Sozialen Arbeit im Nachkriegsdeutschland wird im 5. Kapitel noch genauer untersucht. Hinsichtlich der Entwicklung der Sozialen Arbeit am Ende des langen Adenauer-Jahrzehnts folge ich weitgehend NOOTBAAR, der nach der weitgehenden Absicherung materieller Risiken durch Versicherungen und Vollbeschäftigung resümiert, daß die Sozialarbeit - dieser Begriff setzt sich jetzt zunehmend durch - nun zum "Eigentlichen" kommen konnte: Zwar nahm die materielle Not offensichtlich ab bzw. wurde durch andere Systeme abgesichert, aber seelischen und inneren Notständen wurde damit nicht unbedingt abgeholfen. Eher im Gegenteil: Sie bestanden nicht nur weiterhin, sondern sie bestanden vor allem in allen Schichten der Gesellschaft - nicht nur bei den Armen. Mit dieser erweiterten Option glaubten die Protagonisten der Sozialarbeit damals, sich vom Stigma der Armenhilfe und des Randständigen genauso befreien zu können wie vom subalternen Staatsbeamten. Mit der Zuwendung zum "Eigentlichen" hoffte man, dem ersehnten Status des Arztes oder Anwalts, die ja auch für "jedermann" zuständig sind, näher zu kommen.

"Für die soziale Arbeit werden nun Verhaltensunsicherheit und Orientierungslosigkeit mit psychosozialen Ursachen zum entscheidenden Problem. Dabei eröffnen sich für die Sozialarbeit Möglichkeiten, auf den 'einzelnen Fall' einzugehen, wie sie seit der Entstehungszeit des **Elberfelder Systems** immer erstrebt, aber kaum erreicht worden sind. Die aufgrund der Entlastung durch den Ausbau des übrigen sozialen Sicherungssystems eröffneten Chancen, endlich zu ihrer 'eigentlichen Aufgabe' zu kommen, begünstigten die insbesondere von der amerikanischen Besatzungsmacht geförderten Bestrebungen zu gezielt pädagogischem oder psychologisch-therapeutischem Eingehen auf die Klienten. Der in seinem Verhalten abweichende Erwachsene oder Jugendliche wird als solcher immer weniger als eigenverantwortlich Handelnder angesehen, sondern vielmehr als hilflos Ratsuchender, als von Natur oder Gesellschaft Benachteiligter, als Kranker, dem durch Beratung und Therapie der Weg zur Reintegration in die Gesellschaft gewiesen werden muß. Damit wird der Kreis der Adressaten der Sozialarbeit und ihr Aufgabenfeld tendenziell unbegrenzt. Die enorme inhaltliche und personelle Ausweitung, die das Berufsfeld im Laufe der 60er Jahre bis weit in die 70er Jahre hinein erfahren hat, spricht Bände. Wurde die Armenpflege in der Entstehungsepoche der bürgerlichen Gesellschaft als Antwort auf die Arbeiterfrage verstanden, so hat sie im demokratischen und sozialen Rechtsstaat der Bundesrepublik ihre Orientierung auf bestimmte soziale Schichten scheinbar verloren: Diese Gesellschaft ist so demokratisch, daß grundsätzlich jeder zum Klienten werden kann. Die Zukunft wird zeigen, ob dies nicht nur ein Schein ist, der nach dem Schwinden der außerordentlichen wirtschaftlichen Prosperität der Bundesrepublik sehr bald verfliegt" (NOOTBAAR 1983, S. 299).

3. "Neubau" als widersprüchliche Modernisierung im Osten

Erich HASS, von Beginn der 70er Jahre an bis in die Zeiten der "Wende" Leiter des Referates Jugendhilfe in der Abteilung für Volksbildung in Rostock, hebt zwei Besonderheiten der DDR-Jugendhilfe hervor, die zugleich unterschiedliche Entwicklungslinien im Vergleich zum Westen markieren. Die eine ist die Eingrenzung jugendamtlicher Aufgaben auf den Bereich, der nach westlichen Maßstäben "Jugendfürsorge" genannt werden kann, das andere ist die Einbeziehung von ehrenamtlichen Personen und allen in Frage kommenden gesellschaftlichen Organisationen - von Betrieb bis zu Schule und Nachbarschaft - in die Aufgaben der Jugendhilfe. Die Entscheidung für diese beiden Entwicklungslinien fiel schon Ende der 40er, Anfang der 50er Jahre, lange bevor entsprechende gesetzliche Grundlagen Mitte der 60er Jahre geschaffen wurden. Vorher galt formell zwar das RJWG, es spielte aber so gut wie keine Rolle.

Erich HASS: "Tatsache ist, daß um 1950 herum die Jugendämter in der DDR völlig umgebildet wurden. Ihr Wirkungsumfang wurde erheblich verengt. Alles, was mit der Jugendarbeit insgesamt - mit der sozialen Jugendarbeit und der offenen Jugendarbeit - zu tun hatte, wurde aus der Verantwortung der ehemaligen Jugendämter herausgelöst. Es wurde dafür ein besonderes Amt für Jugendfragen geschaffen: Die Zuständigkeit für alle Fragen der Jugend ging an die Abteilung für Volksbildung über, und diese war nicht nur für die Schulbildung, sondern auch für Freizeitarbeit - z.b. Jugendclubs - zuständig. In enger Kooperation mit der FDJ natürlich. Mit all diesen Arbeitsfeldern hatte das Jugendamt nun direkt nichts mehr zu tun. Das Referat Jugendhilfe wurde der Abteilung Volksbildung zugeordnet.

Damit war von vornherein vorgegeben, daß die Aufgabenstellung für die Jugendhilfe sehr stark auf den Erziehungsbereich zugeschnitten wurde. Diese war ganz speziell auf junge Menschen gerichtet, die in ihrer Erziehung Defizite hatten. Ganz gleich aus welchen Gründen, ob defekte Familienverhältnisse oder bestimmte Hemmnisse in der Persönlichkeitsentwicklung gesehen wurden, man wandte sich - etwa ein Schuldirektor - immer dann an das Referat Jugendhilfe, wenn in der schulischen Entwicklung eines jungen Menschen oder auch innerhalb der betrieblichen Ausbildung erhebliche Probleme in der weiteren Persönlichkeitsentwicklung beim Kind oder im Jugendlichen auftraten. Wir waren die Spezialinstitution geworden, die sich diesen Kindern und Jugendlichen zuzuwenden hatte. D.h., die Zielstellung der Jugendhilfe ab den 50er Jahren war, das Zurückbleiben von Kindern und Jugendlichen zu verhindern.

Um dies aber auch praktisch realisieren zu können, war es Aufgabe der Jugendhilfe, die Öffentlichkeit so zu motivieren, daß sie die Arbeit der Jugendhilfe unterstützte. Das hieß z.B., die gesellschaftliche Entwicklung in den Wohngebieten mit zu nutzen. In der DDR war es ja ein grundlegendes Prinzip, sozialistische Gemeinschaften zu entwickeln, also z.B. eine Hausgemeinschaft zu bilden, in der die einzelnen Familien ihre Probleme einbringen konnten - vom Problem der Ordnung und Sauberkeit in der und um die Wohnanlage bis hin zu Problemen, die in den Familien auftraten. Diese eigentlich sehr positive Entwicklung ergab sich zum Teil einfach schon aus der Tatsache, daß Neubauten gemeinsam errichtet wurden, daß Arbeiterwohnungsgenossenschaften entstanden und die Bezieher neuer Häuser ganz wichtige Arbeiten in und an den Häusern selbst durchführten. Dadurch entwickelten sich Gemeinschaftsbeziehungen untereinander; man war miteinander vertraut, man kannte sich, man teilte sich auch die persönlichen Probleme mit. Diese Entwicklung, nun muß ich das doch mal sagen, war ein Vorgang in der Formierung einer sozialistischen Gesellschaft - was ja der Grundgedanke der Staatspolitik war. Es hat vielfältige Möglichkeiten der Organisierung gesellschaftlicher Hilfeleistungen für die Familien gegeben: an den Schulen durch aktive Elterngruppen, die die Schule in der Erziehungsarbeit unterstützten, in den Betrieben, in den Gewerkschaftsgruppen und in all den kollektiven Beziehungen, die sich in Betriebsgemeinschaften aufbauten. Das war eigentlich ein Prozeß, der sich aus dem Alltagsleben in der damaligen DDR ergeben hat und der attraktive Möglichkeiten bot, Gemeinsamkeiten zu entwikkeln, sich verantwortlich zu fühlen, miteinander zu reden, sich gegenseitig zu helfen.

In dieser Phase hat die Jugendhilfe ehrenamtliche Gremien aufbauen können, vor allem die Jugendhilfekommissionen. Diese bestanden aus Leuten, die unterschiedliche Berufe hatten oder auch nicht berufstätig waren und die einfach aus ihrer Verantwortung in einem Wohnhaus oder einer Organisation in Frage kamen, in einer solchen Jugendhilfekommission mitzuarbeiten. Sie alle hatten Interesse daran, jungen, sich entwickelnden Familien zur Seite zu stehen, ihnen behilflich zu sein, Erziehungshilfen weiterzugeben oder sonstige Maßnahmen einzuleiten, die in sozialer Hinsicht notwendig waren.

Die Hilfen wurden von den Familien zum größten Teil dankbar angenommen. Eltern, Kinder und Jugendliche gingen nicht selten selbst zu Vertretern der Jugendhilfekommission, die in ihrer Nähe wohnten. Diese wurden auch manchmal gebeten: 'Guck doch mal nach uns', 'Komm zu uns', oder: 'Wann würden Sie mal mit uns reden?'; oder: 'Was könnt Ihr tun, damit wir aus diesem Konflikt herauskommen?'

Im Grunde genommen waren wir immer bemüht, einen Konsens zu finden. Wenn die Jugendhilfekommission etwas hinsichtlich weiterer Maßnahmen anstrebte, von welcher Seite die Bitte um Hilfe auch kam, so haben wir immer versucht, mit den betroffenen Eltern, den Kindern oder Jugendlichen das Problem ernsthaft zu diskutieren. Man kann natürlich nicht ausschließen, daß das nicht überall richtig ankam.

Ich muß hier vielleicht erläuternd einfügen, daß es zwei verschiedene ehrenamtliche Bereiche gab: Die Jugendhilfekommission, die vorwiegend beratenden und unterstützenden Charakter hatte und vom Leiter des Referates berufen war, sowie den Jugendhilfeausschuß, der vom Rat der Stadt berufen wurde. Während die Jugendhilfekommission keine Sanktionen erteilen konnte - sie konnte nur Hinweise geben und Empfehlungen aussprechen -, wurde der Jugendhilfeausschuß immer dann einbezogen, wenn Empfehlungen oder Auflagen nicht verwirklicht worden waren und intensive Maßnahmen notwendig wurden. Während es eine Jugendhilfekommission für jeden Stadtteil gab, war der Jugendhilfeausschuß z.B. in Rostock für die gesamte Stadt verantwortlich. Er war aus Leuten zusammengesetzt, die über einschlägige Sachkenntnisse verfügten. Der Jugendhilfeausschuß hatte die Möglichkeit, Sanktionen auszusprechen. Diese konzentrierten sich aber immer auf eine Frage: Ist die negative Entwicklung, die Anlaß gab, über konkrete Situationen zu reden, für ein Kind oder für einen Jugendlichen von erheblicher Gefährdung? So z.B., wenn Eltern ein ausgesprochen asoziales Leben führten - der Vater verprügelte ständig die Mutter; Alkohol spielte eine Rolle, und das Kind litt unter dieser Situation erheblich, es verkroch sich, schämte sich in der Öffentlichkeit und nahm nicht mehr an schulischen Dingen teil. In solch einer Situation, wenn die eigene Entwicklung behindert wurde, dann wurde im Interesse des Kindes entschieden. In der DDR hatten Elternrecht und Kindesrecht eine andere Gewichtung als in den alten Bundesländern. Das Kindesrecht ging in einem solchen Fall vor Elternrecht. Wenn die gesunde, normale Entwicklung eines Kindes gefährdet war, waren wir befugt, auch gegen den Willen der Eltern zu entscheiden. Auch dabei gab es einen Unterschied zu den alten Bundesländern. Die Befugnisse der Jugendhilfe gingen sehr weit. Es gab bei uns kein Vormundschaftsgericht, sondern die Entscheidung des Jugendhilfeausschusses war dann bindend. Die Eltern hatten aber ein Berufungsrecht. Dieses wurde auch durch Berufungsinstanzen gesichert. Die Berufung wurde zunächst im Bezirk beraten und ging dann bis zum Ministerium für Volksbildung, wo letztlich endgültig entschieden wurde. Die Prüfung eines Sachverhalts ist also sehr intensiv betrieben worden. Es war nicht möglich, daß die Jugendhilfe irgendwelche Willkür oder subjektive Entscheidungen zum Tragen brachte. Doch wenn z.B. die zeitweilige Herausnahme eines Kindes aus der Familie notwendig wurde, um Leben, Sicherheit und die gesunde Entwicklung des Kindes zu gewährleisten, dann wurde das auch gemacht; immer aber mit der Maßgabe, das Kind zu den Eltern zurückzubringen, wenn sich die Erziehungsbedingungen verändert hatten. Im Vordergrund stand immer die Familie als Ganzes. Übrigens: Der Entzug des Erziehungsrechts erfolgte in der DDR wie in der BRD auf dem Klageweg durch das Gericht."

Betrachten wir die beiden in dieser Aussage dominierenden Linien hinsichtlich ihrer historischen Entstehung, so finden wir sowohl die starke gesellschaftliche Kontrolle bei Entscheidungen über "Fürsorgeerziehung" als auch die Einbeziehung aller verantwortlichen, gesellschaftlichen Kräfte durchgängig in den Programmatiken aller Arbeiterorganisationen der 20er Jahre - von der Arbeiterwohlfahrt über die Rote Hilfe, von der SPD bis zur KPD und den verschiedenen Abspaltungen beider Parteien (Hinweise dazu bei SCHÖNEBURG 1989). Die Realisierung dieser Programmatik in der "Staatswerdung der Arbeiterklasse" wiederzufinden, überrascht also nicht, genausowenig wie andere, noch grundlegendere Vorhaben. Vorbereitet in der sowjetischen Besatzungszone und ansatzweise in der DDR realisiert, geschah in den 40er und 50er Jahren etwas Neues, etwas für die bisherige deutsche Geschichte Unerhörtes: Abschaffung des Großgrundbesitzes, ja der gesamten Kapitalistenklasse, Bildung für alle, insbesondere - wie Erich HASS an seiner Erfahrung deutlich macht - für die bislang bildungsbenachteiligten Arbeiterschichten, Arbeit als Recht und Pflicht für alle. Aber dieses Unerhörte wurde nicht durch einen revolutionären Prozeß errungen, der von der weitaus größten Mehrheit der Bevölkerung getragen wird, sondern all dieses wurde eingeführt auf den "Bajonetten" der siegreichen Sowjetarmee - als Folge der Niederlage des faschistischen Regimes, das bis zuletzt von der Bevölkerungsmehrheit gestützt wurde. Unter der scharfen Kontrolle der SMAD (Sowjetischen Militär-Administration für Deutschland) wurden die beiden Arbeiterparteien vereinigt - zum Teil taten sie es freiwillig, zum Teil wurde Zwang ausgeübt. Im sich abzeichnenden Kalten Krieg gingen die Ideen einer breiten antifaschistischen, demokratischen Bewegung schnell zugunsten einer stalinistischen Kaderpartei verloren. Der "Neubau" der DDR war deshalb mit Widersprüchen und Konflikten beladen, die bis zu ihrem Ende wirken sollten.

Aber auch hier gilt: In der Anfangsphase war offen, wie Bausubstanz und Form des "Neubaus" beschaffen sein würden, und wie es wissenschaftlich unkritisch und wenig erkenntnisfördernd ist, die Weimarer Republik von ihrem Ende her zu denken (vgl. Bd. I, S. 160), so ist es ebenso unkritisch und unproduktiv, die Entwicklung der DDR von ihrem Ende her zu denken. Das ist z.Zt. allerdings die Regel und hat zu vereinfachenden Etiketten wie "Diktatur" und "Unrechtsstaat" geführt. Die Strukturen für eine Erklärung dieses gesellschaftlichen "Neubaus" sind damit aber nur völlig unzureichend dargestellt.

So sollte z.B. nicht unterschlagen werden, daß vieles von dem, was in der sowjetisch besetzten Zone realisiert wurde, auch in den Westzonen gefordert und zum Teil auf den Weg gebracht worden war, dort häufig aber entweder von den Besatzungsmächten oder von den konservativ-reaktionären deutschen Kräften verhindert wurde. Dagegen gab es nirgendwo einen derart konsequenten "Elitentausch" wie in der SBZ (CWM, Bd. 2, Seite 36), nirgendwo gab es eine derart gründliche Bildungsreform, die, wie C.W. MÜLLER ebenfalls feststellt, in den Westzonen weitgehend verhindert wurde: "Die Demokratisierung des deutschen Bildungswesens erforderte eine Zusammenfassung von Volks-, Real-, Ober- und Berufsschulen unter dem Dache von Gesamtschulen, in die alle Kinder chancengleichen und kostenlosen Zugang haben sollten." So eine internationale Bildungskommission, die im Sommer 1947 die Westzonen inspizierte. Wie bekannt, wurde diese Forderung nicht nur nicht realisiert, sondern in Bayern wurde z.B. neben der Konfessionsschule auch am dreigliedrigen Schulsystem festgehalten und als besondere Provokation die Prügelstrafe wieder eingeführt (CWM, Bd. 2, S. 37). So verwundert es nicht, wenn C.W. MÜLLER feststellt:

"Ich darf dabei nicht verschweigen, daß die Fachzeitschriften aus den ersten Jahren der Nachkriegszeit der Entwicklung in der (damaligen) sowjetisch besetzten Zone (SBZ) einen breiten Raum zubilligten und den Eindruck hervorrufen halfen, daß in jener 4. Zone die Vergangenheitsbewältigung anders, konsequenter und grundsätzlicher angepackt worden wäre. Das gilt auch für die Rekonstruktion der Fürsorgetätigkeit. In der SBZ wurde allen Berufstätigen gleichmäßig 20 % ihres Bruttolohnes oder Gehaltes als eigener Beitrag zur Sozialversicherung abgezogen. Der Unterschied zwischen Arbeiter- und Angestelltenversicherung fiel weg, kleine Unternehmer und mithelfende Familienangehörige wurden in die allgemeine, zoneneinheitliche Versicherung einbezogen. Die Unterhaltspflicht von Familienangehörigen wurde abgeschwächt, Formen der produktiven Fürsorge als Wiedereingliederung in den Arbeitsprozeß wurden besonders betont" (Bd. 2, Anmerkung 16, S. 212).

Der beabsichtigte "Neubau" der Gesellschaft verband sich auch im Osten Deutschlands schnell mit einem "Wiederaufbau" eigener Art, aber auch mit einer spezifischen "östlichen" Form von "Restauration" - als die man die durch den entbrennenden Kalten Krieg immer forciertere Übernahme sowjetischer Herrschaftsstrukturen und -methoden kennzeichnen könnte. Widersprüche und Konflikte aus gleichzeitigem "Neubau" und restaurativem "Wiederaufbau" kristallisierten sich in zwei "Negativposten", die die SBZ/DDR von Anfang an (und bis zu ihrem Ende) kennzeichneten:

"**Erstens** wurden hier die Demontagen umfassend durchgeführt, nachdem die Alliierten sich gegen den Widerstand der Sowjets darauf geeinigt hatten, daß die Demontagen von den einzelnen Siegermächten in den jeweiligen Besatzungszonen durchgeführt werden müßten" (HOFFMANN 1996, S. 453). - Diese Demontagen reichten bis weit in die 50er Jahre hinein und in Form von einseitigen Begünstigungen in den Handelsbeziehungen zur Sowjetunion quasi bis 1989 - T.K.).

"**Zweitens** war die SBZ bzw. später die DDR, deren Gebiet im Süden und der Mitte von der verarbeitenden Industrie geprägt wurde (Mitteldeutsches Industriegebiet: Maschinenbau, Straßenfahrzeugbau, Optik, Chemie), durch die Teilung Deutschlands von der Grundstoffproduktion (Kohle, Eisen, Stahl) abgeschnitten. Das Ruhrgebiet war Teil der britischen Zone, das oberschlesische Kohlenrevier gehörte nun zu Polen. Unter großen Anstrengungen mußte daher nun eine eigene Schwerindustrie ohne eigene Rohstoffbasis (sieht man von der Braunkohle in Sachsen und Sachsen-Anhalt ab) buchstäblich aus dem Boden gestampft werden" (HOFFMANN 1996, S. 453).

Beides erschwerte und behinderte die Hervorbringung eines eigenständigen Produktionstypus genauso wie die Übernahme sowjetischer Herrschaftsformen. Zusammen bewirkten diese Faktoren, daß eine dem Fordismus vergleichbare Produktiviätsform nur auf niedrigem Niveau gelang. Zwar gab es alle Voraussetzungen für eine vergleichbar gelingende "inflexible Massenproduktion", aber eben nicht die "vorteilhaften" Bedingungen wie im Westen. Von der Industriepolitik (Aufbau großer Kombinate, zum Teil Neugründung ganzer Städte: Eisenhüttenstadt) über die Akkumulationsformen des Kapitals (monopolisiert im Staat) bis hin zu einer der Massenproduktion und Massenkonsumption entsprechenden Massenkonformität geriet der staatssozialistische Produktionstyp der "inflexiblen Massenproduktion" zu einer nur mäßigen Kopie westlich-fordistischer Produktionsmodelle. Diese Elemente der Modernisierung dominierten schnell über solche des "Neubaus": Mitbestimmung und Mitgestaltung betrieblicher und anderer gesellschaftlicher Prozesse fanden kaum Entsprechungen in der zunehmend zentralistischen Parteipolitik stalinistischer Prägung. Im Gegenteil, diese lief auf eine "Restaurationspolitik" sowjetischer Herrschaftsstrategien hinaus, die bei der westlich orientierten Bevölkerungsmehrheit nur geringen Widerhall fand. Diese widersprüchliche und konfliktreiche Modernisierung charakterisierte sowohl Überlebensstrategien im Alltag als auch solche, die die gesamte DDR-Gesellschaft betrafen: Der Aufstand am 17. Juni 1953 hatte seine Gründe in dieser "Gemengelage" ebenso wie die bis zum Mauerbau 1961 anhaltende Massenflucht. Wichtige Elemente in diesem widersprüchlichen Modernisierungsprozeß waren wie im Westen die Arbeits- und Familienzentrierung sowie die begleitenden sozialpolitischen Absicherungen. Die Gewichtung allerdings war eine andere. Zwar wurde das Schlagwort von der Einheit der Wirtschafts- und Sozialpolitik erst in den 70er Jahren geprägt, die tatsächliche Wirtschaftspolitik - vor allem Vollbeschäftigung - war jedoch von Anfang an in dieser politisch regulierten Ökonomie realisiert, wenn auch im Vergleich zum Westen auf relativ niedrigem Niveau. Die Arbeitszentrierung war anders und deutlicher ausgeprägt als im Westen. Den Betrieben oblagen sehr viel mehr sozialpädagogische und sozialpolitische Aufgaben, wie z.B. die Durchführung von Ferien- und Urlaubsreisen, die Unterhaltung von Jugendclubs oder die Unterstützung von Kulturveranstaltungen, als das im Westen je denkbar gewesen wäre. Die Zentrierung um alle Momente der Arbeitsfähigkeit - sowohl im moralischen wie auch im Qualifikationssinne - dominierte im Osten noch stärker als im Westen, wohingegen es in der Familienzentrierung eher umgekehrt war: Wie wir gehört haben, waren die Rechte der Kinder und Jugendlichen deutlich stärker gesichert. Im übrigen galt - wie z.B. in einem Beschluß des Ministeriums für Volksbildung aus dem Jahr 1954 mehrfach unterstrichen wurde -, daß die Maßnahmen der Jugendhilfe in erster Linie die der Familie ergänzen und nur im Ausnahmefalle ersetzen sollten:

"Die Erziehungshilfe muß davon ausgehen, daß die Familienerziehung die günstigste Form der Erziehung darstellt und deshalb eine Entfernung aus der Familie nur im Notfall und nur auf begrenzte Zeit vorgenommen werden darf" (Beilage zur Zeitschrift "Neue Erziehung" 6/54).

In dem gleichen Beschluß wird mehrfach darauf hingewiesen, daß alle Erziehungsträger (d.h. alle Institutionen, in denen sich Kinder und Jugendliche befinden - von der Schule bis zum Betrieb) Verantwortung für die Erziehung zu tragen hätten und daß es Aufgabe der Referate für Jugendhilfe sei, diese darin zu unterstützen. Nur im äußersten Fall, wenn keine anderen Maßnahmen mehr helfen, sollte die Jugendhilfe die Verantwortung übernehmen und gegebenenfalls eine Vormundschaft, eine Pflegschaft oder eine Heimerziehung veranlassen (a.a.O.).

Daß vor diesem Gesamthintergrund die professionelle Alltagsarbeit und deren Konflikte in Ost und West durchaus gleichgelagert waren, darauf macht Erich HASS in seinem abschließendem Hinweis auf die "Gratwanderung" der professionellen Jugendhilfe aufmerksam:

"Den mehrfach genannten Begriff von der Würde des Menschen möchte ich unterstreichen. Im Grunde fordert das aber die unbedingte Bereitschaft des Sozialarbeiters, sich jemandem ganz zuzuwenden, mit all seinen Problemen und Schwierigkeiten. Damit beginnt dann aber unser Problem. Was vermögen wir eigentlich einem Menschen durch unsere Arbeit bewußt zu machen? Ich möchte aus der Tätigkeit meiner Kollegen in der Jugendhilfe der ehemaligen DDR sagen, daß der größte Teil der Fürsorge, auch der ehrenamtlichen Mitarbeiter, aus dieser unermüdlichen Zuwendung bestand. Sie wollten helfen! Doch gibt es hier gerade diese große Gratwanderung: Wann empfindet der Betreffende das nicht mehr als Hilfe? Ist das ein ungerechtfertigter Eingriff, auch wenn ich sehe, jemand rennt in sein Unglück? - überspitzt gesagt. Kann ich das aus meiner Erfahrung heraus beurteilen? Kenne ich sein Umfeld und die Bedingungen? Vielleicht hätte ich ihm viel zu raten, aber er nimmt das nicht an, weil er seine Persönlichkeit wahren möchte und weil er vieles anders sieht. Das ist ein Problem, vor dem wir in der Sozialarbeit immer stehen werden. ... Es ist also eine Gratwanderung zu erkennen, wo man helfen kann und wo Schluß ist. Es gibt natürlich auch die Reaktion, daß man sagt, es hat sowieso alles keinen Zweck. Das wäre aber eine schlechte Lösung. Der Gedanke der Unterstützung muß wach bleiben, wenn man Sozialarbeit machen will. Eine Hilfe zu leisten, ein Angebot zu machen und auch mal zu konstatieren: Ich habe es nicht geschafft, ohne daß man resigniert und dann beim nächsten Mal erst gar nicht mehr den Aufwand betreibt. ... Ich meine, daß wir in den neuen Bundesländern in der Vergangenheit wirklich die Erfahrung eines großen Miteinanders gehabt haben, ohne damit sagen zu wollen, daß da ein derart engmaschiges Netz war, daß der Einzelne da gar nicht mehr raus konnte. Natürlich muß man diskutieren und fragen, wo steht der einzelne Mensch? Zappelt er wohl nur in dem Netz und muß er nur so leben, wie ihm das Netz es zugesteht? Das soll sicher auch kritisch gesehen werden, aber überwogen hat diese ungeheure Bereitschaft, Angebote zu machen, zu helfen und zu verändern. Natürlich stoßen wir dann immer wieder auf die Tatsache, daß vieles sich nicht verändern läßt - jedenfalls nicht von einzelnen. ... Jugendhilfe in der DDR war Einzelfallarbeit. Wir haben uns mit großer Vehemenz und wirklichem Engagement der Familie zugewandt. Diese Absicht konnte dann allerdings durch andere Kräfte instrumentalisiert werden. Da muß man sehr wachsam sein. ... Ein Wort möchte ich noch zur Heimerziehung sagen: Eigentlich war es eine der großen Leidenschaften unseres Professors Mannschatz, die Heimerziehung in der DDR so zu prägen, daß das Kollektiv zu einem echten und wertvollen Erlebnis für den einzelnen Jugendlichen wird. Also nicht irgendeine Zeit des Zwanges, wo man reglementiert wird, sondern wir haben da viele Formen für ein echtes, gemeinschaftliches, schönes Erleben gesucht. Aber - wir wissen - es gab da auch die Ausnahmen."

Nachbemerkung

Der "Wiederaufbau" im Westen und der "Neubau" im Osten - beide in eigener Weise mit "Restauration" und Modernisierung verbunden - bilden unterschiedliche, aber verwandte Kontexte der Entwicklung Sozialer Arbeit im post-faschistischen Deutschland. So reizvoll ein Vergleich wäre - er kann hier nur in Ansätzen geleistet werden (vgl. Kapitel 6). Eberhard MANNSCHATZ nimmt den Faden für die weitere Entwicklung in der DDR am Beispiel der Jugendhilfe in seinem RÜCKBLICK wieder auf (S. 209 ff.), die abschließende Diskussionsrunde im SIEBTEN BLICK spinnt ihn weiter (S. 367 ff.). Mein Augenmerk liegt ab jetzt auf der Entwicklung in der BRD, da ich mich auf diesem Terrain sicherer fühle. Eigenständigkeiten, Widersprüche und Überschneidungen beider Entwicklungen können durch diese Darstellungsweise zwar unvollständig, aber - wie ich hoffe - kritisch dargestellt werden. Es bedarf sicher noch vieler weiterer Untersuchungen und Diskussionen, um die diversen Fäden zusammenzuführen und die gemeinsamen Perspektiven zu erweitern. Denn auch hier gilt: Die Grenzen verlaufen nur an der Oberfläche zwischen Ost und West, tatsächlich zeichnen sie sich im Konflikt um eine Soziale Arbeit als "Regierungskunst" und als "Kunst, nicht dermaßen regiert zu werden" ab (vgl. Bd. I, S. 21/23), also in der Auseinandersetzung um Affirmation und Kritik bestehender Verhältnisse.

4. Der Hansische Jugendbund (HJB) - Gesa von BENTIVEGNI und Jürgen KALCHER berichten über ein "unzeitgemäßes" Projekt

Magda KROMME hatte bis zu ihrer Einweisung in die Eggerstedtstraße (s.o.S. 9) schon viele FürsorgerInnen kennengelernt. Bis dahin waren es nur schlechte Erfahrungen, die sie mit ihnen gemacht hatte. Noch gut konnte sie sich an ihre Einweisung in das Kinderheim in der Averhoffstraße erinnern, als ihre Eltern die Miete nicht bezahlt hatten (Bd. I, S. 119 f.):

"Die Fürsorgerin hielt es doch mit denen da oben. Die hat an uns ein Exempel statuiert, damit die anderen wieder ihre Miete zahlten."

Als noch schlimmer ist ihr die Situation in Erinnerung, als sie zwangsweise in die Psychiatrie eingewiesen wurde und ihr Felix weggenommen wurde (Bd. I, S. 175 f.).

"Die Fürsorgerin war noch schlimmer als der Richter, der mich einsperren ließ. Sie warf mir die uneheliche Geburt von Felix vor, nannte mich eine haltlose Person und sagte mir so richtig gehässig, daß sie hoffe, daß bei Felix die guten Erbanlagen des Vaters die Oberhand behielten. Und daß es ein Glück für Felix sei, nun endlich in eine anständige deutsche Familie zu kommen."

Auch die Fürsorgerin, die ihre Wiederbemündigung 1946 bearbeitete (s.o.S. 8), war in ihrer Erinnerung nicht viel besser.

"Wenn die nicht den Befehl gehabt hätte, uns endlich aus dem Mist rauszulassen, hätte die nichts getan. Sie gab mir deutlich zu verstehen, daß jemand mit einer derartigen Krankengeschichte draußen nicht zurechtkommen würde. Meine ganze Geschichte haben sie mir bei der Einweisung in die Eggerstedtstraße wieder unter die Nase gerieben. Sie haben mir sogar wieder mit Entmündigung gedroht. Ich hatte verdammte Angst, daß sie mir - wie damals den Felix - nun auch Lore wegnehmen würden, weil die ja nicht so ganz richtig war. Das waren ja noch immer die alten Nazi-Damen und BDM[1]- Führerinnen wie früher. Jedes Mal, wenn die einmal im Monat zur Inspektion kamen, habe ich die Kleine so gut zurechtgemacht wie es eben ging - und unsere Zimmerecke auch." (Der ca. 50 m² große Raum war durch Schränke, Doppelbetten und Decken geteilt, so daß vier Familien darin hausen konnten - T.K.)

In dieser Situation war Magda KROMME froh, daß Henry bald nach der Einweisung in die Obdachlosenunterkunft begann, zum Hansischen Jugendbund zu gehen. Zunächst nahmen Nachbarskinder ihn mit, bald aber ging er auch allein dorthin - so oft und so lange es nur ging.

"Da war'n Sozialarbeiterinnen, die war'n keine Fürsorgerinnen. Die haben mit den Jugendlichen viel unternommen und auch mit den Lütten. Henry war da gar nicht wegzukriegen. Was der mir abends erzählte, erinnerte mich ganz doll an meine Zeit mit Ulla bei den Kinderfreunden (vgl. Bd. I, S. 138, S. 175). Und genau wie bei den Kinderfreunden haben sich auch alle geduzt. Das war nicht so mit denen da oben und uns da unten. Ich war auch ein paar Mal da. Wenn Henry mit dem HJB mal 'ne Ferienreise machte, mußte ich immer hin, um einen Antrag auf Ermäßigung oder Erlaß der Kosten zu stellen. Da hab' ich dann 'mal mit Ambrosius gesprochen - das war kein Kerl, das war 'ne richtige Dame, aber mit dem Herz auf dem rechten Fleck. Richtig hieß die Elisabeth SÜLAU und die hat mich gleich geduzt - wie ein Kumpel. Genau wie die andere, die Christel. Die war ruhiger, aber unheimlich lieb. Wenn die nicht gewesen wären, wäre alles noch schlimmer gewesen. So wußte ich, daß Henry genauso viel Spaß hatte wie ich damals. Und ich konnte mich mehr um Lore kümmern."

Magda KROMMES "feine" Unterscheidung von Sozialarbeiterinnen und Fürsorgerinnen wird aus einer anderen Perspektive - und mit anderen Worten - von Lisel WERNINGER geteilt.

---

1) Bund Deutscher Mädchen

"Ich habe schon einmal angedeutet, daß die Modellschule von Peter Petersen an meinem Wege gelegen hat. Das war ja eine Modellschule zur Selbständigkeit des einzelnen Schülers: weg von der Abhängigkeit des Frontalunterrichtes und hin zur Selbständigkeit. Dieses Erleben der Gruppe mit ihren positiven wie negativen Möglichkeiten habe ich dann bei Elisabeth Sülau wiedergefunden. Sie hat '47 als Sozialarbeiterin in St. Georg die Jugendlichen auf der Straße gesehen. Die berühmten ersten sieben Mädchen hat sie mit in ihre Wohnung genommen. Sie ging davon aus, daß man junge Menschen in ihrem Alltag da abholen muß, wo sie sind, und sie zu einer neuen Erfahrung kommen mußten: gemeinsam mit der Jugend zu reden, Jugendprobleme und Jugendfragen gemeinsam zu erleben. Sie hat also Angebote gemacht, z.B. daß man diskutiert hat, daß man herausgefahren ist, alles, was Jugendliche damals nach '45 machen konnten. Aus diesen berühmten sieben Mädchen ist der Hansische Jugendbund mit ungefähr 500 Mitgliedern geworden. So hat er zwanzig Jahre bestanden.

Kennzeichnend für Elisabeth SÜLAU war das sogenannte 'Vorschußvertrauen'. 'Egal, wer Du bist, Du bist wichtig, wenn Du hier bist. Und Deine Vorgeschichte interessiert mich gar nicht.' Sie hat daraus ein Clubleben entwickelt, das von Vorschulkindern bis zu Jungerwachsenen und Eltern reichte. Zudem gab es etwas ganz Entscheidendes, was es nachher in der Jugendhilfe im Hamburger Bereich nicht wieder gegeben hat: Ihr war es wichtig, daß aus den einzelnen Gruppen, die sich als Interessen- oder Freundschaftsgruppen entwickelten, ein gruppeneigener Leiter gewählt wurde. Dieser gruppeneigene Leiter hatte dann noch einen Berater, der entweder ein Student oder ein Sozialpädagoge war, der auch gewählt werden mußte. Für mich war das Haus des Hansischen Jugendbundes eigentlich wie ein Nachbarschaftsheim. Das hat sich in Deutschland aber nicht durchgesetzt.

Durch Dr. Hermine Albers wurde rein organisatorisch die Jugendhilfe wieder aufgebaut; die Bezirksjugendämter, alle Häuser der Jugend, die offene Arbeit und die Jugendhilfe. Ebenso gewannen wir den Anschluß an die angelsächsischen Länder und an die Methodenlehre. Das war wie ein großer Kanal, in den ich da reingekommen bin. Nach dem Erlebnis mit Elisabeth SÜLAU habe ich in einem Bezirk Soziale Gruppenarbeit gemacht, da ich von dem kontrollierenden Element weg wollte. Eines muß man noch sagen: Hamburg hatte eine Jugendhilfe, die bemüht war, nach dem JWG die sogenannte 'freiwillige Schutzaufsicht' zu leisten. Das war ein sogenanntes Früherkennen von Auffälligkeiten, sei es über die Schule oder durch Selbstmelder, und verstand sich als Begleitung, die aber in Freiwilligkeit und in Absprache geschah, um schärfere Maßnahmen zu vermeiden. Das hat es in anderen Ländern so nicht gegeben. Hamburg hatte bereits in den 50er Jahren 20.000 junge Leute, die unter 'freiwilliger Schutzaufsicht' waren. 'Schutzaufsicht' hatte noch diesen Makel von Aufsicht, von Kontrollmechanismen. Später nannte sich das 'formlose Erzieherische Betreuung'"

Was Lisel WERNINGER hier sehr komprimiert schildert, soll mit Hilfe zweier weiterer ZeitzeugInnen in wichtigen Aspekten vertieft werden. Gesa von BENTIVEGNI und Jürgen KALCHER, beide sind als BerufspraktikantInnen und GruppenberaterInnen im HJB tätig gewesen, berichten von ihren Erfahrungen in diesem ungewöhnlichen Projekt, das sowohl seiner Zeit voraus war, als auch progressive Entwicklungen der 20er Jahre aufnahm, das jedenfalls so "unzeitgemäß" war, daß es eingestellt wurde. Da es mein Anliegen ist, den HJB als Prototyp einer Sozialen Arbeit darzustellen, die sowohl eine "moderne" Variante professionellen Selbstverständnisses repräsentiert, als auch gegen den Strom der nur oberflächlich entnazifizierten Mehrheit der damaligen Sozialarbeit schwimmt, werde ich fünf Aspekte besonders betonen. Wer sich intensiver mit dem Hansischen Jugendbund beschäftigen möchte, sei der von Christel GARSTERSTAEDT herausgegebene Band über den HJB empfohlen (1995), der neben den ZeitzeugInnen ebenfalls Quelle der nachfolgenden Interpretation ist.

Zunächst also eine kurze Vorstellung der Gründerin des HJB, Elisabeth SÜLAU, genannt Ambrosius (1), dann wichtige Aspekte des "Herzstückes" des HJB, der Freundschafts- und Interessen- bzw. Neigungsgruppen (2), die in eine komplexe Struktur (3) eingebunden sind; zwei Beispiele folgen (4), um die Praxis von Partizipation zu erhellen; mit Überlegungen zu den Gründen des Scheiterns (5) endet der Versuch, die "Abweichung" als Vorschein dessen, was bis heute uneingelöst ist, zu verstehen.

Jürgen Kalcher geb. 1935

Nach Abitur in Pforzheim (1956) und einjährigem Vorpraktikum im "Pestalozziheim" der "Familie-Wespin-Stiftung" in Mannheim Studium der Sozialarbeit (1957-1959) an der Ev. Wohlfahrtsschule in Ludwigsburg (Baden-Württemberg), Abschluß als "Wohlfahrtspfleger" mit Hauptfach "Jugendwohlfahrtspflege". Jahrespraktikum in der Heilpädagogischen Beobachtungsstation des Fürsorgeerziehungsheims "Karlshof" in Wabern, Bez. Kassel, sowie im "Hansischen Jugendbund, HJB. ", Hamburg. Danach Teilnahme am "Cleveland International Program for Social Workers and Youthleaders" in den USA. Nach Rückkehr Psychologiestudium in Hamburg (1960-1966). Während des Studiums mehrjährige Mitarbeit in der Sozialen Gruppenarbeit im HJB, Hamburg. Später praktische Tätigkeit als Psychologe in der Heimerziehung. Seit 1980 Professor für Psychologie und Methodenlehre an der FH. Hamburg, Fb. Sozialpädagogik, Mitglied u.a. in der Internationalen Gesellschaft für Heimerziehung (IGfH), im Berufsverband Deutscher Psychologen (BDP), der Cleveland International Fellowship (CIF). Arbeitsgebiete: Öffentliche Erziehung, Soziale Gruppenarbeit, Interkulturelle Sozialarbeit, System- und Kommunikationstheorien. - Zahlreiche Publikationen zum Thema "Heimerziehung". Zusammen mit C. Gasterstaedt (Hg.), Gerd Krüger, Gudrun und Dieter Goll Veröffentlichung zur Geschichte des "Hansischen Jugendbundes": "Draußen war Druck, aber im HJB konntest Du aufatmen" (1995).

Das Gespräch mit beiden ZeitzeugInnen wurde am 2. Juli 1997 geführt.

Gesa von Bentivegni **geb. 1933**

Zunächst lernte ich Krankenschwester (1953-1955) und studierte dann Sozialarbeit im Pestalozzi-Fröbel-Haus in Berlin (1956-1958). Vom Oktober 1958 bis Oktober 1959 war ich Stipendiatin der Victor-Gollancz-Stiftung im HJB, offiziell in den Schutzaufsichtsgruppen. Ab November 1959 war ich dann Familienfürsorgerin und Jugendfürsorgerin in Hamburg. Nach einer Zusatzausbildung in Methodischer Sozialarbeit und Supervision wurde ich ab 1965 Supervisorin für die Sozialen Dienste. Meine Schwerpunkte waren - und sind es heute noch - Sozialtherapie, Umgang mit Alltagskonflikten und Gewalt. Diese Themen bearbeite ich auch als Fortbilderin im Referat Aus- und Fortbildung des Amtes für Jugend (seit 1980).

Mich interessieren, wie Begegnungsfähigkeit gesteigert und Verantwortung für das eigene Tun gestärkt werden können. Dabei geht es mir nicht um "nettere SozialarbeiterInnen", sondern um lebendige Begegnungen aus der Perspektive der KlientInnen, und darum, wie Soziale Dienste das Leben der BürgerInnen erleichtern und entlasten können.

(1) Elisabeth SÜLAU, Gründerin und "Gruppenberater"

Elisabeth SÜLAU (1904-1979) muß schon von der äußeren Erscheinung her eine ungewöhnliche Frau gewesen sein:

"Auch ihr äußeres Erscheinungsbild war für mich fremdartig. Große Ohrringe, die Lippen stark gerötet, Armringe, dicke Kette. Alles neue Eindrücke, denn die Fürsorgerinnen, die ich bis zu diesem Zeitpunkt kennengelernt hatte, schminken sich nicht, noch trugen sie auffallenden Schmuck. Die weitere Überraschung war, diese Frau lebte nur für ihre Arbeit. Sie war morgens bereits früh in ihrem Büro und abends war sie oft mit die Letzte beim Weggehen. So etwas wie einen Acht-Stunden-Tag, kannte sie nicht. Ich habe sie auch nie ruhenderweise erlebt" (so ein ehemaliger Mitarbeiter in: KALCHER 1995, S. 97).

Ihre erste fachliche, aber auch politisch-kulturelle Prägung datiert aus ihren Aktivitäten in der Frei-Deutschen Jugend der 20er Jahre. Ihre zweite Prägung erlebte sie unmittelbar nach Kriegsende in einem von amerikanischen Fachleuten organisierten Kurs im Social Group Work.

"Sie erkannte, daß Gruppenerlebnisse, besonders unter der Bedingung gezielter pädagogischer Einflußnahme und demokratischer Leitung, bedeutsame Lernerfahrung für das einzelne Gruppenmitglied evozieren können" (KRÜGER 1995, S. 28 f.).

Vor diesem Hintergrund verwundert es nicht, daß Elisabeth SÜLAU sich z.B. mit Gisela KONOPKA sehr gut verstand.
Jürgen KALCHER: "Dieses Band der Jugendbewegung schloß beide zusammen und bildete in gewisser Weise den gefühlsmäßigen und politisch-kulturellen Hintergrund für ihre Zusammenarbeit."

Im Begleitwort zu der von Christel GARSTERSTAEDT herausgegebenen Untersuchung des HJB schreibt Gisela KONOPKA unter dem Titel "Elisabeth SÜLAU - What Great Memories!":

"Und dann Hamburg - der Ort, wo man mich in den Gestapo-Keller geworfen hatte; zugleich aber auch der Ort, an dem ich mit Juden und Nicht-Juden zusammen Widerstand gegen die Nazis geleistet hatte. Ich traf Elisabeth SÜLAU und wir fühlten uns verbunden wie Schwestern" (1995, S. 11).

Ihr Spitzname "Ambrosius", mit dem sie sowohl Jugendliche als auch MitarbeiterInnen ansprachen, sowie die Tatsache, daß sie sich mit allen Mitgliedern des Hansischen Jugendbundes duzte, sind Hinweise auf das von Lisel WERNINGER herausgestellte Vorschußvertrauen; aber auch andere wurden mit Spitznamen bzw. selbst gewählten Namen gerufen, um so auch eine Art Neuanfang zu symbolisieren. Es zeugt aber auch von Bezügen zur Kultur der Arbeiterbewegung, in der Duzen und Spitznamen eine lange Tradition haben. Besonders das Duzen wurde von den eher bürgerlichen oder mittelschichtorientierten MitarbeiterInnen zunächst mit Befremden aufgenommen, dann aber in der Regel positiv erlebt. SÜLAUS große Stärken waren ihre ausgesprochene Kontaktfähigkeit und ihr überragendes Improvisations- und Organisationstalent. Gepaart mit einem unkonventionellen und kritischen Selbstbewußtsein - in einer öffentlichen Rede titulierte sie die Hamburger Jugendbehörde als "Jugendverfolgungsbehörde" - trug dies wesentlich dazu bei, daß die große Mehrheit der Jugendlichen den Hansischen Jugendbund als belebenden, unterstützenden und fördernden Freiraum empfand: "Draußen war Druck, aber im HJB konntest Du aufatmen" - so ein Ehemaliger der "Hansischen". Dieser Satz wurde der Titel der von Christel GASTERSTAEDT herausgegebenen Untersuchung.

Gesa von BENTIVEGNI und Jürgen KALCHER schildern Elisabeth SÜLAU als eine fordernde, manchmal überfordernde Frau, "die einem schon mal auf die Nerven gehen konnte", die aber immer mit einer anzuerkennenden Autorität agierte.

Jürgen KALCHER: "Es war eine Art autoritärer Führungsstil, wenn man das formell beurteilen wollte. Aber wie häufig reicht diese Kennzeichnung nicht aus. Ich möchte das 'mal mit Erich Fromm (Sein und Haben) so sagen: Sie hatte nicht Autorität, sie war Autorität; keine aufgesetzte Amtsautorität, sondern eine, die sie ausstrahlte. Worum es auch immer ging, sie hatte verdammt noch mal die besseren Vorstellungen, wie ich häufig hinterher einsehen mußte."

(2) Freundschafts- und Neigungsgruppen

Aus den "berühmten ersten sieben Mädchen", die Lisel WERNINGER erwähnte, wurde die erste HJB-Gruppe - die BBH-Gruppe (Biberhausgruppe). Im Laufe der Zeit bildeten sich viele weitere, die sich alle besondere Namen gaben, z.B. Vikinger, Geußen, aber auch ABC-Gruppe, nach der Straße (ABC-Straße), in der sich diese Gruppe zuerst traf.

Gesa von BENTIVEGNI: "Elisabeth SÜLAU war es satt, Schutzaufsicht einzeln, und das hieß auch immer kontrollierend, durchzuführen. Sie finden das heute noch in alten Akten, in denen dann steht: 'Das Einverständnis der Eltern kann vorausgesetzt werden', wenn Schutzaufsicht angeordnet wurde. Da hat sie eben die einzelnen Schutzaufsichten in Gruppenarbeit umfunktioniert. Das war für sie die sinnvollere, demokratischere und menschlichere Ebene des Umgangs, und das hat sie zunächst in ihrer privaten Wohnung gemacht. Erst Anfang der 50er, als ihre Arbeit auch offiziell vom Jugendamt anerkannt wurde, hat sie dafür Räume bekommen. Der Grundgedanke war, daß die Jugendlichen ihren eigenen Gruppenleiter wählten und daß die sogenannten Fachleute, also wir, die wir aus dem Bereich Sozialarbeit oder sonstwoher kamen, die beratende Funktion hatten. Wir konnten abgelehnt werden, was ich auch gut fand. Die Jugendlichen bildeten Freundschafts- oder Interessengruppen, und jede Gruppe mußte eine Fachperson haben. Aber welche, das entschieden die selbst. Das fand ich ganz außergewöhnlich, und als ich gewählt wurde, war ich ganz stolz.

Häufig kannten sich die Gruppenmitglieder aus der Nachbarschaft. Sie wurden aber auch von Erziehungsberatungsstellen, von Jugendämtern, von Sozialarbeiterinnen empfohlen, wenn diese Einrichtungen feststellten, daß sie nicht an die Jugendlichen 'rankamen oder daß man denen mal was Gutes tun müsse - so ungefähr jedenfalls. Dann wurde die Schutzaufsicht samt Akte, das waren ja auch immer Aktenvorgänge, an den HJB delegiert. Es war die Wahrnehmung einer, wie man heute sagen würde, erzieherischen Hilfe. Aber das war den Jugendlichen ungefähr so schnuppe wie uns. Die ganze fachliche Seite sollte Demokratie unterstützen, Bildung ermöglichen und Beratung anbieten. Das stand natürlich manchmal nur auf dem Papier, aber manchmal war es auch wirklich so. Es war nicht nur ein Auftrag, sondern auch ein bejahter Auftrag, nämlich eine leistungsfähige, demokratische Struktur zu finden, die jenseits aller Fachlichkeit gebildet wurde."

Während die Jugendlichen ihre Leitungen in formellen Wahlvorgängen wählten, war die Wahl der Berater mehr eine Kooptation.

Gesa von BENTIVEGNI: "Für mich ist heute noch immer aufregend, wie die Wahl und Abwahlmöglichkeiten der Berater gestaltet wurden. Als Fachmensch stand ich zuerst ziemlich dusselig in der Gegend herum, weil ich nicht wußte, was ich fachlich bieten sollte. Dann brauchte aber eine Tanzgruppe einen Gruppenberater. Die haben mich dann angesprochen. Es war also nicht ein formaler Prozeß, sondern die bildeten sich ein Urteil, und es ging mehr nach Sympathie als nach Kompetenz. Ich habe also eine Tanzgruppe beraten und konnte nicht einen Schritt tanzen, überhaupt nicht. Die Tanzgruppe tobte also in dem Raum herum, und ich saß in einer Ecke und kriegte immer die Jungs mit gebrochenem Herzen

auf den Schoß, oder diejenigen, die keine abkriegten. Die konnten dann während der ganzen Zeit gut mit mir reden. Es waren ca. 15 Personen in dieser Gruppe, davon auch eine ganze Reihe, die unter Bewährungsaufsicht standen. Aber das war egal.
Die Gruppen waren sehr unterschiedlich. Es gab sogenannte natürliche, die sich schon vorher kannten, und es gab solche, die sich über Interessen oder über die geschickte Vermittlung von Ambrosius oder anderen zusammenfanden. An den offenen Abenden - ca. dreimal die Woche - gab es eine sogenannte Großgruppe, d.h., dort konnten alle hinkommen, und dort wurden unter der geschickten Regie von Elisabeth SÜLAU neue Kontakte geknüpft, z.B. zwischen Praktikanten und den Jugendlichen bzw. den Jugendlichen und den verschiedenen Interessen- und Neigungsgruppen. Das spielte sich alles im großen Raum im unteren Stockwerk ab, der ausgestattet war wie eine Kneipe, nur daß es dort kein Bier gab. Aber es gab z.B. Kicker und eine Musicbox und andere Sachen.

Ambrosius sah ihre Aufgabe darin, 'Bindung herzustellen'. Ihr klassischer Ausspruch war: 'Bindet sie!' Wenn ein neues Thema gefunden oder eine neue Gruppe gebildet werden sollte, wurde das an diesen offenen Abenden bekanntgemacht, und es wurden ungefähr dreimal soviel eingeladen, wie eigentlich in die Gruppe hinein sollten. Daraus bildete sich dann tatsächlich die entsprechende Gruppe."

"So konnte nahezu eine ideale Gruppenzusammensetzung erreicht werden. In den Gruppen befanden sich Jugendliche mit sehr unterschiedlicher Problematik, wie z.B. kriminelles Verhalten, Aggressivität, Suizid-Gefährdung, Kontaktstörungen, Ängste. Hinzu kamen aber noch 'unproblematische' Jugendliche, 'normal'-reagierend, zielstrebig und kontaktstark. Diese Zusammensetzung eröffnete in den einzelnen Gruppen und im Vereinsleben vielfältige Identifikations- und Lernmöglichkeiten im Sinne toleranten und verantwortungsbewußten Handelns. Da die Problematik und die Auffälligkeiten der einzelnen Jugendlichen nicht bekanntgemacht wurden, hatte jeder eine Chance des Neuanfangs" (KRÜGER 1995b, S. 33).

Es liegt auf der Hand, daß das Verhältnis von Gruppe, Gruppenleiter und Gruppenberater von besonderer, in der Regel produktiver Spannung war.

Jürgen KALCHER: "Es gab dieses Führungsdual, so würde ich es bezeichnen, den Berater und den aus der Gruppe selbst gewählten Leiter. Dieses Spannungsverhältnis war immer real und nicht gekünstelt, das war bewußte Auseinandersetzung und auch so intendiert. Es gab Gruppenleitersitzungen, in denen die Leiter regelmäßig zusammenkamen, um über bestimmte Probleme zu sprechen und um gemeinsame Aktionen zu planen. Es gab das Gespräch der professionellen Sozialpädagogen, das war wie eine Supervision bei Ambrosius oder bei anderen hauptamtlichen MitarbeiterInnen."

Gesa von BENTIVEGNI: "Das war Demokratie, daß die Jugendlichen in den Gruppen das Sagen hatten, daß die Leiter den Berater zwar sozusagen als

'Hinterhofpölsterchen' hatten, wenn sie nicht mehr weiter konnten, aber im Prinzip hatten die Leiter das Sagen. Es war nicht so, wenn ich als Berater irgendetwas sagte, was nicht gehe, so hat das nichts genützt. Ich hatte schon zu überzeugen, und das konnte ich in der Regel dann auch."

In den Kurzberichten und Gruppenprotokollen, die Gesa von BENTIVEGNI für eine ihrer Gruppen zwischen Januar 1959 und April 1960 anfertigte, wird dieses Spannungsverhältnis spürbar. Auf der einen Seite wird deutlich, daß von der Gruppenberaterin nicht nur Beratung, sondern auch Vorschläge für Aktivitäten und in diesem Sinne auch Führung verlangt wurde, auf der anderen Seite wird aber ebenso klar, daß alle Vorschläge des Beraters oder der Beraterin nur zusammen mit den gewählten Leitern realisiert wurden. Auch wenn offensichtlich ist, daß das Gruppenleben ganz entscheidend durch die geschickte Hintergrundregie der Beraterin zusammengehalten und formiert wurde - insbesondere in Krisen, wenn z.B. eine Gruppenleitung neu gewählt werden mußte -, so wird ebenso die Fähigkeit der Beraterin deutlich, dieses ohne manipulative Absicht zu tun, sondern mit großem Ernst. Das geschah über die reine Arbeitszeit hinaus, wenn sie wichtige Jugendliche z.B. zu sich nach Hause einlud und mit ihnen lange Gespräche führte. Wie selbstbewußt auf der anderen Seite die Jugendlichen mit den BeraterInnen umgegangen sind, hebt Gesa von BENTIVEGNI mit einem Beispiel hervor:

"Es war ungeheuer lebendig und wie ein Jahrmarkt der Möglichkeiten. Für Sozialarbeiter war es ein ganz tolles Lernen. Die Jugendlichen kannten natürlich Sozialarbeiter und fanden Behörden in der Regel ziemlich scheußlich. Und sie wußten daher auch, wer Berufspraktikantin oder wer schon richtig ausgebildet war. Auch war ihnen bewußt, daß diese Leute hinterher in den Ämtern sitzen und unter Umständen in ihr Leben eingreifen würden. Da haben wir erstmal Mißtrauen geweckt. Sie haben uns dann auch nach Strich und Faden getestet.

Ich war zu der Zeit noch ein bißchen spät entwickelt. Nach einem Gruppentreffen spazierten wir auf der Reeperbahn, und die Jugendlichen bliesen Präservative auf, ließen sie platzen und guckten, was für ein Gesicht ich denn machte. Ich sah erst ein bißchen verlegen beiseite, und zuerst habe ich gedacht, das sind Luftballons. Die haben wirklich alles ausprobiert. Sie sind mit mir in die schönsten Kneipen gegangen, und wehe, jemand anders wollte mit mir tanzen. Dann wurde dem auf die Nase gehauen, und ich kam dann mit meinem demokratischen Konfliktlösungsmodell. Das fanden sie wahnsinnig komisch. ... Wir haben uns auch gegenseitig ausgefragt, obwohl die Jugendlichen immer etwas gegen das berufsmäßige Fragen der Sozialarbeiter hatten, weil die ja ewig fragen. Sie haben mir das dann wunderschön vorgespielt, wie das auf dem Amt ist, wenn der Bewährungshelfer Dich ausquetscht: 'Hast Du Arbeit; hast Du ein neues Ding gedreht; lass' das bloß und ähnliches'."

(3) Organisations- und Angebotsstruktur und typische Konflikte

Der HJB war mehr als eine Ansammlung von Gruppen; er hat eine komplexe innere Struktur und schuf sich im Laufe der Zeit ein ihn tragendes Umfeld. Zentraler Bezugspunkt war und blieb jedoch in Theorie und Praxis die Soziale Gruppenarbeit.

"In den Sozialen Gruppen des Jugendbundes wurde mit den natürlichen sozialen Bedürfnissen der Kinder und Jugendlichen gearbeitet. Jugendthemen waren Bezugs- und Ausgangspunkt der Gruppenarbeit. Dadurch erlangten die Gruppen große Attraktivität, da das allgemeine gesellschaftliche Klima dieser Jahre durch eine deutlich prüde Einstellung und Ignoranz den Entwicklungsproblemen Jugendlicher gegenüber gekennzeichnet war ...

Der Hansische Jugendbund war auf der Grundlage demokratischer Mitbestimmungsstrukturen organisiert. Er setzte eine weitgehend auch formal gestaltete Mitbestimmung durch die Jugendlichen in alltägliche Praxis um. Seine Satzung war geltendes Recht im Haus. Gravierende Regelverstöße wurden vor dem Gruppengericht geahndet. Diesem saß ein Richter vor. Ihm standen Beisitzer zur Seite. Ein Kläger vertrat 'die Seite des Hauses', und der 'Angeklagte' wurde von einem Verteidiger vertreten. Der Spruch des Gerichtes hatte höchste Autorität" (KRÜGER 1995a, S. 19).

Dabei war das realistische Ineinandergreifen von formellen und informellen Strukturen von besonderer Bedeutung:

"Der 'Erprobungs- und Übungsraum' HJB hatte einen deutlichen Ernstcharakter, er stellte keine 'Spielwiese' dar. So war das sozial-emotionale Echo, welches der Jugendliche auf sein 'öffentliches' Handeln und Verhalten im Club erhielt, auch ernstgemeint und keine pädagogische Attitüde. Die Besucher erlebten, daß sie ernsthaft gebraucht wurden, aber auch, daß Kritik an ihrem Verhalten und etwaige Sanktionen 'ernste' Folgen haben konnten" (a.a.O., S. 21).

Nach dem Rechenschaftsbericht 1955/56 gab es zu diesem Zeitpunkt fast 400 Gruppenmitglieder, die sich in neun Jugendgruppen und eine nicht genannte Zahl von Kindergruppen unterteilten. Der Schwerpunkt lag bei den Jugendlichen und Heranwachsenden (18-25 Jahre). Während bei den Kindern die Mädchen leicht überwogen, waren es bei den Älteren eindeutig die Männer (insgesamt zwei Drittel Männer, ein Drittel Frauen). Über 90 % waren Schüler bzw. Absolventen der Volksschule, bei den Berufstätigen überwogen handwerkliche und Arbeiterberufe. Über 64 % der Teilnehmer wurde eine Jugendamtsakte geführt, wobei der weitaus größte Teil in der freiwilligen Schutzaufsicht bzw. später in der formlosen, erzieherischen Betreuung lag (KRÜGER 1995 b, S. 48/49).

Im Oktober 1959 zog der Hansische Jugendbund in ein großes Haus auf der Herrenweide in St. Pauli um. Nun konnten weitere Gruppen eröffnet werden, so daß am Ende über 500 aktive Mitglieder gezählt wurden.

Jürgen KALCHER: "Was die Interessen und Freundschaftsgruppen angeht, habe ich einmal ausgerechnet, daß ungefähr 5.000 Personen in den zwanzig

Jahren durch diese Gruppen gegangen sind. Das ist aber eher zu niedrig geschätzt, weil ich z.B. die Kinder nicht mitgerechnet habe. Es ist wirklich eine in die Tausende gehende Gesamtgruppe gewesen."

Das Wochenprogramm war charakterisiert durch einen ständigen Wechsel von offenen und gruppenbezogenen Angeboten und Aktivitäten.

Gesa von BENTIVEGNI: "Insbesondere das Haus in der Herrenweide wirkte mehr wie ein Nachbarschaftsheim. Man konnte kommen und gehen, wann man wollte. Ab mittags war es geöffnet, und es ging in der Regel so bis zehn Uhr abends. Die festen Gruppen trafen sich zwar, aber darüber hinaus gab es für Kinder und Jugendliche immer offene Zeiten. Wir fingen zwar auch erst mittags an, aber es war nicht selten, daß Ambrosius nach 22.00 Uhr sagte, wir machen Dienstbesprechung. Ich weiß, daß ich manches Mal erst nach Mitternacht nach Hause gekommen bin. Elternarbeit gab es auch. Die Elterngruppenarbeit hat Ambrosius selbst gemacht, wir durften höchstens 'mal mit einzelnen Eltern sprechen. Das war der Stil, die Philosophie des Hauses."

Jürgen KALCHER ergänzt: "Die Kinder waren nachmittags da, die gingen dann so zwischen sieben und acht Uhr. Es überlappte sich aber auch. Dann kamen die Jugendlichen. Ich denke auch heute noch, daß diese Mischung sehr sinnvoll war. Es machte das Sich-Aneinander-Reiben gerade in Form der sozialen Gruppenarbeit möglich. Die Mischung von Leuten, z.B. die mit und ohne Akte, war ausgesprochen wichtig. Denn soziale Gruppenarbeit ist gerade dadurch gekennzeichnet, daß man voneinander lernt und sich gegenseitig etwas beibringt. Das hat gerade Hans FALCK[1] nochmal beschrieben als besonderes Kriterium gegenüber einer Theorie, die behauptet, alles nur offen halten zu wollen. Die Mischung von offenen Angeboten, aber auch die Möglichkeit, in kontinuierlichen Gruppen zu arbeiten, möchte ich besonders deswegen hervorheben, weil heute ja häufig Offenheit als Selbstzweck angesehen wird. Ich denke, man muß sich fragen: Wie offen und wie geschlossen muß eine Gruppe oder muß das Angebot im Angesicht von bestimmten Jugendlichen sein? Was brauchen wir eigentlich? Denn: Wer nach allen Seiten offen ist, muß nicht ganz dicht sein."

Alle vier Wochen gab es sonntags einen Tanztee, der von einer Freundschafts- oder Interessengruppe vorbereitet wurde und zu verantworten war. Freitags gab es in der Regel eine offene Diskussionsveranstaltung, in der "heiße Eisen" angepackt wurden. Man lud bekannte Professoren und z.B. auch den Nachrichtensprecher Köpcke ein, um auf der einen Seite den Jugendlichen wichtige Personen und Positionen zu bieten, auf der anderen Seite aber sicherlich auch, um das

---

[1] Hans FALCK, ebenfalls emigrierter Sozialarbeiter und Vertreter eines partizipativen Konzeptes Sozialer Arbeit.

Bild eines zwar unbequemen, aber dennoch loyalen HJB in einem Klima zu demonstrieren, in dem jede Innovation schon als "Kommunismus" verdächtigt wurde.

Ende der 50er Jahre gründete Elisabeth SÜLAU den Jugendhilfe e.V., der bis heute einer der wichtigsten freien Träger der Jugendhilfe in Hamburg ist. Neben der Absicherung in einem mißtrauischen bis ablehnenden Umfeld diente dieser Verein auch dazu, Geldbußen der Gerichte einzuwerben. Diesem Zweck war es dienlich, daß bis in die jüngste Zeit hinein immer ein Richter den Vorsitz des Vereins innehatte. Dank der geschickten Öffentlichkeitsarbeit scheint es aber relativ selten zu Angriffen auf den HJB gekommen zu sein. Was seine fachliche Anerkennung angeht, mauserte sich der HJB schnell zu einem bundesweiten Vorbild. Praktikantinnen und Praktikanten aus der ganzen Bundesrepublik bewarben sich um einen Platz im HJB. Jürgen KALCHER war z.B. einer der glücklichen, der, aus Süddeutschland kommend, einen Platz bekam, der zur Hälfte vom Jugendhilfe e.V. finanziert wurde. Auch Gesa von BENTIVEGNI konnte ihren Praktikumsplatz nur erhalten, weil die Victor-Gollancz-Stiftung die Hälfte eines Berufspraktikantengehaltes zuschoß. Auch dies ist ein Zeichen für die fachliche Anerkennung. Ein weiterer Hinweis für die fachliche Bedeutung war die Einladung Elisabeth SÜLAUS zu einer Konferenz der sozialpädagogischen Höheren Fachschulen, auf der es darum ging, die Methodenlehre als Fach in der Ausbildung durchzusetzen (s.u.S. 65 f.).

Neben HJB und Jugendhilfe e.V. war von Anfang an das Amt für Jugend das dritte Strukturelement - materiell gesehen allerdings das erste. Denn das Amt finanzierte die beiden Fürsorgerplanstellen für Jugendarbeit und eine Planstelle für eine Jugendleiterin für Kinderarbeit (Christel GASTERSTAEDT). Hinzu kamen Berufspraktikantenstellen und eine große Anzahl von Honorarkräften, PraktikantInnen und Helfern, die sich zum Teil aus Ehemaligen rekrutierten, zum Teil aus der Elternschaft.

Von den zahlreichen Konfliktmöglichkeiten und tatsächlichen Konflikten, die in dieser komplexen Struktur quasi "eingebaut" waren, nennen Gesa von BENTIVEGNI und Jürgen KALCHER einige typische.

Gesa von BENTIVEGNI: "Es gab natürlich Konflikte um die Einhaltung der vom Gruppenparlament beschlossenen Regeln, insbesondere für das Trinken. Fasching z.B. haben wir nachts an der Tür gestanden, und ich habe den Leuten den Alkohol aus den Taschen geholt. Hinterher mußten sie ihn wieder mitnehmen. Darüber gab es immer ein bißchen Krach. Es waren mehr die Jungs, die nach dem Motto handelten: Man muß ja etwas machen, wenn es verboten ist. Dann bringt man halt Alkohol mit.

Konflikte gab es auch immer, weil es zuwenig Mädchen gab. Es waren ja Jungs dabei, die nicht den besten Ruf in der Gegend hatten. Einige Eltern fanden, daß das nicht so tolle Jugendliche sind, die schon mal ein bißchen Knast

geschnuppert haben oder kurz davor waren. Das war schwierig. Als sich dann ein paar verliebten, ging das mit den Mädchen immer besser.
Es gab Konflikte mit den Bewährungshelfern. Ich habe häufiger erlebt, daß die eine andere Vorstellung von Jugendarbeit hatten als ich.
Es gab Konflikte mit Trennungen, privat und professionell. Ein heißes Thema ohne Ende. In den Gesprächen mit Ambrosius darüber, ob man einen wirklich mögen darf oder ob man 'methodisch' lieben kann, hat mich das immer geärgert, weil ich solche Unterscheidungen nicht konnte oder auch nicht wollte."

Jürgen KALCHER: "Konflikte hatte Ambrosius andauernd mit der Behörde. Sie brauchte bloß zu erscheinen, und die Leute schreckten dort zusammen: Jetzt kommt wieder etwas ganz Furchtbares. Sie paßte einfach nicht in dieses Raster einer Behörde hinein. Und: Sie war ja zum Teil oft wirklich schwer zu ertragen. Aber letztlich hat sie einen doch wieder so gepuscht, daß einem etwas einfiel. An eine Sache erinnere ich mich noch gut. In der Behörde konnte man sich gar nicht vorstellen, daß Elisabeth SÜLAUS Arbeit tatsächlich funktionierte. Man fragte sich: Was machen die dort eigentlich? Wie ist die Belegung usw.? Und wieviele Menschen in einen Raum passen, das kann jeder zählen und messen. Eines Tages standen zwanzig Behördenangestellte vor der Tür. Sie wurden eingelassen und besetzten alle Räume. Sie zählten nun, wer da reinging. Aber dieser Schuß ging nach hinten los. Es waren sehr viel mehr anwesend, als eigentlich nach den Raumbemessungszahlen überhaupt hinein durften.

Und natürlich gab es auch Konflikte mit Jugendlichen. Da war so eine Gang, die war berüchtigt im ganzen Viertel. Die kamen ins Haus und standen unten erstmal so rum. Drohend und in voller Ledermontur. Sie wollten den Laden eigentlich aufrollen. Ich weiß noch, wie alle verschreckt wegliefen und nach Ambrosius riefen: Da hinten, da sind die bösen Rocker oder so etwas. Ambrosius kam sofort aus ihrem Büro, ging freundlich auf die Gruppe zu und begrüßte jeden mit Handschlag und bot an, ihnen das Haus zu zeigen. Und so ging sie mit ihnen vom Keller bis zum Boden rauf. Es verloren sich immer mehr aus der Gruppe. Die sagten sich wohl: 'Oh Gott, wo sind wir da reingeraten?' und schlichen sich heimlich aus dem Haus. Aus dem Rest entstand dann eine für Jahre zusammen spielende Tischtennisgruppe, die ein Sportstudent anleitete. Das ist ein gutes Beispiel dafür, daß Ambrosius Autorität war, also eine richtig gute Autorität war, die mal Grenzen setzte und mal auf die Nerven ging, die aber auch eben dieses Grundvertrauen mitbrachte, das für Jugendliche und MitarbeiterInnen so entscheidend war."

(4) Zwei Beispiele praktischer Partizipation

Vieles konnte in den bisherigen Beschreibungen nur angedeutet werden. Um einen Eindruck von den Alltagsproblemen des HJB zu geben, berichtet Jürgen

KALCHER von seiner Arbeit als ehrenamtlicher Gruppenrichter und Gesa von BENTIVEGNI über eine praktische Konfliktlösung zwischen zwei Gruppen.

Jürgen KALCHER: "*Das Gruppenparlament und das Gruppengericht waren zwei wichtige Einrichtungen. Im Parlament hatte jedes Mitglied eine Stimme, auch Ambrosius und die anderen Haupt- und Ehrenamtlichen. Und dann gab es das Gruppengericht, das u.a. auch dazu diente, ehemalige Aktive weiterhin einzusetzen. Häufig waren es Schlägereien, die vor dem Gruppengericht verhandelt wurden. Da waren z.B. Jungens erst kurz Mitglied, und es gab eine Prügelei. Eine Mitarbeiterin hatte die Streithähne dann rausgeschmissen. Ihr blieb keine Alternative. Andernfalls hätte sie die Polizei holen müssen. Es ging also zum Teil recht heftig zur Sache. Wenn dann der Kanonendonner verklungen war, besann man sich und konnte, wenn man sich ungerecht behandelt fühlte, das Gruppengericht anrufen. Das Gruppengericht bestand im wesentlichen aus Jugendlichen mit dem Gruppenrichter, meist ein ehemaliger Mitarbeiter. Man konnte sich aus dem Bereich der Jugendlichen einen oder mehrere Verteidiger holen. Die schärfste Sanktion war das Hausverbot, z.B. für drei Wochen. Ich habe hier noch ein Schreiben von Ambrosius: 'Lieber Jürgen, Du wirst es schon vermuten, daß ein besonderer Grund mich dazu bringt, Dir zu schreiben. Ja, es ist auch so. Wir müssen das Gruppengericht einberufen und wollten Dich bitten, das Amt des unparteiischen Richters wahrzunehmen. Zwei Jungen, Willi und Jürgen, haben drei Wochen Heimverbot bekommen, weil nach allen Umständen angenommen werden mußte, daß sie ein Plakat angezündet und damit Feuerschaden verursacht haben, usw. usw.' In dem Brief wird den Jungs auch mitgeteilt, daß sie das Gruppengericht anrufen können, wenn sie mit dieser Maßnahme nicht einverstanden sind. Das taten die beiden auch. Sie erklärten sich für unschuldig und erwarteten jetzt die Verhandlung des Gruppengerichts. Nun weiß ich im einzelnen nicht mehr, was passiert war, was wir da gemacht haben. Es waren sehr viele ähnliche Fälle, wobei ich immer wieder sagen muß, das war echte Beteiligung. Was wir heute oft fordern und manchmal so tun, als wäre das eine neue Erfindung, das war von 1947 bis 1967 Realität.*"

Gesa von BENTIVEGNI: "*Da hatte einer aus der einen Gruppe die Freundin eines Jungen aus der anderen Gruppe geklaut. Und das tut man nicht! Und man geht nicht von einem zum anderen über, wenn man weiß, das ist die Freundin von Hans, und nun nimmt sie sich Peter. Meine beiden Freundschaftsgruppen kamen dann, um eine Art Minigericht zu inszenieren. Das war das Muster, das haben sie selbst übernommen. Aus beiden Gruppen waren alle da; das Mädchen, um das es ging, auch.*

Das Mädchen wurde vorher natürlich nicht gefragt, weil sich das, was sie getan hat, nicht gehört. D.h., sie wurde dann hinterher gefragt. Bei dieser ganzen Sitzung durfte ich dabei sein, weil sie mich für vernünftig genug und für unparteiisch hielten. Auch das spielte eine Rolle. Aber eigentlich ging es erstmal um diese beiden Jungens. Es stellte sich folgendes heraus: Das Mädchen fand den ersten Jungen langweilig und den zweiten spannend. Langeweile ist nun im Grunde genommen überhaupt kein Grund, den Mann zu wechseln. Also wo kommen wir denn da hin? Wenn die Frauen die Männer wechseln, weil sie langweilig sind, dann wäre ja kein Mensch verheiratet. Wenn er nichts Schlimmeres zu bieten hätte, als daß er langweilig war, hätte sie bei ihm bleiben müssen. Außerdem hatte sie das vorher schon gewußt.

Der Streit hat viel Zeit gekostet; ich denke, wir hatten so zwei, drei Stunden debattiert. Man konnte die Beziehung nicht rückgängig machen, so weise waren wir damals auch schon. Aber dann sollten sie aus der Gruppe ausgeschlossen werden. Geeinigt haben sich beide Gruppen, finde ich, wie im Witzbuch: Der Gewinner wurde dazu verdonnert, ein neues Mädchen für die andere Gruppe zu gewinnen, damit der 'Langweiler' die Chance hatte, eine neue Freundin zu finden. Sie sollten natürlich nicht verkuppelt werden. Das Mädchen ist dann in die Gruppe ihres neuen Freundes gewechselt. Der Junge fand auch tatsächlich ein neues Mädchen für die alte Gruppe, denn Mädchen waren 'Mangelware'. Es hat dann allerdings nicht geklappt mit der Beziehung zwischen dem Langweiler und dem neuen Mädchen, die Gruppe hatte aber ein neues Mädchen. Ein anderer aus der Gruppe hat sich dann mit ihr zusammengetan. Die Entscheidung war lebensnah für die Jugendlichen. Sie waren fest der Überzeugung, wenn man ein Mädchen aus einer Gruppe klaut, dann muß man Ersatz stellen.

Wenn das jemand von uns Erwachsenen vorgeschlagen hätte, dann wäre aber was los gewesen!"

Diese letzten beiden Berichte machen deutlich, was meines Erachtens die gesamte komplexe "Sozialität" des HJB durchzieht. Es ist der Umgang mit Konflikten, Widersprüchen und Ambivalenzen, der immer wieder zu neuen, produktiven Lösungen und Regelungen führt, bei deren "Erfinden" Elisabeth SÜLAU ganz offensichtlich die entscheidende Rolle zukommt. Besonders deutlich wird dies in den beiden empirischen Untersuchungen über die zurückblickende Einschätzung des HJB. Gerd KRÜGER (1995c) interpretierte 50 umfangreiche Interviews mit ehemaligen Mitgliedern und Besuchern des HJB, Jürgen KALCHER 24 schriftliche und mündliche Interviews mit ehemaligen MitarbeiterInnen (1995). In beiden Evaluationen wird die überragende Bedeutung von Ambrosius herausgestellt - auf der einen Seite als wichtigste Vertrauensperson, auf der anderen Seite als professionell orientierende und fördernde Beraterin und Lehrerin. Eines der wichtigsten Kennzeichen des HJB war es, den jugendlichen Mitgliedern die Erfahrung zu vermitteln, daß sie wichtig sind, daß sie gebraucht werden und daß sie in ihren Fähigkeiten und Kompetenzen gefördert werden, die sie zum Teil erst im HJB entdeckten. Auf der anderen Seite wird von den Professionellen berichtet, daß sie nirgendwo sonst eine derart methodisch reflektierte Anleitung in der Arbeit mit

Gruppen bekommen hätten. Augenscheinlich war es gelungen, eine sich immer wieder austarierende Spannung zwischen Selbstorganisation (Bestimmung der Inhalte und Formen der Arbeit in den Gruppen, Gruppenparlament und Gruppengericht) und systematischem Anleiten bzw. professioneller Begleitung von Gruppenprozessen herzustellen. Vor diesem Hintergrund ist erklärbar, weshalb die üblichen Abgrenzungen zwischen Distanz und Nähe oder privat und fach-öffentlich dauernd gehörig durcheinander gewirbelt wurden. So war der HJB für die Jugendlichen in einer Zeit, in der Koedukation von manchem als sexuelle Verwahrlosung angeprangert wurde, ein Ort, an dem man dem anderen Geschlecht experimentierend begegnen konnte. Die vielen Liebesgeschichten, von denen nicht wenige in einer Ehe endeten, sind ein deutliches Zeichen dafür. Ähnliche Beziehungen gab es ganz offensichtlich im beträchtlichen Maße zwischen "Klienten" und "Professionellen". Daß die enge Verbundenheit zwischen Mitgliedern des HJB nicht nur auf dieser Ebene, sondern einfach auch darin bestehen konnte, z.B. Patenschaften von Kindern aus HJB-Ehen zu übernehmen, ist ein weiteres Indiz für diese ungewöhnliche Breite und Tiefe sozialer Beziehungen. Wie intensiv dieses Thema diskutiert wurde, zeigt eine Ausarbeitung von Gesa von BENTIVEGNI aus dem Jahre 1960, in der sie der damals üblichen These: "Der Therapeut hat neutral zu sein" engagiert und reflektiert die Position einer Haltung entgegensetzte, die die Auseinandersetzung und den Dialog ernst meint:

"Ich glaube, daß es die Aufgabe des Beraters und jedes Erwachsenen, der mit Jugendlichen zusammenlebt, ist, ihnen aus ihrer äußeren Anpassungshaltung herauszuhelfen. Hinter dieser Anpassung steht die Verachtung des Erwachsenen, der es ja nicht anders will, der selbst keine eigene Meinung hat, der seiner Bequemlichkeit und gesicherten Position jede Überzeugung opfert. Um jeden Ärger zu vermeiden, um der allgemeinen Forderung nach Anerkennung zu genügen, passen sich die Jugendlichen an. Von Zeit zu Zeit zeigen sie ihre Verachtung; dann inszenieren sie 'irgendein dolles Ding' und freuen sich der Hilflosigkeit der Erwachsenen. Im Grunde aber suchen sie nach einem Menschen, der 'echt' ist, der eine eigene Meinung hat und den Mut und die Sicherheit, seine Person von ihnen in Frage stellen zu lassen. Die Jugendlichen ... fühlen nur, daß 'alles verlogen und unecht' ist. Wenn sie dann aber glauben, einen Menschen gefunden zu haben, der 'echt' ist, 'nicht so wie die anderen', so beanspruchen sie ihn ganz" (S. 16).

Die Basis, um mit den Ambivalenzen und Konflikten fertig zu werden, ist die Wertschätzung aller Beteiligten als Gleichberechtigte. In dieser Art von Gleichheit, in der der besondere Wert eines jeden Menschen von allen anderen prinzipiell anerkannt wird, können sich Unterschiedlichkeit, Besonderheiten, Originalitäten und "Verrücktheiten" aufgehoben fühlen. Dazu bedarf es keiner sozialen Distanz, die die Akteure nach dem Grund ihrer Abweichung von einer Norm kategorisiert. Auf diesen Aspekt werde ich im abschließenden Kapitel noch zurückkommen.

In ungewöhnlicher Weise waren im HJB auch bis dahin als nicht vereinbar geltende strukturelle Widersprüche vereinigt. Als Schutzaufsicht aus der Jugendfürsorge hervorgegangen, war der HJB zugleich ein wichtiger Teil in der Jugendpflege geworden; die Stelleninhaber waren MitarbeiterInnen des Amtes für Jugend und zugleich solche eines eigenständigen Freien Trägers. Zwar stand die soziale Gruppenarbeit im Mittelpunkt, aber demokratische Selbstorganisation und stadtteilbezogene, aber auch stadtbezogene Aktivitäten standen dem nicht entgegen.

(5) Gründe für das Scheitern

Es liegt auf der Hand, daß dieses komplexe Gebilde nur schwer weiterzuführen war, als Elisabeth SÜLAU 1965 pensioniert wurde. Als zum gleichen Zeitpunkt die ebenfalls für den HJB sehr bedeutsame Christel GASTERSTAEDT als Lehrerin an die Höhere Fachschule wechselte, war das Ende vorgezeichnet. Die Leitungen wechselten schnell hintereinander und die Fluktuation der Professionellen nahm zu. Als 1967 das Gelände an der Herrenweide verkauft wurde, wurde der HJB aufgelöst.

Die Hauptursache für das relativ plötzliche Ende scheint mir jedoch darin zu liegen, daß die genannten Ambivalenzen, die im HJB so gelungen austariert waren, fachpolitisch nicht mehr länger erträglich waren: zwischen privat und öffentlich, zwischen Selbstorganisation und professioneller Anleitung, zwischen Dienst- und Freizeit, zwischen sozialer Unterschiedlichkeit und prinzipieller Gleichberechtigung, zwischen autoritärer Leitung und demokratischer Selbstbestimmung, zwischen "Normalität" und "Abweichung", zwischen Jugendfürsorge und Jugendpflege, zwischen staatlicher und freier Trägerschaft, zwischen methodischer Sozialer Gruppenarbeit und komplexen, gemeinwesenorientierten Praxen.

Die Aufhebung der Ambivalenzen zugunsten des Pols, der sich nun als klinische Professionalität durchsetzte, reduzierte die Soziale Gruppenarbeit - methodisch sauber - auf die Jugendfürsorge. Elemente der Jugendpflege wurden ab jetzt verstärkt in Häusern der Jugend repräsentiert.

Gesa von BENTIVEGNI: "Dann kam es haufenweise zu Neugründungen von Sozialer Gruppenarbeit. Die waren aber nicht mehr diesem Nachbarschaftsheim verwandt. In der Sozialen Gruppenarbeit gab es vielleicht viele kleine Nachfolger, was die Praxis anbelangt, und eine ganze Reihe von interessanten Versuchen. Aber in keinem wurde dieses Element der Selbstorganisation wieder aufgenommen."

Jürgen KALCHER: "Ein ganz wichtiger Punkt scheint mir zu sein, daß aus der sozialen Gruppenarbeit eine sozialtherapeutische Gruppenarbeit wurde. Was bisher sozialpädagogisch war, wurde nun therapeutisch. In jener Zeit fing man in der Sozialpädagogik an, schräg nach oben zu schielen und psychoanalytische oder irgendwelche andere Therapien zu machen und sich an den Psychologen zu orientieren. Das hat letztlich dazu beigetragen, daß die soziale Gruppenarbeit in den 80er Jahren im Sande verlief. Dabei finde ich, daß die kleine Gruppe als Arbeitsform in der Sozialpädagogik weiterhin zentral ist."

Die Gemengelage von Nähe und Distanz, privat und öffentlich wurde nun eindeutig zugunsten der Betonung der sozialen Distanz zum Klienten bereinigt. Jegliche engere Beziehung war ab jetzt tabu und ein Bruch der professionellen Ethik. Selbstorganisation verkam zum "Mitmachen" bei den Angeboten der Pädagogen, die mit geregelten Öffnungs- und entsprechend geregelten Arbeitszeiten für eine Beendigung der Ambivalenzen und für Eindeutigkeit und scheinbare Widerspruchsfreiheit standen. In den Vordergrund trat nun das "diagnostische Können", mit der dem "Klienten" eine Störung, ein Defizit zugeschrieben wurde, das dieser aus eigener Kraft nicht beheben kann, weil er eben gestört oder defizitär ist.

Letztlich scheint der HJB an einem Selbstmißverständnis gescheitert zu sein: Er verstand sich als soziale Gruppenarbeit, doch er war sehr viel mehr als nur dies. Der HJB stand eher in der viel umfassenderen Nachfolge der Settlements im Sinne Jane ADDAMS. Auch darauf werde ich im abschließenden Kapitel eingehen.

Die Option einer an demokratischen Grundwerten orientierten Sozialen Gruppenarbeit wurde aber von Professionellen wie Lisel WERNINGER offen gehalten, die seit Anfang der 50er Jahre für die Entwicklung dieser Methode in den Hamburger Bezirken im Rahmen der Jugendfürsorge zuständig war. Sie akzeptierte Mitte der 60er Jahre die Umbenennung in sozialtherapeutische Gruppenarbeit nur widerwillig. Der Umdeutung stimmte sie letztlich nur zu, weil auf diesem Wege zusätzliche Fördermittel aus Bonn zu bekommen waren. Es ist bis heute strittig, ob das nur zu einem anderen Etikett führte oder ob diese Umbenennung nicht Ausdruck eines sich tatsächlich verengenden Verhältnisses von Gruppenarbeit war eines, das "Gruppe" auf ein erweitertes Setting von Einzelhilfe reduzierte.

Lisel WERNINGER: "Es ist so, daß die Sozialarbeit immer am Defizitären der jeweiligen Gesellschaft arbeitet. Davon bin ich überzeugt! Dennoch habe ich die Utopie, daß Veränderung möglich ist. Und zwar Veränderung auf drei Ebenen: Zunächst dort, wo das Lieschen Müller z.B. Schwierigkeiten im schulischen Bereich hat. Hier muß ich nach Möglichkeiten suchen, daß ihr Lebensraum bzw. ihre Lernchancen besser werden. Das kann eine ganze Palette von Möglichkeiten sein. Das zweite ist, daß Institutionen durchlässiger werden, daß sie sich verändern, um dynamischer zu sein, um den jeweiligen gesellschaftlichen Anforderungen gewachsen zu sein, und nicht Selbstzweck sind. Und das dritte ist, wach zu sein für die gesamtgesellschaftliche Entwicklung. Diese Wachheit kann ich meines Erachtens aber nur parteipolitisch umsetzen. Es wäre aber vermessen zu sagen, daß der Sozialarbeiter das alles ändern könnte. Wir haben aber ein großes Potential an Erfahrungen, das wir in die Gesellschaft hineinbringen müssen. Aber diese beiden letzteren Veränderungen, die von Institutionen und im gesellschaftlichen Bereich, kann ich, Lisel Werninger, nicht allein bewerkstelligen. Das kann ich nur in einer Gruppe. Leider muß ich sagen, daß die Solidarität der Sozialarbeiter untereinander sehr bescheiden ist. Wir wären hier in Hamburg schon eine Macht, bei Hunderten von Sozialarbeitern, da wir auch an den Schwachstellen der Gesellschaft arbeiten. Es ist sehr schwer, das in politisches Handeln umzusetzen. Ich sehe die Probleme auf allen drei Ebenen. Wir haben eine Chance innerhalb der Gruppenarbeit gehabt. Dazu ein Beispiel: Wir hatten ein Arbeitsfeld, das in St. Pauli 14 Jahre von einer Kollegin betreut wurde. Nach 14 Jahren haben uns junge Leute berichtet, was ihnen die Gruppe bedeutet hat. Das, was für die wichtig war, haben wir oft gar nicht wahrgenommen. Ich glaube, wir möchten oft zu schnell etwas sehen, obwohl der andere noch gar nicht so weit ist. Das zeigt, daß 'dennoch' Veränderung möglich ist. Ohne dieses 'Dennoch' ist Veränderung nicht möglich."

5. Professionelle Deutungsmuster in der Bearbeitung von Vergangenheit und Modernisierung

Konzept und Praxis des Hansischen Jugendbundes mögen aus heutiger Sicht vielleicht originell, vielleicht aber auch etwas "hausbacken" erscheinen. Den HJB dennoch als ungewöhnlich und - im positiven Sinne - unzeitgemäß zu kennzeichnen, rechtfertigt sich aus dem spezifischen historischen Kontext, d.h., aus dem Bezug zu dem, was damals gewöhnlich - z.B. übliche Fürsorge - und was zeitgemäß war. Dieser Kontext soll im folgenden beschrieben und ansatzweise analysiert werden. Dabei sollen die Veränderungen im professionellen Selbstbild im Mittelpunkt stehen, da mit dem Wandel von der Wohlfahrtspflegerin zur Sozialarbeiterin sowohl grundlegende Veränderungen als auch tiefgründige Kontinuitäten unserer Profession verbunden sind. Dieser Zugang ermöglicht es auch, die Ambivalenzen, die den HJB ausgezeichnet haben, unter einem Gesichtspunkt zu bündeln und zu den dominanten Interpretationsmustern der Profession in Beziehung zu setzen.

Zunächst gehen wir ein weiteres Mal zur "Stunde Null" zurück, um nachempfinden zu können, was Elisabeth SÜLAU so an dem Konzept von Group Work faszinierte (1). Daß diese Erfahrung nur von einer kleinen Minderheit in der damaligen Sozialen Arbeit geteilt wurde, wird deutlich, wenn wir versuchen, das hegemoniale Deutungsmuster der damaligen Mehrheit der FürsorgerInnen zu rekonstruieren (2). Dieser personalisierenden Professionalität erwächst in dem verstehenden Deutungsmuster zunächst eine positive Alternative (3), in dem Maße aber, wie dieses selbst hegemonial wird, nimmt es grundlegende Kontinuitätslinien des alten Musters auf (4). Die spezifischen "Abweichungen" und Übereinstimmungen des HJB sollen in jedem Schritt als die einen Orientierungspunkte dienen, Lisel WERNINGERS Zeitzeugnisse als die anderen.

(1) Group Work als neuer Ansatz

"Die Vorstellung von den Grundsätzen künftiger Jugendpolitik war: Erziehung zu Freiheit, Recht und Gerechtigkeit, Wahrheit und Verantwortlichkeit, Anerkennung der demokratischen Lebensform, Ablehnung des Nationalsozialismus und Militarismus in jeder Form. Das war die Präambel."

Mit diesem Zitat des Hamburger Senators Eisenbarth aus dem Jahre 1946 (THORUN 1988, S. 45) beginnt Lisel WERNINGER den Bericht über ihre Erfahrungen in den 50er Jahren. In ihren Erinnerungen spielen engagierte AntifaschistInnen eine wesentliche Rolle.

Lisel WERNINGER: "Für Hamburg, aber auch für Deutschland insgesamt, muß Victor Gollancz genannt werden. Ein Christ-Jude, ein Verleger, der sich auf die Seite der Schwächsten gestellt hatte. Er hatte unheimlich vielen Leuten im Naziregime zu helfen versucht, daß sie Deutschland verlassen konnten. Auch hat er große Aufklärungsarbeit als Verleger geleistet und nach '45 dies kaputte Deutschland besucht. Er sah die öden Straßen, die kaputten Häuser und viele junge Leute, die auf der Straße äußerlich und innerlich unbehaust waren. Dieses Wort vom 'unbehausten' Menschen ist für mich ein ganz zentraler Begriff geworden, der hier seinen Niederschlag fand. Er meint, als allerwichtigstes nach diesem katastrophalen Ende und nach dem furchtbaren Naziregime müßte die nächste Generation eine völlig neue Erfahrung machen, nämlich ein jugendgemäßes, demokratisches Leben. Und dazu brauchte man Sozialpädagogen bzw. Leute, die sozialpädagogisch eingebettet werden konnten. Er hat auch die ersten Gelder für eine demokratische Jugendhilfe gesammelt und gestiftet. Diese Gelder sind zum Teil auch nach Hamburg geflossen. Auf diesem Grundstock ist die Victor-Gollancz-Stiftung mit Bundesmitteln aufgebaut worden, deren Sitz zunächst in Hamburg war. Eine führende Frau, die auch unter der NS-Zeit hatte leiden müssen, war Dr. Lina Meyer-Kulenkampf, die diese Stiftung verwaltete und engagierte Leute aus der Jugendhilfe weitergebildet hat, denn die Sozialarbeit wurde ja noch nach einem Strickmuster aus uralten Zeiten gemacht."

C.W. MÜLLER unterstreicht die Bedeutung von Gollancz und anderen engagierten Vertretern der Besatzungsmächte. So ging der einflußreiche kanadisch-britische Jugendoffizier Mike Berenson davon aus, "daß eine von den Okkupationstruppen oktroyierte Umerziehungspolitik langfristig keine Lebenschancen hätte, wenn sie nicht von starken Interessengruppen der einheimischen Bevölkerung gewollt und getragen würde" (CWM, Bd. 2, S. 28). Der von den Engländern unterstützte Jugendhof Vlotho wurde bald zum "Mekka der Deutschen Jugendarbeit". Ähnliches galt für die Aktivitäten der Amerikaner.

"Innerhalb der US-Armee gab es die Abteilung für German Youth Activities (GYA), deren Mitarbeiter in beschlagnahmten Villen Freizeitheime eröffneten, Sommerzeltlager organisierten und eine Vielzahl geselliger, sportlicher und kultureller Veranstaltungen durchführten. GYA-Kontakte waren besonders bei den Jüngeren begehrt, denn sie boten eine attraktive Einführung in amerikanische Lebensweise, aber sie halfen nur in Einzelfällen, die bohrenden Fragen der Beckmann-Generation zu beantworten" (a.a.O., S. 24).

Mit der Beckmann-Generation sind die jungen demoralisierten Soldaten gemeint, denen Wolfgang Borchert in seinem Stück "Draußen vor der Tür" ein Denkmal gesetzt hat.

Zielgruppe vor allem der britischen Aktivitäten waren die formellen und informellen Meinungsführer unterschiedlichster jugendlicher Gruppierungen und Verbände - von der Schülermitverwaltung bis hin zu Verbandsfunktionären. Methodisch ging es um einen breiten Ansatz "einer offenen, pluralistischen Begegnungs- und Gesprächspädagogik" (CWM, Bd. 2. S. 25).

"In den ersten drei Jahren nach der bedingungslosen Kapitulation der Deutschen Wehrmacht waren mit Unterstützung britischer und später auch amerikanischer Jugendoffiziere Jugendgruppenleiterschulen gegründet worden: die Jugendgruppenleiterschule Bündheim und die Jugendhöfe Vlotho, Radevormwald, Steinbach und Barsbüttel (die Vorgängereinrichtung des jetzigen Victor-Gollancz-Hauses in Reinbek bei Hamburg - T.K.), die Jugend- und Sportleiterschule Ruit, das Wannseeheim für Jugendarbeit und das Haus am Rupenhorn. Gemeinsame Funktionsbestimmung dieser außerschulischen Jugendbildungsstätten war die Ausbildung ehrenamtlicher Gruppenleiter verschiedener Jugendverbände in Fragen von Programmgestaltung, Bildung und Leitung von Jugendgruppen, Anregung und Steuerung verschiedener Aktivitäten wie: Heimabendgestaltung, Diskussionsleitung, Singen, Spielen und Tanzen, Sport und Zeltlager, Auseinandersetzung mit politischen Problemen. Einige dieser Bildungsstätten verstanden ihre Arbeit als eine Service-Leistung für die neuen, demokratischen Jugendverbände, andere sahen ihre Hauptaufgabe darin, der Beckmann-Generation und ihren brennenden Fragen als Begegnungsstätte, Diskussionsforum und 'Bildungserlebnis' zu dienen. Ihre Reichweite war begrenzt, aber sie waren die ersten Einrichtungen, die es jungen Deutschen ermöglichten, einen Blick über die ideologischen Mauern zu werfen, welche die nationalsozialistische Erziehung errichtet hatte" (CWM, Bd. 2, S. 32).

In der West- wie in der Ostzone bestand Übereinstimmung darin, daß nicht wieder an "vor '33" (ab jetzt ein genauso beliebter Ausdruck wie "nach '45") umstandslos angeknüpft werden konnte, daß man also die "engen und borniertenGrenzen (der vormaligen - T.K.) ... Verbands-Ideologien" überschreiten mußte, wie C.W. MÜLLER Klaus von Bismarck, den ersten Leiter in Vlotho, zitiert (Bd. 2,

S. 25). Die Briten setzten auf die pluralistische Beteiligung der Vertreter unterschiedlicher Strömungen.

"Zum Gründungs-Team (des Jugenhofs Vlotho - T.K.) gehörten neben Klaus von Bismarck, der seine damalige Position als progressiv-evangelisch bezeichnete, ein 25jähriger britischer Offizier, ein ehemaliges Mitglied der sozialistischen Kinderfreunde-Bewegung, ein Katholik und späterer Bundestagsabgeordneter der CDU, zwei Gewerkschafter und zwei Französinnen aus der antifaschistischen Jugendarbeit" (a.a.O., S. 27).

Mit der gleichen Intention ging man zunächst auch in der Ostzone vor. Um der Zersplitterung sowohl der sozialistischen Jugendorganisationen von "vor '33" als auch der nichtsozialistischen entgegenzuwirken, ließ die sowjetische Militäradministration zunächst antifaschistische Jugendausschüsse zu, die 1946 in den "Dachverband" Freie Deutsche Jugend (FDJ) einmündeten. Dieser war zunächst nicht nur in der Theorie, sondern auch in der Praxis ein pluralistischer, allen politischen und religiösen Strömungen offenstehender Verband, wie später Mitglieder berichteten:

"Als wir dort begannen, eine einheitliche Jugendorganisation aufzubauen, spielten ideologische Fragen kaum eine Rolle. Bis auf die eine, ob nämlich jemand bereit war, mit der braunen Vergangenheit zu brechen und mitzuhelfen, aus diesem kaputten und schuldigen Deutschland etwas anderes, besseres zu machen. Wir bekamen dort eine leerstehende Villa als Klubhaus zugewiesen, und dort hatten alle Zutritt, die es interessierte. Geboten wurden zur gefälligen Verwendung Boxhandschuhe, eine Tischtennisplatte, ein Radio, mit dem wir montags die anglo-amerikanische Tanzmusik empfingen, welche regelmäßig vom Berliner Rundfunk ausgestrahlt wurde, und einiges mehr. Anwesend waren u.a. die Töchter des Zahnarztes, der Leiter der neugegründeten Tanzkapelle - heute würden wir uns als seine Fans bezeichnen - bis hin zu den Mitgliedern unserer Clique aus Kriegszeiten, sofern sie einigermaßen heil zurückgekommen waren. Und wir gehörten nicht zu den bislang Privilegierten. Wir hüpften in einer sogenannten Volkstanzgruppe entsetzliche Schmarren, entdeckten tiefgründig das andere Geschlecht, gingen 3mal in der Woche tanzen, aber auch mitten im Winter per Ski über die Dörfer, um dort für die [...] FDJ zu werben. Mit Erfolg übrigens. [...]

Die Atmosphäre war locker, es gab das, was heutzutage 'Basisdemokratie' genannt wird, Parteizugehörigkeit spielte höchstens eine Rolle, wenn irgendetwas im Rathaus organisiert werden sollte, was für uns von Nutzen war. Wobei der jeweilige Mandatsträger zweckgebunden angesprochen wurde" (Schriftliche Schilderung von Karl-Heinz Külkens, Sohn des FDJ-Mitbegründers Heinrich Külkens, vom 14. April 1991. - MÄHLERT 1995, S. 196).

Daß Menschen wie Lisel WERNINGER und Elisabeth SÜLAU, die aus der demokratischen Tradition der Jugendbewegungen kamen, mit derartigen Konzepten an ihre fachlich-politischen Überzeugungen anknüpfen konnten, leuchtet unmittelbar ein. Mit diesem explizit politischen Selbstverständnis repräsentieren sie aber nicht die Mehrheit ihrer damaligen Kolleginnen und Kollegen.

(2) Personalisierende Professionalität als Bearbeitung der Vergangenheit

Manfred NEUFFER hat in seiner wichtigen Arbeit über die Geschichte der Einzelfallhilfe ("Die Kunst des Helfens") festgehalten,
> "wie in der unmittelbaren Nachkriegszeit trotz eher unreflektierten Vorgehens und Verhaltens seitens der für Praxis und Ausbildung Verantwortlichen, eindeutige Weichen für die Soziale Arbeit gestellt wurden.
> Nackte Existenzfragen, zerstörte Strukturen bis in die Familien hinein und der völlige Bruch zwischen ständig eingehämmerter NS-Ideologie und plötzlichem Alleingelassensein in ideologischen Fragen förderten eher die Tendenz, die schlimmsten Notlagen mit großem pragmatischen Engagement und Organisationstalent beseitigen zu helfen, als über ihre Ursachen nachzudenken. Eine gründliche geistige Aufräumarbeit fiel dem Hunger, der Trümmerarbeit und der Trauer um Angehörige zum Opfer" (1990, S. 87/88).

C.W. MÜLLER zitiert den schon aus dem ZWEITEN und DRITTEN BLICK (Bd. I, S. 87; S. 146) bekannten Gründer der Sozialen Arbeitsgemeinschaft Berlin (Ost), Friedrich SIEGMUND-SCHULTZE, der nach seiner Rückkehr aus dem Exil in Berlin Professor für Sozialethik und Sozialpädagogik wurde und der 140 Städte in allen vier Besatzungszonen in mehrmonatigen Reisen besucht hatte:
- Die fachlichen Standards in den Jugendämtern lägen weit unter denen von vor 1933.
- "Das Schlimmste aber ist, daß diejenigen, die heute die Arbeit tun, vor allem die Männer, die die Leitung in Händen haben, überhaupt nicht wissen, nie vor Augen gehabt haben, was eigentlich in ihrer Amtsstelle oder ihrer Vereinigung geleistet werden sollte" (Bd. 2, S. 69).
- Drei Gründe nennt SIEGMUND-SCHULTZE dafür: In vielen Ämtern sind fast alle männlichen Wohlfahrtspfleger gefallen; die aktiven Nazis sind aus den Ämtern entfernt worden; es gibt keine Ausbildungsstätten mehr für männliche Wohlfahrtspfleger (a.a.O.).

Auch hier wurde die "Wiederaufbauarbeit" fast ausschließlich von Frauen geleistet, deren Mehrheit aus enttäuschten oder resignierten Nationalsozialistinnen bestand. Zwar hätten sich wohl nur wenige unter dem Hitler-Bild erschießen lassen (wie die oben zitierte Fürsorgerin - S. 8), aber bis weit in die 60er Jahre hinein dominierte die im Dritten Reich perfektionierte Sozialtechnologie des Registrierens von Defiziten und Auffälligkeiten, des Sortierens nach Klassifikationen der "Brauchbarkeit" und des Verweisens in entsprechende "Kontrollräume". Auch wenn eine einschlägige Forschung noch fehlt, weisen doch viele Tatsachen darauf hin: Die sozialbürokratischen Eliten verbleiben (bis auf Ausnahmen) in ihren Ämtern (oder landeten dort wieder nach kurzer Schonfrist); Klassifikationssysteme wie das für Jugendliche des Nazi-Psychiaters Lottig wurden in Hamburg bis in die 60er Jahre benutzt (vgl. Bd. I, S. 188 f.); Heimerziehung erfolgte weiterhin vor allem wegen Verstöße gegen Arbeits-, Sexual- und Eigentumsnormen (PONGRATZ/HÜBNER 1959). Lediglich die letzte Stufe des Selektionssystems - das KZ und das Todeslager - wurde abgeschafft und - wie aus dem Zitat von Käthe Petersen (s.o.S. 20) hervorgeht - augenscheinlich ohne Mühe verdrängt oder verleugnet.

Der "Zusammenbruch" hatte in allen gesellschaftlichen Bereichen eine zentrifugale Wirkung. Die Gesellschaft wurde in gewissem Maße kommunalisiert, d.h., alle Überlebenstrategien mußten im engeren regionalen Raum notdürftig geregelt werden.

Welche Wirkungen diese zentrifugalen Kräfte in den Köpfen der Professionellen hinterließen, nachdem das einheitliche, auf den "gesunden Volkskörper" ausgerichtete nationalsozialistische Deutungsmuster von einem Tag auf den anderen seine offizielle Gültigkeit verloren hatte, darüber kann nur spekuliert werden. Außer einer Anzahl von biographischen Äußerungen gibt es dazu m.W. keine Untersuchungen. Deshalb haben die folgenden Überlegungen einen nur vorläufigen Charakter, was ihre empirische Basis angeht und sind ansonsten "soziologischer Phantasie" geschuldet, die sich aus Gesprächen und Interviews speist, die ich in den 70er Jahren geführt habe (1975, S. 138 ff. bzw. Kap. 4, SIEBTER BLICK).

Auch wenn die unmittelbare Überlebenshilfe in allen Feldern der Wohlfahrtspflege, dieser Begriff wurde zunächst wieder häufiger verwendet, im Vordergrund stand, auch wenn sich in diesem Chaos neben regionalen auch ämterspezifische Unterschiede ergeben haben, gab es dennoch so etwas wie ein dominierendes professionelles Deutungsmuster. Dieses bezog sich weniger auf den Kern der immer noch gültigen Reichsgesetze und -verordnungen, sondern auf eine diffuse ahistorische Vorstellung von "Hilfe". Diese Diffusität wurde nur wenig geringer, nachdem die ersten Generationen von neu Ausgebildeten die wieder eröffneten Wohlfahrts- und Jugendleiterinnenschulen verlassen hatten.

Am deutlichsten bringt das vielfach verwendete Zitat von Hans SCHERPNER (vgl. Bd. I, S. 18) diese Vorstellung von Hilfe auf den Punkt: "'Hilfe' ist wie ihr Gegenteil 'Kampf' eine Grundform des Verhaltens der Menschen zueinander" (1962, S. 122). Oberflächlich wurde damit zwar auch an Diskussionen "vor 33" angeknüpft, vor allem ging es aber darum, "Hilfe" von jedem gesellschaftlichen Kontext - sei es "Volksgemeinschaft", sei es "Klasse" oder ein anderer Zusammenhang - zu befreien und sie ausschließlich an die Person des "Hilfebedürftigen" zu binden. "Personalisierung" wurde so etwas wie der kleinste gemeinsame Nenner des in der Praxis dominierenden Deutungsmusters. Darauf konnten sich die ehemaligen Nazis genauso beziehen wie diejenigen mit christlichem oder sozialistischem/sozialdemokratischem Hintergrund. In den Diskursen der professionellen Praxis war dieses Deutungsmuster natürlich alles andere als kontextfrei. Gerade durch die Dethematisierung gesellschaftlicher Strukturen und Zusammenhänge überdauerte das hegemoniale Syndrom "Anstalt-Klinik-Prävention" in seinem Kern unbeschadet und erwies sich als wichtiges Element der Kontinuität. Wesentliche Strukturen dieser Hegemonie und ihrer Modernisierung waren im 2. Kapitel (S. 12 ff.) herausgearbeitet worden: Die sozialpolitische Regulation des Produktivitätstyps der "inflexiblen Massenproduktion" - seit Beginn des Fordismus (vgl. Bd. I, S. 115) gekennzeichnet durch Praxen der Sicherstellung von Massenproduktion, Massenkonsumption und Massenkonformität - realisierte sich im langen Adenauer-Jahrzehnt in einer Vielzahl von rentenförmigen Rechtsansprüchen, der Reform der Altersversorgung sowie in Regularien zur Stützung der bürgerlichen Familienform und der (Re-)Integration in den Arbeitsmarkt. Aus der Perspektive der Professionellen in den Feldern Sozialer Arbeit wirkte dieser Kontext wie ein "Korridor für Regulationsformen" (HOFFMANN 1996, S. 468), in diesem Fall also wie ein "Korridor" für die Regulationsform Soziale Arbeit. Wie in einem großen Gebäude der Korridor der Ort ist, durch den man gehen muß, um in eines der vielen Zimmer zu gelangen, auf dem man Menschen trifft, die man begrüßt, denen man ausweicht oder die man anrempelt, wenn der Korridor überfüllt ist, so ist im übertragenden Sinn der "Korridor Soziale Arbeit" der Ort, durch den alle müssen, die sich in diesem sozialen Raum bewegen - als "Wände" dieses "Gebäudes" lassen sich die sozial-politischen Regulationen verstehen. Durch die ständige Benutzung dieses "Korridors" wird dieser Kontext immer wieder bestätigt - egal wie ein einzelner Akteur zu ihm steht -, genauso wie der "Korridor" den Strom der Menschen in ihm lenkt. Mit anderen Worten: Die Regulationsform Soziale Arbeit strukturiert das Handeln der Akteure, genauso wie im Handeln die Strukturen immer wieder reproduziert werden[1] (vgl. GIDDENS 1984). Neben "materiellen Baustoffen" wie Gesetzen, Vorschriften, Planstellen und Finanzmitteln gibt ein wichtiges "immaterielles" Bindemittel, das den ganzen "Korridor" zusammenhält: die jeweils hegemoniale Ausprägung der Professionalität, d.h. die dominanten strategischen Deutungsmuster, die im Diskurs der Sozialen Arbeit zu einer bestimmten Zeit den Ton angeben.

Versteht man unter Strategien der Professionalisierung die historische Hervorbringung eines besonderen Typus von Beruflichkeit (wie in den bisherigen BLICKEN veranschaulicht) und nicht - wie C.W. MÜLLER richtig kritisiert - die Favorisierung eines bestimmten, dominanten Professionstyps (z.B. des der strukturell-funktionalen Schule, der das normative Vorbild "des vollakademisch vorgebildeten Freiberuflers" zur Meßlatte der "richtigen" Professionalität macht - 1988, Bd. 2, S. 95), dann ist nach den Komponenten zu fragen, die in dieser historischen Herausbildung in der Form vergleichbar, in den Inhalten jedoch unterschiedlich sind. Auf dieser Basis ist ein Vergleich unterschiedlicher Professionsausprägungen möglich.

---

1) Auf die Möglichkeiten des "Ausbaus" oder "Umbaus" dieses "Korridors" gehe ich im SECHSTEN BLICK ein (S. 183 ff.).

Die drei Komponenten von Professionalität, die DIESSENBACHER (1986, S. 217 ff.) als Vergleichsmaßstab vorgeschlagen hat (vgl. Bd. I, S. 50, 164), sind im Laufe der Zeit zu komplexen Quellen von Erwartungen geworden, die jede/jeder Professionelle in einen subjektiv stimmigen Zusammenhang bringen muß ("Identitätsstrategien" - s.u.S. 140 ff.) **und** die zugleich als intersubjektive Deutungsmuster gelesen werden können:
- Die "Hauptamtlichkeit" umfaßt alle Aspekte der Beziehung der Professionellen zu ihren Adressaten (den "Klienten"), sowohl was die Erwartungen **an** als auch was diejenigen **von** Adressaten angeht (erste Komponente).
- In der "Lohnabhängigkeit" kristallisieren sich alle Erwartungen, die der Arbeitgeber (das Amt, der Verein ...) an die Professionellen hat (zweite Komponente).
- Die "fachliche Ausbildung" hat sich zu der Komponente erweitert, in der sich die/der Professionelle selbst sich ihrer/seiner - auch beruflichen - Einmaligkeit versichert, indem sie/er Mitglied einer (realen und/oder virtuellen) professionellen Sozialität ist (s. Bd. I, S. 16). Im Kern enthält dieser Aspekt also die Erwartungen der Professionellen an sich selbst (dritte Komponente).

In der Praxis sind diese drei Erwartungshorizonte nie deckungsgleich. Im Gegenteil, ihre Schnittflächen sind ein ständiger Quell für Alltagsärgernisse und Konflikte. Als einigermaßen kohärentes Deutungsmuster jedoch ist jede historische Ausprägung von Professionalität in einer Weise für sich stimmig, die es möglich macht, konkurrierende Muster zu vergleichen und diese Konkurrenz als Konflikt um Dominanz im Feld Sozialer Arbeit zu interpretieren. Dabei - so die im folgenden zu belegende These - wird das professionelle Deutungsmuster die größere **Deutungsmacht** erlangen, das mit den Bedingungen am besten übereinstimmt, die der jeweils herrschende Produktivitätstypus einer Gesellschaft verkörpert.

Mit dieser Intention sollen zunächst die Deutungskomponenten der personalisierenden Professionalität beschrieben werden, dann die des sich herausbildenden alternativen Deutungsmusters. Beide werden dann miteinander in Beziehung gesetzt.

Erste Komponente: Beziehung zu den Adressaten

Ein Anhalt für die Deutung der Beziehung in der personalisierenden Professionalität läßt sich aus Äußerungen von ehemaligen Heimzöglingen ("Betreuten") gewinnen, die PONGRATZ/HÜBNER als letztes Kapitel in ihrer Untersuchung über "Lebensbewährung nach öffentlicher Erziehung" (1959) veröffentlicht haben. Interpretiert man die positiven und negativen Einschätzungen der zwischen 1945 und 1950 eingesperrten Jugendlichen (S. 188-208) als Auseinandersetzung mit Erwartungen, die das Fachpersonal - stellvertretend für das gesamte Feld Sozialer Arbeit - an die Insassen stellte, so lassen sich daraus Rückschlüsse auf dessen Definition der Beziehung zu den Jugendlichen ziehen.

Die personale Beziehung zu den Jugendlichen äußert sich in zwei auf den ersten Blick widersprechenden Orientierungen. Entweder werden Begriffe benutzt, die eine vertrauensvolle, fast intime Beziehung kennzeichnen ("wie eine Mutter") oder aber solche, die eine starke soziale Distanz markieren. Diese wird überall dort deutlich, wo es um die Kontrolle aller Lebensäußerungen der Jugendlichen geht: der Freiheitsentzug, die Zwangsgemeinschaften, die stupide Arbeit, Strafen aller Art, der seltene Urlaub, die Anstaltskleidung, das Rauchverbot usw.

Der Widerspruch löst sich auf, wenn man unterstellt, daß die erste Deutungsvariante keine professionelle ist, sondern eben eine personale, d.h. z.B. eine Selbstdeutung der Erzieherin als "Mitmensch" mit allgemeinen weiblichen Fähigkeiten. Diese Haltung scheint vielfach nur **gegen** die formelle Struktur des Heimes zu realisieren gewesen zu sein und hat diese zugleich aber auch gestützt, indem es die rigiden Strukturen wenigstens zeitweise etwas erträglicher machte.

Etwas generalisierter "löst" ein Jugendfürsorger diesen Widerspruch:
"Ich habe nie über Gruppen oder Schichten nachgedacht. Ich habe auch meine Arbeit nicht danach eingeteilt, ich habe die Menschen immer so genommen, wie sie kamen. Ich habe nicht danach gefragt, ob sie zu dieser oder jener Gruppe gehören. ... Ich würde einfach sagen Mitbürger" (KUNSTREICH 1975, S. 138).

Da die "mitmenschliche" Variante aber nur im Ausnahmefall realisierbar scheint, ist das strukturell bedeutsamere Moment das der sozialen Distanz. Diese läßt sich aus der rigiden Kontrollstruktur ebenso ablesen wie die Qualität der "Hilfe". Sie versteht sich im wesentlichen als Hilfe zur "Normalisierung", d.h. Anpassung an die Tugenden der fordistischen Arbeitsmoral. Die Maßnahmen sollten also zu Pünktlichkeit und zu Sauberkeit, Gehorsam und Unterordnung verhelfen.

Daß zur Durchsetzung dieser Normen auch Strafen notwendig sind, gehört ebenso zu dieser Deutungskomponente wie das Bild des Richters. "Hart, aber gerecht" ist in diesem Zusammenhang als höchste Anerkennung dieser Professionalität durch die Jugendlichen zu werten.

Die Unzahl von Verboten und Strafen hat aber noch einen anderen "Hilfe"-Aspekt. Die "Allgemeinheit" (im Sinne des personalisierenden Deutungsmusters die Mehrheit der anständigen Mitbürger) ist vor diesen "gefährlichen" und "gefährdeten" Jugendlichen zu schützen - auch der "Januskopf" der Sozialen Arbeit - die Unterscheidung von Erziehungsunfähigen und Erziehungsfähigen wurde also wieder "normalisiert" (vgl. Bd. I, S. 160).

Zweite Komponente: Erwartungen des "Amtes"; dritte Komponente: Erwartungen an sich selbst

Diese beiden Deutungskomponenten der personalisierenden Professionalität müssen zusammen betrachtet werden, da die Besonderheit gerade ihre Verschmelzung für einen gemeinsamen Zweck ist: die ständige Reproduktion der sozialen Distanz zum Adressaten. Die gute Fürsorgerin und der gute Wohlfahrtspfleger waren **identisch** mit ihrem Amt oder freien Träger - und brachten das in vielfältiger Weise zum Ausdruck.

"Wir haben eine ganze Reihe von Pflichtaufgaben nach dem Gesetz, die uns niemand nehmen kann - auch niemand nehmen darf. Es handelt sich dabei vielfach um schicksalsträchtige Entscheidungen, an denen wir mitwirken und die erledigt werden müssen, und zwar im Interesse des Klientels" (KUNSTREICH 1975, S. 139).

So war es z.T. bis in die 60er Jahre hinein (insbesondere in Landgemeinden) üblich, die Fürsorgerin als "Schwester" (wie Gemeindeschwester) zu bezeichnen. Den berühmten "Kleppermantel" zu tragen, war vielfach Pflicht, oft wurde er aber auch aus Überzeugung wie eine Uniform getragen. Das Verbergen des Femininen (strenge Kleidung, ungeschminkt, "Dutt" - kreisförmig geflochtener Zopf - usw.) war ein weiteres Zeichen für Amtlichkeit, für den staatlichen Auftrag, in Familien, bei Säufern und bei Jugendlichen für Zucht und Ordnung zu sorgen. Die Fürsorgerin, die die Wäscheschränke kontrollierte, war nicht nur Karrikatur, sondern auch Realität.

Dieses personalisierende Deutungsmuster hatte einen großen "Vorteil", der bis heute zu seiner Zählebigkeit beigetragen hat: seine "Inflexibilität".

Genau dieses Moment verband das Deutungsmuster mit den vorherrschenden gesellschaftlichen Interessen an stabiler Massenkonformität und an reibungslosen gesellschaftlichen Abläufen. Ein nicht unbeachtlicher "Erfolg" dieses Deutungsmusters lag in seinem Beitrag zur Disziplinierung relativ breiter Arbeiter- und Kleinbürgermilieus. So war ein beliebtes Erziehungsmittel dieser Zeit die Bedrohung der eigenen Kinder mit Heimeinweisung. Dem aufmüpfigen Hamburger Jungen wurde mit: "Du kommst nach Hütten (oder Osdorf oder Glückstadt)" gedroht und dem ungehorsamen Hamburger Mädchen mit: "Du kommst in die Feuerbergstraße."

Die Identifikation der Erwartungen an sich selbst mit denen des "Amtes" und die personalisierende Definition der Beziehung zu den Adressaten hatte noch eine weitere Konsequenz. Der Auftrag für "Ruhe und Ordnung" zu sorgen, wurde positiv bejaht, jegliches "kritische" Moment von Kontrolle konnte nur das Problem der Adressaten sein:

"Na ja, es dauert bei manchen Jugendlichen etwas länger, bis sie begreifen, daß diese Zusammenarbeit letzten Endes ja zu ihrer Hilfe geschieht. Das muß man eben manchmal in Kauf nehmen, und manchmal muß es auch so sein, daß es sich eben als Hilfe auf die Dauer auswirkt, wenn also in der Zusammenarbeit Druck von mehreren Seiten kommt" (KUNSTREICH 1975, S. 139).

"Ich betone immer wieder, ich bin kein Polizist, ich bin kein Richter, ich komme hier als neutraler Mensch. Ich bin auch nicht ihr Verteidiger, ich bin neutraler Mensch und Mitbürger, auch kein Staatsanwalt. Das bedeutet immer, daß ich lange rede, bevor ich das klar hab" (a.a.O., S. 138).

Nehmen wir noch einmal das Bild des "Korridors der Regulationsform" Soziale Arbeit auf und stellen uns vor, hier begegneten sich Professionelle des personalisierenden Typus mit ihrem autoritär-patriarchalen "Ruhe-und-Ordnung"-Habitus und Menschen wie Elisabeth SÜLAU und Lisel WERNINGER, so läßt sich unschwer vorstellen, daß es zwischen beiden zu "Rempeleien" gekommen wäre. Versuchen wir deshalb im nächsten Schritt, das sich von diesem "(ver-)urteilenden" Typus absetzende "verstehende" Deutungsmuster zu umreißen, als deren Repräsentantinnen beide Frauen gelten können.

(3) Verstehende als alternative Professionalität

In der widersprüchlichen personalen Beziehungsdefinition zwischen "Mitmensch"/"Mutter" und betonter sozialer Distanz lag aber auch die eine Schwäche des personalisierenden Deutungsmusters, in der Diffusität der "disziplinierenden" Hilfe eine weitere. Hier gelang einem in diesen beiden Punkten alternativen Deutungsmuster bis Anfang der 60er Jahre spezifischere und eindeutigere Deutungsangebote zu machen. Dieses Muster einer **"helfenden Beziehung"** entwickelte sich aus der Rezeption des US-amerikanischen und westeuropäischen Casework und der Ansätze des Social Group Work, die das Setting der Gruppe hauptsächlich als ein Instrument betrachten, den einzelnen wieder "funktionsfähig" zu machen. Beides soll im folgenden als "soziale Einzelhilfe" bezeichnet werden, da die entschiedenen Vertreter dieses Ansatzes die Bezeichnung "Einzel-**Fall**-Hilfe" wegen der darin anklingenden bürokratischen Fall-Erledigungs-Praxis ablehnten.

Da die verschiedenen Varianten des Verstehens den Mittelpunkt der "helfenden Beziehung" bilden, läßt sich das darauf bezogene Deutungsmuster als "verstehendes" charakterisieren. Die entsprechenden Komponenten des verstehenden Deutungsmusters machen deutlich, weshalb dieses methodische Vorgehen für viele Professionelle zum zentralen Selbstverständnis wurde und auf welche Weise es sich vom personalisierenden, auf äußere Disziplinierung gerichteten, abhob.

Lisel WERNINGER: "Jetzt gab es einerseits die Notwendigkeit, Jugendhilfe wieder aufzubauen; zum anderen stellte sich aber auch die Frage nach dem 'Wie' - und da gelang unter anderem durch die Victor-Gollancz-Stiftung der Anschluß an die Weiterentwicklung methodischer Sozialarbeit in den angelsächsischen Ländern. Vor allen Dingen waren es deutsche bzw. jüdische Fachleute, Psycholo-

gen usw., die uns geholfen haben. Ich habe noch Kurt Bondy erlebt und die Hamburgerin Gisela Konopka. Diese emigrierten nach Amerika und haben während des Krieges dort ihr Wissen in Methoden und Didaktiken der Sozialarbeit umgesetzt. Sie arbeiteten mit an der Entwicklung der drei Methoden. Diese wurden von einem humanistischen Menschenbild geprägt und gingen von der Würde und der Einmaligkeit der Person aus. Auf dieser Basis entwickelten sich in Amerika Casework, Group Work und Community-Work. Diese beeinflußten die deutsche Sozialarbeit erheblich. In Hamburg gab es insofern eine besondere Möglichkeit, ein besonderes Angebot und eine Chance, da diese Kräfte von der Victor-Gollancz-Stiftung finanziert wurden. So kam Gisela Konopka, die Social Group Work in Minnesota lehrte, hierher. Außerdem kamen Hertha Kraus und Frau Anne Fischer für Casework. Die Community-Arbeit hat sich erst später entwickelt."

Erste Komponente: Beziehung zu den Adressaten

Lisel WERNINGER hebt den zentralen inhaltlichen Bezugspunkt des verstehenden Deutungsmusters hervor, die Würde des einzelnen Menschen, und eine wesentliche Bedingung seiner Realisierung, den Anschluß an die internationale fachliche Diskussion.

Die inhaltliche Füllung dieser ersten Komponente des verstehenden Deutungsmusters kreiste um die Frage, wie die Würde des einzelnen zu wahren ist, wenn er zugleich Störungen oder Defizite aufweist, die professionelle Hilfe notwendig machen.

Für HAMILTON, eine führende Casework-Theoretikerin der 40er Jahre, liegt die Antwort in der wissenschaftlich begründeten Verbindung von Grundrechten mit den Hilfsmitteln, für BOWERS liegt die Antwort mehr in der Kunst, Kräfte im Menschen und Hilfsquellen der Umwelt zu mobilisieren (eine Formulierung, die sehr an SALOMON erinnert).

Gordon HAMILTON (1948): "Die entscheidende Eigenart des Casework als Teil der fortschreitenden Wissenschaft von der Wohlfahrt der Menschen ist der Versuch, durch die Mittel berufsmäßiger Hilfe menschliche Grundrechte und menschliche Nöte in eine planmäßige Verbindung miteinander zu bringen".

Swithun BOWERS (1950): "Soziales Casework ist eine Kunst, in der Kenntnisse der Wissenschaft von den menschlichen Beziehungen dazu benutzt werden, Kräfte im Menschen und Hilfsquellen der Gemeinschaft zu mobilisieren, die dazu geeignet sind, eine bessere Anpassung zwischen dem Klienten und allen Teilen seiner gesamten Umgebung herbeizuführen".
(Zitate aus: NEUFFER 1990, S. 178-180)

Die methodisch herzustellende "helfende Beziehung" als Arrangement zwischen zwei prinzipiell gleichberechtigten Menschen warf die weitere Frage auf, wie ein derart intimes Verhältnis, das sonst nur in familialen Kontexten erlebt wird, professionell zu gestalten ist. Die meisten Autoren stellen eine auf Verstehen basierende Haltung in den Vordergrund, die es dem Klienten ermöglicht, seine Kräfte sinnvoll (d.h. sozial akzeptiert) zu nutzen.

Felix BIESTEK (1957): "Die helfende Beziehung ist die lebendige Wechselwirkung von Haltungen und Gefühlen zwischen Sozialarbeiter und Klient, wodurch der Klient befähigt wird, eine bessere Anpassung an seine Umgebung zustande zu bringen".
Helen H. PERLMAN (1957): "Soziale Einzelhilfe ist ein Prozeß, der von bestimmten Sozialdienststellen angewandt wird, um Menschen zu helfen, mit ihren Problemen im sozialen Bereich besser fertig zu werden".
(1969): "Der Prozeß des Problemlösens hat in unterschiedlichem (und bescheidenem) Umfang das Ziel, dem Hilfesuchenden die stützende und emotional anregende Erfahrung der Beziehung zu einem interessierten und respektvollen Helfer zu vermitteln, ihm ferner zu einer klaren Auffassung seines Problems und seiner eigenen Rolle zu verhelfen, seine Strebungen und Fähigkeiten zu stärken, damit er seine Probleme besser bewältigen kann, ihm materielle Hilfe und verbesserte Möglichkeiten zu geben oder zu vermitteln und schließlich die emotionalen und sachlichen Bindungen zwischen ihm und den Menschen und Möglichkeiten seiner eigenen sozialen Umgebung so zu stärken, daß er in Zukunft darin Erfüllung findet".
Henry S. MAAS (1958): "Man arbeitet mit der Einzelfall-Methode, die die Beziehung Klient-Sozialarbeiter als Medium gebraucht mit dem Ziel, ein befriedigendes und wirksames Gleichgewicht im Leben der Klienten wieder herzustellen. Damit die Einzelfall-Methode wirksam werden kann, muß der Sozialarbeiter in der Lage sein, psychologische, soziale und biologische Kenntnisse geschickt einzusetzen, um menschliches Verhalten in Belastungssituationen und sozial abweichendes Verhalten zu verstehen".
(Zitate aus: NEUFFER 1990, S. 178-180)

Alle Antworten, die genaugenommen eher Ziele und Absichten als tatsächliche Zusammenhänge formulieren, beziehen sich ausdrücklich auf die Grundsätze des Caseworks, wie sie von Gordon HAMILTON formuliert wurden:
"1. Unsere Fähigkeit, anderen wirksam zu helfen, ist abhängig von unserer Achtung für die menschliche Persönlichkeit ...
2. Hilfe ist am wirksamsten, wenn der Empfänger an der Hilfsmaßnahme aktiv beteiligt ist und mit Bewußtsein und Verantwortung an der Gestaltung teilnimmt ...
3. Achtung des anderen schließt in sich Achtung für die Unterschiede zwischen den Menschen (ein) ...
4. Eigenes Verstehen - Erkenntnis des Selbst - ist wesentlich zum Verständnis anderer ...
5. Der Einzelmensch hat Verantwortung nicht nur sich selbst gegenüber, sondern auch für die Gesellschaft, in der er lebt" (zitiert nach NEUFFER 1990, S. 93/94; CWM, Bd. 2, S. 78).

Diese Grundsätze sind in ihrer Bedeutung für das verstehende Deutungsmuster vergleichbar der Vorstellung von "Hilfe als Grundform menschlichen Verhaltens", wie sie in bezug auf Hans SCHERPNER für das personalisierende formuliert wurde.

Während es im personalisierenden Deutungsmuster eher um äußerliche Anpassung und um die Befolgung von normativen Vorgaben geht, steht im Mittelpunkt des verstehenden Deutungsmuster das "innere Wachstum". Es geht dabei um die Veränderung der inneren Sichtweise und der Einstellungen, die nach Meinung der Professionellen zu den Schwierigkeiten, Defiziten oder - allgemeiner - zur Hilfebedürftigkeit geführt haben.

Fast alle Definitionen betonen einen inneren oder Beziehungsaspekt und einen äußeren Aspekt, der die Beziehungen zur näheren oder weiteren gesellschaftlichen Umgebung thematisiert.

Zum Beziehungsaspekt stellt NEUFFER fest:
"Sein im Vordergrund stehendes inneres Ziel, >die Mobilisierung innerer Kräfte und äußerer Hilfsquellen<, stellt zukünftig einen Mittelpunkt dar, insbesondere seit die Ich-Psychologie auf die Casework-Diskussion verstärkt Einfluß nahm und in der Stärkung der Ich-Funktionen beim Klienten eine Hauptaufgabe der Sozialen Einzelhilfe gesehen wurde. *'Hilfe ist immer darauf gerichtet, die Kräfte des Ichs zu stärken. Durch Entlastung von äußerem Druck, widrigen Umständen oder materieller Bedrängnis, Verarbeitung und Eröffnung von neuen Auswegen, versuchen wir Energien freizusetzen, die dem Menschen wieder zur eigenen Lebensbewältigung zur Verfügung stehen'"* (1990, S. 180).

Das meist genannte äußere Ziel ist die Anpassung, und zwar auf zwei Ebenen:
"Dem Klienten sollte geholfen werden, entweder zu seinem eigenen früheren Niveau des >Funktionierens< zurückzufinden oder zum bestmöglichen zum jeweiligen Zeitpunkt, falls ersteres nicht möglich ist. Die andere Anpassungsleistung bezieht sich sowohl auf die nähere Umwelt (Familie) als auch auf die weitere (Gesellschaft). Im ersteren Anpassungsprozeß wird weitestgehend auf den psychoanalytischen Aspekt der Triebbefriedigung abgehoben; d.h. die Anpassung ist dann gelungen, wenn Wünsche, Erwartungen und Bedürfnisse je nach Realität abgewandelt werden können oder auf sie ganz oder teilweise verzichtet werden kann, ohne daß Resignation eintritt. Das im umgekehrten Falle >unangepaßte< Verhalten wird später soziologisch als >abweichendes< Verhalten bezeichnet und damit wird der Anpassungsbegriff aus seiner bisherigen Einseitigkeit herausgeholt. Die Anpassung des einzelnen an bestehende Normen und Werte, an vorgegebene gesellschaftliche Situationen und Strukturen wird bis dahin vorausgesetzt. Das heißt auch, den arbeitslosen, in finanzieller Not stehenden Menschen zu befähigen, mit seiner Situation zurechtzukommen" (NEUFFER 1990, S. 181/182).

Zweite Komponente: Erwartungen des Amtes

Daß auf der Basis eines derartigen Verständnisses der Konflikt mit der zweiten Komponente eines professionellen Deutungsmusters - mit den Erwartungen des Amtes/des Trägers - vorprogrammiert war, liegt auf der Hand. War die Unvereinbarkeit von "helfender Beziehung" und bürokratischen Routinen eines deutschen Amtes/Trägers für diejenigen, die die neue Methodik ohnehin ablehnten, das entscheidende Moment ihrer Ablehnung - gepaart mit dem Verdacht der Illoyalität gegen die Befürworter -, so forderten die VertreterInnen des neuen Ansatzes eine "methoden-verträgliche" Veränderung der Institutionen: Weniger Fälle, mehr Entscheidungsautonomie (Abschaffung der Trennung von Innen- und Außendienst), kompetentere Vorgesetzte und - ganz unerhört - Supervision. Denn auch die Befürworter wußten, daß Casework in den den deutschen Jugend- und Sozialbehörden vergleichbaren Institutionen in den USA so gut wie nicht vorkam. Praktiziert wurde diese Methode in privaten Einrichtungen, deren Arbeitsweise eher an unsere Erziehungsberatungsstellen erinnerten (ausführlicher: vgl. CWM, Bd. 2, S. 86 ff.). Daß im übrigen eine als Antiamerikanismus getarnte Ablehnung der neuen Methode durch Vertreter des personalisierenden Deutungsmusters die Ablehnung des damit verbundenen Demokratie- und Menschenrechtsverständnisses meinte, gab der Auseinandersetzung eine besondere Note und wurde in der Regel kulturalistisch verbrämt: "Das läßt sich nicht übertragen" oder "Das ist die Entwertung deutscher Fürsorgetradition durch Re-education". Diese Auseinandersetzung spielte auf allen Hierarchie-Ebenen in den Ämtern und bei den Freien Trägern eine besondere Rolle, weil es außerhalb der Institutionen Sozialer Arbeit keine soziale Bewegung gab, die - wie die Frauen- und Jugendbewegungen in den 20er Jahren - das neue Deutungsmuster politisch und kulturell hätte unterstützen können. Daher trugen in dieser Situation die Ausbildungsstätten ganz entscheidend zur Verbreitung des verstehenden Deutungsmusters bei. Dies weist zugleich auf die dritte Komponente hin: auf die Erwartungen der so ausgebildeten Professionellen an sich selbst.

Dritte Komponente: Erwartungen an sich selbst

> "Im April 1954 diskutierte die Konferenz der Deutschen Wohlfahrtsschulen in Frankfurt, ob ein besonderes Fach 'Methodenlehre' in den Lehrplan der Schulen aufgenommen werden sollte. Das Thema wurde bis zur Jahrestagung der Konferenz Ende September 1954 in Berlin verschoben. Man wollte sich dort 'mit der dazu eingeladenen Praxis über dieses Problem aussprechen; zwei Probstunden in der vertieften Einzelfallhilfe unter Zugrundelegung eines Übungsfalls sollten den Schulen Gelegenheit geben, die unterrichtliche Gestaltung des Casework selbst kennenzulernen, um zu einer echten Entscheidung zu kommen'. In Berlin berichteten Elisabeth SÜLAU aus Hamburg (Schutzaufsicht in der Gruppe), Hannes Krause aus Freiburg (Gruppenarbeit in der Bewährungshilfe) und Ingeborg Blauert, Berlin (Gruppenarbeit im Nachbarschaftsheim), über ihre gruppenpädagogische Praxis. Dr. Magnussen, Kiel, berichtete über Einzelfallhilfe in der Eheberatung und Ingeborg Geest, Familienfürsorgerin in Berlin, sprach über Einzelfallhilfe in der Familienfürsorge. Die Qualität der Praxisberichte und die didaktische Brillanz der beiden Pro-

bestunden unter Leitung von Dr. Ellen Simon, Berlin, und Dr. Dora von Caemmerer, Nürnberg, wirkten auf alle Beteiligten überzeugend. '(Die) Probelektion war für die Teilnehmer nicht nur eine überzeugende Demonstration der Methode selbst, sondern auch der Beweis dafür, daß die Methode lehrbar und lernbar ist. Darüber hinaus war die geniale Interpretation eine wahre Freude und ein ästhetischer Genuß für die Teilnehmer, die selbst in der Unterrichtspraxis stehen. Die Diskussion im Anschluß an die Probstunden führte zu dem gleichen Ergebnis wie die Aussprache am Mittwoch: 'Die Methodenlehre ist als Sonderfach in den Ausbildungsplan der Wohlfahrtsschulen aufzunehmen. Darüber hinaus müssen die Grundgedanken der Methodenlehre integrierender Bestandteil aller Fächer sein, so daß der Gesamtunterricht von der neuen Methode durchdrungen ist'" (CWM, Bd. 2, S. 85).

Daß derart Ausgebildete in der vom personalisierenden Deutungsmuster beherrschten Praxis auf Ablehnung und Widerstand stießen, daß etliche auch resignierten, ist richtig (vgl. CWM, Bd. 2, S. 90). Ebenso richtig ist aber auch, daß das verstehende Deutungsmuster in den 50er Jahren in den Diskursen Sozialer Arbeit tonangebend wurde, auch wenn es noch längst nicht von der Mehrheit der Professionellen geteilt wurde.

In den Deutungsmustern vollzog sich also ein Orientierungswandel:
- Vom "gefährlichen/gefährdeten" Auffälligen, Abweichler und Störer wandelte sich der Adressat zu einem prinzipiell gleichberechtigten "Klienten", der aus seiner momentanen Hilfsbedürftigkeit duch Aktivierung seiner selbst und seiner Umwelt herausgeführt werden sollte.
- Aus dem Vertreter der staatlichen Ordnung und/oder des christlichen Gehorsams wurde eine methodisch geschulte Fachkraft.
- Aus dem strengen, disziplinierenden Kontrolleur wurde der/die Professionelle, der/die wissenschaftlich fundiert die Probleme des Gegenübers verstehen und diagnostizieren kann.

(4) Von der (alternativen) verstehenden zur (hegemonialen) klinischen Professionalität

In mancher Hinsicht war das verstehende Deutungsmuster dem personalisierenden überlegen, in mancher Hinsicht aber hob das dominant werdende aber auch wichtige Aspekte des "alten" auf.

Überlegenere Anpassungsorientierung

Wie wir gesehen haben, war eine Konsequenz der sozialpolitischen Modernisierung der Regulationsbedingungen und der "inflexiblen Massenproduktion" der enorme Rückgang von Sozialhilfefällen (vor allem durch Vollbeschäftigung und Rentenreform). In der Tendenz verringerten sich professionelle Situationen, in denen es auf genaue bürokratische Ausführung von Regeln ankam (Kompetenz des personalisierenden Deutungsmusters), und es nahmen komplexere Situationen zu, die ein verstehendes Eingehen auf die Besonderheit des Einzelfalls erforderten (Kompetenz des verstehenden Deutungsmusters). Auch in der Familien- und Arbeitszentriertheit des fordistischen Produktionstypus war das neue Muster dem alten überlegen oder - genauer - hob es in dreifacher Weise auf. Es bewahrte das Interesse an disziplinierten Arbeitskräften, hob dieses Interesse aber auf die aktuellen Anforderungen des Arbeitsmarktes und machte in der heilpädagogischen bzw. therapeutisch-rehabilitativen Orientierung deutlich, daß es sich bei der nun vorherrschenden Vorstellung von Integration um etwas qualitativ Neues handelte.

Die Vorschläge verdeutlichen diese Tendenzen exemplarisch von PONGRATZ[1]/ HÜBNER für die Reform der Heimerziehung:
"Da die Jungen nach der Heimentlassung vorwiegend in ungelernte und angelernte Fabrikarbeit gehen wollen, ist es nicht so sehr von Wichtigkeit, Lehrausbildungsmöglichkeiten in den Heimen zu schaffen, sondern es kommt in erster Linie darauf an, Grundkenntnisse für die Arbeiten in den einzelnen Industriesparten vermitteln und Anlernstätten zu schaffen, in denen die Eignung des Jugendlichen für bestimmte Tätigkeiten festgestellt werden muß. ... Die Berufsarbeit ist für viele Mädchen nur ein Übergang, die meisten haben das Bestreben zu heiraten. Gute hauswirtschaftliche Kenntnisse halfen unseren Mädchen offensichtlich, ihre Ehe zu stabilisieren (was aber nicht heißen soll, sie nur in hauswirtschaftliche Berufe zu vermitteln - T.K.) ... Die spätere Abwanderung aus derartiger Tätigkeit war deshalb so groß, weil weibliche Jugend heute die Unabhängigkeit und die besseren Verdienstchancen der Fabrikarbeit bevorzugt. ... In der Regel werden von der ungelernten Arbeiterin in der Industrie weniger spezielle Vorkenntnisse als vom Mann verlangt. Bei ihr kommt es mehr auf die Arbeitshaltung an, auf Tempo und Genauigkeit, beispielsweise bei Pack- und Sortierarbeiten, auf Sorgfalt bei Kleb- und Lötarbeiten usw. Eine bessere Vorbereitung der Mädchen auf die später gewünschte Fabrikarbeit sollte erwogen werden" (1959, S. 211 f.).

Die Konsequenzen für die gewünschte Professionalität in der Sozialen Arbeit sind u.a.:
"a) Um erzieherisch gezielter arbeiten zu können, bedürfte es gründlicherer Diagnosen. Eine **medizinische** Untersuchung müßte die Frage nach der altersgemäßen Entwicklung der Körperlänge, des Gewichts und der Reifung klar beantworten und insbesondere der Verursachung seelischer Anomalien durch Krankheiten und Unfälle genau nachspüren. Eine **psychologische Diagnose** müßte den seelischen Entwicklungsstand in den wichtigen Bereichen exakt ermitteln. Unter Berücksichti-

---

1) Zur Person von Lieselotte PONGRATZ s.S. 263. Aus der hier noch deutlichen klassisch-klinischen Orientierung wird später eine grundlegende Ablehnung anstaltsförmiger Heimerziehung.

gung der von uns als bedeutsam erkannten Symptome, wie Arbeitsunlust, sexueller Auffälligkeit usw. muß eine spezielle Prognose mit einem **Erziehungsplan** aufgestellt werden. Diese Arbeit könnte am besten von einem **team** bewältigt werden, ähnlich dem der Erziehungs-Beratungsstellen.
b) Für bestimmte Betreute sollten vermehrt heilpädagogische Spezialheime mit besonderer Zielrichtung geschaffen werden" (a.a.O., S. 210).

Und nicht zuletzt:
"... Auch hieraus ergibt sich wieder die Notwendigkeit, die **Sozialarbeiter für eine vertiefte Fallarbeit besser auszubilden**" (a.a.O., S. 213).

Ansätze zur Auseinandersetzung mit dem Dritten Reich und "Re-education"

"Bei der rückwirkenden Betrachtung von Texten, Dokumenten und Erinnerungen an diese Zeit fällt die merkwürdige Abstinenz auf, mit der eine offene Auseinandersetzung über den Nationalsozialismus, den deutschen Angriffskrieg und die ideologischen Nachwirkungen nationalsozialistischer Bevölkerungs- und Sozialpolitik vermieden wurde" (CWM, Bd. 2, S. 70 f.).

Das personalisierende Deutungsmuster ermöglichte es offensichtlich, die Arbeit wie bisher weiterzumachen - von weiterem Nachdenken durch das Nachkriegschaos befreit und durch Abspaltung aller strukturellen Zusammenhänge vom Hilfeprozeß dazu ermuntert, das Gesellschaftsganze als bloße Ansammlung von Personen ("Mitbürger") zu betrachten. Damit bedurfte die Notgemeinschaft der Helfer und Hilfsbedürftigen keiner rassistischen Volksgemeinschaftsideologie mehr. Aber auch am Beginn des verstehenden Deutungsmusters stand nicht die Bearbeitung des Vergangenen, sondern die Orientierung am Neuen.

Lisel WERNINGER: "C.W. MÜLLER hat in seinem Buch 'Wie Helfen zum Beruf wurde' unserer Generation vorgeworfen, daß wir apolitisch waren und unsere Vergangenheit in der NS-Zeit nicht aufgearbeitet haben. Er räumt ein, daß wir uns gerade auf diese Methoden gestürzt haben, weil sie ein Protest gegen die Prämisse 'Du bist nichts, Dein Volk ist alles' waren. Die habe ich auch noch im Ohr gehabt und versucht, mich dagegen aufzulehnen. Die Stärke des Individuums, das Recht des einzelnen war jetzt die ganz starke Prämisse und viele Sozialarbeiter haben sich darauf gestützt."

Vor diesem Hintergrund war die Rezeption der amerikanischen Methodendiskussion der Versuch, dem Beruf ein eigenes Profil zu geben **und** zugleich politisch fortschrittlich zu sein, d.h., auf diese Weise auch so etwas wie Bewältigung des Faschismus zu praktizieren. Dabei spielten vor allem zwei Momente eine Rolle. Das eine war der Bezug auf grundlegende demokratische Werte bzw. auf nicht reduzierbare Menschenrechte, die den "Abweichenden" (zumindest in der Theorie) ihre Subjektwürde wiedergab (s.o. die fünf Grundsätze von HAMILTON). Zum anderen kam es zu einer Praxis des fachlichen Austausches durch Besuche von Experten in der Bundesrepublik, vor allem aber durch Studienaufenthalte von Professionellen in den USA. Diesen häufig mit einem geringschätzigen Unterton als "Re-education-Kampagne" thematisierten Sachverhalt rückt C.W. MÜLLER zurecht:

"Wenn immer wieder gesagt und geschrieben wird, die amerikanischen Besatzungstruppen hätten uns nach dem Zusammenbruch nationalsozialistischer Jugend- und Sozialarbeit die klassischen Methoden dieser Arbeit nach Deutschland gebracht, so sollte künftig diese Aussage korrigiert werden. Nicht sie haben sie uns gebracht, sondern wir haben sie uns geholt. Mit Hilfe eines großzügigen Austausch-Programms, dessen Reichweite und Wirkung bisher nur im Einzelfall individuell erfahren, aber nicht wirklich öffentlich bekannt und benannt gewesen ist.

... Aber insgesamt gilt für die 40er und die frühen 50er Jahre, daß jeder amerikanische Experte, der ins besetzte Deutschland kam, eine Tür geöffnet hat, und daß jedem Deutschen, der in ein fremdes Land eingeladen war, eine Tür geöffnet wurde" (Bd. 2, S. 47/49).

Zwischen 1948 und 1968 fuhren 16.228 Fachkräfte in die USA (NEUFFER 1990, S. 85), was in der Praxis durchaus als Auszeichnung empfunden wurde, wie auch Lisel WERNINGER berichtete. Das Kürzel "IAG" (in Amerika gewesen) oder "Nicht-IAG", das sich einige KollegInnen hinter ihren Namen setzten, kennzeichnet dies auf ironische Weise.

Wer heute die Gelegenheit hat, KollegInnen von ihren Erfahrungen aus diesen Begegnungen berichten zu hören, spürt noch immer die davon ausgehende Begeisterung und Ermutigung.

Den Zusammenhang von "innerer Bewältigung" des Faschismus, Expertenaustausch und Orientierung an der neuen Methodik verdeutlicht exemplarisch eine Erfahrung von Gisela KONOPKA, sozialistische, jüdische Widerstandskämpferin:

"Dr. Gisela Konopka aus Hamburg, Professorin für Gruppenpädagogik an der Universität von Minnesota, kam 1950, 1951 und 1956 nach Deutschland und leitete mehrere Fortbildungsveranstaltungen über Gruppenpädagogik und Kinderpsychiatrie. Sie hat ihre deutschen Erfahrungen (...) zu intensiven und differenzierten Berichten über die deutsche Situation der frühen 50er Jahre verarbeitet. Für sie lag der besondere Wert der Wiederbegegnung mit deutschen Sozialarbeiterinnen in der Anforderung, eine Woche oder zwei intensiv mit den deutschen Kolleginnen zusammen zu arbeiten und zu leben. Dabei sei es ihr mehr als einmal passiert, daß Sozialarbeiterinnen, aufgeführt durch die thematische Arbeit des Tages, sie noch spät in der Nacht aufgesucht hätten, um mit ihr über Erlebnisse während der Zeit des Nationalsozialismus zu sprechen; als sie weibliche politische Häftlinge einer Körper-Visitation unterziehen mußten, als sie behinderte Kinder für ein Euthanasie-Programm aussuchen sollten ..." (CWM, Bd. 2, S. 49).

Anpassung und klinische Orientierung

Beiden Deutungsmustern liegt eine allgemeine Gemeinwohl-Orientierung zugrunde. Während diese im personalisierenden mit der diffusen "Hilfe"-Vorstellung identisch ist, ist sie im verstehenden an wissenschaftlich begründetes Handeln gekoppelt, das - wie NEUFFER herausgestellt hat (s.o. S. 64) - auf die innere und äußere Anpassung des Einzelnen zielt. Im Verlauf der Methodendiskussion ist die zunächst starke Orientierung an Grundrechten zugunsten einer funktionalistischen Einpassung des "Klienten" in das Bestehende zurückgegangen und klinische Erklärungsmuster bekamen eine immer größere Bedeutung.

> **Marie KAMPHUIS (1963):** "Ziel der Sozialarbeit ist also: den Menschen zu helfen, die für kürzere oder längere Zeit nicht in der Lage sind, selbst ihrer sozialen Schwierigkeiten Herr zu werden, damit und bis sie von neuem eine Möglichkeit finden, in der Gemeinschaft positiv zu funktionieren ...".
>
> **Werner ZILTENER (1963):** "Ziel der Sozialarbeit bedeutet: das freie und verantwortungsbewußte Mitverwirklichen einer bestimmten menschlichen Gemeinschaft, das Mitgestalten und Partizipieren an dieser Gemeinschaft, herausgewachsen aus dem freien Ja zur Wirklichkeit und zu Ordnung der daraus sich ergebenden Pflicht" (nach NEUFFER 1990, S. 179)

Daß die Realität häufig anders aussah, macht NEUFFER exemplarisch deutlich: "Als plastisches Gegenbeispiel zu den Casework-Prinzipien führen Piven/Cloward ein Beispiel aus Manhattan an, in dem eine Fürsorgeempfängerin mit vier Kindern nach dem Schulschwänzen des ältesten Kindes Klientin wurde: *'Eine Sozialarbeiterin der Schule, die sie daraufhin besuchte, berichtete, Mrs. T. habe nach Whisky gerochen, und schloß daraus, daß sie ihre Kinder vernachlässigte. Die Wohlfahrtsbehörde wurde von dem Vorfall unterrichtet und teilte daraufhin Mrs. T. mit, sie müsse zwei ihrer Kinder in einem Heim unterbringen lassen, wenn sie weiterhin Unterstützung beziehen wolle. Als Mrs. T. sich weigerte, Wohlfahrtsinspektoren ohne vorherige Ankündigung in ihre Wohnung und mit ihren Kindern sprechen zu lassen, wurde ihre Unterstützung gestrichen.'* In der Fürsorgepraxis sehen Piven/Cloward eine Demütigung der Klienten auf dem Hintergrund wirtschaftlicher Interessen zur Aufrechterhaltung der Arbeitsbereitschaft" (1990, S. 142).

Eine zweite Tendenz tritt in dem Maße deutlicher hervor, wie sich das verstehende Deutungsmuster durchsetzt. Stand zu Anfang "Verstehen" als emphatischer Vorgang des Sich-in-den-anderen-Hineinversetzens im Vordergrund, so wurde dies abgelöst von einem "Verstehen" im Sinne von Erklären. Mit Hilfe soziologischer, vor allem aber psychologischer Erkenntnisse wurde so eine wissenschaftlich legitimierte Form sozialer Distanz hergestellt.

> **Rudolf BLUM (1964):** "Ziel ... ist ... soziale Notstände soziologisch zu definieren, d.h. die Kausalität soziologischer Elemente in bezug auf soziale Probleme herauszuarbeiten, geeignete soziologische Konzepte mit der sozialen Realität, die sich in einem Notzustand befindet, zu konfrontieren, d.h. zu helfen, die Diagnose eines

individuellen oder sozialen Hilfsfalles mit Hilfe selektiver soziologischer Elemente zu stellen, um in der Therapie ganzheitlich, im Sinne der Integration, vorgehen zu können, soziologische Voraussetzungen dafür zu bieten, damit sich die Institution der Sozialarbeit über die individuelle Hilfeleistung hinaus aktiv in die Gestaltung und Entwicklung der Gesellschaft einzuschalten vermag".
Florence HOLLIS (1964): "... Soziale Einzelhilfe wird als eine abgestimmte Mischung von Vorgängen gesehen, die so, wie es diagnostisch angezeigt erscheint, auf eine Veränderung in der Person oder in ihrer sozialen oder zwischenmenschlichen Umgebung oder in beidem hinarbeitet und auf eine Modifikation des Austausches abzielt, der zwischen Mensch und Umwelt stattfindet" (nach NEUFFER 1990, S. 178-180).

Mit der Psychologisierung und Therapeutisierung (als wesentliche Merkmale der klinischen Orientierung) war die Hoffnung verbunden, sich den "großen Professionen" wie den Ärzten und Anwälten nähern zu können, um damit den eigenen Status anzuheben. Vorbild ist nun allerdings weniger unspezifisch der Arzt, sondern konkret der Psychologe oder der Psychotherapeut. Diese Ausrichtung wird in einer letzten Casework-Definition deutlich, deren Verengung von Lisel WERNINGER im nachhinein deutlich kritisiert wird.
Dora von CAEMMERER (1965): "(Die Bewältigung äußerer und innerer Notlagen, d.V.) ... geschieht in einem systematischen Vorgang des Helfens, der von der Beziehung zwischen Sozialarbeiter und Hilfesuchenden getragen ist. Dabei stellt der Sozialarbeiter sein diagnostisches Denken als Grundlage planmäßigen Vorgehens, sein Können in bezug auf Gesprächsführung, den methodischen Gebrauch von Umwelthilfe und Arbeit mit der Beziehung und den disziplinierten und verantwortlichen Einsatz der elgenen Persönlichkeit für die gemeinsame Arbeit im Hilfsprozeß zur Verfügung" (nach NEUFFER 1990, S. 180).

Lisel WERNINGER: "Medium Nummer Eins ist unsere Person, dann kommt das Wissen und Können. Dafür habe ich gerade hier gekämpft. Ich bin dann ja auch voll in die Studentenbewegung gekommen, die protestiert hat und in die Solidarität mit den Schwachen gegangen ist. Das fand ich gut. Insofern war das auch gut für meine Lerngeschichte, weil ich so stark in die Psychologisierung hereingekommen war. Ich kannte Kolleginnen, die eigentlich nur noch Psychologie studieren wollten, weil sie sagten, nur dann kann ich die notwendige psychische Hilfe geben. Ich fand - und ich stehe auch heute noch auf dem Standpunkt -, daß wir keine Psychologen sind. Außerdem sind wir auch keine Soziologen. In der Wohnunterkunft seien alle neurotisch, verwahrlost, hatten meine Kolleginnen gesagt. Alles sträubte sich in mir, weil ich sah, was für ein Potential an Möglichkeiten da war. Da haben wir Gruppen- und Elternarbeit gemacht, und ich habe mich mit diesen Studenten solidarisch erklärt."

Als sich im Laufe der 60er Jahre das klinische Deutungsmuster durchsetzte und hegemonial wurde, war eigentlich klar, daß sich ein "Settlement" wie Elisabeth SÜLAUS HJB, das nach der neuen Norm geradezu vor Abweichungen strotzte, sich nicht würde halten können. Wie oben (S. 49 ff.) gezeigt, wurden die Ambivalenzen des HJB denn auch fein säuberlich in ihre nach dem klinischen Modell richtigen Zuständigkeiten verwiesen: die Soziale Gruppenarbeit in die Jugendfürsorge, die offene Arbeit in die Häuser der Jugend. Partizipative Ansätze verschwanden zunächst ganz und gelangten erst in den 70er Jahren wieder in den "Korridor" der Sozialen Arbeit.

6. Soziale Arbeit in post-faschistischen Modernisierungen

Der BLICK auf das Jahr 1955 ist nach denen auf die Jahre 1925 und 1935 der dritte auf das "fordistische Zeitalter". Seine Merkmale Massenproduktion, Massenkonsumption und Massenkonformität, treffen sowohl auf die nachfaschistischen Gesellschaften im Westen wie im Osten zu. Den wichtigsten Unterschied hat HOFFMANN (1996) herausgearbeitet: Während im Westen die gesamten politisch-ökonomischen und kulturellen Strukturen diesem Produktionstypus strukturgleich auf den Leib geschneidert waren, gelang es den staatssozialistischen Systemen nicht, einen eigenen "Überbau" zu ihrer staatskapitalistischen Basis zu schaffen (vgl. KUNSTREICH 1986). Diese jeweils spezifischen Ausprägungen des Produktivitätstypus der "inflexiblen Massenproduktion" bildeten für die Arbeitsfelder der Sozialen Arbeit einen "Korridor für Regulationsformen", in dem sich die unterschiedlichen praktischen Diskurse der Sozialen Arbeit reproduzierten und modifizierten. Wie ich in den zusammenfassenden Überlegungen zum DRITTEN und VIERTEN BLICK dargelegt hatte, machte die theoretische Konzeptionierung der Sozialen Arbeit dank Alice SALOMON in den 20er Jahren einen qualitativen Sprung von der "Mechanik" zur "Technologie" oder: von erfahrungsbezogener Regelanwendung zu wissenschaftlich begründeten Regeln für die Regelanwendung. Diese Sozialtechnologisierung erreichte im Faschismus auf der Basis einer rassistisch-biologischen Sozialhygienetheorie ein neues, in sich stimmiges Niveau, das die Janusköpfigkeit dieser Technologie - die Einteilung der Menschen in Erziehbare und Nichterziehbare - unter dem Etikett der "Prävention" zu Ende dachte: Die nicht mehr Erziehbaren sind zu selektieren und das hieß, zu vernichten. Diese in sich schlüssige Theorie und Praxis brach zwar mit dem Faschismus zusammen und regredierte mit dem personalisierenden Deutungsmuster wieder auf eine mechanische Ebene. Das erreichte Organisationsniveau des Strukturkomplexes "Anstalt-Klinik-Prävention" als Bündelung der regulativen Strategien blieb in seiner Gestalt jedoch erhalten. Erst das klinische Deutungsmuster brachte das gesamte System Sozialer Arbeit wieder auf das technologische Niveau seiner Zeit: Orientiert an der Methodik des Casework und

Social Group Work wurden dessen demokratisch-humanistische Wurzeln schnell zugunsten einer psychologisch-technizistischen Anpassungstechnologie verdrängt. In dem Maße, wie dieses Deutungsmuster vorherrschend wurde, verlor es seinen sozial-kritischen und demokratischen Impuls.

Auch wenn es zunächst in der sowjetisch besetzten Zone Ansätze gab, dem "anderen Gesicht" der Sozialen Arbeit - dem an Kooperation und Selbstorganisation orientierten (vgl. Bd. I, S. 160) - zu einer breiteren gesellschaftlichen Basis zu verhelfen, so scheiterte dieser Versuch aus den genannten Gründen (Kalter Krieg, Stalinisierung und "Import" des Sowjetsystems) relativ bald. Auch im Osten dominierte schnell das Syndrom "Anstalt-Klinik-Prävention", wenn auch mit strukturell interessanten Unterschieden. Wie Erich HASS anschaulich darstellte, wurden viele sozialpädagogische und sozialarbeiterische Aufgaben im Rahmen der Volksbildung oder der kommunalen Kultureinrichtungen wahrgenommen, bzw. das, was an Jugendfürsorge übrig blieb, war sehr viel stärker auf andere soziale Felder bezogen als im Westen üblich. Insbesondere die Jugendhilfekommissionen trugen ebenso wie die gesellschaftlichen Gerichte (vgl. LINDENBERG 1993) zumindest eine Struktur in sich, die andere Konfliktlösungen als die der Ausgrenzung und Stigmatisierung ansatzweise möglich machten oder in größerer Breite hätten möglich machen können.

In einem aber kam es zu einer ungewollten Konvergenz beider Systeme: Da beide sich als unfehlbar und strukturell gelungen wähnten, konnten Abweichungen oder Erscheinungen des "Versagens" nur in der Persönlichkeitsstruktur des einzelnen Abweichlers oder "Versagers" liegen. Wenn auch mit unterschiedlichen Nuancierungen ist die psychologisierende bzw. pädagogisierende Personalisierung Kennzeichen beider Systeme. Und: im Zweifelsfalle grenzten beide Systeme auch gleichermaßen aus. Die als besonders schwierig, delinquent oder nichttherapierbar bzw. nicht-erziehbar geltenden Jugendlichen wurden hüben wie drüben in geschlossenen Einrichtungen kaserniert. Während in Westdeutschland viele Heime eine geschlossene Abteilung unterhielten und es in jedem Bundesland eine oder mehrere gefängnisartige Jugendfürsorgeeinrichtungen gab, warens es in Ostdeutschland die Jugend-Werkhöfe, die genau die gleiche Funktion erfüllten (grundsätzlicher dazu: Eberhard MANNSCHATZ in diesem Band, S. 209 ff.).

Ein gravierender Unterschied bleibt jedoch zwischen den Modernisierungen im Westen und im Osten bestehen: Während im Westen nahtlos an das patriarchalische, die Ungleichheit legitimierende Gerechtigkeitsdenken des Nationalsozialismus angeschlossen werden konnte, gab es im Osten immerhin den Versuch, egalitären Gerechtigkeitsvorstellungen politisch, ökonomisch und kulturell zum Durchbruch zu verhelfen. Daß diese (relative) Gleichheit keine eigenen politischen Ausdrucksformen entwickeln konnte, ist für mich die große Tragik dieser Entwicklung. Auf der anderen Seite ist zu erwarten, daß die uns nachfolgenden Generationen auf diese Erfahrung einer zumindest materiell erlebten Gerechtigkeit interessiert zurückblicken werden. Mit dieser die bisherigen Erörterungen ergänzenden Einordnung der vorherrschenden regulativen Strategien ist der Korridor der Regulationsform Sozialer Arbeit in Ost und West stichwortartig benannt, genauso wie der Umstand, daß kooperative Strategien sich wieder nur in Ansätzen realisieren, aber nicht durchsetzen konnten. Anhand der folgenden Matrix soll einigen Aspekten dieser Entwicklung nachgegangen werden.

Schaubild 6

Matrix: Grundstrukturen Sozialer Arbeit
Soziale Arbeit in post-faschistischen Modernisierungen: 1955

	Sozialdisziplinierung	institutionelle Handlungsmuster	kompensatorische Funktion: re-aktive Handlungsmuster	unterstützende Funktion: pro-aktive Handlungsmuster	
primäre Grundstruktur	regulative Strategien	- Rationalisierung - Professionalisierung - Kolonialisierung	(personalisierendes Muster) "normalisiertes" Modell Anstalt/Klinik/Prävention - Jugendfürsorge - Fürsorgeunterstützung FDJ 1955	(verstehendes Muster) - Jugendpflege (klinisches Muster)	"für"
sekundäre Grundstruktur	kooperative Strategien	- Aktivierung - Solidarisierung - Selbstregulierung	(FDJ1946).........	- HJB (1947-1967) - Junge Gemeinde	"mit"
		"für"	"mit"		sozialer Code

Lesen wir diese Matrix wieder nach den sozialen Codes. Das Feld "für/für" (regulative Strategien mit re-aktivem Handlungsmuster) dominiert ungebrochen. Das personalisierende Deutungsmuster prägt die Mehrheit der Professionellen über den gesamten Zeitraum, auch wenn das verstehende Deutungsmuster in den theoretisch-konzeptionellen Debatten bald die Meinungsführerschaft übernommen hat. Fürsorgeunterstützung und Jugendfürsorge funktionieren weiterhin nach dem Modell "Anstalt-Klinik-Prävention", wobei mit zunehmender Bedeutung des verstehenden Deutungsmusters re-aktive Handlungsmuster durch pro-aktive ergänzt werden. Strukturell bleiben Jugendfürsorge und Jugendpflege zwar getrennt, funktional sind sie jedoch beide eindeutig bezogen auf die Sekundärtugenden zur Stützung und Ausgestaltung der Modernisierungsprozesse. In der Tendenz gewinnt das Handlungsfeld "für/mit" (regulative Strategien mit proaktiven Handlungsmustern) zunehmend an Gewicht. Dieses ist nicht zuletzt der Tatsache geschuldet, daß tatsächlich die materielle Not abnimmt bzw. vom anderen Sicherungssystem reguliert wird. Zeitgleich wird die psychosoziale Definitionsmacht der Sozialarbeit auf weitere Felder ausgedehnt (eine Dynamik, die sich erst in den 70er Jahren voll entfaltet).

Die Entwicklung der FDJ ist ein plastisches Beispiel für den Übergang von einem sozialen Feld, in dem kooperative Strategien der Aktivierung, Solidarisierung und Selbstregulierung zunächst überwiegen, in eines, in dem die regulativen Strategien dominieren. Die zumindest sich weitgehend selbstregulierenden Kollektive in den Kommunen werden in das Korsett eines Jugendverbandes gepreßt, in dem die re-aktiven Handlungsmuster der Disziplinierung in einen ständigen praktischen Widerspruch zu den sich immer wieder neu entwickelnden kooperativen Strategien geraten. (Diese These basiert auf Berichten von Kolleginnen und Kollegen aus Ostdeutschland - empirische Untersuchungen stehen noch aus: MÄHLERTs FDJ-Geschichte (1995, 1996) ist zu sehr auf Institutionen fixiert und theoretisch zu voreingenommen, als daß er diese Aspekte thematisieren würde). Betrachtet man die gesamten Felder der Sozialen Arbeit in der DDR, so läßt sich eine eigentümliche Parallele feststellen: Das gesamte Feld der Sozialen Arbeit funktionierte augenscheinlich wie ein riesiges "Rettungshaus", wie WICHERN es gut 100 Jahre zuvor im Kleinen praktiziert hatte. Wie wir gesehen haben, waren innerhalb des von WICHERN gesetzten Rahmens des sich selbst kontrollierenden Erzieher-Zöglings-Systems Elemente von Solidarisierung, Aktivierung sowie Selbstregulation durchaus vorhanden - aber immer bezogen auf den Zweck und den Regulator der gesamten Veranstaltung. So könnte man in Analogie sagen, daß der "nicht geknickte Zettel", mit denen die Zöglinge sich auf dem Gelände zwischen Schule, Betriebseinheiten und Wohnung bewegten (Bd. I, S. 44 f.) in der DDR durch entsprechende Kader-Akten ersetzt wurde, in denen jeder "Knick" festgehalten wurde. So wie WICHERNS Rettungshaus einem höheren Zweck diente, sollte auch die Rettung vor Imperialismus und Amerikanismus die Jugendlichen zu anständigen, jungen Deutschen machen (bis in die Formulierungen lassen sich Übereinstimmungen finden). Weitere Homologien liegen darin, daß die Professionellen genauso eingebunden sind in das Kontrollsystem wie die Zöglinge. Darüber hinaus müssen sie aber über ein gewisses Maß von Überzeugung und Kompetenzen verfügen sowie über ein Mindestmaß an Vertrauen in die Herrschaft: dort in WICHERN, hier in die Partei.

Daß auch andere Entwicklungen möglich gewesen wären, deutet der gestrichelte Pfeil an. Es ist eine Ironie der Geschichte, daß die Ansätze zu Aktivierung, Solidarisierung und Selbstregulierung - je länger die Geschichte der DDR dauerte, desto mehr - gerade dort realisiert wurden, wo die Herrschenden das Absterben der alten, bürgerlichen Religionsideologie vermuteten: in den Jungen Gemeinden, die im Laufe der DDR eine zunehmende Bedeutung als selbstreguliertes Feld von Jugendlichen erhielten.

Eine weitere, fast tragische Ironie ist es, daß diese Kritik vom zweitmächtigsten Mann der DDR nach der Niederschlagung des Aufstands vom 17. Juni 1953 grundsätzlich geteilt wurde: Otto Grotewohl zog damals ein vernichtendes Urteil über die FDJ und konnte nicht umhin, die Jungen Gemeinden als Vorbild zu bezeichnen:

"Für die Mehrzahl der Jugendlichen in der Deutschen Demokratischen Republik ist die Zugehörigkeit zur Freien Deutschen Jugend keine Herzenssache. [...] Eine kritische Betrachtung der FDJ-Arbeit offenbart auf den ersten Blick, daß diese viel zu starr, schematisch und eingeschachtelt ist, um den vielseitigen Interessen und Bedürfnissen der Jugend gerecht werden zu können. Es gibt zuviel trockene Anweisungen und Direktiven und deshalb zu wenig Möglichkeiten der freien Entfaltung eines natürlichen Jugendlebens. Der Apparat der Freien Deutschen Jugend ist steif, träge und verbürokratisiert. Er entspricht keinesfalls den Anforderungen einer schwungvollen, energischen und zielbewußten Jugendbewegung. ...

Die rasche Entwicklung vieler junger Menschen hat eine starke Tendenz zum Karrierismus unter den FDJ-Funktionären ausgelöst. Daraus entwickelte sich ein großes Geltungsbedürfnis und die Neigung zur 150%igkeit. Eine besonders häßliche Form des Parteijargons und Kaltschnäuzigkeit gegenüber den 'Unwissenden' gehören zu ihren Umgangsformen. Ihre Art ist anmaßend, bürokratisch, verkrampft und herzlos. Es fehlt ihnen an warmer Herzlichkeit und vielfach sogar an gesundem Humor. Die kühne Leidenschaftlichkeit ist ihnen fremd. Viele machen auch den Eindruck von ständig gehetzten, furchtbar wichtigen Funktionären, die unter der Last ihrer Arbeit zusammenbrechen. Es ist klar, daß sie in dieser Art niemals Vorbilder der Jugend sein können. ...

Daß der westliche Einfluß in seinen häßlichen Ausartungen zu dämmen ist, zeigt die Arbeit der Jungen Gemeinde. Dort nehmen die Jugendlichen sehr gern am Jugendleben teil. Sie betonen, daß es ihnen besonders deshalb gut gefällt, weil alles gut organisiert, sowie erfahren und umsichtig geleitet wird. Das Jugendleben ist dort natürlich und unbeschwert. Vor allem beschränkt es sich nicht nur auf gesellige Veranstaltungen, sondern es werden viele Wanderungen gemacht, wobei sie praktische Naturkunde und Heimatgeschichte betreiben. Sie berücksichtigen die Interessen der Jugend in jeder Weise. Bei uns herrscht noch immer große Scheu, über Fragen der Moral offen zu sprechen. Die Pfaffen dagegen verstehen es ausgezeichnet, die Jugendlichen vor Ausschweifungen jeder Art eindringlich und erfolgreich zu warnen. Schon die Auswahl der Themen spricht die Jugendlichen sehr verschieden an. In der FDJ behandelt man wochenlang ein Thema unter dem Titel: 'Auswertung der 6. Zentralratstagung'. In der Jungen Gemeinde dagegen werden die Vortragsabende unter folgenden Titeln popularisiert: 'Kann denn Liebe Sünde sein?' usw.

Als die FDJ in Weimar einen Jugendvortragsabend organisierte über den Kapp-Putsch und ihn unter dem Titel 'Schüsse in Weimar' bekanntmachte, da war die Veranstaltung überfüllt. ...

Überall dort, wo ältere Genossen die Arbeit der FDJ-Gruppen unterstützen, anleiten und individuell Einfluß auf die Jugendlichen nehmen, ist die Arbeit der Freien Deutschen Jugend gut. Nicht nur, daß die Jugendlichen interessierter sind, sondern auch die Gruppenfunktionäre strengen sich mehr an, haben ein Vorbild, werden erzogen und erhalten wertvolle Hilfe und Anleitung ...
Meiner Auffassung nach wäre es sehr zweckmäßig, den Genossen Honecker durch einen anderen, fähigeren, erfahreneren Genossen zu ersetzen. Genosse Honecker genießt nach meinen Informationen kein großes Ansehen" (aus: MÄHLERT 1996, S. 98-100).

Auch im Westen provozierten die jugendpolitischen Ansätze keine Jugendbewegung, die etwa der der 20er Jahre vergleichbar gewesen wäre. Auch hier wurde bestenfalls "angeleitet". In der Regel war sowohl die offene wie die Jugendverbandsarbeit auf den Modernisierungsrozeß der "inflexiblen Massenproduktion" ausgerichtet. Für den Jugendschutz bedeutete das verbrämte repressive Sexualmoral, für die Jugendfürsorge getarnte Bestrafung aller Abweichungen vom Bild der/des "guten Jugendlichen", und entsprechend orientierte sich die Jugendpflege auf bürgerliches "Bildungsgut". Jedes Ressort blieb strikt getrennt, aber mit gemeinsamer Stoßrichtung: Die Jugend sollte bloß nicht anders sein als die Elterngeneration, die gerade den größten Völkermord und den furchtbarsten Krieg "erledigt" hatte und dabei war, beides "zu bewältigen". Wem diese Deutung zu polemisch erscheint, lese die "Gedanken über Deutschland seit 1945", eine Abrechnung "zorniger alter Männer" (EGGEBRECHT 1979).

Aber auch in Westdeutschland kann man einen Übergang von eher kooperativer, auf Selbstorganisation zielender Jugendgruppenarbeit zu pro-aktiver, in regulativen Bahnen verlaufender Jugendarbeit verfolgen. Dieser Wandel vollzog sich in dem Maße, wie sich die Gruppenarbeit zu einem universellen, fast therapeutischen Setting verdünnte und mehr und mehr zum Hintergrund individueller Verhaltensveränderung degenerierte.

Jugendgruppenarbeit wurde zunehmend nach dem Modell des Social Group Work methodisiert, was zwar vor dem skizzierten Hintergrund immer noch ein großer Fortschritt war, was aber die zunehmende Fixierung der Gruppenpädagogik auf die Funktion des professionellen Gruppenarbeiters mit sich brachte. Magda Kelber, die Leiterin und Inspiratorin der wohl berühmtesten Bildungsstätte für Gruppenarbeit, des Hauses Schwalbach, formulierte die Prinzipien der professionellen Leitung von Gruppen in Übereinstimmung mit der amerikanischen Fachliteratur (und hier insbesondere mit Gisela KONOPKA):
"Mit der Stärke arbeiten; anfangen, wo die Gruppe steht ... und sich mit ihr - ihrem Tempo entsprechend - in Bewegung setzen; Raum für Entscheidungen geben ... und notwendige Grenzen positiv nutzen; Zusammenarbeit mehr pflegen als Einzelwettbewerb; sich überflüssig machen; weniger durch traditionelle, persönliche Führungsmittel (Lohn und Strafe, Lob und Tadel) wirksam werden als durch das Gruppenprogramm" (CWM, Bd. 2, S. 60).

Seine Kritik an dieser Entwicklung zu einer Methode, die "ein auf Manipulation gerichtetes Eigenleben" zu führen begann (Bd. 2, S. 65), macht C.W. MÜLLER an drei Punkten fest:
1. Zwar war die Gruppenarbeit für die durch die HJ bzw. BDM geprägte Generation ein wichtiges Erlebnis, da sie ein pädagogisches Setting erfahrbar machte, das auf Zuhören, Widersprüche austragen, andere Meinungen zulassen usw. orientiert war. Als jedoch von der Nachkriegssituation geprägte Jugendliche und junge Erwachsene mit der Gruppenpädagogik konfrontiert wurden, geriet diese in Gefahr, zur leeren Hülse zu werden.
2. Die implizite Vorstellung der Gruppenpädagogik (Demokratie im Kleinen, in der Gruppe, **ist** wie Demokratie im Ganzen der Gesellschaft) entsprach eben nicht den realen Erfahrungen von Jugendlichen, denn diese spürten natürlich, daß in Schule, Betrieb und fast allen anderen Institutionen Macht und Herrschaft und nicht demokratische Kontrolle das wesentliche Element waren.
3. Wenn "Gruppe" als Formelement überall vorkommt, egal, ob bei einer Lehrlingsgruppe, in einem Industriebetrieb oder großem Kaufhaus, ob bei einer Erziehungsgruppe im Heim, dann wird Gruppenpädagogik zur formalistischen Manipulation, wenn es ihr nicht gelingt, die spezifischen Inhalte gruppenspezifischer Kooperation an gesellschaftliche Prozesse und Konflikte zurückzubinden (a.a.O., S. 61-64).

Auch in bezug auf diese Kritik bildete der HJB wieder eine Ausnahme. Wie die Zeitzeugen mehrfach unterstreichen, war das "Führungsdual" (KALCHER) von gewähltem Gruppenleiter und kooptiertem Berater ein wichtiges Mittel, Selbstorganisation und Anleitung durch Professionelle miteinander zu verbinden.

Es wäre interessant zu erforschen, ob es in Westdeutschland zu dieser Zeit vergleichbare Projekte gab und ob im Kontext sowohl der FDJ als auch der Jungen Gemeinden ähnliche soziale Gebilde entstanden wie der Hansische Jugendbund, den ich trotz aller Verstrickungen den kooperativen Strategien zugeordnet habe, d.h. seine unterstützende Funktion mit pro-aktiven Handlungsmustern in den Vordergrund gestellt habe ("mit/mit"). Die Zuordnung dieses einzigartigen Experiments läßt sich mit Strukturgleichheiten begründen, die zu der damaligen Zeit scheinbar niemand gesehen oder thematisiert hat. Die Aktivierung sowohl der Jugendlichen als auch der Professionellen geschah immer unter der Perspektive, ein gemeinsames Drittes zu finden, also praktische Solidarisierungen möglich zu machen. Die Momente dieser "regulierten Selbstorganisation" habe ich versucht, mit den verschiedenen Ambivalenzen und Widersprüchlichkeiten zu kennzeichnen, die insgesamt dadurch aufgehoben wurden, daß es ein gemeinsames, durchgängiges rotes Band in Philosophie und Praxis des HJB gegeben hat, nämlich das der Wertschätzung, d.h. die bedingungslose Akzeptanz einer jeden und eines jeden einzelnen als gleichwertig. Diese Basis einer egalitären Gerechtigkeitspraxis verbindet dieses Projekt mit dem Waisenhaus

KORCZAKS - bis hin zu den Strukturelementen von Parlament und Gericht, auch wenn diese bei KORCZAK eine sehr viel existenziellere Bedeutung hatten. Auch erinnert die Praxis des HJB an die Professionsvorstellung von BERNFELD, daß durch die faktische Differenz zwischen Professionellen und Jugendlichen keine soziale Distanz hergestellt würde, sondern daß genau diese Differenz als pädagogisches Element genützt würde, die Einzigartigkeit jeder/jedes einzelnen in ihren/seinen sozialitären Gefügen zu bestätigen. Insgesamt - darauf weisen auch Gesa von BENTIVEGNI, Lisel WERNINGER sowie Jürgen KALCHER hin - steht der HJB damit sehr viel stärker in der Tradition eines Settlements als in der einer methodisch eng gefaßten Sozialen Gruppenarbeit. Diesen Aspekt unterstreicht Jürgen KALCHER in seiner Untersuchung über die Rückblicke ehemaliger Professioneller im HJB, wenn er darauf hinweist, daß z.b. über Gisela KONOPKA an eine demokratisch-kooperative Tradition der Pädagogik in den USA angeknüpft werden konnte:

"John Dewey (ein häufiger Gast bei Jane ADDAMS - T.K.), der in den USA die 'philosophy of social work' und damit auch die gedanklichen Grundlagen des 'Social Groupwork' wesentlich mitgeprägt hatte, definierte schon 1915, was nach 1945 im Zuge der demokratischen Umgestaltung dieses Landes u.a. auch mit Hilfe der Methode der sozialen Gruppenarbeit in Westdeutschland zum politischen Einmaleins avancierte:

'Eine Gesellschaft, die alle ihre Mitglieder in Gleichheit an ihren Gütern teilhaben läßt, und die sicherstellt, daß ihre Institutionen sich durch Interaktion mit dem Leben in ihrer Umwelt flexibel umorientieren, ist insoweit demokratisch. Eine solche Gesellschaft braucht eine Erziehung, die den einzelnen ein persönliches Interesse an sozialen Beziehungen und Kontrollen verleiht, sowie Geisteshaltungen, die sicherstellen, daß soziale Veränderungen stattfinden, ohne Unordnung herbeizuführen.' ...

So entsprach es ganz grundsätzlich dem Gleichheitsprinzip, daß in puncto 'Demokratie' zunächst keiner der Beteiligten einen entscheidenden Wissensvorsprung vor dem anderen hatte. Alle, Erwachsene wie Jugendliche, randständige Minderjährige wie studierte Pädagogen, Frauen wie Männer waren gleichermaßen Lernende, und dieser Umstand beförderte wiederum das Demokratieverständnis, das nach und nach zur unumstößlichen Selbstverständlichkeit wurde" (1995, S. 100/101).

KALCHER stützt damit implizit die These vom "Selbstmißverständnis" des HJB, wonach dieser im wesentlichen auf einer Konzeption der Sozialen Gruppenarbeit basierte. Die Praxis legt - wie mehrfach betont - eine andere Interpretation nahe: Der HJB war eine gelungene Sozialität von Sozialitäten, in der jede/jeder einzelne sich ihrer/seiner Einmaligkeit dadurch versicherte, daß sie/er Mitglied in einer dieser Gruppen war. Erst die Aufgabe dieses komplizierten Geflechtes von Ambivalenzen zugunsten einer sozialtechnologisch im Zeittrend liegenden Methode machte eine Weiterführung dieses Konzeptes unmöglich. Die Dominanz dieses klinischen Konzepts und dessen theoretische und praktische Kritik stehen im Mittelpunkt des folgenden SECHSTEN BLICKES.

SECHSTER BLICK: 1970 - Soziale Arbeit als Sozialtechnologie im "Modell Deutschland" und als kritische Gesellschaftstheorie

Vorbemerkung 82

1. Peter-Jürgen BOOCK: "Heimterror und Gegenwehr" 83

    (1) Kindheit und Jugend in Billstedt 84
    (2) Die Heimkampagne 86
    (3) Ansätze zu Heimalternativen 90
    (4) Das Abflauen der Heimkampagne 92

2. Bruch und Kontinuität: Sozialarbeiterbewegung und "Professionalisierung" 94

    (1) Brüche - oder die Suche nach einer alternativen Kontinuität 94
    (2) Kontinuität - hegemoniale Neuformierungen 99
    (3) Wolfgang BRAUN: Exemplarisch für Kontinuität und Bruch - das Rauhe Haus um 1970 101

3. Methodenkritik und die Suche nach neuen Ansätzen 109

    (1) Die "verdoppelte" Magda Kromme 111
    (2) Soziale Einzelhilfe (SEH) 118
    (3) Soziale Gruppenarbeit (SGA) 123
    (4) Gemeinwesenarbeit (GWA) 131

4. Identitätsstrategien als Professionalität (Reprint von 1975) 140

    (1) Personalisierende Professionalität 142
    (2) Klinische Professionalität 150
    (3) Solidarische Professionalität 158

5. Staatsintervention und Sozialarbeit (Reprint von 1976) 166

6. Zwischenbilanz 183

    (1) Modell Ausbau 185
    (2) Modell Umbau 195
    (3) "Schnittflächen" zwischen beiden Modellen 206

Vorbemerkung

Die Konzipierung des SECHSTEN BLICKES bereitete mir ganz andere Schwierigkeiten als die, mit denen ich mich in der Erarbeitung des FÜNFTEN BLICKES auseinandersetzen mußte (s.o.S. 2). Hier stand ich vor der Frage, welche Auswahl aus der unüberschaubaren Menge von Material und damit welche Schwerpunktsetzung ich treffen sollte.

Ich entschied mich für drei "Perspektiven", diesen BLICK zu strukturieren: **Dokumentation - Methodenkritik - Sozialarbeiterbewegung**. Bis auf das letzte Kapitel steht das **Dokumentarische** im Vordergrund. Beginnend mit dem Bericht Peter-Jürgen BOOCKS über seine Beteiligung an der Heimrevolte folgt - nach einem kurzem Überblick über die Zeit um 1970 - ein umfangreicherer Auszug aus der Untersuchung von Wolfgang BRAUN zu Kontinuität und Brüchen in der Sozialen Arbeit am Beispiel des Rauhen Hauses.

Die Kritik der "Methodentriologie" basiert auf der ausführlichen Dokumentation der ersten umfassenden **Methodenkritik**, die Anfang der 70er Jahre in der "Sozialpädagogischen Korrespondenz" (SPK) veröffentlicht wurde. Kritik und die Suche nach neuen Ansätzen werden auch in den Berichten von Lisel WERNINGER und Josef BURA deutlich, ebenso in der Auswertung zeitgenössischer Dokumente zur Jugendzentrumsbewegung.

Die Bedeutung der **Sozialarbeiterbewegung** in dieser Zeit wird nicht nur durch den Bezug auf die SPK unterstrichen, sondern auch durch mein Bemühen, die gesamte Zeit aus dieser Perspektive zu sehen. Diese "Parteilichkeit" verdankt sich zum einen meiner Mitgliedschaft in zwei wichtigen Sozialitäten dieser Bewegung, im AKS (Arbeitskreis Kritische Sozialarbeit) Hamburg und in der Redaktion des "Informationsdienstes Sozialarbeit", der Nachfolgezeitschrift der SPK. Zum anderen erscheint mir diese "Parteilichkeit" auch deshalb gerechtfertigt, da - bis auf C.W. MÜLLERS Darstellung (Bd. 2) - die Positionen dieser Bewegung nicht oder nur entstellt überliefert werden.

Diesen drei BLICK-Richtungen verdankt sich auch die Entscheidung, zwei eigene Texte als Reprint aufzunehmen. Die Befürchtung, daß derartiges als Selbstbespiegelung ausgelegt werden könnte, ist zwar durch diese Entscheidung nicht beseitigt, es überwiegen aber letztlich die Argumente, daß der Auszug aus meiner Dissertation (1975) über Formen der Professionalität den Hintergrund der Methodenkritik deutlicher werden läßt und an die Erörterungen zur Professionalität im FÜNFTEN BLICK anschließt und daß der Artikel über "Staatsintervention und Sozialarbeit" (1976) wichtige Diskussionsstränge der damaligen Zeit bündelt.

Die **Zwischenbilanz** als letztes Kapitel markiert einen Bruch zur bisherigen Darstellungsweise des GRUNDKURSES. Stand bisher die kritisch-reflektierende Kommentierung historischer Strukturen im Vordergrund und meine eigene wissenschaftliche Position im Hintergrund, so dreht sich dieses Verhältnis jetzt um. Mit der bilanzierenden Bewertung der primären Grundstruktur als Modell Ausbau und der sekundären Grundstruktur als Modell Umbau versuche ich die Basis für ein die bisherigen Erörterungen zusammenführendes Arbeitsprinzip Partizipation zu legen. Dieses führe ich im SIEBTEN BLICK weiter aus.

Die drei Zeitzeugen dieses BLICKES kommen aus meiner eigenen Generation. Mit Josef BURA habe ich am SPZ studiert. Seinen Entschluß, sich in die Eggerstedtstraße "einweisen" zu lassen, bewundere ich jetzt noch, machte er mir doch zum ersten Mal deutlich, was es heißt, "mit" Adressaten zu arbeiten und nicht "für" sie.

Wolfgang BRAUN, Kollege, Freund und ebenfalls Studienkollege, verkörpert in seiner Person viele Auseinandersetzungen im und um das Rauhe Haus. Seine hier in Auszügen vorgestellte Recherche über den Bruch mit einer fatalen Kontinuität hat eine lebhafte und kontroverse Resonanz gefunden.

Peter-Jürgen BOOCKS Bericht über die Stationen seiner Ausgrenzung hat mich sehr bewegt, ebenso die freundliche, klare und reflektierte Art, darüber zu berichten. Fasziniert hat mich, daß er es in jeder "Station" seines Lebens geschafft hat, Mitglied in fördernden Sozialitäten zu sein, die es ihm ermöglichten, ungebrochen die lange Haftzeit zu überleben.

1. Peter-Jürgen BOOCK: "Heimterror und Gegenwehr"

Peter-Jürgen BOOCK ist einer der wichtigsten Zeitzeugen für die Heimkampagne Ende der 60er, Anfang der 70er Jahre (vgl. auch BROSCH 1971). Er war bis Ende der 70er Jahre Mitglied der RAF, stieg dann aus und lebte einige Zeit im Untergrund in Hamburg.

Dort arbeitete er zeitweise an dem Aufbau eines alternativen Kommunikationszentrums (Honigfabrik) mit, wurde dann verhaftet und in mehreren Prozessen zu lebenslanger Haft verurteilt. Zum Zeitpunkt seines Berichts war er Freigänger in der Übergangsanstalt in Hamburg-Bergedorf, was ihm auch ermöglichte, an der Hochschule für Wirtschaft und Politik zu studieren.

Der folgende Text basiert auf einem Vortrag, den Peter-Jürgen BOOCK am 29. März 1995 im Rahmen des Grundkurses an der Fachhochschule gehalten hat.

Peter-Jürgen Boock geb. 1951

Seit meinem 7. Lebensjahr mit den Eltern in Hamburg-Billstedt wohnhaft, verließ ich mit 15 Jahren nach Streitigkeiten mein Elternhaus und lebte für ein Jahr in einer Kommune in Holland. Nach Fahndung, Verhaftung und Rückführung nach Deutschland (damals lag die Volljährigkeit noch bei 21 Jahren), kam ich in das Erziehungsheim Glückstadt. Nach einem Aufstand in diesem Heim wurde ich nach Hessen verlegt, wo ich wenig später Gudrun Ensslin, Andreas Baader und Astrid und Thorwald Proll im Rahmen der damaligen "Erziehungsheimkampagne" kennenlernte. Ich beteiligte mich an dieser Kampagne, die zur Schließung der geschlossenen Erziehungsheime führte. Später wurde ich Mitglied der RAF und war an allen wesentlichen RAF-Anschlägen des Jahres 1977 beteiligt. Für diese Straftaten wurde ich zu lebenslanger Haft verurteilt, aus der ich im März 1988 nach 17 Jahren Haft auf Bewährung entlassen wurde.

(1) Kindheit und Jugend in Billstedt

"Ich bin 1951 in Schleswig-Holstein, also hinter'm Deich, geboren und habe die ersten sieben Jahre meines Lebens allein mit meiner Großmutter verbracht, weil meine Eltern in Hamburg gearbeitet haben. Ich denke, daß diese Zeit für die Konflikte, die es anschließend im Elternhaus gab, eine ganz wichtige Rolle gespielt hat, da ich in diesen ersten sieben Jahren einerseits den größten Abenteuerspielplatz der Welt vor der Haustür hatte und andererseits mit meiner Großmutter jemanden, der, was Erziehungsfragen angeht, eher zu der sehr legeren Sorte gehörte. Es interessierte sie nur, daß ich einigermaßen heil abends wieder nach Hause kam. Ansonsten war es ihr nicht so wichtig, was tagsüber geschah.

Wir sind dann 1958 nach Hamburg-Billstedt gezogen. Das war ein sehr krasser Schnitt, weil in Billstedt zu der Zeit die städtebaulichen Verbrechen begangen worden sind, an denen der Stadtteil heute noch leidet. Es wurden Großsiedlungen in Plattenbauweise errichtet, in denen z.B. Zigeuner zwangsweise seßhaft gemacht wurden. Ihre 'Nissenhütten' wurden kurzerhand mit einem Bulldozer plattgefahren, dann wurden sie mit Polizeihilfe in diese Wohnungen verbracht, in die sie eigentlich nicht wollten. Das hat natürlich zu ungeheuren sozialen Spannungen geführt. Im Grunde genommen sind in diesen Siedlungen die Leute gelandet, die bei dem beginnenden 'Wir-sind-wieder- wer'-Wohlstand der BRD etwas hinten runterfielen. Wenn man solche Leute alle in einem Stadtteil konzentriert, ist eigentlich der soziale Sprengstoff frei Haus mitgeliefert.

Für jemanden, der wie ich vom Lande kam, wo jeder jeden kennt, war das wie ein Schlag auf den Kopf, sich plötzlich in dieser Atmosphäre wiederzufinden. Ich habe dort die Schule besucht, an der all diese Spannungen aufeinanderprallten. Dort ging es zeitweise wie in amerikanischen Filmen über Jugendgangs zu. Es bildeten sich Gruppen heraus, die mehr oder weniger Schutzfunktionen hatten, wie z.B. die Hells Angels und andere Gruppierungen. Die dazugehörigen Auseinandersetzungen - auch körperlicher Art - war ich nicht gewohnt, und es ergab sich, daß ich am Anfang bei Auseinandersetzungen ziemlich oft den kürzeren zog, was mich für eine gewisse Weile in eine Außenseiterposition brachte. Entweder sucht man in so einer Situation selbst Anschluß an eine Gruppe, oder man ist vergessen. Als einzelner sich in einem derartigen Klima zu behaupten, ist fast unmöglich.

Der Zufall wollte es, daß es bei mir die Hells Angels waren, mit denen ich etwas näher zu tun hatte und zu denen ich zu der Zeit praktisch dazugestoßen bin, obwohl die damals noch nicht Hells Angels hießen, sondern Bones.

Zu dieser Zeit begann auch so ein Versuch von Sozialarbeit im Stadtteil, der von der Kirche ausging. Andere Institutionen, die sich mit diesem Reizklima befaßten, gab es nicht. Man muß sich das etwas anders vorstellen, als das, was Ihr heute in der Sozialarbeit hier vermutlich kennengelernt habt. Man hatte es mit 50- bis 60jährigen Fürsorgern zu tun. Leute, deren Verständnis von Sozialarbeit eher autoritär strukturiert war: 'Wir wissen schon, was gut für Euch ist!' Den Versuch eines Ansatzes herauszubekommen, worin die Konflikte im Grunde lagen, war damals schlichtweg unvorstellbar. Anders hingegen der Teil, der von der Kirche ausging. Es kamen einige Diakone, die den Versuch eines progressiven Ansatzes insofern mitbrachten, als daß in dieser Jugendarbeit die Koedukation zu der Zeit eine herausragende Rolle spielte, was durchaus Sprengstoffwirkung hatte, da die älteren Kirchenratsmitglieder nicht dazu stehen konnten. Es wurde z.B. eine Fotogruppe gegründet, deren Dunkelkammer von Jungs und Mädchen gleichzeitig benutzt werden konnte. Sie war von innen abschließbar. Das führte dazu, daß dieser Diakon kurzfristig um seinen Job fürchten mußte.

Für mich war diese kirchliche Seite ganz wichtig, da es dort Diskussionsgruppen gab. Dort wurde über das, was wir am eigenen Leibe verspürten, über die Aggressionen untereinander und über die Unfähigkeit, sich halbwegs unabhängig zu bewegen, wenn man nicht zu irgendeiner Gang gehörte, diskutiert. Für mich haben diese Diskussionen eine ganz entscheidende Rolle in meinem weiteren Werdegang gespielt. Es gab z.B. auch die Auseinandersetzung, woher diese Strukturen eigentlich kommen. Hinzu kam, daß die Leute, mit denen wir es auf der strafrechtlichen, auf der institutionellen Seite zu tun hatten, ihre Ausbildung alle mehr oder weniger noch im Dritten Reich erfahren hatten und diese Strukturen von daher mitbrachten.

Die Auseinandersetzung mit der Nazizeit und der daraus wachsende Widerspruch hatte für mich direkte Folgen für die Auseinandersetzungen mit meiner Familie. Mein Vater stand ganz offen dazu, immer noch der Naziideologie anzuhängen. Es eskalierte zwischen uns beiden dann so weit, daß zum Schluß eigentlich nur noch die Frage war: 'Wer schlägt wen tot?' Da ich dies für keine attraktive Alternative hielt, habe ich es vorgezogen, von zu Hause wegzugehen.

Der erste Versuch, den ich gemacht hatte, ging etwas fehl. Ich hatte bis dahin des öfteren die Gelegenheit, Verwandte in der DDR zu besuchen und hatte eine völlig andere Form des Zusammenlebens der Leute untereinander erfahren. Mein Onkel wohnte in der Nähe von Dessau in einem Arbeiterstadtteil, wo z.B. abends der Fernseher auf die Straße gesetzt wurde und gemeinsam West-Fernsehen geguckt wurde. Wenn der örtliche Vopo (Volkspolizist) vorbeikam und wagte, dazu irgendwelche Anmerkungen zu machen, wurde er einfach ausgelacht. Diese Art des Umgangs mit den Autoritäten und diese etwas solidarischere Haltung untereinander war für mich ein krasser Kontrast zu Öjendorf-Billstedt und den Erlebnissen dort, wo es genau auf das Gegenteil hinauslief. Deswegen kam bei mir der Plan zustande, in die DDR abzuhauen. Da war ich 15. Dieser Plan hing mit der Jungschar und der Kirche zusammen. Wir hatten einen Ausflug an die Grenze bei Lauenburg gemacht. Nachts gab es eine Art Mutprobe, die wir natürlich nur untereinander, ohne Wissen der Veranstaltenden, abgehalten hatten. Wir liefen auf einer Rehspur durch den Minenstreifen bis in die DDR und wieder zurück. Auf genau diesem Weg bin ich dann in die DDR übergewechselt.

Es war ein blöder Zufall, daß an dem Tag der Jahrestag der Oktoberrevolution gefeiert wurde. Jedenfalls war kein Schwein an der Grenze, niemand weit und breit. Ich bin ins nächste Dorf marschiert, und dort wollten sie mir erstmal gar nicht glauben, daß ich von der anderen Seite komme. Der örtliche Vopo mußte dann einen Fahrer zur Ernüchterung abstellen. Das ganze dauerte drei Stunden, bis ich in ein Auffanglager gebracht worden war. Zu meiner großen Verblüffung war ich bei weitem nicht der einzige, der sich in die umgekehrte Richtung auf den Weg gemacht hatte. Damals gab es im Ruhrgebiet gerade den ersten Abbau von Kohlearbeitsplätzen, und dieses Auffanglager war voll mit Bergarbeitern. Die dachten, in der DDR, wo die Kohle sozusagen von Hand gefördert wird, gibt es für sie eine berufliche Zukunft. Ich war da etwas fehl am Platze mit meinen 15 Jahren und meinen merkwürdigen idealistischen Vorstellungen. Abgesehen davon hätte ich mit 16 wohl das Glück gehabt, dort bleiben zu können, da ich nach DDR-Recht das Ortsbestimmungsrecht gehabt hätte. Ich war aber erst 15, ergo wurde ich an das Hamburger Jugendamt überstellt und war plötzlich wieder hier.

Die Konflikte zu Hause und im Stadtteil waren immer noch die gleichen. In der Logik dessen, was ich Euch schon versucht habe zu erläutern, bin ich dann wieder abgehauen. Diesmal nach Holland, was für eine geraume Weile funktioniert hat. Es hatte sich rumgesprochen, daß von Amsterdam aus eine Menge möglich war, was sonst nirgends ging. Dadurch gewann Amsterdam für mich an Attraktivität. Ich habe Glück gehabt, gleich Leute kennenzulernen, die eine der ersten Kommunen auf europäischem Festland gegründet hatten, nach dem Vorbild, das aus England und Kalifornien mit der Beatnick-Bewegung rübergeschwappt kam. In diese Kommune bin ich eingezogen. Wir haben zu der Zeit zusammen Rockfestivals veranstaltet und noch einige andere Dinge, und eigentlich hätte das für mich immer so weiter gehen können.

Zur damaligen Zeit lag die Volljährigkeit in Deutschland bei 21. Ich war nun gerade 16, als ich irgendwann mit einem Stück Haschisch in der Tasche aufgegriffen wurde. Das reichte, um mich auszuliefern. Hier in Hamburg wieder angekommen, war es das zweite Mal, daß ich beim Jugendamt als Entwichener angeliefert wurde. Ich geriet an eine etwas ältliche Sozialarbeiterin, die in Meyers Konversationslexikon unter 'H' wie Haschisch nachguckte und rausfand, daß es Rauschgift ist. Sie hat wohl - das konnte man an ihrer Stirn ablesen - die Vorstellung gehabt, daß ich nachts im Park über alte Omas herfalle, um meine Sucht zu finanzieren. Das führte dazu, daß ich in das damals als schlimmstes verschrieene geschlossene Erziehungsheim eingeliefert wurde, nämlich nach Glückstadt."

(2) Die Heimkampagne

Bevor Peter-Jürgen BOOCK seinen Bericht mit seinen Erfahrungen mit der Heimrevolte fortsetzte, berichtete ich, wie ich mit dem Thema Heim bis dahin in Berührung gekommen war.

KUNSTREICH: "Um den Kontrast deutlich zu machen: Ich hatte bis dahin mit Heimerziehung insofern zu tun gehabt, als in meinem Elternhaus sehr viele sogenannte Abpraller auftauchten. Abpraller waren diejenigen, die entweder aus *dem Heim rausgeworfen wurden oder die von dort abgehauen waren. Aus meiner persönlichen Erfahrung war Heimerziehung etwas, was absolut unsinnig, repressiv und gemein war. 1968/1969 studierte ich u.a. am Sozialpädagogischen Zusatzstudium in Hamburg. Dort bin ich mit der Heimsituation insofern in Berührung gekommen, als wir den Auftrag von einem Heim in Pinneberg bekamen, einen Beobachtungsbogen zu entwickeln, mit dem die Entwicklung der Insassen besser festgehalten werden konnte. Das macht sehr deutlich, daß es eine starke soziale Distanz zwischen Erziehern und Insassen gab. Mir war dieser Widerspruch damals aber gar nicht aufgefallen, bzw. ich konnte oder wollte ihn nicht sehen. Der weitere Widerspruch war auf der einen Seite zu wissen, was das Heim für Menschen bedeutet, daß sie darunter leiden, und auf der anderen Seite an einem mehr oder weniger fraglichen Beobachtungsbogen mitzuwirken, in dem der Beobachtete nicht mehr als handelndes Subjekt vorkommt, sondern als jemand, der registriert wird, indem seine Auffälligkeiten unter bestimmten Kriterien subsummiert werden. Es wurde z.B. versucht, zwischen psychotischer und neurotischer Verwahrlosung zu unterscheiden. Diese Widersprüche waren mir zunächst nicht bewußt. Diesen Zwiespalt, den ich und meine Kommilitonen spürten, konnten wir damals nicht ausdrücken. Bewußt geworden ist uns das erst, als wir von der Heimrevolte hörten, daß Heimzöglinge nicht einfach einzeln still und heimlich abgehauen sind - wie das sonst immer passierte -, sondern daß es einen kollektiven Aufstand gegen diese Unterdrückung gab. Das hat uns Studenten die Augen für die Lebenssituation von Jugendlichen in Heimen geöffnet."*

BOOCK: *"Die Heimkampagne, die sich ab 1968 wie ein Steppenbrand über die Heime in Deutschland verbreitete, ist nicht unbedingt nur auf die Studentenbewegung zurückzuführen. Ich hatte schon mal am Anfang gesagt, daß etwa ab '65 diese Beatnick-Bewegung anfing. Das waren mehr oder weniger Leute in Eurem Alter, die in die Weltgeschichte hinausfuhren, sich Dinge anguckten, was die Volljährigkeit von 21 damals rechtens eigentlich nicht zuließ. Viele von denen kamen in die Heime.*

Dadurch kam eine völlig andere Klientel in die Heime, als das, was bis dahin dort zu landen pflegte. Diese Leute waren durchaus in der Lage, Ansprüche zu formulieren, auch nicht zu allem Ja und Amen zu sagen, sich also nicht lückenlos in die Hierarchie einzuordnen, wie sie sie vorfanden, sondern wagten, zu widersprechen. Die Erzieher, die mitnichten irgendeine Sozialarbeiterausbildung hatten, sondern in Vierteljahreskursen von irgendwelchen Berufen her zum Erzieher gemacht wurden, waren es nicht gewohnt, auf Widerspruch zu treffen. Ihre Art darauf zu reagieren, bestand eigentlich nur darin, mit Bunker autoritär durchzugreifen. Bunker muß man sich wie folgt vorstellen: Sämtliche Kellerräume dieses Heimes, Fensteröffnungen von 50 x 50 cm ungefähr in 2 m Höhe, so daß man normal gar nicht rankam, eine Seegrasmatratze, ein Eimer, in den man scheißen konnte, und das war's. In meiner Zeit in Glückstadt habe ich fast mehr Tage im Bunker verbracht als in der normalen Wohngruppe.

Glückstadt war unter den geschlossenen Erziehungsheimen damals die Endstation. In Glückstadt landeten z.B. Jugendliche von St. Pauli, die im Alter von 13 einen Totschlag begangen hatten, aber nicht zum Knast verurteilt werden konnten, weil sie eben erst 13 Jahre alt und nicht strafmündig waren. Dort landeten Jugendliche, die nach Auseinandersetzungen mit ihren Eltern oder mit der sogenannten Freiwilligen Erziehungshilfe immer wieder abhauten, immer wieder auf Trebe gingen und auch nicht bereit waren, sich da irgendeinem Regularium in den anderen offenen Heimen zu unterwerfen.

Glückstadt war ein in sich geschlossenes System. Makabrer ging's eigentlich kaum noch. Es gab zwei Möglichkeiten, vor 21 aus Glückstadt rauszukommen, das eine war die Heringsfischerei und das andere die Bundesmarine. Und zwar deswegen, weil die Leute aus dem Heim dann direkt aufs Schiff kamen und erst in einem Jahr wieder vor Ort waren. Makaber war weiter, daß die Leute, die die Heringsfischerei auch in Massen produzierte, nämlich die mit abgehackten Fingern oder Beinen, dann Heimerzieher wurden. Diese Leute waren furchtbar guter Stimmung und verbreiteten Optimismus, also herrschte eine Atmosphäre, wie man sie sich schlimmer nicht vorstellen kann.

Die wichtigste Arbeit, die man in diesem Heim verrichten konnte, war Fischernetze stricken. Dafür gab es vier Zigaretten pro Tag. Die Kleidung bestand aus ehemaliger KZ-Kleidung und aus Holzlatschen, damit man nicht weglaufen konnte. Bekocht wurden wir von weiblichen Insassen einer Irrenanstalt, die dem Erziehungsheim angegliedert war. Glückstadt hat in sich eine 'nette' Geschichte: erst kaiserliche Kadettenanstalt, dann Frauengefängnis, dann Frauen-KZ und jetzt eben Erziehungsheim - eine ungebrochene Tradition!

In Glückstadt angekommen, gab es also noch drei oder vier arme Hascherl außer mir, die auch mehr oder weniger dort gelandet waren, ohne zu wissen, wie sie dazu kamen. Als einziges 'Verbrechen' konnten sie den Konsum von Canabis vorweisen. Es lag in der Natur der Sache, daß wir irgendwie ziemlich schnell zueinander fanden.

Etwa im Herbst 1967 fing es an, daß sich eine widersetzliche Stimmung - wie das die Erzieher zu nennen pflegten - unter den Heiminsassen aufbaute. Es gab dort so 'nette' Geschichten: Wenn man ein Paket von zu Hause - oder von wem auch immer - zugeschickt bekam, war das für alle wichtig, da nur ein Drittel überhaupt noch sozialen Kontakt nach außen hatte. Es waren Sachen, wie ein bißchen Süßigkeiten, Tabak und Kaffee, die relativ sozial untereinander aufgeteilt wurden. Nun konnten aber diese sogenannten Erzieher die Pakete völlig willkürlich zuteilen. Man wußte zwar, man hatte eines bekommen, aber das hieß noch lange nicht, daß man auch die Sachen bekam. Das konnte er handhaben, wie er wollte.

Eines Tages bekam einer der Insassen des A-Hauses (das war das Zugangshaus) ein Paket und wollte es ausgehändigt bekommen. Der Erzieher sagte 'nein', der Typ sagte, 'das sehe ich überhaupt nicht ein, das hole ich mir jetzt doch.' Der Erzieher holte den Gummiknüppel aus dem Halfter und sagte 'das kannste ja mal probieren', der Insasse haute ihm dann eins in die Fresse und holte sich sein Paket. Der Mann stieg auf die Trillerpfeife, innerhalb von kurzer Zeit war alles, was an Erziehern im Heim vorhanden war, beieinander, und der Aufstand begann. Im Verlaufe dieses Aufstandes wurde das gesamt A-Haus demoliert, die Heizung aus den Wänden gerissen, die Bettgestelle aus dem Fenster geworfen, einige Erzieher ziemlich verprügelt.

Dann wurde plötzlich der ganze Vorplatz abgesperrt und die Bundeswehrmarine tauchte auf. Es stellte sich raus, daß die Heimleitung mit der Marine ein Abkommen getroffen hatte, dergestalt, daß wenn die Glückstädter Polizei, die hier nicht besonders gut besetzt war, nicht ausreichte, um solch einer Situation Herr zu werden, sie das Recht hatten, die Feldpolizei von der Marine zu rufen.

In der Zwischenzeit hatten Insassen die Treppe dieses A-Flügels mit flüssigem Bohnerwachs überkippt und angezündet, damit keiner reinkommt. Dieses Feuer entwickelte sich allerdings sehr schnell und hatte zur Folge, daß wir nicht mehr rauskamen. Die Marine, einer solchen Situation wohl noch nie ausgesetzt, hat dann noch zusätzlich Gasgranaten in das Treppenhaus geschossen. Wir waren ganz kurz davor, im zweiten Stock dieses Blocks abzukratzen. Wir haben uns mit Messern und Gabeln durch den Dielenboden einen Stock tiefer gearbeitet und sind im letzten Moment damit fertig geworden, bevor die Flammen im zweiten Stock über uns zusammenschlugen. Deswegen sind wir nochmal davon gekommen. Ansonsten wären wir alle verbrannt.

Die Heimleitung stellte sich auf den Standpunkt, es müsse Rädelsführer dieses Aufstandes geben - es gab keine. Außerdem war bei dem genannten Vorgang wirklich niemand auf die Situation irgendwie vorbereitet gewesen. Es wurde auch nicht darüber diskutiert, das und das machen wir, es ergab sich einfach spontan. Es machte sich spontan Luft, was an Stimmung schon sehr lange gegärt hatte. Das wollten die aber nicht einsehen und haben erstmal alle Leute, die im A-Flügel bis dahin untergebracht waren, in den Bunker gesperrt. Sie hatten nach damaliger Rechtssprechung das Recht, Jugendliche 14 Tage in solchen Räumen halten zu können. Wir dachten, nach 14 Tagen sei das vorbei. Es war so eine Stimmung unter uns: Das sitzen wir auf einer Arschbacke ab.

Nach 14 Tagen wurden wir auch wirklich rausgelassen und auf den Hof geholt. Da stand eine Knüppelgasse der Erzieher, durch die wir einzeln getrieben und jämmerlich verprügelt wurden. Dann hieß es, wir hätten uns widersetzt und schon waren wir wieder im Bunker. Es wurde uns gesagt, das würde so weitergehen, bis wir bereit wären, die Rädelsführer zu nennen, die es, wie gesagt, überhaupt nicht gab.

Ein 15jähriger aus Kiel, der in der Zelle neben mir saß, hat Strickarbeiten bzw. Wolle im Bunker verlangt. Jedem war klar, was das bedeutete. Ich meine, auch den Erziehern war das klar. Er bekam seine Stricke, und am nächsten

Morgen hing er an der Heizung. Es war der erste Selbstmord. Es folgte dann noch ein zweiter. Dann ging das Gerücht um, dieser ganze Vorgang sei jetzt doch nach außen gedrungen, und es würde vom Kieler Innenministerium bzw. Landesparlament eine Untersuchungsgruppe in Marsch gesetzt, die sich umhören soll, was die Ursachen für diesen Aufstand und diese Selbstmorde seien.

Plötzlich wurden die Leute, die in der Lage gewesen wären, zu formulieren, was an Vorgängen wirklich stattgefunden hat, über Nacht verlegt. Darunter war auch ich, und ich fand mich in Hessen wieder, im Burschenheim Beiserhaus in Renkshausen, einem konfessionellen Erziehungsheim. Wir haben im nachhinein dann abklären können, daß es Absicht gewesen war, alle Leute, die in der Lage gewesen wären, diesem Untersuchungsausschuß ein bißchen mehr über den Hintergrund und den Erziehungsstil des Hauses zu sagen, ohne Vorankündigung zu verlegen, um genau das zu verhindern.

Für mich hatte die Situation natürlich erstmal Vorteile, weil ich aus Glückstadt und aus dem Bunker raus war, und alles war besser als Glückstadt und der Bunker. Sehr lange hält man das nicht durch, wenn man nichts zu lesen und zu rauchen hat, faktisch nur vier bis fünf Stunden einigermaßen vernünftiges Licht, den Rest der Zeit Dunkelheit. Das hält man wirklich nicht sehr lange durch, vor allen Dingen nicht in dem Alter."

(3) Ansätze zu Heimalternativen

"Etwa eine Woche, nachdem ich in Renkshausen angekommen war, wurde uns angekündigt, daß Studenten der Pädagogischen Fakultät der Uni Frankfurt kommen würden, um sich in der Praxis anzusehen, was sie bis dato nur in der Theorie durchgenommen hatten. Als dann an dem Wochenende diese Studenten wirklich kamen, saß uns eine Gruppe gegenüber, zu der unter anderem Andreas Bader, Gudrun Ensslin, Thorwald und Astrid Proll gehörten. Der Hintergrund war eine Kaufhaus-Brandstiftung in Frankfurt gewesen, wegen der die genannten Leute vor Gericht gestanden hatten. Sie waren verurteilt worden, in Revision gegangen und bis zum Entscheid über die Revision wurden sie auf freien Fuß gesetzt - mit der Auflage, eine Tätigkeit im sozialen Bereich wahrzunehmen. Diese Tätigkeit im sozialen Bereich sahen sie darin, die Erziehungsheime zu leeren. Das stieß bei uns auf große Gegenliebe.

Es wurde schon bei diesem ersten Treffen darüber gesprochen, daß eine Reihe von Leuten den Plan hatte, sich abzusetzen, sprich aus dem Heim abzuhauen. Nun bot sich die Perspektive, daß es dafür auch ein Ziel gab, nämlich Frankfurt. Dort sollten wir bei Studenten unterkommen, die über den AStA so eine Art Übernachtungsmöglichkeit für einige hundert Leute vorher abgeklärt hatten. Denen war also auch klar, daß sich wohl viele in Frankfurt wiederfinden würden, wenn sie in die Heime gehen und den Leuten dort die Auseinandersetzung anbieten. Diese Einschätzung war, wie sich rausstellte, ziemlich richtig. Aus dem Burschenheim Beiserhaus und anderen hessischen Erziehungsheimen fanden sich innerhalb von ganz kurzer Zeit (14 Tage bis 3 Wochen) etwa 180 bis 200 Leute in Frankfurt ein.

Dann kamen aus anderen Bundesländern, wo die agitative Seite dieser Heimkampagne noch nicht so weit fortgeschritten war, auch welche, die davon gehört hatten, daß es etwas gab, wo man hingehen kann. In Spitzenzeiten fanden sich drei- bis vierhundert illegal abgetauchte Zöglinge in Frankfurt wieder, die in studentischen Wohngemeinschaften, im evangelischen Studentenheim und anderswo untergebracht wurden. Dabei konnte die Sache natürlich nicht stehen bleiben, weil der ASTA nicht über so viel Geldmittel verfügte, um alle Leute ständig durchzubringen und die einzelnen Wohngemeinschaften auf Dauer damit überfordert waren.

Es stellte sich raus, daß diese Kerngruppe, - also Andreas, Gudrun und die anderen - sich bereits vorher Gedanken gemacht hatten. Es müsse darum gehen, Alternativen zur bis dahin durchgeführten Heimerziehung durchzusetzen. Unsere ersten Diskussionen gingen darum, was wir konkret wollen. Die erste Forderung war die Abschaffung der geschlossenen Heimerziehung ohne "Wenn" und "Aber". Als Alternative haben wir vom Jugendamt finanzierte Wohnungen in den Städten gesehen. In der Regel waren die Heime damals irgendwo ganz weit draußen im Grünen, so daß es bloß keiner mitbekam und keiner uns sehen konnte. Daher wollten wir Stadtwohnungen, von denen aus man dann eine normale Ausbildung, eine normale Arbeit aufnehmen kann.

Am Anfang wollten wir uns nicht darauf einlassen, daß Sozialarbeiter dazu kommen. Wir wollten für uns bleiben, da wir sehr schnell mitbekamen, daß es unter den Studenten unterschiedliche Meinungen über die geschlossene Heimerziehung gab. Es gab den Reformansatz, der da lautete, man muß das geschlossene Heim etwas offener machen, aber ansonsten ist das schon eine ganz gute Sache und kann so bleiben. Es gab Leute, die der Meinung waren, nur die geschlossene Heimerziehung müsse abgeschafft werden, die Erziehungsheime als solche und Institutionen müßten aber erhalten bleiben, und es gab Leute, die der Meinung waren, all das müsse abgeschafft werden und etwas völlig Neues zustande kommen. Wir wollten natürlich alles abgeschafft sehen.

Daraufhin haben wir als Gruppe das Jugendamt Frankfurt besetzt. Es gab Auseinandersetzungen, die schwankten zwischen Polizeieinsatz und der aufdämmernden Einsicht, daß es wenig Zweck haben würde, uns wieder den Heimen zuzuliefern, weil wir 14 Tage später alle wieder da wären. Es wurden auch einzelne Leute geschnappt und wieder weggebracht, die logischerweise, sobald sie konnten, abhauten und wieder da waren. Das ganze entwickelte sich zu einem veritablen Kreislauf, bei dem die Polizeikräfte irgendwann klargestellt haben, daß sie sich für solche Spielchen nicht mehr zur Verfügung stellen.

Jedenfalls gab es plötzlich die Situation, daß die Jugendamtsführung in Frankfurt bereit war, mit uns über Finanzierung von Wohnungen und Heimerziehungsalternativen zu verhandeln. Der damalige Jugendamtsleiter war dann unter der Prämisse, daß ein Verein gegründet wird, der als Trägerverein für Wohnungen funktioniert, bereit, die Finanzierung zu übernehmen. Es wurde daraufhin der Verein für Arbeits- und Erziehungshilfe gegründet, der in der Folge im Stadtgebiet Frankfurt und in Hoechst sieben Wohnungen angemietet hat. Es war auch zur damaligen Zeit eine Schwierigkeit, bis zu 8-Zimmer-Wohnungen zu bekommen. Das hat eine ganze Weile gedauert. Zu diesem Zeitpunkt wurde gegen Andreas, Gudrun und Thorwald der Haftbefehl wieder in Vollzug gesetzt, und sie mußten abtauchen. Sie sind nach Paris gegangen und - wie man weiß - von dort aus nach Jordanien.

(4) Das Abflauen der Heimkampagne

"Aus unserer Sicht war das eine ziemlich fatale Entwicklung, weil die Lederjakkenfraktion - wie sie allgemein genannt wurde - im Gegensatz zu den übrigen Studenten in der Herangehensweise einen völlig anderen Standpunkt bezog. Wir haben uns eigentlich nie ideologisch miteinander 'gekabbelt'. Sie haben von uns auch nicht erwartet, daß wir ihren Sprachduktus übernehmen, sondern sie waren von Anfang an bemüht, auf uns einzugehen. Ganz im Gegensatz zu vielen von den Fraktionen, die es unter der Studentenschaft damals gab. Nach der Auflösung des SDS existierten plötzlich jede Menge Splittergruppen. Nachdem Andreas und die Leute verschwunden waren, haben wir uns - und das war im nachhinein einer der größten Fehler - darauf eingelassen, daß der Verein für Arbeits- und Erziehungshilfe auch Sozialarbeiter anstellt, die dann die einzelnen Wohngruppen betreuen. Am Anfang hieß es, daß es nur zu dem Zwecke diente, Geldausgaben zu überprüfen und Zuständigkeiten für die Abrechnung und den Einkauf prüfen zu können. Wie sich aber innerhalb ganz kurzer Zeit herausstellte, hatten wir mit den Sozialarbeitern auch sämtliche Fraktionen der linken Frankfurter Studentenschaft in unseren Reihen.

Es gab plötzlich eine Wohngruppe der Sponties und eine Wohngruppe der ML'er[1] und eine Wohngruppe der KPD-AO[2]. Man konnte meistens im Eingangsbereich der jeweiligen Wohnung anhand der Plakate und Sprüche erkennen, in welche Fraktionierung man jetzt gerade reingeraten war. Diese Zersplitterung führte dazu, daß der Einfluß des Jugendamtes auf das ganze Projekt immer größer wurde. Die Sozialarbeiter waren angestellt bei dem Verein, der Verein

---

1) Marxisten-Leninisten

2) KPD-Aufbauorganisation

wurde bezahlt vom Jugendamt. Letztlich wurden die Sozialarbeiter vom Jugendamt bezahlt und hingen am langen Strick. Durch die ideologischen Differenzen unter den einzelnen Gruppen war es für die Sozialarbeiter ziemlich einfach, die Leute gegeneinander auszuspielen und letztlich den Kurs durchzusetzen, den sie durchsetzen wollten. Das geschah dann auch in der Folgezeit.

Der Verein für Arbeits- und Erziehungshilfe und Wohnungen dieser Art existieren bis heute. In der Folge dieser ganzen Heimkampagne wurde die geschlossene Heimerziehung wirklich abgeschafft. Glückstadt wurde 1973 oder 1974 auch infolge eines Prozesses geschlossen, der um den damaligen Aufstand stattfand. Es stellte sich raus, daß Zöglinge mißhandelt worden waren. Das Gericht stellte sogar fest, daß in Glückstadt gefoltert wurde. Diesen Begriff gab es bis dahin nicht vor Gericht. Daraufhin blieb der Landesregierung kaum etwas anderes übrig, als dieses Ding dichtzumachen.

Bei den Studenten, die als inzwischen diplomierte Sozialarbeiter wieder zu uns zurückfanden, trennte sich nach kurzer Zeit die Spreu vom Weizen. Eine kleine Gruppe, die ihre eigenen Ansprüche wirklich ernst nahm, hörte konsequenterweise auf, in dem Projekt mitzuarbeiten. Die viel größere Gruppe münzte das ganze in eine sogenannte revolutionäre Berufsperspektive um. Man stand kurz vor der Verbeamtung, warum sollte man das auf's Spiel setzen? Man konnte ja auch das System von innen knacken; was nichts anderes war als eine andere Formulierung für Anpassung. Mit dem Abschluß dieses Projektes zogen auch wieder die Strukturen, die wir ursprünglich eigentlich nicht wollten, in die Wohngruppen ein. Der Sozialarbeiter war derjenige, an den man sich zu wenden hatte, wenn man was wollte, und man hatte schön bitte, bitte zu machen, dann bekam man vielleicht was oder auch nicht. Es gab wieder Autoritäten und Leute, die in der bittenden Position waren. Damit war im Prinzip wieder alles beim alten. Die damals diskutierte Randgruppen-Theorie war aus der Hilflosigkeit erwachsen, nach der Auflösung des SDS keine zentrale Koordination mehr zu haben. Diese Splittergruppen fingen an, ihre ideologischen Streitereien in fast alle Bereiche zu tragen. Die Zersplitterung hatte natürlich eine ungeheure Sprengkraft, was solidarisches Verhalten untereinander anging. Was vorher im Vordergrund stand, die Gruppe der Zöglinge gegen die Institution, ging jetzt plötzlich durch die eigenen Reihen durch. ...

Für uns war klar, daß wir mit der Lederjackenfraktion zusammenarbeiten, die die radikalsten Forderungen vertraten, sprich also mit Andreas, Gudrun, Thorwald und denen, die dazugehörten. Das war insofern klar, weil sie die einzigen waren, die nicht an dem Existierenden 'rumreformieren' wollten, sondern es abschaffen und ersetzen wollten. Das war genau das, was wir auch wollten. Was die Studenten in Frankfurt anging, bei denen wir untergekommen waren und die uns zum Teil betreut hatten, hat das manchmal zu sehr grotesken Situationen geführt. Da trafen Welten aufeinander. Einige Leute beschwerten sich darüber, daß nun diese Asozialen bei ihnen Einzug gehalten hatten und daß die z.B. ihre Rolling Stones-Platten mitgehen ließen. So konkret hatten sie sich das dann doch nicht vorgestellt.

Einer von uns hat unser Verhältnis zu den Studenten so ausgedrückt: 'Du wirst mein Arzt, Du wirst mein Rechtsanwalt, Du wirst unter Umständen der Staatsanwalt, der die Anklage gegen mich errichtet, Du wirst der Sozialarbeiter sein, der mich im Knast betreut usw., das habe ich mit Euch gemein.'"

2. Bruch und Kontinuität: Sozialarbeiterbewegung und Professionalisierung

(1) Brüche - oder die Suche nach einer alternativen Kontinuität

Peter-Jürgen BOOCKS Bericht ist ein Dokument der Geschichte Sozialer Arbeit, wie es nur wenige gibt. Obwohl Hunderttausende in Fürsorgeerziehung und anderen Zwangseinrichtungen waren, gibt es nur wenige derartige Berichte. Wenn aber welche vorliegen, sind sie meistens in Zeiten des Umbruchs geschrieben (vgl. Bd. I, S. 167 ff.).

Erscheinen Heimrevolte und Mitgliedschaft in der RAF auf der einen Seite als eher ungewöhnliche Brüche z.B. mit dem bis dahin vorherrschenden Bild von Jugend als "skeptischer Generation", so symbolisieren sie auf der anderen Seite nur in besonderer Schärfe das, was viele unserer Generation erfuhren:
- Auch wenn nicht alle Eltern Nazis geblieben waren, so reichte vielfach schon die Frage nach dem Mitmachen der Väter und Mütter während des 3. Reiches für einen handfesten Familienkrach.
- Peter-Jürgen BOOCK macht weiterhin deutlich, daß der "Bruch", der in der Regel mit dem Jahr 1968 verbunden wird, sich nicht nur auf die studentischen Milieus bezog, sondern auch auf Lehrlinge, SchülerInnen und junge ArbeiterInnen und Angestellte.
- Er drückt anschaulich die damalige Stimmung aus, die in der Einschätzung gipfelte, das System sei nicht reformierbar, "es muß abgeschafft und ersetzt werden".
- Sein Haschisch-Konsum betont zugleich den Bruch mit den Alkohol-Exzessen der Nazi-Generation und den Ansatz zu einer alternativen, hedonistischen Alltagskultur in Wohngemeinschaften und mit Rock-Konzerten.
- Und nicht zuletzt markiert BOOCK durch seinen Bericht den Bruch mit dem Mythos, Soziale Arbeit sei Hilfe für die Armen und Unterpriviligierten und Heimerziehung eine Wohltat.

Diese und vergleichbare Erfahrungen zwangen zur Einsicht - und das war auch für mich und meine KommilitonInnen die entscheidende und folgenschwere Erkenntnis -, daß die Insitutionen der Sozialen Arbeit Armut regulieren und selbst Ausgrenzung und Stigmatisierung produzieren.

Vor diesem Hintergrund stand die Heimrevolte am Anfang des spektakulären "Aktionsjahres" 1969/1970, das dieses Thema unter verschiedensten Aspekten variierte. Nach der Heimrevolte im Sommer 1969 kam es am Rande des Fürsorgetages in Essen im November 1969 zum ersten bundesweiten Kontakt der systemkritischen Sozialarbeiter. Dieses Treffen kann als Beginn der ersten Sozialarbeiter-Bewegung gewertet werden, die das eigene professionelle Handeln zum Gegenstand ihrer Kritik machte (die Frauen- und Jugendbewegungen der 20er Jahre haben zwar auch die Soziale Arbeit bewegt, initiierten aber keine Sozialarbeiterbewegung im engeren Sinne).

Der erste, noch heute mit widersprüchlichen Interpretationen versehene Höhepunkt der Sozialarbeiterbewegung war die Randgruppen-Konferenz im Februar 1970 in Berlin. Entgegen der Legende, hier sei eine Strategie propagiert worden, die im Anschluß an MARCUSE (1967) auf die Randgruppen einer "eindimensionalen Gesellschaft" als das revolutionäre Potential setzten, wurde auf dieser Konferenz klar, daß von den "Schwächsten" kein Aufstand gegen die "Stärksten" zu erwarten sei. Mehr noch: Die große Mehrheit der ca. 230 Anwesenden aus 40 Gruppen und 20 Städten der BRD und Westberlin "beschloß", "proletarische" Organisationen aufzubauen und Stadtteil- und Betriebsgruppen zu gründen. Die wenigen Heimjugendlichen, die anwesend waren, fühlten sich ein weiteres Mal verraten (RABATSCH 1977; vgl. CWM, Bd. 2, S. 163 f.).

Für den Hamburger Vertreter, der für uns Studenten des Sozialpädagogischen Zusatzstudiums an der Konferenz teilgenommen hatte, hieß das: Wir müssen weiter danach suchen, was "kritische Sozialarbeit" in dieser Situation tun kann - wenn es sie denn überhaupt gibt.

Diesen Zweifel verloren wir auf dem kurz darauf folgenden zweiten Höhepunkt des "spektakulären" Jahres, dem 4. Jugendhilfetag im Mai 1970 in Nürnberg. Hier präsentierte sich die Sozialarbeiteropposition zum ersten Mal als "Sozialistische Aktion" einer breiteren (Fach-)Öffentlichkeit - mit sehr gemischten Parolen: von Abschaffung der Heimerziehung bis zu besserer Bezahlung der Erzieherinnen und mit ungewohnten Aktionsformen: Spontan eingebrachte, aber gut vorbereitete Gegenreferate, Erzwingen von Diskussionen statt langatmiger Referate, Abstimmen über Resolutionen und ähnliches (vgl. CWM, Bd. 2, S. 135 ff.).

In der Folge bildeten sich - ausgehend von Berlin und Frankfurt - bis 1975 zwölf "Arbeitskreise Kritische Sozialarbeit" (AKS). Die bis dahin nur in Berlin erscheinende Sozialpädagogische Pressekorrespondenz (SPK) erfuhr durch diese Aktionen eine schnelle bundesweite Verbreitung und ging 1973 in den vom Sozialistischen Büro in Offenbach herausgegebenen Informationsdienst Sozialarbeit über.

In dieser Sozialarbeiterbewegung vereinigten und stritten sich zwei größere Strömungen, deren Unterschiede und Konflikte im 1978 erschienenen SPK-

Reprint (BARON u.a.- im folgenden: SPK/R zitiert) gut nachzuvollziehen sind: Auf der einen Seite gab es die antibürokratische Orientierung mit der Perspektive auf ein breites professionelles Bündnis, die stark auf Organisationsreform und kritische Weiterentwicklung der Methodendiskussion setzte, auf der anderen Seite die Strömung, die auf eine revolutionäre Umwälzung jenseits der Sozialbürokratie setzte. Diese gründete mit der Zeitschrift "Erziehung und Klassenkampf" ihr eigenes Organ und beeinflußte wesentlich die Kinder- und Schülerladen- sowie die Jugendzentrumsbewegung. Gewisse Gemeinsamkeiten ergaben sich in der Kritik an Stigmatisierung und Ausgrenzung durch die traditionellen Organisationsformen der Sozialen Arbeit und durch die Orientierung an einem sehr breit gefaßten Gemeinwesen-Arbeitsansatz.

Den Bruch beider Strömungen mit dem vorherrschenden Verständnis von Sozialarbeit repräsentieren am deutlichsten die mit hohen Auflagen erschienenen Texte der Protagonisten der Sozialarbeiterbewegung. Ihnen voraus ging allerdings eine Welle von Raubdrucken, mit denen die wichtigsten Autoren der 20er und 30er Jahre wiederentdeckt wurden: vom Familien-Surway von FROMM u.a. (1936) über die Arbeiten BERNFELDs bis hin zu Schriften über die Lebensbedingungen proletarischer Kinder (HOERNLE 1971^3, RÜHLE 1972^3, KANITZ 1970/1974)[1].

Insbesondere die von Reinhard WOLFF und Lutz von WERDER zunächst als Raubdruck und dann bald "korrekt" (1969) herausgegebene Textsammlung zur antiautoritären Erziehung (im wesentlichen Texte von BERNFELD, aber auch von Wilhelm REICH, Melanie KLEIN u.a.) erfuhren eine starke Verbreitung.

Die Lektüre solcher Texte löste bei mir Unterschiedliches aus: Empörung über den herrschenden Wissenschaftsbetrieb, der diese kritischen Arbeiten nicht nur nicht zur Kenntnis nahm, sondern statt dessen Berge positivistischer Allgemeinplätze produzierte; Ermutigung, den Bruch mit herrschenden Anschauungen zu fundieren und - besonders wichtig - an untergründige und unterdrückte Kontinuitäten anzuknüpfen.

Ein noch immer lesenswertes Beispiel dieser "Kontinuität im Bruch" ist der Reader "Gefesselte Jugend" (1971), der von einem AUTORENKOLLEKTIV herausgegeben wurde, das bewußt an die kommunistisch-sozialistische Diskussion um die Abschaffung der Fürsorgeerziehung der 20er Jahre anschloß, ein anderes Beispiel ist der von Walter HOLLSTEIN und Marianne MEINHOLD herausgegebene Reader "Sozialarbeit unter kapitalistischen Produktionsbedingungen" (1973), der vor allem den Herrschaftscharakter Sozialer Arbeit "entlarvte". Beide Bücher erreichten mehrere Auflagen und standen in fast jeder studentischen Bibliothek.

---

1) Die Jahreszahlen beziehen sich auf die bald darauf publizierten Ausgaben in "anständigen" Verlagen.

Je stärker die Akteure der Sozialarbeiterbewegung selbst in die Praxis kamen bzw. in Lehre und Forschung, desto differenzierter wurde die Argumentation, und desto größer wurde auch der Einfluß im gesamten Diskurs. Die Reihe der "Jahrbücher der Sozialarbeit" (1975 bis 1982) gibt darüber fundierten Aufschluß. Insbesondere die Arbeiten zum Georg von Rauch-Haus (einem selbstverwalteten Jugendhaus) und zur Selbstverwaltung im Kindergarten ("Kita 3000") sowie der im gleichen Band von BARABAS und anderen gemachte Versuch (1975), die kritische Theorie der Sozialarbeit weiterzuentwickeln, sind immer noch lesenswerte Höhepunkte dieser oppositionellen Strömung.

In der Methodendiskussion kam es weniger zu einer kritischen Weiterentwicklung der Einzelfall- und Gruppenarbeit, sondern eher zu einer Konzentration auf die Rezeption des Community Work oder der Community Organization, die als "Gemeinwesenarbeit" von C.W. MÜLLER (mit NIMMERMANN 1970) und Dieter OELSCHLÄGEL (1978) u.a. für die bundesdeutschen Verhältnisse kreativ weiterentwickelt wurde. Einen gewissen Abschluß in dieser Diskussion symbolisiert die immer noch grundlegende Arbeit von BOULET, KRAUSS und OELSCHLÄGEL: "Gemeinwesenarbeit als Arbeitsprinzip" (1980). Diese "Grundlegung" für einen anderen Zugang zur Sozialen Arbeit markiert zugleich das Ende eines GWA-Verständnisses als "Dritter Methode" (die Auseinandersetzung mit dieser Entwicklung steht im Mittelpunkt des nächsten Kapitels).

Stark beeinflußt wurde die Sozialarbeiterbewegung auch durch den Paradigmenwechsel in der kriminologischen und sozialpsychiatrischen Diskussion. In keinem Wissenschaftsbereich gab es einen vergleichbaren inhaltlichen und organisatorischen Bruch zum traditionellen Wissenschafts- und Praxisbetrieb. Die kritischen Kriminologen gaben als "Junge Kriminologen" bald eine eigene Zeitschrift (Kriminologisches Journal) heraus, um sich gegen die "Alten" organisatorisch und im Kampf um die Forschungstöpfe durchzusetzen. Die programmatische Aufsatzsammlung "Kritische Kriminologie" des ARBEITSKREISES JUNGER KRIMINOLOGEN von 1974 qualifiziert diesen Bruch in markanter Weise. Die Aktiven dieser Strömung - Fritz SACK, Stefan QUENSEL, Gerlinda SMAUS, Karl SCHUMANN, Lieselotte PONGRATZ u.a. geben noch heute ein Beispiel dafür, wie eine in der Sache radikale Position im traditionellen Wissenschaftsbetrieb nicht nur aufrechterhalten werden, sondern auch weiterentwickelt werden kann. So wurde die Diskussion von 1974 in dem 1. Beiheft des Kriminologischen Journals (1986) gesellschaftskritisch radikalisiert und befindet sich zur Zeit in einer interessanten Kontroverse um die Möglichkeit einer allgemeinen Kriminalitätstheorie (HESS/SCHEERER 1997) bzw. deren Unmöglichkeit: Die Institiution "Verbrechen und Strafe" (CREMER-SCHAEFER/STEINERT 1997).

Eine entsprechende oppositionelle Erneuerung verbindet sich im Bereich der Sozialpsychiatrie mit den Namen Erich WULFF, Klaus DÖRNER, Heiner KEUPP, Ursula PLOOG u.a. In diesem Zusammenhang dürfen die wichtigen Arbeiten kritischer US-Wissenschaftler (GOFFMAN, MATZA, BECKER) und der Aktivisten der demokratischen Psychiatrie in Italien (vor allem Franco und Franca BASAGLIA) nicht vergessen werden. Daß sich die Arbeitskreise Kritische Sozialarbeit Ende der 70er Jahre, Anfang der 80er Jahre auflösten, war nicht nur ein Zeichen von "Schwäche", sondern kann umgekehrt auch als ein Hinweis auf deren relativen Erfolg interpretiert werden: Kritische Positionen wurden zum "Gemeingut" der VertreterInnen einer sozialwissenschaftlich orientierten Pädagogik und Sozialen Arbeit, die nicht nur Impulse aus der Sozialarbeiterbewegung aufnahmen, sondern diese auch selbst wiederum stark beeinflußten. Zu nennen sind hier Helge PETERS, Hans THIERSCH, Hans-Uwe OTTO und Lothar BÖHNISCH, vor allem aber C. Wolfgang MÜLLER, Helmut KENTLER, Klaus MOLLENHAUER und Hermann GIESEKE, deren Einfluß auf die zunächst ja sehr studentisch geprägte Sozialarbeiterbewegung nicht zu unterschätzen ist. Dabei spielt insbesondere die Tatsache eine Rolle, daß diese Autoren schon in den 50er und 60er Jahren kritische Positionen entwickelt hatten, auf die die "Bewegung" zurückgreifen konnte. Vielleicht war das auch ein Grund dafür, daß es im pädagogischen/sozialarbeiterischen Bereich nie zu derart scharfen Brüchen kam wie im Bereich der Kriminologie oder Psychiatrie.[1]

Was die oppositionellen und kritischen Strömungen bei aller Unterschiedlichkeit verband, war die Orientierung an Paradigmen, die bei den gesellschaftlichen Akteuren ihren Ausgangspunkt nahmen und somit an unterschiedlichen "Konstruktionen von Wirklichkeit" (BERGER/LUCKMANN 1970). Das vereinte Positionen des Interaktionismus (z.B. SACK 1968; 1974) mit denen marxistischer Subjekttheorien (z.B. BRÜCKNER 1972) und diese wiederum mit solchen, die die materielle Gewalt ökonomischer Prozesse und deren institutionelle Realisierung in den "ideologischen Staatsapparaten "(POULANTZAS 1978, HIRSCH 1974, OFFE 1975) in stärkerer oder "gemilderter" Form um den Sozialstaat (MÜLLER/NEUSÜSS 1970; OFFE 1972) hervorhoben.

Als einer der ersten Versuche, diese verschiedenen Stränge zu bündeln, kann die "Disparitätenthese" gelten, die 1967 auf dem Soziologentag (Thema: Spätkapitalismus oder Industriegesellschaft) für Furore sorgte. BERGEMANN, BRANDT, KOERBER, MOHL und OFFE (1969) brachten stichhaltige Argumente dafür vor, daß der "alte" Klassenkonflikt zwischen Kapital und Arbeit sozialstaatlich auf hohem Niveau "stillgestellt", d.h. durch mächtige Organisationen unter Moderation des kapitalistischen Staates geregelt sei. Die neuen Konfliktlinien liefen nun quer zu den alten und beträfen unterschiedslos alle Gesellschaftsmitglieder (wenn auch nicht in gleicher Weise): Bildungs-, Umwelt-, Verkehrs- und andere Infrastrukturprobleme erzeugten Ungleichheiten (Disparitäten), die zu neuen Formen gesellschaftlicher Konfliktaustragung führten: z.B. die Studenten-

---

1) Eine Textauswahl der genannten Personen findet sich im Literaturverzeichnis.

bewegung im Bereich der verkrusteten Hochschulen und die Bürgerinitiativen in regionalen Problemzonen. Ein paar Jahre später verlieh die Anti-Atomkraft-Bewegung dieser These noch einmal zusätzliche Qualität.

In der kritischen Literatur zur Sozialarbeit/Sozialpädagogik fehlte nur selten ein (zustimmender oder ablehnender) Bezug zu dieser These (vgl. CWM, Bd. 2, S. 144 ff.).

Diese Themen vertiefe ich im 5. Kapitel unter dem Titel "Staatsintervention und Sozialarbeit", ein Artikel, der 1976 im Kriminologischen Journal erschienen ist.

(2) Kontinuität - hegemoniale Neuformierungen

Diese sich eher am gesellschaftlichen "Rand" abspielende Aufbruchstimmung und Kritik wäre aber nur schwer denkbar gewesen ohne entsprechende Resonanz in zentralen Bereichen der Gesellschaft.

Mit GRAMSCI läßt sich der zeitgeschichtliche Kontext um 1970 als Neuformierung des "herrschenden Blocks an der Macht" charakterisieren (vgl. Stichwort "Blöcke" in HKWM, Bd. 2, S. 26 ff.), die Ende der 60er Jahre begann und Anfang der 80er Jahre ihren (relativen) Abschluß fand - mit der Regierungsübernahme durch die konservativ-liberale Koalition unter Kohl. Dieser Zeitraum war auf der einen Seite gekennzeichnet durch die große Koalition zwischen CDU und SPD (1966 - 1969), die die Notstandsgesetze verabschiedete, und vor allem durch die darauffolgende sozialliberale Koalition (1969 - 1982), die anfangs mit den Parolen "mehr Demokratie wagen" und "Chancengleichheit" für einen politisch-kulturellen Aufbruch sorgte. Auf der anderen Seite war diese Phase durch Studenten- und Anti-Vietnam-Bewegung, durch Kampagnen gegen die Notstandsgesetze und gegen den Springerkonzern - insgesamt also durch die Herausbildung einer außerparlamentarischen Opposition (APO) gekennzeichnet, die die demokratische Öffnung in eine diffus als sozialistisch empfundene Richtung weitertreiben wollte, worauf der "starke Staat" u.a. mit Berufsverboten reagierte.

Der Strukturwandel, der sich hier vollzog, war der Wandel von einem korporatistischen CDU-Modell, das der "Vater des Wirtschaftswunders", Ludwig Erhard, als "formierte Gesellschaft" realisieren wollte (vgl. SCHÄFER/NEDELMANN 1969), zu einem keynsianischen Gesellschafts- und Politikmodell. Dieses realisierte sich symbolisch in der vom damaligen Wirtschafts- und Finanzminister Karl Schiller ins Leben gerufenen "Konzertierten Aktion", die dazu beitrug, die Weltmarktstellung der BRD entscheidend zu verbessern, und zwar auf der Basis eines "ausgewogenen" Klassenkompromisses zwischen Kapital und Arbeit.

Der sozial-liberalen Regierung gelang es auf diese Weise die "Stagnation" des CDU-Staates, die in der Bergbaukrise von 1965/66 ihren Höhepunkt fand (s.o. BOOCKS Bericht), zu beenden und die gesellschaftlichen Störungen zu beheben, die begannen, die "inflexible Massenproduktion" stark zu beeinträchtigen. Was man seit Mitte der 60er Jahre als "Bildungskatastrophe" titulierte, hatte seine ökonomisch-kulturellen Hintergründe in der Tatsache, daß die **extensive** Produktionsausweitung mit dem Mauerbau 1961 **und** wegen der tendentiell sinkenden Profitrate ein Ende fand, das auch durch Anwerbung von "Gastarbeitern" nur unwesentlich hinausverschoben werden konnte. Wie ALTVATER/HUISKEN in einer damals stark beachteten Untersuchung herausarbeiteten, war es nun die Aufgabe der "Politischen Ökonomie des Ausbildungssektors" (so der Titel 1971) die **intensive** Ausschöpfung der Arbeitskraft zu gewährleisten, also generell das Qualifikationsniveau zu heben.

In bezug auf die Sozialpolitik bedeutete das: War es bis dahin die zentrale Aufgabe der Sozialpolitik, die Risiken von Erwerbslosigkeit, Invalidität/Krankheit und Alter kompensatorisch in jedem einzelnen Falle aufzufangen, so war es nun darüber hinaus die weitergehende Funktion einer Sozialpolitik, die sich als Gesellschaftspolitik verstand, alle Waren - insbesondere die Ware Arbeitskraft - marktgängig zu machen bzw. zu erhalten. Basierend auf dem Klassenkompromiß der konzertierten Aktion kann man die neue Qualität der Staatsinterventionen daran messen, daß sie nun "subsidiär" (OFFE 1975), also "prophylaktisch", "präventiv" zu intervenieren sei - und dazu noch antizyklisch (ausführlicher: vgl. Kapitel 5). Durch die Reform im Bildungs- bzw. Ausbildungsbereich und in der Arbeitsmarktpolitik wurde in der Tat eine durchschnittlich breitere Qualifizierung sowie eine erhöhte Flexibilität und Mobilität der Arbeitskraft erreicht ("Politik der Vollbeschäftigung").

Die Orientierung auf die Qualifizierung der Arbeitskraft hatte einen enormen Zuwachs der personenbezogenen Dienstleistungen zur Folge: vom Ausbau des Schul- und Hochschulbereichs über den Gesundheitssektor bis hin zu allen Feldern Sozialer Arbeit.

Dieses war der "Humus" für eine strukturgleiche Modernisierung der Sozialen Arbeit, in der der Ausbau in allen Bereichen nun wesentlich unter den Schlagworten "Prävention", "Therapie" und "Resozialisierung" vorangetrieben wurde. In der Kontinuität der pädagogisierenden Vorstellungen der 20er Jahre erlangte das klinische Deutungsmuster nun fast ein Deutungsmonopol, zumal es ihm gelang, wichtige Aspekte des personalisierenden Deutungsmusters - und mit ihm die darin enthaltenen Bestandteile der Sozialhygiene und nationalsozialistischer Ordnungsvorstellungen - zu integrieren, vor allem die individualisierende Zuschreibung von Defiziten (s.o.S. 66 ff.). Auf diese Weise entstand ein Modell von Professionalität, das sich als Sozialtechnologie auf der Höhe der damaligen Zeit kennzeichnen läßt: Durch Aufnahme psychologischen und sozialwissenschaftlichen Wissens wurden die methodischen Ansätze der Einzel- und Gruppenarbeit mit therapeutischen und gruppendynamischen Elementen erweitert und durch Gemeinwesenarbeit als "dritte Methode" ergänzt. Damit einher ging eine enorme Steigerung der Anzahl an Stellen in allen Bereichen Sozialer Arbeit. Seit diesem Zeitpunkt weist unser Berufsbereich bis heute die höchsten Steigerungsraten auf (vgl. KUNSTREICH 1988; RAUSCHENBACH/SCHILLING 1997). Dieser Zusammenhang steht unter dem Aspekt dreier unterschiedlicher Formen von Professionalität im Mittelpunkt des 4. Kapitels.

Aus dieser Skizze läßt sich unschwer das normative Konzentrat der darin eingebundenen Vorstellung von Professionalität in der Sozialen Arbeit destillieren: Es ist das Ideal des Arztes, wie es schon Alice SALOMON in den 20er Jahren vorschwebte; das Behandlungsmodell ist das der Klinik oder der klinischen Psychologie, wie ihm die Psychologen in dieser Zeit zum Durchbruch verhalfen. Natürlich waren die "Vordenker" der Sozialen Arbeit in den 70er Jahren nicht blind und sahen, daß dieses Ideal noch längst nicht erreicht war. Deshalb war in bezug auf die Soziale Arbeit von "unvollständiger Professionalisierung", von "Paraprofessionalität" u.ä., kurz: von einem Beruf auf dem Weg zur richtigen Profession die Rede (vgl. OTTO/UTERMANN 1971).

Dieses Selbstverständnis drückt sich auch in entsprechenden Umbenennungen aus: So wird die "soziale Gruppenarbeit" schon Ende der 60er Jahre in Hamburg zur "sozialtherapeutischen Gruppenarbeit" und so wird Ende der 70er Jahre (ebenfalls in Hamburg) aus der "Jugend- und Familienfürsorge" der "Allgemeine Sozialtherapeutische Dienst" - wie er bis heute offiziell immer noch heißt.

Neben der Vorstellung eines linear fortschreitenden, technologisch induzierten sozialen Wandels ist ein weiteres Charakteristikum dieses Modells die Vorstellung einer spezifischen, allgemeingültigen Normalität; Normalität hier verstanden als eine übliche und erwartbare Normalbiographie, die, wenn man in die Einzelheiten geht, so etwas wie ein Einheitslebenslauf wird, jenseits von "Klasse und Stand" (BECK 1983), d.h. jenseits einer widersprüchlichen Sozialstruktur.

Daß der mit diesem Professionsmodell verbundene Universalitätsanspruch bestenfalls ein Anspruch auf die hegemoniale Ausdeutung der Profession ist, dafür versuche ich im 5. Kapitel einige empirische und analytische Hinweise zu geben.

(3) Wolfgang BRAUN: Exemplarisch für Kontinuität und Bruch - das Rauhe Haus um 1970

Die Konflikte um Brüche und Kontinuitäten waren in jedem Arbeitsfeld und jeder Einrichtung der Sozialen Arbeit von unterschiedlicher Qualität. Ohne es anhand von empirischem Material belegen zu können (entsprechende Forschungen stehen noch aus), ließe sich die Hypothese aufstellen, daß dort, wo an den Kontinuitäten des Syndroms "Anstalt-Klinik-Prävention" am unerschütterlichsten festgehalten wurde, der Bruch umso deutlicher und schärfer war. Neben dem Bericht von Peter-Jürgen BOOCK ist ein anderer Beleg dafür eine Untersuchung, die Wolfgang BRAUN 1996 anläßlich der Feier zum 25jährigen Bestehen der Evangelischen Fachhochschule für Sozialpädagogik des Rauhen Hauses vorstellte (o.J.). Da dieser Text an die Darstellung des Rauhen Hauses im 3. Reich anschließt (VIERTER BLICK) und auch einen Eindruck über das Leben im Rauhen Haus der 50er Jahre vermittelt (FÜNFTER BLICK), soll er ausführlich zitiert werden, zumal er das Verhältnis von Bruch und Kontinuität um 1970 besonders anschaulich macht.

Wolfgang Braun   **geb. 1949**

1966 begann ich meine Ausbildung im Rauhen Haus. Nach dem Sozialarbeiter-Examen 1972 studierte ich Soziologie mit dem Schwerpunkt "Kriminalität und abweichendes Verhalten" (u.a. bei Lieselotte PONGRATZ) an der Universität Hamburg.
Nach Lehraufträgen an verschiedenen Ausbildungsstätten für Soziale Arbeit wurde ich 1979 als Professor an die Evangelische Fachhochschule des Rauhen Hauses berufen, deren Rektor ich von 1985-1995 war. Zur Zeit bin ich Prorektor und habe meine Schwerpunkte in der Arbeit mit Wohnungslosen und in der Kulturarbeit als Soziale Arbeit.

Wolfgang BRAUN, Kontinuität und Brüche in 25 Jahren Evangelischer Fachhochschule (Auszüge)

Oskar NEGT schreibt 1995 in der Einleitung seines 'Erinnerungsbuches' zur 68er Bewegung: 'Ich schreibe gegen das Vergessen. Nichts in der heutigen Welt erscheint mir bedrohlicher als der Verlust der gesellschaftlichen Erinnerungsfähigkeit ... . Damit meine ich nicht die (herkömmliche) Geschichtsschreibung, das professionelle Anhäufen von Tatbeständen der Vergangenheit ... . Lebendige Kultur ist nur existenzfähig, wenn die Menschen mit ihrem kollektiven Gedächtnis, dem inneren Gemeinwesen, pfleglich umgehen. Jeder Traum von individueller Selbstverwirklichung zerfällt, wenn das Gemeinwesen Schaden erleidet; und wer das Gemeinwesen ruiniert, beschädigt am Ende sich selbst."

Die Fachhochschule steht in der Kontinuität der auf Wichern zurückgehenden Diakonenausbildung im Rauhen Haus. Seit 1839 erfahren die im Rauhen Haus tätigen Gehilfen in der Brüderanstalt eine Ausbildung zu Berufsarbeitern in den vielfältigen Arbeitsfeldern und Einrichtungen der freien Diakonie (und auch für staatliche Einrichtungen). Ausbildung wurde den zunächst Gehilfen genannten Brüdern für ihre Arbeit im Rauhen Haus gegeben. Damit wurde es jungen Männer aus "einfachen Verhältnissen" ermöglicht, eine Ausbildung in einem anerkannten kirchlichen Beruf mit einer staatlichen Anerkennung zu erwerben, danach einen relativ sicheren Arbeitsplatz zu erhalten und gleichzeitig über die Teilhabe an der Institution Kirche, die ein hohes gesellschaftliches Prestige genoß, auch individuell "aufzusteigen". Dies bedeutete andererseits aber die Unterordnung unter eine autoritäre, totale Institution, die über einige Jahre die Arbeitskraft gegen eine einfache Unterbringung, Verpflegung und ein sehr geringes Taschengeld intensiv "rund um die Uhr" in ihren Tätigkeitsfeldern auspreßte.

Ich gebe zunächst einen kurzen Einblick in das Rauhe Haus, wie ich es 1966 kennenlernte. "Wie eine Insel des Friedens so liegt das Rauhe Haus inmitten der Großstadt Hamburg. Im weiten Park, rings um den Teich, finden wir die Häuser, von alten Linden umgeben". So der damalige Prospekt der Diakonenanstalt des Rauhen Hauses, mit dem junge Männer für den Eintritt in die Arbeit des Rauhen Hauses geworben werden sollten. Das Rauhe Haus war in wenigen Minuten mit der Straßenbahn vom Berliner Tor zu erreichen. Das Gelände noch ungepflastert, das Brüderhaus und die Fachhochschule waren noch nicht gebaut. Außer im Altenheim und in den zentralen Versorgungsgebäuden Küche, Wäscherei und Verwaltung waren in allen anderen Gebäuden Jungen und Brüder untergebracht. Die Hauptarbeitsschwerpunkte lagen in der Arbeit mit Jungen und in der Brüderausbildung. Daneben wurde ein Altenheim betrieben.

Das Rauhe Haus war streng hierarchisch gegliedert. An der Spitze stand der Vorsteher (von 1958 bis 1972 Propst Prehn), dem alle Arbeitsbereiche unterstanden und der sich auch direkt einschaltete. Den Arbeitsbereichen standen die Inspektoren vor. Der 2. Pastor entlastete den Vorsteher und vertrat ihn in der Leitung des Rauhen Hauses. Seit 1966 Pastor Stolt ans Rauhe Haus kam, war seine Zuständigkeit für die Leitung der Diakonenschule/Höhere Fachschule für Sozialarbeit klar geregelt. Die Hauskonferenz war das Gremium des Vorstehers und der Inspektoren zur Abklärung aller Entscheidungen des Rauhen Hauses. Wesentliche Fragen der Diakonenschule/Höhere Fachschule wurden noch über eine relativ lange Zeit nach 1966 dort besprochen. Die Hierarchie setze sich bis in die Gruppe der Ausbildungsbrüder klassenweise von Klasse 5 bis Klasse 1 und zu den Vorpraktikanten fort. In den Familien genannten Gruppen des Internats gab es den Familienleiter, den 1. Gehilfen und den 2. Gehilfen. Diese Hierarchie wurde im Regelfall nach Dienstalter festgelegt. Der Erziehungsleiter war über lange Zeit der einzige hauptamtliche Diakon und Sozialarbeiter im Internat. 1967 wurde ihm ein Berufspraktikant, 1968 nach dessen Ausscheiden dann ein Diakon und Sozialarbeiter an die Seite gestellt. Im Internat gab es regelmäßige Besprechungen des Erziehungsleiters mit seinen Familienleitern und mit Familienleitern und Gehilfen.

Der Alltag im Rauhen Haus wurde durch die Arbeit bestimmt und war durch und durch geregelt. Die Ausbildungsbrüder, die in den Familien Dienst taten, wohnten auch dort. Der Familienleiter hatte ein eigenes, kleines Zimmer. Waren in den Gruppen mehr als ein Gehilfe, so mußten diese sich ein Zimmer teilen. Morgens begann der Tag mit dem Wecken der Jungen. Das Frühstück wurde gemeinsam in den Speisesälen eingenommen. Dann gingen die Jungen in die Schule und die Brüder in ihren Unterricht. Waren dort die sechs Stunden vorbei, warteten bereits die Jungen vor der Tür der Familien. Gemeinsam wurde das Mittagessen eingenommen. Anschließend Schularbeitenbetreuung der Jungen, viele organisatorische Abläufen in der Familie, Freizeit der Jungen, oft gemeinsames Spiel, um 18 Uhr dann Andacht für alle im Saal, anschließend gemeinsames Abendessen und den Rest des Tages verbrachten wieder alle gemeinsam in den Familien. Der Tag endete für die Brüder abhängig vom Alter der Jungen mit deren Ins-Bett-gehen. Wenn dann Ruhe war, hatten die Brüder Zeit für sich und vielleicht für ihre Unterrichtsvorbereitungen, was im Regelfall eher unterblieb. Denn nun war die Möglichkeit, sich untereinander zu besuchen und vielleicht auch kurz das Rauhe Haus zu verlassen. Die Freizeit der Brüder mußte wesentlich im Alltag der Familie genommen und ausgefüllt werden. So besuchten sich die Brüder auch am Tage untereinander, telefonierten oder integrierten ihre Interessen und Neigungen in das

Alltagsleben der Gruppe. Aber für sich allein war der Bruder selten, Rückzug fast unmöglich. Und freie Tage, um das Rauhe Haus zu verlassen waren knapp. Und in dieser, vom Familiendienst freien Zeit lagen oft noch Hausdienste an, Werbearbeit, Nachtwache, Dienst in der Vogtei usw..

Besser hatten es die Ausbildungsbrüder, die in einer fortgeschrittenen Phase der Ausbildung vom Erziehungsdienst freigestellt wurden. Außer Hausdiensten wurde ihnen keine Arbeit abverlangt. Doch auch ihr Alltag war reglementiert. Einmal hatten sie mehr Unterricht, mehr Hausaufgaben, aber auch Praktika in der Behörde im Rahmen der Sozialarbeiterausbildung, oder dann v.a. die Vorbereitung auf die Diakonen - die einen - und die Sozialarbeiterprüfung - die anderen. Zum anderen waren sie eingebunden in ihre Klasse, nahmen die Mahlzeiten gemeinsam ein, wohnten zusammen und mußten sich an- und abmelden. Besuche der Freundin waren nur in Ausnahmen und dann nur zur Tageszeit geduldet. Die Gruppe kontrollierte sich untereinander und der Konviktmeister wachte über alle. Verlobung und Heirat waren nicht erlaubt und wenn, dann nur nach Antrag beim Vorsteher und nach Diskussion in Hauskonferenz und Brüderrat. Die Protokolle, insbesondere der Hauskonferenz, sind voller Reglementierungen. Die Ausbildungsbrüder waren schon lange unzufrieden mit der Situation im Rauhen Haus, aber Ausbrüche und Proteste waren selten. Brüder verließen das Rauhe Haus, brachen ihre Ausbildung ab, aber dieses wurde eher als persönliches Scheitern interpretiert; ich vermute auch von denen selber, die gingen. Die, die blieben, hatten Kritik vor allem daran, wie sich Brüderschaft ihnen gegenüber darstellte, wie verantwortliche Brüder mit ihnen umgingen. Sie wollten Diakon werden und das war der Grund zu bleiben, die Brüderschaft und ihre eigene spätere Integration war weit weg. In vielen Protokollen der 70er Jahre läßt sich diese Unzufriedenheit der jungen Brüder mit der Brüderschaft über viele Jahre nachvollziehen.

Die Diakonenausbildungstätten wurden nach DREISBACH "wie die Auszubildenden behandelt. Der Druck auf die 'Gleichgesinntheit' war gewaltig. Die Gefahr liberaler Gedanken ist nun einmal mit der Tatsache von Büchern und der Möglichkeit des Lesens und des öffentlichen Austauschs von Gedanken gegeben... Diese freie Diskussion in den Diakonenschulen (war auch in den sechziger Jahren noch nicht der Regelfall). ... Noch lange versuchten Anstaltsleitung und Brüderschaften hier disziplinierenden Einfluß zu bewahren" (DREISBACH S.12). "Die Demokratie endet an den Mauern des Rauhen Hauses", dieser Ausspruch wird A. FÜSSINGER (Bd. I, S. 199 ff.), dem über 40 Jahre mächtigen Mann im RH, für die 50er Jahre nachgesagt. Die Ausbildung im RH war zu der Zeit v.a. durch Dienst und Unterordnung bestimmt, der Unterricht in der Diakonenschule konnte nur sehr begrenzt durch Fachlektüre und Austausch ergänzt werden, zu stark war der Druck durch die Alltagsarbeit in der Erziehung mit diversen zusätzlichen Hausdiensten. In der früheren Diakonenausbildung ging es um die Vermittlung von Fertigkeiten, Kenntnissen **und** Werten, Ideen und Einstellungen. Gehorsamspflicht wurde durch den täglichen Rhythmus und den jahrelangen Umgang zur Selbstverständlichkeit. Je enger die Ausbildungssituation mit der Arbeitssituation gekoppelt wird, um so repressiver kann der Einfluß sein. Darüber hinaus nutzten die Verantwortlichen rigoros die Chance der Auswahl, der Selektion "das Spreus vom Weizen". Dreisbachs These zur früheren Diakonenausbildung: "Nicht Berufsqualifikation, sondern Personalbeschaffung war das leitende Handlungsinteresse".

Die Lebensbedingungen in der totalen Institution - wesentlich als Männergemeinschaft - taten ihren Teil dazu, daß Zweifel angebracht sind, inwieweit das z.b. durch Bischof Wölber (1963) entworfene Ideal des Diakons erreicht werden konnte: "Mensch mit dem Herzen auf dem rechten Fleck", der "mit der Bibel umgehen" kann und "genügend Sachverstand für die Arbeit" besitzt, der als "Sachverständiger des sozialen Tuns in der Gemeinde" selbständig arbeiten kann und gleichberechtigt neben dem Pfarrer, "der eine andere Aufgabe hat", die Diakonie leitet. Wölber plädiert dann auch für eine veränderte Diakonenausbildung, die sich selbstbewußt auch gegenüber den staatlichen Anforderungen behauptet. Die Hamburgische Kirche legte in ihren Finanzierungsverhandlungen in der ersten Hälfte der 60er Jahre mit dem RH darüber hinaus auch Wert darauf, daß im RH nicht nur Diakone ausgebildet werden, sondern daneben die Möglichkeit einer kirchlichen Sozialarbeiterausbildung bestehen muß. 1968 wird dann auch der erste, 1969 weitere externe Studierende aufgenommen, die "nur noch" Sozialarbeiter wurden.

Die Kirche hat damit die Kontinuität der Verbindung von Diakonenausbildung und Sozialausbildung mit staatlicher Anerkennung abgebrochen. Und mit der Verbesserung der Ausbildung (m.E. seit 1967/1968) entzündete sich dann auch das lange schwelende Unbehagen der Diakonenschüler an der Doppelbelastung von Ausbildung und Arbeit zum Streit später sogar zum Streik und - auf dem Hintergrund der bald durch BAFÖG zu gewinnenden Unabhängigkeit der Studierenden - kam es dann schnell zum Bruch mit der auf Wichern zurückgehenden Koppelung von Arbeit und Ausbildung.

Duldeten die Brüder den einengenden und oft verletzenden Alltag im Rauhen Haus, so läßt sich doch in den Jahren 1967, 1968 und folgenden eine Veränderung aufzeigen. Mit der Studentenbewegung begann ein Prozeß umfangreicher Veränderungen in der Gesellschaft und nach den Heimrevolten auch in der Sozialarbeit.

Wie wirkten sich diese Prozesse im Rauhen Haus aus, einer eher unzeitgemäßen Einrichtung? Bereits 1972 präsentierte sich das Rauhe Haus im modernen Gewand: Statt von Brüdern in der Ausbildung wurde die Erziehungsarbeit von ausgebildeten Erziehern und Sozialarbeitern geleistet. Statt in der Erziehungsarbeit tätigen Brüdern studierten nun "freie" Studenten in einer Fachhochschule, vordem Höhere Fachschule. Statt Brüdern studierten an der Fachhochschule nun mehr und mehr "Externe", statt ausschließlich Männer, nun Männer und Frauen, statt um 15 pro Jahrgang nun 50 Studentinnen und Studenten.

Was hat diesen schnellen Wandel von 1967 bis 1972 bewirkt? Studieninhalte und Praxis der Erziehungsarbeit änderten sich in Richtung zunehmender Professionalität; wer waren die Träger dieser Entwicklung? Wurde das Rauhe Haus aufgrund äußeren Drucks (Bildungsreform, Hochschulgesetze, Heimkampagnen, Auflagen von Behörden etc.) verändert, war es eine Anpassung an den Zeitgeist, inwieweit wirkten die Brüder und die Studierenden mit, wie reagierte und wirkte die Leitung?

Wenn ich den Wandel in der Organisation Rauhes Haus beschreibe, diesen umfassenden Wandel in einer nur kurzen Zeitspanne, in der das Rauhe Haus von einer "feudalen" zu einer modernen Organisation wurde, dann fällt auf, daß die Veränderung in einem Teilbereich, der Brüderausbildung, nicht nur diesen, sondern den Gesamtbereich einschneidend veränderte: das Internat, die Leitungstruktur, die Brüderschaft, die Gremien und den Alltag aller Beteiligten. Und auffällig ist weiter, daß dieser Wandel nur um den Preis der Verkürzung als rational geplant zu bezeichnen ist. Sicher war die

Bildungsreform der 60er Jahre verantwortlich für neue Anforderungen des Staates an seine Ausbildungsorganisationen und die freien Träger. Doch ist der Wandel nicht allein Ergebnis dieser Planung und er hätte im Rauhen Haus nicht in die Fachhochschule münden müssen. Natürlich spielt die Studentenbewegung und die Kritik an der Jugendfürsorge eine wichtige Rolle, aber diese Kritik traf das Rauhe Haus nicht direkt. Hier waren die Bedingungen andere als in staatlichen Heimen und vielen Einrichtungen freier Träger - und sie waren sicher günstiger für die Betreuten. Die Studentenbewegung hatte zunächst nur zögerlichen Einfluß auf einige wenige Ausbildungsbrüder, führte aber dennoch zu einer Forcierung im Aufbrechen lange schwelender Konflikte im Rauhen Haus: Heirats- und Verlobungsverbote, Ausbeutung der Arbeitskraft, Erniedrigung und Demütigung, Unfreiheit, Hierarchie, autoritäre Strukturen und deren Vertreter, Machtmißbrauch und keinerlei Mitbestimmung, fehlende Transparenz, keine Öffentlichkeit, zum Teil widersprüchliche Entscheidungen mußten kritiklos hingenommen werden. Das Rauhe Haus war eine totale Institution, mit den bekannten Auswirkungen auf **alle** dort Lebenden, Kinder und Jugendliche, Ausbildungsbrüder, Leitung und weiteres Personal. Um den Wandel zu erfassen ist es nicht allein wichtig, die Entscheidungen nachzuzeichnen, sondern die Organisationskultur, das Leben im Rauhen Haus zu rekonstruieren.

Und immer wieder ist auf die Besonderheiten im Rauhen Haus zu achten: die rückständige, feudale Struktur und die (Brüder-)Ideologie des 19. Jahrhunderts; den Einfluß der alten Brüder, die dem Faschismus ergeben waren; die meist aus kleinbürgerlich-proletarischen Verhältnissen stammenden Ausbildungsbrüder, die auf diese Form der Ausbildung angewiesen waren; die unterschiedlichen "Leiterpersonen" und ihr Einfluß und das "Fußvolk" in der Brüderschaft, mutige und weniger mutige, freche, unverschämte Proteste und ihre befreienden Wirkungen. Und als eine Auswirkung später dann der Rückzug vieler Ausbildungsbrüder gerade der 60er Ausbildungsjahrgänge, die sich nicht mehr beteiligten an der Brüderschaft, deren Verhältnis zu Brüderschaft und Rauhem Haus für immer gestört war.

Das Rauhe Haus war überreif zum Wandel und es bedurfte nur einiger Anstöße. Als diese gegeben waren, war der Wandel nicht mehr aufzuhalten.

Die Anstalt wurde - wie bereits ausgeführt - patriarchalisch geleitet, war autoritär strukturiert und die Diakonenschüler kamen wesentlich aus kleinbürgerlich-proletarischen Milieus. Neben der moralisch-religiösen Motivation war es ein nicht zu unterschätzender Gesichtspunkt bei der Entscheidung für die Diakonenausbildung im Rauhen Haus, daß man sich diese Ausbildung durch eigene Arbeit verdienen konnte und darüber zu einer Qualifizierung und auch zu einem beruflichen Aufstieg kam, der ohne das Rauhe Haus für viele nicht möglich gewesen wäre, da es für die Ausbildung an den Höheren Fachschulen keine Ausbildungsbeihilfe gab. Dies zeigte sich dann auch daran, daß die Aussicht auf BAFöG viele freier und frecher werden ließ; der Zwang aus ökonomischer Notwendigkeit im Rauhen Haus zu bleiben, entfiel und einige gingen dann auch. Aufgrund ihrer Sozialisation waren die Diakonenschüler autoritär fixiert und dadurch gut in eine solche Einrichtung wie das Rauhe Haus einzupassen. Von der Lust des Studierens am Ende der 60er Jahre (ZEIT Magazin vom 5.6.92 Teil 2, S. 26) waren die Rauhäusler weit entfernt, aber dies strebten sie an und erreichten dieses bessere Studium auch - und diese neue Lust wurde dann in den 70er Jahren auch ausgelebt. Zuvor aber - und bestimmt seit Ende 1968 auch im Rauhen Haus: Entlarvung von

Autoritäten, Provokationen, ausprobieren von Respektlosigkeit, Hinweis auf eigene Rechte, erstes politisches Argumentieren, Knüpfen von Fachkontakten über das Rauhe Haus hinaus. Die in einigen Interviews einer Diplomandin von 1995 geäußerte Position, die Studentenbewegung hätte in der Bildungsreform nichts bewegt, weil diese bereits vorher konzipiert war, verkennt, daß die Bildungsreform erst mit der Studentenbewegung richtig "in Schwung" kam. Auch am Rauhen Haus? Das folgende Zitat auf das Rauhe Haus zu beziehen fällt leicht: "...dieser Mief der Adenauer-Zeit weggeblasen, das postfaschistische Klima aufgebrochen - das war schon sehr viel" (F.J. DEGENHARDT).

Im Interview der Diplomandin (1995) spricht der ehemalige Leiter der Diakonenschule/Höhere Fachschule (von 1966-1971) Pastor Stolt von gemeinsamen Interessen der Lehrenden, der Leitung und der Studierenden. Das ist für die große Linie hin zur Fachhochschule richtig, aber im Studienalltag gab es viele Dissenspunkte: Mitbestimmung, Zensuren, Prüfungen, Beteiligung bei der Festlegung der Inhalte, bei der Auswahl der Lehrenden und Kritik an vielen der langjährigen Lehrbeauftragten. Die Befreihung von den Lasten der Erziehungsarbeit forderte auch Stolt, aber gleichzeitig idealisierte die Schulleitung diese als Praktikum eher. Für die Ausbildungsbrüder war die Erziehungsarbeit neben dem Studium aber eine höchst belastende Arbeit mit einem Stundenumfang von 50 bis 60 Stunden in der Woche.

Dieses Verhältnis von Arbeit und Ausbildung erfuhr um 1971 einen Bruch.

Durch die Veränderung der Ausbildung kam es in wenigen Jahren zu einer dramatischen Veränderung des Rauhen Hauses: Einstellung von beruflichen Erziehern und Sozialarbeitern, Professionalisierung der Erziehungsarbeit, Personalwechsel in der Leitung (z.T. durch Ruhestand bedingt), Kritik am patriarchalisch-autoritären Leitungsstil, der sich genauso veränderte wie das RH, das durch die Umstellung der Erziehungsarbeit und die Auslagerung von Wohngruppen mehr und mehr seinen Charakter als totale Institution verlor. Bei dieser Umstellung verlor eine Gruppe schlagartig ihre Macht: die Brüderschaft des Rauhen Hauses. Ihr direkter Einfluß per Brüderrat auf die Ausbildungsbrüder und damit auf die Ausbildung einerseits **und** über die Arbeit, die die Ausbildungsbrüder leisteten auf das Rauhe Haus insgesamt, darüber hinaus über die Hauskonferenz, dem Leitungs- und Beratungsgremium des Vorstehers, in dem neben dem 2. Pastor nur Brüder saßen, ging zurück, die alte Führungselite zog sich zurück (oder wurde mehr oder weniger behutsam zurückgezogen), die neuen "Führer" hatten ihr Feld Rauhes Haus faktisch verloren, obwohl es ideologisch Bestand behielt, orientierten sich dann einerseits ins Diakonische Werk und konzentrierten sich auf den ihnen gebliebenen Einflußbereich Diakonenanstalt und damit auf die Ausbildung.

Die durch den Wandel der Ausbildung und durch die Aufhebung der Verbindung von Arbeit und Ausbildung bedingte tiefgreifende Veränderung des Rauhen Hauses bedeutete für die Brüderschaft nicht nur den Verlust des Einflusses auf die Arbeit des Rauhen Hauses, der über die Zuständigkeit für die Ausbildungsbrüder ausgeübt wurde, sondern das schlagartig veränderte Rauhe Haus war für sie nicht mehr das Rauhe Haus der eigenen Ausbildungszeit.

Viele sahen nicht mehr die Konflikte und Probleme ihrer Ausbildungszeit, vergaßen, wie sie unter den Bedingungen des "alten" Rauhen Hauses gelitten hatten, sondern sahen nur noch ein "fremdes" Rauhes Haus, mit einem neuen Vorsteher, der nicht mehr als "Hausvater" und gütiger Patriarch über alles und jeden in der Anstalt wachte, einen Ausbildungsleiter, der nicht mehr Pastor, einen Erziehungsleiter, der nicht mehr Diakon war, Ausbildungsbrüder, die sich von Studenten anderer Hochschulen in Aussehen und Auftreten nicht mehr unterschieden, Studenten, die von vornherein nicht mehr Diakon werden wollten. Sie sahen Ansätze von Basisdemokratie in der Erziehungsarbeit und in der Fachhochschule mit allen dazugehörenden Auseinandersetzungen, veränderten Themen, kritischen und scharfen Diskussionsverhaltem, Respektlosigkeiten und Hinterfragung von Macht und Autorität. Flugblätter wurden verteilt, Manifeste verfaßt, Plakate und Wandzeitungen im Brüderhaus und der Fachhochschule aufgehängt. Es bildeten sich unterschiedliche politische Gruppierungen, das "Außen" der Gesellschaft spiegelte sich im "Innen" des Rauhen Hauses. Auf Brüdertagen wurde gestritten, Öffentlichkeit gefordert und hergestellt. Daß Herrschaft von Nicht-Öffentlichkeit lebt, hatten die Ausbildungsbrüder und Studenten nicht nur intellektuell begriffen, sondern diese Erfahrung war denjenigen, die noch die "alte" Ausbildung mitmachten, zur zentralen Erfahrung geworden. Aber mit den veränderten Bedingungen und den öffentlichen Debatten auf allen Ebenen war es vorbei mit der "Insel des Friedens inmitten der Großstadt".

Andererseits zeigte sich damals eine Bereitschaft im Rauhen Haus zum Risiko, ohne Absicherung Schritt für Schritt und von Jahr zu Jahr eine Fachhochschule einfach in die Welt zu setzen und zu betreiben. Etwas, was die Politik des Rauhen Hauses später in allen Arbeitsfeldern charakterisieren sollte und 1990 im Hochschulbereich sich mit der Neugründung der Ev. Fachhochschule Dresden wiederholte.

In der zweiten Hälfte der 70er Jahre gab es vielfältige Auseinandersetzungen um die Verfassung, Theologie, die Macht des Trägers, es gab verschiedene politische Gruppen und die Angst innerhalb der Trägergruppe vor "Kommunisten", vor allen, die links von der SPD standen - und das waren nicht wenige. Die Studenten waren scharf, auch verletzend, machten wenige oder keine Kompromisse.

Warum auch, es ist das Recht der Studenten, nicht sofort das "große Ganze im Auge zu haben", zu taktieren, Kompromisse einzugehen. An denen, die dies tun, das zeigt die Geschichte der FH, mangelt es doch nicht. Es fehlt heute eher an dem, was man den Studenten damals vorwarf, auch wenn längst nicht alles "richtig" gesehen und auch "falsches" gefordert wurde. Eine lebendige Studentenschaft belebte und belebt alle anderen Gruppen, gerade dann, wenn sie unbequem, fordernd oder frech auftritt.

Brüderschaft und Studenten (schon in den frühen 60er Jahren keine "Einheit") gerieten in Konflikt (ungefähr seit 1968) und die 70er Jahre waren Auseinandersetzungsjahre über Theologie und Diakonenausbildung mit Kirche und Brüderschaft. Es traten weniger Studenten der Brüderschaft bei als erwartet. Dies begann sich erst am Ende der 70er Jahre zu ändern.

Die "alte Anstalt" zerbrach im Rauhen Haus mit der Entscheidung zur FH schnell und umfassend.

Epilog (1997)

Wolfgang BRAUNS Referat löste in der Brüder- und Schwesternschaft des Rauhen Hauses eine heftige Debatte aus. In "Der Bote", der Vierteljahresschrift der Diakonenschaft des Rauhen Hauses, lieferten sich Kritiker und Unterstützer eine heftige Debatte (vgl. Der Bote, Hefte 1-4, 1997). Das wichtige Zwischenergebnis ist bisher: Wolfgang BRAUN wird gebeten, seine Untersuchungen fortzusetzen - mit finanzieller Unterstützung der Brüder- und Schwesternschaft.

3. Methodenkritik und die Suche nach neuen Ansätzen

GEGENBEWEIS

Eine
Methode
die
in
dieser
Gesellschaft
Erfolge
aufweisen
kann
zwingt
uns
an
ihr
zu
zweifeln

aber
eine
Methode
mit
der
man
Schiffbruch
erleidet
muß
deshalb
noch
nicht
die
richtige
sein

Erich FRIED (zitiert in NEUFFER 1990, S. 13)

Aus den verzweigten Facetten des Verhältnisses von Bruch und Kontinuität bieten sich viele an, vertieft zu werden. So läge es z.B. nahe, das Thema Heimerziehung weiter zu verfolgen. Jedoch hat sich hier in den 70er Jahren nichts entscheidendes getan. Zwar wurden die gravierendsten Auswüchse institutioneller Unterdrückung abgeschafft oder zumindest gemildert - insbesondere wurden die Formen der geschlossenen Unterbringung nicht mehr so rabiat durchgeführt wie in Glückstadt. Ansonsten aber hinterließ die Heimrevolte hauptsächlich Spuren in Form von Kommissionen, die sich in allen Bundesländern und auch länderübergreifend bildeten. Die wichtigste war die KOMMISSION HEIMERZIEHUNG der Obersten Landesjugendbehörden und der Bundesarbeitsgemeinschaft der Freien Wohlfahrtspflege, die in ihrem "Zwischenbericht" (ein Endbericht ist meines Wissens nie erstellt worden) vom Dezember 1977 wichtige Impulse gab, die jedoch erst in den 80er Jahren realisiert wurden. Die Heimreform am Beispiel Hamburgs wird deshalb erst im abschließenden SIEBTEN BLICK eine zentrale Rolle spielen.

Wenn es Bewegung im Feld der Heimerziehung gab, so unterschied diese sich nicht von Entwicklungen in fast allen anderen Feldern Sozialer Arbeit. Was sich dort als Psychologisierung (z.B. der Verwahrlosung, vgl. STEINVORTH

1973) und Heilpädagogisierung äußerte, nahm hier die Gestalt methodisch begründeter Diagnose- und Behandlungskonzepte an ("Sozialtherapie"). Von daher rechtfertigt es sich, die "Methodendiskussion" ins Zentrum dieses BLICKES zu stellen.

Entgegen den Erwartungen und Hoffnungen der Protagonisten des klinischen Professionsmodells kam es Anfang der 70er Jahre nicht zu einer anerkannten Kanonisierung der Methoden, sondern im Gegenteil, zu einer scharfen, grundsätzlichen Kritik. Noch 1966 hatten FRIEDLÄNDER und PFAFFENBERGER ein Lehrbuch veröffentlicht, das zum ersten Mal umfassend, detailliert und auf dem Stand der damaligen Diskussion die drei Methoden - Einzel-, Gruppen- und Gemeinwesenarbeit - systematisch und im Zusammenhang darstellte. Obwohl in allen Höheren Fachschulen (dann Fachhochschulen) und Universitäten in der Regel mehrfach in der Bibliothek vorhanden, wurde diese Arbeit relativ wenig rezipiert. Sie diente uns - also den Vertretern der Studenten- und Sozialarbeiterbewegung - als Vorlage für den "Verriß" der Methodentrilogie. Dabei war für uns - zunächst jedenfalls - von untergeordneter Bedeutung, daß die Kritisierten zum Teil vertriebene WissenschaftlerInnen waren und von denen wiederum viele Sozialistinnen und Sozialisten.

Für die Vertreter der "herrschenden Meinung" war unsere Kritik ein böses Ärgernis, und noch heute können die Vertreter beider Positionen an manchen Hochschulen nicht miteinander sprechen.

Da C.W. MÜLLER auch diese Auseinandersetzung in gewohnt souveräner Weise sehr viel besser dargestellt hat, als ich es je könnte, verweise ich auf das vierte Kapitel "Studentenbewegung und Methodenkritik" in seinem zweiten Band (1988). Auch hier will ich wieder einige seiner Ergebnisse aufnehmen und mit eigenen Beispielen vertiefen.

Bezugspunkt der Kritik an den drei Methoden ist die erste systematisch formulierte Kritik in der Sozialpädagogischen Korrespondenz zwischen 1971 und 1973, wie sie im Reprint von 1978 wiedergeben sind (SPK/R). Wie in der Methodenliteratur üblich, stelle ich der Kritik ein Fallbeispiel voran, das zugleich die Geschichte der Magda Kromme wiederaufnimmt (1). Die Kritik an der sozialen Einzelhilfe (SEH) entwickle ich an diesem Beispiel und konkretisiere sie am Beispiel der traditionellen methodischen Schritte (2). Die Kritik an der sozialen Gruppenarbeit (SGA) verdeutliche ich ebenfalls am Fallbeispiel, aber auch an der sich nun entfaltenden praktischen Kritik der Jugendzentrumsbewegung (3). Die Auseinandersetzung um die Frage, ob Gemeinwesenarbeit als dritte Methode oder als Arbeitsprinzip zu verstehen ist, steht im Hintergrund einer bis heute andauernden Kontroverse, die mit der Formulierung eines Verständnisses von Gemeinwesenarbeit als Arbeitsprinzip auf ein neues Niveau gehoben wurde (4).

(1) Die "verdoppelte" Magda Kromme

"Klientin" (61 Jahre, herzkrank, arbeitet als Toilettenfrau, da ihr Mann nach einem Arbeitsunfall im Hafen nicht mehr arbeiten kann und die Unfallrente zu niedrig ist):

Ja, unsere Fürsorgerin ist ganz nett - wirklich nett, aber die muß ja auch tun, was die da oben wollen.

Was ist Ihrer Meinung nach Auftrag und Aufgabe der Sozialarbeit?

(Frage an 900 SozialarbeiterInnen in der Untersuchung von HELFER, 1971)

1	-	Hilfe zur Selbsthilfe	27 %
2	-	unspezifische Hilfe (stützen, trösten, bewahren, Dienst am Menschen)	23 %
3	-	zwischenmenschliche Beziehungen fördern, entstören	5 %
4	-	Anpassung/Integration	14 %
5	-	Betonung des pädagogischen Auftrags der Sozialarbeit	3 %
6	-	Hinweis auf Verfahrensweisen im Sinne der Methodenlehre	8 %
7	-	dem Einzelnen soziale Sicherheit gewährleisten	6 %
8	-	Hinweis auf die Vermittlerrolle des Sozialarbeiters	4 %
9	-	Hinweis auf sozialpolitische und gesellschaftliche Funktionen der Sozialarbeit	8 %
10	-	keine/andere Antworten	2 %

KUNSTREICH 1975, S. 9

Die "Klientin", die ich hier zu Beginn meiner Dissertation zitiere, ist jene Magda Kromme, die fast 14 Jahre zwangspsychiatrisiert war und von 1955 bis 1971 in der Obdachlosenunterkunft Eggerstedtstraße in Hamburg-Altona lebte. Wie wir gesehen haben, ist die "volkstümliche" Beurteilung "ihrer" Fürsorgerin erfahrungsgesättigt (s.o.S. 33 f.). Ihre Position kontrastiert auffällig mit der Selbsteinschätzung von 92 % der befragten SozialarbeiterInnen, wenn man (gutwillig) bei den 8 % Hinweisen "auf sozialpolitische und gesellschaftliche Funktionen der Sozialarbeit" auch Hinweise auf den Herrschaftscharakter Sozialer Arbeit vermutet. Dabei hatte Magda Kromme allen Grund zu einer weniger verständnisvollen Beurteilung, da "ihre" Fürsorgerin gerade ihren Enkel in das Säuglingsheim am Südring hatte einweisen lassen. Diesen Konflikt werde ich aus der Fürsorge-Akte und aus der Perspektive der zuständigen Sozialarbeiterin rekonstruieren. Zuvor jedoch soll Magda Kromme selbst noch einmal zu Wort kommen, um die Entwicklung bis 1973 aus ihrer Sicht darzustellen. Die Fallschilderung erfolgt also aus zwei Perspektiven; sie "verdoppelt" Magda Kromme in gewisser Weise.

Damit aber nicht nur die Einzelfall-Perspektive diesen "Fall" strukturiert, soll Lisel WERNINGER die Darstellung um die Gruppenarbeitsperspektive erweitern und Josef BURA seine Erfahrungen mit einem studentisch geprägten

Gemeinwesenarbeits-Projekt hinzufügen. Lisel WERNINGER war zu diesem Zeitpunkt Leiterin des für ganz Hamburg zuständigen Referats "sozialtherapeutische Gruppenarbeit" und moderierte in jener Zeit einen Frauengesprächskreis in der Eggerstedtstraße. Josef BURA war damals Student und Lehrbeauftragter am Sozialpädagogischen Zusatzstudium (SPZ) der Universität Hamburg und hatte sich mit Lisel WERNINGERS Unterstützung in die Eggerstedtstraße "einweisen" lassen, da er an einer Dissertation über Obdachlosigkeit arbeitete. Darüber hinaus wollte er zusammen mit anderen Studenten das vom Jugendhilfe e.V. (s.o.S. 44) mit einer Sozialarbeiterstelle gestartete Gemeinwesenarbeits-Projekt im Obdachlosenbereich auf eine breitere Basis stellen.

Josef Bura geb. **1945**

Nach meinem ersten Studienabschluß in katholischer Theologie absolvierte ich das Sozialpädagogische Zusatzstudium an der Universität Hamburg; nach der Promotion in Soziologie an der Universität Bremen war ich Lehrbeauftragter und Dozent an der Universität Hamburg, an der Fachhochschule Nordost-Niedersachsen und an der Evangelischen Fachhochschule des Rauhen Hauses. Seit 1984 bin ich Wissenschaftlicher Mitarbeiter bei STATTBAU HAMBURG, einem alternativen Sanierungsträger.

Magda KROMME: *"Du weißt ja, man kann sich mit fast allem irgendwie arrangieren: 'Mal geht's schlechter - z.B. wenn Heinz wieder das bißchen, was wir hatten, versoffen hatte -, 'mal ging's ganz gut, z.B. als Henry seine Lehre ziemlich gut abgeschlossen hatte und zu seiner Freundin zog. Als Lore ihr erstes Kind bekam, wurde auch unsere Wohnsituation etwas besser. Wir bekamen einen ganzen Raum für uns allein. Und als sie das zweite Mal schwanger wurde, haben wir sogar die Wohnung hier in St. Pauli bekommen. Mit ein bißchen Druck ging das auf einmal. Aber das war es bestimmt nicht allein. Ich war damals nämlich auch Bewohner-Sprecherin, und wir haben der Behörde ganz schön eingeheizt. Da waren die auch eine Unbequeme los."*

Josef BURA: *"Als ich Mitte 1970 in die Eggerstedtstraße zog, war das erste, was wir machten, einen Bewohner-Rat zu organisieren. Das war gar nicht einfach - vor allem wegen der Fluktuation. Hatten wir 'mal eine aktive Gruppe, die der Behörde etwas entgegensetzte, bekamen die Sprecherinnen - oft waren es Frauen - komischerweise immer eine Wohnung nachgewiesen."*

Magda KROMME: *"Zwei Sachen waren damals ganz wichtig für mich. Die eine war der Gesprächskreis mit Lisel WERNINGER. Wie Elisabeth SÜLAU war das eine Sozialarbeiterin, die war anders als die meisten. Die machte uns keine Vorwürfe, was wir alles falsch gemacht haben. Die ging wirklich auf unsere Probleme ein. Aber mit der haben wir nicht nur geredet, sondern auch Aktionen geplant, Ausflüge gemacht und gefeiert, wann immer es einen Anlaß dazu gab.*

Die andere Sache war die Unterstützung von Josef. Das war einer von der Uni, der freiwillig zu uns in die Eggerstedtstraße gezogen ist. Den hatten wir alle gern. Ich weiß noch, wie wir dem sein Zimmer eingerichtet haben - mit Möbeln aus dem zentralen Möbellager. Auch an ein paar Feiern im Stehen in der Wohnküche - zwischen Gasbrennern und Waschbecken für 15 Familien - erinnere ich mich gut. ... Ach, die Studenten waren ja so politisch. Das erinnerte mich an meine Zeit beim KJVD und bei den Kinderfreunden (vgl. Bd. I, S. 138; 175 T.K.). Aber wir wollten doch keine Revolution, wir wollten nur 'raus aus dieser verdammten Obdachlosen-Kaserne.

Lisel WERNINGER: "Es war in der Zeit, als ich im Jugendhilfe e.V. das Vorhaben unterstützte, in den Obdachlosenlagern mit Gemeinwesenarbeit zu beginnen, daß ich in der Eggerstedtstraße einen Frauengesprächskreis anbot, also 1969. Noch über die Auflösung dieses Lagers 1973/74 hinaus trafen wir uns regelmäßig. Dann zerfiel der Gesprächskreis, weil doch nicht alle Frauen nach St. Pauli-Süd zogen, sondern auch in andere Stadtteile.

Das Besondere dieses Kreises war, daß ausschließlich die Interessen der Frauen im Mittelpunkt standen. Sie bestimmten Themen und Inhalte. Sie wollten etwas für sich als Person haben und nicht nur immer in ihrer Mutterrolle angesprochen werden. Sie waren Frauen, die es sehr schwer hatten, aber auch unheimlich viel konnten. Natürlich hatten die Frauen auch Probleme. Über die sprachen wir auch, aber eben 'auch'. Die standen nicht im Mittelpunkt. Wir machten z.B. viele Ausflüge - in die nähere Umgebung, aber auch z.B. 'mal abends ins 'Bayrisch Zell', wo man sich gegenseitig über Tischtelefone zum Tanz auffordern konnte. Da gab es auch schon 'mal Ärger mit den Männern zu Hause. Aber die Frauen setzten sich meistens durch. Es war ja sowieso so ein heimliches Matriarchat in der Eggerstedtstraße. Meistens hatten die Frauen das Sagen.

Es gab eine Kerngruppe von 8-10 Frauen, die regelmäßig an dem Gesprächskreis teilnahmen. Bei bestimmten Anlässen kamen auch mehr. Aber meistens war es diese Kerngruppe, die bestimmte, welche Themen dran waren und was unternommen werden sollte.

Was mich damals sehr beeindruckte, war die Solidarität untereinander. Es war eine Frau mit Alkoholproblemen dabei. Die rastete aus, wenn sie 'was getrunken hatte. Aber die anderen Frauen schlossen sie nicht aus, auch wenn es manchmal ganz schön hart war.

Bei jedem Treffen gab es Kaffee und etwas zum Knabbern. Das organisierten die Frauen selbst. Für Ausflüge und Besuche mußten sie auch selbst etwas beitragen, auch wenn ich über den Jugendhilfe e.V. etwas Geld zugeschossen bekam.

Es gab in der Eggerstedtstraße aber noch weitere Ansätze zu Sozialer Gruppenarbeit. Ein Ansatz ging ziemlich schief. Studenten hatten Schularbeits-

hilfen angeboten, die sie nach Art eines antiautoritären Kinderladens durchführen wollten. Das gab ein großes Chaos. Die Mütter hatten von Schularbeitshilfe eine völlig andere Vorstellung. Die wollten, daß die Kinder wirklich etwas für die Schule lernten und nicht 'rumtobten. So wurde dieser Versuch ziemlich bald wieder eingestellt. Ein Angebot, mit Jugendlichen Judo zu machen, war hingegen sehr erfolgreich. Es waren Sportstudenten und junge Sozialarbeiter, die das anboten und die das wirklich toll machten. Judo war bei den Jugendlichen sehr gefragt, obgleich oder vielleicht auch weil diese Sportart viel Selbstdisziplin und Achtung vor dem anderen erfordert und körperliche Auseinandersetzung verlangte, aber in einer anderen Form als die, die sie als 'affektive Gewalt' meistens erlebten und selbst praktizierten. Die Judo-Anzüge haben wir über Spenden und mit Hilfe des Vereins organisiert."

Josef BURA: "In der Zeit bis zur Auflösung der Eggerstedtstraße, also von '70 bis '73, waren wir so 18 bis 20 Leute. Ungefähr die Hälfte waren Studenten der staatlichen Fachhochschule und des Rauhen Hauses - Wolfgang BRAUN war damals Praktikant in der Berzeliusstraße - die anderen kamen vom SPZ. Als Lehrbeauftragter konnte ich da immer gut für 'Nachschub' sorgen. Das waren Juristen, Mediziner, Lehrer, Psychologen und ähnliches. Ein bunter Haufen also. Natürlich wollten wir damals was für die Revolution tun - ganz praktisch. Deshalb war die Selbstorganisation der Bewohner für uns am wichtigsten. Wir machten unser GWA-Projekt nicht nur in der Eggerstedtstraße, sondern aktivierten Bewohner in allen Obdachlosensiedlungen in Hamburg. Eine Zeit lang gaben wir auch eine eigene Zeitung heraus. Da machten zwar einige Bewohner mit, aber es war doch mehr unsere Zeitung.

Das Konzept der Sozialbehörde war damals das Drei-Stufen-Konzept. Das sollte so wie der Stufenvollzug im Knast funktionieren. Die erste Stufe, das waren die Obdachlosenlager in ehemaligen Kasernen und Baracken. Wer sich dort bewährte, sollte in die zweite aufsteigen, um seine "Wohnfähigkeit" zu beweisen. Von da aus sollte dann die dritte Stufe, eine normale Mietwohnung erreicht werden. Um die Wohnfähigkeit zu testen, wurde damals die zweite Stufe in Form von 'Schlichtwohnungen' enorm ausgebaut. Bis auf den 'Bodensatz' - so wurden im Behörden-Jargon die Menschen genannt, denen man keine Chancen mehr einräumte - sollten alle in Wohnungen ziehen, die weit unter dem Standard einer normalen Sozialbauwohnung lagen. Diese Schlichtwohnungen wurden in Industriegebieten und am Rande von Neubaugebieten errichtet. Die ersten Übergangswohnungen in Hamburg wurden in den frühen 60er Jahren in der Berzeliusstraße gebaut. Sie sind bis heute ein Symbol für die miserabelste Unterbringung obdachloser Familien in Hamburg. Auf diese Weise wollte man die Eggerstedtstraße und vergleichbare 'Schandflecke' auflösen.

Die Bewohner aber wollten sofort in richtige Wohnungen - und wir unterstützten sie darin. Als der Bewohnerrat mitteilte, man werde nicht in die

Schlichtwohnungen ziehen, drohte die Behörde zunächst. Als das nichts half, versuchte man es mit Überredung. Die Behörde sagte: 'Seht Euch die Schlichtwohnungen doch wenigstens mal an. Wir organisieren auch Busse dafür.' Was auch geschah. Der Bewohnerrat hatte inzwischen aber beschlossen, das ganze zu einem Kinderausflug umzufunktionieren. Nur zwei Erwachsene sollten die Kinder begleiten. So wurde es auch gemacht. Ich sehe noch heute die entsetzten Gesichter der leitenden Sozialbeamten, wie statt der Erwachsenen die Kinder die Busse stürmten. Für die war der Nachmittag ein richtiges Erlebnis. In der Folgezeit konnten wir unser Konzept weitgehend durchsetzen: Die meisten Familien bekamen richtige Wohnungen, die meisten auch dort, wo sie wohnen wollten. So zog ich 1973 mit 30 - 40 Familien nach St. Pauli-Süd, wo wir den Verein 'Gemeinwesenarbeit St. Pauli-Süd' gründeten, den es heute noch als sozio-kulturelles Zentrum gibt."

Nachdem Magda KROMME mit ihrer Familie Ende 1971 aus der Eggerstedtstraße ausgezogen war, schien sich die Situation zu stabilisieren. Als Henry aber wieder in die kleine 2 1/2-Zimmer-Wohnung zu seiner Familie zurückkehrte, weil er mit seiner Freundin "Schluß" gemacht hatte und weil er sich auf das Fachabitur vorbereitete - worauf Magda sehr stolz war - verschlechterte sich die Situation. Zu allem Überfluß mußte Lore wegen mehrerer Ladendiebstähle und wiederholten Schwarzfahrens zwei Mal vor das Jugendgericht. So kam sie zu ihrer "eigenen" Akte, die ich dann während meiner Untersuchung im Jugendamt auswertete.

Dazu der folgende Auszug aus der Besprechung der Akte mit der zuständigen Sozialarbeiterin, die sich den "Vorgang" gerade hatte kommen lassen.

Der Anlaß zur Wiedervorlage der Akte "Kromme" war die Aufnahme des Einjährigen in öffentliche Erziehung. Da die zuständige Sozialarbeiterin das "Wohl des Kindes" gefährdet sah, hatte sie diese Maßnahme schon vollziehen lassen. Aus ihrer Interpretation wird ein strukturelles Dilemma deutlich: Egal, wie sie sich entschieden hätte, unter den gegebenen Bedingungen konnte es nur "falsch" sein.

Die Kollegin berichtete mir folgendes:
"Ja, das ist also eine siebenköpfige Familie, die in drei Generationen in einer 2 1/2-Zimmer-Wohnung zusammenlebt. **Das ist eigentlich schon das Problem der Familie.** *Es sind also die Großeltern mit ihren beiden erwachsenen Kindern und eben davon die Tochter, die mit ihrem Verlobten und ihren beiden unehelichen Kindern dort lebt, wobei der Verlobte der Vater zu dem zweiten Kind ist. Dies zweite Kind ist aus der Familie herausgenommen und in ein Heim gebracht worden, weil die Mutter die äußere Versorgung des Kindes einfach nicht geschafft hat, und ich einfach die Befürchtung hatte, daß das Kind so still vor sich hin vergammelt. Der*

ältere Junge ist im Tagesheim, so daß an sich über das Tagesheim eine ständige Kontrolle gegeben ist: daß die Mutter z.B. immer wieder ermahnt wird, für ausreichende Sauberkeit zu sorgen, daß die Wäsche immer wieder gewaschen wird usw. Sie wird von daher allerdings auch unterstützt, sie kriegt von dorther häufig gewaschene Wäsche."
(Nachfrage: Ist eine Waschmaschine zu Hause?)
"Nein, es sind überhaupt sehr schwierige sanitäre Verhältnisse dort, so daß man eben die Maßstäbe, die man sonst an Sauberkeit von Kinderkleidung legt, doch sehr herunterschrauben muß. Sie haben also nur ein Handwaschbecken mit kaltem Wasser und so'ne Maschine, wo die Wäsche halbwegs trocken geschleudert werden kann, mit der Hand, und dann muß das in der Küche bzw. am kleinen Gitter, was nach draußen geht, getrocknet werden."
Dies ist einer der wenigen Fälle, in denen sich die Beschreibung in der Akte durch die Sozialarbeiterin in zwei Punkten entscheidend ändert:
1. Kommt in früheren Berichten eher Abneigung und z.T. Gehässigkeit gegen die ledige Mutter zum Ausdruck: "Kleid klatscht eng am Körper; sah aus, als hätte sie darunter nichts an" ... "So wabbelte sie durch den (Gerichts-)Saal, mit schmutzigen Fingernägeln, ungepflegten Haaren und etwas streng riechend ...", so wird von der jetzt bearbeitenden Sozialarbeiterin Lores Aussehen nur in Verbindung mit objektiven Schwierigkeiten genannt (z.B. Arbeitsvermittlung).
2. Wird in früheren Berichten die Beziehung Vater-Tochter als unterstützend und positiv bewertet, so wird jetzt die Beziehung als starke gegenseitige Ablehnung beschrieben.
(Frage: Woher rührt dieser Unterschied?)
"Ich weiß es nicht, ich habe das nur so geschrieben, wie ich das erfahren habe. Ich habe versucht, mehrmals mit der ganzen Familie zu sprechen und habe dadurch häufiger die Familienmitglieder im Kontakt zueinander erlebt. Und da war es eben so, daß das Gespräch zwischen Vater und Tochter sich nach kurzer Zeit immer nur schreiend vollzog. Es besteht keine andere Kommunikationsmöglichkeit zwischen den beiden, als daß es immer zu Beschimpfungen ausartete."
(Nachfrage: Welche Rolle spielt der Verlobte in dieser Konstellation?)
"Der Verlobte spielt eine etwas untergeordnete Rolle, er scheint sich teilweise ganz wohl zu fühlen in der Familie. Er sagte mir, daß er bis zum zehnten Lebensjahr in Heimen aufgewachsen wäre und auch zu seiner Mutter keine gute Beziehung hat. Es ist auffällig, daß er zu diesem Familienverband hält, obwohl ja sehr viele Schwierigkeiten aufgetreten sind. Er muß sich jetzt also noch den Angaben des Vaters fügen, weil er seiner Tochter noch nicht den 'Namen gegeben' hat und so lange er das noch nicht getan hat, hat er da eben nichts zu sagen. Er hält aber sehr stark zu seiner Verlobten und kann sich doch schon mal gegen seinen zukünftigen Schwiegervater durchsetzen, wenn er den Eindruck hat, daß der ungerecht zu seiner Verlobten ist. Und der Bruder lebt ja auch noch mit in der Familie, er ist der einzige, der ein einzelnes Zimmer hat, die Großeltern haben das Wohnzimmer zum Schlafen, die Familie hat das kleine Zimmer und das andere Zimmer hat eben der Sohn."

(Nachfrage: Sie hatten als Bedingung angegeben, daß das zweite Kind aus dem Heim entlassen wird, wenn die Verlobten eine eigene Wohnung haben. Wie weit ist das realisierbar?)
"Der Verlobte verdient an sich nicht schlecht, er arbeitet auf dem Fischmarkt. Aber es kommt noch hinzu, welcher Vermieter nimmt solche Mieter, die so schmuddelig aussehen. Sie haben angeblich eine Kellerwohnung in Aussicht, und sonst werde ich noch einmal mit dem Wohnungsamt sprechen; ich habe das schon einmal gemacht, aber da sind sie nicht hingegangen zum Wohnungsamt. Und da müßte ich eben überlegen, daß ich eventuell mit dem Verlobten zusammen da hingehe, wenn sie es alleine nicht bringen. Aber die Aussichten sind natürlich gering. Etwas besseres als eine primitive Altbauwohnung ohne sanitäre Anlagen werden sie sicherlich nicht kriegen, denn da spielen doch wohl die Wertmaßstäbe von Sachbearbeitern im Wohnungsamt eine erhebliche Rolle. Die denken dann auch eben, was brauchen die: das ist doch so und so Lagervolk."
(Frage nach der Prognose)
"Positiv ist, glaube ich, daß die Verlobten doch schon eine Beziehung haben, die schon einigen Widerständen und Belastungen standgehalten hat. Die große Frage ist aber, wenn die Mutter nun einen eigenen Haushalt hat, ob sie es schafft, ohne daß ihre Familie ihr sagt, das mußt du machen, das mußt du machen, ob sie es eben aus eigenem Antrieb schafft und diese Frage kann man jetzt noch nicht beantworten."
(Nachfrage: Wie hoch schätzen Sie Ihren eigenen Anteil an der positiven Prognose ein?)
"Ja, einen eigenen Anteil habe ich sicherlich, ich habe auch schon Vorstellungen, wie ich da vorgehen werde, und was ich verwirklichen will, ich weiß nur nicht, was ich schaffe. Ich habe z.B. nicht vorgehabt, das Kind da rauszunehmen. Meine bisherigen Bemühungen haben mir bisher noch nichts gebracht, außer eben, daß ich Gespräche führe, was sogar von der Familie gewünscht wird. Die (Groß-T.K.)Mutter hat mich sogar gebeten, da etwas Kontrolle auszuüben. Ich habe mich bemüht durch Bestärkung von positiven Sachen, z.B. daß ich ihr Sachen mitgebracht habe für das Baby, der ledigen Mutter also Unterstützung zu geben, aber es hat nichts gewirkt, es war wohl zu wenig, das hat sich in den letzten drei Wochen so verstärkt, daß ich gezwungen war, das Kind da rauszunehmen. Wenn das so bleibt und die Verlobten keine Wohnung bekommen, dann denke ich, daß es doch eine negative Prognose werden wird, weil dann irgendwann die Beziehung zwischen den beiden zu Brüchen gehen wird. Man kann es einfach nicht aushalten, immer unter solchen Verhältnissen zu leben, und die junge Mutter hat auch irgendwie eine negative Einstellung, ich habe von ihr schon paarmal gehört: 'Wieso, ich kann doch nichts dafür, daß ich auf der Welt bin, ich wollte das doch nicht!' Auf der anderen Seite ist sehr positiv zu bewerten der große Familienzusammenhalt. Da war also die (Groß-T.K.)Mutter das letzte Mal bei mir in der Sprechstunde, hat gesagt, daß sie an dem Tag, an dem ich also das Kind herausnehmen ließ, sich das Fernsehspiel 'Die Katze auf dem heißen Blechdach' angesehen hätten, was ungefähr bis zehn Uhr ging und anschließend bis zwölf Uhr darüber diskutiert haben, im Familienkreis, und bei dieser Diskussion haben sie sich dann für das entschuldigt, was sie in der Diskussion mit mir, in meinem Beisein, sich um die

Ohren geschlagen haben ... Irgendwie finde ich die Leute sympathisch in ihrer ganzen Unordentlichkeit; irgendwie finde ich die gut, die Leute."

Auszüge aus meiner damaligen Interpretation:
"In dieser Situation sind alle Merkmale (einer) 'totalen' Situation gegeben: durch Fremdplazierung eines Familienmitglieds wird über die Identität aller betroffenen Familienmitglieder verfügt. Die Betroffenen definieren die Situation auch subjektiv als Bedrohung (auch wenn sie später die Notwendigkeit dieser Maßnahme 'einsehen' sollten).

Das Dilemma der 'totalen' Situation für den Sozialarbeiter ist offenkundig: Er sieht sich gezwungen, repressive Maßnahmen zu ergreifen, selbst wenn er - wie in diesem Fall - die Unangemessenheit der Maßnahme im Verhältnis zu ihren Ursachen erkennt. Selbst wenn er das nicht täte, bliebe der Zwang:
Die Interpretation der sozialen Lage der Betroffenen ist derart, daß der Sozialarbeiter 'irgendetwas tun muß', sei es, daß er die zukünftige Lage der Betroffenen antizipiert, wie es sein würde, wenn er nichts täte, sei es, daß er die Sanktionen der Apparatur fürchtet, falls er nichts tut (oder beides zusammen).

Da ihm nur repressive Maßnahmen zur Verfügung stehen, die er **sofort** einsetzen kann (Fremdplazierung), muß er diese aus Mangel an Alternativen ergreifen (weder eine Wohnung noch einen Arbeitsplatz zu beschaffen, sind ihm mit 'seinen' Maßnahmen möglich).

... Zusammenfassend läßt sich feststellen, daß die tendenziell 'totale' Situation die 'Normalsituation' in der Beziehung Sozialarbeiter - Betroffener ist, d.h. die am häufigsten vorkommende. Einen **Anhalt** für die Häufigkeit derartiger Entwicklungen geben die untersuchten Abfolgen von Maßnahmen, in denen festgestellt wurde, daß der Übergang von restitutiven Maßnahmen (z.B. ein Platz im Kindertagesheim) zu repressiven Maßnahmen (Heimerziehung) in beinahe der Hälfte der Fälle (42) zu verfolgen ist" (KUNSTREICH 1975, S. 115-118).

(2) Soziale Einzelhilfe (SEH)

In der SPK begann 1971 eine kritische Auseinandersetzung mit dem herrschenden Methodenverständnis - zunächst mit der sozialen Einzelhilfe/Einzelfallhilfe.

"Nach einer häufig zitierten Definition von S. Bowers ist Einzelfallhilfe (Social Casework) 'eine Kunst, bei der Erkenntnisse der Wissenschaft von den menschlichen Beziehungen und die Fertigkeiten in der Pflege dieser Beziehungen dazu benutzt werden, Kräfte im Einzelmenschen und Hilfsquellen in der Gemeinschaft zu mobilisieren, die geeignet sind, eine bessere Einordnung des Klienten in seine ganze Umwelt oder in Teile seiner Umwelt herbeizuführen'.

Der Hinweis auf die Kunst deutet schon an, daß es sich hier um etwas nicht näher zu Beschreibendes handeln soll. An anderer Stelle ist in der Casework-Literatur häufig die Rede vom 'schöpferischen Akt' des Helfens. Mit dieser Redensart entzieht man sich der notwendigen Erklärung des Zusammenwirkens dieser 'Kunst' mit der Wissenschaft.

...

Zweck der Einzelfallhilfe ist der Aufbau einer 'helfenden Beziehung' zwischen Klient und Sozialarbeiter. Der Klient soll dadurch in die Lage versetzt werden, sich nach einer Periode der Unterstützung selbst zu helfen. Fast übereinstimmend werden in der einschlägigen Literatur drei Phasen des Hilfsprozesses genannt:

a) Fallstudie (Anamnese)
b) Diagnose
c) Behandlung

Im ersten Schritt, der Fallstudie, sollen vor allem Informationen gesammelt sowie eine Vertrauensbasis hergestellt werden. Als technische Anweisungen werden dazu gegeben:
- Beobachtung der nicht-verbalen Äußerungen
- nicht-direktive Gesprächsführung.

Marie Kamphuis gibt dazu noch einige in der Praxis offenbar bewährte 'Faustregeln'. ... Kamphuis vertritt die sogenannte 'problemzentrierte' Variante der Einzelfallhilfe. Die 'personenzentrierten' Methodiker, vertreten durch Ruth Bang, gehen etwas anders vor. Sie beschaffen sich ihre Informationen u.a. durch Fragen nach der gegenwärtigen emotionalen Befriedigung des Klienten; nach dem Verhältnis zwischen Leistungsanforderungen und Angeboten der Befriedigung. Außer diesen geringen Unterschieden in der Strategie der Informationsbeschaffung ist eigentlich nicht klar, worin der Unterschied dieser 'Ansätze' besteht. Wir werden ihn daher im folgenden nicht mehr berücksichtigen.

In der Fallgeschichte beschreibt der Sozialarbeiter die 'objektiven Phänomene' des Belastungszustandes (Rollenabweichung und Rollenanpassung des Klienten, d.h. sein Verhalten vor und nach der Belastungssituation). Als 'normal' gilt rationale Problemlösung, als 'pathologisch' die Abweichung vom legitimen Rollenrepertoire. ...

In der Diagnose faßt der Sozialarbeiter die ihm vorliegenden Informationen zusammen. Bang beschreibt die Diagnose folgendermaßen: 'Das Verstehen eines Falles, eines Problems oder einer Schwierigkeit aufgrund psychologischen Wissens, das gekoppelt ist mit der Fähigkeit des gefühlsmäßigen Nachlebens. Das Verstehen ist also gebunden an Kenntnisse und damit herausgenommen aus dem rein gefühlsmäßigen und instinktiven Bereich in den wissenschaftlichen, wobei der emotionale Anteil unabdingbare Voraussetzung für den Erfolg der Einzelfallhilfe bleibt.'
Die Diagnose, die, wie Bang schon andeutet, mit psychologischen Kategorien arbeitet, bereitet die eigentliche Behandlung vor. ...

Nach M. Kamphuis hat diese zwei Aspekte:
- Die Verringerung des von der Außenwelt kommenden Drucks,
- die Hilfe für die Psyche des Klienten.

Es wird eine Art Gesprächstherapie betrieben, in der durch die folgenden Techniken unterstützend und modifizierend auf den Klienten eingewirkt werden soll: ermutigen, beraten und leiten, Auskünfte erteilen, Gelegenheit schaffen zu emotionalem Abreagieren, besprechen der Probleme auf einem rationalen Niveau, dem Verhalten des Klienten Schranken setzen.
Diese Darstellung geht über eine nutzlose Schematisierung alltäglicher Allgemeinheiten menschlichen Umgangs nicht hinaus. Auch der immer wieder zitierte Kernsatz der 'Methode' vom Aufbau der 'helfenden Beziehung' hilft hier nicht weiter: 'Die helfende

Beziehung ist die lebendige Wechselwirkung von Haltungen und Gefühlen zwischen Sozialarbeiter und Klient, wodurch der Klient befähigt wird, eine bessere Anpassung an seine Umwelt zustandezubringen.' ...

Da die 'helfende Beziehung' in der Methode des Casework eine zentrale Bedeutung hat, ist es unverständlich, daß statt einer objektiven Begründung des Vorgehens an dieser Stelle mit subjektiven Begriffen wie 'Haltungen' und 'Gefühlen' operiert wird, die sich einer eindeutigen Bestimmung entziehen. Das 'wie', das auch hier nicht erläutert wird, verschwindet im Nebel der 'lebendigen Wechselwirkung'. Die immer wieder geforderte 'Anpassung' wird nie problematisiert. Man geht offenbar davon aus, daß bestehende gesellschaftliche Verhältnisse vorbehaltlos als richtig zu akzeptieren seien. ...
    Eine mit wissenschaftlichen Kriterien arbeitende Sozialarbeit müßte z.B. erkennen, daß 100 Fälle von Mietschulden oder Abzahlungsverpflichtungen nicht 100 'Einzelfälle' sind, sondern ihre Ursachen in den Profitinteressen von Wohnungsbaugesellschaften und Konsumgüterindustrie haben. Es würde sich zeigen, daß der 'Einzelfall' Produkt sozialer Faktoren ist, daß z.b. das autoritäre Verhalten eines Klienten, der Frau und Kinder prügelt, etwa auf dessen Aggressivität zurückzuführen ist, und daß diese Aggressivität Folge der Frustration ist, die der Klient aufgrund seines unterprivilegierten Status erlitt. In diesem Zusammenhang würde dann gesehen werden müssen, daß die auf das Individuum zielenden Maßnahmen falsch sind, da sie die Ursachen der Aggressivität nicht beseitigen können.
    Wie sehr die Casework-Literatur die Frage nach den Ursachen der Hilfsbedürftigkeit erschwert oder sie sogar mit dem Hinweis auf die 'Schicksalhaftigkeit' der Not unmöglich macht, dafür bieten die im Anhang der meisten Bücher veröffentlichten sogenannten 'Fallstudien' ein abschreckendes Beispiel. Die Fallstudien bieten ausführliche Beschreibungen von vergangenen 'Problemfällen' nach immer gleichem Muster: Der Klient hat das und das Problem, der Sozialarbeiter sagt dies und jenes dazu, die Situation ändert sich dadurch so und so ...
    Indem man das abweichende oder 'pathologische' Verhalten als einen strikt 'persönlichen Vorfall' definiert und dessen Ursachen in das Individuum hineinverlegt, verfällt man einem normativen Humanismus, der darauf ausgeht, den 'unangepaßten' einzelnen an die 'gesunde' Gesellschaft anzupassen. Die soziale Einzelfallhilfe, weit davon entfernt, den Klienten über die wahren Ursachen seiner Hilfsbedürftigkeit aufklären zu können, diskriminiert statt dessen die Opfer einer pathologischen Gesellschaft und betreibt weiterhin deren Anpassung an die sie krankmachenden Verhältnisse" (SPK/R, S. 123-127).

Vergleicht man diese Darstellung und Kritik der SEH mit der Darstellung der Fallbearbeitung durch die zuständige Sozialarbeiterin im Fall "Kromme", so wird zweierlei deutlich:
a) Das theoretische Handlungskonzept der SEH mit seinen aus der Medizin entlehnten Schritten Anamnese-Diagnose-Behandlung spielt im Arbeitsalltag so gut wie keine Rolle, wenn man der Falldarstellung Exemplarität zubilligt.[1]

---

1)   Zur Aussagefähigkeit des Exemplarischen: vgl. KUNSTREICH 1975, S. 183 ff.

b) Die zuständige Sozialarbeiterin orientiert sich offensichtlich nicht am hegemonialen Deutungsmuster einer klinischen Professionalität, wie es sich seit den 50er Jahren entwickelt hat (s.o.S. 66 ff.). Vielmehr bestätigt sie ansatzweise aus der Handlungsperspektive Deutungen, wie sie die Kritiker der SEH aus der Beobachterperspektive formuliert haben.

Zu a)
Ergänzt man - wie es damals üblich wurde - die drei Handlungsschritte um den vierten: Auswertung (heute: Evaluation), so läßt sich der Zusammenhang von Anamnese, Diagnose, Behandlung und Evaluation (verkürzt: A-D-B-E) als ein Modell verstehen, das die Professionellen anleitet, wie sie die Wirklichkeit ihrer "Klienten" erklären können (Modell **von** Wirklichkeit) und welche Handlungskonsequenzen sich aus diesen Erkenntnissen ergeben (Modell **für** Wirklichkeit - vgl. KLATETZKI 1995^2, S. 44).

Das Modell A-D-B-E wirkt also als normative Deutungsfolie und zeitigt zwei unterschiedliche Konsequenzen für den Fall, daß Modell und Wirklichkeit nicht übereinstimmen: Entweder "scheitert" die Wirklichkeit, oder es "scheitert" das Modell.

Zum ersten Fall: Das Modell A-D-B-E macht die Zumutungen bürokratischer Praxis deutlich, die verhindern, daß das Modell realisiert werden kann. Allein die hohe Fallbelastung macht aus dieser Sicht das Modell unmöglich, denn hilfreiche Beratungsprozesse haben einen ganz anderen Zeithorizont als kurzfristige Entscheidungszwänge. Hierarchie und Weisungsgebundenheit widersprechen Vertraulichkeit und Eigenständigkeit. Räumliche Enge (zwei und mehr Professionelle in einem Raum) und bürokratische Gängelei (der Innendienst entscheidet abschließend) können aus dieser Sicht nur als Demütigung erlebt werden. Dieser Aspekt wird im nächsten Kapitel in der weiteren Ausdeutung der klinischen Professionalität vertieft werden.

Zum anderen Fall: Das Modell A-D-B-E "scheitert" an der Wirklichkeit in dem Sinne, daß seine Nicht-Angemessenheit deutlich wird; oder anders ausgedrückt, daß dieses Deutungsmuster als professionelle Ideologie interpretiert wird. Dann sind die A-D-B-E-Deutungsmuster "insofern zugleich Ideologien der Institutionen der Sozialarbeit, als sie einen Teil des Handelns für das Ganze ausgeben. Die nicht-thematisierten Handlungsanteile und Wirkungszusammenhänge setzen sich in diesen Institutionen als 'heimliche' Methoden hinter dem Rücken der Akteure durch" (KUNSTREICH 1978, S. 344). In diesem Fall wird also davon ausgegangen, daß Elemente der A-D-B-E-Schritte als Ansprüche in der Praxis von Bedeutung sind.

"Sind schon die Inhalte, mit denen diese Schritte gefüllt werden sollen, in sich widersprüchlich (z.B. Füllung rechtlicher Normen durch psychologische Theoreme: Verwahrlosung; die Unterstellung von Leidensdruck und Freiwilligkeit usw.), so läßt der Vergleich dieser methodischen Schritte mit dem tatsächlichen Ablauf der Handlungen der Sozialarbeiter den angesprochenen Ideologiegehalt dieser Methode offen hervortreten: Statt Fallstudie und Diagnose bekommt der Sozialarbeiter eine Akte auf den Tisch, in der meistens eine Auffälligkeit von einer anderen Behörde angezeigt wird (Polizei, Justiz, Schule). Damit verbunden ist eine Aufforderung zum Tätigwerden, z.b. das Schreiben eines Berichtes/einer Stellungnahme oder eines Antrages. In der folgenden Ermittlungstätigkeit orientiert sich der Sozialarbeiter vor allem an diesen Anweisungen. Statt Behandlung kommt es in den meisten Fällen zu Entscheidungen mit rechtlicher Relevanz bzw. rechtlichen Folgen - oft mit aufsteigender Tendenz: z.b. von formloser erzieherischer Betreuung zur Heimeinweisung. Beendigung oder Auswertung eines Falles gibt es entweder nicht - sogenannte Dauerfälle - oder sie schlägt sich in der Statistik als Entscheidung nieder, oder es erfolgt eine Abgabe der Akte/des Falles/des Menschen an eine andere Behörde" (KUNSTREICH 1978, S. 344).

Im Fallbeispiel "Kromme" wird deutlich, daß die Sozialarbeiterin dieser "falschen", d.h. ideologischen, Reduktion des A-D-B-E-Modells nicht folgt und daß auch aus diesem Grund die getroffene Entscheidung (Fremdplazierung des Säuglings) von ihr selbst als unangemessen, aber notwendig angesehen wird: Die Orientierung der Alltagspraxis an den zur Verfügung stehenden Maßnahmen ist derart zwingend, daß diese zur faktischen Leitlinie des Handelns werden - unabhängig davon, welche fachliche Position ein(e) Professionelle(r) bezieht.

Zu b)
Die Sozialarbeiterin im Fall "Kromme" steht exemplarisch für ein professionelles Deutungsmuster, wie es ansatzweise in der Kritik der SPK vorscheint. Durch die Art ihrer Darstellung macht sie deutlich, wie sie die Handlungsdilemmata und die damit zusammenhängenden Konflikte reflexiv verarbeitet. Sie versucht weder eine Psychologisierung der dramatischen Situation, indem sie z.B. Lore "Erziehungsunfähigkeit" bescheinigt (was nahe läge), noch moralisiert sie im schlechten Sinne: Weder die frühe Mutterschaft Lores (erstes Kind mit vierzehn, zweites Kind mit siebzehn) noch die Tatsache, daß Henry für sich einen ganzen Raum beansprucht, macht sie der Familie zum Vorwurf. Im Gegenteil, ihre Aussage, daß es unerträglich sei, zu siebt in 2 1/2 Zimmern zu wohnen, durchzieht ihre ganze Argumentation. Denn egal, wie die Zimmer aufgeteilt sind, zu siebt auf derart engem Raum zu wohnen, erfordert eine "hohe soziale Kompetenz". Gerade weil sie das weiß und positiv würdigt und weil die Familie ihr sympathisch ist, erscheint ihr der Eingriff zwar als unabwendbar, aber nicht als angemessen.

Durch diese Schilderung wird deutlich, daß mit Beginn der Studenten- und Sozialarbeiterbewegung auch andere Deutungsmuster an Boden gewannen. Ich habe sie in meiner Untersuchung (1975) als solidarische Professionalität interpretiert, deren Kennzeichen genau das ist, was diese Kollegin gemacht hat: In reflexiver Weise mit dem Dilemma umzugehen, über Maßnahmen zu verfügen, die die "Klienten" explizit als defizitär kennzeichnen, wo doch offensichtlich ist, daß die Ursachen der problematischen Situation in der Regel in der sozialen Stellung und deren Folgen liegen, nämlich in Ausgrenzung und dem Mangel an Ressourcen. Oder wie ich damals formulierte:

"Verallgemeinern wir die Beispiele, so sind mit den 'heimlichen' Methoden solche Zusammenhänge gemeint, die aus der sozialen Klassenlage der agierenden Personen herrühren und den damit verbundenen organisatorischen Bedingungen, z.B. die Stellung der Sozialarbeiter in den Apparaturen des kapitalistischen Staates auf der einen Seite, gering qualifizierte Lohnarbeiter auf der anderen.

In der täglichen Vermittlung dieses gesellschaftlichen Verhältnisses sind weiter zu nennen die Auswirkungen von Arbeitsweise, Hierarchie, gesetzlich gegebene Mittel bzw. institutionell vorgegebene Medien. Was hier dem Inhalt nach Erziehung bzw. Sozialisationshilfen sind, wird durch die Form ihrer Vorgabe Selektion, Individuierung und Diskriminierung. Nicht zuletzt wirken die 'heimlichen' Methoden auch auf die Identität der Handelnden: z.b. resignierende Anpassung auf Seiten des Sozialarbeiters, Übernahme der Fremddefinition in die Eigendefinition der Betroffenen: als verwahrlost, antriebsarm, uninteressiert" (KUNSTREICH 1978, S. 344 f.).

(3) Soziale Gruppenarbeit (SGA)

Wurde in der damaligen Diskussion der sozialen Einzelhilfe der demokratisch-humanistische Impetus, der dieser Hilfeform in den USA zugrunde lag, so gut wie nicht beachtet, war das in der Rezeption der sozialen Gruppenarbeit anders. Das ließ die Kritik in der SPK (1971) aber auch schärfer werden.

"War das Ziel der sozialen Gruppenarbeit anfangs explizit auf die Demokratisierung der gesellschaftlichen Verhältnisse abgestellt, so entwickelte sich dieses Ziel im Laufe der Zeit mehr und mehr auf die Anpassung und therapieähnliche Behandlung des einzelnen hin. Bei einigen amerikanischen Autoren findet man schon eine modifizierte Definition von Gruppenarbeit, in der die selbsttätige bewußte Veränderung zur Demokratie aus dem Blickfeld geraten ist. Und bei Gisela Konopka schließlich kommt Demokratie überhaupt nicht mehr vor. 'Soziale Gruppenarbeit ist eine Methode der Sozialarbeit, die den einzelnen durch sinnvolle Gruppenerlebnisse hilft, ihre soziale Funktionsfähigkeit zu steigern und ihren persönlichen Problemen, ihren Gruppenproblemen oder den Problemen des öffentlichen Lebens besser gewachsen zu sein.' ... Der klassenlose Mensch wird von einem klassenlosen Sozialarbeiter betreut. Selten wird problematisiert, daß der Sozialarbeiter der Mittelschicht angehört und ebenso wie die Institutionen auch die Mittelschichtklasse eine andere Lebens- und Verhaltensweise und demzufolge auch andere Werte und Einstellungen hat. Hier sind noch nicht die simpelsten Kenntnisse der Soziologie über schichtspezifische Unterschiede rezipiert worden. ...

Gruppenarbeit, wie sie in der hier behandelten Literatur verstanden wird, hat es sozusagen mit der 'reinen Interaktion' zu tun, die durch keinerlei Sachprobleme gestört ist. Sie beruht auf der Überzeugung, daß sich die Menschen durch diese Art Interaktion, selbstverständlich immer unter Leitung eines Gruppenarbeiters, weiterentwickeln, d.h. auf eine von der Institution angestrebte Norm hin entwickeln.

Dem Gruppenarbeiter sind für seine Arbeit mit einer Gruppe relativ formale Prinzipien vorgegeben, von denen die wichtigsten hier aufgeführt werden sollen.

1) Individualisieren
2) Anfangen, wo die Gruppe steht
3) Hilfe durch Programmgestaltung
4) Erzieherisch richtige Grenzen setzen

1) Durch das Prinzip der Individualisierung soll zum Ausdruck kommen, daß die Gruppe kein Selbstzweck, sondern ein Mittel sei, um dem einzelnen zu helfen. Dieser Grundsatz impliziert aber auch, daß man die psychologischen Verschiedenheiten mehr als die durch die gesellschaftliche Lage bedingten Gemeinsamkeiten betont. ...
2) Anfangen, wo die Gruppe steht, und die Menschen akzeptieren, ohne ihr ganzes Verhalten zu akzeptieren, heißt noch einmal auf die Gruppe bezogen: Der Gruppenarbeiter muß sich den Gruppenmitgliedern mit Wärme und Freundlichkeit zuwenden, doch ist seine Solidarität auf Vorbehalt und das 'Verständnis' der besonderen (leidenden) Situation begründet. Gleichzeitig bedeutet dieser Grundsatz, daß der Gruppenarbeiter die Gruppe vorerst innerhalb gewisser Grenzen das Programm bestimmen läßt, auch wenn er ihre Wünsche nicht billigen sollte. ...
3) Hilfe durch Programmgestaltung bedeutet, daß der Gruppenarbeiter seinerseits Tätigkeiten vorschlagen kann, wenn der Gruppe selbst nichts einfällt. ...
4) Das Prinzip, erzieherisch richtige Grenzen zu setzen, verdeutlicht, daß der Sozialarbeiter gewisse Normen und Vorstellungen durchzusetzen versucht, die nicht die der Gruppenmitglieder sein müssen. ...

Macht- und Herrschaftsverhältnisse, Klassenkonflikt, ökonomische Ungleichheit, Konflikt zwischen Individuum und Institution, all diese konkreten gesellschaftlichen Verhältnisse werden überspielt, wenn z.B. Gesellschaft sehr abstrakt und formal als 'ein komplexes Netzwerk von Gruppen' bezeichnet wird, 'dessen effektive Organisation sowie ihre Beziehungen untereinander das erfolgreiche Wirken sozialer Institutionen bestimme'.

Es wird nichts darüber gesagt, was und zu welchem Zweck effektiv organisiert werden soll. Der Begriff der Gesellschaft, 'als Netzwerk von Gruppen' definiert, ist ebenso formal wie ideologisch, weil er unterschlägt, daß in der gegenwärtigen Gesellschaft effektive Organisation den Kapitalinteressen dient, was bedeutet, daß sich die Mehrheit einer Minderheit unterzuordnen hat. ...

Es mag Sozialarbeiter geben, die subjektiv der Meinung sind, mit den Interessen ihrer Gruppe solidarisch zu sein. Ob sie es tatsächlich sind, wird sich erst im Konfliktfall zeigen können. Die gesamte Literatur über soziale Gruppenarbeit ist darauf angelegt, den Interessengegensatz und die Konfliktmöglichkeiten zwischen Institution und Gruppe zu überspielen, indem sie eine mögliche Harmonie unterstellt. Dies Harmoniekonzept setzt allerdings Gruppen voraus, die Gruppenarbeit passiv über sich ergehen lassen bzw. sich an den Rahmen des institutionell vorgegebenen Spielraums halten. Solche Gruppenarbeit kann als alltägliche Formalie angesehen werden. Gemessen am Demokratisierungsanspruch kann ihre Funktion hier nur negativ bestimmt werden. Solche Gruppenarbeit hat allenfalls die Aufgabe, sozialhygienisch zu wirken, dadurch, daß den im Arbeitsprozeß entstehenden Aggressionen hier ein Ventil geschaffen wird, was zur Erhaltung der Arbeitskraft unbedingt notwendig ist. Weiterhin hat sie die Funktion, evtl. politisches Potential auf das Abstellgleis der formaldemokratischen Spielerei zu schieben. Das Ärgerliche an der sozialen Gruppenarbeit ist aber, daß sie zunächst mehr zu sein verspricht als alltägliche Formalie, nämlich ein Beitrag zur Demokratisierung der Gesellschaft und zur Emanzipation des Individuums" (SPK/R, S. 131-138).

Die schon von C.W. MÜLLER geäußerte Kritik an der Inhaltsleere z.b. der Schwalbacher Gruppenpädagogik (s.o.S. 78) wird in hier geteilt und im "Ton" der damaligen Zeit auf den Punkt gebracht.

"Hier gibt man sich so unkämpferisch, als sei Demokratie bereits verwirklicht: Modellieren, Vorlesen, sportlicher Wettkampf, das sind einige Programmvorschläge. Wenn sie auf die Spiele zu sprechen kommen, werden die Autoren munter und lebhaft: der Gesellschaftstanz soll 'stilecht', das Kabarett 'witzig', die Jazz-Improvisation 'originell' sein (Magda Kelber). Dagegen ist nichts einzuwenden, aber um eine Gesellschaft zu demokratisieren, müssen sicher andere Mittel her als Tanz, Jazz und Kabarett. ... In ihrer Anwendung hat Gruppenarbeit mit Gesellschaft wenig zu tun, sondern beschäftigt sich mit den relativ zwanglosen Bereichen der Geselligkeit. Ihre Gesellschaftsvorstellung geht an den Realitäten der kapitalistischen Gesellschaft, den Zwängen des Arbeitsvertrages, den über den Markt vermittelten Beziehungen zwischen Menschen vorbei und ist stattdessen am Gemeinschaftsideal vorkapitalistischer Verhältnisse orientiert. ... Von diesem Standort aus kann Demokratisierung nicht begriffen werden als Aufhebung der Entfremdung durch politische Veränderung wesentlicher gesellschaftlicher Verhältnisse, sondern nur noch als möglichst perfekte Kompensation sozialer Defizite. Die Paradoxie der sozialen Gruppenarbeit ist die, daß dem Individuum zugemutet wird, die in der Gesellschaft begründete Entfremdung in sich aufzuheben" (SPK/R, S. 138 f.).

Diese Kritik im Grundsätzlichen konnte durch zahlreiche Beispiele aus der erlebten oder publizierten Praxis der Gruppenarbeit bzw. der Gruppentherapie erhärtet werden.[1] Was passiert, wenn die vier Prinzipien der Gruppenarbeit in eine besonders perfide Form des Psychoterrors annehmen, wenn also der Grundsatz des "Individualisierens" dafür steht, repressive Normen der herrschenden Moral durchzusetzen, wenn "anfangen, wo die Gruppe steht" dafür steht, daß der Gruppenleiter das Ziel schon festgelegt hat, und wenn die Beteiligung an der Programmgestaltung dazu führt, daß die Gruppenmitglieder untereinander die Einhaltung repressiver Normen kontrollieren, so daß der Gruppenleiter zufrieden ist ("erzieherisch richtige Grenzen setzen"), belegt das folgende Beispiel:

---

1) Auf die rapide Ausdehnung unterschiedlicher gruppentherapeutischer und gruppenpädagogischer Konzepte kann hier nicht eingegangen werden. Vergleiche dazu die präzise und kritische Darstellung in GEISLER/HEGE 1978.

"Die Behandlung der männlichen Homosexuellen in Gruppen, die ausschließlich aus Homosexuellen bestehen, verspricht eine gute Prognose hinsichtlich der Entwicklung zu einer ausschließlich heterosexuellen Partnerwahl. - Einige Homosexuelle, die in einer solchen Gruppe bis zu einer bestimmten Stufe behandelt worden sind, können in gemischte Gruppen von Psychoneurotikern eingegliedert und dort weiterbehandelt werden. - Die Wirkung der Gruppe besteht darin, daß sie zuerst die Rationalisierungsversuche der Mitglieder niederreißt, die den Eindruck vermitteln wollen, sie möchten lieber Homosexuelle sein und bleiben. - Die Gruppe stellt die ständige und reale Forderung an jedes einzelne Mitglied, sich zu einer heterosexuellen Grundhaltung weiterzuentwickeln, und bewirkt, daß sich schließlich jeder selbst für eine Änderung in der sexuellen Objektwahl entscheiden muß. - Aus der Diskussion ihrer Probleme entwickelt sich in der Gruppe die Erkenntnis, daß ihre Homosexualität das Ergebnis äußerer Faktoren ist. Sie hören auf, sich selbst für Unglückliche zu halten, denen die Natur einen Streich gespielt hat. - Die Gruppe unterstützt ihre Mitglieder, sobald sie in die Lage versetzt werden, ihre Homosexualität abzulegen und sich in Richtung auf eine heterosexuelle Grundhaltung zu bewegen. - Wenn die Mitglieder Befriedigung in heterosexueller Gesellschaft und Vereinigung finden, dann beginnen sie, Personen des anderen Geschlechts zu akzeptieren und deren Liebe zu erwidern. - Die Gruppe unterstützt die Bildung eines männlichen Verantwortungsbewußtseins und vernichtet den Abhängigkeitsstatus des Homosexuellen" (HADDEN 1972, S. 140).

Diese Logik des Heilens schlägt in eine des Vernichtens um, denn die Zerstörung der Identität eines Menschen ist eine Form der Vernichtung. Eine Soziale Arbeit nach Auschwitz kann hinter diese Erkenntnisse nicht zurück (vgl. Bd. I die Ausführungen BAUMANS, S. 223 ff.).

Die Kritik an der methodisch restringierten Form von Gruppenarbeit war auch deshalb so massiv, weil wir die politisch-fachliche Bedeutung von Leben und Arbeiten in Gruppen selbst erfuhren und in diesen erste alternative Ansätze versuchten. Wir lebten in Wohngemeinschaften, studierten in selbstorganisierten Studiengruppen bzw. -seminaren, gründeten mit den Kinderläden ein kompliziertes Geflecht von Kinder- und Erwachsenen-Sozialitäten und unterstützten selbstorganisierte Wohn-, Arbeits- und/oder Freizeitkollektive, die sich zum Teil aus Trebegängern oder ausgegrenzten Gruppen bildeten (z.B. Rocker).

Auch Peter-Jürgen BOOCKS Bericht bezeugt die Bedeutung selbstorganisierter Gruppen. Hier liegt ein wesentlicher Unterschied zur Methodik der SGA, soweit sie in der Literatur dargestellt wird: Ausgangspunkt ist dort in der Regel eine von einer Institution zusammengestellte Gruppe (Heim, Jugendzentrum, Verband etc.), im Zentrum stehen Empfehlungen an den Gruppenleiter, wie er die Gruppe dahin bringt, wohin er sie haben will. Die Kompetenz zur Problemformulierung liegt also auch hier eindeutig beim Professionellen.

Daß aber auch in der SGA die Praxis weiter war, zeigt exemplarisch Lisel WERNINGER, die zwar auch die vier Handlungsschritte umsetzte, aber dies mit einem gravierenden Unterschied tat: Die Problemformulierung bleibt Kompetenz der Frauengruppe. Auf dieser Basis wird der Grundsatz des Individualisierens zur Möglichkeit jeder Teilnehmerin, ihren Sichtweisen und Anliegen Geltung zu verschaffen, wird das "Anfangen, wo die Gruppe steht", zu einer gemeinsamen Bestimmungsleistung, die die Programmgestaltung wesentlich strukturiert. Und "die erzieherisch richtigen Grenzen" verwandeln sich in das Erleben wechselseitiger Wertschätzung.

Die Arbeit in und mit Gruppen, die von ihrem Beginn an den engen Horizont der SGA überschritten hat, dokumentiert am deutlichsten die Praxis der Jugendzentrums-Bewegung. **Selbstorganisation, anti-kapitalistische Jugendarbeit** und **emanzipatorische Konzepte** definierten "Gruppenarbeit" zwar unterschiedlich, aber alle in deutlicher Abgrenzung zur SGA.

Alle drei Ansätze gingen Ende der 70er Jahre in einen breiten **bedürfnisorientierten** Ansatz auf.

Diese Ansätze sind in vielfacher Weise gut und umfassend dokumentiert. Eine übersichtliche Zusammenfassung findet sich in der von Martin FALTERMAIER kommentierten Dokumentation von Beiträgen aus der Zeitschrift "Deutsche Jugend" zwischen 1953 und 1983 (1983). Für den hier diskutierten Zusammenhang ist interessant, welche Bedeutung in dem jeweiligen Ansatz die Gruppe hat und dabei zu prüfen, inwieweit sich das jeweilige Konzept der Gruppenarbeit von dem traditioneller sozialer Gruppenarbeit unterscheidet - und inwieweit nicht.

Den neuen Ansätzen gemeinsam ist ihre Kritik am Objektstatus der (Jugendlichen-)Gruppe und an der unkritischen Anpassung an vorgegebene gesellschaftliche Integrationsanforderungen. Diethelm DAMM nimmt die schon in der SPK formulierte Kritik auf:

"Diese den Jugendlichen überwiegend zugewiesene Objektrolle, die ihnen die Entwicklung selbstbestimmter Einstellungs- und Verhaltensweisen erschwert, ist weder eine zufällige noch jugendspezifische. Sie ist kennzeichnend für die soziale Lage **aller** abhängig Arbeitenden im Kapitalismus. Jugendspezifisch ist nicht das Prinzip der Fremdbestimmung, sondern deren Form, sowie die Art und Weise, wie sie subjektiv verarbeitet wird" (1973/1983, S. 363).

Kritisiert wird übereinstimmend die technokratische Anpassung an diese Verhältnisse und des Leugnen der damit zusammenhängenden Widersprüche, so z.B. BAACKE:

"Beide Ansätze (der emanzipatorische oder wie er hier genannt wird, progressive und der antikapitalistische - T.K.) sind darum anti-technokratisch, wenn man unter Technokratie die Organisation menschlichen Lebens in funktionierenden Regelkreisen versteht, die lediglich auf einen größtmöglichen output von wirtschaftlich und kulturell repräsentativen Leistungen und damit auf eine Stabilität gesellschaftlicher Systeme durch numerisch zu messende Effektivität aus sind, die absolut gesetzt wird. In einem technokratischen Denken werden bestimmte Probleme wie z.B. die Fragen, woraufhin ein System funktioniert, welche Wertsetzungen seinen Funktionalismus bestimmen und ob der Funktion nicht die Intention auf Humanisierung geopfert wird, ausgeklammert oder dem Maßstab leistungs- und konkurrenzbestimmter Effektivität untergeordnet" (1971/1983, S. 306).

Im Zentrum der Erörterung dessen, was eine Gruppe ausmacht, stehen entsprechend Überlegungen zur Mit- bzw. Selbstbestimmung der Jugendlichen sowie Fragen der Aufklärung bzw. Selbstaufklärung über die Widersprüche einer kapitalistischen Gesellschaft.

"Von der theoretisch begründeten Methode her gesehen ist die progressive Jugendarbeit auf gesellschaftlich orientierte Lernprozesse aus, in denen aber die Lebenslage und die Zukunft des **einzelnen Individuums** organisierendes Prinzip ist, während die antikapitalistische die gleicherweise auf die Gesellschaft bezogenen Lernprozesse an **Kollektiven** orientiert, in denen die Solidarität rebellischen Handelns allein gewährleistet zu sein scheint. Die sozialintegrativ verstandene 'Gruppe' entsteht aufgrund von Übereinstimmung von Interessen und Lebensstilen sowie in einer probeweise Übernahme von Rollen, Normen und daraus resultierenden affektiven Beziehungen; sie ist das Produkt einzelner, stellt einen vorübergehenden, themen-, projekt- oder affektbestimmten Zusammenschluß dar, der aber jederzeit, aufgrund des Wunsches einzelner oder des Plenums, sich umorganisieren oder auseinanderfallen kann - etwa, wenn die Ziele sich ändern und damit die Erfahrungen, die der einzelne an die Gruppe stellt. Das antikapitalistische 'Kollektiv' hingegen ist weniger als freiwilliger Zusammenschluß in Folge der Spontanität einzelner anzusehen, die sich bestimmte Ziele setzen; vielmehr ist es der politisch gesteuerte Reflex einer identischen Lage revolutionärer Subjekte (etwa der Arbeiter oder Lehrlinge) bzw. der Einsicht (etwa der Schüler und Studenten) in die Unterdrückungsmechanismen der ausbeuterischen Praktiken kapitalistischer Unternehmen. Die Ziele des Zusammenschlusses können von dieser Sicht aus nicht beliebig und subjektiv bestimmbar gesetzt werden. Sie sind theoretisch und praktisch konsequente Schlußfolgerungen der Gesellschaftsanalyse, die den Kollektiven nur einen Auftrag gibt: Vorbereitung revolutionären Bewußtseins und prinzipielle Bereitschaft, bei gesellschaftlichen Umwälzungen mitzuhelfen" (BAACKE 1971/1983, S. 304).

Stellt die emanzipatorische Variante die Bedeutung der Gruppe als Lernfeld in jeglicher Hinsicht in den Vordergrund, in dem sich Jugendliche die aktuell vorfindbare Gesellschaft aneignen, so legt die antikapitalistische Orientierung den Schwerpunkt auf das Handlungsfeld von Arbeiterjugendlichen, deren Lebensumstände durch extreme Abhängigkeit und materielle Unterprivilegiertheit gekennzeichnet sind, weshalb deren Lage nur in ihrem Klassenzusammenhang gesehen werden kann. LIEBEL (1970/1983, S. 266 ff.) weist darauf hin, daß das, was in den üblichen Sozialisationstheorien als Defizit erscheint (z.B. restringierte Sprachfähigkeiten, mangelnde "Leistungsorientierung", autoritärer Erziehungsstil der Eltern usw.), gemessen an der unterprivilegierten Lebenssituation realistische Verarbeitungsstrategien sind, die auch eigene Kompetenzen enthalten, vor allem die Orientierung auf kollektive Werthaltungen und solidarisch geteilte Normen.

Diesen Aspekt hebt übrigens Jan-Carl RASPE in seiner noch immer lesenswerten Diplomarbeit über die "Sozialisation proletarischer Kinder" besonders deutlich hervor (1970). Beide Ansätze waren theoretische Orientierungen, die - wenn man sie so nimmt, wie sie formuliert worden sind - beide gescheitert sind (vgl. CWM über arbeiterfreundliche Pädagogik, Bd. 2, S. 158 ff.). Beide Ansätze sind von den Protagonisten aber auch weiterentwickelt worden; sie haben versucht, die strukturalistischen "Eierschalen" abzuwerfen. So steht Diethelm DAMM (1973/1983, S. 362 ff.) vor allem für eine bedürfnisorientierte Jugendarbeit, die an den tatsächlich vorfindbaren Bedürfnissen - wie widersprüchlich die auch immer sein mögen - ansetzt, und Hellmut LESSING (1976/1983, S. 449 ff.) für eine offene Jugendarbeit, die die antipädagogischen und antiprofessionellen Impulse der Jugendzentrumsbewegung aufnimmt und die traditionellen Trennungen von Handeln und Lernen, von materiellen und Reproduktionsbedürfnissen aufhebt und so zu einer Form von Selbstsozialisation führt, in der die Professionellen im wesentlichen ausführende und unterstützende Funktion haben, aber keine anleitende oder bestimmende. Hierin allerdings bleibt ein Unterschied zur progressiven Jugendarbeit bestehen:

> "Unter Selbstorganisation verstehe ich die Fähigkeit, die eigenen objektiven Interessen erkennen und mit Gleichbetroffenen solidarisch durchsetzen zu können. Selbstorganisation setzt also die Kenntnis der eigenen objektiven Interessen auf dem Hintergrund der eigenen sozialen Situation, die Kenntnis der objektiven und subjektiven Hemmungsfaktoren für deren Realisierung und die der Strategien zur Durchsetzung dieser Interessen voraus. ... Dem Jugendlichen müßten also die Selbstorganisation hemmenden Faktoren in allen gesellschaftlichen Lebensbereichen durchschaubar und die Mittel und Wege der Veränderung deutlich gemacht werden.
> Da solche Einsichten nicht automatisch der Organisation von Erholungsinteressen entspringen, bedarf die Arbeit im Jugendzentrum der Qualifizierung durch politische Gruppen und entsprechende Hauptamtliche" (DAMM 1973/1983, S. 366).

Dagegen noch einmal LESSING:

> "Pädagogen können stellvertretend für Jugendliche keine Probleme lösen. D.h. aber weiter, daß sie, indem sie die Jugendlichen in der Durchsetzung ihrer Interessen unterstützen, sich auch dafür einsetzen müssen, daß ihre Verantwortlichkeit gegenüber dem Träger der Jugendarbeit ersetzt wird durch eine Verantwortlichkeit gegenüber den Jugendlichen. Selbstorganisation in der offenen Jugendarbeit bedeutet im Hinblick auf die Stellung der Pädagogen, daß über sie die Jugendlichen entscheiden" (1976/1983, S. 457).

Methodisch zeitigte die Orientierung, sowohl die einzelnen Jugendlichen als auch insbesondere ihre realen Gruppierungen als Subjekte zum Ausgangspunkt von Theorie und Praxis der Jugendarbeit zu nehmen, eine enorme Verbreitung der

Ansätze. Neben Versuchen, "Gemeinschaft" in bündischer Tradition auf antikapitalistische Beine zu stellen (POTT 1975/1983, S. 420 ff.), gab es Ansätze mit gruppendynamischen Aspekten (FRITZ 1975/1983, S. 429 ff.) bzw. solche, die das, was in der traditionellen Gruppenarbeit eine besondere Rolle spielte, neu interpretierten: den Beziehungs- und Erfahrungsaspekt in der Jugendarbeit (BELARDI 1975/1983, S. 442 ff.).

In einer Reihe von empirischen Einzeluntersuchungen ist aufzuhellen versucht worden, welche Bedeutung diese Diskussion in den Zeitschriften tatsächlich in der Praxis der Jugendzentrumsbewegung hatte, denn die Tatsache dieser breiten, vor allem in Kleinstädten, aber auch in Landgemeinden sich ausbreitenden Bewegung einen theoretisch-politischen Ausdruck zu verleihen, war ja der praktische Hintergrund dieser Debatte.

Eine dieser Studien haben Titus SIMON und Peter WIELAND verfaßt, die die "Offene Jugendarbeit im Wandel" (so der Titel) am Beispiel zweier Landkreise exemplarisch darstellten (1987). So entwickelten sich im Rems-Murr-Kreis (355.000 Einwohner am Rande Stuttgarts) bis Ende 1972 zwölf Jugendzentrumsinitiativen, die fast alle erfolgreich waren und Jugendzentren unterschiedlicher Größe und mit unterschiedlichem Grad von Selbstverwaltung errichteten. Deutlich wird an der Dokumentation, daß es zunächst Gymnasiastinnen und Gymnasiasten waren, die die erste Generation der jeweiligen Jugendzentren bildeten. Inspiriert von der Studentenbewegung und den Auseinandersetzungen der Außerparlamentarischen Opposition forderten sie eigene Räume und einige bestanden auch lange Zeit darauf, keine Professionellen einzustellen. Nach dieser Gründergeneration kamen auch jugendliche Gruppierungen aus anderen Milieus in die Jugendzentren, z.T. wurden diese dort auch dominant. Arbeiterjugendliche oder sogenannte Randständige und ausländische Jugendliche hatten offensichtlich weniger Interesse an Selbstverwaltung als an einem Treffpunkt, an dem sie unter sich sein konnten. Diese Veränderungen führten in aller Regel zu Auseinandersetzungen, eine sogar zur Schließung eines Jugendzentrums, das von Punks dominiert wurde, in dem Hasch geraucht wurde und in dem Jugendliche anfingen, dort zu übernachten. Diese Entwicklung scheint typisch für einen großen Teil der Jugendzentren gewesen zu sein. Diese Veränderung gab aber auch Anstöße zu einer methodischen Weiterentwicklung: Noch immer ist die Arbeit von KRAUSSLACH, DÜWER und FELLBERG (1977) über die Arbeit mit aggressiven Jugendlichen ein Standardwerk im Umgang mit nicht der eigenen "Szene" entsprechenden Jugendlichen.

Typisch ist allerdings auch eine andere Entwicklung, die die Autoren dieser Untersuchung selbst repräsentieren: Sie sind als ehemals aktive Mitglieder einer Jugendzentrumsinitiative selbst Jugend- bzw. Sozialarbeiter geworden und sind weiterhin aktiv in diesem Bereich. So lange es eine "gegenkulturelle" oder "subkulturelle" Übereinstimmung zwischen den jugendorientierten Professionellen und den Besuchern gab, schien die Arbeit dieser Zentren wenig problematisch gewesen zu sein. Problematisch wurde sie dadurch - und diese Tendenz hält bis heute an -, daß zunehmend "fremde" Gruppen die Jugendzentren besuchten - "fremd" in dem Sinne, daß sie nicht mehr aus dem Milieuhintergrund der Jugendarbeiter stammten und diese entsprechend große Schwierigkeiten mit ihnen hatten und haben. Mit dieser Entwicklung ist vielfach ein Rückgriff auf traditionelle Formen der SGA verbunden (z.b. verstärktes Angebot "geschlossener Gruppen"). Darauf und auf die damit zusammenhängende, noch schwierigere Frage des Umgangs mit rassistisch und rechtsorientierten Jugendlichen gehe ich im nächsten BLICK ein.

(4) Gemeinwesenarbeit (GWA)

Im Unterschied zu SEH und SGA erlangte die üblicherweise als dritte Methode der Sozialarbeit bezeichnete Gemeinwesenarbeit bis Ende der 60er Jahre nur geringe Bedeutung in der Fachwelt und wurde auch dann nur in geringem Maße und vor allem außerhalb der etablierten Sozialarbeit rezipiert und praktiziert.

Obwohl Hertha KRAUS fast gleichzeitig mit ihrem ersten Reader über den Stand des US-amerikanischen Casework (1950) einen längeren Artikel über "Amerikanische Methoden der Gemeinschaftshilfe" (1951) veröffentlichte, hatte dieser Ansatz kaum Resonanz. Schon die Suche nach einer treffenden deutschen Übersetzung (Gemeinschaftshilfe, Nachbarschaftshilfe, Gemeinwesenarbeit, Gemeinwesenorganisation) machte deutlich, daß dem Begriff noch der Gegenstand fehlte (vgl. CWM, Bd. 2, S. 98 ff.). Die Vorstellung, Gruppierungen einer Kommune zu aktivieren und zu ermutigen, ihre Sache in die eigenen Hände zu nehmen, war der auf hohe Kontrolldichte von abweichenden Individuen orientierten preußisch-deutschen Sozialarbeit zu fremd. Wie das Beispiel des Hansischen Jugendbundes (s.o. S. 33 ff.) zeigt, gab es zwar Ansätze, darüber hinauszugehen, aber diese Ausnahme ist u.a. deshalb gescheitert, weil sie Elemente der Selbstorganisation zugunsten einer technologischen Kontroll-Perspektive aufgab.

Lediglich in den Nachbarschaftsheimen, die nach anglo-amerikanischem Vorbild entstanden, wurden Ideen der Gemeinwesenarbeit umgesetzt, allerdings weitgehend unverbunden mit der traditionellen Sozialarbeit.

Das Vorhaben von FRIEDLÄNDER/PFAFFENBERGER (1966), Gemeinwesenarbeit als dritte Methode zu kanonisieren, blieb also weitgehend ein Versuch, der weniger in der Praxis als in theoretischen Diskussionen Widerhall fand. Zeitgleich mit der Veröffentlichung des Lehrbuches formulierten VOGEL/OEL (1966) eine noch immer lesenswerte Kritik der GWA - diese Abkürzung setzte sich jetzt durch -, indem sie die grundlegenden Unterschiede der amerikanischen Communities (mit weitgehender demokratischer Selbstverwaltung) und der obrigkeitsstaatlichen deutschen Gemeindeverfassung kritisch herausarbeiteten und es für ausgeschlossen hielten, daß bei uns GWA-Ansätze in vergleichbarer Weise realisiert werden könnten.

In gewissem Sinne behielten die Kritiker Recht, jedenfalls was GWA als dritte Methode anbelangt. Diese wurde ausschließlich in ihrer sozialtechnologisch-integrativen Variante zur Kenntnis genommen. Für diese Tendenz stand der Name Murray G. ROSS (1968). Die Autoren der SPK faßten 1972 seine Grundannahmen kritisch zusammen:

'"Der Begriff Gemeinwesenarbeit, wie er in diesem Buch (M.G. ROSS 1968 -T.K.) gebraucht wird, bezeichnet einen Prozeß, in dessen Verlauf ein Gemeinwesen seine Bedürfnisse und Ziele feststellt, sie ordnet oder in eine Rangfolge bringt, Vertrauen und den Willen entwickelt, etwas dafür zu tun, innere und äußere Quellen mobilisiert, um die Bedürfnisse zu befriedigen, daß es also in dieser Richtung aktiv wird und dadurch die Haltungen von Kooperation und Zusammenarbeit und ihr tätiges Praktizieren fördert' (S. 18).

Dies Konzept geht von der Vorstellung aus, daß durch die Beteiligung möglichst vieler Bewohner des Gemeinwesens der Zustand einer als **ursprünglich** angenommenen Harmonie wiederhergestellt werden könne. Die Frage, wie denn soziale Institutionen verbessert und gesellschaftliche Bedingungen verändert werden könnten ohne dabei in Konflikt zu geraten mit den Repräsentanten kommunaler Herrschaft und ökonomischer Macht, wird von Ross nicht gestellt, geschweige denn beantwortet. 'Für ihn sind die Interessen der Herrschenden mit jener ideologischen Weise identisch mit den herrschenden Interessen, als nur sie zum Gegenstand der Aktivität von Gemeinwesenarbeit befördert werden können' (Müller/Nimmermann 1971, S. 233). Die Harmonietheorie von Ross nur als 'idyllisch' und wirklichkeitsfremd abzutun, wäre zu wenig. Ihr konkreter Zweck ist die Legitimation und Erhaltung der bestehenden bürgerlichen Gesellschaft. Das wird noch einmal deutlich, wenn Ross bestreitet, daß Gemeinwesenarbeit partikulare Interessen vertreten könne: ...

... Gemeinwesenarbeit ist keine Minderheitenbewegung und kann nicht von Bedürfnissen oder Beanstandungen ausgehen, die nur einer kleinen Gruppe im Gemeinwesen wichtig sind. Es muß sich ... um ein Anliegen handeln, das von breiten Kreisen des Gemeinwesens als ein solches verstanden wird' (S. 143).

Tatsächlich geht es darum, den **herrschenden Interessen** alle anderen unterzuordnen und Ansprüche, die diesen entgegenstehen, als abweichend zu diskriminieren. Der Handlungsspielraum der Gemeinwesenarbeit wird am logischerweise systemkonformen Handeln der Herrschenden gemessen, deren Handeln wird zum Muster des Handelns überhaupt, zum allein sozial gültigen Handeln. Die auftretenden Konflikte sind dann solche, die der Interessengemeinschaft der Herrschenden entstammen. Diese können in der Tat durch Kompromiß und Festlegung der Reihenfolge ihrer Lösung miteinander vereinbart werden.

Der 'Realismus', den Ross an den Tag legt, wenn er die Lösbarkeit eines Problems (...) zum Kriterium der Auswahl macht, ist der Realismus derjenigen, denen zum Glück nicht mehr fehlt, als die neue Straßenbeleuchtung" (SPK/R S. 143).

Vor diesem Hintergrund ist es nur konsequent, wenn ROSS selbst feststellt: "'Gemeinwesenarbeit verfolgt dieselben 'fundamentalen' Zielsetzungen wie die Einzelfallhilfe und die Gruppenarbeit und wendet viele gleiche methodische Schritte an.'
'In der Gemeinwesenarbeit haben wir **einige wissenschaftliche Erkenntnisse und Techniken** der Sozialwissenschaften dazu benutzt, um aufzuzeigen, wo und wie Veränderungen mit den geringsten gesellschaftlichen Verschiebungen und der größten Unterstützung von seiten des Gemeinwesens erreicht werden können' (S. 73).
Obwohl der Rahmen, in dem der Sozialarbeiter sich in den drei Methoden bewegt, unterschiedlich ist, haben Ziele und Mittel nach R. doch viel gemeinsam. 'Alle drei Methoden versuchen, Individuen, Gruppen und Gemeinwesen dazu zu verhelfen, daß sie ihr Leben selbst meistern und zu einer größtmöglichen Integration kommen' (S. 74). **'Der Zustand einer inneren Auflösung** ist in unserer Gesellschaft nicht unbekannt, aber selbst dann darf man annehmen, daß ein Gemeinwesen mit etwas Hilfe von außen aus dieser Situation herausfinden und neue kooperative Kräfte entwickeln kann' (S. 75).
'Der Gemeinwesenarbeiter kümmert sich um die gesellschaftlichen Kräfte, die auf das Gemeinwesen einwirken, Integrationen ermöglichen oder hemmen ... Er steht wie vor einem großen Gemälde und versucht zu erfassen, wie die wesentlichen Teile des Bildes zueinander in Beziehung stehen' (S. 79)" (SPK/R S. 147 f.).

Diese sozialintegrative Variante war bei uns die bis 1970 einzig bekannte. Es ist C.W. MÜLLERS Verdienst, uns mit anderen, unserer damaligen Position viel näher stehenden Ansätzen vertraut zu machen, nämlich solchen, die offensiv "Gegenmacht" anstrebten.
"Es ist in der Tat eine Realität, daß sich die gesamte uns damals (1969) zu-gängliche nordamerikanische und niederländische Fachliteratur über Gemeinwesenarbeit und ihre Rezeption in der Bundesrepublik Deutschland auf Probleme und Mißstände mit dem größten gemeinsamen Interessen-Nenner zurückgezogen hatte und als einzige professionelle Methode von Gemeinwesenarbeit die Koordination der Fürsorge-Verbände und Vereine und die Partizipation der betroffenen Bürger zum Zwecke der Selbsthilfe empfahl. So wurde den Bewohnern innerstädtischer Slums allen Ernstes nahegelegt, ihren Abfall selber zu beseitigen und die Aufgänge ihrer Miethäuser in freundlichen Farben zu streichen, statt in gemeinsamen Aktionen einer korrupten Stadtverwaltung auf die Finger zu klopfen und die Slum-Lords zu zwingen, einen Teil der Mieteinnahmen in die Instandsetzung der Häuser zu reinvestieren.
Dieses Ausblenden **aggressiver Konzepte** und **Aspekte** von Gemeinwesenarbeit erschien mir damals und erscheint mir heute schlimm genug. Zumal es eine solche aggressive Praxis von Gemeinwesenarbeit in Nordamerika, in England, in Italien und in den Niederlanden gab und gibt, die in den Lehrbüchern schlicht unterschlagen wurde. In den USA habe ich diese Praxis kennengelernt. Sie ist für mich vorrangig mit zwei Namen verbunden: mit Saul Alinsky und mit Harry Specht" (CWM, Bd. 2, S. 114).

Auch die Verfasser der SPK beziehen sich in der Darstellung dieser offensiven Ansätze auf C.W. MÜLLER. Sie unterstützen dabei ausdrücklich den Ansatz von Saul Alinsky, und heben hervor:

"Alinsky wendet sich in scharfen Formulierungen gegen jene professionellen Wohltäter, die in die Slums kommen, nicht um die Leute zu organisieren, nicht um ihre Rebellion und ihren Kampf um Auswege aus ihrer Misere zu unterstützen, sondern um sie 'anzupassen', d.h. sie nicht nur in der Hölle leben zu lassen, sondern ihnen dieses Leben auch noch schmackhaft zu machen. 'Eine höhere Form von sozialem Verrat ist schwer vorzustellen - dennoch wird diese Infamie im Namen der Fürsorge fortgesetzt'.

Das Wesentliche der Volksorganisation liegt darin, daß ihre Mitglieder direkt und unmittelbar mit der Bevölkerung in ihrem Wohnbezirk zusammenarbeiten und so den Aufbau der Organisation von unten betreiben. Wichtigste Voraussetzung und zugleich schwierigste Aufgabe ist dabei das Ausfindigmachen der 'informellen Führer' und ihre Entwicklung von lokalen zu allgemeinen Führern. Die Selbstorganisation kann nur in Zusammenarbeit mit den informellen Führern, d.h. mit denjenigen Personen, die die lokale Bevölkerung als ihre Führer anerkennt, aufgebaut werden. Die informellen Führer sind die wirklichen Repräsentanten der Bevölkerung eines bestimmten Wohnviertels ("Little Joes" nennt ALINSKY sie an anderer Stelle - T.K.).

In der Gemeinwesenarbeit werden diese informellen Führer so gut wie nicht berücksichtigt, man beschränkt sich meist darauf, die 'welfare community', d.h. die formalisierten sozialen Dienste zu koordinieren, die zumeist einmal dem Gemeinwesen aufgestülpt worden sind, und die niemals mehr als eine oberflächliche Rolle im Wohnviertel gespielt haben. Werden von den formalisierten Wohlfahrtsagenturen regionale Repräsentanten überhaupt akzeptiert, dann nur solche, die **sie** als Führer definieren, und nicht jene Personen, welche **die Bevölkerung selbst** als Führer definiert und akzeptiert hat.

So zusammengesetzte Gruppen, die Probleme **für** und nicht **mit** der Bevölkerung zu lösen versuchen, müssen scheitern" (SPK/R, S. 150 f.).

Zum persönlichen und politisch-konzeptionellen Hintergrund der beiden Protagonisten Alinsky und Specht schreibt C.W. MÜLLER in einer emphatischen Weise, die heute noch ahnen läßt, wie ermutigend derartige Gedanken für uns um 1970 waren:

"... Chicago war damals noch immer die Welthauptstadt des organisierten Verbrechens, und Alinsky erhielt durch Zufall ein Stipendium für Kriminologie. Zwei Jahre lang lebte er im alten Lexington Hotel und studierte die Welt Al Capones und seiner engsten Mitarbeiter, die ihn gewissermaßen als akademisches Maskottchen adoptierten. Dann arbeitete er als Handlungsforscher für ein Institut zur Erforschung der Jugendkriminalität und sammelte in seiner Freizeit Geld für die Internationale Brigade im Spanischen Bürgerkrieg, agitierte für neu gegründete Gewerkschaften und kämpfte gegen Zwangsexmittierungen und für den sozialen Wohnungsbau, als dieses Konzept noch als eine kommunistische Erfindung galt. Nach seiner Zeit bei Al Capone sammelte er Organisationserfahrungen beim Dachverband der nordamerikanischen Gewerkschaften (C.I.O.) und beriet dessen Präsidenten John L.

Lewis. Nach dem Ende des 2. Weltkrieges baute er seine erste, eigene Organisation auf: die Organisation der Chicagoer Hinterhöfe (*back of the yards*). ...

Alinsky geht von einer zentralen Annahme aus: Jede Gemeinde, jede Stadt besitzt eine etablierte Macht-Struktur, die sich Änderungen in Form von Verbesserungen der Masse der mittellosen Bevölkerung widersetzt. Um dennoch solche Verbesserungen durchsetzen zu können, muß eine Gegen-Macht gebildet werden. Macht aber tritt in Gestalt von viel Geld oder vielen Menschen auf. Menschen, die kein Geld haben, müssen diesen Mangel durch ihre große Zahl kompensieren. Wenn sie sich einig sind und gemeinsam handeln, können sie ihre politischen Gegner zu Zugeständnissen zwingen, sofern sie entschlossen sind, den öffentlichen Konflikt in einer Sache und an einer Stelle zu wagen, wo ihr Hauptgegner verwundbar ist. ...

Harry Specht ist anders als Saul Alinsky ein Liberaler **und** ein Universitätsprofessor. Seit langer Zeit an der Universität von Kalifornien in Berkeley lehrend (wo auch Walter Friedländer bis zu seinem Tode tätig war), systematisierte er in mehreren Lehrbüchern Strategien von Gemeinwesenarbeit, die er "disruptiv" nannte und die ich als "aggressiv" beschrieben habe.

Disruption ist im Verständnis von Harry Specht eine Strategie, um das Handlungssystem des Gegners für eine begrenzte Zeit unwirksam zu machen, außer Kraft zu setzen (**disruption** = Unterbrechung). Das geschieht in der Regel in drei Schritten. Zunächst stoßen die einander diametral gegenüberstehenden Interessen innerhalb akzeptierter Grenzen aufeinander und werden der Öffentlichkeit argumentativ und diskursiv bekannt gemacht, um Anhänger zu gewinnen und Schwankende zu mobilisieren. Auf einer zweiten Stufe werden traditionelle Verkehrssitten bewußt aber gewaltlos verletzt: durch Märsche, Demonstrationen, Boykotte, Mahnwachen, Mietstreiks, öffentliches Fasten (Hungerstreiks, eine bevorzugte Strategie von Mahatma Gandhi). Die Strategie auf dieser Stufe ist insofern gewaltlos, als die an ihr Beteiligten das **nicht** tun, was von ihnen erwartet (nicht aber verlangt) wird: Dienstleistungen in Anspruch nehmen und Waren kaufen, regelmäßig essen und die Miete bezahlen, nachts im Bett liegen und schlafen ... Auf der dritten Stufe werden gesetzlich festgelegte Erwartungen durch Nicht-Tun passiv oder auch aktiv verletzt: durch das Nicht-Befolgen aber auch das öffentliche Verbrennen von Einberufungsbefehlen, durch das Sitzen oder Liegen an Orten, die anderen Zwecken dienen (*sit-ins* auf Straßenbahn- und Eisenbahn-Schienen und vor den Toren von Militär-Depots und Kasernen), durch das dauerhafte Blockieren von Telefonanschlüssen, Bankschaltern, Warenhauskassen und Zebra-Streifen" (CWM, Bd. 2, S. 14-119).

In der professionellen Praxis ließen sich derartige Konzepte in der BRD allerdings nur in Ansätzen realisieren. Zu unterschiedlich waren die Kontexte, sowohl was die gesellschaftlichen Konflikte, als auch was das Niveau individueller sozialer Absicherung anging: Insgesamt etablierten die sozialpolitischen Regulationen bei uns trotz aller Kritik eine Art "Grundsicherung", die in den USA fehlte bzw. erst in kommunalen Kämpfen errungen werden mußte.

Deshalb verhalfen uns diese radikalen Konzepte eher zu einer kritischeren Wahrnehmung sozialer Widersprüche als zu einer kritischeren professionellen Praxis.

Projekte wie das in der Obdachlosenarbeit, von dem Josef BURA berichtete, blieben Ausnahmen. Ihre literarische Resonanz übertraf zunächst ihre quantitative Bedeutung erheblich. Dazu trug sicher auch das "Revolutions-Pathos" bei, selbst als es sich unter der Bezeichnung "parteiliche Sozialarbeit" auf einen realistischeren Anspruch konzentrierte. Wie in Josef BURAS kurzem Bericht durchscheint, war die Praxis prosaischer, aber auch facettenreicher. Dadurch wurde die Anmaßung, die "unbewußten" Obdachlosen zu bewußten "Klassenkämpfern" zu verwandeln, auf den ganz "normalen" Konflikt reduziert, den auch alle anderen Ansätze haben, die meinen, die Probleme **für** und nicht **mit** den Adressaten zu "lösen". Das Beispiel der geplatzten Besichtigungsfahrt mit den Bussen beleuch-tet diesen Sachverhalt: Die Bewohner und die Projektmitarbeiter hatten gleichermaßen das erklärte Ziel, daß den Bewohnern die üblichen Sozialbau-Wohnungen zugestanden wurden. Auf Basis dieser Problemsetzung gelang diese Aktion wie später auch der gemeinsame Umzug nach St. Pauli. Aber auch in anderen Punkten gingen Josef BURA und das Projekt über die traditionellen Methoden hinaus. So gehörte es zum Selbstverständnis der ersten Generation von GWA'lern, in den Stadtteilen zu wohnen, in denen sie arbeiteten. Sie wollten nicht nur als Professionelle sondern auch als Nachbarn und "Betroffene" anerkannt werden. So war in der Praxis immer klar, daß es darauf ankam, die "little Joes", die informellen Meinungsführer also, für ein Vorhaben zu gewinnen. Nur **mit** ihnen war Bewegung möglich. Magda KROMME war so eine "little Joeette".

In den zahlreichen sozialen Bewegungen der 70er und 80er Jahre hingegen spielten diese Ideen eine wichtige Rolle. In den öffentlichkeitswirksamen Aktionen der Jugendzentrums-, Frauen-, Ökologie- und Friedensbewegungen wurden Aktionen des aktiven und passiven Widerstands selbstverständlich - und an diesen beteiligten sich viele Professionelle, allerdings außerhalb ihres Arbeitsplatzes. Abgesehen von einigen Haus- oder Jugendzentrumsaktionen, an denen "parteiliche" SozialarbeiterInnen teilnahmen, und einigen Demonstrationen und Go-ins/Sit-ins von Obdachloseninitiativen gab es nur zwei größere Konflikte, die die Praxis der Rezeption radikaler Ansätze deutlich symbolisierten - allerdings auf einer ganz anderen Ebene. Der erste endete mit einer Art Kompromiß, der zweite mit einer (bis heute nachwirkenden) Niederlage.

Der erste Konflikt entwickelte sich um die selbstorganisierte Fortbildung zu grundlegenden Themen der GWA im Burckhardthaus in Gelnhausen. Nachdem dort Ende der 60er Jahre die traditionelle Gemeindehelferausbildung mangels Nachfrage eingestellt wurde, entwickelte sich diese von der Evangelischen Kirche unterhaltene Einrichtung zu einem der wichtigsten Kristallisationspunkte radikaler GWA. Das zeitweise 16köpfige Dozententeam brachte z.B. Schriften ALINSKYS heraus (1974).

"Als das Burckhardthaus und die von ihm weitergebildeten Mitarbeiter auch noch anfingen, die altväterlichen Organisations- und Weisungs-Strukturen der Evangelischen Kirche in Frage zu stellen, Betroffenen-Beteiligung in Obdachlosensiedlungen und kirchlichen Sozialeinrichtungen einzuführen und Wörter wie 'Drittelparität' und 'gebundenes Mandat' in den Mund zu nehmen, schien vielen Kirchen-Verwaltern die Toleranzgrenze überschritten. Das fundamentaldemokratische Selbststeuerungsgremium des Burckhardthauses unterhalb der Mitgliederversammlung - der Planungsausschuß - wurde durch ein Leitungsteam ersetzt, dessen Zusammensetzung durch die EKD bestimmt wurde. Die Dozenten des Hauses erhielten Änderungsverträge - bis auf drei, die gekündigt wurden. In den Jahren zwischen 1975 und 1977 fand keine Fortbildung kirchlicher Mitarbeiter in Gemeinwesenarbeit und Gemeindeaufbau in Gelnhausen statt" (CWM, Bd. 2, S. 123).

In der Zeit danach wurde das Burckhardthaus zum Treffpunkt aller an der Weiterentwicklung der GWA Interessierten. Von den (fast) jährlichen Treffen berichten bis heute die GWA-Jahrbücher, die nun allerdings nur eine Stimme im breiten Feld der GWA-Ansätze sind - allerdings eine weiterhin wichtige und radikale.

Der zweite Konflikt um die Rezeption radikaler GWA-Ansätze führte zur Schließung des vielleicht noch wichtigeren Diskussions- und Praxiszusammenhangs der sich entwickelnden GWA - der Victor-Gollancz-Stiftung (VGSt). Lisel WERNINGER, Gesa von BENTIVEGNI und Jürgen KALCHER (Zeitzeugen im FÜNFTEN BLICK) waren Stipendiaten der VGSt, alle drei betonten die Bedeutung dieser Einrichtung für eine demokratische Tradition von Jugend- und Sozialarbeit.

In der VGSt bildete sich eine einflußreiche "Arbeitsgruppe Gemeinwesenarbeit", die u.a. eine zweijährige Fortbildung für GWA-DozentInnen an Fachhochschulen durchführte. Der Reader, der daraus entstand, ist bis heute die fundierteste Einführung in das Thema (1975^2). Als auch in der Stiftung die Forderung nach Mitbestimmung der Stipendiaten und Hauptamtlichen durchgesetzt werden sollte, zogen Vorstand und das finanzierende Bundesministerium die "Notbremse" und stellten die Finanzierung ein. Die Stiftung mußte schließen.

"Die Gründe, die zur Reorganisation des Burckhardthauses und Liquidation der Victor-Gollancz-Stiftung geführt haben mögen, tragen verwandte Züge. Beide Institutionen waren fachlich anerkannt und arbeiteten erfolgreich. Ihre hauptamtlichen Mitarbeiter setzten organisatorische Struktur-Reformen durch, welche die Konstruktion traditioneller Wohlfahrts-Vereine zu sprengen drohten. Ehrenamtliche Vorstände sind heute kaum noch in der Lage, kompetenten und selbstbewußten hauptamtlichen Mitarbeitern Handlungs-Strategien aufzuzwingen, die den pädagogischen und politischen Einsichten dieser Mitarbeiter widersprechen. Kommt es zur entscheidenden Kraftprobe, so bleiben einzelne Mitarbeiter auf der Strecke - oder die gesamte Einrichtung" (CWM, Bd. 2, S. 131).

Mögen beide Konflikte aus heutiger Sicht zwar ärgerlich, aber nicht besonders bedeutsam sein, so erlebten wir diese Auseinandersetzung als dramatisch und

repressiv. Für uns waren sie ein weiterer Schritt zur Ausschaltung einer Opposition, die mit Berufsverboten (1972) und "Sympathiesanten-Hatz" begonnen hatte (vgl. "Antirepressions-Kongreß" Pfingsten 1976).
Beide Konflikte markieren zugleich das Ende der ersten Implementationsphase der GWA, die später auch die "wilden Jahre" (z.b. OELSCHLÄGEL 1985; HINTE 1985) genannt wurden. Dabei spielten GWA-Projekte rein zahlenmäßig nie eine große Rolle. Ihre Bedeutung lag in der fachlichen Aufmerksamkeit, die sie erregten, und in der meist engen Zusammenarbeit mit den (Fach-)Hochschulen, die nicht nur die Dokumentation der Projekte, sondern auch deren Verankerung im "politisch bewußten" Teil der Studentenschaft unterstützten. Sowohl die ersten Dozenten - als auch Studentengenerationen fühlten sich als Pioniere einer neuen kritischen Sozialarbeit, die nicht bei der Ideologiekritik stehen blieb, sondern auch wirklich neue Wege gehen wollte. Nicht wenige GWA-Projekte entstanden aus studentischer Initiative, die entweder einen unterstützenden Träger fanden oder selbst einen solchen gründeten. Eine erste Umfrage unter hauptamtlichen GWA'lern zeigt deutlich, daß Kirchengemeinden und Wohlfahrtsverbände hier die wichtigste Rolle spielten (BIANCHI/RAISER in ihrer im Auftrag der Victor-Gollancz-Stiftung Mitte 1971 durchgeführten Untersuchung, veröffentlicht 1972). Alle 38 Projekte waren in Neubau- oder Sanierungsquartieren oder in Obdachlosenquartieren angesiedelt. Als MESLE Ende 1975 eine weitere Befragung durchführte, machten kommunale Träger schon fast ein Drittel der Anstellungsträger aus. Die 83 Projekte der zweiten Befragung arbeiteten in den gleichen Schwerpunkten, wobei Projekte in kleineren Städten nun eine größere Rolle spielten (vgl. BOULET/KRAUSS/OELSCHLÄGEL 1980, S. 62 f. - im folgenden als BKO zitiert). Gemeinsames Kennzeichen der Praxis dieser Projekte waren die vielfältigen Versuche der Aktivierung marginalisierter Bevölkerungsgruppen, verbindendes Element in der Theorie waren unterschiedliche Ansätze, die Marxsche Kritik der politischen Ökonomie mit neueren Analysen kritischer Sozialwissenschaft zu verbinden. Beides führte zu scharfen Kontroversen und Konflikten mit den "Traditionalisten", die an der Modernisierung der Methoden interessiert waren. Liest man heute Berichte und Dokumentationen aus der damaligen Zeit, fallen sowohl große Diskrepanzen zwischen theoretischem Ansatz und praktischer Arbeit auf, als auch originelle Projekte der Kinder- und Erwachsenenbildung (z.B. CWM, Bd. 2, S. 158 ff.). Insgesamt waren die Ziele in dieser ersten Phase sehr hochgesteckt, so daß die Resümees der beiden Umfragen deren Autoren eher ernüchterten, wenn nicht sogar enttäuschten.

"Bianchi und Raiser formulieren aufgrund ihrer Ergebnisse sehr zurückhaltend als generelle Einschätzung, 'daß Gemeinwesenarbeit als neue Strategie der Sozialarbeit diese in ihrer prinzipiellen Funktion nicht ändert' und Kurt Mesle formulierte noch pessimistischer, ja enttäuscht: 'Sozialarbeit hat - wieder einmal! - ihr traditionelles Ziel der Beschwichtigung und oberflächlichen Harmonisierung diesmal auch innerhalb ihrer eigenen Reihen erreicht" (BKO, S. 64 f.).

Derartige Ergebnisse führten aber nicht zur Aufgabe des Ansatzes, sondern im Gegenteil: Die Kritik der Gemeinwesenarbeit an der parzellierenden, ausgrenzenden und stigmatisierenden Funktion von Sozialarbeit - insbesondere der Einzelhilfe - wurde in vielen Arbeitsfeldern aufgenommen und dort unter dem Titel "GWA - Anteile" oder Stadtteilbezug reformuliert. Als typisch für die Verarbeitung einer derartigen Kritik kann die vom AKS Hamburg geführte Reflexion über die Institutionalisierung von Initiativen im Stadtteil angesehen werden. In Absetzung zu einem "reinen" GWA-Ansatz formulierten wir damals das Konzept einer stadtteilbezogenen Sozialarbeit, die sich auf der einen Seite gegen die abstrakte Politisierung der Betroffenen wendete, sich auf der anderen Seite aber auch von einer Stadtteilarbeit, die von den Bewohnern selbst getragen wurde, abgrenzte. Es war also der Versuch, ein professionelles Konzept stadtteilbezogener Arbeit zu entwickeln (AKS HAMBURG 1975, S. 5 ff., zur weiteren Entwicklung: KARRAS/HINTE 1989).

Vergleichbare Überlegungen und Praxen wurden in bezug auf Stadtplanung entwickelt, zumal die damaligen Planungskonzepte eine breite Bürgerbeteiligung vorsahen. Die Impulse der GWA wurden insbesondere in der Jugendzentrumsbewegung und in der Diskussion um die Neuorganisation Sozialer Dienste aufgenommen. Für die Orientierung an bestimmten Zielgruppen (Jugendliche, alte Menschen oder Frauen) wurde der in den Niederlanden geprägte Begriff der **kategorialen Gemeinwesenarbeit** (BKO, S. 298 ff.) übernommen, für die z.B. im Gesundheitswesen auf spezifischer Funktion orientierten Ansätze der der **funktionalen Gemeinwesenarbeit** (BKO, S. 295 ff.). Mischformen von beiden gab es z.B. in gemeinwesenorientierten Schulprojekten und in den sozialpsychiatrischen bzw. gemeindepsychiatrischen Versuchen. Diese Verbreiterung der Diskussion führte Ende der 70er Jahre in die dritte Phase, die im Schwerpunkt im nächsten BLICK behandelt werden soll: die Formulierung von **Gemeinwesenarbeit als Arbeitsprinzip**. Diese Überlegung reifte in unterschiedlichen Ansätzen seit der Übernahme und Rezeption aggressiver Konzepte der Gemeinwesenarbeit, die sich auch in den USA nicht als dritte Methode, sondern als eigener Ansatz verstand. Während integrationistisch orientierte Konzepte weiterhin das Selbstverständnis einer dritten Methode pflegten, gewann zunehmend die Einsicht Raum, daß mit einer sozialräumlichen Orientierung ein ganz anderes Prinzip realisiert werden konnte, ein nicht individualistisches, nicht segregatives, sondern eines auf Teilhabe und Selbstorganisation orientiertes. Vorläufer in der Formulierung eines eigenen Arbeitsprinzips sind auf der einen Seite Arbeiten von Fritz HAAG und anderen zur Aktionsforschung (1972) und Arbeitsfeldanalyse (1973), auf der anderen Seite aber auch Erweiterungen in der traditionellen Methodendiskussion. Ein noch immer wichtiges Beispiel ist die Arbeit von Marianne HEGES zum engagierten Dialog, in der sie das positivistische Wissenschaftsverständnis traditioneller Methodik kritisch überschreitet:

"So ist die Krise der Arbeitsform Einzelhilfe kennzeichnend für die Krise der Arbeitsformen überhaupt, die die Kompetenz des beruflichen Handelns begründen sollen! Die Erkenntnisse über Fehlentwicklungen im spätkapitalistischen System differenzieren sich. Zugleich wächst jedoch auch die Erkenntnis über die Rigidität individueller und gesellschaftlicher Strukturen und damit das Gefühl der Ohnmacht bei allen, die auf eine rasche Veränderung hoffen" (1974, S. 5/6).

4. Identitätsstrategien als Professionalität (Reprint 1975)

Das folgende Kapitel beinhaltet die nur unwesentlich gekürzte Fassung des sechsten Teils meiner 1975 erschienen Dissertation (S. 133-166). Den "institutionalisierten Konflikt" (so der Titel der Arbeit) in der Sozialen Arbeit erörterte ich exemplarisch an der "Rolle des Sozialarbeiters in der Klassengesellschaft am Beispiel der Jugend- und Familienfürsorge" (so der Untertitel). Die Grundlage dieses Konfliktes sah ich damals (und sehe ich heute noch, auch wenn ich ihn - wie ich es in diesem Grundkurs versuche zu entfalten - mit anderen theoretischen Zugängen erweitern würde) in dem gesellschaftlichen Verhältnis zwischen Sozialarbeitern und Adressaten (oder Betroffenen, wie ich damals formulierte, um den Terminus "Klient" zu vermeiden).

"Das gesellschaftliche Verhältnis von Sozialarbeitern und Betroffenen **ist** ein struktureller Konflikt. Dieser Konflikt besteht darin, daß einerseits die Schwierigkeiten der Betroffenen aus deren Stellung im oder zum Produktionsprozeß herrühren, andererseits die Sozialarbeiter aufgrund ihrer Organisation und der ihnen zur Verfügung stehenden Mittel diese Schwierigkeiten aber vorwiegend als solche der Reproduktion definieren" (S. 27).

Zu diesem Konflikt muß sich jede Sozialarbeiterin und jeder Sozialarbeiter verhalten. Er muß sich also in einer wie auch immer interpretierten Form im beruflichen Selbstverständnis niederschlagen - als eine bestimmte, dem historischen und biographischen Hintergrund entsprechende Form von Professionalität. Oder, wie ich damals formulierte:

"Der zentrale Bezugspunkt, von dem aus Formen von Professionalität unterschieden werden können, ist die unterschiedliche Interpretation des strukturellen Konflikts als dem objektiven gesellschaftlichen Verhältnis zwischen Sozialarbeiter und Betroffenem: Der Konflikt, der daraus entsteht, daß die Ursachen für die Schwierigkeiten der Betroffenen in deren sozialer Lage als nicht oder wenig qualifizierte Lohnarbeiter liegen; die dem Sozialarbeiter (als vermittelndem Lohnarbeiter) zur Verfügung stehenden Maßnahmen diese Ursachen aber als Schwierigkeiten individueller Reproduktion definieren" (S. 135).

Im Arbeitsalltag von SozialarbeiterInnen konkretisiert sich dieser Konflikt in Erwartungen an jeden einzelnen Professionellen, die aus den angedeuteten genannten strukturellen Gründen nie übereinstimmen können.

Als die bedeutensten "Produzenten" solcher Erwartungen machte ich aus:
a) die Betroffenen (d.h. deren soziale Lage, die sich z.b. konkretisiert in der jungen Mutter mit kleinen Kindern - so im Fall "Kromme")
b) "das Amt" (oder die Institution, in der der Professionelle arbeitet. Neben dem Faktum der eigenen Lohnabhängigkeit zentrieren sich die Erwartungen um die zur Verfügung stehenden Maßnahmen/Mittel/Medien)
c) die/der Professionelle selbst (d.h. ihr/sein fachliches und politisch-kulturelles Selbstbild)

Da Widersprüche und Konflikte zwischen diesen unterschiedlichen "Erwartungs-Quellen" nicht jeden Tag neu ausgehandelt oder entschieden werden können, ist es eine Notwendigkeit, diese Erwartungsdimensionen in ein subjektiv stimmiges Verhältnis zu bringen. Die Leistung, dieses zu gewährleisten, bezeichnete ich als **Identitätsstrategie**. Auf Basis dieses Ansatzes ordnete ich die 18 Interviews, die ich 1973 mit Jugend- und FamilienfürsorgerInnen in Hamburg geführt hatte, nach jeweils übereinstimmenden Aussagen in folgenden Themenbereichen zu:
- Interpretation der sozialen Lage der Betroffenen;
- Interpretation der Beziehung zum Betroffenen;
- Interpretation des eigenen Status;
- Interpretation der damaligen gesellschaftlichen Situation.

Aus weitgehenden Übereinstimmungen in allen vier Interpretationsbereichen schälten sich drei in sich konsistente Professionalitätsformen heraus: die personalisierende, die klinische und die solidarische Professionalität.

Die Entstehung und Bedeutung der personalisierenden Professionalität habe ich unter Bezugnahme auf die drei Erwartungsbereiche schon im FÜNFTEN BLICK ausgeführt, ebenso die klinische, die sich aus einem "verstehenden" Ansatz entwickelte (s.o.S. 61 ff.).

Die folgenden empirischen Beschreibungen und Analysen lassen sich deshalb auch als Ergänzung und Präzisierung für die Erscheinungsformen beider Typen in den 70er Jahren lesen. Auf die Weiterentwicklung der klinischen und solidarischen Professionalität bis heute gehe ich im AUSBLICK kurz ein. (Eine entsprechende Nachfolgestudie steht noch aus.)

(1) Personalisierende Professionalität

Die Interpretation der sozialen Lage der Betroffenen ist dadurch gekennzeichnet, daß gesellschaftliche Bezüge fast völlig ausgeklammert werden:

"Ich habe nie über Gruppen oder Schicht nachgedacht. Ich habe auch meine Arbeit nicht danach eingeteilt, ich habe die Menschen immer so genommen, wie sie kamen. Ich habe nicht danach gefragt, ob sie zu dieser oder jener Gruppe gehören... Ich würde einfach sagen Mitbürger."
(Interview 19)

Selbst wenn zugestanden wird, daß "die gesellschaftliche Position" oder die "wirtschaftliche Misere eine große Rolle spielen", so wird "Gesellschaft" dennoch eher als "negativer" Einfluß auf die Individuen verstanden, wobei als die Individualität eines Menschen ausschließlich der psychische Bereich verstanden wird:

- *"erschreckende Verlagerung der jugendlichen Interessen auf materielle...",* (Interview 12)
- *Anonymität, übergroßes Angebot, fehlende Leitbilder;* (Interview 17)
- *Gesellschaft als Struktur, die Anpassung erfordert.* (Interview 13)

Wenn diese Einflüsse wirksam werden, liegt es aber doch eher an der Persönlichkeitsstruktur des Einzelnen:
"Entweder haben sie es nicht richtig gelernt oder es ist die Umwelt dran schuld, mit der ganzen Werbung; was man haben muß – und da reicht das Geld nicht. Sie verdienen zu wenig gegenüber den Ansprüchen, die ein Mensch heute haben soll,...z.B. wenn Käufe gemacht werden, die eigentlich sinnlos sind, wo mit bestimmten Anschaffungen alle möglichen Störungen zugedeckt werden, also in Form einer Selbstbefriedigung. Und da ist also nicht nur die Umwelt dran schuld, sondern das ist eine Störung der Person. Dann z.T. auch, daß sie einfach nicht richtig gelernt haben zu kochen. Das sind z.T. rein technische Sachen, die sie an sich hätten lernen können. Man kann im allgemeinen nicht sagen oder nicht nur sagen, daß die Umwelt dran schuld ist. Meistens oder oft ist die minimalste Voraussetzung zur Führung einer Ehe nicht vorhanden, z.B. an Einsicht und so weiter – das verleitet dann zu unkontrollierten Ratenkäufen." (Interview 42)

Die Interpretation der eigenen Beziehung zum Betroffenen ist durch zweierlei gekennzeichnet: einmal durch ihre Interpretation als "allgemein-mitmenschliche", zum anderen durch die Gleichsetzung der eigenen Hilfemotivation mit dem "Hilfeauftrag" der Gesetze.

"Ich betone immer wieder, ich bin kein Polizist, ich bin kein Richter, ich komme hier als neutraler Mensch. Ich bin auch nicht ihr Verteidiger, ich bin neutraler Mensch und Mitbürger, auch kein Staatsanwalt. Das bedeutet immer, daß ich lange rede, bevor ich das klar hab." (Interview 19)

"Ich bin zwar der Ansicht, daß es ein Kind häufig schlecht hat in einer Familie, aber ich bin nicht der Meinung, daß sich das ändern muß. Man muß akzeptieren, daß es verschiedene Schicksale gibt. Man muß von unserer Warte nur drauf achten, daß das Kind nicht geschädigt wird."
(Interview 18)

Die Frage, ob die Beziehung zum Betroffenen nicht auch Kontrolle enthalte, wird damit wesentlich zur Frage, ob man diese als solche empfindet:

"Ich glaub' nicht. Ich sag' ja auch nicht, ich fühl' mich ja auch nicht so, und ich sag' ja auch nicht, ich fühl' mich als Vertreter der und der Behörde, sondern ich bin ausschließlich der Jugendfürsorger."
(Interview 2o)

"...Wir können aber nach kurzen Gesprächen dann schon zeigen, daß wir nicht gekommen sind, um zu kontrollieren, sondern gekommen sind, um Hilfe anzubieten und Hilfen auch aufgrund unseres Berufes geben zu können." *(Interview 13)*

"...Aber natürlich gibt es das, im Einzelfall sind Leute nicht zu überzeugen, die so eine querulierende Art haben." *(Interview 19)*

"Hilfe" oder das "Hilfeangebot" wird damit zu einer besonderen Qualität dieser Beziehung; der subjektiv vermeinte Sinn der Gesetze (der sich mit dem öffentlich propagierten deckt), wird mit der eigenen Hilfemotivation gleichgesetzt - selbst wenn es "unangenehme Hilfsangebote" sind:

"...Wenn da einer nicht informiert ist, dann muß man ihm eben das sagen. Ich glaube nicht, daß ich als ein Kontrollorgan angesehen werde, eher als ein Hilfsorgan.
(Und bei Meldungen der Polizei?)
Ja, solche Sachen sind dann die unangenehmen Hilfsangebote, die man im Rahmen des Jugendhilfegesetzes dann eben macht. Damit kommt man aber auch gut zum Zuge, wenn man der Familie u.a. auch andere Hilfen gibt, wenn man der Familie im gleichen Maß und zur gleichen Zeit andere Hilfen gibt." *(Interview 2o)*

"Na ja, es dauert bei manchen Jugendlichen etwas länger, bis sie begreifen, daß diese Zusammenarbeit letzten Endes ja zu ihrer Hilfe geschieht. Das muß man eben manchmal in Kauf nehmen, und manchmal muß es auch so sein, daß es sich eben als Hilfe auf die Dauer auswirkt, wenn also in der Zusammenarbeit Druck von mehreren Seiten kommt." *(Interview 14)*

"Wir haben eine ganze Reihe von Pflichtaufgaben nach dem Gesetz, die uns niemand nehmen kann - auch niemand nehmen darf. Es handelt sich dabei vielfach um schicksalsträchtige Entscheidungen, an denen wir mitwirken und die erledigt werden müssen, und zwar im Interesse des Klientels." *(Interview 12)*

Dieser direkte Bezug der eigenen Motivation auf den "Sinn" der Gesetze bedeutet nicht, daß man sich mit der konkreten Form der staatlichen Organisation, der Bürokratie, identifiziert. Im Gegenteil, die Interpretation des eigenen Status als "helfender Mitmensch" verlangt eine gewisse Distanzierung von der "Verwaltung". Diese wird im Sinne von Arbeitsteilung zwar für notwendig unterstützend betrachtet (Interview 14, 19, 15, 43), die Einengung durch Dienstanweisungen, Aktenführung usw. aber so weit zurückgewiesen (und unterlaufen), wie es im Interesse eben jenes Sinnes für notwendig erachtet wird:

"Die beiden Punkte, die ich eben sagte (unbürokratischere Vergabe von Geldmitteln und unbürokratischere Auslegung von Vorschriften), daß man mal im Einzelfall über seinen Schatten springen kann. Da ist es in unserer Gesellschaft zu weit getrieben, finde ich, man muß z.B. nicht versichert sein.
(Bezug auf eine Fallinterpretation: Weil der Vater nicht versichert war, konnte dessen Kind nicht in eine Spezialklinik überwiesen werden, was dringend erforderlich gewesen wäre. Grund: zwei Behörden stritten sich über die Zuständigkeit, keine wollte die Verantwortung für eine Entscheidung übernehmen.)
In solchen Fällen sieht man gewissermaßen den Nachteil unserer Freiheit. So schön die Freiheit ist, aber da ist es ein Nachteil." (Interview 19)

"Es gibt ganz klare Anweisungen, die dem Fürsorger sagen, wie weit er gehen darf. Ich würde sagen, das ist für den Fürsorger auch eine gewisse faszinierende Angelegenheit. Ich sehe darin auch einen gewissen Spaß, immer über das etwas hinauszugehen, was mir gestattet ist, aber immer im Bewußtsein, wenn das schiefgeht, dann mußt du auch die Verantwortung tragen." (Interview 15)

(Zum Recht auf Zeugnisverweigerung)
(ironisch) *"Als Untertan denke ich mir, daß das Bundesverfassungsgericht sich dabei etwas gedacht hat, und ich meine, man sollte so eine Sache wie das Aussageverweigerungsrecht nicht zu sehr ausdehnen. Sonst gibt es eine Inflation nachher."* (ernst) *"Wir sind doch nun einmal von der Gemeinschaft beauftragt und bezahlt und verpflichtet, und ich finde, daß wir das der Gemeinschaft irgendwie schuldig sind. Ich weiß, wann ich meine Ohren und Augen aufmachen soll und wann nicht. Was ich nun gehört habe, ist ja meine Sache, ich schreib' nur nicht alles rein. Insofern sollte man sich da selbst etwas kontrollieren, daß man nicht etwas hineinschreibt, was einem später selbst leid tut. - Ich weiß nicht, ob das in Ihre Untersuchung hineinpaßt."* (Interview 19)

"Wenn ich also merke, daß die Leute mir irgendetwas sagen könnten, was ich berichten müßte, dann biege ich ab und sag', das sag' mal lieber nicht." (Interview 18)

Die entsprechende Einstellung gilt auch für mögliche Änderungen innerhalb der "Verwaltung": Soweit sie der eigenen Interpretation der Aufgaben entgegenkommt oder dieser zumindest nicht widerspricht, wird sie als sinnvoll empfunden, soweit sie diese einengt, abgelehnt: *"Der Sozialarbeiter braucht keinen Vorgesetzten, sondern einen Träger"* (Interview 2o). Der zweite Schwerpunkt in der Interpretation des eigenen Status ist das Interesse an der Erhaltung bzw. Festigung des Erreichten.

Wenn man überhaupt Vergleiche mit anderen Berufen zuläßt, zielen diese eher auf deren Status als auf deren Inhalt (z.B. Lehrerberuf):

"Das ist gar nicht so einfach. Es gibt im Grunde genommen gar nichts Vergleichbares." (Interview 14)

"Erwarten Sie nicht, daß ich jetzt sage, Pastor, Polizeibeamter und Schulmeister. Wenn Sie es jetzt von der rein sozialen Stellung her sehen würden, Ingenieur, Architekt." (Interview 15)

"Ja, ich finde uns sehr viel besser als die Lehrer, die sind zu sehr ans Lehrprogramm gebunden, und wir sind da sehr viel freier. Nachteil ist bei uns, daß wir mehr an die Gesetze gebunden sind, aber an irgendetwas ist man immer gebunden, und das ist auch richtig." (Interview 18)

"...Das andere ist aber Durchpauken von Gehaltsforderungen, genauso wie die Lehrer es ja auch verstanden haben, vom Dorfschulmeister zu einem ganz angesehenen Beruf zu kommen." (Interview 19)

Daß mit der Besonderheit des Berufs ein relativ niedriges Ansehen verbunden ist, nimmt man als Folge dieser Besonderheit in Kauf:

"So still und verschwiegen und eindringlich, wie wir mit dem Klientel zu arbeiten haben, so im Verborgenen vor der Öffentlichkeit, sind dann auch unsere Arbeitsvollzüge. Zum Schutze der von uns betreuten Bevölkerung, wohlgemerkt. Das ist der Weg zum Vertrauen zu diesen Hilfsbedürftigen." (Interview 13)

Selbst der Vergleich mit dem Arzt oder Anwalt zielt eher auf deren Status als selbständig Arbeitende, wobei weniger die ökonomische Selbständigkeit gemeint ist, sondern das selbständige Entscheiden: Auch in der Position eines Beamten/Angestellten des Staates ist diese Selbständigkeit Vorbild:

*"Wenn man z.B. sieht, daß er (der Sozialarbeiter) heute schon im Beamtenverhältnis ist - es war noch gar nicht so lange her, da war er ein kleiner Angestellter, während er früher wohl auch als Postbote der Sozialbehörde angesehen wurde. Oder wenn man daran denkt, daß Bewährungshelfer heute schon im Amtmannstand sind - das sind doch recht gute Fortschritte...
Ich glaub', meine Meinung ist da klar, die Fürsorge sollte in der Lage sein, eigenständige Arbeit zu leisten, ohne Vorgesetzten usw., und ich meine damit die unabhängige Tätigkeit, wie sie der Arzt oder Rechtsanwalt betreiben kann. Ich halte es für notwendig, daß wir aus eigener Verantwortlichkeit handeln können..."* (Interview 2o)

Auf Zufriedenheit mit dem erreichten Status läßt nicht nur der Stolz auf die Verbeamtung schließen, sondern auch die Tatsache, daß zwischen der eigenen Einschätzung des Berufes und der geglaubten durch die Betroffenen kein inhaltlicher Unterschied ist:

*"Man muß berücksichtigen, mit welchen Leuten, welchen Behörden das
Publikum in Berührung kommt. Bei Hausbesuchen, und das sind sonst nur
Kriminalbeamte, die Hausbesuche machen und natürlich Ärzte. Und ich
würde meinen, daß wir da dazwischen in der Meinung des Publikums rangieren."* (Interview 18)

Die Aussagen zur Ausbildung/Wissenschaftlichkeit, zu den Methoden und
zum Recht auf Zeugnisverweigerung sind einheitlich mit einem "zuviel
ist schädlich" gekennzeichnet, d.h. auch hier steht das Interesse an
der Festigung, nicht an der Änderung des eigenen Status im Vordergrund. (Interview 19, 15, 12, 18, 2o)

In der Interpretation der heutigen gesellschaftlichen Situation kehren alle Interpretationsmuster auf allgemeinerer Ebene wieder. Vor
allem in der Furcht vor Kommunismus/Totalitarismus bündeln sich die
Interpretationsmuster personalisierender Professionalität wie in einem "Brennpunkt":
Ein Aspekt dieser Furcht ist das Sich-bedroht-fühlen durch Veränderungen: Das Interesse an Sicherung/Festigung des eigenen Status entspricht also dem an der Erhaltung des gesellschaftlichen Status quo.
(Interview 12, 18, 2o)
Ein weiterer Aspekt ist die Furcht vor "Verlust" der eigenen Personalität und Originalität durch "Nivellierung" (Interview 19) und "Verunsicherung" durch zu viele Reformen (Interview 2o). "Kollektivismus"
wird sowohl als Bedrohung der eigenen Individualität als auch der der
Betroffenen angesehen:

(Nachfrage: Wäre eine Alternative zum reaktiven Handeln denkbar?)
*"Die Alternative wäre ein ständiges Kontrollieren einer über alle.
Nehmen wir z.B. China, wo alles offengelegt ist, wo alles kommunemäßig offengelegt ist. Wo es also jeden Morgen mit Gymnastik beginnt
und jedes Stückchen nach den Weisungen des großen Mao besprochen wird.
Da wird also ständig beobachtet und gesehen und gesagt: wie können wir
was tun, und was können wir tun und so. In solch einer Gesellschaft
ist es möglich, aber die halte ich nicht für erstrebenswert. Da ist
dieses Reaktive das kleinere Übel, weil ich sage, daß es noch im
großen und ganzen irgendwie läuft und daß es doch darauf ankommt, bei
den Auffälligkeiten in geschickter Weise zu reagieren. Und ich bemühe
mich eben, so zu handeln."* (Interview 19)

Furcht vor Kommunismus/Totalitarismus bedeutet nicht, daß man die Gesellschaft für nicht verbesserungswürdig hielte. Man sieht die Reformbedürftigkeit vor allem des Bildungssektors (Interview 42, 2o), die
Ungerechtigkeit der Einkommensverteilung (Interview 19) oder die Unsicherheiten dieser Gesellschaft (Interview 15), der Garant aber dafür, daß diese Reformbedürftigkeit zu "wirklichen Reformen" führt,
ist der Staat, repräsentiert durch Parteien, Regierung und Gesetze.

*"Die politischen Parteien sind dazu in der Lage, Verbesserungen durchzuführen, und verbesserungsbedürftig ist entschieden eine gerechtere
Verteilung des Sozialproduktes - beispielsweise durch Entflechtung
von heute kaum noch zu überschauenden Konzernen und Kartellen. Möglicherweise auch durch eine Vergesellschaftung der Schlüsselindustrien.*

"Ich befürchte für die Zukunft - und das ist mir also sehr viel hautnaher als die Erwartungen zu den positiven Sachen - ich befürchte eine Verwässerung des wirklichen Fortschritts und der Reformen durch eine allzu dringende und im Grunde auch konzeptionslose revolutionäre Linke. Auf der anderen Seite sehe ich auch die Gefahren von rechts, aber die sehe ich nicht so dringlich." (Interview 12)

"Ich befürchte nach wie vor eine verstärkte Verwaltung. Daß immer mehr verwaltet wird und daß immer weniger aus menschlichen Initiativen erfolgt. Auch bei den Bürgerinitiativen trifft man wenig Langlebigkeit an, vielleicht auch, weil sie zu wenig vom Staat unterstützt werden." (Interview 2o)

Zur damit implizierten Vorstellung des Staates als über den gesellschaftlichen Konflikten stehend, gehört aber auch, daß er dort, wo diese zu stark werden (die "Behörden") unterstützend eingreift und sich schützend und helfend vor bedrohte Individuen stellt:

"Ich befürchte, daß die Probleme, die wir jetzt haben, sich verschärfen werden und verstärken werden und immer diffiziler werden und daß die Mittel nicht mehr reichen und daß die Behörde dann, wie wir es schon hatten, überrollt wird von der gesamten gesellschaftlichen Situation, wie wir sie jetzt vorfinden. Wenn jetzt nicht bald etwas Entscheidendes getan wird in Form von Zuschüssen an die Behörde, um die ganze Sache aufzufangen, dann wird es bald zu spät sein. Nämlich dann werden wir sehen, daß die Kinder, die jetzt Schwierigkeiten haben, erwachsen werden, auch wieder Kinder bekommen und dann die Schwierigkeiten weitergeben. Es ist auch ein gewisses Manko, daß die unehelichen Mütter seit 1970 die elterliche Gewalt haben. Dadurch brach die Verbindung zu der Familie ab. Das war natürlich erst eine Arbeitsentlastung, aber man wird jetzt erst mal abwarten müssen, wie sich das jetzt entwickelt. Die haben jetzt keinen Kontakt mehr mit dem Fürsorger, ohne Aufsicht usw." (Interview 17)

Die schon oben beschriebene Gleichsetzung von Hilfemotivation und "gesetzlichem Auftrag" erfährt in dieser (und der folgenden) Interpretation eine Erweiterung: Es wird eine allgemeine Interessenidentität von Staat und Individuum gesehen; der Hilfe und Fürsorge des Staates entspricht die "in der (psychischen) Natur" des Einzelnen liegende Unzulänglichkeit:

"Es wird immer irgendwo Leute geben, die unsere Hilfe in Anspruch nehmen müssen, nicht müssen, sondern wollen, und wir drängen uns ja auch nicht auf. Und insofern hat ja die sogenannte Fürsorge schon einen Wandel bekommen, d.h. daß es jetzt schon vielfach so ist, daß man auf freiwilliger Basis arbeitet, so ähnlich wie Eltern zu einer Erziehungsberatungsstelle kommen, so kommen sie jetzt auch zu uns. Ich würde sagen, die Jugendhilfe, die wir anbieten, gestaltet sich zum größten Teil, zu 90 %, freiwillig. Die großen Ausnahmen sind, wo man Hilfe erwirken muß, wenn z.B. die Eltern ihr Kind verloddern lassen, daß man dann gesetzliche Maßnahmen ergreifen muß, um die Kinder oder das Kind in eine andere Umgebung zu bringen. Die Jugendhilfe hat sich also doch weitgehend gewandelt, weil sie doch freiwillig ist oder erbeten wird." (Interview 2o)

ZUSAMMENFASSUNG:

Beziehen wir das tragende Element dieser Identitätsstrategie: die Personalisierung gesellschaftlicher Zusammenhänge, auf die objektiven Bedingungen des strukturellen Konflikts: die Klassenlage der Betroffenen als überwiegend nicht oder wenig qualifizierte Lohnarbeiter und die Klassenlage der Sozialarbeiter als vermittelnde Lohnarbeiter, so läßt sich feststellen: Die in dieser Personalisierung liegende starke Dichotomisierung von Individuum und Gesellschaft und von Staat und Gesellschaft gestattet es der personalisierenden Professionalität, die gesellschaftlichen Bedingungen weitgehend auszugrenzen bzw. auf Bedingungen der Persönlichkeitsstrukturen zu reduzieren. Die selbe Dichotomisierung bedeutet allerdings auch eine weitgehende Gleichsetzung der Interessen von Staat und Individuum, so daß der subjektiv vermeinte Sinn der Gesetze mit der eigenen Hilfemotivation identifiziert werden kann.

Unter dieser Perspektive werden Verhaltenserwartungen, die durch die Lage der Betroffenen und durch den allgemeinen Charakter der Maßnahmen gesetzt werden, deckungsgleich mit den Erwartungen an sich selbst. Einen Integrationszwang gibt es damit subjektiv nicht: Die Verhaltenserwartungen aus der Lage der Betroffenen werden als Schwierigkeiten der individuellen Lebensführung bzw. als in der Persönlichkeit des Einzelnen liegende Defizite interpretiert, denen mit den Hilfen, die durch die Gesetze gegeben werden, im allgemeinen entsprochen werden kann.

Subjektiv erlebte Konflikte beziehen sich vielmehr auf Verhaltenserwartungen, die durch spezifische Organisationszwänge gesetzt werden:
- durch die z.T. bürokratische Vergabe von Einzelhilfen,
- durch zu wenig Mittel und Maßnahmen,
- und vor allem durch Überlastung in Fällen, durch das Gefühl, zu wenig Zeit für einen Fall zu haben, d.h. zu schnell und zu viele Entscheidungen fällen zu müssen.

Die aus diesen Zwängen resultierenden Konflikte werden aber ebenfalls personalisierend bewältigt: Bei entsprechendem Umgang mit Informationen, die man weitergibt (oder nicht), bzw. durch verantwortungsbewußte Umgehung von Vorschriften, können diese Konflikte reduziert werden. Unter diesem Aspekt werden auch "Verzerrungen" in den Beschreibungen in den Akten gesehen, die als "taktisch" gerechtfertigte Verallgemeinerungen interpretiert werden, die letztlich im Interesse der Betroffenen sind (siehe S.

Insgesamt erscheint damit die Strategie der Personalisierung als geeignet, <u>subjektiv</u> die objektiv diskrepanten und zersplitterten Handlungsräume und -perspektiven zu vereinheitlichen und zu stabilisieren, das Interesse an der Erhaltung des eigenen Status ist dabei ein Anhalt für die Stabilität dieser Form von Professionalität. Diese relative Stabilität beinhaltet aber nicht, daß die Beziehungen zum Betroffenen als unproblematisch interpretiert werden. Gerade die Distanz zur "Verwaltung" und die als Beziehung zwischen Einzelpersönlichkeiten, d.h. Subjekten interpretierten Beziehungen zum Betroffenen lassen durchaus Spielraum für Problematisierung und auch für Kritik an den Grenzen der eigenen Möglichkeiten.

Durch Hinzunahme der entsprechenden Angaben über Alter, Funktion und Ausbildung soll versucht werden zu klären, welche historischen Bedingungen jeweils die spezielle Form von Identität mit-geprägt haben, d.h. welche biographisch-historischen Erfahrungen die Bedingungen für welche Form von Professionalität sind.

Die sieben als personalisierend professionell eingestuften Sozialarbeiter sind Jugendfürsorger. Nur einer ist unter 3o Jahre alt (diese eine "Ausnahme" ist von der folgenden Darstellung ausgenommen); die anderen sind zwischen Ende 3o und Anfang 5o (Durchschnitt: 46,6 Jahre). Ihre staatliche Anerkennung liegt zwischen Anfang und Ende der fünfziger Jahre. Alle sechs sind gleich nach der Anerkennung oder bald danach ins jetzige Jugendamt gekommen und haben z.T. noch den gleichen Bezirk.

Das prägende Erlebnis dieser Gruppe dürfte die Kriegs- bzw. Nachkriegszeit gewesen sein, erlebt als auf allen Gebieten instabile, existenzbedrohende biographische Phase. Im Rückblick auf diese Zeit muß die jetzige Zeit und der jetzige Status als sicher, stabil und vor allem als unbedingt erhaltenswert bewertet werden. Mögliche Veränderungen erscheinen demgegenüber nicht nötig.

Die Ausbildung dürfte dieser zentralen Erfahrung gegenüber einen geringen Einfluß gehabt haben. Wenn überhaupt, wird sie die "zentralen Werte" Personalisierung und das Verstehen von Individualität als "geistig-seelische" Qualität verstärkt haben - zumal unter dem Einfluß der wieder zur Geltung gekommenen Theoretiker der zwanziger Jahre. Die Aussage: *"'Hilfe' ist wie ihr Gegenteil 'Kampf' eine Grundform des Verhaltens der Menschen zueinander"* (108), gibt die Grundhaltung dieser Tendenz gut wieder: "Hilfe" kann (braucht/soll) man nicht lernen; man gibt sie eben. Darin lägen auch die Grenzen des heutigen Zuges zur "Rationalisierung" der Organisation der Hilfeleistungen.

Standen vor und im Nationalsozialismus diese "Werte" aus bürgerlich-humanistischer bzw. christlicher Tradition häufig in Verbindung mit nationalistischen bzw. patriotischen, so ist diese Dimension eben durch den Nationalsozialismus gründlich desavouriert worden - bis

auf den Antikommunismus. Dieser ist als tragende Ideologie der Restauration und des Kalten Krieges zugleich Ausdruck der "innerlichen Bewältigung" des Faschismus, d.h. der Verdrängung der historischen, i.S.v. politisch-ökonomischen Bedingungen des Faschismus. (109)

(2) Klinische Professionalität

Die Interpretation der sozialen Lage ist zwar nicht durch eine so starke Dichotomie Gesellschaft-Individuum gekennzeichnet wie die der personalisierenden Professionalität, aber doch durch eine klare Trennung der psychischen Bedingungen der Individualität von den gesellschaftlichen (materiellen, finanziellen, denen der Schichtzugehörigkeit).

"...Es waren viel materielle und finanzielle Notstände da, während heute die Problematiken eher durch alle Schichten gehen, Erziehungsproblematiken und ähnliche, oder Ehescheidungen, es kommt überall vor, in allen Schichten. Kinder hat man auch in allen Schichten." (Interview 47)

Auch wenn vor allem in der schlechten Wohnsituation (Interview 32, 43, 47) eine wesentliche Ursache für die Schwierigkeiten der Betroffenen gesehen wird, werden die "eigentlichen" Gründe als Defizite, Schwierigkeiten, die in der Persönlichkeitsstruktur des Einzelnen liegen, interpretiert:

"...nehmen wir an, die Wohnungsmisere in Hamburg ändert sich auch noch zugunsten besserer Entwicklung, dann würde das ja auch noch wegfallen. Es bleiben die zwischenmenschlichen und persönlichen Schwierigkeiten." (Interview 47)

"Die Hauptursachen liegen im wesentlichen in der schlechten Wohnsituation. Dann habe ich sehr viele Familien mit mengenweise Kindern, und dann verdienen die Väter vergleichsweise zu wenig, und ich würde sagen, daß die Mütter oft sehr erziehungsunfähig sind und haben auch Schwierigkeiten, das Leben zu bewältigen, weil sie entweder zu lahm sind oder eben auch Schwierigkeiten haben. Daß sie sich eben nur auf die Familie beziehen oder auf die Versorgung der Kinder beziehen und sonst keine Interessen haben. Oder daß sie so egoistisch sind, daß sie ihre Kinder vernachlässigen. Wir haben mehrere, die zu wenig Verantwortung für ihre Kinder zeigen und alles so laufen lassen." (Interview 32)

Daß diese Persönlichkeitsdefizite bei bestimmten gesellschaftlichen Gruppen verstärkt auftreten, liegt eher an ihrer "Unfähigkeit", sich "zeitgemäß" zu verhalten:

"Unfähigkeit, Uneinsichtigkeit, Unfähigkeit im Hinblick einfach darauf, eine Ehe zu führen, zu starre Rollenvorstellungen von der Ehe, die die auch praktiziert haben wollen. In der Arbeiterfamilie ist man auf starke Zucht und Ordnung ausgerichtet und auf starke Rollen,

was eben heute nicht mehr paßt. Es ist einfach Unfähigkeit, z.B. ein großer Teil meiner jungen Mütter kommt auch aus Heimen, d.h. also, daß Unfähigkeit generationsweise übertragen wird. (Interview 47)

Im einzelnen sind Vorstellungen dieser Defizite präziser und lehnen sich an den psychopathologischen Sprachgebrauch an:

"Ja, die Aussage der Verwahrlosung der Mutter habe ich gemacht aufgrund der Kriterien, daß sie eine innere Verkümmerung hat, sie hat wenig Bindung und wenn, sind sie rein sexueller Art. Sie hat eine Verbitterung, die sich bei Frauen, die im Grunde genommen nicht angepaßt sind, die sich nur so geben, nicht so sehr bemerkbar macht, aber trotzdem ist es eine Verbitterung, und es besteht eine Verwilderung in ihrem Aussehen, in ihrer Haushaltspflege, indem sie wegläuft, in ihrer Kinderpflege, da wird das sehr, sehr deutlich sichtbar. Für am schlimmsten halte ich die innere Verkümmerung bei ihr. Sie hat ganz wenig Stärken, die man beobachten kann, sie hat keinen Bezug zur Realität, sie hat keine Vorstellung von irgendeinem geordneten Leben, dem sie irgendwie entsprechen kann. Sie hat wohl theoretische Vorstellungen, ich weiß nicht, Fernsehen, Zeitschriften oder so was, für sich selbst kann sie das aber nicht praktizieren. Das beinhaltet die Aussage der Verwahrlosung mit starken Tendenzen zur sexuellen Verwahrlosung, sogar eine sichtbare sexuelle Verwahrlosung. Das habe ich so ausgesagt, und vorher war man etwas vorsichtiger, aber ich habe klare Anhaltspunkte dafür, und deshalb habe ich das so ausgesagt." (Interview 47)

Die Interpretation der eigenen Beziehung zum Betroffenen ist folgerichtig denn auch gekennzeichnet durch Beratung (Interview 33), Diagnose (Interview 47) und Behandlung bzw. Therapie (Interview 42, 47, 32, 33). Auch der Erteilung materieller Hilfen liegt eine diagnostische bzw. therapeutische Interpretation zugrunde.

Dieser Orientierung an Berufsinhalten von Ärzten, Psychotherapeuten, Psychologen u.ä. rechtfertigt die Bezeichnung dieser Form von Professionalität als <u>klinisch</u> und beinhaltet zugleich den zentralen Bezugspunkt der Interpretation des eigenen Status als <u>Experten</u>, dessen Beziehung zum "Klienten" auf Fachwissen beruht, das verschiedenen "klinischen" Fächern entnommen wird.

Unter dieser Voraussetzung wird versucht, die Funktion der Kontrolle in der Beziehung zum "Klienten" entweder deutlich von der "eigentlichen" Beziehung zu trennen und auseinanderzuhalten oder das Empfinden der Kontrolle in den Hintergrund treten zu lassen:

"Und manchmal, und das kann man gar nicht leugnen, sind reine Kontrollfunktionen eben doch schon da. Und ich habe die Erfahrung gemacht, daß wenn ich wirklich Kontrolle mache, es auch genau den Leuten sage, wie es sich verhält. Ich sage dann, daß es jetzt Kontrolle ist und daß es jetzt im Moment die Funktion ist, daß die Leute wissen, wo sie dran sind. Ich finde es immer schlecht, wenn die Leute im Unklaren gelassen werden und sich dann nachher überfahren fühlen. Zu Anfang hat mich dieses Problem der Kontrolle viel mehr beschäftigt, jetzt komme ich besser damit zurecht." (Interview 42)

"Das wichtigste Merkmal oder eines der wichtigsten Merkmale ist das In-den-Hintergrund-treten der Kontrolle. Das betrifft wesentlich unser Gefühl dabei, wir fühlen uns nicht mehr als Kontrollinstanz. Wenn ich z.B. einmal abgewiesen werde, und es ist also nicht irgendwie Gefahr im Verzug wegen Kindesmißhandlung, dann frag' ich eben, wann paßt es denn, und dann komm' ich eben dann wieder. Ich poche nicht darauf, auf mein Recht, daß ich unbedingt rein darf. Und ich glaube, da spreche ich auch für die Kolleginnen. Damit geben wir ja auch dem Klienten das Gefühl der Freiwilligkeit, wenn er uns reinläßt." (Interview 46)

Zwar wird die Kontrollfunktion als eine Folge der Tatsache gesehen, daß man für eine "Behörde" arbeitet, seine "Expertenfunktion" wird jedoch stark von der "Verwaltungsfunktion" dieser Institution abgehoben bzw. werden beide Funktionen als konfligierend betrachtet:

(Konflikt mit dem Innendienst)
"Jaja, den gibt es. Wenn ich z.B eine psychosoziale Diagnose schreibe, kann ich mir vorstellen, daß der Sachbearbeiter im Jugendamt sich halb totlacht, weil für ihn das überhaupt nicht interessant ist, ihn interessieren ja nur Fakten, während das also für mich sehr wichtig ist, was da an Information gesammelt wird." (Interview 33)

Folgerichtig ist man für die Abschaffung der Teilung von Innen- und Außendienst bzw. für die Abschaffung der Kontrollfunktion des Innendienstes, ein mit der Aufhebung der Teilung verbundenes Mehr an Verwaltungsarbeit wird aber abgelehnt, da dann die "Behandlung" usw. zu kurz kämen.

"Ich halte die Einteilung in Innendienst und Außendienst schon lange für eine Farce, und damit hängen ja auch größere Entscheidungsbefugnisse für den Sozialarbeiter mit zusammen, und damit hängt auch vermutlich zusammen, daß wir nicht laufend mit der Verwaltung gemessen werden, was wir bis heute gemacht werden. Wir wollen endlich weg von der Verwaltung, denn wir sind ja auch gar keine Verwaltung." (Interview 47)

"Die Argumente dafür sind eben, daß Vollzüge, die zusammengehören, auch in einer Hand bleiben sollen, das würde ich auch im Grundsatz bejahen, daß das so sein müßte, bloß glaube ich, daß es in der Verwirklichung ziemlich schwierig wird. So wie ich es gehört habe, wie es geplant ist, kann es zu einem Übergewicht der verwaltungsmäßigen Arbeit führen, und das heißt zu weniger Behandlung. Wenn also sichergestellt ist, daß genügend Hilfskräfte da sind, daß man nicht Sachbearbeiter vertreten muß, daß die Bezirke kleiner sind und daß man überhaupt besser ausgerüstet ist, dann würde ich das für richtig halten, weil es eben sinnlos ist, daß man eine Stellungnahme schreibt und ein Sachbearbeiter das nochmal abschreibt und praktisch eine Entscheidung darüber fällt." (Interview 45)

Die hier zum Ausdruck kommende Unzufriedenheit mit dem jetzigen Status wird wiederholt in den Stellungnahmen zu berufspolitischen Fragen. Stand für die personalisierende Professionalität die Erhaltung und Festigung des erreichten Status an erster Stelle, steht für die klinische Professionalität seine Veränderung/Verbesserung im Vordergrund. Statt des "Zuviel ist schädlich" ließe sich diese Position mit "Wir brauchen mehr" kennzeichnen, mehr, um die Interpretation der Experten (weiter) zu verwirklichen. Das bezieht sich vor allem auf die weitere Verwissenschaftlichung der Methoden, die das "A und O" der eigenen Tätigkeit sind (Interview 47, 42). Der Schwerpunkt der Forderung liegt einmal auf besseren "Einwirkungsmöglichkeiten" der Methoden durch Einbeziehung der Verhaltenstherapie (Interview 47, 16, 33, 42) (was Psychoanalyse und Soziologie nicht bieten können (Interview 16,47)) und zum anderen auf statusverbessernder Forschung und Theoriebildung (Interview 47: zum Ansehen).

Weitere Merkmale der Unzufriedenheit mit dem jetzigen Status und dem Interesse an seiner Verbesserung liegen
- zum einen in der Forderung nach dem Zeugnisverweigerungsrecht (Schweigepflicht), als einem wesentlichen Bestandteil des eigenen Berufs,

"...im Grunde genommen arbeiten wir ja schon, als ob wir die Schweigepflicht hätten. Wir erfahren ja schon viele Sachen, die sehr intim sind und die an sich meldepflichtig wären, nur kann man das in ganz bestimmten Fällen, z.B. Kindesmißhandlung melden, weil sonst jede Vertrauensbasis mit dem Klientel verloren würde. Das trifft z.B. zu auf Abtreibung."(Interview 43)

- zum anderen vergleicht man sich eher mit dem Arzt bzw. Lehrer, glaubt aber nicht, daß das "Klientel" auch diesen Vergleich wählen würde. (Dies steht im Gegensatz zur personalisierenden Professionalität, bei der keine inhaltliche Diskrepanz festzustellen war.):

"Vom Inhalt her eher mit dem Arzt, vom Status her eher mit dem Lehrer."
"Ja, das ist schwer zu sagen. Ich glaube, die sehen uns eher so als Behörde." (Interview 43)

Die Interpretation der heutigen gesellschaftlichen Situation deckt sich weitgehend mit der von BÄUERLE dargebrachten Argumentation. (s. S.

"Ja, das ist an sich der ganze Wandel der Gesellschaft. Es haben sich eben die Notlagen verschoben, es sind heute andere als früher. Früher waren Sozialarbeiterinnen die höheren Töchter aus gutbürgerlichen Schichten, die zwar auch jetzt noch bei uns da sind, aber im Aussterben begriffen sind. Verändert hat sich die Sache auch durch die veränderte Ausbildung, es wird nicht mehr nur Recht gelehrt, sondern Einzelfallhilfe, überhaupt die Methoden der Sozialarbeit, und das halte ich für sehr wichtig." (Interview 47)

In der Gesellschaft findet also ein (nicht näher beschriebener) Wandel statt, so daß bestimmte Reformen notwendig werden, um Ungerechtigkeiten abzubauen (z.B. Bodenreform - Interview 48), "Unbehagen" aufzuheben (z.B. Mitbestimmung - Interview 44) und bestimmte Bereiche an diesen Wandel anzupassen - vor allem den Bildungs- und Erziehungsbereich (Interview 44, 48, 33, 16). Erziehung und Bildung spielen in den Interpretationen die wichtigste Rolle, weil sie für den Erfolg anderer Reformen für wesentlich erachtet werden und der Einzelne sich besser an den sozialen Wandel anpassen kann:

"Bildungsreform, Bodenreform, sonst habe ich mich da nicht so mit befaßt. Auch Mitbestimmung halte ich für wichtig. Damit könnte manches andere Unbehagen aufgehoben werden in vielen Bereichen. Auf der anderen Seite muß man sich fragen, wieweit das durchführbar ist, und da spielt wieder die Bildungsreform eine ziemliche Rolle." (Interview 44)

"...dazu könnte man durch eine bestimmte vorschulische Ausbildung bestimmte Defizite aufheben, ihnen Starthilfe geben, weil die Eltern nicht genügend mit ihnen arbeiten, gerade die mangelnde Hilfe der Eltern, wie man die verbessern könnte, z.B. durch Ganztagsschulen, da könnte ich mir vorstellen, daß sich das auswirkt." (Interview 33)

"Generell also früh anfangen. Früh mit den unterstützenden Maßnahmen kommen. Dann ist es auch besser mit den Eltern zusammenzuarbeiten, als später, wenn sich diese Dinge manifestieren. Z.B. bei kriminellen Delikten, da dann den Einstieg zu finden, ist natürlich viel schwieriger. Man müßte diese helfenden Maßnahmen im allgemeinen Bildungsprozeß integrieren. Es müßte mit zum Unterricht gehören." (Interview 16)

In diesem Gesamtbereich "Erziehung" sieht man auch die eigene Funktion als Experte:

"Wenn die Leute die Bestrebungen, die von uns ausgehen, unterstützen würden, daß sie dann in fünf Jahren oder in zehn Jahren oder in drei Jahren, daß sie dann z.B. gewisse Probleme reduzieren könnten, z.B. Kriminalität. Das sind doch Dinge, die sie angehen. Wie gesagt, sie schimpfen nur, fordern da erhöhte Sanktionen, denn die erziehen alle, und jeder bildet sich ein, daß Erziehung etwas ist, was jeder machen kann. Und da könnte die Funktion, die wir haben, koordinierende Funktion haben. Nicht im Sinne von Sanktionen sondern im Sinne von Beratung in Erziehungsfragen. Außerdem ist das, was wir machen, das bringt wenig ein. Und außerdem kostet das noch Geld. Wir sind kein Wirtschaftsunternehmen, das seinen Profit erzeugt." (Interview 16)

Insgesamt kennzeichnet die Interpretation der gesellschaftlichen Entwicklung ein gewisser "Reformoptimismus", d.h. die Erwartung, daß gesellschaftlicher Wandel und Reformen sich doch irgendwann - wenn auch nicht ohne Konflikte - ergänzen werden. Zu Befürchtungen ist deshalb kein Anlaß. Wenn überhaupt Befürchtungen geäußert werden, stehen sie in mittelbarem Zusammenhang zum Erziehungsbereich: Die Gefahr des "Kommunikationsverlust" (Interview 44) wird gesehen und die, "daß die Städte, die Großstädte immer mehr verarmen, nicht finanziell, sondern von ihrer inneren Struktur her." (Interview 47)

ZUSAMMENFASSUNG:

Vergleicht man die klinische Professionalität mit der personalisierenden, so ist bei allen Unterschieden festzustellen, daß beide das gleiche "leisten":
Nämlich die Reduktion gesellschaftlicher Beziehungen auf zwischenpersönliche und damit die Ausgrenzung der objektiven Bedingungen des

strukturellen Konflikts: die Klassenlagen von Betroffenen und Sozialarbeitern.

Wenn auch die dichotomische Sichtweise von Individuum und Gesellschaft nicht so ausgeprägt wie bei der personalisierenden Professionalität ist, so unterliegt dieser Sichtweise doch die Vorstellung der relativen Unabhängigkeit individueller Defizite/Störungen von gesellschaftlichen Bedingungen. Diese (relative) Unabhängigkeit bedingt sich wechselseitig mit dem Selbstbild vom "klinischen Experten", d.h. dieses Selbstbild ist nur möglich, wenn eine solche Unabhängigkeit angenommen wird - diese Unabhängigkeit kann nur unterstellt werden, interpretiert man sich selbst als Experten, dem das Wissen zur Verfügung steht, diese Defizite/Störungen zu behandeln...

Dieser "Traum vom unabhängigen Sachverständigen" (11o) erfüllt für die Konsistenz dieser Identitätsstrategie die gleiche Funktion, wie die Interpretation des"Staates" für die personalisierende Professionalität: Aus diesem erstrebten Status leitet sich die Hilfemotivation ab, aus ihm rechtfertigt sich die individuelle Behandlung der Betroffenen - u.a. auch mit den zur Verfügung stehenden Maßnahmen.

Identisch sind beide Identitätsstrategien deshalb auch insofern, als auch hier die Verhaltenserwartungen, die aus der Lage der Betroffenen und dem allgemeinen Charakter der Maßnahmen resultieren, mit denen an sich selbst in Einklang gebracht werden können, ohne diesen Integrationszwang als solchen zu empfinden: Die Verhaltenserwartungen aus der Lage der Betroffenen werden als individuelle Defizite/Störungen interpretiert, die grundsätzlich auch mit entsprechend auf Individuen bezogene Maßnahmen behandelt werden können.

Unterschiedlich hingegen ist die Interpretation des eigenen Status in der Institution und die daraus resultierenden Interessen: Wird dort die "Verwaltung" als Notwendigkeit und Arbeitsteilung interpretiert und Konflikte mit ihr je nach individueller Einstellung bewältigt und ist man deshalb eher an einer Festigung des Status interessiert, wird hier die Einschränkung und Kontrolle durch die "Verwaltung" als grundsätzliche Gefahr für den erstrebten Status des "klinischen Experten" erlebt und als ein in den Funktionen von "Verwaltung" und "Behandlung" liegender Konflikt angesehen. Die Veränderung/ Verbesserung des eigenen Status, d.h. die Durchsetzung der Expertenfunktion, ist ein daraus folgendes, notwendiges Interesse.

In bezug auf die Verhaltenserwartungen der "Verwaltung" wird der Interpretationszwang deshalb auch als solcher empfunden, sei es, daß man die Kontrollfunktion von der "eigentlichen" zu trennen versucht, sei es, daß man methodisch arbeitet, d.h. zum Beispiel "psycho-soziale Diagnosen" schreibt, die den Innendienst nicht interessieren, sei es, daß man - hier allerdings in Übereinstimmung mit der personalisierenden Professionalität - vor allem mehr Zeit fordert, um die individuelle Behandlung besser durchführen zu können.

Insgesamt erscheint auch diese Identitätsstrategie als subjektiv "gelungene" Möglichkeit, die aus dem strukturellen Konflikt herrührenden Diskrepanzen und Widersprüchlichkeiten subjektiv konsistent zu vereinheitlichen (wobei die "optimistische" Interpretation des gesellschaftlichen Wandels als ein Indiz dafür gelten kann, daß es für grundsätzlich möglich gehalten wird, den erstrebten Status des "unabhängigen Sachverständigen" doch noch zu erreichen).

Versuchen wir nun, Zusammenhänge zwischen der Identitätsstrategie und den Bedingungen biographisch-historischer Erfahrungen herzustellen:

Von den acht Sozialarbeitern sind sieben Familien- bzw. Jugendfürsorgerinnen, einer ist Jugendfürsorger; ihr Alter liegt zwischen Ende 2o und Mitte 3o (Durchschnitt 32,5 Jahre). Die staatliche Anerkennung liegt zwischen 4 und 9 Jahren zurück, fast alle haben schon einmal das "Amt" gewechselt (zumindest aber die Bezirke), bzw. haben es in nächster Zukunft vor, da es zum beruflichen Selbstverständnis gehört, alle paar Jahre zu wechseln, "denn sonst gewöhnt man sich zu sehr an einen Bezirk" (Interview 42).

Waren die Kennzeichen personalisierender Professionalität die Erfahrung gesellschaftlicher und biographischer Existenzbedrohung und - nach deren Bewältigung - das Interesse an der Erhaltung des (gesellschaftlichen und individuellen) Stauts quo, so ist die Erfahrung dieser Gruppe durch den "Gleichklang" (relativer) biographischer Sicherheit und gesellschaftlicher Stabilität gekennzeichnet. Die Erfolge der ökonomischen und politischen Restauration (wie: "Vollbeschäftigung", hohe individuelle Konsumfähigkeit fast aller Gruppen, die "soziale Sicherung" durch die Sozialgesetzgebung) korrespondierten individuell mit einem (relativ) reibungslosen Verlauf schulischer und beruflicher Qualifikation.

Subjektiv dürften deshalb die Erfahrungen der Ausbildungszeit zum Sozialarbeiter einen sehr starken Einfluß gehabt haben - auch die starke Betonung der Wertschätzung der Methoden der Sozialarbeit, der weiteren Verwissenschaftlichung und der Weiterbildung legen diese Interpretation nahe.

Die Vorstellung der gesellschaftlichen Entwicklung als einem *"Prozeß der relativen Entschichtung unserer Gesellschaft" (111)* als einem durch technischen Fortschritt induzierten sozialen Wandels, der in einer demokratischen und pluralistischen Gesellschaft individuelle Anpassungsprobleme verursacht, dürfte sich weitgehend mit der eigenen Erfahrung gedeckt haben oder war - mangels alternativer Interpretationen - in die eigene Erfahrung integrierbar.

Sozialarbeit war folgerichtig "als notwendige soziale Institution" zu definieren, die *"einen Beitrag (leistet) an der Milderung von Spannungen, die zwischen dem beschleunigten sozialen Wandel und den Kräften der Beharrung in Einzelnen und in Gruppen entstehen können"* (112).

Die Vermittlung von Methoden, von denen man vorgab, daß sie diese Anpassung des Einzelnen und von Gruppen an den sozialen Wandel leisten können, war das Kernstück der Ausbildung der 6oiger Jahre in den progressiven Ausbildungsinstitutionen (und ist es - in Weiterentwicklungen und Ergänzungen z.B. durch Gemeinwesenarbeit - jetzt noch).

Soziale Einzelfallhilfe und soziale Gruppenarbeit wurden als erlernbare Methoden von "individueller und sozialer Intervention" propagiert, die zum einen eine Kritik an der "alten" Fürsorge ("Hilfe" als Grundverhältnis von Menschen) darstellten und mit denen zum anderen die institutionellen Bedingungen der heutigen Sozialarbeit kritisiert werden konnten.

Die Kritik an beiden faßt BÄUERLE unter dem Begriff *"Normative Sozialarbeit"* zusammen und stellt ihr *"Methodische Sozialarbeit"* gegenüber (113):

"Normative Sozialarbeit"	"Methodische Sozialarbeit"
von außen her wirkend (auch mit Zwang)	von innen her wirkend (Prinzip der Freiwilligkeit)
Änderung des äußeren Verhaltens	Innere Wandlung (Reifung)

BÄUERLE reflektiert allerdings nicht die gleiche Funktion beider Modelle, nämlich die Reduktion der Schwierigkeiten des "Klientels" auf Persönlichkeitsdefizite. Das ist aber auch nicht der Zweck dieser Modelle. Im Gegenteil: Erst durch die Konstruktion einer Methodischen Sozialarbeit konnte das legitimiert werden, was seit der Übernahme der Methoden aus dem anglo-amerikanischen Bereich diskutiert wird: Professionalisierung. Schon die grammatische Form dieses Begriffs deutet an, daß "Profession" etwas ist, was man erreichen möchte. Unter "Profession" wird dabei eine Form der Berufsausübung verstanden, wie sie vor allem den Ärzten und Anwälten zugeschrieben wird. Auch wenn die Beschreibung von Profession im einzelnen viele Unterschiede aufweist (deren Beliebigkeit hier nicht diskutiert werden soll), so scheint doch in drei Punkten Übereinstimmung zu bestehen: Profession bedeutet

1. Anwendung systematischen Wissens (Wissenschaft);
2. dieses "Wissen" kommt grundsätzlich allen Gesellschaftsmitgliedern zugute;
3. die Kontrolle beider Punkte erfolgt durch eine Berufsorganisation,

die eine formulierte Berufsethik besitzt(und entsprechende Sanktionsmöglichkeiten). (114)

Methodische Sozialarbeit verspricht nun, diese Bedingungen der Profession (wenigstens im Ansatz) zu erfüllen:

1. Die Methoden werden (zumindest der Intention nach) als wissenschaftliche verstanden, die erlernt und systematisch angewendet werden können.
2. Durch den "cultural lag" ist die Sozialarbeit prinzipiell dem Stigma der Armenhilfe entronnen; statt Nothilfe wird (methodische) Lebenshilfe gegeben, denn *"der Bedarf an materieller Hilfe nimmt ab, der Ruf nach seelischer Hilfe nimmt ständig zu"* (115). Alle Gesellschaftsmitglieder können von diesem Wandel betroffen werden, seelische Hilfe zielt auf innere Reife auf der Basis der Freiwilligkeit.
3. Scheint man sich in den ersten beiden Punkten (zumindest der Intention nach) dem erstrebten Status des Arztes genähert zu haben, so ist es mit der Berufsorganisation und entsprechender Ethik schwieriger. Z.T. wird in diesen Schwierigkeiten der wesentliche Hinderungsgrund für die Professionalisierung gesehen. Auch das Bundesverfassungsgericht "attestierte" den Sozialarbeitern, daß es u.a. wegen dieser mangelnden Berufsorganisation/ethik ihnen kein Schweigerecht zubilligen könne.

Der Einfluß dieser Vorstellungen auf die klinische Professionalität ist offensichtlich und soll nicht weiter hervorgehoben werden. Ebenso offensichtlich ist aber auch die "Favourisierung" dieser Form von Professionalität durch die Theoretiker der Professionalisierung. D.h. durch normative Setzung dessen, was Profession sein soll, werden andere Formen von beruflicher Sozialisation nicht in ihrer historischen Qualität begriffen, sondern formal unter ein Mehr oder Weniger an Professionalisierung unterteilt. Die ideologische Funktion dieses "Traumes von unabhängigen Sachverständigen" und seine wissenschaftliche Propagierung wird abschließend noch zu untersuchen sein: unter dem Aspekt der fortschreitenden Vergesellschaftung der vermittelnden Lohnarbeit und damit entstehenden Legitimationsschwierigkeiten des politischen Systems des kapitalistischen Staates, an den die Sozialarbeiter ihre Arbeitskraft verkaufen.

(3) Solidarische Professionalität

Im Unterschied zu den anderen beiden Identitätsstrategien liegt der Schwerpunkt der Interpretation der sozialen Lage der Betroffenen nicht auf individuellen Defiziten, sondern darauf, daß die gesellschaftlichen Bedingungen dieser Lage hervorgehoben werden:

"Ich glaube, daß sich das Ganze eher noch mehr zur Arbeiterschicht hinverlagert hat – und weiter verlagern wird." –
"Wenn wir davon ausgehen, nur von unserem Bereich, also von dem Bereich der Klienten, so sind die meisten ja Arbeiter, und die werden von de-

nen beherrscht, die den Arbeitsprozeß beherrschen, also die Unternehmer. Verbesserungswürdig sind also die Arbeitsbedingungen als solche. Dann natürlich auch Schulen usw., die Bildungsreform, die Bodenreform. Das hängt ja auch damit zusammen, daß z.B. große Familien sich kaum noch ernähren können a) wegen der hohen Mieten und b) daß dann beide zusammen arbeiten müssen, was dann wieder Einfluß auf die Kinder hat, zumal keine entsprechenden Nachfolge-Organisationen da sind." (Interview 16)

Das Fehlen von Kindertagesheimen usw., die schlechte Wohnsituation und schlechte Ausbildung als mitbedingend für Schwierigkeiten werden nicht nur genannt, sondern auch deren Ursachen hervorgehoben, z.B. Eigentum an Grund und Boden als Verhinderung einer adäquaten Wohnungspolitik oder die Selektionsfunktion des heutigen Bildungswesens:

"Das wären Maßnahmen auf bildungspolitischem Gebiet, auf dem Gebiet des Wohnungsbaus. Ich bin im Laufe meiner Berufstätigkeit ziemlich skeptisch geworden, ob das ausreicht." (Interview 46)

*"Generell würde ich sagen, daß gerade gesellschaftliche Ursachen eine starke Rolle spielen, z.B. die mangelnde Wohnsituation in Hamburg bedingt einen großen Teil der Schwierigkeiten mit." -
"Die Enteignung und Verstaatlichung von Grund und Boden würde ich für wichtig halten, damit eine entsprechende Wohnungspolitik gemacht werden kann." -
"Förderung des Wohnungsbaus, Änderung der Eigentumsverhältnisse an Grund und Boden. Dann, daß die Ausbildung von Arbeiterkindern stärker gefördert wird." -
"Bessere Ausbildungschancen, die also wirklich durchgängig sind und wo nicht durch irgendwelche Tricks nachher diese Gruppen doch nicht an die Universität oder so etwas kommen." (Interview 45)*

Schwierigkeiten der Betroffenen werden deshalb in erster Linie als Reaktion auf ihre gefährdete soziale Lage gesehen und nicht als dem Individuum "innewohnende Kräfte" (bzw. deren Fehlen):

"Ich befürchte noch eine weitere Kriminalisierung und eine weitere Leistungsverweigerung, was natürlich kein Wunder wäre. Ich befürchte, daß unsere ganze Politik und Maßnahmen hinterherhinken werden, wenn wir die Sache nicht an der Wurzel packen. Wenn wir nicht durch entsprechende Maßnahmen tatsächlich etwas Entscheidendes machen." (Interview 16)

Diese Interpretation der Lage der Betroffenen bestimmt die der eigenen Beziehung zu ihnen und die des eigenen Status. Ermöglicht es die Definition der Beziehung in den anderen beiden Professionalisierungsformen, den "hilfebedürftigen Mitmenschen" bzw. "gestörten Individuen" auch gegen deren "Einsicht" zu "helfen", d.h. mit dem Vorhandensein der gegebenen Maßnahmen auch deren Adäquanz für die Defizite/Störungen zu unterstellen, so werden hier die Betroffenen als von einer gefährdeten Existenz betroffene interpretiert, mit denen man in erster Linie solidarische, d.h. zunächst: gleichberechtigte Beziehungen aufnehmen soll und in deren Identität man nur im Konfliktfall eingreifen darf:

"... wo wir im allgemeinen doch zwischen Klient und Staat stehen. Ich bin zwar Angestellter des Staates. Ich bin aber der Meinung, man sollte sich gegen den Staat mit den Klienten solidarisieren. Was einen natürlich häufig in Konflikt bringt, weil man auf der anderen Seite sagen muß, darfst du hier überhaupt eingreifen, in die Privatsphäre einer Familie, wenn niemand zu Schaden kommt. Und wer zu Schaden kommen kann, sind ja in erster Linie die Kinder."

Forderungen nach freier Wahl des Sozialarbeiters durch den Betroffenen und Akteneinsicht in seine eigene Akte sind Ausdruck dieser grundsätzlichen Gleichberechtigung:

"An sich wäre das in einem demokratischen Staat berechtigt." (Interview 46)

Folgerichtig wird die Kontrollfunktion des eigenen Status nicht als "Empfindung" interpretiert oder als etwas, was man möglichst von der "eigentlichen" Beziehung getrennt hält, sondern als objektive Bedingung der Tatsache, daß man in einer staatlichen Apparatur arbeitet und damit ein Stück "Herrschaft" repräsentiert:

"Das ärgert mich sowohl bei den Klienten, wenn ich sage, ich komme im Auftrag des Jugendamtes, des Sozialamtes oder sonst etwas, wie auch bei den anderen Behörden. Die sagen mir sofort, ob über jemanden eine Akte geführt wird, was da los ist usw. Und ich habe in letzter Zeit sogar festgestellt, daß auch die Ärzte durchlässiger werden. Und meine Klienten kommen überhaupt nicht darauf, daß wir Querverbindungen miteinander haben. Sicherlich spielt das, daß ich von der Behörde bin, auch eine Rolle, daß sie ein gewisses Zutrauen haben: der kommt von der Behörde, der tut mir nichts, und das ist einfach zu naiv: Natürlich tue ich ihnen etwas, wenn ich gezwungen werde. Außerdem brauche ich ja nicht von der Behörde zu sein: Es stört mich, daß ich so selten nach dem Ausweis gefragt werde." (Interview 46)

In einigen Punkten allerdings gleicht die Interpretation des eigenen Status der klinischen Professionalität:
So in der Frage des Zeugnisverweigerungsrechts, das man auch für erstrebenswert hält; oder in bezug auf die "Verwaltung": auch hier ist man gegen Verwaltung in Form von (zusätzlicher) Kontrolle. Liegt damit auch hier der Akzent auf <u>Statusveränderung</u>, so bekommt er jedoch durch die Interpretation der weiteren Punkte eine andere Richtung: Nicht Verbesserung im Hinblick auf eine Angleichung an den Status erstrebter Bezugsgruppen (wie z.B. die Ärzte) ist die Intention, sondern eine Veränderung, die solidarische Beziehungen zum Betroffenen verwirklichen kann:

"Wenn der Bezirk nicht so groß wäre, wenn der Arbeitsanfall geringer wäre, ... denn wichtig ist es eben, Gruppensupervision oder Einzelsupervision, die ich jetzt zwei Jahre gehabt habe. Das muß generell so sein, damit man nicht vereinzelt ist, sondern eben besser zusammenarbeiten kann. Dann eben ein ganzer Katalog von äußeren Hilfen, wie ich es am Anfang schon gesagt hatte, wo wir eben als einzelne gegen Wände anrennen. Wenn die gesellschaftlichen Gegebenheiten so sind, daß man nicht helfen kann." (Interview 45)

Gleichen sich auch oberflächlich die Forderungen, so wird zum einen
in der Funktion der Supervision der Unterschied deutlich:
dort: als Training beruflicher Fähigkeiten, damit man weiß, daß der
andere auch die gleichen Schwierigkeiten hat;
hier: als Mittel gegen die Vereinzelung.

Damit wird (zum anderen) auch die Intention unterstrichen:

*"Ich könnte mir eher vorstellen, daß es schwieriger ist, in einem
Einzelfall nicht reaktiv zu handeln, als die sozialen Probleme, die
in einem Bezirk sind, aufzugreifen und die allgemein zu ändern, z.B.
Wohnungsprobleme, die in meinem Bezirk akut sind, oder Gastarbeiter-
probleme. Daß man also generelle Probleme aufgreift, an denen sich
Teile der Bevölkerung beteiligen können."*
(Nachfrage: Wie ist es mit der Objektivität der Behörde dann, der
Neutralitätsverpflichtung?)
"Ja, das könnte ohne weiteres Konflikte geben." (Interview 45)

Die Vorstellung vom "unabhängigen Sachverständigen" wird also nicht
geteilt, vielmehr wird angestrebt, sich als eine Gruppe zu verstehen, die ihre Interessen auf die Veränderung der Lage der Betroffenen richtet. Die Forderungen an die Ausbildung (Wissenschaftlichkeit)
des Berufes richten sich deshalb nicht auf verfeinerte "Eingriffsin-
strumente" (Verhaltenstherapie - diese Tendenz wird als "Über-
schätzung" kritisiert -), sondern auf die Abwendung von der Beschränkung auf Einzelhilfe und darauf, zu überprüfen, ob *"das, was man tut,
etwas bewirkt, oder ob man nur denkt, daß es etwas bewirkt."* (Interview 45;46)

Die Interpretation der heutigen gesellschaftlichen Situation ist -
wiederum in Unterschied zu den anderen beiden Professionalitätsformen - dadurch gekennzeichnet, daß die soziale Lage der Betroffenen,
die eigene Funktion und das gesellschaftliche Kräfteverhältnis miteinander in Beziehung gesetzt werden:

*"Wenn man den Lebensbereich unseres Klientels nimmt, da ist zuerst
die Arbeit. Da sind eindeutig die Unternehmer. Da nehmen wir den Freizeitbereich, das ist die Konsumindustrie. Was bleibt dann? Dann bleiben wir, die Konflikte, die dabei entstehen, wieder in die Reihe zu
bringen. ... Man kann einen Arzt natürlich höher bewerten als einen
Arbeiter, aber ohne den Arbeiter bzw. den Angestellten ist der Arzt
auch nicht denkbar. In der Gesamtgesellschaft haben natürlich auch
die Unternehmer, das Kapital, den größten Einfluß."*
(Nachfrage: Wie könnte man das ändern?)
*"Natürlich die, die davon betroffen sind. Und das sind in der organi-
sierten Form natürlich die Gewerkschaften. Das sind die einzigen, die
politisch irgendetwas durchsetzen können... Ich befürchte, daß unsere
jetzige Regierung, die einen etwas liberalen Anstrich hat, ganz schön
versauern wird. Sie wird sich anpassen müssen, obwohl es Momente gibt,
die es hoffen lassen, daß es nicht so wird."* (Interview 16)

*"Aber allgemein, da müßte man es schaffen, daß Leute, die abqualifi-
ziert werden und am Rand der Gesellschaft stehen, nicht diskriminiert
werden, und ich könnte mir auch vorstellen, daß das mit ein Grund*

ist, weshalb Sozialarbeit so schlecht angesehen wird, weil Sozialarbeit eben mit dem beschäftigt ist, was auffällt, was als randständig angesehen wird. Das würde sehr einschneidende Veränderungen bedeuten, für die ich im Moment kaum Möglichkeiten sehe." (Interview 45)

Als Gründe für diese Einschätzung werden zum einen das heute gegebene Kräfteverhältnis genannt, zum anderen die Befürchtung, daß die Kräfte, gegen deren Interesse diese Änderungen doch durchgeführt werden müßten, noch stärker werden können:

(Wer könnte Veränderungen herbeiführen?)
*"Ja, im Moment müßten, bei unserem parlamentarischen System, das die Parteien machen, aber ich sehe im Moment niemanden oder keine Partei, die das machen könnte, so wie ich es für notwendig halte...
Ich erhoffe mir eine Entwicklung, eine gesellschaftliche Entwicklung, die den Gruppen mehr Möglichkeiten bietet, die jetzt unterprivilegiert sind, also z.B. den Klienten meines Bezirks... Und ich befürchte, daß sich reaktionäre Kräfte mehr durchsetzen können, als das bisher der Fall ist. Und das nicht nur im Großen, sondern auch im Kleinen, z.B. in Behörden." (Interview 45)*

"In der Regression auf allen Gebieten, befürchte ich. Und ich weiß nicht, ob unsere Demokratie stark genug ist, diese Tendenzen abzuwehren, solange also Kommunismus und Sozialismus noch wie die Dolchstoßlegende gehandhabt werden und Emigranten immer noch als Vaterlandsverräter gelten." (Interview 46)

ZUSAMMENFASSUNG:

Der Hauptunterschied zu den anderen beiden Professionalitätsformen liegt darin, daß hier der strukturelle Konflikt und dessen objektive Bedingungen auch <u>subjektiv</u> als Konflikt empfunden werden, d.h. bezogen auf die Verhaltenserwartungen wird der Integrationszwang auch subjektiv als solcher erlebt:

Die Verhaltenserwartungen aus der Lage der Betroffenen werden als zwar individuell erscheinende, aber durch die Klassenlage dieser Gruppe verursachte Schwierigkeiten interpretiert.

<u>Bezogen auf diese Ursachen</u> werden die Verhaltenserwartungen, die durch die Maßnahmen bzw. die Apparatur konstituiert werden, nämlich hier individuell einzugreifen und diesen Eingriff als Hilfe zu interpretieren, als <u>nichtzutreffend</u> erfahren.

<u>Bezogen auf die individuellen Erscheinungen</u> werden diese Verhaltenserwartungen als Unterstützung der individuellen Reproduktionsschwierigkeiten der Betroffenen interpretiert, aber auch als Kontrolle der Betroffenen, bzw. - bei Maßnahmen mit repressivem Eingriffscharakter - als Eingriff in die Identität der Betroffenen.

Besonders in diesen Fällen zeigt sich die Konflikthaftigkeit der solidarischen Professionalität:

Kann die personalisierende Professionalität in solchen Fällen durch die Gleichsetzung der Erwartungen an sich selbst mit denen des allgemeinen Charakters der Maßnahmen (die Entsprechung von Hilfemotiva-

tion und proklamierter Hilfe der Gesetze) Eingriffe letztlich doch noch als Hilfe für den Betroffenen definieren (selbst wenn dieser das nicht einsehen sollte);
kann die klinische Professionalität durch ihren Bezug auf wissenschaftliches, also "höheres" Wissen z.b. "Verwahrlosung" als "innere Verwahrlosung" definieren und den damit als "gestört" erklärten Betroffenen mit Maßnahmen belegen, die dieser evtl. gar nicht einsehen kann (weil er gestört ist) und somit die Maßnahme ebenfalls letztlich als Hilfe definieren,
so bleibt der solidarischen Professionalität "nur" die Einsicht, daß dieser Eingriff im Verhältnis zu den Ursachen unangemessen ist, und das Gefühl, zu etwas gezwungen zu sein, das man letztlich nicht rechtfertigen kann. Entsprechende Rationalisierungsmuster wie bei den anderen beiden Professionalisierungsformen fehlen also.

Ist somit bei den anderen beiden Identitätsstrategien eine grundsätzliche Konsistenz des eigentlichen Tuns mit den Erwartungen an sich selbst gegeben, so liegt in der Diskrepanz zwischen beiden bei der solidarischen Professionalität ein für die eigene Identität tendenziell bedrohlicher Konflikt. Für die Bewältigung dieses Konflikts spielt weniger eine Rolle, von wo dieser Zwang ausgeübt wird, etwas zu tun, was in bezug auf die Ursachen falsch ist: ob er eher aus der aktuellen Situation der Betroffenen resultiert oder aus der Apparatur kommt. Wichtiger ist vielmehr, daß die eigene Hilfemotivation "gespalten" ist: zum einen bezieht sie sich auf gesellschaftliche Bedingungen und Ursachen bzw. auf politische Organisationen, die an der grundlegenden Änderung dieser Bedingung interessiert sind (sein sollten): vor allem auf die Gewerkschaften; zum anderen bezieht sie sich auf das Elend der Betroffenen, denen gegenüber man sich solidarisch verhalten möchte. Da man - zum dritten - aber auch sich individuell reproduzieren muß, müssen die beruflichen Zwänge (Gesetze, Vorschriften, Organisationsform) soweit "in Kauf" genommen werden, soweit man sie nicht als solidarische Unterstützung interpretieren kann (individuelle Hilfen, KTH-Plätze).

Da damit dieser Zwang ein "alltäglicher" wird, ist es die wesentliche Schwierigkeit dieser Identitätsstrategie, auf die Dauer diesen Konflikt durchzuhalten. Wie schwierig das ist, zeigt die Äußerung eines Sozialarbeiters, der sich selbst als "resignierter Sozialist" bezeichnet und findet, *"daß die Menschheit keine wirklichen Fortschritte macht, sondern daß die, die dahinterstehen, hinter der Macht, immer die gleichen sind" (Interview 45).* Die persönliche Folgerung: den einzelnen Betroffenen ihre Lage zu erleichtern und Eingriffe nur im äußersten Fall vorzunehmen.
Eine weitere Möglichkeit, diesen Zwang subjektiv erträglich zu machen, ist, die genannte "Spaltung" der Motivation bewußt in den Vordergrund zu stellen, d.h. die politische Motivation und Berufsmotivation zu trennen, wobei letztere so interpretiert wird, daß unter den gegebenen (zwar hinterfragbaren, aber nicht aufhebbaren) Sachzwängen für sich selbst nur die Position des Vermittlers von materiellen und organisatorischen Hilfen gesehen wird.

Die Alternative zu Resignation und Rückzug ist, diesen Konflikt kollektiv zunächst zu ertragen und damit zumindest subjektiv erträglich zu machen, indem sowohl in der Apparatur versucht wird, kollektiv zu arbeiten, als auch außerhalb in Organisationen, die den eigenen Standpunkt teilen: insgesamt also durch Solidarität unter den Sozialarbeitern und mit anderen Lohnarbeitern.

Dieser Konflikthaftigkeit der solidarischen Professionalität soll unter dem Aspekt der biographisch-historischen Erfahrung weiter nachgegangen werden.
Von den drei als solidarisch professionell eingestuften Sozialarbeitern sind zwei Familienfürsorgerinnen, einer ist Jugendfürsorger.
Ihr Alter liegt zwischen Mitte zwanzig und Mitte dreißig (Durchschnitt: 29,3 Jahre); die staatliche Anerkennung liegt zwischen einem und acht Jahren zurück.

Diese Angaben entsprechen ungefähr denen der als klinisch professionell eingestuften Sozialarbeiter, und entsprechend gelten hier für diese Gruppe auch wichtige Teile der biographisch-historischen Erfahrung: Relative gesellschaftliche Stabilität verbunden mit einer relativ kontinuierlichen schulischen und beruflichen Sozialisation.

Ebenso groß dürfte deshalb auch der Einfluß der Ausbildung gewesen sein, d.h. besonders der Einfluß der Methoden der Sozialarbeit und entsprechender psychologischer und soziologischer Theorien. Nach eigener Aussage von Gruppen (116), die nach den hier verwendeten Begriffen als solidarisch professionell eingestuft werden können, war jedoch das auslösende Ereignis für über diese Ausbildung hinausgehende (und ihr z.T. widersprechende) Motivation die Studentenrevolte der 60er Jahre:

"Seit 1968 gibt es in Westberlin und verschiedenen Städten der BRD Organisierungsversuche von Sozialarbeitern, Kindergärtnerinnen und Heimerziehern. Unzufriedenheit mit der Praxis, Ausbildung und den kapitalistischen Gesellschaftsverhältnissen waren Motivation für viele kritische, radikaldemokratische und sozialistische Kräfte, sich in den Sammelbecken verschiedener Gruppen des Sozialisationsbereiches um eine politische Arbeit zu bemühen und ihr eine sozialistische Richtung zu geben. Wesentlich beeinflußt wurde die Arbeit durch die Studentenbewegung, deren Auseinandersetzungen über Ziele und Kampfmethoden sozialistischer Politik in die Sozialarbeiterbewegung hineingetragen wurden." (117)

Bei diesen Gruppen (die sich meistens AKS: Arbeitsgruppe Kritischer Sozialarbeiter - West-Berlin, oder Arbeitskreis Kritische Sozialarbeit-Frankfurt)nannten,trafen die Parolen der ersten Phase der Studentenbewegung wie Antiautoritarismus und Antibürokratismus auf wesentliche Aspekte der eigenen Erfahrung in Praxis und Ausbildung.

Anmerkungen:

(108) SCHERPNER, Hans: Theorie der Fürsorge, Göttingen 1962, S. 122
(109) Vergl.: HAUG, Wolfgang F.: Der hilflose Antifaschismus, Frankfurt/M 1970
(110) WOLFF, Reinhart: Sozialarbeit als Beruf - der Traum vom unabhängigen Sachverständigen (Rezension von OTTO/UTERMANN, 1971), in: Erziehung und Klassenkampf, Nr. 4/1971, S. 73-77
(111) BÄUERLE, 1970, a.a.O., S. 19
(112) ders., S. 13
BÄUERLE ist zwar nur ein Vertreter dieser Richtung. Das ausschließlicheZitieren aus seinen Arbeiten rechtfertigt sich aber dadurch, daß er sowohl Theoretiker wie Praktiker der Ausbildung ist. (Bis Ende der 60iger Jahre war er Direktor der Höheren Fachschule für Sozialpädagogik und Sozialarbeit in Hamburg).
(113) ders., S. 56
(114) WEBER, a.a.O., S. 432
(115) BÄUERLE, 1970, a.a.O., S. 24
(116) Um die drei hier als solidarisch professionell eingestuften Sozialarbeiter nicht über zu interpretieren, sollen die folgenden Ausführungen sich auf Arbeiten kritischer Sozialarbeitergruppen stützen.
(117) PAULSEN, Peter: Zum Problem der Organisation von Sozialarbeitern, in: Erziehung und Klassenkampf, Nr. 4/1971, S. 5

5. Staatsintervention und Sozialarbeit (Reprint von 1976)

Die Aufnahme dieses 1976 im Kriminologischen Journal (S. 263-279) publizierten Artikels in die Dokumentation der Sozialen Arbeit in den 70er Jahren verfolgt zwei Zwecke.

Zum einen möchte ich ein Beispiel für damals intensiv und breit geführte Debatte um die Bedeutung des modernen Staates geben. Die (typisch deutsche) "Staatsableitungsdebatte" (vgl. die vielen Beiträge in der Zeitschrift DAS ARGUMENT in dieser Zeit) war - positiv gesehen - ein Versuch, die "Staatsvergottung" (GRAMSCI) auf die "Handgemenge" realer Gesellschaftskonflikte "herunter" zu holen, kritisch gesehen verdoppelte sie die Staatsfixierung. Erst mit der intensiveren Rezeption GRAMSCIS (1968) und POULANTZAS (1978) fanden Vorstellungen Berücksichtigung, die die staatlichen Bereiche als "Arenen" der gesellschaftlichen Konfliktregulierung betonen (vgl. z.B. HAUG 1988).

Zum anderen möchte ich mit diesem Artikel ein Beispiel geben, daß selbst die Kritiker dieser Gesellschaft an deren prinzipielle Intergrationsfähigkeit aller Mitglieder glaubten. Ich war damals der festen Überzeugung, daß sich bei über 2 Millionen Arbeitslosen die "Systemfrage" stellen würde. Bei aller Kritik hingen auch wir am fordistischen Modell der "inflexiblen Massenproduktion" (HOFFMANN 1996).

Darüber hinaus soll dieser Artikel die in den bisherigen BLICKEN ansatzweise gemachten Erörterungen zum Verhältnis von Staatstätigkeit und Sozialer Arbeit vertiefen. Im AUSBLICK komme ich auf die aktuelle Debatte zu diesem Thema zurück.

Staatsintervention und Sozialarbeit

Timm Kunstreich

Der allgemeine Zweck von Staatsinterventionen ist es, die Tauschbarkeit aller Waren zu sichern. Dabei sind drei Funktionen zu unterscheiden: (1) die subsidiäre Funktion, (2) die kompensatorische Funktion, (3) die legitimatorische Funktion. Bezogen auf die Sozialarbeit bedeutet das, daß zwar eine Zunahme von Arbeitsfeldern mit eher subsidiärer Funktion zu beobachten ist, daß damit aber zugleich der Zugang zu Arbeitsfeldern mit stärkerer kompensatorischer Funktion erweitert wird — d.h. aber auch, daß die soziale Kontrolle „staatlich" definierter „Randgruppen" effektiviert wird.

Begriffe wie: staatsmonopolistischer Kapitalismus, kapitalistischer Staat, Spätkapitalismus heben in unterschiedlicher Weise das gleiche hervor: den enorm angestiegenen Grad der Vergesellschaftung von Produktion und Reproduktion — ohne daß damit die kapitalistische Produktionsform ihre Identität als private Aneignung gesellschaftlich produzierter Werte verloren hätte. Ebenfalls kommt in diesen Begriffen zum Ausdruck, daß die Waren nicht mehr „naturwüchsig" zu Markte gehen, sondern daß es immer mehr und weiterreichenderer Interventionen des Staates bedarf, die Tauschbarkeit der Waren zu erhalten, wiederherzustellen oder zu verbessern. Besondere Bedeutung kommt dabei der Ware Arbeitskraft zu, weil sie der einzige wertschaffende Wert ist. Grundlegend für die Lebensverhältnisse der Menschen im Kapitalismus ist deshalb ihre Stellung im/zum Produktionsprozeß, d.h. unter den Bedingungen „freier" Lohnarbeit: die Fähigkeit, ihre Arbeitskraft zu tauschen. Sowohl die Voraussetzungen zum „freien Tausch (z.B. Qualifikation der Arbeitskraft) als auch die Herstellung dieser Voraussetzungen selbst (z.B. Erstellung einer entsprechenden Infrastruktur) werden zunehmend über staatliche Interventionen vermittelt (z.B. Schul-/Ausbildungssystem) bzw. sind Gegenstand intervenierender Tätigkeit (z.B. Erhaltung der Arbeitskraft: Arbeitsschutzgesetze, bzw. ihre Wiederherstellung: Gesundheitswesen). Zu fragen ist nun, welche

Folgen diese Entwicklung für die Funktionsbestimmung der Sozialarbeit hat.

Bei allen Unterschieden in den wissenschaftlichen Positionen zur Sozialarbeit sind sich doch alle darin einig, daß die Funktionen der Sozialarbeit sich in den letzten Jahrzehnten erweitert und/oder verschoben haben, daß sie sich in jedem Fall aber verändert haben. Es können nicht alle Positionen aufgeführt werden; hier interessieren vor allem diejenigen, die Sozialarbeit unter dem Aspekt der Interventionen des Staates analysieren.[1] Zu nennen wären hier Ansätze, wie sie z.B. Haag, Böhnisch und Peters entwickelt haben, die die quantitative Erweiterung und qualitative Verbesserung der Sozialarbeit zwar in unterschiedlicher Weise auf die größeren Steuerungsprobleme des kapitalistischen Staates bzw. der von ihm induzierten Probleme zurückführen, die insgesamt aber zu dem Schluß kommen, daß durch diese Entwicklung der Sozialarbeit größere „Freiräume" entstehen, die sie durch die Entwicklung vor allem innovatorischer Interventionsmethoden nutzen müsse: „Aufgrund des ambivalenten Charakters staatlicher Interventionen im Spätkapitalismus (können) auch die Institutionen der Sozialarbeit nicht starr bleiben . . ., sondern (sind) permanent gezwungen . . ., ihre Grenzen neu zu definieren . . ." (Böhnisch 1974, S. 300).

Bevor diese These weiter verfolgt wird, müssen zunächst die staatstheoretischen Überlegungen, auf denen diese Ansätze basieren, problematisiert werden: Die „Disparitäts-These" und die Untersuchungen von Offe zu den Strukturproblemen des kapitalistischen Staates (die als Weiterentwicklung bzw. Präzisierung der von ihm mitformulierten „Disparitäts-These" angesehen werden können). Der Kernpunkt der „Disparitäts-These" besagt, daß die „Ungleichheit" in der Produktion durch „Ungleichheiten" im Bereich der durch Staatstätigkeit bestimmten Reproduktion überlagert wird. „Die unter dem Gesichtspunkt des sozialen Wandels dominante Form der Ungleichheit ist weniger in der vertikalen Dimension der Ungleichheit von Schichten und Klassen zu suchen als in der horizontalen Dimension der Disparität von Lebensbereichen, d. h. der ungleichgewichtigen Befriedigung der verschiedenen Lebensbedürfnisse" (Bergmann u.a. 1969, S. 82). Solche disparitären Lebensbereiche sind vor allem: „. . . die alle betreffenden Bereiche von Bildung, Verkehr, Wohnung und Gesundheit . . ., die biographischen Marginalsituationen der vorschulischen Sozialisationsphase, der Altersphase nach dem Austritt aus dem Berufsleben, der mentally disabled und der Kriminalität; . . . die gesellschaftlichen Ausnahmesituationen ethnischer Minderheiten, zukunftsloser Wirtschaftszweige, der Slums und strukturellen Armutsgebiete" (Bergmann u.a. 1969, S. 86).

Damit ist zugleich impliziert, daß der Widerspruch von Lohnarbeit und Kapital nicht mehr der dominante gesellschaftliche Strukturkonflikt ist. Als strukturbestimmend werden jetzt vielmehr die Interventionen des politischen Systems auf den Produktionsprozeß und die damit verbundenen Folgen betrachtet. Die Grenzen der Einflußnahme des politischen Systems liegen damit „lediglich" in dem „Imperativ", das wirtschaftliche Wachstum zu gewährleisten. Wenn auch Offe (1972) den Schwerpunkt seiner Argumentation darauf legt, daß das politische System immer mehr ökonomische Funktionen übernimmt oder wesentlich bestimmt („kapitalistischer Staat"), so geht auch er gerade deshalb von der Dominanz des politischen Systems aus und relativiert den „traditionellen" Klassenantagonismus, etwa, wenn er feststellt, daß nur noch eine Minderheit von Individuen direkt dem „Wertgesetz" unterliegt (Offe 1972, S. 40 ff.). Beide Ansätze laufen darauf hinaus, daß sie das Wertgesetz auf das ökonomische Kalkül der Profitmaximierung reduzieren und den Staat unhistorisch als dessen „Steuerungsagentur" interpretieren. Durch diese Reduktion löst sich die „Arbeiterklasse" in die sozialversicherungsrechtliche Kategorie „Arbeiter" auf und der Klassenkonflikt in Disparitäten von Lebensbereichen.

Für die daraus folgende Funktionsbestimmung der Sozialarbeit bedeutet das, daß sie als relativ unabhängig vom „ökonomischen System" gesehen wird und innerhalb des „politischen Systems" als relativ einflußlos, da sie nur in wenig „konfliktfähigen" Feldern arbeitet (z.B. in „Randgruppen"). Ihre mögliche politische Funktion wird wesentlich in der Aufdeckung von gesellschaftlichen Mängeln und Konflikten bzw. der Aufklärung darüber gesehen (vor allem Peters 1975 und Haag 1973) bzw. in der Planung sozialer Infrastrukturen, in denen Partizipation und Mobilisierung der Betroffenen möglich sein kann (vor allem Böhnisch 1974).

Geht man jedoch davon aus, daß der Zusammenhang von Sicherung der Reproduktionsbedingungen des Gesamtkapitals und die Ausdehnung staatlicher Interventionen

seine politische Brisanz gerade dadurch erhält, daß „die
ökonomische Krise immer mehr strukturelle Züge an-
nimmt („strukturelle Dauerkrise") und auf immer weitere,
*nicht unmittelbar dem Verwertungsprozeß subsumierte ge-
sellschaftliche Bereiche übergreift* — *Wohnung, Ausbildung,
Verkehr, Forschung, Gesundheitswesen* — *sei es wegen der
zerstörerischen Wirkung der Kapitalakkumulation, sei es,
weil sie als allgemeine materielle Produktionsbedingungen
verwertungskonform reorganisiert werden müssen"* (Hirsch
1974, S. 233, Hervorhebungen von mir — T.K.), so greift
schon das diesen Ansätzen zugrundeliegende Verständnis
von Staatsinterventionen zu kurz. Zwar ist es richtig, daß
solche Interventionen immer auf den Akkumulationspro-
zeß des Kapitals bezogen sind, sie können ihn selbst aber
nicht kontrollieren. Vielmehr können sie *notwendig* „immer nur regulierend, kompensatorisch oder repressiv-stabi-
lisierend auf die Resultate des unmittelbaren Reproduktionsprozesses reagieren" (Hirsch 1974, S. 227 f). Diese
Notwendigkeit des formbestimmten Eingriffes ist konsti-
tuierend für den bürgerlichen Staat: „Die kapitalistische
Gesellschaft ist — im Gegensatz zu anderen historischen
Gesellschaftsformationen — dadurch charakterisiert, daß
sie sich als Klassengesellschaft durch das stumme, sich
hinter dem Rücken der Individuen durchsetzende Wirken
des Wertgesetzes und ohne bestimmenden äußeren Eingriff selbst reproduziert und daß diese spezifische Form
des Reproduktionsprozesses notwendig den bürgerlichen
Staat als 'besondere', gegenüber dem gesellschaftlichen Reproduktionsprozeß und den Produktionsagenten relativ
verselbständigte, Instanz hervorbringt" (Hirsch 1974,
S. 226).

Merkmale dieser Besonderung sind vor allem:
— „formale Nichtverfügung der Inhaber der Staatsgewalt über Pro-
duktionsmittel,"
— „Herausbildung einer organisatorisch verselbständigten, nach
spezifischen Regeln und Verfahrensweisen funktionierenden Bürokratie,"
— . . ., damit die formelle Nicht-Identität von Klassenzugehörigkeit
und administrativer Position,"
— „das Auseinandertreten von 'privatem' und 'öffentlichem' Recht"
(Hirsch 1974, S. 227).

Der heute erreichte Stand kapitalistischer Produktion ist
unter anderem dadurch gekennzeichnet, daß „der auf
Sicherung der Reproduktionsbedingungen des Gesamtkapitals gerichtete staatliche Aktivitätsbereich erheblich
ausgedehnt wird. Seine entscheidende politische Dimension erhält dieser Zusammenhang dadurch, daß mit fort-

schreitender Durchsetzung des Kapitalverhältnisses und
der Subsumtion immer weiterer gesellschaftlicher Produktionssphären unter das Kapital das politische Gewicht der
in ihren Lebensverhältnissen nicht unmittelbar vom Gang
des Akkumulationsprozesses abhängigen Schichten *abnimmt.*
Die Sicherung der politischen Herrschaft der Bourgeoisie
wird angesichts dieses sich objektiv verschärfenden Gegensatzes von 'Lohnarbeit' und 'Kapital' immer mehr von
einem störungsfreien Verlauf des Akkumulationsprozesses
abhängig" (Hirsch 1974, S. 233, Hervorhebung von mir
— T.K.). Dieses Ineinanderfließen von ökonomischer und
politischer Krise erfordert eine qualitativ verbesserte Form
von Interventionen.

Das Neue dieser Interventionen beschreibt Offe (1975) —
implizit selbstkritisch gegen seine früheren Ausführungen —
wie folgt: „Einigermaßen schematisierend kann man also
einen 'neuen' Typus von Gesellschaftspolitik identifizieren, der zum Ziel hat, die 'Tauschbarkeit' der Produktionsfaktoren (wieder)herzustellen und dauerhaft zu sichern,
während es dem 'alten' Typus von Sozialpolitik darum
geht, gerade die 'Nicht-Tauschbarkeit' von Arbeit und Kapital von Fall zu Fall beschützend und absichernd zu kompensieren" (Offe 1975, S. 43 f.).

Die Organisationsmittel, d.h. die rechtlichen Rahmenbedingungen, Vorschriften, politische Durchsetzungsstrategien usw. (vgl. Offe 1975, vor allem S. 9—50), mit denen
dieser „neue" Typus von Gesellschaftspolitik realisiert
wird, müssen dabei drei Funktionen erfüllen:
a) Sie müssen die Bedingungen der „Tauschbarkeit" ständig verwertungskonform reorganisieren und weiterentwickeln (*subsidiäre Funktion*).
b) Sie müssen die zerstörerischen Wirkungen der „Tauschbarkeit" soweit neutralisieren, daß von ihnen keine Gefährdung des Gesamtsystems ausgeht (*kompensatorische Funktion*).
c) Sie müssen so gestaltet sein, daß die Massenloyalität
erhalten bleibt, d.h. daß sich die überwiegende Mehrheit
der Gesellschaft mit den Bedingungen und Ideologien der
„Tauschbarkeit" identifizieren kann (Individualismus, formale Gleichheit, . . .); d.h. zugleich aber auch: daß das
Monopol des Staates, solche Organisationsmittel bereitzustellen, nicht in Frage gestellt wird — oder „positiv": daß
Systemalternativen unterdrückt werden (*legitimatorische Funktion*).
Diese Funktionen sind selten „gleichverteilt", meistens

überwiegt bei einer Art von Organisationsmittel eine Funktion.

Ein Ansatz, Sozialarbeit als Teilelement einer derartig als neuen „Typus" von Gesellschaftspolitik verstandenen Sozialpolitik[2] zu interpretieren, liegt mit dem „Jahrbuch für Sozialarbeit 1976" vor (zitiert als: Jahrbuch). An zwei Beispielen untersuchen dessen Autoren diese Entwicklung im Bereich der Sozialarbeit. Für den Bereich der Vorschulerziehung werden exemplarisch die Vorgänge um das Projekt „Kita 3000" analysiert, und es wird folgender Schluß gezogen: „Öffentliche Vorschulerziehung verliert ... ihren 'sozialindikativen' Charakter und wird tendenziell zur Durchschnittserziehung für Kinder, ganz wie es heute schon bei der Schulbildung der Fall ist" (S. 375). Für die Änderungen im Bereich der Fürsorgeerziehung wird exemplarisch das „Georg-von-Rauch-Haus" herangezogen und festgestellt: „Auch im Bereich der Jugendhilfe gibt es eine deutliche Tendenz, nicht mehr nur Randgruppen, sondern *alle* Jugendlichen öffentlichen Erziehungsmaßnahmen zu unterziehen" (S. 376), Hervorhebung im Jahrbuch).

Fazit aus beiden Untersuchungen: „Die Familie kann also ihre bisherige Erziehungsfunktion nicht mehr 'naturwüchsig' leisten. Sie wird selbst zum Gegenstand öffentlicher Sozialisation" (S. 376). Das bedeutet: „Aufgaben im Bereich der Reproduktion der Arbeitskraft, die bislang privat geleistet wurden, werden fortschreitend verstaatlicht" (ebenda). Entsprechend dieser Tendenz habe Sozialarbeit ihre „Lückenbüßerfunktion" und ihre Festschreibung auf „Randgruppen" historisch hinter sich gelassen (Überwiegen der kompensatorischen Funktion). Vielmehr übernimmt sie in immer stärkerem Maße aktive Sozialisationsaufgaben „auch und gerade für die bislang familial sozialisierte Durchschnittsarbeitskraft" (Überwiegen der subsidiären Funktion, S. 408 f.).

Mit dieser Schlußfolgerung wird allerdings ein Gegensatz zwischen kompensatorischer und subsidiärer Funktion konstruiert, der so nicht haltbar ist.[3] Zu unterscheiden ist vielmehr, wie durch das Anwachsen von Tätigkeitsfeldern mit stärkerer subsidiärer Funktion zugleich die Zugangsmöglichkeiten zu solchen Arbeitsfeldern der Sozialarbeit erweitert wird, bei denen die kompensatorische Funktion überwiegt. Weiter birgt die zu einseitige Reduktion auf die Funktionsverschiebungen von der Familie zu staatlichen Sozialisationsleistungen die Gefahr in sich, den herrschaftsbezogenen Charakter von Sozialarbeit (legitimatorische Funktion) zugunsten eines scheinbar funktionalen Systemerhalts zu vernachlässigen.

Um diese Aspekte systematisch mit einzubeziehen, soll die Entwicklung der Arbeitsfelder der Sozialarbeit zunächst in ihrem Kontext zu anderen Maßnahmen zur Gewährleistung der Tauschbarkeit der Ware Arbeitskraft und den zugrunde liegenden materiellen Prozessen kurz dargestellt werden. Damit ist zugleich auch das *Selektionsfeld* der Organisationsmittel der Sozialarbeit umrissen, d.h. des Feldes, in dem diese Maßnahmen von ihrer Definition her nur wirken können. Daß mit diesen Maßnahmen in geringerem Maße nur „die bislang familial sozialisierte Durchschnittsarbeitskraft" erreicht wird, sondern weiterhin vor allem „Randgruppen", darauf soll abschließend noch eingegangen werden.

Die bisher nur summarisch genannten Gebiete, die eine zentrale Rolle für die Reproduktion der Arbeitskraft spielen, lassen sich zu vier Bereichen typisieren:

(1) Bereich: Qualifikation/Sozialisation: Zwar gelten für Herstellung und Erhaltung der Qualifikationsstruktur und der dominanten Charakterstrukturen im Schwerpunkt je verschiedene Organisationsmittel, zugleich enthält jede Qualifikation aber auch Aspekte der Sozialisation — und umgekehrt. Dieser Bereich ist grundlegend für die aktuelle und potentielle Verwertung der Arbeitskraft. In jeder Biographie ist die Art der Qualifikation die „unabhängige Variable", von der die individuellen Reproduktionsmöglichkeiten abhängig sind. Besteht die subsidiäre Funktion dieses Bereiches insgesamt in der Ausbildung und Qualifikation der Arbeitskraft, so liegt die kompensatorische Funktion in der systemkonformen Selektion der Arbeitskräfte durch die Hierarchien des Ausbildungssystems. Daß beide Funktionen in Widerspruch zueinander stehen können und wie sie es tun, hat Offe beispielhaft in seiner Analyse der Berufsbildungsreform gezeigt. Die legitimatorische Funktion dieses Bereiches liegt darin, solche Konflikte in einer Weise latent zu halten, die es der überwiegenden Mehrzahl der Bevölkerung erlaubt, sich mit der Verteilung der Qualifikationschancen zu identifizieren (z.B. Leistungs-, Aufstiegsideologien, aber auch Ideologien über Chancengleichheit) — was selbst schon wieder eine Sozialisationsleistung ist (vgl. zu diesem Bereich insgesamt: Jahrbuch, S. 392—402). In diesem Bereich liegen insofern

alle Handlungsfelder der Sozialarbeit als *jede* ihrer „Maßnahmen" sozialisatorische oder (de-)qualifikatorische Folgen hat. Besonders die Nachfrage nach weiblicher Arbeitskraft, die längere Ausbildungszeit Jugendlicher und gleichzeitig auftretende Dequalifikation jugendlicher Arbeitskraft haben in diesem Bereich zur quantitativen Erweiterung des Handlungsfeldes und zu neuen Interventionsstrategien geführt („Jugendzentren"). Die wichtigsten Arbeitsfelder sind: Kindergarten/Vorschule, Erziehungsberatung mit überwiegend subsidiärer Funktion), Jugend- und Familienfürsorge (stärkere kompensatorische Funktion) und „Jugendpflege" (überwiegend legitimatorische Funktion).

(2) Bereich: Wohnen (Wohngebiet, Verkehrsbedingungen): In der ersten Aufbauphase nach dem Krieg stand die kompensatorische Funktion des Wohnungsbaus ganz im Vordergrund: Aufbau der zerstörten Wohnungen und Eingliederung der Vertriebenen. Auf ihr basierte zugleich die legitimatorische Funktion („sozialer Wohnungsbau"). Die subsidiäre Funktion lag vor allem im Aufbau einer autogerechten Verkehrsinfrastruktur, damit die Waren besser zum „Markt" kommen konnten (Arbeitskräfte und andere Waren). In dem Maße, wie die Auswirkungen dieser Politik — Zerstörung der Städte, Neubau-Slums, Zerstörung der Umwelt, hohe Mieten — deutlicher wurden, mußten neue Organisationsmittel gefunden werden, die die daraus resultierenden Konflikte regulierten. So sieht z.B. das neue Städtebauförderungsgesetz erstmals die „Beteiligung der Bürger" an Planungsprozessen vor, vor allem aber wurde die Planungsautorität der Staatsapparate erweitert, damit die konfligierenden Funktionen besser, d.h. hier: vor allem vorausschauender reguliert werden können (vgl. Jahrbuch S. 402—405). Für die Sozialarbeit haben sich damit überhaupt neue Arbeitsfelder ergeben: Sozialplanung (mit überwiegend legitimatorischer Funktion) und Gemeinwesenarbeit (überwiegend: subsidiär). Quantitativ wichtiger (und auch erweitert) aber ist die „traditionelle" Obdachlosenarbeit (überwiegend: kompensatorisch).

(3) Bereich: Soziale Sicherung: Die Organisationsmittel der sozialen Sicherung (von der Sozialversicherung über die Gesundheitspolitik bis zur Familienpolitik) kompensieren weitgehend die Risiken, die mit dem Verlust der Fähigkeit, seine Arbeitskraft zu tauschen, einhergehen (Krankheit, Arbeitslosigkeit, Alter, Kinder-haben, Kindsein). Sie wirken subsidiär, wenn sie die Tauschfähigkeit wieder herstellen. Gerade die Tatsache, daß viele Errungen-

schaften der sozialen Sicherung Erfolge der Arbeiterbewegung (Parteien und Gewerkschaften) sind, erhöhen zugleich den legitimatorischen Wert („Sozialstaats-Illusion" (vgl. Jahrbuch, S. 384—392). Lag in diesem Bereich früher ein zentrales Handlungsfeld der Sozialarbeit (Fürsorge, Wohlfahrtspflege, Armenpflege), als die Sozialarbeiter noch direkt an der Verteilung materieller Hilfen beteiligt waren, so sind mit zunehmendem Ausbau des „Netzes der sozialen Sicherung" neue Arbeitsfelder hinzugekommen (z.B. Reha-Berater) und alte weiter ausgebaut worden — sowohl quantitativ als auch qualitativ (Jugend- und Familienfürsorge, Altenhilfe). Galt dieser Bereich lange als das Paradepferd sozialer Befriedung, so ist in den letzten Jahren durch die Folgen intensivster Ausbeutung menschlicher Arbeitskraft die schlechte und teure Gesundheitsversorgung immer stärker in den Bereich staatlicher „Reformmaßnahmen" gerückt. In diesem Zusammenhang wurden (und werden) vor allem Arbeitsfelder mit eher subsidiärer Funktion erweitert und aufgewertet (z.B. Nachsorgeeinrichtungen). Verwandte Arbeitsfelder auf hohem qualifikatorischen Niveau sind vor allem Drogentherapie und die Ansätze zur Gemeindepsychiatrie. Eine zunehmende Rolle für die legitimatorische Funktion spielt — nicht nur in diesem Bereich — die Ausweitung des Krankheitsbegriffs auf Bereiche, die früher als kriminell oder einfach als abweichend galten.

(4) Bereich: Soziale Kontrolle: Dieser Bereich ist zunächst ein allgemeiner, da soziale Kontrolle auch in den anderen Bereichen ausgeübt wird. So läßt sich auch jedes Arbeitsfeld der Sozialarbeit diesem Bereich zuordnen. Will man jedoch die Tatsache der sozialen Kontrolle nicht interaktionistisch zu einem ubiquitären Phänomen auflösen (wie es z.B. Matthes 1973, tut), sondern als historisch formbestimmte verstehen, dann ist es gerechtfertigt, bestimmte „Teile" der sozialen Kontrolle als eigenen Bereich hervorzuheben. Gemeint sind hiermit die Staatsapparate: Militär, Justiz, Polizei, aber auch: allgemeine Verwaltungen. Sicherlich wirken auch diese Teile kompensatorisch und subsidiär, ihre zentrale Funktion ist aber die der Legitimation, d.h. die der Aufrechterhaltung der Massenloyalität. Die Mittel, die dazu verwandt werden, *können* repressiv sein. Tatsächlich sind sie es aber meistens nur potentiell, denn die Wirkung der bürgerlichen Rechts*form* beruht ja gerade darauf, „den Schein der Gleichstellung aller Mitglieder der Gesellschaft durch eine universelle, die Klassengrenzen *nicht* berücksichtigende Gel-

tung von Rechtsnormen" zu erzeugen (Werkentin u.a. 1972, S. 226): Durch die Sicherung der zentralen Rechtsinstitute wie Privateigentum, Vertragsfreiheit und Rechtsstaatprinzip, wird deren „Charakter als Privilegierung herrschender Klassen nicht unmittelbar preisgegeben, (sondern damit wird in erster Linie eine Sphäre des 'freien Wirtschaftens' abgesichert und erhalten), die nunmehr die wesentlichen Vermittlungen des gesamtgesellschaftlichen Reproduktionsprozesses leisten soll" (dies. S. 226). Auch bei den Arbeitsfeldern der Sozialarbeit in diesem Bereich überwiegt die legitimatorische Funktion: vor allem bei der Arbeit in totalen Institutionen (Gefängnisse, Heime). Nicht zuletzt deshalb, weil der „Abschreckungscharakter" dieser Einrichtungen kaum nachweisbar ist und weil sie im Sinne der Erhaltung der Tauschbarkeit der Ware Arbeitskraft äußerst dysfunktional sind, gehen Reformvorhaben dahin, wenigstens diese wiederherzustellen (Resozialisierung) bzw. überhaupt zu gewährleisten (reformierte Heimerziehung). Gerade für solche Reformvorhaben werden mehr und besser ausgebildete Sozialarbeiter gebraucht.

Diese Aufzählung von Arbeitsfeldern der Sozialarbeit erhebt keinen Anspruch auf Vollständigkeit. Deutlich werden sollte vielmehr, daß sich die Arbeitsfelder mit stärkerer subsidiärer Funktion erweitert haben und daß diese Tendenz anhält. Aber auch in den Arbeitsfeldern mit überwiegender kompensatorischer Funktion ist eine deutliche Stärkung der subsidiären Funktion erkennbar, wenn man die als Professionalisierung der Sozialarbeit beschriebene Tendenz als solche Stärkung interpretiert (die qualitative Verbesserungen beinhaltet: Bemühungen um „Vorbeugung", Wiedereingliederung, Betonung wissenschaftlich begründeter Handlungsstrategien usw.). Mit dieser quantitativen Erweiterung und der verbesserten Qualität ist impliziert, daß dadurch größere Teile der Bevölkerung erreicht werden können.

Welche Gruppen allerdings erreicht werden, hängt ab:
a) von deren sozialer Lage, die sich konkretisieren läßt in Positionen in den vier genannten Bereichen;
b) von den zur Verfügung stehenden Organisationsmitteln und den damit definierten Zugangsmöglichkeiten: (1) Zugang aufgrund eigener Initiative/Selbstmeldung (z.B. häufiger bei Kindergärten oder Jugendhäusern); (2) Zugang aufgrund einer Meldung durch einen anderen Teil des Staatsapparates (z.B. Polizei oder Schule); (3) Zugang aufgrund rechtlicher Vorschriften (z.B. Regelung der elterlichen Gewalt bei Scheidungen).

Ist es grundsätzlich auch richtig, daß „alle" den vier genannten Bereichen „in gleichermaßen unentrinnbarer Weise" ausgesetzt sind, wie die Autoren der Disparitäten-These feststellen, so ist ihre Einschränkung: „wenn (auch) nicht in strikt gleicher" Weise, (Bergmann u.a. 1969, S. 81) eine Verschleierung ökonomischer Ausbeutung und politischer Herrschaft.

Hervorzuheben sind zunächst Gruppen, die durch die Art und Weise des Funktionierens der genannten Organisationsmittel in den Bereichen direkt oder indirekt „profitieren". Sie könnten — im Gegensatz zu den „Randgruppen" — „Zentrumsgruppen" genannt werden.[4] Kennzeichnend für diese Gruppen ist, daß sie nicht nur Träger legaler politischer und ökonomischer Gewalt sind, sondern daß sie auch durch die Struktur der genannten Bereiche privilegiert sind bzw. durch sie ihre Privilegien erhalten. Sie lassen sich kurz charakterisieren durch
— hohe Qualifikation — bei den ökonomisch zentralen Gruppen auch Verfügung über Eigentum an Produktionsmitteln;
— relative Unabhängigkeit von und/oder „Nutznießer" des Ausbildungssystems;
— Unabhängigkeit in den Bereichen „Wohnen" und „soziale Sicherheit" (nicht *ob* jemand eine Wohnung hat oder sozial abgesichert ist, spielt hier eine Rolle, sondern deren qualitative Verbesserung).
— Im Bereich „soziale Kontrolle" können sich diese Mitglieder — entweder durch Privilegien in anderen Bereichen oder weil sie an der Spitze entsprechender Hierarchien stehen — faktischer sozialer Kontrolle entziehen.
Für diese Gruppen gelten ganz abstrakt die Vorschriften des BSHG genauso, wie für den Sozialhilfeempfänger die Kartellgesetzgebung gilt.[5] Tatsächlich erreicht von den Organisationsmitteln der Sozialarbeit werden diese Gruppen nur, wenn sie es selbst wünschen, d.h. durch Zugang aufgrund eigener Initiative (z.B. Vorschulen). Nur in Ausnahmefällen „greifen" auch die anderen beiden Zugangsmöglichkeiten, wobei es dann aber bei einer einmaligen Maßnahme bleibt (z.B. bei Scheidungen).

Dieser Gruppe von „Spitzensportlern" in bezug auf ihre Tauschfähigkeit (und den entsprechenden materiellen und ideologischen Attributen) folgt der „Breitensport" „durchschnittlicher" Tauschbarkeit — und „durchschnittlich" gefährdeter Tauschbarkeit. Die Gefährdung ist dabei je nach Bereich unterschiedlich:

(1) Bereich Qualifikation/Sozialisation: Gruppen, die wegen geringer, schlechter, nicht mehr nachgefragter Qualifikation und/oder die wegen unzureichender Sozialisation, bezogen auf die geforderten Fähigkeiten eines Lohnarbeiters, nur eingeschränkt in der Lage sind, ihre Arbeitskraft zu tauschen.
(2) Bereich Wohnen: Gruppen, die in schlechten/zu kleinen Wohnungen, Gartenlauben, Lagern und/oder in Regionen mit unzureichender Infrastruktur wohnen,
(3) Bereich soziale Sicherung: Gruppen, die nicht/noch nicht/ noch nicht wieder / nicht mehr in der Lage sind, ihre Arbeitskraft zu tauschen, und/oder durch die „Netze der sozialen Sicherung" erst beim Existenzminimum aufgefangen werden (Ausgesteuerte, Früh-, Sozialrentner, Invaliden).
(4) Bereich soziale Kontrolle: Gruppen, die unter starker sozialer Kontrolle leben (z.B. Sozialhilfeempfänger), leben müssen (z.B. Anstaltsinsassen).

Gemeinsames Kennzeichen dieser Gruppen ist es, daß sie *Defizite* im Hinblick auf die aktuelle oder potentielle Tauschfähigkeit aufweisen. Durch die konkrete Ausprägung der Organisationsmittel, die zur Behebung oder Regelung dieser Defizite zur Verfügung stehen, werden diese als *individuelle Reproduktionsprobleme* definiert und nicht als kollektive, objektive verursachte Systemprobleme. So gilt das „Haben" und die Regelung *eines* dieser defizitären Merkmale durchaus als „normal": z.B. individuelle Arbeitsvermittlung bei Arbeitslosigkeit; Suchen einer besseren Wohnung, wenn man eine schlechte hat — oder: „Leistungsversagen" in der Schule. Treffen jedoch die defizitären Merkmale aus mindestens zwei Bereichen auf *eine* Gruppe zu, so wird diese gemeinhin als „Randgruppe" angesehen: z.B. nicht „alt" — also aus dem Arbeitsprozeß ausgegliedert — macht jemand zum Marginalen, sondern z.B. „alt" und „arm"; nicht „geschieden" allein, sondern „geschieden" und „kinderreich" und „arbeitslos" machen jemanden zum Sozialhilfeempfänger. Aus dem Zusammentreffen jeweils unterschiedlich vieler solcher Merkmale läßt sich eine „Pyramide" erstellen und auch quantifizieren (s. folgende Seite).

Die genauere Quantifizierung von „Randgruppen" dieser Art über die Untersuchung solcher Merkmale kann hier nicht geleistet werden, wenngleich — umgekehrt — bei den schon als „Randgruppen" definierten Gruppen wie Lager-

bewohnern, Problemfamilien, ethnische Minderheiten etc. gerade diese Merkmale vorgefunden werden.

Geht man weiter davon aus, daß beim Vorhandensein eines Merkmals (vor allem: nicht-nachgefragte Qualifikation) die Wahrscheinlichkeit steigt, daß weitere defizitäre Merkmale in anderen Bereichen hinzukommen, so läßt sich ermessen, welch großer Teil der Bevölkerung existentiell, d.h. in seiner Tauschfähigkeit, bedroht ist.

Bestimmte kriminelle Handlungen, wie Eigentumsdelikte und Körperverletzung, die zumindest überproportional bei einigen dieser „Randgruppen" registriert werden, sind eine Form der Reaktion auf diese soziale Lage, eine „individuell-anarchische", die aber noch von aktiven (aggressiven) Auseinandersetzungen mit den „Verhältnissen" zeugt. Weit häufiger dürften andere Reaktionsformen anzutreffen sein, wie Apathie, Sucht, Neurosen/Psychosen oder − als angepaßte Form − Kompensation durch individuellen Konsum.[6]

Betrachtet man vor diesem Hintergrund die Zugangsmöglichkeiten zu den Organisationsmitteln der Sozialarbeit, so lassen sich diese Gruppen als deren wesentliches Selektionsfeld begreifen:
− Die sozialen Reaktionsformen, selektiv wahrgenommen durch Polizei, Schule und andere „Meldebefugten", stellen in Form von Meldungen über Delikte und Auffälligkeiten den Hauptteil des Zugangs vor allem bei Kindern und Jugendlichen (und deren Familien, vgl. Haferkamp/Meyer 1972).
− Auch wenn der Zugang zunächst nur aufgrund der Regelung einer Rechtsfrage (z. B. elterliche Gewalt) oder auf eigene Initiative zustande kommt (z. B. Kindergärten), führt die Wahrnehmung von Defiziten in mehr als einem Bereich (z. B. schlechte Wohnung *und* mangelnde Versorgung) durch dafür ja kompetente Sozialarbeiter meistens zu weiteren

Maßnahmen und/oder dauerndem Kontakt mit anderen Einrichtungen der Sozialarbeit (vor allem: Jugend- und Familienfürsorge, Gesundheitsamt).

Damit beginnt in der Regel ein verhängnisvoller Kreislauf — oft über Generationen hinweg: „Die Zuschreibung von Defiziten ist desto konsistenter, je schwieriger die objektive Lage der Betroffenen ist. Der gefundene Zusammenhang zwischen objektiv schwieriger Lage, . . . (durchgängig defizitärer Beschreibung in den Akten) und des über Jahre hinweg dauernden Kontakts (zwischen Sozialarbeitern und Betroffenen), läßt einen wechselseitigen Wirkungszusammenhang erkennen. Objektive Schwierigkeiten, z. B. geringe Qualifikation und deren Risiken, enge Wohnungen, viele Kinder usw. werden als individuelle Defizite definiert: mangelhafte Versorgung der Familie, Erziehungsunfähigkeit usw. Mögliche Ausbruchversuche aus der Situation werden als Bestätigung der individuellen Defizite angesehen: Trinken, Weglaufen, Unsauberkeit, Arbeitsscheu. Dem wird versucht, mit Maßnahmen abzuhelfen, die die Situation der Betroffenen eher noch verschlimmern (z. B. Fremdplazierung der Kinder in Heimen). Die Folgen der objektiven Auswegslosigkeit führen zur subjektiven Übernahme defizitärer Interpretationsmuster in die Eigendefinition der Betroffenen und damit zur Resignation: Auf Dauer kommt es also zur Bestätigung zugeschriebener Defizite" (Kunstreich 1975, S. 99 f.).

Die Wahrscheinlichkeit des Übergangs von Organisationsmitteln mit überwiegend subsidiärer Funktion zu solchen mit stärkerer kompensatorischer Funktion steigt also, je schwieriger die materielle Situation der Betroffenen, d. h. je stärker ihre Tauschbarkeit gefährdet ist.

Berücksichtigt man diesen Zusammenhang beider Funktionen, so läßt sich zwar in einigen Arbeitsfeldern *auch* eine Übernahme aktiver Sozialisationsleistungen „auch und gerade für die bislang familial sozialisierte Durchschnittsarbeitskraft" (Handbuch, S. 409; s. o.), konstatieren, gleichbedeutend ist aber der dadurch geschaffene breitere und differenziertere Zugang zu den „staatlich" konstituierten „Randgruppen". Die quantitative und qualitative Erweiterung und Differenzierung sozialarbeiterischen Instrumentariums erfüllt also zugleich eine effektivere soziale Kontrolle (legitimatorische Funktion).

Mit der Betonung der subsidiären Funktion gerät aber auch
die traditionelle Legitimation der „individuellen Defizite"
ins Wanken. Insbesondere die Sozialarbeiter selbst empfinden die Festschreibung der ihnen zur Verfügung stehenden
Maßnahmen auf individuelle Reproduktionshilfen in immer
stärkerem Maße als unzureichend. Auf damit zusammenhängende Tendenzen der Politisierung der Sozialarbeiter
reagieren die Anstellungsträger verstärkt mit Repression,
zum Teil auch mit Berufsverbot bzw. mit der expliziten
Festlegung auf „anerkannte" Methoden und auf die FDGO.[7]

Summary

The general purpose of state intervention is to preserve the exchange value of all kinds of goods. Thereby three functions are to be distinguished:
(1) the subsidiary function, (2) the compensating function,
(3) the legitimating function. Concerning social work it implies that those parts of social work with subsidiary function are increasing. By this, however, the entrance is enlarged to those parts with compensating function. This process includes a more effective social control of „marginal groups" which are defined by the results of state intervention itself.

Anmerkungen

(1) Nicht berücksichtigt werden also Ansätze, die Sozialarbeit als
Residualkategorie der traditionellen Sozialpolitik verstehen („Lückenbüßerfunktion"), ebensowenig solche Ansätze, die Sozialarbeit in
ihrer scheinbar gleichbleibenden Funktion zum kapitalistischen Verwertungsprozeß betrachten (z. B. Hollstein).
(2) Wie die Abschnitte des „Sozialberichts 1973" zeigen, ist das
durchaus sozialdemokratische „Realpolitik": I. Verbesserung der
Arbeitsbedingungen und der Arbeitsbeziehungen, II. Arbeitsmarktpolitik, III. Ausländerbeschäftigung, IV. Vermögenspolitik, V. Ausbau der sozialen Sicherung, VI. Rehabilitation, VII. Familien- und
Jugendpolitik, VIII. Raumordnungs-, Städtebau- und Wohnungspolitik, IX. internationale Sozialpolitik, X. Instrumente vorausschauender Sozialpolitik.
(3) Weitere Kritikpunkte sind: Der „Neo-Malthusianismus", d. h.
die inadäquate Interpretation des Bevölkerungsproblems und die
These von der „Sozialisation zur Partizipation", der meines Erachtens die schon kritisierte Dominanz des politischen Systems zugrunde
liegt.
(4) Der Begriff „Bourgeoisie" wäre zu allgemein und zu wenig bestimmt. Kommt die Diskussion über die Konstitution der Arbeiterklasse in den letzten Jahren auch wissenschaftlich wieder in Gang,
so wird die Bourgeoisie noch immer eher impressionistisch beschrieben — z. B. im Kursbuch 42.
(5) Spezielle Organisationsmittel, die für bestimmte ökonomische
„Zentrumsgruppen" gedacht sind, haben aufgrund deren objektiver
Lage kaum eine Wirkung. Als Beispiel sei das Kartellgesetz genannt:
Abgesehen davon, daß diese Gruppen massiv auf die Ausarbeitung
dieses Gesetzes Einfluß genommen haben und auch abgesehen da-

von,, daß diesen Gruppen qualifizierte Stäbe zur Verfügung stehen, deren Aufgabe es ist, eben dieses Gesetz „legal" zu umgehen, sind der Wirksamkeit solcher Gesetze objektive Grenzen gesetzt: Unter dem Imperativ „wirtschaftliches Wachstum" (= relativ reibungslose Kapitalakkumulation) kann eine zu „scharfe" Gesetzgebung – z. B. Kriminalisierung der Kartellvergehen – ebenso dysfunktional wirken wie eine zu „schlaffe". Im ersten Falle würde der Imperativ direkt verletzt werden (Folge z. B.: Abziehung von Kapital aus den betroffenen Branchen) – im zweiten Falle würde zwar kurzfristig der Profit erhöht werden, auf die Dauer aber würde das politisch-ökonomisch dysfunktionale Konsequenzen haben (z. B. zu hohe Arbeitslosigkeit). So gesehen ist die jetzige Regelung sehr funktional, denn – wie schon durch die vielen vorgesehenen Ausnahmen im Gesetz deutlich – beschränkt sie sich im wesentlichen auf „Kontrolle" des Monopolisierungs- und Konzentrationsprozesses. Politisch-ökonomisch bedeutet das Sicherung der langfristigen Profitinteressen, politisch-legitimatorisch ein Konsens über die Herstellung von „Benimm"-Regeln der konkurrierenden Kapitalgruppen.

(6) Eine weitere spezifische Reaktionsform auf „Mängel" in genannten Bereichen ist die Bildung von „Bürgerinitiativen". Charakteristisch für diese ist aber, daß sie wesentlich von Gruppen getragen werden, die „nur" von Restriktionen in *einem* Bereich betroffen sind, in den anderen aber relativ „gesichert" sind: z. B. wurde die „Aktion Kleine Klasse" von Angehörigen der Intelligenz (hoch qualifiziert, mobil etc.), initiiert.

(7) „Freiheitlich-demokratische Grundordnung" – vgl. dazu: Informationsdienst Sozialarbeit, Nr. 6, 1974, Schwerpunktthemen: Jugendhilferecht und Jugendhilfetag.

6. Zwischenbilanz

Es liegt nahe, den BLICK auf die 70er Jahre mit einer Zwischenbilanz der bisherigen BLICKE abzuschließen, weil sich mit diesem Jahrzehnt auch die Epoche ihrem Ende zuneigt, die das ganze "kurze 20. Jahrhundert" (HOBSBAWN 1995) geprägt hat: der Fordismus (vgl. Bd. I, S. 115).

Im Mittelpunkt dieser Zwischenbilanz steht der Versuch, die innere Entwicklungslogik herauszuarbeiten, wie die drei regulativen Strategien der primären Grundstruktur Sozialer Arbeit (vgl. Bd. I, S. 70: Rationalisierung, Professionalisierung, Kolonialisierung) den Produktionstypus der "inflexiblen Massenproduktion" stützen. Diese Logik versuche ich im "Modell Ausbau" zu fassen, das ein Element für die "Störungsfreiheit" der fordistischen Regulationsform ausmacht (1). Anschließend werden einige Aspekte der drei kooperativen Strategien (Aktivierung, Solidarisierung, Selbstregulierung) diskutiert, die die sekundäre Grundstruktur Sozialer Arbeit konkretisieren (vgl. Bd. I, S. 111) und deren Gemeinsamkeit ich im "Modell Umbau" zusammenfasse (2).

Abschließend sollen die sozialen Orte umrissen werden, die mögliche Schnittflächen zwischen beiden Modellen bilden (3).

In der folgenden Übersicht sind die Beispiele aus den Schaubildern 3-6 zusammengestellt, um die Zusammenhänge zwischen den BLICKEN zu verdeutlichen.

Seit der "ursprünglichen Akkumulation" der Sozialen Arbeit als Regulierung der Armut (1850), die das re-aktive Modell als primäre Grundstruktur hervorgebracht hat, und als Regulierung der Migration (1890), aus deren Konflikten das pro-aktive Modell als sekundäre Grundstruktur entstand, bilden die regulativen und die kooperativen Strategien den anwachsenden und sich ausdifferenzierenden "Korridor" für die weitere Entwicklung der Sozialen Arbeit.

Während das Medium der regulativen Strategien die Bürokratie ist, die die Stabilität und scheinbar personenunabhängige Reproduktion von Herrschaft garantiert, realisieren sich kooperative Strategien vor dem Hintergrund vielfältiger Sozialitäten, deren Kennzeichen Aktualität (das Soziale als aktuelles Beziehungsgeflecht - Bd. I, S. 8) und Mitgliedschaft bzw. Teilhabe sind, die nur von handelnden Personen realisiert werden können. Da die sozialen Orte (BERNFELD vgl. Bd. I, S. 165) der praktischen Sozialen Arbeit als "Schnittflächen" beider Strategie-Bündel interpretiert werden könnnen, wird sich die Interpretation dieser sozialen Orte erheblich unterscheiden, je nachdem aus welcher Perspektive ich diese Orte betrachte. Aus der Sicht der regulativen Strategien geraten dann Umrisse eines "Modells Ausbau" in den Blick, aus der Sicht der kooperativen Strategien die Konturen eines "Modells Umbau" - das eine Modell als jeweils historische Ausprägung der Sozialdisziplinierung, das andere als jeweilige Aktualisierung einer Pädagogik des Sozialen.

Schaubild 7:
Matrix: Grundstrukturen Sozialer Arbeit: Zwischenbilanz 1970

	Sozial- disziplinierung	institutionelle Handlungsmuster	kompensatorische Funktion: re-aktive Handlungs- muster	unterstützende Funktion: pro-aktive Hand- lungsmuster	
primäre Grund- struktur	regulative Strategien	- Rationalisierung - Professionalisierung - Kolonalisierung	1850/1890: Strafklasse; Armenhaus; Innere Mission; C.O.S.; Elberfelder System	1850/1890: Rauhes Haus; Toynbee Hall;	
			1925: Fürsorgesystem (RG, RFV) Fürsorgeerziehung (RJWG)	1925: Reformpäd- agogik in Schulen	"für"
			1935: Rauhes Haus "An- stalt/Klinik/Prävention	1935: -	
			1955: personalisierende Deutungsmuster; (Jugend-)Fürsorge/ FDJ (1955)	1955: verstehendes Deutungsmuster; Jugendpflege	
			1970: "Anstalt/Klinik/ Prävention"	1970: integrative Kon- zepte	
			klinische Professionalität		
sekundäre Grund- struktur	kooperative Strategien	- Aktivierung - Solidarisierung - Selbstregulierung	1850/1890: (gewerkschaftliche Unterstützungskas- sen)	1850/1890: Hull House	
			1925: Reformpädagogik in Heimen	1925: Wandervo- gel; Kinderfreun- debewegung	
			1935: -	1935: KORCZAKS Wai- senhaus	"mit"
			1955: Jugendhilfekommis- sion; FDJ (1946)	1955: Hansischer Ju- gendbund; Junge Gemeinde	
			1970: Jugendwohnkollektive	1970: GWA-Pro- jekte; Kinderladen u. JZ- Bewegung; Frauenhäuser,	
			solidarische Professionalität		
	Pädagogik des Sozialen	transversale Handlungsmuster	"für"	"mit"	sozialer Code

(1) Modell Ausbau

Damit Regulationsstrategien realisiert werden können, bedarf es eines strukturgebenden und Stabilität verleihenden Mediums - der Bürokratie. Ursprünglich zur Sicherung absolutistischer Herrschaft entstanden, wird mit der sich durchsetzenden kapitalistischen Produktionsform die Bürokratie zur Gestalt aller als öffentlich interpretierbaren Organisationsbereiche der Gesellschaft - von den Staatsapparaten über die Industriebetriebe zu allen Arten von Verwaltung und Verbänden. Bürokratie als rationalste Form der Herrschaft (WEBER 1956) realisiert sich in unserem Jahrhundert systemübergreifend. Jede Gesellschaft, egal ob demokratisch-kapitalistisch, faschistisch oder staats-sozialistisch, bildet Bürokratien als Medium, in dem der dazugehörige Nationalstaat zu seiner "Identität" gelangt. Bürokratie wird so mehr als ein Medium; sie wird zu der wichtigsten gestaltenden Kraft des "Gemeinwesens" - allerdings unter dem Aspekt seiner Beherrschung. Den kooperativen Aspekt hingegen unterstreicht MARX, wenn er feststellt: "Als erste große Produktivkraft erscheint das Gemeinwesen selbst" (Grundrisse, S. 395).

HEYMANN, dessen materialistische Analyse von Bürokratisierungsprozessen meines Wissens nach trotz ihrer Originalität (vgl. NARR 1974) kaum rezipiert wurde, schließt unmittelbar an diese Marxsche Überlegung an, wenn er zur Besonderheit des kapitalistischen Gemeinwesens feststellt:

"Indem die Kapitalisten jeweils eine Masse von Arbeitskräften vereinigen, in qualitativ gegliederten und quantitativ proportionierten Arbeitsprozessen, schaffen sie durch deren gesellschaftlichen Charakter eine objektive Assoziation der Arbeiter, die freilich nicht deren eigene, freiwillige und selbsttätige ist, sondern Organisationsform des Kapitals, aber zugleich die subjektive Assoziation der Arbeiter als Klasse möglich macht" (1973, S. 108).

Wie THOMPSON (1980), VESTER (1970) u.a. in ihren sozialhistorischen Forschungen herausarbeiten, ist diese Möglichkeit sehr unterschiedlich realisiert worden. Allerdings zeigen diese Arbeiten auch, daß ein Grund für das Scheitern der politischen und gewerkschaftlichen Arbeiterbewegung war, daß sie keine alternativen Organisationsformen entwickelten, sondern ebenfalls bürokratische Formen annahmen, d.h., daß sie in die hegemoniale Struktur eingebunden wurden, je größer und stärker ihre Organisationen wurden und je mehr sie von spontanen Formen der Organisation zu stabilen und dauerhaften übergingen.

Bezieht man diese Ausgangsüberlegung auf den Fordismus als "inflexibler Massenproduktion", so läßt sich mit HEYMANN feststellen:

"Die bürokratische Organisation des einzelnen Produktionsprozesses (ist) dem Inhalt nach vergesellschaftete Arbeit, der Form nach Methode zur Steigerung des relativen Mehrwerts" (1973, S. 111). Dieser "verallgemeinert als 'Bürokratisierung' bezeichnete Prozeß, der mit der Herausbildung des monopolistischen Kapitalismus einsetzte und Veränderungen sowohl der Klassenstruktur als auch der Funktions-

weise des Klassenwiderspruchs einbegreift, kann ... in seinen Grundzügen (wie folgt) charakterisiert werden:
- erstens als Ausdehnung der Verwaltungsapparate im staatlichen, öffentlichen und industriellen Bereich aufgrund fortgeschrittener Vergesellschaftung von Produktion und Reproduktion, wodurch Herrschaftsbeziehungen hierarchisch abgestuft und als Sachzwang verkleidet werden;
- zweitens als Regulierung sozialer Prozesse und Konflikte unter Ausscheidung öffentlicher Diskussion, demokratischer Kontrolle und Selbsttätigkeit der Betroffenen;
- drittens als Organisationsform des Klassenverhältnisses, des kapitalistischen Grundwiderspruchs zwischen gesellschaftlicher Produktion und privater Aneignung" (1973, S. 97 f.).

Alle drei Momente zielen auf die Störungsfreiheit der "inflexiblen Massenproduktion". Hergestellt wurde eine derartige "Störungsfreiheit" zum ersten Mal durch das Führersystem des Nationalsozialismus (z.b. durch die Deutsche Arbeitsfront), aber auch durch das korporatistische Verbändesystem der Adenauerzeit und durch das "Modell Deutschland" unter sozialdemokratischer Dominanz in den 70er Jahren.

Betonte WEBER in seinen Untersuchungen zur Bürokratie gleichrangig die Aspekte von rationaler Form der Herrschaftsausübung wie von rationeller Arbeitsteilung, so ist dieser Zugang in den nachfolgenden Wissenschaftlergenerationen immer weiter auf die Frage der Steigerung von Arbeitsproduktivität reduziert worden. Schließlich zur Organisationssoziologie geronnen, beschäftigt diese sich stärker mit System-Umwelt-Problemen; Herrschaft verdünnt sich so zu allgemeiner gesellschaftlicher Macht (vgl. den Exkurs zur Organisationssoziologie von KLATETZKY 1993a, S. 28 ff.).

HEYMANN hingegen verfolgt das Verhältnis der beiden Aspekte der Rationalisierung von Herrschaft und Arbeit zugleich als einen widersprüchlichen Prozeß:

"Daß die beiden Funktionen bürokratischer Organisation: Effektivierung von Kontrolle und Effektivierung der Arbeit zueinander im Widerspruch treten können, demonstrieren die Untersuchungen der in den 30er Jahren entstandenen Human-Relations-Schule mit ihrer durchgängigen Empfehlung, rigide hierarchische Kontrollsysteme derart zu lockern, daß im Rahmen der formellen Organisation informelle Gruppenkontakte sich ausbilden können, weil dadurch die Arbeitsproduktivität gesteigert werde" (1973, S. 105).

Diese Ergebnisse wurden bis in unsere Zeit hinein immer wieder bestätigt und in zahlreichen Untersuchungen ausdifferenziert. HEYMANN faßt wesentliche Aspekte unter folgenden Gesichtspunkten zusammen:
- Die Betrachtung aller Organisationsformen unabhängig von ihren unterschiedlichen Zielen (z.B. Industriebetriebe, Krankenhäuser, Sozialverwaltungen oder -verbände)

zeugt von der wachsenden "Bedeutung der gesellschaftlichen Gesamtgliederung für den Produktions- und Reproduktionsprozeß ..., welcher die herrschende Klasse vorab durch Rationalisierung der Teilbereiche des Gesamtsystems gerecht zu werden sucht, da die rationale Einrichtung des Gesamtsystems durch die Schranken privater Kapitalverwertungsinteressen verbaut ist" (1973, S. 105 f.). Ein Ausdruck der "Bedeutung der gesellschaftlichen Gesamtgliederung" war in den drei "störungsfreien" Zeitabschnitten des Fordismus die Integration fast aller (deutschen) Arbeitskräfte in den gesellschaftlichen Produktionsprozessen als (fast) realisiertes Ziel von "Vollbeschäftigung".

- Die den postulierten Zielen "disfunktionalen Elemente, Widersprüche und nichtintendierten Konsequenzen bürokratisch organisierter Tätigkeit ... (verweisen auf die) Ineffektivität von Bürokratien" (1973, S. 106); gemessen an den betrieblichen Zielen, denn gesamtgesellschaftlich können diese disfunktionalen Elemente durchaus "funktional" sein. Man denke nur an Ohnmachtsgefühle, die mächtige Bürokratien auslösen können.

- Individuen verhalten sich "nicht bloß entsprechend den Organisationszielen und formalen Regeln, sondern sie folgen zugleich individuellen Bedürfnissen und gehen informelle Beziehungen ein, woraus nicht - intendierte Konsequenzen ihrer Tätigkeit resultieren, was Erneuerung und Verschärfung formaler Regeln, also des Kontrollsystems hervorruft. Genau besehen, formalisiert diese Beschreibung den Widerspruch zwischen Hierarchie und Kooperation, der innerhalb des Systems vergesellschafteter Tätigkeit durch Monopolisierung von Entscheidungs- und Verfügungsgewalt induziert wird" (1973, S. 106 f.). (Diesen Aspekt betonen Remi HESS und andere in ihren transversalen Institutionsanalysen, um die Relativität formeller Strukturen in der praktischen Funktionsweise bürokratischer Herrschaft zu unterstreichen - vgl. Bd. I, S. 13).

Somit wird deutlich, daß "der bürokratischen Form der Produktivkraft Organisation ein **Circulus vitiosus** inne wohnt, der durch den Widerspruch ihrer beiden Funktionen der Effektivierung von Kontrolle und Steigerung der Arbeitseffektivität in Gang gesetzt wird" (HEYMANN 1973, S. 106 - Hervorhebung: T.K.). Und - so wäre zu ergänzen - in immer weiterer Entfaltung in Gang gehalten wird, denn die Dynamik der Kapitalakkumulation kann sich gesellschaftlich nur in krisenhaften Wachstumsprozessen, "technologischem Fortschritt" und entsprechenden wissenschaftlichen und ideologischen Legitimationen eines "linearen" Wachstums realisieren. Die andere Seite des Widerspruchs betont ebenfalls HEYMANN, wenn er feststellt:

"Wo kollektive Diskussion und Entscheidung, ja selbst Phantasie und befreite Interaktion selbst zu notwendigen Elementen vergesellschafteter Tätigkeit werden - eine Tendenz, die sich z.B. Ausdruck im latenten Widerspruch von Kontrollsystem und Belegschaftskooperation, im Widerspruch zwischen formaler Kontrolle und informeller Gruppenbildung, dem die Empfehlungen des 'human-relation-research' manipulativ Rechnung tragen -, tritt der fesselnde Charakter bürokratischer Organisation hervor" (1973, S. 111).

Sah HEYMANN es noch als erwiesen an, daß eine Sprengung dieses Circulus vitiosus unter kapitalistischen Verhältnissen eher unwahrscheinlich ist, so lehrt uns die Erfahrung der vergangenen Jahre, daß genau dieses einzutreten scheint. Nicht umsonst wird das "Nachfolgemodell" der fordistischen Regulationsweise häufig "Toyotismus" genannt, ist doch in diesem betrieblichen Produktionstypus der Widerspruch zwischen formeller Kontrolle und informeller Gruppenbildung weitgehend aufgehoben und sind hier kollektive Diskussion und Entscheidung, Phantasie und befreite Interaktion selbst zu notwendigen Elementen der nach-fordistischen Produktionsweise geworden (dieser Aspekt spielt in der aktuellen Diskussion um die "Neuen Steuerungsmodelle" eine wichtige Rolle - s. AUSBLICK).

Die Einbindung in den hegemonialen Kontext macht die Bürokratie nicht zu einer zweckfreien Organisation, sondern zu einem "präparierten Würfel", "denn aufgrund ihrer immanenten Logik und Eigendynamik bringt sie bestimmte Lösungen sehr viel wahrscheinlicher hervor als andere ... Die Bürokratie ist auf optimale Lösung programmiert und kann nicht nach Einzelfällen differenzieren oder zwischen Sachen und Menschen aus Fleisch und Blut unterscheiden. Was zählt, ist Effizienz und das Kosten-Nutzen-Verhältnis bei deren Verwaltung und Bearbeitung" (BAUMAN 1992, S. 119 - s.o. Bd. I, S. 228).

Der Kerngedanke dieses Exkurses über Bürokratie - der Circulus vitiosus der widersprüchlichen Steigerung von Kontroll- (Herrschaft) und Arbeitseffektivierung - soll im folgenden auf seine Bedeutung für die drei regulativen Strategien genauer betrachtet werden, da die wichtigste Methode der Steigerung der **Ausbau** der Bürokratie ist.

Als den systematischen und historischen Ausgangspunkt der **Rationalisierung** hatte ich die "sich immer wiederholende, tagtägliche Verwandlung sozialer Ereignisse in individuelle Defizite" (Bd. I, S. 70) ausgemacht. Beginnend mit WICHERNS Rauhem Haus und der Strafklasse verdichtete sich das zunächst noch sehr lückenhafte Kontrollnetz im Laufe der Zeit. In den 20er Jahren schlossen sich diese Lücken durch weitreichende rechtliche (RG, RFV, RJWG) und organisatorische (Anstaltswesen, Familienfürsorge) Maßnahmen (vgl. Bd. I, S. 161). Zwei Tendenzen, die schon in den WICHERNschen Gründungen (Rauhes Haus und Innere Mission) angelegt waren, konnten sich jetzt als Praxis der "Verwandlung von sozialen Ereignissen in individuelle Defizite" voll entfalten: **Zentralisierung und Formalisierung**.

Voraussetzung und Konsequenz der erfolgreichen Definition vielfältiger, unterschiedlicher sozialer Situationen zu individuellen Defiziten war (und ist) die **Zentralisierung** der Bearbeitung dieser so definierten "Problemträger" in entsprechenden Einrichtungen. Schon WICHERNS erfolgreicher Versuch der Herausnahme "verwahrloster" Kinder aus ihren gottlosen Sozialitäten läßt sich - gerade im Unterschied zum Scheitern der Strafklasse (vgl. Bd. I, S. 28 ff.). - als gelungene Zentralisierung interpretieren, die die Widersprüche der Effektivierung von Kontrolle und Arbeit bis in unsere Zeit in kaum erreichter Weise aufhob: Brüder und Jugendliche kontrollierten sich wechselseitig und trugen durch kostlose Arbeit wesentlich zum Erhalt der Anstalt bei. Der "Zusammenbruch" dieses Systems um 1970 läßt sich deshalb auch als ein nicht rechtzeitiges Anpassen dieser Widersprüchlichkeit an neue Bedingungen verstehen (s.o. die Untersuchung von Wolfgang BRAUN). Wie der Heimleiter des Rauhen Hauses in den 70er Jahren - Jochen RÖSSLER - die Widersprüche des Circulus vitiosus meistert, darauf gehe ich zu Beginn des SIEBTEN BLICKES ein.

Allgemein gefaßt ist Zentralisierung das wichtigste institutionelle Handlungsmuster in der Herausbildung des Syndroms "Anstalt/Klinik/Prävention" (vgl. Bd. I, S. 222) und bedeutet zweierlei: zum einen die zentrale Erfassung und Zusammenführung von Menschen mit gleichen Symptomen (klinischer Aspekt), zum anderen die zentrale Versorgung dieser Menschen durch eine nach dem Vorbild der Militärkaserne organisierten Arbeitsteilung. Alle Lebensäußerungen werden auf einem zentralen Gelände befriedigt. Geschlafen wird in großen Sälen, gegessen in großen Kantinen; es gibt eine Zentralreinigung und natürlich auch einen zentralen, professionellen Stab, der hierarchisch und arbeitsteilig klar gegliedert ist. Wie wir gesehen haben, wurde dieses Prinzip von den Nationalsozialisten noch weiter getrieben, indem sie - wie im Feudalismus - Konzentrationslager als Sammelanstalten für alle nicht mehr für Spezialeinrichtungen "Geeigneten" einrichteten. In diesen wurde dann Vernichtung durch Arbeit und Unterernährung bzw. industrielle Tötung praktiziert und so die Logik der Prävention zu Ende gedacht.

Als angeblich besonders wirtschaftliche Einrichtungen galten zentralisierte totale Institutionen in allen Gesellschaften dieser Epoche lange Zeit als das "Herzstück" Sozialer Arbeit und sind es - gemessen an den Kostenaufwendungen - auch heute noch. Dazu ein Beispiel, das ein erneutes Austarieren des Widerspruchs der Steigerung von Kontrolle ("humaner Vollzug") und Leistung (Bildung/Ausbildung) deutlich macht, um vermehrten Mittelbedarf (Ausbau) zu begründen. Im HAMBURGER JUGENDBERICHT von 1973 heißt es:

"Der Senat strebt an, ungeeignete und unwirtschaftliche Heime und Heimschulen aufzugeben, um eine Konzentration auf einen größeren Heimtyp mit 150 bis 200 Plätzen für junge Menschen aller Altersstufen und auf einen kleineren Typ mit 75 bis 100 Plätzen für jeweils fünf bis sechs Jahrgänge zu erreichen (Bildungsbericht, Tz. 72). Durch eine solche Konzentration wäre die Schaffung von Schulen mit differenziertem Unterricht und die Errichtung rentabel nutzbarer Fachräume möglich. Auch die berufliche Bildung in den Heimen würde dadurch verbessert. Der größere Heimtyp wird zu einer Verminderung der Zahl von Heimwechseln beigetragen. Durch eine aufgelockerte Bauweise soll eine weitgehende Selbständigkeit der einzelnen Gruppen ermöglicht werden" (S. 75).

"Statt einer weitgehenden Spezialisierung der einzelnen Heime ist deshalb eine Differenzierung der Erziehungshilfe innerhalb ausreichend großer Heime zu bevorzugen" (S. 78).

Daß neben dieser Form der Zentralisierung auch noch andere Formen von Bedeutung sind, kann hier nur angemerkt werden, z.b. die Zentralisierung der Träger und Einrichtungen in Verbänden. So war der von WICHERN gegründete Centralausschuß für Innere Mission Vorbild für weitere zentrale Zusammenschlüsse auf Reichsebene. Besonders hervorzuheben ist auch der Deutsche Verein für öffentliche und private Fürsorge, der seit seiner Gründung so etwas wie die Zentralstelle für Konsensbeschaffung aller in der Sozialarbeit tätigen Verbände und Träger fungiert. In dieser Funktion war und ist er sehr einflußreich bei staatsweiten Formalisierungen, also bei der Konsensbildung in Erarbeitung von Gesetzen und Verordnungen.

Formalisierung ist die zweite Tendenz der Rationalisierung. Auch sie setzt sich auf unterschiedlichen Ebenen durch. Gesetze und reichs-, später bundesweite Verordnungen sicherten einigermaßen vergleichbare Umsetzungspraktiken im gesamten Staatsgebiet. Allerdings müssen auf dieser Ebene der politischen und ideologischen Umsetzung die Formalisierungen offen genug sein, damit der jeweils "hegemoniale Block" sie entsprechend inhaltlich verändern kann. Das RJWG macht diesen Sachverhalt deutlich. Gültig von 1924 bis (mit den dargestellten Veränderungen im JWG) 1990 konnte sich in den Formalisierungen dieses Gesetzes die repressive Heimerziehung in dem gesamten Zeitraum ebenso realisieren wie die Reformheime der 20er Jahre und die Abschaffung der Heime in Hamburg als geschlossene Einrichtungen in den 80er Jahren. Formalisierungen sind also Ausdruck von hegemonialen Konsens-Findungsprozessen und damit immer auch Hinweise auf dahinterliegende Konflikte. In der Praxis bedeuten Formalisierungen, daß nicht mehr der zugrundeliegende Konflikt als Auseinandersetzung um divergierende "Lösungs"- oder Regelungsweisen thematisiert werden muß, sondern nur die Entscheidung getroffen werden muß, ob ein soziales Ereignis in eine Formalisierung paßt oder nicht. Bei einer Heimaufnahme steht dann nicht mehr der gesamte soziale Kontext zur Debatte, sondern lediglich, ob etwa ein Fall von "Verwahrlosung" vorliegt oder nicht. So sorgen auf organisatorischer Ebene formalisierte Verfahren dafür, daß bei gleichem "Ereignis" die gleiche Maßnahme "zur Anwendung kommt" - jedenfalls theoretisch. Diese nach Logik von Konditionalprogrammen (wenn Anlaß X, dann Maßnahme Y; vgl. LUHMANN 1973) funktionierenden Organisationsabläufe sichern und begrenzen zugleich den Aufgabenzuschnitt der einzelnen Einrichtung und jedes einzelnen darin arbeitenden "Sachbearbeiters". Die in jeder formalisierten Institution jeden Tag aufs Neue gestellte Frage: "Bin ich dafür zuständig?" beleuchtet diesen Sachverhalt treffend.

Sind formalisierte Zuständigkeiten erst eingerichtet und zum festen Besitzstand einer Einrichtung geworden, ist ihre Veränderung nur noch schwer möglich. Tritt ein neuer "Konflikt" auf, der in "individuelle Defizite" verwandelt werden soll, geschieht dies durch das Schaffen neuer Zuständigkeiten, d.h. in der Regel durch neue Einrichtungen. So führte die "Entdeckung" des "verhaltensgestörten Kindes" in den 70er Jahren zu einer enormen Ausweitung der Sondertagesheime. Im HAMBURGER JUGENDBERICHT (1973) heißt es dazu, daß zusätzlich zu den schon existierenden 27 Sondereinrichtungen (S. 58) 13 weitere mit 500 Plätzen kommen sollten (was auch weitgehend realisiert wurde). Die Sortierung nach Behinderungsarten und Symptomatiken - jede für sich separiert - führt automatisch dazu, daß für "sprachgestörte" und "verhaltensgestörte" Kinder neue Heime eingerichtet werden müssen, denn ein Heim für Körperbehinderte ist für diese nicht "zuständig".

Zentralisierung und Formalisierung als Elemente in der Rationalisierung tendieren also dahin, Widersprüche, die aus der Steigerung von Kontroll- und Arbeitseffektivierung resultieren, durch ständige Ausweitung zu regulieren und sind damit maßgeblich für die innere Logik des Modells Ausbau.
Um derartige institutionelle Handlungsmuster zu realisieren, braucht man Menschen, die die Transformation von sozialen Ereignissen in individuelle Defizite praktisch vermitteln und die dies entsprechend der jeweiligen zeitgenössischen, wissenschaftlich anerkannten Standards tun. Mit dieser Beschreibung hatte ich oben (Bd. I, S. 70) den Prozeß der **Professionalisierung** charakterisiert - also die Hervorbringung von Berufsgruppen der Vermittlung als die zweite Strategie hegemonialer Regulation. Diesen Prozeß können wir jetzt weiter konkretisieren. Er umfaßt zwei wesentliche Komponenten, von denen die erste - **Spezialisierung** - die andere Seite der Zentralisierung und Formalisierung ist. Die zweite Komponente bezieht sich auf die jeweiligen vorherrschenden wissenschaftlichen Standards. Dies sind Standards der **Klassifizierung** von Personengruppen nach ihnen zugeschriebenen Eigenschaften und defizitären Merkmalen.

Es liegt auf der Hand: Wenn für jede spezielle Auffälligen- oder Hilfsbedürftigengruppe eine zentralisierte Einrichtung geschaffen wird, führt dies zwangsläufig zu einer Ausweitung. Das ist insbesondere dann der Fall, wenn die Trägerorganisationen, die diese Heime betreiben, zugleich über ihre zentralen Mitgliedschaften in staatsweiten Verbänden darauf Einfluß nehmen, welche speziellen Gruppen als hilfs- bzw. behandlungsbedürftig definiert werden.

Nach dem HAMBURGER JUGENDBERICHT von 1973 war die damals aktuellste Gruppe die der drogenabhängigen Jugendlichen, für die man neue zentralisierte Spezialeinrichtung schaffen wollte.

"Die Gliederung der Heime muß sich nach Störungssymptomen, deren Ursachen und nach den Formen der Hilfe richten. Diesen Erfordernissen muß im allgemeinen durch Differenzierungsmaßnahmen in den einzelnen Heimen entsprochen werden; es kann aber auch sinnvoll sein, Spezialheime einzurichten. Solche Differenzierungen sind abhängig von der Weiterentwicklung der Diagnose- und Behandlungsmöglichkeiten. ...
Jedes Heim muß durch qualifiziertes Personal, sachgerechte Ausstattung und Möglichkeiten sinnvoller Differenzierung in Behandlungsgruppen in die Lage versetzt werden, mit seinen therapeutischen Hilfen dem heutigen Stand der Diagnostik und

den daraus folgenden Behandlungsvorschlägen gerecht zu werden. Dies kann in einzelnen Fällen dazu führen, daß wegen der erforderlichen Spezialisten, wegen besonders eingerichteter Räume und anderer Einrichtungen Spezialheime eingerichtet werden müssen. Ein Beispiel dafür sind Einrichtungen für Drogenabhängige" (S. 75-78).

Wie dieses Zitat zeigt, sind Spezialisierung und Klassifizierung eng miteinander verwoben. In den 20er Jahren war die Pädagogisierung sozialer Problemlagen die wichtigste Variante von Spezialisierung, verbunden mit einer Ausweitung der Klassifizierung der pädagogisch beeinflußbaren Menschen. Die Bereicherung des Bildes des "gefährlichen" Jugendlichen um das des "gefährdeten" ist ein Hinweis darauf (Bd. I, S. 170). Im Faschismus wurde diese Spezialisierung rassistisch radikalisiert. Sie richtete sich nun auf den "gesunden Volkskörper" und die Aussonderung der entsprechenden "Schädlinge". Beginnend mit den 50er Jahren wurde durch die Übernahme von therapeutischen und psychologischen Klassifizierungsschemata der bis heute andauernde Versuch unternommen, durch spezifische Methodiken eine Spezialisierung zu erreichen, die sich auf der einen Seite deutlich von anderen professionellen Gruppen (Psychologen, Ärzten usw.) abgrenzt und auf der anderen Seite das eigene professionelle Tun deutlich von "Allerweltsfähigkeiten" unterscheidet.

Dieser Aspekt ist von besonderer Bedeutung, schließt er doch an das Alltagsverständnis und an die Legitimation der helfenden Professionellen **und** ihrer Adressaten an. Mit den Inhalten der Spezialisierungen verbindet sich der soziale Sinn des Helfens, Erziehens, Unterstützens und des Bildens oder gar des Heilens. Anspruch aller Klassifizierungen ist - auf den ersten Blick: paradoxerweise - dem Einzelnen das ihm Zustehende zu vermitteln - dem "würdigen Armen" die notwendige Hilfe im Einzelfall, dem Drogenabhängigen das auf ihn zugeschnittene Therapie-Setting usw. Diese Paradoxie löst sich dann auf, wenn wir unterstellen, daß jede spezialisierte Klassifikation auch von Seiten der Adressaten in ihrem Kontext "verstanden" wird, was man zunächst daran ablesen kann, daß sich - gemessen an der Gesamtzahl - nur relativ wenige Adressaten den Interventionen entziehen (was sie tun, stehen ihnen Alternativen zur Verfügung, wird uns im nächsten BLICK beschäftigen).

Professionelle Spezialisierung und die Kompetenz zur Klassifizierung sind folgerichtig wesentliche Voraussetzungen dafür, Formalisierung und Zentralisierung in den Alltagspraxen der Institutionen zu realisieren. Die professionell gekonnte Festlegung von Zuständigkeit und Nichtzuständigkeit verstärkt wechselseitig Klassifizierungs- und Formalisierungsprozesse; die unterschiedlichen Segmente der Zentralisierung erfordern unterschiedliche Professionsausprägungen - also Spezialisten, sowohl funktional (z.B. Psychologen für die Diagnostik), als auch in der Hierarchie: die unterschiedlichen Spezialisten der Leitung und Sachbearbeitung. Diese Entwicklung erreichte in den 70er Jahren einen neuen Höhepunkt.

Die besondere Ausprägung der klinischen Professionalität verstärkt die bisher genannten Komponenten des Modells Ausbau. **Orientiert an einem dominierenden individualtherapeutischen Handlungsverständnis ist jede Fallbelastung zu hoch, ist jede Gruppe zu groß, ist für jede spezielle Symptomträgergruppe eine neue professionelle Spezialisierung erforderlich.** So läßt sich der "Korridor der Regulationsform" Sozialer Arbeit in der gesamten Epoche der "inflexiblen Massenproduktion" oder des Fordismus als ein in sich konsistentes Modell mit der Tendenz zur ständigen Erweiterung interpretieren.

Auf diese Weise verarbeitet das Modell Ausbau die Ausdifferenzierungen der verschiedenen Transformationen von sozialen Ereignissen in individuelle Defizite und deren Vermittlung in den entsprechenden Institutionen und ist damit selbst eine hegemonial bedeutsame "soziale Zensur" und somit Element der **Kolonialisierung** - der dritten regulativen Strategie. Die gesamte Wirkungsweise des Modells Ausbau legitimiert die "soziale Zensur" Gerechtigkeit in seiner patriarchalen, die soziale Ungleichheit begründeten Bedeutung (vgl. Bd. I, S. 18 ff.). Die Macht, einen anderen Menschen als hilfsbedürftig, erziehungsbedürftig, abweichend, krank oder verrückt zu stigmatisieren, ist eine der grundlegenden Techniken in der Produktion sozialer Ungleichheit. Die hegemonial geteilte Auffassung, daß dieses auch gerecht sei, ist nur plausibel, wenn derartige Zuschreibungen in "guter Absicht" passieren - eben für "Nichtmündige" - und die Figur des guten Vaters (Staat) oder der guten Mutter (Gesellschaft) allgemein anerkannt ist. Auf dieser Basis produziert das Modell Ausbau eine Reihe weiterer miteinander zusammenhängender "sozialer Zensuren", deren historische Aus-prägungen in den bisherigen BLICKEN angedeutet wurden. Hier soll nur noch einmal ihr Korrelat betont werden: die funktionale männliche Arbeitskraft und die auf weiblichem Arbeitsvermögen basierende Kleinfamilie. Alle Abweichungen davon - der unwürdige Arme, der gefährdete Jugendliche, die Asoziale, der Kriminelle, die neurotisch Gestörte oder Verwahrloste - sind Negativsignaturen, die das gesellschaftliche Idealbild nur umso heller erstrahlen lassen.

Die jeweils historisch nächste nimmt Elemente der Vorgängerdefinition auf, so daß im Laufe der Zeit so etwas wie eine kummulative Idealfigur entstanden ist. Diese hat Niko DIEMER (1989) als "keynsianischen Sozialcharakter " (KSC) apostrophiert, benannt nach dem Ökonomen Keynes, dem Ideengeber für die sozial-liberale Politik des "Modells Deutschland" in den 70er Jahren . Hervorstechendes Merkmal dieser Charakterstruktur ist die stabile Verbindung zweier widersprüchlicher Elemente: in der Arbeit "calvinistisch" diszipliniert, die Affekte kontrollierend und sich unterordnend, im Konsum ausgabenfreudig, gefühlsbetont und hedonistisch.

Beide Elemente können nur durch ihre gemeinsame Basis "versöhnt" werden. Durch Bedürfnisaufschub in der Arbeit wird Bedürfnisbefriedigung im Konsum erst möglich - aber nie "wahr", d.h. wirklich realisiert. Eher kompensieren sich beide Bedürfnisdimensionen gegenseitig, zumal beide von der Hoffnung leben, durch ein "Mehr" auch zu einem "Besser" zu gelangen.

Wird diese männliche Arbeitskraft zu Hause von einer teilzeitarbeitenden Ehefrau reproduziert und projezieren beide kompensatorisch ihre Verletzungen und ihre nie erfüllten Wünsche in ein oder zwei Kinder, die zwar auch von den meisten gesellschaftlichen Sphären ausgeschlossen bleiben, aber nicht von der des Konsums, dann ist es einsichtig, daß eine derart komplexe Konstruktion entsprechend vieler Spezialisten bedarf, um Abweichungen von den vielfältigen Erscheinungsformen sensibel zu registrieren und integrativ zu behandeln.

Wenn dann noch interessierte Professionelle immer neue Arten der Abweichung diagnostizieren, ist geradezu eine Inflation von zu bearbeitenden Problemen zu beobachten. Als Beispiel sei hier nur das Feld der Süchte genannt. Längst ist Drogensucht nicht mehr die einzige: Arbeits-, Spiel-, ja selbst Liebes-Sucht sind im Wachstum begriffen. Der "Keynsianische Sozialcharakter" läßt sich auf diese Weise als die psycho-dynamische Basis des Modells Ausbau verstehen.

Zusammenfassend repräsentiert das Modell Ausbau einen bürokratie-dynamischen Komplex, dessen interne Dynamik durch den Circulus vitiosus gleichzeitiger Kontroll- und Arbeitseffektivierung zu "Lösungen" treibt, die durch Zentralisierung und Formalisierung zu permanenter Erweiterung seiner gesellschaftlichen Zuständigkeitsbereiche führen. Dieser Prozeß wird durch Professionelle getragen, deren Spezialisierungs- und Klassifizierungskompetenzen sowohl eine eigene Tendenz zur Erweiterung ihres Definitionsbereiches innewohnt, als auch die Tendenz der Zentralisierung und Formalisierung zusätzlich verstärkt. Eingebunden in externe Innovationsanforderungen, die durch die "inflexible Massenproduktion" vermittelt werden, und transversal verbunden mit den hegemonialen Gruppierungen der jeweiligen Zeit erscheint das Modell Ausbau als eine sich ständig erweiternde und ausdifferenzierende Sozialtechnologie, die mit ihrer linearen Fortschrittslogik "erfolgreich" dazu beiträgt, die "Störungsfreiheit" des fordistischen Produktionstypus zu gewährleisten.

Den sozialen Code des Modells Ausbau hat WATZLAWICK (1974, S. 51 ff.) auf den Punkt gebracht: "Mehr desselben", die grundlegende Operation LANG-HANKY (1993): "Die fünfte Grundrechenart", nach der immer schon im voraus feststeht, was bei einer Intervention herauskommt.

Die fünfte Grundrechenart "definiert ein Ergebnis- ein Behandlungsziel - im Hinblick auf den Adressaten - und macht sich daran anschließend Gedanken, wie dieses Ziel durch geeignete Operationen umzusetzen ist. Das besonders Charakteristische darin ist, daß dieses Ziel als monologisches Einwirken des Professionellen auf den Adressaten definiert wird, zu dessen optimaler Umsetzung man sich auch der Interaktion bedient, bedienen muß. Soziale Arbeit ist in ihren wesentlichen historischen Strömungen und Bewegungen eine teleologisch-manipulative Art, die Begegnungen von Professionellen und Adressaten zu gestalten" (S. 3 - Textvariante von mir; im Original ist von Erziehung, Erwachsenen und Kindern die Rede, wo ich Soziale Arbeit, Professionelle und Adressaten gesetzt habe).

(2) Modell Umbau

Sehen wir uns auf dem Schaubild 7 (S. 184) die Zeilen der sekundären Grundstruktur an, in denen die historischen Beispiele für realisierte kooperative Strategien aufgeführt sind, so fällt neben der Tatsache, daß es sich durchweg um zeitlich begrenzte Projekte handelt, weiterhin auf, daß alle in einem kritischen Bezug zu den regulativen Strategien stehen. Zur Erinnerung: Mit FOUCAULT hatten wir die soziale Erscheinungsform von Kritik als die vielfältigen Positionen gekennzeichnet, deren gemeinsame Intention es ist, "nicht dermaßen ungerecht regiert zu werden" (Bd. I, S. 23). Wenn wir auf diese Weise die Praxis der Kritik als "Gegenstück zu den Regierungskünsten" (also zu den regulativen Strategien) verstehen, die "gleichzeitig ihre Partnerin und ihre Widersacherin" ist, die den hegemonialen Verfestigungen mißtraut und darauf aus ist, "sie zu begrenzen und sie auf ihr Maß zurückzuführen, sie zu transformieren, ihnen zu entweichen oder sie immerhin zu verschieben" (FOUCAULT 1992, S. 12), dann lassen sich aus den Praxen der kooperativen Projekte Umrisse eines Gegenmodells zum Modell Ausbau ausmachen - ein Modell Umbau. Dieses Modell will die kooperativen Praxen der des "Gemeinwesens" als "erster Produktivkraft" (s.o.S. 185) gegen die regulativen stark machen. Dazu genügt es nicht, am Kräftefeld des bürokratischen Circulus vitiosus anzusetzen. Dieser bleibt im Modell Ausbau befangen. Das Modell Umbau muß von einer Position ausgedacht werden, die den **Eigensinn der Sozialitäten** theoretisch auszudrücken vermag.

"Modell" - das sei hier noch einmal hervorgehoben - wird mit KLATETZKI als ein Deutungsmuster verstanden, "mit dem soziale Ereignisse interpretiert werden, und das benutzt wird, um sich gegenüber sozialen Ereignissen zu verhalten" (1995^2, S. 44). Ein Modell ist also eine interpretative Abstraktion einer komplexen Realität, die die Sachverhalte betont, die den "Konstrukteur" (in diesem Fall mich) interessieren. Eine andere Modell-Konstruktion würde die Praxen und Einrichtungen in den Feldern der kooperativen Strategien vielleicht eher als Erweiterung und Innovation des Modells Ausbau interpretieren, nicht als Gegenmodell.

Wenn ich das Modell Umbau dennoch als Gegenentwurf betrachte, so hat das vor allem zwei Gründe. Der erste liegt darin, daß sich mit diesem Modell eine kritisch-realistische Form von "Gegeninstitution" denken läßt, die nicht in ferner Zeit als "schlechte Utopie" verortet ist, sondern im Hier-und-Jetzt einer "konkreten Utopie".

"Die Gegeninstitution stellt keine einfache Negation des Institutionellen dar, wie dies häufig im Dualismus Gruppe versus Institution ausgedrückt wird, sondern beinhaltet

- als Aufhebung der Institution - die Entstehung sozialer Formen, die das Erscheinungsbild und die Dialektik von Institutionen besitzen. Was die 'Gegeninstitutionen' im Unterschied zu diesen kennzeichnet, das ist ihre Fähigkeit, die Funktionsweise, die Realität, die materielle Basis der herrschenden Institutionen quasi 'umzuleiten' in andere Sozialformen, die im Gegensatz zu den herrschenden Institutionen neue Formen politischer Aktion beinhalten, die die Trennung zwischen 'Führern' und Geführten aufheben" (PREIN 1988, S. 62).

Mit diesem Ansatz lassen sich Institutionen von den Mitgliedschaften der Akteure in transversalen Sozialitäten her analysieren, d.h. von ihren Verflechtungen in kulturellen, politischen, religiösen und regionalen Gruppierungen und Zusammenhängen. Die Macht formeller Strukturen wird in diesem Ansatz nicht geleugnet, sondern relativiert, indem deren Bedeutung aus der Akteursperspektive betimmt wird.

Die Praxen dieser Relativierung sind der andere Grund, weshalb ich das Modell Umbau als Gegenentwurf konzipiere. So wird es möglich, die von PREIN angesprochene "Umleitung in andere Sozialformen" in einer Weise zu fassen, die nicht von den Institutionen/Einrichtungen ihren Ausgang nimmt, sondern von regelhaften Praxen, die sich als empirische Ausprägungen transversaler Handlungsmuster realisieren (vgl. Bd. I, S. 13). Anders ausgedrückt: Es geht mir darum, das Soziale, hier verstanden als das aktuelle Beziehungsgeflecht von Akteuren (Bd. I, S. 8), als eigenständige Analyse-Ebene auszuweisen, die weder aus vorgängigen Strukturen noch aus individuellen Biographien abgeleitet werden kann, obwohl beides im Sozialen ständig reprodziert, verändert, eingeschränkt oder erweitert wird. Das Soziale ist von diesem Ansatz aus sowohl Medium als auch Arena (vgl. GIDDENS 1984).

Der '"Fluchtpunkt' dieses Modells, auf den sich alle Ausdifferenzierungen immer wieder beziehen lassen, und zugleich materielle wie gedankliche Basis sind "Subjekte, die sich ihrer Einmaligkeit dadurch versichern, daß sie Mitglied in Sozialitäten sind" (Bd. I, S. 15 f.).
In Anschluß an ARIES (1978), BOURDIEU (zuletzt 1998), WIEGAND/HESS/ PREIN (1988) und TAJFEL (1982) verstehe ich Sozialitäten als **relationale** Praxen, die sich weder auf Individuen noch auf vorgängig strukturierte Formen von Vergesellschaftung (z.B. Institutionen) reduzieren lassen, sondern als zeit- und raumgebundene Zusammenhänge, die ausschließlich in und von den Aktivitäten ihrer Mitglieder leben. Regelhaft sind Individuen Mitglied in mehreren Sozialitäten, von denen üblicherweise einer ein besonderes Gewicht zugemessen wird (Freundeskreis, Clique oder eine besondere Bezugsgruppe). Die eine Besonderheit dieser so definierten Sozialität ist ihre Transversalität, d.h. daß sie sich quer zu der hegemonialen Ordnung der Insitutionen bildet. Die andere Besonderheit liegt darin, daß sie das zeitgenössische Medium der "Pädagogik des Sozialen" ist, d.h. der in den relationalen Praxen vermittelten pädagogischen und bildenden Inhalte (vgl. Bd. I, S. 16-18).

Aus der komplexen Vielfalt realer Praxen hatte ich drei transversale Handlungsmuster hervorgehoben: Aktivierung, Solidarisierung und Selbstregulierung. Deren Bedeutung als kooperative Strategien hatte ich in der Erörterung der einzelnen BLICKE anhand von Beispielen belegt (vgl. die jeweils 6. Kapitel). Der Zusammenhang dieser Handlungsmuster mit dem Modell Umbau soll die dort gemachten Ansätze vertiefen.

Um den Eigensinn von Sozialitäten auch theoretisch fassen zu können, beziehe ich mich im folgenden im wesentlichen auf das Inter-Gruppen-Konzept, wie es im anglo-amerikanischen Raum vor allem von Henri TAJFEL in zahlreichen empirischen Forschungen entwickelt wurde. Es hat den Vorzug, die Qualität sozialer Beziehungen aus der wechselseitigen Konstitution von Gruppen/Sozialitäten zu thematisieren **und** zugleich "nach oben" - zu den gesellschaftlichen Strukturen - und "nach unten" - zu den individuellen Biographien - anschlußfähig zu sein.

Vergleichbar dem Stellenwert des Circulus vitiosus, wie ihn HEYMANN herausgearbeitet hat, und der daraus resultierenden Logik des institutionellen Handlungsmusters des Modells Ausbaus, soll das CIC[1]-Konzept TAJFELS (1982) dazu verhelfen, die Logik transversaler Handlungsmuster zu verstehen. Dieser Ansatz soll mit den kultur-analytischen Befunden aus dem CCCS[2]-Umfeld verbunden werden (CLARKE u.a. 1979; LINDNER/WIEBE 1986; MAY 1986).

Je nach Sozialität wird "Gesellschaft" völlig unterschiedlich wahrgenommen. Je wichtiger mir eine einzige Sozialität ist, desto grauer und einheitlicher erscheint mir "Gesellschaft"; bin ich Mitglied in vielfältigen Sozialitäten, desto bunter und vielgestaltiger nehme ich "Gesellschaft" wahr.

Als langhaariger Student wurde ich 1969 in der U-Bahn angespuckt - von einem "Nazi-Schwein", wie ich den 60jährigen besoffenen Spucker wütend titulierte. Als die altgewordenen BDM-Damen im Abteil noch etwas von: "Sowas gab's früher nicht" murmelten (und damit meine Haare meinten) und: "Geh' doch nach drüben" geiferten, verließ ich die Bahn an der nächsten Station. Für mich war klar: Das waren alles Faschisten - und meine Sozialitäten im Kinderladen und an der Uni teilten meine Einschätzung. Heute, als Professor an einer kleinen, aber feinen Fachhochschule, werde ich freundlich-ironisch als Alt-68er tituliert, bin Mitglied in vielen unterschiedlichen Sozialitäten - von lockeren, sich nur gelegentlich treffenden über verbindliche Arbeits- und Diskussionszirkel bis hin zu sozialitär- institutionellen Mischformen wie diversen Vereinen: Fünfzehn zählte ich neulich. Mit

---

1) CIC = social Categorization, social Identity, social Comparison
   (soziale Kategorisierung, soziale Identität, sozialer Vergleich)
   Eine hervorragende Kurzfassung (auf deutsch) findet sich bei KLATETZKI 1993b, auf die ich mich im folgenden beziehe.

2) CCCS = Center for Contemporary Cultural Studies

der Titulierung "Faschist" gehe ich heute ausgesprochen vorsichtig um, genau wie mit allen anderen summarischen Etikettierungen von Menschen (und das nicht nur, weil ich älter geworden bin).

Diese Beispiele lassen sich als die beiden entgegengesetzten Pole eines Kontinuums auffassen, das die Dimension der **sozialen Kategorisierung** bezeichnet. Das erste Beispiel zeigt den Pol, der fast völlig durch Gruppenzugehörigkeit determiniert ist: Ich als Mitglied linker studentischer Sozialitäten, die von den "anderen" als genauso einheitlich wahrgenommen wurde wie wir (fast) alle anderen als **uniform** wahrnahmen. Der andere Pol - das zweite Beispiel - ist eher durch **Interpersonalität** gekennzeichnet, d.h. meine Mitgliedschaften in verschiedenen Sozialitäten treten für die "anderen" genauso in den Hintergrund, wie die Gruppenzugehörigkeiten anderer für mich an Bedeutung verlieren. (Inzwischen kann ich mit "wert-konservativen Christdemokraten" besser diskutieren als mit "sozialdemokratischen Technokraten" - man beachte die differenzierte soziale Kategorisierung.)

> "Es ergibt sich demnach ein Unterschied, ob ich einen anderen Menschen aufgrund seiner Gruppenzugehörigkeit ('Ausländer') oder seiner Personenhaftigkeit ('Ali Özkan') wahrnehme. Gleiches gilt für mich selbst: Die eigene Definition als Gruppenmitglied bedeutet eine Deindividuation. Die Wahrnehmung aufgrund der Kategorisierung nach Gruppenzugehörigkeit bedeutet daher immer eine Depersonalisierung (was im Hinblick auf die nicht zur eigenen Gruppe gehörenden Menschen zugleich die Vorstufe zu deren Dehumanisierung ist), und mit dieser Anonymisierung steigt, empirisch nachgewiesenermaßen bei Vorliegen bestimmter Eingangsbedingungen wie einer Diffusion von Verantwortlichkeit oder einer Verkürzung der Zeitperspektive, die Rate aggressiven Verhaltens" (KLATETZKI 1993b, S. 357).

Die soziale Kategorisierung bezieht sich immer auch auf eine entsprechende Wahrnehmung von Situationen, d.h. ich definiere über derartige Kategorisierungen auch die Situation und deren Kontext. Dieser Aspekt ist entscheidend für die Praxis der **Aktivierung**, des ersten transversalen Handlungsmusters. Um diese Strategie von Alltagsroutinen (die ja auch Aktivitäten sind) zu unterscheiden, sollte - so mein Vorschlag - von Aktivierung dann die Rede sein, wenn Subjekte in einen kritischen Entscheidungsprozeß eintreten, "in dem aus einem sozialen Ereignis ein existentiell wichtiges Thema wird, das die Akteure zur Veränderung der Situation drängt" (Bd. I, S. 107).

Die soziale Kategorisierung dessen, was ein existentiell wichtiges Thema ist, wird stark davon abhängen, in welcher Position ich mich auf dem Kontinuum befinde und welchen "Weg" mir die kulturelle "Landkarte der Bedeutung", die ich mit mir wichtigsten Sozialitäten teile, nahelegt (Bd. I, S. 105).

Als Anna Müller sich 1883 in der für sie ausweglosen Situation während der Krankheit ihres Mannes an die C.O.S. wandte, um das Überleben ihrer Familie zu sichern (Bd. I, S. 88 f., S. 104 f.), dürften zwei soziale Kategorisierungen ihr

Handeln geleitet haben. Die erste dürfte ihrer Sozialität gegolten haben, die sie als nicht weiter belastbar einstufte (sie wußte, daß die befreundeten Familien auch hungerten), die zweite dürfte mit der Einschätzung der Frauen der C.O.S. zu tun gehabt haben. ("Die haben es ja. So schlimm wird's schon nicht werden.") Die erste Kategorisierung dürfte die ausschlaggebene gewesen sein, identifizierte sich Anna doch stark mit ihrer Sozialität und lehnte sie "die Bürgerlichen" doch aus vielen Gründen ab. Diese starke Betonung der Mitgliedschaft in der ihr wichtigsten Sozialität hat zwei Konsequenzen:

> "Die erste Konsequenz betrifft das Verhalten innerhalb der Bezugsgruppe. Geht man wiederum davon aus, daß das Intragruppenhandeln von einem Pol der Variabilität bis zu einem Pol der Uniformität reicht, so führt die Identifikation mit der Gruppe zu dem bekannten Phänomen, daß die Verhaltensweisen von Personen sich angleichen und einförmiger werden" (KLATETZKI 1993b, S. 357).

Was KLATETZKI hier mit eher negativer Konnotation als "angleichen" und "einförmiger" beschreibt, wird aus der Perspektive der Mitgliedschaft als "Ähnlich-keit" und "die sind so wie ich" empfunden werden, was sich auch in Kleidung, Haartracht, aber auch in der Übereinstimmung in politisch-kulturellen Fragen widerspiegelt.

> "Die zweite Konsequenz betrifft das Intergruppenverhalten. Nimmt man an, daß auch das Verhalten zwischen Gruppen von einem Pol der Variabilität bis zu einem Pol der Uniformität reicht, so genügt auch hier allein die Selbstdefinition über Gruppenzugehörigkeit, damit es zu einheitlichen Verhaltensweisen gegenüber anderen Gruppen kommt. Vor allem zeigt sich dabei, daß die bloße Wahrnehmung, daß jemand zu einer anderen Gruppe als der eigenen gehört, zu diskriminierendem Verhalten gegenüber den Mitgliedern dieser *out-group* führt" (KLATETZKI 1993b, S. 357).

Auch wenn Anna der jungen Dame aus gutem Hause, die sie als "friendly visitor" aufsuchte, nur auf der Straße getroffen hätte, hätte ihr deren Habitus signalisiert: Das ist eine aus der anderen Klasse. Diese Frau als "Person" wahrzunehmen, wäre Anna nicht in den Sinn gekommen. Wie dominierend die Intragruppenorientierung ist, zeigt die Tatsache, daß Karl Müller seine Ablehnung des Hull House nie aufgab, obwohl Ellen Starr, die Freundin Jane ADDAMS, doch auch Mitglied der Sozialistischen Partei war. Auch bei Anna bedurfte es einer längeren Zusammenarbeit mit den Frauen des Hull House bis deren Mitgliedschaft in der "bürgerlichen Klasse" in den Hintergrund und deren Personalität in den Vordergrund trat. Anlaß dazu waren Aktivierungen in für Anna wichtigen politischen Konflikten und kulturen Anliegen. Diese Aktivitäten wiederum konnte sie nur realisieren, weil sie praktische Unterstützung in ihrer Sozialität erfuhr (z.B. durch das Betreuen ihrer Kinder).

Zusammenfassend läßt sich der Zusammenhang von Aktivierung und sozialer Kategorisierung also wie folgt fassen: Soziale Kategorisierungen äußern sich in

Deutungsmustern, die es den Akteuren ermöglichen, ein soziales Ereignis als ein Problem zu definieren, das zum Handeln zwingt, und die den Akteuren Wege und Regeln auf der sozialitär geteilten "Landkarte der Bedeutung" aufzeigen, wie mit Konflikten umzugehen ist.

Bezogen auf die Organisationsformen, in denen sich bisher kooperative Strategien realisieren ließen, bedeutet dieser Befund, daß hier die sozialen Kategorisierungen der Akteure als deren Problem- oder Konfliktformulierung ihren Ausdruck finden konnten und handlungsleitend für die jeweilige Organisation wurden. Hull House als Ort der Begegnung unterschiedlicher Sozialitäten macht das ebenso deutlich wie die selbstorganisierten Gruppen der Jugendbewegungen - von den Wandervögeln über die Kinderfreunde bis zur frühen FDJ und den Jungen Gemeinden und der Jugendzentrumsbewegung. Selbst in den Einrichtungen, die in stark regulative Kontexte eingebunden waren - BERNFELDS Baumgarten-Heim, KORCZAKS Waisenhaus oder der Hansische Jugendbund -. waren die sozialen Kategorisierungen der Kinder und Jugendlichen handlungsleitend.

Das erste Kennzeichen des Modells Umbau ist also, daß die sozialen Kategorisierungen der Adressaten handlungsleitend für die Problem- oder Konfliktformulierung sind.

Das Beispiel der Müllers macht deutlich, daß die Inhalte der sozialen Kategorisierungen nicht ohne den spezifischen historischen Kontext verstehbar sind. Die soziale Anerkennung durch ihre Arbeiter-Sozialitäten wog die Entwertung auf, die diesen Sozialitäten von den herrschenden Kreisen entgegengebracht wurde. Insbesondere politisch und gewerkschaftlich aktive Arbeiter als "Untermenschen" zu bezeichnen, ist die schon damals gebräuchliche soziale Kategorisierung durch die "gute Gesellschaft". Vergleichbare Bestätigungen und Anerkennungen innerhalb der Sozialitäten eines Milieus und entsprechende Ablehnungen und Entwertungen finden wir in einer hierarchisch gestuften Gesellschaft in allen Sozialitäten und Milieus - bei den Arbeiterjugendvereinen und Kinderfreunden genauso wie bei den Wandervögeln und Reformpädagogen. So unterschiedlich die Inhalte dieser Anerkennungen und Entwertungen im einzelnen sind, so kommt in ihnen doch immer eine spezifische Wahrnehmung sozialstruktureller Verhältnisse zum Ausdruck. Diese Dimension der **sozialen Identität** definiert TAJFEL "als Bestandteil des individuellen Selbstkonzeptes, das sich aus dem Wissen als Mitglied einer sozialen Gruppe herleitet und das zugleich die Werte und die emotionale Bedeutung der Mitgliedschaft umfaßt" (1982, S. 24 - eigene Übersetzung - T.K.). Dieser Dimension der Selbstverortung kommt in unserer Gesellschaft eine besondere Bedeutung zu. KLATETZKI wertet das dazugehörige Kontinuum sogar als kausal für die Ausprägung aller anderen Dimensionen (1993b, S. 358).

"Dieses Kontinuum betrifft den Zusammenhang zwischen dem für unsere Gesellschaft typischen Streben nach einer positiven sozialen Identität und der Wahrnehmung sozialer Verhältnisse. Es reicht von einem Pol, an dem Individuen die Sozialstruktur so wahrnehmen, daß sie individuelle soziale Mobilität ermöglicht, bis zu einem Pol, an dem die sozialen Verhältnisse so erfahren werden, daß ein individuelles Fortkommen als unmöglich angesehen wird, und für eine Änderung der eigenen Lage eine Änderung der sozialen Verhältnisse nötig ist. Werden soziale Strukturen so erfahren, daß sie Chancen sozialer Mobilität beinhalten - also die individuelle Veränderung von sozialen Positionen möglich ist - so wird sich das Verhalten von Personen wahrscheinlicher am Extrem der Interpersonalität und daraus folgend an den Polen der Intra- sowie Intergruppenvariabilität befinden. Das Handeln dient in diesem Fall der Realisierung eines individualisierten Identitätsprojektes.

Werden die sozialen Verhältnisse hingegen so wahrgenommen, daß sie keine Mobilitätschancen für den einzelnen gewährleisten, dann kann die Ausbildung bzw. Aufrechterhaltung einer positiven sozialen Identität nur dadurch erreicht werden, daß die bestehenden sozialen Strukturen geändert werden, also ein sozialer Wandel der bestehenden Verhältnisse angestrebt wird. Sozialer Wandel ist aber nicht durch einzelne Personen bewirkbar, sondern nur durch gesellschaftliche Gruppen. Mit anderen Worten: Eine positive soziale Identität wird in diesem Fall erworben, indem die Person sich als Mitglied einer Gruppe definiert, die sozialen Wandel herbeiführen will. Ihr Handeln ist dementsprechend wahrscheinlicher am Pol des Intergruppenverhaltens angesiedelt, was wiederum uniformes Intragruppen- und Intergruppenverhalten zur Folge hat" (KLATETZKI 1993b, S, 358).

... oder haben kann. Es wäre interessant, Siegfried BERNFELDS soziale Identität unter diesem Aspekt zu rekonstruieren. Bestätigung und Anerkennung in seinen jüdischen, sozialistischen und psychoanalytischen Sozialitäten erfahrend, wird er entsprechende Ablehnung und Entwertung durch antisemitische, reaktionäre und positivistische Sozialitäten erfahren haben (vgl. den Bericht über BERNFELDS Ablehnung als Lehrbeauftragter an der Humboldt-Universität zu Berlin - TENORTH 1992)

Je nach Inhalt und Kontext sozialer oder - um die Relationalität zu betonen - sozialitärer Identität wird diese die Richtung und die Form bestimmen, wenn es um Aktivierungen geht, die die wahrgenommene Position in den soziostrukturellen Verhältnissen zu wahren oder zu verändern trachten. Ist die Mitgliedschaft in einer Sozialität von besonderer Bedeutung und wird mit den sozialen Verhältnissen eine Entwertung erlebt, so werden Wege und Möglichkeiten gesucht werden, diese zu verändern. Damit kann ein Thema gefunden sein, das für mehrere Sozialitäten von existentieller Bedeutung ist. Die Transformation eines derartigen Themas in ein "gemeinsames Drittes" habe ich als **Solidarisierung** definiert (Bd. I, S, 109).

Solidarisierungen lassen sich somit als die aktive Bestätigung sozialer Identität verstehen, deren Inhalte sich in der praktischen Unterstützung und verständnisvollen Wertschätzung der Mitakteure ausdrücken und erfahrbar gemacht werden. Diese Mitakteure teilen die sozialitären Wahrnehmungen einer zu verändernden Sozialstruktur.

Die Einrichtungen und Organisationen der kooperativen Strategien lassen sich geradezu als soziale Orte begreifen, in denen ein wie auch immer definiertes "gemeinsames Drittes" realisiert werden kann. Dieser Bezugspunkt ist auch dafür ausschlaggebend, daß die Professionellen bezogen auf das "gemeinsame Dritte", Gleiche unter Gleichen sind, weshalb ihre soziale Unterschiedlichkeit hier nicht zu einer sozialen Distanz wird. BERNFELD, KORCZAK und die Professionellen des HJB machen diesen Zusammenhang deutlich.

Als weiteres Kennzeichen des Modells Umbau läßt sich die über ein "gemeinsames Drittes" vermittelte soziale Identität der Akteure ausmachen. Nun treffen die bisherigen Erörterungen auf alle Sozialitäten einer vielfach gespaltenen Gesellschaft zu. So wird z.B. für eine rassistische Sozialität der Zuzug von Flüchtlingen zum Anlaß für Aktivierungen in entsprechenden sozialen Kategorisierungen sein, auch sie wird ihre soziale Identität durch ein "gemeinsames Drittes" - z.B. einen Brandanschlag auf ein Flüchtlingsheim - stärken.

Neben der spezifischen sozialen Kategorisierung und der Bestätigung/ Entwertung sozialer Identität durch Wahrnehmung der Positionierung in einem Gesellschaftsgefüge muß es noch eine weitere Dimension geben, die zwischen den unterschiedlichen inhaltlichen Orientierungen unterscheidet.

Diese Dimension ist die des **sozialen Vergleichs**, mit der jede Sozialität und darin (jedes Mitglied) eine qualitative Bewertung ihrer in der sozialen Identität enthaltenen gesellschaftlichen Positionierung erfährt - in sozialen Kategorisierungen, die wiederum auch der Positionierung entsprechen. Die Dimension des sozialen Vergleichs ist damit m.E. diejenige, die die anderen stärker determiniert, als diese den sozialen Vergleich prägen. Das entscheidende Kriterium für den sozialen Vergleich ist die Wahrnehmung der eigenen Position als **gerecht** oder **ungerecht** und die damit eng verbundene Wertung der Position als **legitim** oder **illegitim**.

"Der Prozeß des sozialen Vergleichens stellt ganz allgemein einen wesentlichen Mechanismus zur Konstruktion sozialer Realität dar; er findet z.B. immer dann statt, wenn zwei Personen ihre Meinungen zu einem Sachverhalt austauschen. Auch soziale Vergleichsprozesse können vom Pol der Interpersonalität oder vom Intergruppenpol aus vorgenommen werden. Im ersten Fall sind die Personen, mit denen man sich vergleicht, Personen, die aufgrund individueller Charakteristika gewählt werden. Im Fall des Intergruppenverhaltens hingegen wird der soziale Vergleich in bezug auf die Mitglieder einer solchen anderen Gruppe vorgenommen, deren Status im Hinblick auf die in Betracht gezogene Intergrupenrelation als illegitim angesehen wird. Dies können Gruppen sein, die der *in-group* in wichtigen Bewertungsdimensionen ähnlich sind, wie auch Gruppen, die der eigenen Gruppe völlig unähnlich sind, denn paradoxerweise impliziert die wahrgenommene Illegitimität eines Intergruppenverhältnisses die Wahrnehmung oder Erfindung von Vergleichsdimensionen und damit von Ähnlichkeit (...). Die Wahrnehmung der Legitimität oder Illegitimität eines Gruppenstatus geschieht dabei unter dem Einfluß von aktuell geltenden Deutungsmustern, die wesentlich durch die Medien und die Politik bestimmt werden.

Wenn sich Henri Tajfel auch nicht explizit zu der Frage äußert, auf welcher Basis die Wahrnehmung der Legitimität und Illegitimität von Gruppenrelationen erfolgt, so liegt doch die Vermutung nahe, daß den sozialen Vergleichsprozesse leitenden Deutungsmustern im Kern die Frage sozialer Gerechtigkeit zugrunde liegt" (KLATETZKI 1993b, S. 359).

Nun gibt es eine Vielzahl von aktuellen hegemonialen und kritischen Deutungsmustern dessen, was als sozial gerecht empfunden wird und was nicht. Sie lassen sich aber in zwei historisch nachweisbare unterschiedliche Deutungsmuster bündeln: in das patriarchale Gerechtigkeitsbild der Dominanzkultur, dessen Kennzeichen die Legitimation sozialer Ungleichheit auf der Basis des Rechtes der "Vormundschaft" für die "Unmündigen" (Frauen, Kinder, Ausländer, Arbeiter ...) ist und in Vorstellungen einer egalitären Gerechtigkeit, die alle Menschen als gleichberechtigt und gleichwertig betrachtet (vgl. Bd. I, S. 18 ff.). Dasselbe soziale Ereignis, z.B. die Streiks für die Einführung des 8-Stunden-Tages, wird dem ersten Gerechtigkeitsbild als illegitim und ungerecht erscheinen, aus der Perspektive der zweiten Vorstellung als legitim und gerecht. Gleiches läßt sich für die meisten in unserer Gesellschaft strittigen sozialen Sachverhalte feststellen - sei es die Rechte der Frauen, die der Kinder oder die der Sozialhilfeempfänger oder Ausländer betreffend.

"Wenn keine Chancen einer als gerecht empfundenen sozialen Plazierung innerhalb der Sozialstruktur wahrgenommen werden oder bestehen, dann folgt auf diese Erfahrung ein Engagement im Rahmen kollektiver Aktionen gegenüber solchen Gruppen, die als Ursache für die erlebte Ungrechtigkeit angesehen werden" (KLATETZKI 1993b, S. 359).

Wird also der Zuzug von Flüchtlingen als ebenso ungerecht erlebt wie die eigene soziale Plazierung, geschieht dies auf der Folie einer patriarchalen Gerechtigkeit, wird der Zuzug aber als legitim wahrgenommen und die eigene Plazierung als ungerecht, ist das ein Hinweis auf eine egalitäre Gerechtigkeitsvorstellung. Dieser hier verkürzt dargestellte Zusammenhang läßt sich je nach Art des Vergleichs ausdifferenzieren.

"Die subjektive soziale Positionierung hat allerdings keine direkten Auswirkungen auf das Intergruppenverhalten, sondern zeigt seine Auswirkungen vermittelt über Prozesse sozialer Identität. Je niedriger der subjektive Gruppenstatus in Relation zu einer relevanten Vergleichsgruppe ist, je mehr Ungerechtigkeit innerhalb der Sozialstruktur erlebt wird, desto weniger kann der Gruppenstatus zur Ausbildung und Aufrechterhaltung einer positiven sozialen Identität beitragen. Wenn keine Chancen individueller Mobilität bestehen oder wahrgenommen werden, wenn also keine Möglichkeit gesehen wird, neue Mitgliedschaften in anderen Bezugsgruppen in neuen sozialen Feldern zu erlangen, dann folgen auf eine bestehende negative Selbstdefinition beziehungsweise auf die Bedrohung der eigenen sozialen Identität Reaktionen, die einen positiven Unterschied zwischen *in-group* und *out-group* herstellen sollen. Dies kann auf unterschiedliche Weisen geschehen:

a) Die Gruppe versucht, mit einer als überlegen angesehenen Vergleichsgruppe in direkte Konkurrenz zu treten, um zukünftig deren Stelle in der Sozialstruktur einzunehmen. Dieses Vorgehen verlangt ein in irgendeiner Form elaboriertes Konzept, das Anleitungen für ein organisiertes Vorgehen liefert" (KLATETZKI 1993b, S. 360).

Historisch gesehen, waren die vielen Versuche der Organisationen der Arbeiterbewegung Aktionen der direkten Konkurrenz zur bürgerlichen Hegemonie; aktuell ist der erfolgreiche Kampf des ANC gegen das Apartheitssystem in Südafrika ein Beispiel gelungener Konkurrenz. Beide Beispiele legitimieren/legitimierten ihren Kampf mit egalitären Vorstellungen von Gerechtigkeit, beide bekämpfen patriarchale. Aber auch Bewegungen mit patriarchalen Gerechtigkeitsvorstellungen können sich durchsetzen. So entsprach das autoritär-patriarchale Gerechtigkeitsbild der Nazis durchaus der Mehrheit des deutschen Volkes.

"b) Die bisher negativen Attribute der eigenen Gruppe werden in positive umdefiniert. Als klassisches Beispiel für diese Strategie gilt der von Afro-Amerikanern geprägte Slogan 'black is beautiful'" (a.a.O., S. 360).

Ein anderes Beispiel ist der symbolträchtige Stil der Skins. Die Glatze der Sträflinge, die Uniformteile der Soldaten und die Arbeiterstiefel symbolisieren Abgrenzungen und Zugehörigkeiten zugleich. Beide Beispiele sind interessanterweise mit beiden Vorstellungen von Gerechtigkeit verbindbar. Dominierten sowohl bei den Afro-Amerikanern als auch bei den Skins zunächst egalitäre Vorstellungen (für die Skins vgl. COHEN 1979), so gibt es bei den Afro-Amerikanern zunehmend rassistische und frauenfeindliche Tendenzen einer patriarchalen Gerechtigkeit. Diese ist inzwischen bei den Skins - insbesondere in Deutschland - so übermächtig geworden, daß die egalitären Vorstellungen der Red-Skins kaum noch eine Rolle spielen.

"c) Die Gruppe vermeidet, sich mit einer überlegenen Gruppe in Relation zu setzen und zieht statt dessen eine Gruppe mit niedrigerem sozialen Stauts als Vergleichsgröße heran. Die Erhöhung des eigenen Selbstwertes ist in diesem Fall gleichbedeutend mit der Diskriminierung der sozial niedriger stehenden *out-group*. Dies ist das typische rassistische Reaktionsmuster, das gegenwärtig oft gegenüber AusländerInnen an den Tag gelegt wird" (a.a.O., S. 360)

Diese Strategie ist nur denkbar vor dem Hintergrund einer die Ungleichheit legitimierenden Gerechtigkeitsfolie. An ihrer Verbreitung kann gut die Dominanz dieses Interpretationsmusters abgelesen werden.

"d) Gruppen können schließlich zu einer weiteren Strategie der Statuserhöhung greifen: Der soziale Vergleich zwischen *in-group* und *out-group* wird auf einer neuen, bisher nicht angewendeten Bewertungsdimension vorgenommen. Diese Dimension wird dabei so gewählt, daß die eigene Gruppe positiv abschneidet" (a.a.O., S. 360).

Zu dieser Strategie greifen all die Gruppen, die ihre soziale Positionierung nicht durch Diskriminierung anderer verändern oder - nach welchem Kriterium auch immer - verbessern möchten. Sie knüpft damit implizit oder explizit an egalitäre Gerechtigkeitsvorstellungen an. So z.B. die Punks, die in ironischer Verfremdung mittelschichtspezifischer Kultur (Haare färben, ordentliche Kleidung) ein Patchwork von Stilelementen zu einer unvergleichbaren Bewertungsdimension mixen - oder wir Studenten damals mit langen Haaren und Mao-Look.

Interpretiert man die sozialen Vergleiche auch immer als Praxen der Auseinandersetzung um "soziale Zensuren", so beinhaltet diese Dimension Aspekte der regulativen Strategie des Kolonialisierens genauso wie der kooperativen Strategie der Selbstregulation - die erste legitimiert durch patriarchale Gerechtigkeitsvorstellungen, die zweite durch egalitäre. Die Beispiele zu den kooperativen Strategien machen deutlich, daß in ihnen vor allem soziale Vergleiche der ersten Art - Etablierung konkurrierender Sozialstrukturen - und der letzten Art entwickelt wurden - Wahl einer neuen, bisher nicht angewendeten Vergleichsdimension. Hull House, die Arbeiterjugendbewegung wie die der Wandervögel hatten ihre Schwerpunkte auf der Beteiligung an einer grundlegenden Veränderung der Sozialstruktur (Variante a). In ihnen wurden aber auch Möglichkeiten des sozialen Vergleichs gelebt, die eine neue Bewertungsdimension der Akteure ermöglichten, etwas, das in den Heimen BERNFELDS und KORCZAKS, aber auch beim HJB im Vordergrund stand (Variante d).

Gemeinsam ist allen Projekten des Modells Umbau der gedankliche und praktische Bezug auf egalitäre Gerechtigkeitsvorstellungen. Gemeinsam ist ihnen auch, daß die Akteure darin unterstützt werden, ihre eigenen Vergleichsinhalte zu finden (von Wandern und Demonstrieren über Musik und Theater bis hin zu Spiel und Tanz), d.h. daß von ihnen nicht die hegemonial erwarteten Vorstellungen zum Vergleichsmaßstab gemacht wurden - z.B. die Ansichten vom "guten Jugendlichen" zum jeweiligen Zeitpunkt.

Zusammenfassend läßt sich das dritte Merkmal des Modells Umbau dahin interpretieren, daß es sich selbst regulierenden Sozialitäten ermöglicht, soziale Vergleiche auf der Basis egalitärer Gerechtigkeitsvorstellungen zu praktizieren.

Beziehen wir diese Erörterungen auf die Ausgangsfrage nach der Logik des Modells Umbau, so läßt sich feststellen, daß die Dynamik dieses Modells nicht aus den Institutionen selbst kommt, sondern aus den sozialen Positionierungen der in diese Projekte ungebundenen Sozialitäten und aus den Auseinandersetzungen um diese Einbindungen. Orientiert an sozialen Vergleichen auf der Basis egalitärer Gerechtigkeitsvorstellungen ("drittes Merkmal") werden in dem Ringen darum soziale Identitäten gestärkt, die es ermöglichen, das Finden eines "gemeinsamen Dritten" mit Erfahrungen von Bestätigung und Anerkennung zu verbinden ("zweites Merkmal") und auf diese Weise aktiv zu angemessenen sozialen Kategorisierungen in Problemformulierungen und in Konfliktregelungen zu gelangen ("erstes Merkmal").

So steht die soziale Dynamik des Modells Umbau im deutlichen Gegensatz zum bürokratie-induzierten Circulus vitiosus des Modells Ausbau. Dennoch gibt es Schnittflächen zwischen beiden Modellen, die abschließend als spannungsreiche soziale Orte dargestellt werden sollen.

(3) Schnittflächen zwischen beiden Modellen

Wenn ich die Schnittstellen zwischen beiden Modellen als soziale Orte bezeichne, beziehe ich mich damit auf BERNFELD, der den sozialen Ort der Pädagogik als den konkreten Erfahrungsraum deutete, in dem "der berechtigte Wille des Kindes und der berechtigte Wille des Erziehers" (Bd. I, S. 149) in einen strukturell nicht lösbaren Widerstreit geraten, der nur durch eine gemeinsame Praxis als "gemeinsames Drittes" aufgehoben werden kann. Im übertragenden Sinn stellen die "sozialen Orte" im folgenden Schaubild solche Orte der strukturell nicht lösbaren Antinomien zwischen dem Modell Ausbau und dem Modell Umbau dar. Die Schnittflächen beider Modelle bilden sich also in den Lebenswelten der Adressaten und nehmen dort ihre konflikthafte Gestalt an.

Schaubild 8:
"Schnittstellen" zwischen dem Modell Ausbau und dem Modell Umbau

"Schnittstellen" als soziale Orte				
regulative Strategien	Modell Ausbau	Soziale Orte	Modell Umbau	kooperative Strategien
Rationalisierung	Zentralisierung Formalisierung	Problem Konflikt	Anliegen Regeln	Aktivierung
Professionalisierung	Spezialisierung Klassifizierung	Bearbeitung Bewertung	Aktion Verständigung	Solidarisierung
Kolonialisierung	patriarchale	Gerechtigkeitsvorstellungen	egalitäre	Selbstregulierung
	institutionelle Handlungsmuster: Circulus vitiosus		transversale Handlungsmuster: soziale Positionierung	

Da sich soziale Orte schlecht "abstrakt" beschreiben lassen, soll das Schaubild am Fallbeispiel "Kromme/Eggerstedtstraße" verdeutlicht werden.

Was das **Problem** am Sozialen Ort Eggerstedtstraße aus regulativer Perspektive ist, ist schon durch das Obdachlosenlager selbst entschieden. Hier wird der "Bodensatz" der "Wohnunfähigen" zentral versorgt. Das Anliegen der Bewohner, eine normale Wohnung zu bekommen, ist versucht worden, in ein disziplinierendes Stufenmodell umzuinterpretieren. Dagegen haben sich die Bewohner mit Unterstützung der GWA-Gruppe zur Wehr gesetzt.

Die zahlreichen und verschiedenen **Konflikte** der Familie Kromme werden durch vorab nur zur Verfügung stehenden Maßnahmen der Familienfürsorge als "Gefährdung des Kindeswohls" definiert, obwohl die zuständige Sozialarbeiterin die Regelung zumindest eines Teils der Konflikte in dem Finden einer Wohnung für Lore und deren Familie sieht - eine Sicht, die von der Familie geteilt wird. Deren Ressourcen aber reichen nicht aus, dieses allein zu erreichen.

Die **Bearbeitung** des Konflikts ein einem Stufenmodell ("Bodensatz"-Schlichtwohnung-Mietwohnung), das als "therapeutisches Behandlungsmodell" von vielen Spezialisten erdacht wurde, scheitert an den solidarischen Aktionen der Bewohner. Das ist die Ausnahme. In der Regel haben die individualisierenden Interventionen der Spezialisten Erfolg, weil die Adressaten diese Interventionen akzeptieren oder hinnehmen.

Magda KROMME hat schon viele entwertende Klassifizierungen erfahren (asoziale Kommunistin, gefährliche Geisteskranke, Wohnunfähige ...). In der Auseinandersetzung mit derartigen **Bewertungen** hat sie es aber immer geschafft, sich wertschätzende Sozialitäten zu schaffen - auch wenn diese nur selten so starke Unterstützung fanden wie im Frauengesprächskreis und im Sprecherrat in der Eggerstedtstraße.

Der Konflikt zwischen beiden Modellen gewinnt seine sozialpolitische Dimension durch die unterschiedlichen Dynamiken. Während die institutionellen Handlungsmuster des Circulus vitiosus zu immer weiterem Ausbau treiben und dem patriarchalen Gerechtigkeitsbild verpflichtet sind, werden die transversalen Handlungsmuster durch die Auseinandersetzung um eine gerechte Plazierung der Sozialitäten geprägt. Dazu geben die kooperativen Projekte im wörtlichen wie im übertragenen Sinn Raum, in dem sie egalitäre Vorstellungen ansatzweise realisieren. Zusammenfassend läßt sich das Modell Ausbau als sozialtechnologisches und das Modell Umbau als sozial-partizipatives kennzeichnen.

Für den abschließenden SIEBTEN BLICK stellt sich die Frage nach der weiteren Entwicklung dieses Widerspruchs unter zwei Perspektiven:
- In welches Verhältnis treten die Modelle Ausbau und Umbau in Zeiten des Umbruchs?
- Welche Konsequenzen hat das für die professionellen Deutungsmuster?

Bevor auf diese Fragen eingegangen wird, wird Eberhard MANNSCHATZ einen Überblick über die Entwicklung der Jugendhilfe in der DDR geben und deutlich machen, daß es sich lohnt, sich der kooperativ-egalitären Traditionen dieses Feldes zu vergewissern und sie als Bereicherung in die gemeinsame Diskussion einzubringen.

RÜCKBLICK ...	... auf die Soziale Arbeit in der DDR - Eberhard MANNSCHATZ berichtet am Beispiel der Jugendhilfe

Man lernt sich kennen ...　　　　　　　　　　　　　　210

1. Das Jugendhilfekonzept der DDR　　　　　　　　221

2. Leitbilder　　　　　　　　　　　　　　　　　　　227

3. Verortung zwischen Hilfe und Kontrolle;　　　　　230
   Entwicklung in vier Jahrzehnten

4. Wertungsbedarf　　　　　　　　　　　　　　　　234

5. Umgang mit dem DDR-Nachlaß　　　　　　　　　243

Eberhard Mannschatz   geb. 1927

Jugendreferent, Jugendamtsleiter der Stadt Dresden; Stellvertretender Heimleiter; Mitarbeiter am Deutschen Pädagogischen Zentralinstitut; Abteilungsleiter für Jugendhilfe im Ministerium für Volksbildung der DDR; Ordentlicher Professor für Sozialpädagogik an der Humboldt-Universität zu Berlin; Emeritierung 1991.
Lehrerausbildung und Promotion 1957, Habilitation 1966.
Wissenschaftliche Arbeit auf den Gebieten Heimerziehung, Jugendhilfe, Erziehungstheorie, Sozialpädagogik.

Veröffentlichungen zu dieser Thematik: nach 1989/90 insbesondere:
"Jugendhilfe als DDR-Nachlaß" (Votum Verlag Münster 1994);
"Gemeinschaftserziehung und Individualerziehung" (AG Bildungspolitik der PDS 1996);
"Erziehung im politischen Kalkül" (Gesellschaftsanalyse und Politische Bildung e.V. Berlin 1997);
"Erziehung zwischen Anspruch und Wirklichkeit" (Ergan Verlag, Würzburg 1997)

Man lernt sich kennen ...

Vortrag und Diskussion mit Studenten an der Evangelischen Fachhochschule für Sozialpädagogik der Diakonenanstalt des Rauhen Hauses in Hamburg am 25.01.1995

Ich möchte mich zunächst herzlich für die Einladung bedanken. Sie trifft einen Rentner aus Berlin. Ich bin seit 1991 im Ruhestand. Die "Gnade des richtigen Geburtsdatums" hat mich aus den unmittelbaren Betrüblichkeiten der Abwicklung herausgehalten. Aber es ist schon so, wie in der Begrüßung erwähnt wurde, daß es in der DDR nur einen einzigen Lehrstuhl für Sozialpädagogik gegeben hat; und zwar an der Humboldt-Universität zu Berlin; mit nicht mehr als fünf Mitarbeitern und jeweils dreißig Studenten; das allerdings über 25 Jahre. Das Unikat des Lehrstuhles hat mit einem bestimmten Gesellschaftsverständnis zu tun, auf das ich noch zu sprechen komme. Der Zeitpunkt der institutionellen Abwicklung fiel sinnigerweise oder unsinnigerweise mit diesem Jubiläum zusammen. Wir haben in der Übergangszeit nach der Wende persönlichen Kontakt aufnehmen können mit den Sozialpädagogen an der Technischen Universität und an der Freien Universität Berlin. Die Studenten haben wechselseitig an Veranstaltungen teilgenommen, Praktika in Ost- und Westberlin absolviert. Dozenten sind ausgetauscht worden. Das war eine sehr gute, faire und ersprießliche Zusammenarbeit, leider nur von kurzer Dauer. Das Land Berlin wollte und konnte sich nicht drei gleichgelagerte Ausbildungsgänge leisten. Das war die wenig überzeugende Begründung; denn Berwerbungen für Immatrikulation lagen in ausreichender Anzahl vor; auch oder gerade für die HUB. Die Abwicklung hat uns also erreicht.

Ich bin gebeten worden, über DDR-Jugendhilfe zu sprechen. Wir sind uns sicher einig, daß man sich dabei nicht darauf beschränken kann, Informationen zu geben über einen verflossenen historischen Abschnitt, sondern daß man auch über den Umgang mit dieser Hinterlassenschaft reden muß. Denn die Erfahrungen, die DDR-Bürger und insbesondere Mitarbeiter mit der DDR-Jugendhilfe und mit Jugendpolitik gemacht haben, sind doch nicht im Dunkel der Geschichte verschwunden, sondern wirken nach, bestimmen oder beeinflussen die Befindlichkeit und das praktische Handeln in den neuen Bundesländern. Man muß also mit diesen Bewußtseinsinhalten rechnen, sie ins Kalkül einbeziehen.

Ich habe den Eindruck, daß der NEUNTE JUGENDBERICHT (1994), der uns gerade zur Kenntnis gelangt ist, von eben dieser Einsicht ausgeht. Er behandelt die DDR-Periode, die Wende-Zeit und die Erfahrungen des nachfolgenden Einigungsprozesses. Mit dieser Vorgehensweise kommt man zu einer Einschätzung der gegenwärtigen Lage in den neuen Bundesländern, in der sich meiner Ansicht nach eine vernünftige Normalität des Umganges mit dem DDR-Nachlaß anbahnt.

Es gibt allerdings auch gegenläufige Tendenzen, die eher darauf hinweisen, daß das Interesse an DDR-Jugendhilfe schon heute abflacht. Da die Vereinigung einerseits als Beitritt und von der anderen Seite als Einverleibung verläuft, die "Landnahme" in groben Zügen abgeschlossen ist, sehen manche keinen Grund mehr, sich mit Vormaligem zu beschäftigen. Anfängliche Hinweise gar, daß das einschneidende historische Ereignis Nachdenkenswertes für das neue Deutschland aufwirft, sind nur noch verhalten zu vernehmen. Entschuldigen Sie, wenn ich das mit einer gewissen Bitterkeit ausspreche. Es werden Gründe für das nachlassende Interesse angeführt. Da ist zum einen die Position, daß Jugendhilfe konzeptionell und strukturell dem jeweiligen politischen System verbunden ist. Die "Rahmenbedingung DDR" sei weggebrochen; das, was damals Jugendhilfe war, ist also nur noch von historischem Interesse. Man kann das also Spezialisten überlassen. Dann wird ins Feld geführt, daß DDR-Jugendhilfe bis ins Detail von der "Unrechts-Staatlichkeit" durchseucht war; somit das alles nur noch als abschreckendes Beispiel von Nutzen ist. Diese Behauptung hat vor allem in der politischen Öffentlichkeit nach der Wende eine herausragende Rolle gespielt. Wir waren in den Schlagzeilen; mit den "Zwangsadoptionen", dem geschlossenen Jugendwerkhof in Torgau, mit den angeblich rigiden Erziehungsmethoden in den Heimen. Die Jugendhilfe war nach der Wende in den Medien unversehens der Dauerbrenner nach dem Thema "Stasi". Jetzt ist es ruhiger geworden, denn manche Vorwürfe lassen sich angesichts der Fakten nicht oder nicht in der vermuteten Zuspitzung aufrechterhalten. Vielleicht kann ich auf Nachfrage später noch etwas dazu sagen.

Ich will dem Thema entsprechend zu drei Fragen sprechen: Was war Jugendhilfe in der DDR; was ist im Verlaufe der 40 Jahre daraus geworden; was kann der gedankliche Rückgriff für heute erbringen?

Jugendhilfe in der DDR umfaßte die Arbeitsgebiete Erziehungshilfe, Vormundschaftswesen, Rechtsschutz für Minderjährige und Heimerziehung. Der verwaltungsmäßige Aufbau war so, daß es auf der untersten Ebene, also in den Gemeinden und Städten, Jugendhilfe-Kommissionen gab; als vom jeweiligen Rat berufene Gremien ehrenamtlicher Jugendhelfer. Auf Kreis- und Bezirksebene existierten Referate Jugendhilfe in den Abteilungen Volksbildung, die mit hauptberuflichen Jugendfürsorgern besetzt waren. Diese Mitarbeiter wiesen eine grundständige pädagogische Ausbildung als Lehrer, Heimerzieher, Kindergärtnerin usw. auf und hatten eine Zusatzqualifizierung auf sozialpädagogischem Gebiet durchlaufen; für Leitungsfunktionen eine universitäre Ausbildung zum Diplom-Pädagogen. Es gab außerdem Jugendhilfeausschüsse und Vormundschaftsräte auf ehrenamtlicher Basis. Sie können das im einzelnen nachlesen, zum Beispiel in meinem Buch "Jugendhilfe als DDR-Nachlaß" (MANNSCHATZ 1994). Die Entscheidungsbefugnisse der Gremien waren abgestuft gesetzlich festgelegt; ebenfalls der gerichtsförmige Rechtsmittelzug (s.o. den Bericht von Erich HASS, S. 25 ff.).

Wichtig für unser Thema ist, daß in der DDR ein anderes Jugendhilfeverständnis galt. Im Vergleich zu dem in der BRD war es eingeengt. Es ging um Hilfe in persönlichen Problemlagen und nicht im weiten Sinne um Jugendarbeit. Das hängt mit dem Gesellschaftsverständnis zusammen: Angestrebt war und angetreten waren wir für den Aufbau einer Gesellschaft sozialer Gerechtigkeit, ohne Benachteiligung von Gruppen oder einzelner aus sozialen Gründen. Damit war die Hoffnung und vage Überzeugung verbunden, daß *soziale* Ursachen für individuelle Problemlagen, wie zum Beispiel Arbeitslosigkeit, Obdachlosigkeit, erschwerter Zugang zu Bildung und Kultur, Polarisierung in arm und reich, ausgeräumt werden und in dem Maße, in dem sich der Sozialismus konsolidiert, verschwinden.

Auf die Jugendpolitik bezogen, ergab sich daraus der Vorrang von Jugendförderung, verstanden als Schulbildung für alle auf hohem Niveau, kulturelle Freizeitangebote, Jugendarbeit in Pionierorganisation und FDJ, Sport, ausreichende Versorgung mit Plätzen in Kindergärten und Horten usw. Dafür war gesamtgesellschaftliche Verantwortung angestrebt und auch gesetzlich verankert; selbstverständlich inklusive der erforderlichen finanziellen Mittel. Die gesamtstaatliche und gesamtgesellschaftliche Verantwortung und Zuständigkeit war auch auf das bezogen, womit sich die Jugendhilfe-Organe beschäftigten; nämlich auf Unterstützung und Hilfe für Kinder und Jugendliche in persönlichen Problemlagen. Daraus ist die Arbeitsweise der Jugendhilfe zu erklären. Wir bezeichneten sie (vielleicht nicht gerade sprachlich erhebend) als "Organisierung des gesellschaftlichen Einflusses". Wir konnten Aktivitäten und Leistungen anderer staatlicher Organe, Betriebe, gesellschaftlicher Organisationen einfordern; z.B. verlangen und erwarten, daß für jeden "unserer" Jugendlichen eine Lehrstelle, ein

Arbeitsplatz, selbstverständlich Wohnung zur Verfügung gestellt wurden und soziale Sicherheit gewährleistet war. Wir konnten uns berufen und stützen auf das gesellschaftliche Leitbild und die verbreitete Praxis, daß sich die Leute umeinander kümmern, niemanden allein lassen.

Eine andere Seite des Gesellschaftsverständnisses bestand allerdings darin, daß die Tätigkeit der Jugendhilfeorgane "partei- und regierungsseitig" gewissermaßen als ein Auslaufmodell betrachtet wurde. Sie war zwar "noch" nötig, wird aber ihre Berechtigung und ihren Gegenstand verlieren in dem Maße, in dem sich die sozialistische Gesellschaft konsolidiert. Wir mußten uns sozusagen als "Schönheitsfehler des Sozialismus" betrachten lassen. Daraus resultierte eine geringe Öffentlichkeit für unsere Arbeit, eine gewisse politische Randstellung und eine Art "Nischen-Dasein", was im übrigen seine Nach- und Vorteile hatte.

Im Zusammenhang mit der staatlich-gesellschaftlichen Einbindung der Jugendhilfe ist die Frage aufzuwerfen und zu beantworten, ob und in welchem Maße die Monopolisierung von Ideologie (Indoktrination) auf die Jugendhilfearbeit durchgeschlagen ist. In den Präambeln für Jugendhilfeorientierung findet sich selbstverständlich das Erziehungsziel der "allseitig entwickelten sozialistischen Persönlichkeit". In den jugendhilfe-internen Orientierungen selbst tritt die Aufgabenstellung in anderer Form auf. Wir fanden dafür den Terminus "sozialpädagogische Aufgabe", verstanden als Normalisierung der unmittelbaren sozialen Beziehungen, als soziale Integration im Sinne förderlicher Bedingungen für "soziale Verwurzelung" und individuelle Lebensbewältigung. Das war realiter das Kriterium für Entscheidungen und Maßnahmen der Jugendhilfe, zum Beispiel familienrechtlicher Natur und individuelle Hilfeplanung ("individuelle Erziehungsprogramme"). Ich will es zuspitzen: Hat die Jugendhilfe sich "eingemischt" in Eltern-Kind-Beziehungen oder gar Eltern ihre Kinder weggenommen, vorrangig oder ausschließlich wegen deren politischer Haltung oder Verhalten? Das wird zuweilen behauptet. Die Nagelprobe darauf könnten die ominösen "Zwangsadoptionen" sein, die ich schon erwähnt habe. Wenn wir diese PR-Terminologie schon übernehmen, handelt es sich um einen Sonderfall von Adoption ohne Zustimmung der leiblichen Eltern oder des Elternteils. (Auf eine Zwischenfrage hin wurde geklärt, daß es diese rechtliche Möglichkeit auch in der BRD gibt.). "Zwangsadoption" läge dann vor, wenn das aus politischen Erwägungen heraus geschieht, also beispielsweise wegen "Republikflucht". Die Dinge lagen aber anders. Im Zusammenhang mit dem Weggang der Eltern wurden nicht selten die Kinder zurückgelassen; bei Verwandten, in Heimen, im extremen Falle unbeaufsichtigt und unversorgt in Wohnungen. Die Jugendhilfe mußte sich kümmern. Sie bestätigte den Aufenthalt, oder sie brachte das Kind zur Versorgung in einem Heim unter...

Frage: *"Das ist einsichtig; aber warum Adoption?"*

Unsere Reaktion war nicht die Adoption. Das wird uns nachträglich unterstellt. Wenn der Aufenthalt der Eltern in der BRD bekannt war oder wir ihn ermitteln konnten, erkundigten wir uns in den Fällen, in denen die Familien in der DDR von der Jugendhilfe betreut worden waren, bei den westdeutschen Jugendämtern nach der Lebenssituation. Im übrigen ist wenig bekannt, daß über Jahrzehnte ein normaler Amtshilfeverkehr zwischen den Jugendbehörden beider deutscher Staaten bestand und unbürokratisch vollzogen wurde (vgl. den Bericht von Peter-Jürgen BOOCK, S. 85 f.); in weit größerem Umfang als auf anderen Arbeitsgebieten. Das hatte mit den Familienzusammenführungen nach dem Kriege begonnen. Was nun die Situation in den Hoch-Zeiten der "Republikflucht" betrifft, wurden die Kinder oder Jugendlichen den Eltern "nachgeschickt"; nur dann nicht in Einzelfällen, wenn der betreffende Jugendliche selbst ausdrücklich erklärte, in der DDR bleiben zu wollen, etwa, um die Schul- oder Berufsausbildung zu beenden. Darüber spricht heute kein Mensch. Aber auch die "Zwangsadoption" ist aus den Schlagzeilen. Sie wissen sicher, daß nach der Wende sog. Clearing-Stellen alle Fälle von Adoption in der DDR überprüft haben. In dem abschließenden Bericht an das Berliner Abgeordnetenhaus, der die Prüfung für alle neuen Bundesländer zusammenfaßte, wird von sieben Vorgängen gesprochen, die als "Zwangsadoptionen" bezeichnet werden können. Leider werden sie nicht im einzelnen geschildert. Unterstellen wir, daß das so war, dann entsprachen sie nicht der gängigen Orientierung und Praxis; und das waren Fehlentscheidungen. Aber das ist keine Größenordnung, gemessen an der Vielzahl, die am Anfang der Kampagne behauptet worden war ("Hunderttausende, Zehntausende, Hunderte"). Ich habe aber leider den Eindruck, daß der Zweck, nämlich diese sensible Angelegenheit zu nutzen, um den "Unrechtscharakter" der DDR zu suggerieren, erreicht worden ist. Die Dementis und Klarstellungen haben wenige zur Kenntnis genommen. Die Stigmatisierung ist im öffentlichen Bewußtsein haftengeblieben.

Ich komme zurück auf die Frage, ob oder in welchem Maße die politisch-ideologische Indoktrination auf die Praxis der Jugendhilfe durchgeschlagen ist. Das Kriterium für familienrechtliche Entscheidungen und für Aktivitäten war die sozialpädagogische Aufgabe; nämlich, im unmittelbaren Lebensbereich förderliche Bedingungen für soziale Integration zu schaffen. Jede vorurteilsfreie Untersuchung der Praxis der Jugendhilfeorgane würde das bestätigen; davon bin ich überzeugt. Es hat im übrigen nach der Wende nicht ein einziges Verfahren wegen Rechtsbeugung auf diesem Gebiet gegeben.

Jetzt einige Sätze zur konzeptionellen und leitungsmäßig-administrativen Einbindung der Jugendhilfe. Die DDR war ein zentralistisch verfaßtes Staatsgebilde; und zwar in einer "preußischen" Variante. Wir haben immer nach gesamtstaatlich-einheitlichen Lösungen gesucht; zudem waren wir davon überzeugt, daß wir wissen, was für die Bürger, Kinder und Jugendlichen gut und richtig ist. Das ist das, was heute als "vormundschaftlicher Staat" gekennzeichnet und kritisiert wird. Das hat auf die Arbeit der Jugendhilfe durchgeschlagen. Die Strukturen waren bei uns erstarrt und boten wenig Vielfalt. Ich könnte diese Aussage abschwächen, mit dem Hinweis etwa, daß es für Heimerziehung in der DDR kein zentrales "Erziehungsprogramm" gegeben hat (wie etwa für die Schule, für Kindergärten) und durchaus Unterschiede von Heim zu Heim. Aber das ändert nichts an der Grundfeststellung. Die hauptsächliche Folge dieser "Einheitlichkeit" bestand darin, daß es an "Wettbewerb" und damit an Innovationsdruck fehlte oder mangelte.

Die allumfassende Fürsorge (man kümmerte sich um jeden, keiner sollte ins Abseits geraten, und wenn er "zu seinem Glück gezwungen" wurde) ist von der Bevölkerung unterschiedlich aufgenommen worden, wenn ich unsere "Jugendhilfe-Kunden" ins Auge fasse. Manche empfanden das als Einmischung, andere hatten sich daran gewöhnt, und wieder andere waren froh darüber; bis zu dem Extrem, daß sie die Verantwortung für ihre Kinder dem Staat überließen.

Frage: *"Was ist in den 40 Jahren DDR aus Jugendhilfe geworden?"*

Ich will das aus Zeitgründen konzentriert vorstellen. Ihr "Lebenslauf" ist dadurch bestimmt, daß die Art und Weise, wie "Sozialismus" in der DDR aufgebaut wurde und sich als politisches System etablierte, nicht funktioniert hat (über Ursachen müßte gesondert geredet werden); und daß dadurch der konzeptionellen Jugendhilfe-Grundanlage der Boden entzogen wurde. Das zeigte sich vor allem darin, daß die "Regelangebote" (Schule, Betriebskollektive, Jugendorganisation usw.) mehr und mehr für machtpolitische Zwecke vereinnahmt wurden; und sich deshalb ihre sozial-integrative Kraft in Übereinstimmung mit den Lebensinteressen der Kinder und Jugendlichen abschwächte. Genau auf deren positive Wirkung aber war die Jugendhilfe entsprechend ihrer Grundkonzeption angewiesen. Die Jugendhilfe wurde mehr und mehr auf sich selbst zurückgeworfen. Ihr stand aber nicht ein Netz von flexiblen Betreuungsformen zur Verfügung. Was ihr blieb, und das ist als solches positiv einzuschätzen, war das Engagement der ehrenamtlichen Mitarbeiter als "nicht-professionelles Hilfepotential".

Frage: *"Breite und Bedeutung der Ehrenamtlichkeit beeindrucken mich, wenn das so war, wie Sie das schildern. In den alten Bundesländern haben wir damit Schwierigkeiten. Worin war dieses Phänomen in der DDR begründet?"*

Ehrenamtlichkeit hat bei uns tatsächlich eine große Rolle gespielt. Die Zahl habe ich jetzt nicht parat; aber es waren Zehntausende. Im Jugendbericht wird bedauert, daß die letzte DDR-Regierung die Jugendhilfekommissionen aufgelöst hat.

Es handelt sich um Bürger, die sich aus freien Stücken für diese Aufgabe engagieren wollten und es auch taten. Sie erhielten keine Bezahlung, waren in ihrer Freizeit unterwegs. Freistellung von betrieblicher Arbeit gab es für die Teilnahme an Weiterbildungs-Veranstaltungen, nicht für die Tätigkeit als solche, wie jetzt manchmal behauptet wird. Mit öffentlicher Anerkennung konnten sie nicht rechnen ("Schönheitsfehler"). Vor allem waren Pädagogen und Mitarbeiter des Gesundheitswesens als Jugendhelfer tätig, weil sie ihren Beruf ernst nahmen, aber auch Bürger, die sich sozial engagieren wollten, zuweilen früher in eigener Sache oder im persönlichen Umfeld die Notwendigkeit und Wirksamkeit tätiger Unterstützung erlebt hatten.

Sie fragen nach dem gesellschaftlichen Hintergrund. Ich will die DDR nicht glorifizieren, aber es ist nicht abzuleugnen, daß in ihr eine Lebensweise entstanden ist, die durch so etwas wie elementare Solidarität gekennzeichnet war; man kann darüber streiten, ob wegen oder trotz der politischen Verfaßtheit. Das war m.E. der Hintergrund für Ehrenamtlichkeit in der Jugendhilfe. Diese Leute hätten sich nach der Vereinigung weiterhin engagiert; davon bin ich überzeugt. Man kann als Parallele auf die Volkssolidarität verweisen. Aber es wurde ihnen verboten. Ich zweifle daran, ob das jetzt wieder zu re-aktivieren wäre.

Zurück zum "Lebenslauf" der Jugendhilfe. Die vorgestellten Gründe haben dazu geführt, daß "Organisierung des gesellschaftlichen Einflusses" in den letzten Jahrzehnten der DDR nicht mehr die Gegebenheiten traf und ihre Wirkungsmöglichkeiten eingeschränkt waren. Jugendhilfe war flügellahm geworden, wie ich in meinem Buch geschrieben habe.

In diesem Zusammenhang ist die Frage wichtig, was dann der *gedankliche Rückgriff* auf DDR-Jugendhilfe bringen kann für die Gestaltung oder Entwicklung der sozialpädagogischen Arbeit in der heutigen BRD?

Ich habe schon gesagt, daß manche nichts davon halten, die DDR-Erfahrungen irgendwie "fortzuschreiben". Die Autoren des Expertenberichts (NEUNTER JUGENDBERICHT 1994) gehen differenzierter heran. Sie meinen, daß man sich abgrenzen muß von dem, was von Politik, Ideologie und Menschenbild des Systems unmittelbar beeinflußt war, daß man aber an einigem anknüpfen kann. Ich glaube, daß man in gewisser Weise auch unterscheiden sollte zwischen den theoretischen Grundlagen für Jugendhilfe-Orientierung in der DDR und der Praxis der Hilfebemühungen. Ich hoffe, daß wir auf den Theorie-Bereich noch zu sprechen kommen, zumal das mein angestammtes Metier ist. Der Unterschied spiegelt sich auch im Umgang wider. Während Wissenschaftler diese Frage konträr erörtern (wenn überhaupt), gehen Praktiker damit um, ohne viel Aufhebens davon zu machen, vielleicht auch, ohne bewußt und umständlich darüber zu reflektieren. Ich meine das Fachpersonal, das gegenwärtig die Jugendhilfepraxis (einschließlich Heimerziehung) in den neuen Bundesländern trägt. Das sind in der Mehrzahl Leute, die schon zu DDR-Zeiten in diesem Metier oder in angrenzenden

Arbeitsfeldern tätig waren. Sie akzeptieren neue Anforderungen und Gegebenheiten, stellen sich darauf ein, wollen lernen und sich an Neues heranwagen, aber sie knüpfen auch an das an, was sie früher gemacht haben, womit sie Erfolg hatten und das sie deshalb nach wie vor für richtig halten. Es wäre überspitzt zu behaupten, daß sie einen "dritten Weg" beschreiten; aber es deutet sich an, daß es doch einige "Besonderheiten Ost" gibt, die der Aufmerksamkeit wert sind.

Wenn ich nach den Gründen fahnde, dann stoße ich auf ein Phänomen, das von westdeutschen Wissenschaftlern mit Stirnrunzeln zur Kenntnis genommen bzw. angezweifelt wird. Es handelt sich um die Behauptung, daß es so etwas wie eine gegenstandsspezifische Problematik von Jugendhilfe gibt, die relativ unabhängig von Systembindung praktisch zu bewältigen ist. Es sind die praxisnahen Hilfebemühungen; darauf gerichtet, sich um Kinder und Jugendliche in persönlichen Problemlagen zu kümmern, ihnen zu helfen, sich im Leben zurechtzufinden und mit ihrer unmittelbaren sozialen Umgebung ins reine zu kommen. Das ist eine Grauzone von Aufgaben, die in jedem Gemeinwesen auftritt. Was auch immer die Ursachen für Problemlagen sind, wie auch immer man zu ihnen steht: Diese Schwierigkeiten werden vorgefunden, und es bedarf der Hilfe für die Betroffenen. Die Methoden und Verfahren, die zur Anwendung kommen, vor allem aber die sozialpädagogisch-ethische Grundhaltung, offenbaren einen gewissen systemübergreifenden oder systemunabhängigen Fundus, der Vergleichbarkeit ermöglicht. Das wird deutlicher, wenn man sich dem praktischen Alltagsgeschäft "vor Ort" annähert. Dieser Fundus - das ist meine Behauptung, zu der ich schon gesprochen habe - ist in der DDR trotz oder wegen der Einbindung in das politische System im Kern nicht beschädigt worden. Daraus erklärt sich wohl der relativ unkomplizierte Umgang der Praktiker Ost und West miteinander und ihr gegenseitiges Verständnis; allerdings meist außerhalb von Öffentlichkeit.

Wenn Sie nach Belegen für den "im Kern unbeschädigten Fundus" in der DDR-Jugendhilfe und nach der "Erfolgsquote" fragen, komme ich in Verlegenheit. In meinem Buch habe ich mich auf eine salomonische Antwort zurückgezogen; nämlich: Es gab Jugendhilfeaktivitäten, die sich förderlich auf die soziale Integration und die Lebensbewältigung von Kindern und Jugendlichen ausgewirkt haben; in anderen Fällen sind sie in ihren Wirkungen nicht über elementare Betreuung, Versorgung und Geborgenheit hinausgelangt; und es ist nicht auszuschließen, daß in manchen Fällen Jugendhilfeaktivitäten ungewollt die Problemsituation von Kindern zusätzlich negativ belastet haben. Genauer ist eine solche Aussage m.E. nicht zu haben; auch nicht mit Bezug auf die jetzige BRD. Das liegt weniger daran, daß keine flächendeckenden Ergebnisermittlungen vorliegen, sondern daran, daß es diese gar nicht geben kann. Die Entwicklung von Kindern und Jugendlichen ist vielfach verursacht und beeinflußt; und es wäre nahezu abenteuerlich, aus dieser Vielfalt *die* Faktoren auszusondern, die unmittelbar an Jugendhilfeaktivitäten gebunden sind oder waren. Man kann immer nur vermuten, was auf sozialpädagogische Interventionen zurückzuführen ist. Und da gelangt man leicht auf das Feld von Spekulationen. Im Grunde genommen belegt man nicht mit nachgewiesenen Erziehungsergebnissen, sondern behauptet mit Blick auf die für zutreffend erklärten Ausgangspunkte für die Herleitung der Methoden und Verfahren.

Ich habe den Eindruck, daß die Autoren des Expertenberichts von einem vergleichbaren Fundus ausgehen. Sie wenden sich gegen den "Mythos von der Stunde Null", bringen zum Ausdruck, daß es in der DDR "so ähnliche Dinge wie Sozialarbeit und Sozialpädagogik gab, ein System sozialen Bedarfsausgleiches, das sich mit der Bewältigung von Aufgaben beschäftigte, die heute bzw. aus westdeutscher Sicht dem Funktionsbereich der Jugendhilfe zugerechnet werden". Es geht darum, "dort abzugrenzen, wo Abgrenzung notwendig ist, aber auch dort anzuknüpfen, wo Traditionen dies zumindest erlauben würden" (NEUNTER JUGENDBERICHT 1994, S. 344 f.).

Das aufzuklären ist nun allerdings "ein weites Feld". Ich hoffe, daß man zuläßt, daß wir uns daran beteiligen, und daß die Erörterung nicht "westlastig" bleibt. Die "natürliche Transposition" durch Praktiker sollte dabei einbezogen werden; vielleicht erweist sie sich in höherem Maße als ein solider Quellenbereich als abgehobene theoretische Diskussion.

Frage: *"Hatten Sie die Möglichkeit, sich über westdeutsche Erziehungskonzepte zu informieren, haben Sie das getan, wie sind Sie damit umgegangen?"*

Ich will von mir und meinem universitären Umfeld sprechen. Wir haben uns in Maßen damit beschäftigt, im Selbststudium und auch in Seminaren mit Studenten, aber doch so eingeschränkt und unterbelichtet, daß ich heute vor der Schwierigkeit stehe, mich nahezu in Neuland orientieren zu müssen. Als Hochschullehrer (und auch die Studenten) hatten wir die Möglichkeit, "Westliteratur" zu lesen, wenn auch einige Formalitäten und Valuta-Probleme zu bewältigen waren. Es wäre unfair, uns jetzt mit der Märtyrer-Rolle zu schmücken und zu behaupten, daß uns das "verboten" war. Ich muß eher zugeben, daß wir uns diesbezüglich freiwillig in eine "Abschottung" begeben hatten. Das hing einmal damit zusammen, daß wir von unseren Ansätzen überzeugt waren; auch damit, daß wir mit unseren Angelegenheiten genug zu tun hatten; und auch beschäftigt waren mit dem Studium der umfangreichen pädagogisch-psychologischen Fachliteratur aus den sozialistischen Ländern. Das ist ein Manko, das sich jetzt an uns rächt.

Nicht zur Entschuldigung, sondern zur Klarstellung will ich allerdings mit der "Retour-Kutsche" aufwarten, daß westdeutsche Wissenschaftler unsere Fachliteratur nur spärlich zur Kenntnis genommen haben. Für manche von ihnen lagen wir irgendwo hinter Sibirien. Sie hatten wohl ähnliche Gründe, nur seitenverkehrt. Aus heutiger Sicht sage ich, daß wir eine Chance verpaßt haben.

Frage: "*Ich komme noch einmal auf die Ehrenamtlichkeit zurück. Sie heben das Engagement hervor und sprechen von quasi 'basisdemokratischen' Aktivitäten außerhalb der politischen Öffentlichkeit. Kann man das als systemkritisches Verhalten werten?*"

Dazu würde ich mich nicht versteigen. Das wäre wohl eine nachträgliche Umdeutung. Die Menschen, die als Jugendhelfer tätig waren, gingen entsprechend ihrer Erfahrung und ihres gesunden Menschenverstandes davon aus, daß es Problemlagen gab und Eltern, Kinder und Jugendliche der Hilfe bedurften; und zwar unberührt von der Euphorie, daß es sich bei Jugendhilfe im Sozialismus um ein Auslaufmodell handele. Diese Einstellung muß und darf ich auch für die Funktionäre der Jugendhilfe in Anspruch nehmen. Subversives Verhalten war das nicht, eher stand es im Einklang mit dem ehrlichen und zum Teil auch vertrauensseligen Bemühen, durch basisdemokratische Aktivität das System zu reformieren, mit der Verkündung "Alles zum Wohle des Volkes" ernst zu machen.

Frage: "*Sie plädieren für den gedanklichen Rückgriff auf DDR-Jugendhilfe. Was kann man nun übernehmen? Ich beziehe das vor allem auf theoretische Positionen, also beispielsweise auf Makarenko, Kollektiverziehung.*"

Der sprachliche Ausdruck "übernehmen" trifft aus meiner heutigen Sicht nicht den Kern. Man kann, kritische und selbstkritische Hinterfragung vorausgesetzt, an manchem anknüpfen, an einige Positionen anschließen. Oder besser vielleicht: Wir sollten eine aus der kritischen Hinterfragung der DDR-Pädagogik gewonnene *Sichtweise* auf das Heutige in die Diskussion einbringen. Darum bemühe ich mich bei meinem wissenschaftlichen Nachdenken, das ja auch einem "abgewickelten" Wissenschaftler nicht genommen oder untersagt ist.

Sie fragen nach bestimmten theoretischen Auffassungen; und Sie erwähnen Makarenko und Kollektiverziehung. Es gab in der DDR durchaus unterschiedliche Interpretationen von Makarenko; grob skizziert zwei Richtungen, die sich allerdings auch vermischten in dem Bestreben, sie als miteinander vereinbar darzustellen. Die eine benutzte das Arsenal seiner Aussagen, um Bestätigung herauszupicken für die "herrschende" Position von politischer Zielstrebigkeit der Erziehung und der "führenden Rolle des Erziehers", die zu einem pädagogischen Postulat mit Anflug eines politischen Dogmas erhoben worden war. Eine andere Richtung versuchte die innere Stimmigkeit des Auffassungssystems Makarenkos herauszufinden und aufzuklären. Der Unterschied, ja die Entgegengesetztheit der Interpretations-Linien läßt sich am besten an der Wesensbestimmung der Kollektiverziehung zeigen: Die erste Richtung bestimmt Kollektiverziehung oder das Kollektiv als Mittel der Erziehung, das vom Erzieher gehandhabt wird und seinen Einfluß gewissermaßen vervielfältigt. Mitbestimmung innerhalb des Kollektivs war "zugelassen" und wurde gefördert; aber in den Grenzen der vorgefaßten Erziehungsabsicht. Ich will das nicht rigoros verteufeln, denn dadurch wurden gewisse

Freiräume für Selbsttätigkeit eröffnet, Verantwortung übertragen und wahrgenommen, das Gefühl von kollektivinterner Solidarität und Geborgenheit hervorgebracht. Aber es bestand auch die Gefahr der Vereinnahmung, der Bevormundung, des "Kollektivdrucks", der Einpassung in vorgegebene Normen und Strukturen, eben der Instrumentalisierung des Kollektivs. Der politisch-theoretische Hintergrund war die These vom "Hineintragen" der Ideologie in die Arbeiterklasse, die als Zentralthese für vieles galt, was mit Bewußtseinsentwicklung zu tun hatte. In Übereinstimmung mit anderen marxistischen Autoren meine ich heute, daß das eine unmarxistische, ja antimarxistische Auslegung war, denn eine Grundauffassung von Marx, nämlich, daß die Arbeiterklasse das historische Subjekt ist, wurde aufgegeben. Die Arbeiterklasse wurde zum Belehrungsobjekt durch die Partei degradiert.

Die andere Interpretationslinie von Makarenko nahm dessen eindeutige Auffassung ernst, daß das Kollektiv Subjekt seines Daseins und seiner Entwicklung ist. Nicht der Erzieher fungiert als Erziehungssubjekt (und Gestaltungssubjekt), sondern die Gesamtheit der jeweilig Beteiligten an der Aneignung der Wirklichkeit. Das Verhältnis von Erzieher-Kind wird damit zu einer abgeleiteten Frage. Es muß als das Verhältnis von unterschiedlichen "Subjektivitätsformen" innerhalb von Gemeinschaftlichkeit aufgefaßt und aufgeklärt werden. Diese Position läßt keinen Raum für Instrumentalisierung, für das Unterlaufen der Souveränität des Kollektivs. Sie hat den Stellenwert eines anderen Paradigmas für Pädagogik. Ich kann das hier aus Zeitgründen nicht weiter ausführen. Dieses Paradigma wurde vor allem von Pädagogen der HUB entwickelt und vertreten. Das will ich hier am Rande bemerken. Es konnte sich gegenüber der herrschenden theoretischen Auffassung nicht durchsetzen, weil es aus dem Denkschema des "Hineintragens" herausfiel. Auch die Berufung auf Marx hat nicht genutzt, aber wenigstens eine partielle "Salonfähigkeit" der Position erreicht.

Das ist eine Auffassung, die m.E. "anschlußfähig" ist. Sie wird (nach meiner Auslegung) von der subjektwissenschaftlichen Grundlegung von Psychologie und Pädagogik gestützt (vgl. HOLZKAMP 1993). Hier eröffnet sich ein aussichtsreiches Forschungsfeld.

Frage: *"Wie erleben und empfinden Sie im Umgang mit westdeutschen Wissenschaftlern die jetzige Situation, wenn Sie sich an die Hauptmethode der DDR-Jugendhilfe erinnern, gesamtgesellschaftliche Verantwortung abzufordern, davon ausgehen zu können, daß es keine Arbeitslosigkeit, Obdachlosigkeit usw. gab?"*

Wir haben im Vorgespräch Kriminalität erwähnt und vermerkt, daß sie und auch andere negative Erscheinungen bei uns partiell tabuisiert waren, vor der Öffentlichkeit gewissermaßen unter den Teppich gekehrt wurden. Das betrifft auch Alkoholprobleme usw. Aber man muß doch nüchtern feststellen, daß wir Arbeitslosigkeit usw. nicht kannten, Kriminalität nicht in dem heutigen Ausmaß. Insofern ist das für uns eine neue Erfahrung.

Weil Sie nach meiner Befindlichkeit fragen: Ich bin zuweilen schockiert und erstaunt, daß manche diese Phänomene irgendwie zur Kenntnis nehmen, als wenn es sich um "Naturgesetzlichkeiten" handele. Aber ich sehe auch, daß Sozialpädagogen sich politisch einmischen und engagieren. Das Thema des Jugendhilfe-Tages, der 1992 hier in Hamburg stattgefunden hat, lautete "Jugendhilfe als Querschnittspolitik, als Einmischung". So unterschiedlich also die Verhältnisse und Zugänge waren; eines hatten die beiden "Jugendhilfen" gemeinsam; nämlich eine unterlegte und integrierte *politische* Betrachtungsweise. Es ging immer auch um förderliche gesellschaftliche Verhältnisse für die Persönlichkeitsentwicklung von Kindern und Jugendlichen, wie man sie auch auffaßte und sich vorgestellt hat. Insofern sind Jugendhilfe-Leute aus der DDR gesprächsfähig, zumindest im "linken" Spektrum der Bundesrepublik.

1. Das Jugendhilfekonzept der DDR

Der vorliegende "Grundkurs" befaßt sich mit der Geschichte der Sozialen Arbeit und deren belastenden und förderlichen Nachwirkungen in ihrer Gegenwart. Timm Kunstreich hat sich entschlossen, für die Darstellung die Metapher von BLICKEN zu wählen und will damit erreichen, daß das wechselseitige Verhältnis von Kontinuitäten und Brüchen deutlicher wahrgenommen wird. Dem BLICK, den ich beizusteuern habe, haftet dabei eine Besonderheit an. Es handelt sich um die Jugendhilfe in der DDR. Das ist eine Periode der Entwicklung von Jugendhilfearbeit in Deutschland unter eigenständigen sozial-ökonomischen und politischen Verhältnissen, die für Geschichtsbetrachtung nur unter der Voraussetzung politischer Ignoranz ausgespart werden könnte. Ihr Anfang ist genau zu datieren; und auch ihr Ende. Insofern erscheint es berechtigt, den BLICK als RÜCKBLICK zu fassen. Ich sträube mich allerdings dagegen, die Rückerinnerung nur einem abgehobenen akademischen Interesse an einem "gescheiterten Experiment" anheimzustellen. Eine solche Draufsicht ignoriert, daß die DDR-Zeit das Alltagsleben von Millionen Menschen gewesen ist, das Berufsleben mehrerer Generationen umschließt, ihre jeweils individuelle Biographie ausgemacht hat. Für uns waren diese mehr als vierzig Jahre gelebte Gegenwart; und sie kann nicht als "Fußnote" der Geschichte abgetan werden. Und: Sie ist nicht - trotz Abschottung durch die Mauer - außerhalb und unabhängig von politischen und historischen Verläufen in Deutschland und der Welt vor sich gegangen. Wenn man das auf die Jugendhilfe bezieht, ist diese insofern mit der allgemeinen Geschichte der Sozialen Arbeit verschränkt, wie zum Beispiel die BLICKE auf 1955 und 1970 besonders deutlich zeigen. Als Nachhall ist sie auch für die Gegenwart (1995) zu beachten. Als Erfahrung wirkt sie in der Tätigkeit des Fachpersonals in den neuen Bundesländern nach; sie ist Gegenstand kritischer Erörterung in der Sozialpädagogik, in die vormalige Akteure eine aus kritischer

Hinterfragung gewonnene Sichtweise einbringen - beides allerdings in bescheidener Abmessung.

Es bietet sich an, dem RÜCKBLICK auf DDR-Jugendhilfe ein Raster zu unterlegen, das in diesem "Grundkurs" mit einleuchtender Begründung für die BLICKE gewählt worden ist. Es handelt sich um das Schlüsselthema des Verhältnisses von "Sozialdisziplinierung" und "Pädagogik des Sozialen", über das "Kontinuitäten und Brüche in der Geschichte Sozialer Arbeit" erschlossen und "grundlegende Strukturen" entschlüsselt werden können (vgl. Abschnitt ÜBERBLICK, Bd. I). In der mehr gebräuchlichen terminologischen Fassung als widersprüchliche Verschränkung von *Hilfe und Kontrolle* hat diese Thematik den sozialpädagogischen Diskurs von je her zentral bestimmt und bestimmt ihn heute. Da davon auszugehen ist, daß professionelle Arbeit am Sozialen (in der Einheit ihrer Konzepte, Strukturen, gesetzlichen Grundlagen, Arbeitsweisen und dem Selbstverständnis der Akteure) nicht aus sich selbst erklärt und beurteilt werden kann, sondern aus dem sozialen und gesellschaftlichen Kontext heraus, in dem sie funktionell eine Rolle spielt, ist zu erwarten, daß diese Schlüsselthematik eine je zeitspezifische Ausprägung erfahren hat. Diese soll in meinem Abschnitt für die DDR untersucht werden.

Damit ist zugleich die Frage beantwortet, ob ein RÜCKBLICK auf DDR-Jugendhilfe außerhalb eines fachspezifischen *historischen* Interesses von Nutzen sein kann. Wenn es so ist, daß "die sozialpädagogische Fürsorge in den modernen Gesellschaften niemals allein von der Pädagogik der Repression oder der erzieherischen Betreuung geprägt (ist), sondern stets von beiden Aspekten zugleich" (BERNHARDT/KUHN 1997), und wenn diese Tatsache auch für Jugendhilfe in der BRD und in der DDR konstatiert wird, dann bietet sich ein gemeinsamer Erörterungsrahmen dar, der Vergleichbares umschließt und kritische Aufarbeitung sinnvoll erscheinen läßt.

Das Jugendhilfe-Konzept war in die gesellschaftlichen Verhältnisse und politischen Strukturen der DDR eingebunden und ist letztlich nur daraus zu erklären und zu verstehen. Es hat sich allerdings über einen längeren Zeitraum herausgebildet und erst allmählich Konturen angenommen. Das hängt damit zusammen, daß Jugendhilfe sich im Schnittpunkt von Bildungs-, Jugend-, Sozial- und Rechtspolitik bewegt und Konzepte sowie gesetzliche Grundlagen für diese Politikbereiche in der DDR zeitverzögert Gestalt annahmen. Es kommt hinzu, daß Jugendhilfe als Sorge für Kinder und Jugendliche in persönlichen Problemlagen unter der Annahme und Hoffnung der sozialisierenden Wirkung der neuen gesellschaftlichen Verhältnisse längere Zeit als ein zeitweiliges Erfordernis betrachtet wurde und nur randständig Beachtung fand; auch von der Volksbildung, der sie strukturell zugeordnet war. Daraus ergibt sich, daß Jugendhilfe als in sich geschlossener Komplex von administrativer Struktur, konzeptioneller Orientierung und vielgliedriger Praxis innerhalb des politischen und gesellschaftlichen

Determinations-Zusammenhanges eine relativ eigenständige Entwicklung genommen hat, in der vieles ihrer eigenen Regiebefugnis unterlag. Jugendhilfeinterner Handlungsspielraum war vorhanden. Manches hätte anders gemacht werden, manches anders verlaufen können. Aus dieser Verantwortung will ich mich als Funktionsträger der Jugendhilfe und Sozialpädagogik nicht herausnehmen.

Ich will das Konzept der Jugendhilfe vorstellen, wie es in relativer Beständigkeit etwa ab 1965 als Orientierung gegeben war und gewirkt hat (vgl. MANNSCHATZ 1994).

Erstens: Jugendhilfe fühlte sich der Aufgabe verpflichtet, sich um jeden zu kümmern, niemanden allein zu lassen und der Gefahr auszusetzen, in ein soziales Abseits abzugleiten. Das betraf die Fälle, in denen von Eltern und teilweise von Kindern und Jugendlichen selbst um Unterstützung nachgesucht wurde, allerdings auch Problemlagen, in denen am Maßstab einer vorgefaßten Normalität Lehrer, Kindergärtnerinnen, Arbeitskollegen, Nachbarn meinten, daß Hilfe nötig ist. Praktisch reagierte die Jugendhilfe in diesen Fällen auf Hinweise aus dem sozialen Umfeld der Kinder und Jugendlichen und der Familien. Ein spezielles, gewissermaßen flächendeckendes Überwachungssystem hat es selbstverständlich nicht gegeben.

In dieser Grundhaltung war der Gedanke aufgehoben, daß jeder Anspruch auf Unterstützung hat, aber auch der Jugendhilfe die Verpflichtung zukommt, niemanden "zurückzulassen". Jugendhilfeaktivitäten waren Ausdruck einer vormundschaftlichen oder paternalistischen Funktion der Gesellschaft und des Staates.

Daraus erklärt sich, daß erzieherische Hilfen der verwaltungsrechtlichen Form nach in der Mehrzahl als *Anordnung* von Maßnahmen ausgestaltet waren (vgl. VERORDNUNG 1966). Die Verfahrensbestimmungen legten allerdings fest, daß in der Regel und nach Möglichkeit Einverständnis mit den Beteiligten zu erzielen ist. Das wurde auch so gehandhabt; schon aus der Einsicht und Erfahrung heraus, daß Unterstützungsmaßnahmen als solche nur zur Wirkung gelangen, wenn sie nicht gegen die beteiligten Erwachsenen und Kinder und Jugendlichen konzipiert werden, sondern mit ihnen gemeinsam.

Wenn heute im Rückblick zuweilen die Frage gestellt wird, ob die Jugendhilfe in der DDR eine ordnungspolitische Funktion erfüllt hat, sollte bei der Beantwortung davon ausgegangen werden, daß die Jugendhilfe in andere gesellschaftliche Bereiche unter Beachtung und Respektierung ihrer eigenständigen, spezifischen familienpolitischen und erzieherischen Funktion einbezogen war. Nur in diesem indirekten Sinne hat sie zur Aufrechterhaltung von Ordnung und Stabilität beigetragen. Spezielle ordnungspolitische Aufgaben waren ihr nicht zugeordnet; allerdings hat sie sich von einem bestimmten Zeitpunkt an auf einen solchen "heimlichen Lehrplan" abdrängen lassen, wie noch zu erörtern sein wird.

Zweitens: Handlungsleitend für Jugendhilfearbeit war der Präventivgedanke in dem Sinne, daß man vorrangig auf die sozialisierende Wirkung der gesellschaftlichen Verhältnisse vertraute und folgerichtig in erster Linie die "Regelsysteme" in Anspruch genommen wurden. Die Rede war von gesamtgesellschaftlicher Verantwortung zur Gewährleistung von Entwicklungschancen für alle Bürger. Jugendhilfe trat erst dann in Aktion, wenn Erziehung, Entwicklung und Gesundheit "auch bei gesellschaftlicher Unterstützung der Eltern" nicht gesichert sind (vgl. § 50 FAMILIENGESETZBUCH). Dieser "Grenzbereich" konnte selbstverständlich nicht durch starre Zuständigkeitsmerkmale umrissen werden.. Vielmehr gingen gesellschaftliche Unterstützungsmaßnahmen und Jugendhilfeaktivitäten nach Maßgabe effektiver Wirkung ineinander über.

Wenn Jugendhilfe aktiv wurde, dann nicht im Sinne separierter Zuständigkeit. Ambulante Erziehungshilfe war darauf gerichtet, vorhandene oder drohende Isolierung der Familien zu überwinden oder zu vermeiden, ihnen zu helfen, Anschluß zu finden, die im gesellschaftlichen System gegebenen Entwicklungschancen (Arbeit für alle, Berufsausbildung, soziale Sicherheit, zwischenmenschliche Solidarität) zu nutzen, ihrer teilhaftig zu werden. Dazu gehörte, den Kindern und Jugendlichen ihre Familie zu erhalten. Wenn es unter gegebenen Umständen nötig wurde, Kinder aus der Familie herauszunehmen, verstand sich das als zeitweilige Maßnahme. Auch im Falle von Heimerziehung war das erklärte Ziel die Rückführung in das Elternhaus. Ein Daueraufenthalt (bis zur Volljährigkeit) im Heim war die Ausnahme, zumal in diesen Fällen Inpflegegabe oder Adoption bevorzugt wurden.

Drittens: Die dem vorgestellten Konzept adäquate *Arbeitsweise* der Jugendhilfeorgane war die "Organisierung des gesellschaftlichen Einflusses". Es handelte sich dabei nicht um ein untergeordnetes arbeitstechnisches Verfahren, sondern um das Leitprinzip, demzufolge die Jugendhilfe die gesamtgesellschaftliche Verantwortung für die von ihr betreuten Kinder und Jugendlichen und Familien optimal zur Wirkung bringt. Die Jugendhilfe stützte sich auf diese Verantwortung und allumfassende Zuständigkeit der gesellschaftlichen Organisationen und staatlichen Organe, setzte sie voraus oder aktivierte sie mittels ihrer Vollmachten, brachte sie gezielt für "ihre Kinder" und "ihre Familien" zum Einsatz. Sie konnte beispielsweise darauf hinwirken, daß die Wohnsituation der Familien oder die Verhältnisse der Erwachsenen am Arbeitsplatz verbessert wurden. Sie konnte verlangen, daß den Jugendlichen Wohnraum, Arbeitsplatz, Ausbildungsverhältnis zur Verfügung gestellt wurden; von Schulausbildung als Selbstverständlichkeit abgesehen. Sie konnte darauf bestehen, daß Kinder und Jugendliche in sportliche Betätigung und andere Freizeitaktivitäten einbezogen wurden.

Daraus ergab sich eine breit gefächerte Palette von erzieherischen Hilfen. Die Jugendhilfe hatte die Möglichkeit, Bildungseinrichtungen und staatliche und gesellschaftliche Träger Sozialer Arbeit sowie gesundheitlicher Betreuung in die

Pflicht zu nehmen. Sie konnte anregen, daß sich Arbeitskollektive, Hausgemeinschaften, Jugendorganisation um bestimmte junge Menschen und Familien kümmern. Sie hat deshalb allerdings nur in geringem Maße Betreuungsformen in eigener Regie entwickelt, was sich später als Nachteil erwies.

Das genannte Leitprinzip wurde so aufgefaßt, daß sich die Jugendhilfe selbst als Bestandteil gesamtgesellschaftlicher Verantwortung verstand. Ihr personeller Bestand rekrutierte sich überwiegend aus engagierten Bürgern, die freiwillig und unentgeltlich als Jugendhelfer, Mitglieder der Jugendhilfeausschüsse und Vormundschaftsräte tätig waren. Diesen ehrenamtlichen Gremien oblag die Jugendhilfearbeit auf der örtlichen Ebene (Gemeinden, Städte). Sie wurden von den örtlichen Räten berufen und waren mit definierten Vollmachten ausgestattet. Auf der Kreisebene (auch Bezirk und Ministerium für Volksbildung) waren ehrenamtliche Mitarbeiter in Entscheidungen der Jugendhilfe und in die Ausarbeitung von Orientierungen (Zentraler Jugendhilfeausschuß) mit Beschlußvollmacht einbezogen. Professionelle Sozialarbeiter (Jugendfürsorger) waren in den Referaten Jugendhilfe auf der Kreis- und Bezirksebene und in der Abteilung Jugendhilfe des Ministeriums tätig.

Viertens: Daraus ergab sich ein bestimmter Begriff und ein bestimmtes Verständnis von sozialpädagogischer Fachlichkeit. Sie war keinesfalls an die Tätigkeit von Professionellen allein gebunden, sondern kann eher als fachlich angereicherte Laienkompetenz bezeichnet werden. Sie war "Alltagsarbeit mit dem Ziel, einen geregelten, selbstverständlichen und verläßlichen Alltag zu schaffen", um eine Formulierung zu verwenden, die ich heute bei Lothar BÖHNISCH finde; im Zusammenhang mit seinem Ansatz einer "Pädagogik der Milieubildung". Er konstatiert: "Ärgerlich ist nur, daß diese alltagsorientierte Arbeit in der pädagogisch-professionellen Diskussion zumindest in Westdeutschland immer noch nicht für voll genommen wird, ja sogar denunziert wird, weil sie nicht an das 'Pädagogisch-Eigentliche' heranreiche. Dies ist wohl nur aus der spezifisch deutschen pädagogischen Ideologietradition heraus zu begreifen, in der englischen Community-work-Szene dagegen ist eine solche Arbeit hoch angesehen. Vielleicht können auch hier die 'unbefangenen' Erfahrungen und Initiativen in den neuen Bundesländern auf die manchmal doch professionell recht verkrustete und versäulte Fachszenerie in Westdeutschland 'zurückwirken'" (BÖHNISCH 1995, S. 268).

Es wurden Anstrengungen unternommen, sozialpädagogisches Fachwissen über Schulungen, Weiterbildung und Literatur zu vermitteln, was in seinem Ergebnis dadurch begünstigt wurde, daß als Jugendhelfer zahlreiche Lehrer, Erzieher und einschlägig ausgebildete Mitarbeiter des Sozial- und Gesundheitswesens tätig waren. Zudem erfolgte die Anleitung der Jugendhelfer im Prozeß der Arbeit durch die Jugendfürsorger. Dadurch wurde die Lebenserfahrung, welche die ehrenamtlichen Mitarbeiter bei der Stabilisierung der Milieuverhältnisse in den betreffenden Familien einbrachten, fachspezifisch angereichert. Es hielt sich allerdings permanent die Kritik, daß die zu Betreuenden durch praktische Unterstützungsmaßnahmen gewissermaßen nur "umzingelt" werden und zielgerichtete pädagogische Kompetenz bei der Betreuung zu kurz kommt. Es wurde deshalb gefordert und angestrebt, Jugendhilfe stärker als "spezifische pädagogische Aktivität" auszugestalten (vgl. MANNSCHATZ/WEISS 1983).

Fünftens: Im System der Jugendhilfe der DDR hat die *Heimerziehung* als zahlenmäßig vorherrschende Form der "Fremdunterbringung" eine große Rolle gespielt. Inhaltlich-pädagogisch war sie aus dem Leitbild der Kollektiverziehung heraus orientiert, über das noch zu reden sein wird.

Was Heimerziehung als Bedingungsgefüge anbelangt, gliederte sie sich in "Normalheime" und "Spezialheime". Damit wurde im Grunde genommen die tradierte Zweiteilung (Waisenheime und Erziehungsheime) beibehalten, wenn auch ursprünglich diese Differenzierung nicht als Stufensystem konzipiert war. So war es z.B. untersagt, Kinder oder Jugendliche aus Kinderheimen in Spezialkinderheime oder Jugendliche aus Jugendwohnheimen in Jugendwerkhöfe zu verlegen. Der Unterschied wurde schlicht in der Dauer des Aufenthaltes und in der Tatsache gesehen, daß den Spezialkinderheimen eine eigene Schule (Heimschule) und den Jugendwerkhöfen eigene Werkstätten bzw. Ausbildungsabteilungen in Betrieben zugeordnet waren und in dieser Art Unterscheidung als äußerlicher Variante von Lebens- und Erziehungsbedingungen eine Wahlmöglichkeit hinsichtlich Beachtung der sozialpädagogischen Ausgangslage gegeben war. Im Verlaufe der Entwicklung hat sich aber eine Abstufung hinsichtlich des "Schwierigkeitsgrades" der zu betreuenden Kinder und Jugendlichen eingeschlichen, die sich auch auf die pädagogische Gestaltung ausgewirkt hat.

Das Bedingungsgefüge hat in der Zeit Veränderungen erfahren. In den Normalkinderheimen wurde eine anfängliche, aus der Favorisierung schulischer Förderung hergeleitete, jahrgangsmäßige Differenzierung bald wieder aufgegeben. Als unzweckmäßig erwies sich auch der Versuch, "Vormundschaftsheime" für Daueraufenthalt einzurichten sowie die Absicht, die Kinderheime den Schulen als Internate anzugliedern.

Das Profil der Jugendwerkhöfe hat sich mehrfach verändert. Die anfänglich vorhandenen heimeigenen Werkstätten schränkten die Ausbildungsmöglichkeiten ein. Es entstanden "Außenstellen" an Betrieben. Später wurden ausschließlich die Arbeits- und Ausbildungsmöglichkeiten in geeigneten Betrieben in Anspruch genommen. Eine angedachte Herausdifferenzierung von Einrichtungen für Jugendliche, für die auf Grund ihrer altersmäßigen Nähe zur Volljährigkeit die Aufnahme einer Lehrausbildung während des Heimaufenthaltes nicht sinnvoll erschien, hat sich nicht durchgesetzt. Geblieben ist von dieser "Neustrukturierung" allerdings ein geschlossener Jugendwerkhof, in den Jugendliche aus anderen Jugendwerkhöfen auf Antrag des Heimleiters zeitweilig eingewiesen werden konnten.

Innerhalb des Bedingungsgefüges hat Heimerziehung als pädagogisches Geschehen in Abhängigkeit von Heimgröße, Standort, Ambitionen des Heimleiters usw. eine jeweils spezifische Ausprägung erfahren.

2. Leitbilder

In diesem Jugendhilfe-Konzept ist unschwer der Einfluß von gesellschaftspolitischen und pädagogischen Leitbildern zu erkennen; und zwar in ihrer als Ideologie gefaßten urtümlichen Form, in ihrer DDR-spezifischen Ausprägung und in ihrem Zuschnitt als sozialpädagogische Aufgabe.

Erstens: Ein Leitbild ist zunächst die Erwartung der sozialisatorischen Wirkung der neuen gesellschaftlichen Verhältnisse auf der Grundlage tiefgreifender sozialökonomischer Veränderungen in Verbindung mit einer politischen Grundorientierung, die als "Einheit von Wirtschafts- und Sozialpolitik" bezeichnet wurde. Sie umfaßte Arbeitsplatzgarantie für alle, kostenlose gesundheitliche Betreuung, billige Mieten, soziale Grundsicherung, niedrige Preise für Waren des täglichen Bedarfs. Einen hohen Rang nahm innerhalb dieser Orientierung die Familienpolitik ein. Auf sie bezogen sich vor allem die in zeitlichen Abständen verwirklichten "sozialpolitischen Maßnahmen", welche sich als Anreiz für Eheschließung und Familiengründung seitens junger Menschen auswirkten.

Als "Normalstruktur" der Familie hat sich die Berufstätigkeit beider Elternteile durchgesetzt. Die dafür nötige Unterstützung bei der Kinderbetreuung wurde flächendeckend durch ein System von Kindereinrichtungen sowie außerschulischer Betreuung gewährleistet. Die relativ hohe Zahl von Ehescheidungen in der DDR muß aus der Sicht der Kinderinteressen negativ eingeschätzt werden. Sie erklärt sich aber auch aus der Tatsache, daß der Trennung im Falle gewachsener persönlicher Unverträglichkeit keinerlei wirtschaftliche oder soziale Nachteile für die beteiligten Erwachsenen entgegenstanden.

Mit dieser Entwicklung der sozialen Grundstruktur der Gesellschaft war die Erwartung und Hoffnung verbunden, daß gesellschaftsimmanente Ursachen für soziales Abseits an Bedeutung verlieren bzw. verschwinden. Tatsächlich gab es keine Arbeitslosigkeit, keine Obdachlosen, kein unverschuldetes Kinderelend. Die Jugendkriminalität war vergleichsweise gering. Die Ursachen für persönliche Problemlagen verlagerten sich in den Bereich gestörter zwischenmenschlicher Beziehungen. Diese Tendenz der "Pädagogisierung" von Schwierigkeiten, die für die Geschichte der Sozialen Arbeit oft als Verschleierung oder Nichtbeachtung gesellschaftlicher Ursachen interpretiert wird, hatte in der DDR zumindest in Ansätzen eine reale Grundlage.

Im Kontext dieses Leitbildes wird verständlich, daß die Jugendhilfe in der DDR zwar einen berechtigten Platz einnahm, tendenziell aber als "Auslaufmodell" eingeschätzt, gewissermaßen als "Schönheitsfehler des Sozialismus" betrachtet wurde. Sie hat eine politische Randstellung eingenommen.

Zweitens: Der sozialisierende Einfluß der neuen gesellschaftlichen Verhältnisse wurde nicht als spontaner Vorgang betrachtet. Vielmehr sollte er über Erziehung für Persönlichkeitsverhalten und -entwicklung zur Wirkung gebracht werden. Daraus erklärt sich der hohe Stellenwert der Erziehung in der DDR. Sie vor allem sollte den "neuen Menschen" hervorbringen.

Diese Aufgabe wurde als Erziehungs*verantwortung* von Partei und Staat aufgefaßt. Da mit ihr aber der Anspruch verbunden war, unfehlbar zu wissen, was gut ist für die Bürger, etablierte sich diese Verantwortung zunehmend als vormundschaftliche Erziehungs*macht* mit Monopolanspruch. Erziehung war politisch und ideologisch hoch aufgeladen. Die Legitimation dafür wurde aus der "objektiven" Übereinstimmung der gesellschaftlichen, kollektiven und persönlichen Interessen gewonnen. Diese wurde unhinterfragt als gesellschaftspolitische Erkenntnis und Lebenstatsache unterstellt und vorausgesetzt, zum inhaltlichen Maßstab für Erziehung erhoben, gesellschafts-adäquates Verhalten zur allgemeingültigen Norm hochstilisiert. Wer sich nicht danach richtet, schadet der Gesellschaft und damit sich selbst.

Dieser Erziehungsanspruch eskalierte zur Besserwisserei und zum Unfehlbarkeitsdenken. Vormundschaftliche Fürsorge paarte sich nicht selten mit penetranter Gängelei, Mißachtung der Privatsphäre bis zu repressiven Eingriffen bei "Abweichungen".

Drittens: Das vorherrschende Erziehungs*verständnis* war von dem Gedan-ken der Normvermittlung geprägt. Die gesellschafts-theoretische Grundlage dafür ergab sich aus dem Theorem des "Hineintragens des sozialistischen Bewußtseins" (das sich im RÜCKBLICK als eine antimarxistische Position erweist - vgl. SAUERMANN 1993). Dieses Verständnis manifestierte sich in der Gedanken- und Handlungskette: Erziehungsziel, führende Rolle des Erziehers, Verfaßtheit des pädagogischen Raumes in Paßfähigkeit zu Struktur und Klima der Gesellschaft, unverwechselbare Erziehungsgestaltung als "sozialistische Erziehung", Erwartung spezifischer Effekte. Wenn man die oben erwähnte ideologische Zentriertheit und Monopolisierung hinzudenkt, ist die *vorherrschende* Erziehungsauffassung in der DDR-Pädagogik als ideologische Indoktrination wahrheitsgemäß beschrieben.

In diese Leitbilder waren die Jugendhilfe-Konzeption und der sozialpädagogische Orientierungsansatz eingebunden und verstrickt. Allerdings haben sie sich nicht linear und ungebrochen in dieses Handlungsfeld und in diesen Denkhorizont verlängert. Konzept und Orientierungsansatz bildeten sich in ihrer Eigenart und relativen inneren Geschlossenheit und Stimmigkeit heraus im Zuschnitt auf die spezielle Aufgabe, aus der Rückkopplung aus praktischen Erfahrungen und aus dem Spannungsfeld zwischen verschiedenen pädagogischen Denkfiguren. Diese Behauptung soll nicht als nachträgliche Beschönigung oder Rechtfertigung mißverstanden werden. Bei den Modifikationen der Leitbilder handelte es sich nicht um ein "subversives" Konzept, sondern um Spezifizierung im Interesse handlungsanleitender Orientierung.

Der spezifische Orientierungsansatz für Jugendhilfe und Heimerziehung war terminologisch als "sozialpädagogische Aufgabe" gefaßt (vgl. MANNSCHATZ 1966, 1994, 1997).

Die sozialpädagogische Aufgabe bezeichnete zunächst einen moralischen und berufsethischen Anspruch. Es ging darum, einen jungen Menschen, der der Hilfe bedarf, nie und in keiner Lage allein zu lassen. Die Hilfeleistung ist darauf gerichtet, den Kindern die Geborgenheit des Elternhauses zu erhalten oder wiederzugeben, für den einzelnen Minderjährigen den spezifischen Anteil der Familienerziehung für die Persönlichkeitsentwicklung zu gewährleisten. Dieser spezifische Anteil wurde mit dem Begriff "soziale Verwurzelung" umrissen. Für die Ausprägung dieses Anteils sollte die "erzieherische Kraft" des Mikromilieus einbezogen werden, das die Familie umgibt. Die Sicherung des Kindeswohles (als erzieherische Aufgabe) wurde als Normalisierung der sozialen Beziehungen verstanden. Es kam also ein Verständnis zum Tragen, welches Erziehung als Umgang mit den Sozialbeziehungen zum Zwecke der individuellen Persönlichkeitsförderung auffaßt.

Die sozialpädagogische Aufgabe markierte den Betreuungsanspruch und das Aufgabenverständnis der Jugendhilfe. Sie faßt beides als "Integrationshilfe", als Normalisierung der Milieubedingungen, als Gewährleistung von Geborgenheit in diesem Milieu mit Anschlußfähigkeit an die gesellschaftlichen Entwicklungschancen, als "Starthilfe" für Persönlichkeitsentwicklung (vgl. MANNSCHATZ 1997a).

Dieses Aufgabenverständnis ist in der DDR-Jugendhilfe durchgehalten worden und hat ihr Profil tendenziell bestimmt. Aus ihm waren und blieben die Kriterien für das Wirksamwerden der Jugendhilfeorgane sowie für den Radius der Maßnahmen abgeleitet. Aus ihm ergab sich das Gepräge sozialpädagogischer Fachlichkeit und erzieherischen Anspruches im ambulanten und institutionellen Bereich.

Allerdings haftete der sozialpädagogischen Aufgabe in ihrer erzieherischen Dimension eine strukturelle Beeinträchtigung insofern an, als sie sich nicht konsequent von dem in der DDR vorherrschenden normativen Erziehungsverständnis gelöst hatte. Sie war in ihrer Herleitung aus dem Gedankengebäude Makarenkos mit den widersprüchlichen Interpretationen des Kollektivansatzes behaftet (MANNSCHATZ 1994, S. 102). Es ist nicht zu übersehen, daß die spezielle sozialpädagogische Orientierung Schadensbegrenzung gegenüber der Erziehungsauffassung als ideologische Indoktrination bewirkte, Freiräume für pädagogisches Beziehungshandeln, das von allen Beteiligten akzeptiert wird, eröffnete bzw. erhielt; aber sie hat nicht verhindert, daß partiell und in der Zeit zunehmend Kollektiverziehung als Disziplinierung gehandhabt worden ist (vgl. MANNSCHATZ 1996).

3. Verortung zwischen Hilfe und Kontrolle; Entwicklungen in vier Jahrzehnten

Ich darf die vorherrschende jugendhilfepolitische und sozialpädagogische Denkfigur zusammenfassend wiederholen: Es war das Leitbild der umfassenden Fürsorge für alle, die der Hilfe bedürfen; oder von denen man glaubte, daß sie Unterstützung brauchen; verbunden allerdings mit der fatalen Annahme, daß Staat und Jugendhilfe unfehlbar wissen, was gut ist für die Bürger und die Kinder und Jugendlichen. Es ging um allgegenwärtige Betreuung mit erzieherischem Anspruch; wobei sich die Verwirklichung dieses erzieherischen Anspruches in der Widersprüchlichkeit von normativer Einflußnahme und Gestaltung der von Akzeptanz getragenen, förderlichen sozialen Beziehungen bewegte.

Damit hatte sich die Jugendhilfe in der DDR auf spezifische Weise zwischen Hilfe und Kontrolle angesiedelt. Momente von Hilfe waren insofern gegeben, als eine Hilfe-Instanz zur Verfügung stand, sich sogar aufdrängte. Sie eröffnete Wege zur Wahrnehmung realer individueller Entwicklungschancen im gesellschaftlichen Kontext, setzte tatkräftige Unterstützung ein, warb um Akzeptanz der Hilfebemühungen. Momente von Kontrolle manifestierten sich insofern, als Jugendhilfe niemanden aus der Betreuung entließ, die Unterstützungsrichtung vorgab, die Beteiligten gewissermaßen "zu ihrem Glück zwang". Jugendhilfe tendierte in ihrer Praxis auf der Skala zwischen Hilfe und Kontrolle zum Pol der vormundschaftlichen Fürsorge; und zwar unter dem Einfluß der Denkfigur der allumfassenden Erziehungsverantwortung des Staates.

Welche Ergebnisse wurden mit dieser Denk- und Handlungsweise erzielt?

Von überwiegend hochmotivierten und engagierten Jugendfürsorgern, Jugendhelfern und Heimerziehern ist Hilfe für die Lebensbewältigung seitens der Kinder, Jugendlichen und Erwachsenen geleistet worden. Niemand ist in das betreuungslose Abseits geraten. Für viele Kinder hat sich das entwicklungsfördernd ausgezahlt; für manche blieb Betreuung nicht mehr als elementare Versorgung; und angesichts des Erziehungsanspruches ist nicht auszuschließen, daß für einige der Lebensweg durch Jugendhilfeaktivitäten ungewollt zusätzlich negativ belastet worden ist. Niemand wird Prozentangaben verlangen; sie sind nicht zu ermitteln.

Was die allgemeine Akzeptanz der Jugendhilfeaktivitäten seitens der Bevölkerung anbelangt, wurde die vormundschaftliche Fürsorge nicht nur als bedrückend empfunden, sondern (ich behaupte: von der Mehrheit derer, die sich in einer schwierigen bis auswegslosen Situation befanden) angenommen als Recht, das ihnen zusteht. Von vielen wurde mit Selbstverständlichkeit Unterstützung von der Jugendhilfe erwartet, manche glaubten sogar in Einzelfällen, die Verantwortung für Kindererziehung an den Staat abtreten zu können. Nach der Wende wird Verwunderung darüber geäußert, "daß die betreuten Familien die Verwaltung des Jugendamtes nicht als Kontrollinstanz erleben. Die Familien wenden sich oft an dieselben Mitarbeiter, von denen sie bereits vor der Wende betreut wurden. Eine Ablehnung der Hilfe erfolgt nicht. Vergleicht man dieses (scheinbar?) vertrauensvolle Verhältnis mit der immer noch vom Kontrollgedanken beherrschten Jugendamtssicht vieler BürgerInnen in den westdeutschen Bundesländern, so ist das positive Image in den neuen Ländern kaum erklärlich" (JUGENDHILFE IM VERBUND 1992).

Mit dieser Erwähnung des "positiven Images" will ich aber nicht widersprüchliche Entwicklungen der Jugendhilfe und Heimerziehung über die vier Jahrzehnte ihrer Existenz überdecken, deren Tendenzen und Wirkungen aus dem Rückblick für mich deutlicher hervortreten als aus den Entscheidungserfordernissen der damaligen Gegenwart.

In der schon erwähnten Studie über DDR-Jugendhilfe (BERNHARDT/KUHN 1997) wird für die Zeit etwa ab 1965/66 eine gewisse Entpolitisierung bzw. pragmatische Wende in der Praxis der Jugendhilfe konstatiert. Eine erste Periode, "die sehr weitgehend von einer ideologisch stark aufgeladenen Abgrenzung gegenüber den Jugendhilfestrukturen der BRD geprägt wurde", wird "von einer differenzierten, mehr an den konkreten sozialen Problemlagen orientierten Jugendhilfepraxis abgelöst" (a.a.O., S. 109). Die Autoren stellen das in den Zusammenhang, daß nach dem Mauerbau die DDR-Jugendhilfe zum einen stärker mit den sozialen Auswirkungen des Wandels der DDR-Gesellschaft, zum anderen mit den Defiziten der bisherigen Jugendhilfepraxis konfrontiert wurde. Wie dem auch sei; auf alle Fälle kommt zum Ausdruck, daß zumindest jugendhilfe-intern gesellschaftsimmanente Ursachen für Problemlagen akzeptiert wurden, von einem Auslaufmodell also nicht die Rede sein konnte. Die Problemlagen waren vor allem im Bereich der Familie deutlich. Dementsprechend profilierte sich die Jugendhilfe vorwiegend als Familienhilfe. Die Ursachen wurden nicht in wirtschaftlichen Schwierigkeiten der Familien vorgefunden, sondern in Beziehungsstörungen, denen über erzieherische Beratung und Einwirkung abgeholfen werden sollte. Die Jugendhilfe prägte dementsprechend ihr pädagogisches Profil stärker aus; und zwar als "sozialpädagogische Aufgabe" (vgl. MANNSCHATZ 1966).

Ich schätze heute ein und muß einräumen, daß dieses Grundprofil der Jugendhilfearbeit, orientiert an der sozialpädagogischen Aufgabe, in der Endphase der DDR Verformungen und Verwerfungen erfahren hat. Der strukturelle "Geburtsfehler" (Widersprüchlichkeit zwischen normativem Erziehungsverständnis und Hilfe bei der eigen-motivierten Gestaltung förderlicher sozialer Beziehungen) "entfaltete" sich stärker zugunsten normativer Einflußnahme. Die Verursachung lag darin, daß der Jugendhilfe zunehmend eine ordnungspolitische Funktion abverlangt wurde und sie sich partiell darauf eingelassen hat; vor allem im Bereich der Jugendwerkhof-Erziehung.

Die Auseinandersetzungen um die Funktion der Jugendhilfe nahmen in der Mitte der 70er Jahre ihren Anfang, also zu einer Zeit, in der sich die Jugendhilfe tendenziell einer "differenzierten, mehr an den konkreten sozialen Problemlagen orientierten" Praxis zugewandt hatte (siehe oben) und ihr Funktions- und Arbeitsprofil von der sozialpädagogischen Aufgabe geprägt wurde. Aus diesem Selbstverständnis heraus ist damals der scheinbar "progressive" Vorschlag in der Debatte zu einem neuen Strafrecht, Maßnahmen zur strafrechtlichen Verantwortung Jugendlicher aus dem Strafrecht herauszunehmen und statt dessen ein "Erziehungsstrafrecht" unter der Verantwortung der Jugendhilfeorgane zu schaffen, von der Volksbildung zurückgewiesen worden. Bekräftigt wurde die alleinige Zuständigkeit der Jugendhilfe für Einweisungen in Jugendwerkhöfe; und zwar nicht wegen Straftaten, sondern ausschließlich aus familienpolitisch angelagerten sozialpädagogischen Erwägungen.

Zeitlich gleichlaufend verstärkte sich aber die Kritik an der Jugendwerkhofarbeit; und zwar hauptsächlich festgemacht an der Zahl von Entweichungen und gelegentlichen Straftaten, die dabei von Jugendlichen begangen wurden. Unter diesem Aspekt wurde die Lage als so ungünstig angesehen, daß die Abteilung Volksbildung beim ZK der SED eine Überprüfung der Situation in den Jugendwerkhöfen durch das Ministerium für Volksbildung empfahl und in dem Katalog von Schlußfolgerungen zu überprüfen vorschlug, "ob für besonders schwierige Jugendliche, ständige Ausreißer oder rückfällig gewordene, die mit den üblichen Methoden nicht umerzogen werden können, die Einrichtung eines festen Jugendwerkhofes möglich ist" (MINISTERIUM 1997, S. 80). Mit der "Anordnung über Spezialkinderheime und Jugendwerkhöfe" ist das Ministerium für Volksbildung dieser Empfehlung nachgekommen, mit der Spezifizierung allerdings, daß in den "geschlossenen Jugendwerkhof" Jugendliche aufgenommen werden, die in anderen Jugendwerkhöfen "die Heimordnung schwerwiegend und wiederholt verletzen", und die Aufenthaltsdauer sechs Monate nicht übersteigen darf.

Das war die "Geburtsstunde" des Jugendwerkhofes in Torgau. Zu diesem unsäglichen Kapitel der DDR-Jugendhilfe bin ich heute der Meinung, daß wir Torgau nicht hätten einrichten sollen. Der Aufenthalt in dieser geschlossenen Einrichtung hat für die Jugendlichen erzieherisch nichts bewirkt, eher ihnen psychischen Schaden zugefügt. Ich wende mich allerdings dagegen, die Erörterung von Torgau zu einer unendlichen Geschichte zu machen, die sich in ihrem Zuschnitt auf DDR verselbständigt und mit deutlicher politischer Tendenz aus dem theoretischen und praktischen Kontext von "Geschlossener Unterbringung" herauslöst.

Das abschreckende Beispiel bleibt dann ohne Konsequenzen. 1990 ist in der alten BRD ein Buch erschienen, das diesen thematischen Komplex ausführlich diskutiert (WOLFFERSDORF/SPRAU-KUHLEN 1990). Zu diesem Zeitpunkt (Stand 1989) existierten in 48 geschlossenen Gruppen in 24 Heimen 377 Plätze, von denen 320 belegt waren (a.a.O. S. 60). Die Autoren empfehlen eine "Probe aufs Exempel": "Die betreffenden Einrichtungen...sollten ihre Arbeit für einen bestimmten Zeitraum einmal unter konsequentem Verzicht auf jegliche Sicherheitstechnologie leisten: Ohne verschlossene Türen, Gitter, Stacheldraht, Hochzäune, Fensterschließvorrichtungen - und auch ohne mehrwöchige Ausgangsverbote ... . Eine sinnvolle Form pädagogischer und wissenschaftlicher Begleitung ... sollte die während des Experimentes erfolgenden Veränderungen dokumentieren, diskutieren und mit früheren Erfahrungen vergleichen. Nach langen Jahren des Debattierens über geschlossene Unterbringung ist die Zeit für ein solches Praxisexperiment reif" (a.a.O., S. 346). Ich weiß nicht, inwieweit diesem Vorschlag gefolgt worden ist. Die Diskussion in der politischen Öffentlichkeit und in der Fachpresse findet nach wie vor statt. Neben anhaltendem Widerstand gegen geschlossene Unterbringung aus dem sozialpädagogischen Berufsstand gibt es sogar Stimmen, die eine Erweiterung einfordern. Es ist für mich schon erstaunlich, daß die rigorose öffentliche Kritik an Torgau, in die alle einstimmen, nicht dazu geführt hat, geschlossene Unterbringung im vereinten Deutschland generell und kompromißlos abzuschaffen. Nur wenn die Diskussion über Torgau mit einer solchen Konsequenz geführt wird, ist sie glaubwürdig und im Sinne von "Aufarbeitung" fruchtbar.

Die Existenz des Jugendwerkhofes Torgau hat die oben genannten Verformungen der sozialpädagogischen Arbeit begünstigt. Seine Abschreckungsfunktion hat die Atmosphäre in den anderen Jugendwerkhöfen vergiftet in Richtung auf eine Disziplinierungsfunktion dieser Einrichtungen.

Wir sind einer falschen Logik aufgesessen. Das Leitprinzip der allumfassenden Fürsorge mutiert zur Verfügungsgewalt, wenn am Schlußpunkt von Angeboten und Hilfen ein gefängnisartiger Einschluß vorgesehen ist. Wir haben nicht akzeptiert, daß sich Jugendliche aus eigener Entscheidung auf Betreuung nicht einlassen. Wir sahen darin ein "Risiko" für ihr Dasein und ihre Entwicklung, ohne zu beachten, daß durch Einfügung von Aufenthaltszwang Jugendhilfeaktivitäten ihren Hilfecharakter verlieren und sich in ihrer angestammten Aufgabe und Wirkungsweise aufheben.

Was die Funktionsfähigkeit der Jugendhilfe in ihrer gesellschaftlichen Einbindung betrifft, kann davon ausgegangen werden, daß sie sich konzeptionell und praktisch in die Verfaßtheit der Gesellschaft (oder die Vorstellungen von Gesellschaftlichkeit) eingeordnet hat. Genau darin lag allerdings auch der Keim dafür, daß sie letztlich gescheitert ist. Die Jugendhilfe ist gescheitert mit dem Konzept des realen Sozialismus, aus dem sie in ihrer konzeptionellen Anlage hervorgegangen ist.

Diese Entwicklung deutete sich spätestens im letzten Jahrzehnt der DDR-Existenz an. Die Politik von Partei und Regierung gerät zunehmend in Widerspruch zur gesellschaftlichen Wirklichkeit. Sie entfernt sich von der Interessenlage der Bevölkerung. Sie büßt an Innovationskraft und an Akzeptanz ein. Um so mehr erstarrt sie zu Indoktrination, schränkt die Demokratie ein, grenzt "Andersdenkende" aus. *Kontrolle* wird zum vorherrschenden politischen Prinzip. Das schlägt auf die Wirkungskraft der "Regelsysteme" durch. Schul*erziehung* verliert an Einfluß. Die FDJ scheidet aus dem Erziehungsfeld nahezu gänzlich aus. Die Betriebe sind hinsichtlich ihrer sozial-erzieherischen Funktion überfordert. Innovative Trieb- und Sogkraft tendiert gegen Null.

Die Jugendhilfe ist aber über ihr Leitprinzip "Organisierung des gesellschaftlichen Einflusses" auf die gesellschaftlich-erzieherische Kraft angewiesen. Deren Versiegen wirft die Jugendhilfe auf sich selbst zurück. Sie wird flügellahm. Sie wird in den Niedergang der DDR hineingezogen.

4. Wertungsbedarf

Dieser Versuch, die Verortung der DDR-Jugendhilfe zwischen Hilfe und Kontrolle zu skizzieren, bleibt - das muß ich eingestehen - vergleichsweise oberflächlich, wenn ich den Kontext des vorliegenden "Grundkurses" als Maßstab ansetze. Timm Kunstreich schürft tiefer. Er deckt Grundstrukturen der Sozialen Arbeit und die in ihnen aufgehobenen Leitbilder auf, untersucht die Genese und Verschränkung in den jeweiligen historischen Situationen, macht Kontinuitäten und Brüche deutlich. In dieser Art müßte auch die DDR-Periode in den Blick genommen werden. Das würde auch dazu beitragen, diese Epoche differenzierter, wahrheitsgetreuer und damit in der Beurteilung "gerechter" einzuschätzen. Das Scheitern der DDR legt nahe, alles, was in diesem Zeitraum geschehen ist und praktiziert wurde, von dessen Ende her zu beschreiben und zu analysieren. Das verführt dazu, von der Offenheit gesellschaftlicher Entwicklungsprozesse abzurücken, zu übersehen, daß es "nicht notwendigerweise ('gesetzmäßig') so kommen mußte" (Band I, S. 160). Und das wiederum verschüttet die Möglichkeit, Bestrebungen, Tendenzen und Praktiken aufzuspüren, die sich zwar nicht haben durchsetzen können, aus denen aber Anregungen gewonnen werden können.

Der Lösung dieser anspruchsvollen Aufgabe kann ich mich allerdings gegenwärtig nur ansatzweise nähern. Der historische Abstand ist relativ gering; und "je dichter man an einer Sache steht, desto enger wird das Blickfeld" (Band I, S. 3).

Es müßte vor allem die Beschränkung auf Jugendhilfe durchbrochen werden. Die komplizierte Frage wäre zu beantworten, was der "reale Sozialismus" eigentlich war. Handelte es sich um einen "Staatssozialismus" oder gar "Staatskapitalismus", ist er aus zivilisationstheoretischer Sicht als eine Spielart der "Moderne" oder eine Übergangsform zu dieser Verfaßtheit einzuordnen? Meiner Ansicht nach wäre vor allem ein Ansatz weiter zu verfolgen, den Timm KUNSTREICH vorgeschlagen hat, nämlich, bei der Analyse von der Dogmengeschichte wegzukommen und statt dessen historisch im Sinne von GRAMSCI vorzugehen, also - nunmehr im Nachgang - zu erfassen, wie der Versuch einer "Staats"-Werdung der Arbeiterklasse unter mitteleuropäisch-"westlichen" Bedingungen unternommen worden und vor sich gegangen ist (vgl. KUNSTREICH 1986). Anders als im "Osten" hatte der sich entwickelnde Arbeiterstaat es mit einer komplexen, kapitalistisch präformierten zivilen Gesellschaft zu tun. Nach GRAMSCI ist unter solchen Umständen eine Revolution möglich, aber nicht notwendig im Sinne eines starren Gesetzesautomatismus, sondern sie muß sich ihre eigenen Bedingungen schaffen: *Bevor* die Arbeiterklasse zur herrschenden wird, muß sie die führende sein, d.h. eigene hegemoniale Vorstellungen von Politik, Ökonomie, Moral und Kultur gegen die bürgerliche Lebensweise entwickeln und als Verfaßtheit der "zivilen" Gesellschaft zumindest in Ansätzen verwirklichen. Gelingt es ihr, in beiden Sphären (Staat und zivile Gesellschaft) sowohl herrschend als auch führend zu sein, etabliert sie sich als "historischer Block", dessen Hegemonie auf einem - wenn auch immer prekären - Gleichgewicht von Zwang und Konsens beruht (vgl. a.a.O., S. 9).

Die Entstehungsgeschichte der DDR verlief bekanntlich anders. Sie begann mit der Besetzung der "Kommandohöhen" des Staates. Nach KUNSTREICH ist es der DDR nicht gelungen, einen der Basis entsprechenden Überbau zu entwickeln. Ein eigener sozialistischer "way of life" hat sich nur in Ansätzen herausgebildet. Anfängliche Versuche wurden nicht fortgesetzt. KUNSTREICH führt dafür historische und strukturelle Gründe an. Sie wurden ersetzt durch den Nachbau des kapitalistischen Zivilisationsmodells und mündeten in eine eigentümliche Kopie bürgerlicher Herrschaftsweise. Der Transformations-Prozeß in eine neue, sozialistische zivile Gesellschaft wurde blockiert durch eine rigide staatlich-parteiliche Kontrollmaschinerie, die gerade das verhinderte, was sie selbst immer propagierte, nämlich zum Beispiel Kollektivität und Plandemokratie. Für die Ansätze einer sozialistischen Zivilgesellschaft findet KUNSTREICH die Metapher eines "Prometheus in Fesseln".

Ist so es gewesen? Ist Sozialismus nicht gelungen? Hätte er gelingen können; angesichts der Nachbarschaft zum "Schaufenster" kapitalistischen Lebensstandardes in der BRD, die nicht gerade ermunterte, "zu überholen, ohne einzuholen"?

Diese Problemstellungen dürften nicht ausgespart werden, wenn es um Wertung der DDR-Jugendhilfe geht. Aber selbst dann, wenn es gelänge, sie tiefgründig und zutreffend zu beantworten, wäre eine Beurteilung dieses spezifischen Handlungsfeldes noch nicht erreicht.

Selbstverständlich gibt es einen Zusammenhang zwischen politischer Verfaßtheit und Jugendhilfepraxis. Wäre er allerdings ungebrochen-linear, ausschließlich in seiner Wirkung; wäre das Urteil über die politische Verfaßtheit der DDR eindeutig und vollgültig gefällt; wäre der Zusammenhang ohne Beimischung von Denkfiguren, die anderweitig hergeleitet waren, ohne Abschwächung und Korrektur aus dem Handeln humanistisch orientierter Praxis; dann könnte man das Kapitel "DDR-Jugendhilfe" abschließen. Es wäre nur von historischem Interesse. Nichts wäre daraus zu lernen, außer dem Vorsatz, ein solches Experiment "Sozialismus" nicht zu wiederholen.

Liegen die Dinge aber so einfach und können sie so schlicht monokausal erklärt werden? In seinem Buch über Jugendwerkhöfe kommt Gerhard JÖRNS zu der abschließenden Aussage, daß der Jugendwerkhof als "Mikrokosmos" der DDR-Gesellschaft verstanden werden muß. So wirken zum Beispiel die Spezifika Vormundschaftlichkeit, autoritäre Fürsorge im Sinne allgemeiner Betreuung, Primat der kollektiven Entwicklung, demokratischer Zentralismus, Stagnation, Disziplin und Ordnung, sozialistische Moral, Plandiktatur und Abgeschlossenheit "in der Gesellschaft wie im Bereich der Heimerziehung, insbesondere in den Jugendwerkhöfen" (JÖRNS 1995, S. 196). "Die polit-ideologischen Postulate des herrschenden Systems, die Inanspruchnahme der Pädagogik als Instrument zur Formierung des 'neuen Menschen', die Aktivitäten des MfV zur Organisierung und Lenkung diese Vorhabens und schließlich die Jugendhilfeorgane zur Durchsetzung: In solch einer 'Kaskadenschaltung' funktionierte der JWH-Erzieher als Vollzugsbeauftragter und stand somit auf der letzten Stufe der Vermittlungs- und Beeinflussungsbestrebungen. Sein Aufgabenbereich war eindeutig festgelegt, sein Vorgehen kontrolliert und der individuelle Gestaltungsspielraum äußerst beschränkt" (a.a.O., S. 181).

Das klingt plausibel und trifft in der Tat eine bestimmende Tendenz der "Anleitung" von Praxis. Reicht aber die Zurückführung der Leitlinien und Vorgaben auf die spezifische politische und ideologische Verfaßtheit der DDR - wie die "Mikrokosmos-These" nahelegt - zur Erklärung und Erhellung dessen aus, was sich als heimpädagogisch-interne Orientierung praktisch auswirkte und etablierte?

Die Heimreform in der BRD thematisierte und organisierte sich seinerzeit gegen "FE- und Anstaltserziehung". Das war Anfang der 70er Jahre; im "Kinder- und Jugendbericht 1994" des Landes Brandenburg heißt es sogar, daß ein "Fürsorgeverständnis" für viele Heime "in den Alt-Bundesländern bis in die 80er Jahre kennzeichnend war". Ich erwähne das ohne jede Häme. Aber die "Mikrokosmos-These" kommt für mich ins Wanken; zumindest in ihrer Fassung als allgemeine und ausreichende Erklärungsgrundlage. Denn der Hintergrund für kritisierte Praxis und beeindruckende Reformbestrebungen war in diesen Jahrzehnten die politische und gesellschaftliche Verfaßtheit der Bundesrepublik; und diese war unterschieden von der in der DDR.

Ich akzeptiere die genannte These in der Fassung, daß es einen Zusammenhang gibt zwischen gesellschaftlicher Verfaßtheit in der BRD und der DDR einerseits und Innovationsspielraum für Veränderungen in der Heimerziehung andererseits. Das erklärt für mich die unterschiedliche Entwicklung; und zwar unbestritten zugunsten der BRD.

Damit ändert sich aber die Blickrichtung; zumindest für die Gewichtung der Elemente: Die Problematik, die hier zur Rede steht, entfaltet sich vor dem *Hintergrund* der jeweiligen gesellschaftlichen Verfaßtheit, aber ihr Kern scheint angesiedelt in der Widersprüchlichkeit der sozialpädagogischen Betreuungsform Heimerziehung selbst und in den *pädagogischen* Denkfiguren, die in diesem Handlungsfeld Wirkung ausüben. Wenn ich das richtig sehe, hat die Heimreform zunächst und vorrangig das Bedingungsgefüge für diese Betreuungsform verändert (Dezentralisierung, Entprofessionalisierung usw.). Das wirkt sich vorteilhaft aus auf Flexibilität, Vielfalt, Auflösung von Verkrustungen. Aber "durch die veränderte Organisation allein, ändern sich die Lebensbedingungen allerdings nicht zwangsläufig"; was den pädagogischen Alltag betrifft, so blieb dieser "dann auch oft ziemlich leer und beliebig" (WOLF 1993, S. 61, S. 9). Die "Knackpunkte" scheinen also doch die pädagogischen Denkfiguren zu sein, die in relativer Eigenständigkeit und mit großem Eigengewicht die Praxis beeinflussen.

Die Auseinandersetzung mit grundlegenden Denkfiguren der Sozialen Arbeit gehört aber nun nicht der Vergangenheit an. Der vorliegende "Grundkurs" legt davon Zeugnis ab. Die Jugendhilfe in Deutschland ist gegenwärtig mit neuen Herausforderungen konfrontiert. In der Sozialpädagogik spiegelt sich das nach meinem Eindruck als schneller Wechsel von Lösungsvorschlägen und als eine Art Paradigmenschwemme wider; keinesfalls als modernistische Geschäftigkeit, sondern als Ausdruck eines Problemdruckes, der durch gravierende Veränderungen in der Lebenslage der Jugend, durch Abbau von Sozialstaatlichkeit und durch Zuspitzung ideologischer und politischer Diskussion erzeugt ist.

In der Diskussion sind diese Denkfiguren und Leitbilder explizit in der Erörterung, "verbergen" sich aber auch zuweilen hinter aktuellen konzeptionellen Orientierungen.

Ich will einige Beispiele anführen. Ein großer Einfluß auf Denken und Handeln innerhalb der Jugendhilfe geht von dem Konzept der "*Lebensweltorientierung*" aus. Hans THIERSCH, der es Ende der 70er Jahre entwickelt hat (vgl. THIERSCH 1978), schätzt heute ein, daß es sich als Orientierung bewährt, aber Gefahr läuft, in seiner Brisanz unterschätzt zu werden. Diese Brisanz besteht darin, daß "lebensweltorientierte Soziale Arbeit ihre Ziele der Hilfe zur Bewältigung von Lebens- und Orientierungsschwierigkeiten nur im Horizont der heutigen, widersprüchlichen und brüchigen Lebensstrukturen und in der Auseinandersetzung in und mit ihnen erreichen kann und daß sie sich so in eine Dynamik gesellschaftlicher Umbrüche begibt, die zu Konsequenzen führt, die sich in ihrem Profil erst allmählich abzeichnen" (THIERSCH 1995, S. 317). "Soziale Arbeit als lebensweltorientierte Soziale Arbeit ist eingebettet in Gesellschaftspolitik; Jugendhilfe, die auf Veränderung in Lebenswelten zielt, muß einhergehen mit politisch strukturellen Veränderungen in bezug z.B. auf Arbeits-, Frauen- und Familienpolitik, in bezug auf Stadt-, Gesundheits- und Wohnpolitik; die Rede von Lebensweltorientierung ohne Rede von Sozialpolitik ist unzulänglich und verführt, (trotz aller intern kritischen Lebensweltdiskussion) gleichsam strukturell zur Suggestion einer in sich bestehenden, eigenen, 'heilen' Lebenswelt" (a.a.O., S. 316). Damit ist wiederum die Erörterung aufgerufen, welche die Jugendhilfe seit ihrer Entstehung begleitet, nämlich ihre Rolle in Gesellschaftsentwicklung und Gesellschaftspolitik und die sozial-pädagogischen Denkfiguren, welche diesen Zusammenhang vermitteln.

Nicht nur, aber auch als Fazit aus der Analyse der Situation der Kinder und Jugendlichen und der Entwicklung der Jugendhilfe in den neuen Bundesländern (NEUNTER JUGENDBERICHT 1994) wird auf Jugendhilfe als *Dienstleistung* orientiert. Es geht um ein "anderes Verhältnis von Organisation zu Adressaten und Adressatinnen. Unabhängig davon, ob Hilfe und Unterstützung freiwillig nachgefragt oder die Kompensationsleistungen durch die Jugendhilfe selbst eingeleitet werden, ist von entscheidender Bedeutung, inwieweit eine Entsprechung zwischen den Bedürfnislagen der jungen Menschen und den Angeboten bzw. Maßnahmen der Sozialen Arbeit vorliegt"..."Im Mittelpunkt stehen dabei Situativität und Kontextualität sowie Optionen und Aktivitäten des nachfragenden Subjekts. Wird der Dienstleistungsansatz um diese konstruktiven Grundelemente verkürzt, verkürzt sich die Leistungsfähigkeit der Jugendhilfe um ihren modernen Kern" (a.a.O., 1995, S. 583). Man hat heute den Eindruck, daß diese Orientierung in eine Schieflage geraten ist. Sie wird zum willkommenen Anlaß genommen, dem "Sparzwang" zu genügen, zu privatisieren und zu verschlanken, über "neue Streuerungsmodelle" zu legitimieren, daß Jugendhilfe "sich rechnen muß". Hans THIERSCH schreibt: "Das Konzept Dienstleistung ist nötig als Kritik an den tief verwurzelten obrigkeitlichen und paternalistischen Handlungsmustern der Sozialen Arbeit; aber es muß innerhalb der Jugendhilfe spezifisch formuliert werden und die Grenzen des Ansatzes deutlich machen. Soziale Arbeit geht nicht auf im Dienstleistungskonzept" (a.a.O., 1995, S. 318).

Nicht nur im Kontext der Heimerziehung spielt das Thema "*Gemeinschaftserziehung und Individualerziehung*" nach wie vor eine Rolle. Während über lange Zeit in der westdeutschen Sozialpädagogik Gemeinschaftserziehung in der begrifflichen und terminologischen Fassung als "Gruppenpädagogik" strukturbestimmende Bedeutung einnahm, war später eine Veränderung in den Auffassungen mit dem Stellenwert einer Trendwende zu beobachten. Sie wird als "verschwindendes Modell" thematisiert. Aber wir lesen auch: "Gerade weil die Lebenswelt immer komplizierter und weniger übersichtlich wird, brauchen viele

Menschen Anregungen, Unterstützung und Beratung, um ihr Leben selbst inszenieren zu können; und es wird zunehmend notwendig, Beziehungen zu stiften, soziale Bezüge, Netze und Lebensräume zu schaffen" (THIERSCH 1993, S. 146). Michael WINKLER schreibt: "Unabhängig von der Gefahr einer politischen Inanspruchnahme der Gruppenerziehung stellt sich durchaus die Frage, ob nicht gerade kollektive Zusammenhänge essentielle Erfahrungsmöglichkeiten für Kinder und Jugendliche insbesondere in Wandlungsgesellschaften bereithalten. Eine allein individuelle Erziehung schließt diese Möglichkeit weitgehend aus" (WINKLER 1996, S. 17).

Das sind einige Beispiele für Problemfelder und Erörterungsthemen, welche den Stellenwert von Denkfiguren im Vermittlungszusammenhang von politischer Verfaßtheit und Jugendhilfepraxis verdeutlichen. Man könnte diese Palette ergänzen und erweitern: Professionalität und Laienkompetenz (Ehrenamt), psychologische Therapie und/oder "Sanierung des sozialen Milieus" (family first), Hilfeprogramme, sozialpädagogische Betreuung "aus einer Hand" usw.

Im Rückblick wird deutlich, daß wir uns in der DDR-Jugendhilfe mit einer ähnlichen Grundproblematik herumgeschlagen haben: Alltagsbewußtsein (Lebensweise) und normative Moral und Ideologie; Jugendförderung als gesamtgesellschaftliche Aufgabe und Verantwortungsbereich aller staatlichen Stellen und gesellschaftlichen Kräfte, "Organisierung des gesellschaftlichen Einflusses" als Inanspruchnahme dieser gesamtstaatlichen Verantwortung; Jugendhilfekommissionen als Betreuung aus einer Hand; Territorialprinzip und Spezialisierung; Kollektiverziehung usw. Aus anderen gesellschaftlichen und theoretischen Kontexten heraus sind wir zu anderen Lösungen oder Orientierungen gelangt, aber die Problemlagen und damit die Erörterungssubstanz sind vergleichbar. Deshalb können wir mitreden. Unsere Sichtweise ist vielleicht sogar manchmal hilfreich, weil sie die Probleme und Lösungen aus einer durch kritische Hinterfragung gewonnenen Distanz schärfer auf den Punkt bringt.

Die vorherrschende pädagogische Denkfigur in der DDR-Pädagogik lief auf Normierung durch Außenbeeinflussung hinaus, hochstilisiert und zugleich simplifiziert als das Dogma von der "führenden Rolle des Erziehers". Es gab aber auch andere Auffassungen, die in der Einheit ihrer Facetten einen theoretischen Gegenentwurf darstellten, allerdings nur in der akademischen Grundsatz-Diskussion erörtert wurden und sich nur verhalten auf die Erziehungspraxis ausgewirkt haben. Die Merkwürdigkeit bestand darin, daß das unterschiedliche Herangehen nicht als sich gegenseitig ausschließender alternativer Zugang thematisiert, sondern der Versuch unternommen wurde, es miteinander zu versöhnen. Dieses untaugliche Bemühen, Unvereinbares miteinander zu vereinbaren, führte zu einem eigenartigen Gemisch von Positionen, die als Halbherzigkeiten in Erscheinung traten. Wenn man die theoretischen Ansätze, die einen Gegenentwurf gegen außengesteuerte Normierung darstellten, von ihrer Verstümmelung durch "Vereinbarung" befreit, sind sie für heutige Erörterung anschlußfähig.

Von besonderem Interesse wäre vielleicht die kritische Diskussion der pädagogischen Denkfiguren, die sich um Kollektiverziehung gruppieren. Der sozialpädagogische Denkansatz in der DDR war aus dem Gedankengebäude Makarenkos hergeleitet. Das habe ich mehrfach erwähnt. Diese Herleitung war mit Widersprüchen behaftet. Unterschiedliche, ja diametral entgegengesetzte Interpretationen sind eingeflossen. Aber Makarenkos Auffassungen blieben ein wesentlicher Bezugspunkt, ohne dessen Beachtung vieles nicht zu verstehen ist.

Makarenkos "Kolonie-Experiment" ist nun aber ein Phänomen in der Geschichte der Sozialen Arbeit, das Beachtung verdient; mit vergleichbarer *Bedeutung* z. B. zum "Rauhen Haus", zur Settlement-Bewegung, zu reformpädagogischen Projekten, um im Darstellungsradius des "Grundkurses" zu bleiben. Vielleicht ist es gerade wegen seiner nie wieder erreichten einmaligen Ausprägung von Interesse. Das Konzept des Experimentes hat weltweite Aufmerksamkeit hervorgerufen und Beachtung gefunden. Diese Zuwendung ist jetzt durch zeitbedingte Umstände abgeflacht; aber ich glaube nicht, daß Makarenko auf Dauer dem Zeitgeist geopfert werden kann. Eine Fundgrube ist der nachfolgende theoretische und praktische Umgang mit diesem Theorie-Ansatz; nicht zuletzt deshalb, weil Makarenkos Auffassungen zur Polarisierung innerhalb der Interpretation und Wertung herausgefordert haben und herausfordern.

Nach meiner Überzeugung wird sich bei erneuter Beschäftigung herausstellen, daß es sich bei der Ur-Fassung um einen Prototyp der pro-aktiven Grundstruktur der Sozialen Arbeit handelt. Es gab in der DDR Bestrebungen, ihn zu verwirklichen. Haben sie etwas bewirkt? Oder sind sie von der Übermacht der vorherrschenden Denkfigur und Politik erdrosselt worden? Es wäre interessant, das zum Beispiel für Heimerziehung in der DDR vorurteilsfrei zu untersuchen. Was war der strukturelle Hintergrund für diese offensichtlich widersprüchliche Empirie, wie hat er sich in theoretisch-pädagogische Auffassungen und Orientierungen verlängert? Die Bearbeitung dieser Erörterungssubstanz kann nicht nur für die Aufklärung des Charakters der Sozialen Arbeit in der DDR von Nutzen sein. Es können auch Anregungen für gegenwärtiges und künftiges Denken und Handeln im Bereich der Jugendhilfe gewonnen werden.

Wenn ich die Palette der Problemlagen überschaue und die Detailfragen miteinander in Beziehung setze, entdecke ich einige Themenkomplexe, in denen Aufklärungsbedarf gewissermaßen kulminiert, auf die man sich also vielleicht konzentrieren sollte.

Das ist z.B. der *Erziehungsanspruch* der Jugendhilfe; verstanden als die schlichte Frage, worauf Hilfe und/oder Kontrolle gerichtet sind, in welcher Reichweite Jugendhilfe die individuelle Entwicklung von Kindern und Jugendlichen förderlich begleiten will, an welchem Maßstab sie sich mißt bzw. messen lassen will. In der DDR haben wir von der "sozialpädagogischen Aufgabe" gesprochen und damit den Anspruch favorisiert, der auf "Normalisierung der Beziehungen" im unmittelbaren Lebensbereich ("soziale Verwurzelung") als Starthilfe für Lebensbewältigung und Persönlichkeitsentwicklung hinausläuft. Im KJHG wird "Unterstützung zur sozialen Integration und zu eigenständiger Lebensführung" eingefordert. In beiden Fällen orientieren sich Jugendhilfeaktivitäten in ihrem Wirken in die individuelle Biographie auf die Schaffung oder den Erhalt von Lebensbedingungen, die eine Parkmöglichkeit, einen zeitweiligen Schutzraum eröffnen, verbunden mit Starthilfe oder Wegweisung; mit dem Unterschied allerdings, daß die angestrebte Verfaßtheit des förderlichen sozialen Beziehungsgefüges in der DDR normativ vorgefaßt war und in der westdeutschen Sozialpädagogik idealtypisch als Voraussetzung für selbstbestimmte Entscheidung innerhalb von Wahlmöglichkeiten verstanden wird. Kritische Erörterung aus beiden Erfahrungslinien ist also möglich, weil es sich zumindest um eine formale Übereinstimmung der Erörterungssubstanz handelt. Eine genauere Bestimmung des Erziehungsanspruches der Jugendhilfe ist insofern von Bedeutung, als sich daraus Konsequenzen für Zielsetzung, Zielrichtung, Ergebniserwartung, Konzentrationspunkte und Verfahrensweisen ergeben.

Diese Suchrichtung führt nach meiner Überzeugung an eine Fragestellung heran, die in ihrer Bedeutung weit grundsätzlicher ist. Sie ergibt sich für mich aus der im Rückblick auf DDR-Erfahrung gewonnenen Erkenntnis, daß sich Erziehungswirkungen, die in einen vorgefaßten ideologischen Erwartungsrahmen gespannt sind, verflüchtigen bzw. gar nicht gegeben waren bzw. durch Erziehung nicht zu erreichen sind. Die üblichen Zuschreibungen, was Rolle und Wirkungsmöglichkeit von Erziehung anbelangt, sind also in Zweifel zu ziehen. Mehr noch: Das Erziehungsverständnis selbst gerät auf den Prüfstand. Die gegenwärtige Legitimationskrise der Erziehung scheint eher eine Legitimationskrise der Auffassungen von Erziehung zu sein. Man muß sich offenbar erneut dessen versichern, was Erziehung eigentlich ist. Diese Aufgabe ist nicht so abwegig oder absurd, wie sie vielleicht auf den ersten Blick erscheinen mag. In der gegenwärtigen Diskussion treten nach meinem Dafürhalten verschiedene Denkfiguren zutage. Es ist zum einen vor allem im konservativen politischen Spektrum die Vorstellung, daß die herrschende Politik für sich in Anspruch nehmen kann, auf ihre Weise auf Veränderungen in der Lage der Jugend zu reagieren, und daß sie über die Möglichkeiten und Mittel verfügt, nach Belieben und Ermessen und in ihrem Interesse die praktische Jugendhilfearbeit zu strukturieren. Dagegen steht als Kritik an dieser vorwiegend ordnungspolitischen Zielsetzung der Anspruch der Interessenvertretung der Kinder und Jugendlichen als die Vorstellung und Forderung, die Jugend vor Vereinnahmung zu bewahren, ihr einen selbstbestimmten Lebensraum und selbstbestimmte Lebensweise zuzubilligen und zu ermöglichen und es allein ihr zu überlassen, wie sie sich in ein Verhältnis zur gegebenen Gesellschaft und zur älteren Generation setzt. Beide Denkfiguren bewegen sich eher im Umfeld von Erziehung, klammern im Grunde genommen das Erzieherische aus; oder lassen dessen definitorische Bestimmung in verschwommener Beliebigkeit.

Außerhalb dieser alternativen Denkfiguren sind Konzeptionen aufzufinden, die scheinbar einen Kompromiß anstreben; und die von den Vertretern beider

Extreme mit Mißtrauen betrachtet werden. In Wirklichkeit sind diese Zugänge m.E. am ehesten begründet und tauglich für Erklärung und Orientierung, weil sie sich um *pädagogische* Grundlegung der Jugendhilfe bemühen, *Erziehung* in ihrer Spezifik und Eigenart aufsuchen und sie in dieser Spezifik in ein Verhältnis zum gesellschaftlichen Kontext setzen.

In diesem Suchfeld gibt es offensichtlich Klärungsbedarf. "Nach dem hergebrachten Verständnis entsteht persönliche Identität durch Übernahme und Internalisierung vorgegebener normativer Erwartungen. Diese Übernahme für die nachfolgende Generation sicherzustellen, war bislang immer die Aufgabe der Erziehung. Indem aber mehr und mehr die eigene Identität offengehalten, also situativ stets neu reflektiert und 'produziert' werden muß, schwindet eine wesentliche traditionelle Voraussetzung von Erziehung, nämlich die Sicherheit, gut und böse bzw. normal und unnormal, gelingend und mißlingend, sinnvoll und irreführend voneinander einigermaßen klar unterscheiden und daraus erstrebenswerte pädagogische Ziele ableiten zu können. Indem die Pluralisierung der Lebensformen mit einer Pluralisierung der Wertmuster einhergeht, wird die Grundvoraussetzung dieses pädagogischen Handelns nämlich fragwürdig" (MÜNCHMEIER/ORTMANN 1996, S. 153). Entsprechend habe die Sozialpädagogik inzwischen begonnen, *sich von der Pädagogik als wichtigstem Handlungsmodell zu lösen.*

Ich lese heraus, daß davon ausgegangen und daran festgehalten wird, daß *Erziehung* in die Generationsfolge als Vermittlung oder Beförderung der Internalisierung von *vorgegebenen* oder *vorgefaßten* Normen eingeschoben ist, also letztlich Fremdsteuerung ist und bleibt. Da es angesichts der Individualisierung und Pluralisierung der Lebenslagen *systematisch* weder erstrebenswert noch möglich ist, sich auf einen einheitlich-übergreifenden Wertekanon zu beziehen, und es *politisch* nicht realistisch ist, eine solche Vereinbarung zu erwarten, müsse man sich von Erziehung lösen und auf ein anderes Konzept einschwenken. "Während es Teilen der Praxis gelingt, sich vom herkömmlichen *Erziehungs*paradigma zu lösen und mit neuen Konzepten von Unterstützung und Hilfe tatsächlich eine 'Lebensweltorientierung' zu entwickeln, finden andere sich wieder in einem breiter werdenden Strom von law-and-order-Forderungen, der sie durcheinanderbringt und bei längst überwunden geglaubten Disziplinierungskonzepten Zuflucht nehmen läßt" (WOLFFERSDORF 1996, S. 211).

Ich frage, ob es nicht auch möglich und vielleicht in höherem Maße richtig ist, sich von dem "herkömmlichen Verständnis" von Erziehung zu lösen und einen *anderen* Erziehungsbegriff zum Ausgangspunkt zu nehmen (vgl. MANNSCHATZ 1997b).

Wenn vielerorts zur "Wiedergewinnung des Pädagogischen" aufgefordert wird (z.B. COLLA-MÜLLER 1996, S. 225, S. 233), fühle ich mich in dieser Fragestellung bestärkt. Die Debatte, "die ahnen läßt, daß die gewohnten Denk- und

Praxismuster der traditionellen Sozial*pädagogik* infragegestellt werden" (MÜNCH-MEIER/ORTMANN 1996, S. 157), könnte auch so verstanden oder geführt werden. Ich vermute, daß eine solche Suchrichtung es ermöglichen würde, sich dem anstehenden und aufgestauten Problembündel der Jugendhilfe und Sozialpädagogik zu nähern, ohne daß sich Soziale Arbeit "von der Pädagogik als dem wichtigsten Handlungsmodell" löst und Gefahr läuft, von einem anderen Wissenschaftskonstrukt vereinnahmt zu werden (vgl. GÄNGLER/RAUSCHENBACH 1996, S. 157 ff.) und dadurch möglicherweise gerade ihren Kernpunkt verliert, an dem sich alles Vorgedachte auszahlen muß, nämlich Orientierungssicherheit bezüglich der Gestaltung der Sphäre, in der sich Erwachsene und Kinder/Jugendliche unmittelbar begegnen und etwas "Gemeinsames" veranstalten. Nicht muß diese Sphäre durch außerpädagogische Konstruktionen "eingekreist", sondern von ihr ausgehend muß alles Umgebende und Vorgelagerte auf seine Tauglichkeit für erzieherisches Handeln abgeklopft werden.

Ich glaube, daß in diesen wichtigen und interessanten Diskurs eine aus DDR-Erfahrung gewonnene Sichtweise eingebracht werden könnte.

5. Umgang mit dem DDR-Nachlaß

Läßt der gegenwärtige Umgang mit Jugendhilfe und Heimerziehung als DDR-Nachlaß eine solche Option zu? Diese Frage kann und sollte vor allem nicht pauschal beantwortet werden.

Da ist zunächst der Umgang in Politik und medialer Öffentlichkeit. Er begann nach der Wende als Verteufelung mit der deutlichen politischen Absicht, am Beispiel Jugendhilfe den "Unrechtscharakter" der DDR zu suggerieren. Von Tausenden oder Hunderten von "Zwangsadoptionen" war die aufgeregte Rede. Das hat sich inzwischen als Flop herausgestellt. Wir sahen und sehen uns konfrontiert mit einer *pauschalen* negativen Einschätzung, die von der Sache her nicht gerechtfertigt ist. So wird zuweilen unterstellt, daß in der DDR-Jugendhilfe ausschließlich der Kontrollgedanke Gültigkeit gehabt hätte, ohne Verquickung mit Angeboten und praktischer Hilfe. Heimerziehung wird unter dem Reizwort "Jugendwerkhöfe" gelesen und durchgängig als Disziplinierungs-Veranstaltung apostrophiert.

Im fachwissenschaftlichen Milieu ergibt sich ein anderes Bild; unter der Einschränkung allerdings, daß man DDR-Jugendhilfe überhaupt zur Kenntnis nimmt. Das ist nur in begrenztem Umfang der Fall. Die Themenfolgen in Büchern und auf Tagungen lesen sich zuweilen so, als hätte es die historischen Ereignisse 1989/90 nicht gegeben. Worin ist dieses merkwürdige Stillschweigen begründet? Ich kann aus meiner "Ost-Sicht" diese Frage nicht gültig beantworten. Allerdings stelle ich selbstkritisch fest, daß wir "Ostler" die Durchbrechung dieses Stillschweigens auch nicht provozieren, indem wir uns äußern. Die "Stimmenlosigkeit der Ostler" (SEIDENSTÜCKER 1997, S. 242) kann man den westlichen Kollegen nicht anlasten. Gelegenheiten zur Äußerung unsererseits sind eingeräumt. Es ist unser Versäumnis oder unser Verschulden, wenn wir sie nicht oder zu wenig nutzen.

In manche fachwissenschaftliche Darstellungen der DDR-Jugendhilfe ist allerdings doch - nach meinem Eindruck und auch dem Eingeständnis einiger Autoren - eine gewisse "Westsicht" eingesickert. Das ist normal und in vollem Maße verständlich. Sie ist in vielen Fällen nicht vorgefaßte Haltung, sondern gelangt aus der Rolle des Außenstehenden ins Spiel, der schlicht nicht dabei gewesen ist. Um so mehr sind wir als Zeitzeugen gefragt und gefordert, um im Disput oder einfach in der Erzählung die Ecken und Kanten von "Ost- und Westsicht" abzuschleifen und die Schilderungen dem wirklichen Geschehen wenigstens anzunähern.

Da treten nun einige Schwierigkeiten auf. Zunächst weichen unsere Erfahrungen und Erlebnisse zuweilen von den Wahrnehmungen aus westlicher Sicht ab, welche die betreffenden Autoren aus Gesprächen, Schilderungen, Niederschriften usw., also gewissermaßen aus zweiter Hand, recherchiert haben. Solche Abweichungen von der veröffentlichten Erfahrung nach der Wende sind angesichts der Komplexität des Betrachtungsgegenstandes nicht verwunderlich und haben zunächst noch nichts mit Ost- oder Westsicht zu tun. Unsere persönlichen Erfahrungen sind naturgemäß mehr oder weniger punktuell und durch den subjektiv-biographischen Erlebnishorizont bestimmt. Problematik kommt auf, wenn widersprechende Erfahrungen von den Betreffenden jeweils so verallgemeinert werden, daß sie zur ausschließlichen oder tendenziell bestimmten Grundlage für die Wertung des Gesamtgeschehens genommen werden. Den jeweils anderen Erfahrungen wird in diesem Falle unter Umständen die Glaubwürdigkeit abgesprochen. Wünschenswert wäre demzufolge zunächst das unbefangene und vorurteilsfreie "Erzählen", wobei wir Ostler auch gern Praxisschilderungen aus dem westlichen Alltag mit Interesse und sicher mit Gewinn zur Kenntnis nehmen würden. Diese wünschenswerte Art des Umgangs wird zuweilen dadurch behindert, daß wir zur "Aufarbeitung" aufgefordert werden, zugleich aber ad hoc zensiert wird, ob wir richtig aufarbeiten. Diese besserwisserische Umarmung ist frustrierend; besonders deshalb, weil unser Selbstvertrauen sowieso angeschlagen ist.

Vielleicht überschätze ich diese Hemmschwellen innerhalb des Umganges aus meiner Ost-Befindlichkeit. Der rationelle Kern aber, der impliziert ist, besteht darin, daß man sich entscheiden muß, ob man die Jugendhilfe und Heimerziehung der DDR "aufarbeiten" will ohne uns oder an uns vorbei, die wir als vormalige Akteure und Zeitzeugen noch zur Verfügung stehen; oder mit uns. Geht die Option auf Zusammenarbeit mit uns (und ich erfahre solche Angebote und Praktiken), dann ist es an *uns,* die Möglichkeit wahrzunehmen und vor allem: uns der

Zusammenarbeit "würdig zu erweisen" (besser: uns als interessante Partner zu empfehlen), indem wir über einen nicht-nostalgischen und nicht-selbstzerfleischenden Beitrag innerhalb der Zusammenarbeit nachdenken. Nur dann könnte das herauskommen, wozu m.E. Aufarbeitung nützlich ist; nämlich Lehren für die Zukunft zu ziehen. Ich bin der Ansicht, daß ein konstruktiver Beitrag unsererseits dann geleistet wird, wenn wir eine aus der selbstkritischen und kritischen Verarbeitung der DDR-Jugendhilfe gewonnene *Sichtweise* auf die heutige Problematik in aller Bescheidenheit einbringen; eine Sichtweise, die sich - wie erwähnt - vor allem auf die kritische Wertung relevanter pädagogischer Denkfiguren konzentriert.

Die durch solche Einbeziehung angereicherte Erörterung hätte nicht nur Bedeutung in der und für die pädagogisch-theoretischen Sphäre. Sie ragt m.E. insofern in *praktisches* Tun hinein, als sie zur die Bewältigung von *Nachwirkungen* von Jugendhilfe und Heimerziehung der DDR beitragen könnte und müßte. Solche Nachwirkungen werden - insoweit sie vorhanden sind - durch die andauernde Tätigkeit von Fachpersonal mit DDR-Sozialisation in den neuen Bundesländern in das Heute transportiert. Dessen fortdauernde Kompetenz wird stillschweigend in Anspruch genommen. Die Annahme, daß diese Kompetenz in einer blitzschnellen Wende der Akteure in ihrer sozialpädagogischen Grundhaltung begründet oder allein durch Nachqualifizierung erreicht worden wäre, ist banal. Das Fachpersonal greift auf einen Fundus zurück, der ihm aus der DDR-Zeit vertraut ist. Und diese Mitarbeiter sind fähig für die Arbeit im Interesse von Kindern und Jugendlichen heute; ohne groben Bruch mit ihrer pädagogisch-ethischen Grundeinstellung.

Allerdings darf dabei nicht übersehen werden, daß es subtile Nachwirkungen gibt, die oft nicht auffällig und vordergründig in Erscheinung treten und in der Regel den Akteuren nicht als solche bewußt sind. Gerade sie aber müssen am meisten beunruhigen. So schildert z.B. NIEMEYER (1997) eindrucksvoll eine "Fallgeschichte" aus der Nach-Wende-Zeit. Er weist überzeugend nach, daß hier ein fatales Leitprinzip wirkt, das darauf hinausläuft, die Schwierigkeiten, die das Kind in die Betreuung der Jugendhilfe bringen, als solche zu betrachten, die es *macht* (und nicht, die es *hat),* nicht auf das Erkunden und Verstehen dieser Schwierigkeiten aus zu sein, sondern normative Einflußnahme zu versuchen und im Falle des Mißerfolges das Kind "abzuschieben", es also als "Störfall" zu behandeln. Der Autor kommt zu der Aussage, daß Jugendhilfe und Heimerziehung ihr Recht einbüßen, wo sie nicht zu erkennen vermögen, daß es bei den Problemen, die jemand hat, immer um vorenthaltene Liebe, Vertrauen und Zuwendung geht.

In der Tat wird in der Fallschilderung eine in diesem Sinne destruktive Haltung aufgedeckt, die in ihrer Wirkung und Bedeutung manche eher plakativen Auseinandersetzungen in der West-Ost-Diskussion unbedeutend und unwichtig erscheinen lassen. Denn hier geht es nicht um abgehobene Zuschreibung oder Rechtfertigung von Positionen, sondern unmittelbar um das Schicksal von Kindern und Jugendlichen.

In der Darstellung, auf die ich mich beziehe, wird die destruktive Haltung als Nachwirkung von DDR-Gewohnheiten gekennzeichnet. Ich zweifle das nicht an, kann es nicht ausschließen, nehme es mit Betroffenheit zur Kenntnis. Was ich allerdings nicht akzeptiere, ist die Tatsache, daß der Eindruck vermittelt wird, daß solcherart Vorgehen, das sich "zwangsläufig" aus der DDR-Orientierung und - Praxisroutine ergibt, in unserer Absicht gelegen hätte, teuflischer Vorsatz gewesen wäre. Die Rede ist von der vor der Wende "auf Ausgrenzung des schwererziehbaren Kindes und dessen Umerziehung setzende autoritäre Heimpädagogik". Wir wollten also nicht den Kindern helfen, sondern waren darauf aus, sie "wegzustecken" und zwangsweise zu "sozialistischen Persönlichkeiten" zu formen und damit ihr wohlverstandenes Interesse zu verletzen und ihnen die Chance selbstbestimmter Persönlichkeitsentwicklung zu nehmen.

Ich kann mich - mit Verlaub - an solche vorgefaßte Absicht nicht erinnern. Sie war als Motiv weder bei Funktionären oder Wissenschaftlern noch bei Praktikern im Spiel. Ob man mir diese Erklärung abnimmt, liegt im Ermessen der Glaubwürdigkeit, die man mir als Zeitzeugen zubilligt.

NIEMEYER gruppiert seine Interpretation berechtigt und zutreffend um Nohls "Kultformel". Ich darf ausnahmsweise mich selbst zitieren. Im Vorwort meiner Broschüre "Persönlichkeitsfördernde Zuwendung bei Erziehungsschwierigkeiten", die seinerzeit die Zusammenfassung unseres sozialpädagogischen Denkansatzes darstellte (MANNSCHATZ 1987), schreibe ich: "Wenn wir uns dem Problemkreis Erziehungsschwierigkeiten zuwenden, ist zunächst die Frage zu klären, wer eigentlich wem Schwierigkeiten bereitet. Natürlich machen Verhaltensauffälligkeiten der Kinder dem Lehrer Probleme. Es ist nicht zu übersehen, daß ihre Bewältigung den Pädagogen Aufwand abverlangt. Sie setzen Verstand und Nervenkraft ein und stellen in verhältnismäßig hohem Maße Zeit zur Verfügung. Aber diese Sicht trifft nicht den Kern der Sache. Vielmehr offenbaren Verhaltensauffälligkeiten Schwierigkeiten, welche die Kinder haben. Wir müssen den betreffenden Schülern helfen, mit ihren Schwierigkeiten fertig zu werden". War das Tarnung für verdeckte Absichten? War es auch Vorsatz, daß die "Interpretation der Erziehungslehre Makarenkos durch MANNSCHATZ oftmals eher Aushängeschild denn Orientierungsmuster in der JWH-Arbeit" war (JÖRNS 1995, S. 208)? Oder war es vielmehr so, daß in dem erwähnten sonderbaren Gemisch von Denkfiguren der normative Pädagogikbegriff durchaus nicht allein stand, sich aber übermächtig durchgesetzt und insofern auch zu solchen Deformationen der Praxis geführt hat, wie sie bei NIEMEYER als Nachwirkungen geschildert werden? Wir sind also wieder bei den pädagogischen Denkfiguren. Und ich behaupte nun, daß der normative Pädagogikbegriff in Schattierungen und Varianten auch heute im Spiel ist, und seine unguten Wirkungen in allen Bundesländern nicht ausgeschlossen sind. Wenn der westdeutsche Leser diese Behauptung als billige "Retourkutsche" versteht, muß ich damit leben.

Führe ich das alles an, um mich oder uns zu rechtfertigen? Selbstverständlich spielt das eine Rolle. Aber Folgendes ist m. E. wichtiger: Die Focussierung unguter Praxis als Nachwirkungen eines "noch durch DDR-(Berufs-) Sozialisation geprägten Routinewissens mitsamt eines entsprechend normativ gerichteten Pädagogikbegriffes" (NIEMEYER 1997, S. 170) kann leicht zu (westlicher) Selbstzufriedenheit und Selbsttäuschung führen. Man könnte die Nebelschwaden über realer Praxis belassen, bei der "Produktion von Fürsorglichkeit" als Öffentlichkeitsarbeit (WOLFF 1981) und bei "Antragslyrik" verbleiben und die Überwindung von Mißlichkeiten dem "Auslaufen" von DDR-Nachwirkungen anvertrauen. Wenn sie der Nachhall des "Makrokosmos" der politischen und staatlichen Strukturen der DDR sind, erledigen sie sich nach dem Wegfall der DDR von selbst, vielleicht mit einiger Verzögerung.

Folgt man dieser Zuschreibung, dann wäre die andauernde Diskussion in Jugendhilfe und Sozialpädagogik über notwendige Veränderungen und über Weiterführung und Vertiefung der Reformen, die sich nur am Rande mit DDR-Nachwirkungen beschäftigt, unverständlich, weil überflüssig. Und was weit wichtiger ist: Die genannte selbstzufriedene Annahme behindert Konsequenzen, für die Kritik an DDR-Jugendhilfe und -Sozialpädagogik eigentlich gut sein sollte. Das spektakuläre Beispiel Torgau habe ich schon erwähnt. Diese Problematik ausbleibender oder halbherziger Konsequenzen trifft auch auf weniger spektakuläre Bereiche zu. Wenn wir schon als abschreckendes Beispiel gehandelt werden, sollte man uns wenigstens das Gefühl geben, daß Lehren daraus gezogen werden. Ich rede gar nicht von DDR-Praktiken, aus denen sich vielleicht Lehren positiver Art in Sinne von Anknüpfung ergeben (z.B. Ehrenamtlichkeit, gesamtgesellschaftliche Verantwortung, praktische Hilfe bei der "Sanierung" des häuslichen Milieus, aus selbstkritischer Retrospektive gewonnene Sachkompetenz bei der Erörterung des Erziehungsverständnisses usw.).

Ein konstruktiver Umgang mit dem Nachlaß wird erreicht, wenn alle Beteiligten sich der Verantwortung stellen, die letztlich von Bedeutung sein sollte, nämlich der Verantwortung für die Jugend heute und künftig. Man sollte den Ostlern nicht verwehren, sich in diese Verantwortung einzubinden.

SIEBTER BLICK: 1995 - Umbau statt Ausbau: Lebensweltorientierung als Widerspruch von flexibler Modernisierung und neuem Paradigma

	Vorbemerkung	251
1.	Jan und das KGB (Komitee gegen Betreuung) - Wiebke HANSEN berichtet	252
2.	"Eine totale Institution kann man nicht reformieren, man muß sie abschaffen." Eine empirische Collage zur Heimreform in Hamburg von Lieselotte PONGRATZ, Fred WOHLERT, Dorothee BITTSCHEIDT-PETERS, Jochen RÖSSLER, Wolfgang HEINEMANN und Hagen WINTER	259
	(1) Spannungen, Konflikte und Widersprüche im sozialen Raum "Heimerziehung" entladen sich: Die g.U. (geschlossene Unterbringung) wird abgeschafft	263
	(2) Von der zentralen Anstalt zur Wohnung im Stadtteil: Dezentralisierung	273
	(3) Von Regularien "ohne Ansehen der Person" zu Regeln "mit Ansehen der Person": Entformalisierung	277
	(4) Vom Spezialistentum zum Experten für den Alltag: Entspezialisierung	279
	(5) Vom klassifizierten Symptomträger zur Anerkennung einzigartiger Menschen: Individualisierung	283
	(6) Abschied vom klinischen Selbstverständnis: Die Profession auf dem Weg zu den Lebenswelten der Adressaten	287
3.	Umbau im Modell Ausbau?	290
4.	Das Arbeitsprinzip Partizipation	298
	(1) Komponente: Problemsetzung	306
	Hagen WINTER: Jugendhilfestation als lernende Organisation	307
	Problemsetzung als sozialräumliche Erkundung	312
	(2) Komponente: Handlungsorientierung	319
	Ilse SCHWENKEL-OMAR: Straffällige Jugendliche sind in erster Linie Jugendliche	319
	Handlungsorientierung in konflikthaften Situationen	325
	(3) Komponente: Assistenz	334
	Anke STEENKEN: Die Kinder sind die Regisseure, wir die Assistentinnen und Assistenten	335
	Assistenz als Praxis prospektiver Dialoge	344
	(4) Komponente: Verständigung	351
	Michael TÜLLMANN: Auch mit "Systemsprengern" ist Verständigung möglich	351
	Verständigung als egalitäre Praxis	357

5. Statt einer Zusammenfassung: 362
das Arbeitsprinzip Partizipation als "Tagtraum"

6. Wie im Westen so auf Erden - im Osten nichts Neues? 366
Ein Gespräch zwischen Ulrike OSCHWALD, Reinhard HOSMANN,
Peter NEUTZLING und Jochen SCHMACHTEL

   (1)   Die berufliche und persönliche Situation in den 80er Jahren   367
   (2)   Erfahrungen während der Wende 1989/1990   374
   (3)   Positionen und Einschätzungen zur heutigen Situation   381

Vorbemerkung

Wie ganz zu Anfang bemerkt (Bd. I, S. 3), macht es einen großen Unterschied aus, ob ich ein soziales Ereignis aus der Beobachter- oder aus der Teilnehmer-Perspektive wahrnehme. Mit diesem BLICK befinde ich mich im aktuellen "Handgemenge", distanzierte Betrachtung fällt also nicht so leicht.

Im ersten Teil dieses BLICKES (Kapitel 1-3) versuche ich Distanz durch Verfremdung zu gewinnen. Wiebke HANSEN und ihr KGB (Komitee gegen Betreuung) beginnen mit einer radikalen Kritik dessen, was als Alternative zur traditionellen Heimunterbringung in den 80er Jahren realisiert wurde. Den offensichtlichen Bruch mit der totalen Institution, aber auch untergründige Kontinuitäten werden in der folgenden empirischen Collage deutlich, die von wesentlichen AkteurInnen der Heimreform in Hamburg mit deutlichen Strichen gestaltet wird.

Lieselotte PONGRATZ als einflußreiche Kritikerin im Hintergrund, Jochen RÖSSLER als Heimleiter des Rauhen Hauses, Fred WOHLERT als geduldiger Reformer in der "Jugendbehörde" - beide wichtige Ideengeber und -umsetzer der Heimreform -, Dorothee BITTSCHEIDT-PETERS - aus der kritischen Kriminologie kommend - als fachlich-politisch treibende Kraft an der Spitze des Amtes für Jugend, Wolfgang HEINEMANN und Hagen WINTER als engagierte Verfechter der Reform in ihren fortschrittlichen Praxen, sie alle stehen für einen Umbau, der in seinen qualitativen und quantitativen Dimensionen in der Bundesrepublik einmalig sein dürfte. Wer sich gründlicher damit beschäftigen möchte, greife zu den Veröffentlichungen von Friedhelm PETERS (1988, 1993), Klaus WOLF (1993) und Thomas KLATETZKI (1995[2]), die ebenfalls - zusammen mit vielen, die ich hier nicht einzeln aufführen kann - eingreifend und gestaltend an diesem Umbau mitwirkten.

Aber nichts ist so gut, daß es nicht kritisiert und weiterentwickelt werden kann.

Als einen derartigen Versuch verstehe ich die Ausformulierung des Arbeitsprinzips Partizipation (Kapitel 4 und 5). Um zu unterstreichen, aus welchen Praxistraditionen dieses Prinzip gestaltet wird, entfaltet Hagen WINTER die Komponente "Problemsetzung" am Beispiel der Jugendhilfestation und macht Ilse SCHWENKEL-OMAR am Beispiel der Entformalisierung von Konflikten im Bereich der Jugendstrafrechtspflege deutlich, was die Komponente "Handlungsorientierung" heißen kann. Kindern zu assistieren, bedeutet, sie als Regisseure anzuerkennen. Am Beispiel der Praxis der "Reggio-Pädagogik" und an ihrer eigenen gibt Anke STEENKEN einen Eindruck davon, was die Komponente "Assistenz" umfaßt. Michael TÜLLMANN schließlich erläutert am Beispiel der "Unverstehbaren", daß die Komponente "Verständigung" weit mehr als Verstehen beinhaltet, indem er ein Konzept vorstellt, das "schwer Mehrfachbehinderte" in ihrer Normalität ernst nimmt.

Mit dieser Schwerpunktsetzung ist zugleich vermacht, daß viele andere Themen **nicht** oder nur andeutungsweise angeschnitten werden. Das trifft besonders auf das Thema "Lebensweltorientierung" zu. Was dazu Systematisches und Kritisches zu sagen ist, hat THIERSCH in seinen Publikationen getan (z.B. 1978, 1992) und ist in einschlägigen Zeitschriften und Readern ausreichend diskutiert worden. Mit dem Arbeitsprinzip Partizipation beziehe ich mich nur indirekt auf diese Diskussion. Mir geht es in den vier Komponenten dieses Arbeitsprinzips darum, die Praxis von "Lebenswelt" als Praxis von Sozialitäten zu deuten. Ich hoffe, daß dieser Zugang es ermöglicht, die m.E. sterile Dichotomie von Lebenswelt und System etwas zu relativieren. Die genauere Begründung zu diesem Vorhaben steht noch aus, hier versuche ich, eine mögliche Konzeptualisierung vorzustellen. Geholfen haben mir dabei - neben vielen anderen - besonders die Arbeiten von Kurt HEKELE und Michael MAY.

Diesen eher fachlichen Diskurs kontrastiere ich im abschließenden Kapitel mit einem politisch-fachlichen Gespräch, daß ich 1996 in Rostock aufgenommen habe. Ulrike OSCHWALD, nach der Wende Schul- und Kultursenatorin, dann Sozialarbeiterin (zeitweise auf ABM-Basis - im Westen undenkbar), Reinhard HOSMANN, den Ausgegrenzten beider Systeme loyaler "Dissident", Peter NEUTZLING, engagierter "Manager des Sozialen" als Leiter der Kinder- und Jugendarbeit, und Jochen SCHMACHTEL, der in ungewohnter Weise politische Kritik und fachliches Können in sich vereint, diese Vier stehen in all ihrer Unterschiedlichkeit für zwei wichtige Gemeinsamkeiten, nämlich dafür, daß fachliches und politisches Engagement nicht trennbar ist und daß Differenz die Voraussetzung für Gleichheit ist und das Gegenteil von sozialer Distanz.

1. Jan und das KGB (Komitee gegen Betreuung) - Wiebke HANSEN berichtet

Magda KROMME war stolz auf ihren Sohn Henry. Trotz der beengten Verhältnisse hatte er sein Fachabitur so gut bestanden, daß er den nötigen Notendurchschnitt schaffte und sofort Sozialpädagogik an der Fachhochschule studieren konnte. Noch während des Studiums heiratete Henry Kromme eine Arbeitskollegin aus der Zeitarbeitsfirma, bei der er sein BAFöG aufbesserte. In einer gewerkschaftlich orientierten Studentengruppe war er so aktiv, daß die KollegInnen ihn ermunterten, doch Jura in der neuen, einphasigen Juristenausbildung in Hamburg zu studieren, was er mit einem Stipendium der Hans-Böckler-Stiftung auch tat. Nach dem Studium ließ er sich als Anwalt nieder. In dieser Zeit hatte Henrys Frau drei Kinder bekommen, zwei Jungen und ein Mädchen. Mitte der 80er Jahre stellten die Ärzte fest, daß Henrys Frau an Multipler Sklerose erkrankt war. Die Ehe war vorher schon nicht einfach, jetzt wurde sie unerträglich. Als Henry sich in seine junge Anwaltsgehilfin verliebte, trennte er sich schlechten Gewissens von seiner Frau und heiratete bald darauf seine neue Liebe. Zu diesem Zeitpunkt zog er auch nach Lüneburg, wo er in die Kanzlei eines Wirtschaftsjuristen einsteigen konnte.

Hier beginnt die Geschichte, die Wiebke HANSEN als Mitglied einer Gruppe von Jugendlichen erlebte und über die sie am 5. Juli 1995 berichtete. Aus diesem Erlebnis heraus bildete sich die Gruppe KGB - Komitee gegen Betreuung, Initiative zur Kontrolle von SozialarbeiterInnen. Wiebkes Bericht wird durch Auszüge aus der Fall-Dokumentation des KGB ergänzt (vgl. WIDERSPRÜCHE, Heft 34, S. 61 ff.)

Wiebke Hansen   geb. 1971

1991-1992 Diakonische Helferin im internationalen Seemannsclub Duckdalben in Hamburg-Waltershof.
1994 Prüfung zur Bürokauffrau und seit 1977 Diplom-Sozialpädagogin. Berufspraktikum bis März 1998 im Landesbetrieb Erziehung und Berufsbildung, Kinder- und Jugendhilfe-Verbund Winterhude/Alsterdorf, Bereich Jugendwohnungen. Ehemals Mitglied bei den Jungen Pionieren (seit 1977) und der Sozialistischen Deutschen Arbeiterjugend (SDAJ) (seit 1983).
1987-1988 Kreisvorsitzende der Jungen Pioniere im Hamburg-Mitte.
1992 Beitritt zur evangelischen Kirche durch Erwachsenentaufe im internationalen Seemansclub Duckdalben.

KGB-Dokumentation:

"Der 'Fall', den wir hier darstellen, ist einer von vielen. Wir sind da mehr oder weniger hineingestolpert - auch wenn wir schon vorher wußten, daß es diese Art Terror gibt (die 'Betreuung' heißt und für die der/die Betreute Dank schuldig ist).
Wir wissen, daß durch die Heimerziehung - so 'fortschrittlich' sie auch sein mag, Kinder/Jugendliche auf Hierarchien getrimmt werden, sie um ein Rest von Selbstwertgefühl zu bewahren, andere quälen und das, was ihnen 'Gutes getan' wurde, nach unten weitergeben. Es gibt zwei Möglichkeiten: entweder du verschließt dich, oder du wirst brutal.
Das ist nichts Neues, werden viele sagen - neu ist nur, daß sich daran auch im Rahmen der Heimreform in Hamburg nichts verändert hat, außer daß die Pfleglinge jetzt ihre ErzieherInnen Mama und Papa nennen dürfen oder müssen (das können wir belegen!) - und so die Pfleglinge für ihre Betreuung nicht nur Dank schuldig sind, sondern ihre ErzieherInnen auch noch wie Eltern lieben müssen. Falls sie weder auf elterliche Ratschläge noch auf erzieherische Gewalt reagieren, sind sie lieblos und undankbar.
Wenn sie auch noch die Dreistigkeit besitzen, sich dagegen aufzulehnen, werden sie verarscht und als 'abgewichst' bezeichnet, weil die Strategien der BetreuerInnen versagen. Dann werden die Kinder/Jugendlichen systematisch fertiggemacht, bis ihr Wille gebrochen ist - so betrachtet bleibt von der Rechtfertigung der Heimreform weder in Hamburg noch sonstwo viel übrig.

Es wurde ja gesagt, das geschehe im Interesse der Kinder/Jugendlichen, um den Terror in den Heimen abzuschaffen. Wir sagen: Der Terror hat sich verändert, aber er ist immer noch Terror, auch wenn er mit einem noch so persönlichem: 'Du darfst mich duzen' anfängt."

Wiebke HANSEN: *"Jan, Herr Krommes zweiter Sohn, ist zum Zeitpunkt des Geschehens (Sommer 1989) 13 Jahre alt. Er hat einen 16 Jahre alten Bruder und eine 9jährige Schwester. Seine Mutter leidet seit einigen Jahren an Multipler Sklerose und ist mittlerweile an den Rollstuhl gefesselt.*

Jan lebte die ersten drei Jahre nach der Scheidung bei seiner Mutter und den anderen Geschwistern. Da aber sein älterer Bruder ihn quälte (z.B. drückte er Zigaretten auf dem Rücken von Jan aus!), und die gemeinsame Zeit mit seinem Vater Jan in angenehmer Erinnerung war, zog er zu seinem Vater und dessen neuer Frau. Der Vater bekam auch das Personensorgerecht.

Zum jetzigen Zeitpunkt lebt Jan seit fast 2 Jahren mit seinem Vater und seiner Stiefmutter in der Nähe von Lüneburg in einem Einfamilienhaus im Grünen und das Verhältnis zwischen Jan und seinem Vater ist nicht mehr so ungetrübt.

Jans Vater läßt ihn in den Sommerferien in ein Ferienlager eines Jugendverbandes fahren. Ich war während dieser Ferienfahrt seine Betreuerin, und wir freundeten uns an. Auch einige andere jugendliche Betreuer freundeten sich mit Jan an. Wir waren fünf Leute, die durch diese Ferienfahrt und durch Freundschaft mit Jan in die folgenden Ereignisse verwickelt wurden.

6.8.1989:
Nach der Ferienfahrt wird Jan von seinem alkoholisierten Vater am Hamburger Hauptbahnhof abgeholt. Bevor sie gehen, willigt Jans Vater ein, daß Jan bald nach Hamburg und uns besuchen darf. An diesem Abend ändert Herr Kromme auf einmal seine Meinung und erklärt seinem Sohn, daß dieser von uns sexuell mißbraucht und unter Drogen gesetzt worden wäre und daher uns nicht wiedersehen dürfe. Es ist nie klar geworden, warum Herr Kromme auf einmal so reagierte und woher er diese Vorwürfe nahm, da die Kinder im Ferienlager noch nicht einmal Kaffee trinken durften.

7.8.1989:
Vormittags ruft Jan bei Paul (einem der neuen Freunde) in Hamburg an und berichtet ihm von der Kontaktsperre. Jan will aber nach Hamburg. Jan nimmt kurz entschlossen seinen Hund und trampt nach Hamburg. Er ruft allerdings von unterwegs bei seinem Vater an und sagt seiner Stiefmutter meine Adresse, da er vorhat, zu mir zu fahren. Ich weiß von dem allem noch nichts, und als ich nach Hause komme, stehen sowohl Jan als auch ein Polizeiwagen vor der Tür. Jan und ich können nur wenige Sätze miteinander reden, bis auch die Stiefmutter eingetroffen ist und in Begleitung der Polizisten Jan wieder nach Hause trans-

portiere. Die Stiefmutter teilt mir das Umgangsverbot mit und berichtet zusätzlich von einer geplanten Anzeige des Vaters gegen die anderen und vor allem mich.

An diesem Abend und im Laufe der Nacht schlägt Herr Kromme, ziemlich betrunken, Jan krankenhausreif. Jan traut sich nicht einmal mehr auf Toilette, obwohl ihm sehr übel ist.

8.8.1989:

Am nächsten Vormittag ruft Jan heimlich bei mir an und berichtet, was letzte Nacht passiert ist. Außerdem sagt er, daß er von seinem Vater weg möchte.

Ich organisiere daraufhin mit Paul ein Auto, und wir fahren in den Ort, wo Jan lebt. Jan können wir nicht sehen, aber mit Herrn Kromme treffen wir aufeinander. Er beschimpft uns und droht wiederholt mit einer Anzeige gegen uns. Da wir nichts tun können, fahren wir zurück nach Hamburg und überlegen, was wir machen könnten.

An diesem Nachmittag kann Jan sich aus der ständigen Bewachung seines Vaters lösen, da der Vater den Hund ins Haus gesperrt hat und glaubt, daß Jan nie ohne seinen Hund gehen würde. Genau das aber tut Jan. Er läßt sich von einem Bekannten nach Lüneburg fahren. Von dort fährt er nach Hamburg und taucht bei einem Bekannten von uns unter.

An diesem Abend tauchen zwei Mitarbeiterinnen des Kinder- und Jugendnotdienstes (KJND) bei mir auf, nachdem sie von Jans Vater alarmiert wurden (den Eltern ist nur von mir der volle Name und die Adresse bekannt). Die beiden Sozialpädagoginnen erkundigen sich nach dem Verbleib von Jan bzw. ob ich den Aufenthaltsort kenne, unter dem "Hinweis", daß wir uns strafbar machen, wenn wir Jan verstecken und ihn somit dem Vater entziehen. Aber mein Name ist Hase ...

9.8.1989:

Einige von uns gehen gleich am nächsten Morgen mit Jan zu einem Arzt, der eine schwere Gehirnerschütterung und zahlreiche Prellungen am Körper feststellt. Dies lassen sie sich auch sofort in einem Attest bestätigen.

Später nimmt einer von uns Kontakt zu diversen Hamburger Ämtern und Jugendeinrichtungen auf, aber da Jan in Lüneburg gemeldet ist, erklärt sich jede Hamburger Jugendeinrichtung und das Amt für Jugend nicht zuständig.

Allerdings wird über persönliche Kontakte nochmals mit dem KJND Verbindung aufgenommen, doch hier ist der 'Fall' bereits bekannt und Herr W., der ihn 'bearbeitet', ziemlich genervt, da auch der KJND 'anscheinend' nur für Kinder, die auch in Hamburg gemeldet sind, zuständig ist. Obwohl der Sozialpädagoge am Anfang nur genervt ist und den Freunden mehrmals erklärt, nicht zuständig zu sein, wird er doch aktiv und verhilft Jan dazu, einige Tage bei seiner Mutter bleiben zu können.

Jan geht vorerst zu seiner Mutter, die, nachdem sie alles erfährt, einen Antrag auf Wiederbewilligung des Personensorgerechtes stellen will, damit Jan in

Hamburg bleiben kann und hier in öffentliche Erziehung kommt. Jans Mutter nimmt mit der zuständigen Sozialarbeiterin von den sozialen Diensten Kontakt auf, die sie schon lange kennt.
In der Zwischenzeit versuchen wir herauszufinden, was passiert, wenn Jans Vater ihn bei der Mutter abholen will. Uns wird aber von jeder Stelle in Hamburg mitgeteilt, daß niemand in Hamburg zuständig sei und wir uns an das Jugendamt oder das Vormundschaftsgericht in Lüneburg wenden müssen. Auch dies machen wir, aber ohne Erfolg, da Jans Vater uns dort bereits als 'Hafenstraßenbewohner' ankündigte und wir kein Recht hätten, uns in das Privatleben eines erfolgreichen Rechtsanwaltes und seiner Familie einzumischen (wir waren zwar Hafenstraßensympathisanten, aber weder Bewohner der Hafenstraße, noch sogenannte Punks). Den MitarbeiterInnen in Lüneburg reicht die Aussage des Vaters, um jegliche Kommunikation mit uns von vornherein abzulehnen.

14.8.1989:
Jans Vater kündigt sein Kommen mit dem Hinweis an, daß er Jan mitnehmen will. Wir versuchen eine einstweilige Verfügung zu erhalten, die Herrn Kromme das Aufenthaltsbestimmungsrecht entzieht. Dafür führen wir Tausende Telefonate. Wir telefonieren mit dem KJND und einigen anderen Institutionen und Behörden. Schließlich versucht die Sozialarbeiterin von dem zuständigen sozialen Dienst, eine einstweilige Verfügung zu erhalten, damit Jan vorerst bei seiner Mutter bleiben kann. Ihre Kommunikation beschränkt sich nur auf die Mutter. Sie spricht weder mit Jan noch mit einem von uns.

16.8.1989:
Jan soll nach Lüneburg zum Vormundschaftsgericht. Zwei von uns begleiten ihn und obwohl der Richter zugesagt hat, daß der Vater nicht dabei wäre, ist er da. Nach einigem Protest unterhält sich der Richter alleine mit Jan. Danach erklärt der Richter, daß Jan bis zu einem Termin in einer Woche, wo die Frage der öffentlichen Erziehung geklärt werden soll, zurück zu seinem Vater soll. Jan fängt an zu weinen und kündigt sein Weglaufen unter diesen Umständen an. Daraufhin wird ihm angeboten, in einem Kinderheim in Lüneburg unterzukommen, sofern sein Vater einwilligt und Jan seinem Vater persönlich erklärt, daß er nicht zurück will. Nachdem der Vater der Heimunterbringung zugestimmt hat, fährt die zuständige Sozialpädagogin aus Lüneburg mit Jan zum Heim.
Nachmittags hat Jan noch einen Termin bei der Polizei und beim Kinderschutzzentrum in Lüneburg, da sein Vater inzwischen eine Anzeige wegen sexuellen Mißbrauchs eines minderjährigen Schutzbefohlenen und Drogenkonsums gegen uns, primär gegen mich, gemacht hat. Bei beiden Gesprächen sagt Jan, daß die Beschuldigungen in keiner Weise der Wahrheit entsprechen und er glaube, daß sich sein Vater nur an uns rächen will, da wir ihm den Sohn

'wegnehmen'. (Ich habe nie offiziell von der Eröffnung eines Ermittlungsverfahrens erfahren, sondern nur über Jan davon gewußt, d.h. bereits in den Vorermittlungen wurde die Anzeige zu den Akten gelegt, da keine Verdachtsmomente gefunden wurden.)

Abends kündigt der Vater im Heim sein Kommen an, und Jan haut wieder nach Hamburg ab. Auch diesmal wird Jan zuerst nicht im KJND aufgenommen, allerdings wird ihm zugesichert, daß, wenn kein Hamburger Amtsrichter eine Entscheidung fällt, er dann doch noch aufgenommen wird. Schließlich wird Jan im KJND aufgenommen.

Ab jetzt wird alles sehr langwierig, da der Vater zwischenzeitlich umzieht und somit ein neues Amtsgericht und neue Sozialpädagogen für den 'Fall' zuständig werden.

Jan kommt in ein Heim in Lüneburg. Während der nächsten Monate gibt es noch viele Telefonate, Tränen, Weglaufereien, und der Sorgerechtsantrag der Mutter läuft.

Nach acht Monaten ist es dann soweit. Jans Mutter bekommt das Personensorgerecht zurück, und für Jan fängt eine neue Zukunft in Hamburg an. Da er nicht bei seiner Mutter leben kann, kommt er in eine Jugendwohngemeinschaft in Eidelstedt. Das klappt aber nicht so recht; er sei nicht 'gruppenfähig', sagen die Betreuer. Also kommt Jan nach zwei Jahren Hin-und-Her (er wohnt zwischendurch immer mal wieder bei einem/einer von uns) in die flexible Betreuung des Rauhen Hauses. In einer kleinen Wohnung in Billstedt lebt er nun allein. Mit seiner Betreuerin kommt er gut aus."

KGB-Dokumentation:

"Hier einige Anmerkungen zu der Chronik aus unserer Sicht:

Jan hat in den Ferien Beziehungen zu Leuten kennengelernt, die er bisher nicht kannte, z.B. wurde er ernstgenommen, sein Willen zählte, er erfuhr Zuneigung und merkte, daß sie eben nicht käuflich ist. Der Vater machte daraus in seiner kaputten Fantasie 'sexuellen Mißbrauch".

Jan konfrontiert seinen Vater mit seinem Willen, ernstgenommen zu werden oder überhaupt mit seinem eigenen Willen - daraus wird im Kopf des Vaters Drogenmißbrauch.

Daß der Vater Jan zusammenschlägt, demonstriert seine Machtlosigkeit. Er schlägt ihn zusammen, um von Jan zu erfahren, was an seinen kaputten Vorstellungen dran ist - das ist die Folter: Die Methode, Menschen erst weichzuklopfen, um dann Informationen zu erpressen.

Die beiden Frauen vom KJND, die einen Abend später bei Wiebke auftauchen, spielen - ob sie wollen oder nicht - die Polizeirolle: Sie haben keine Ahnung, vertreten die Interessen des Vaters, wollen Jan dem Vater ausliefern. Nur in dieser Rolle - als Sozialkontrolleure - sind die KJND-MitarbeiterInnen zuständig. Denn am anderen Morgen sind sie nicht mehr zuständig, als Jan persönlich auftaucht und Unterstützung will. Dann setzt die Mühle ein. Jan wird nicht nach seinen Vorstellungen gefragt, es kommt auf eine Vermittlung heraus, die letztlich nur auf Jans Kosten gehen kann.

Beharrlich ignorieren Sozilanten/-onkels, Polizisten und Richter in den folgenden Tagen Jans Zustand. Die FreundInnen, die seine Interessen vertreten, laufen gegen Mauern der Nichtzuständigkeit. Versuche, die Lage zu klären, werden von Seiten der Ämter abgeblockt: Nur wenn Jan sich der Kontrolle entzieht, werden die KontrolleurInnen etwas freundlicher, weil sie wissen, daß ohne die FreundInnen nichts läuft.

Das alles ist noch mit der üblichen, menschenverachtenden Bürokratie zu erklären. Ab dem Termin in Lüneburg, wo versucht wird, Jan eine Falle zu stellen, wird der Terror systematisch und ist in unseren Augen Folter mit dem Ziel, Jans Willen, nach Hamburg zu kommen, um in der Nähe der FreundInnen zu sein, zu brechen. Es war von vornherein klar, daß er in das Heim sollte, weil die Sozitante T. die FreundInnen nicht mochte - lieber einen schlagenden Vater, als FreundInnen, die diese Frau wohl im Hafenstraßenmilieu vermutete.

Ab da geht der Terror täglich: Der Richter entscheidet nicht, der Vater kündigt täglich sein Erscheinen an, die ErzieherInnen im Heim haben nichts zu tun als aufzuschreiben, wer für Jan anruft, und ansonsten ist niemand zuständig. In aller Ruhe werden die Namen der FreundInnen von Amt zu Amt und vom Richter zum Vater hin- und hergegeben, als ob es kein Sozialgeheimnis gäbe.

Bei diesem Terror wird von Jan 'Kooperationsbereitschaft' erwartet. D.h., er soll alles mit sich machen lassen, bis nichts mehr von ihm übrig ist. Er soll solange kooperieren, bis er 'freiwillig' zu seinem Vater zurückgeht. Dieser Terror ist für viele Kinder/Jugendliche alltägliche Erfahrung. Selbst wenn sie die Kraft hätten, sich dagegen zu wehren, fehlt ihnen der Rückhalt, der ihnen Stärke vermittelt. Und das kann kein(e) SozialarbeiterIn - so 'fortschrittlich' sie/er auch immer sein mag. Die Verhältnisse machen sie zu SozialtechnikerInnen und PolizistInnen. Störfaktor ist das Kind, der/die Jugendliche. Es ist allerdings alles rechtens so. Der Skandal ist, daß dies kein Skandal ist, sondern Alltag.

Ein Widerspruch, den wir nicht lösen können, ist, daß wir auf der einen Seite jede Art von Verwahrung ablehnen, auf der anderen Seite aber wissen, daß es für Jan keine andere Perspektive gibt, als hier in Hamburg in öffentliche Erziehung zu kommen. Auf der einen Seite geht der Kampf also darum, daß Kinder/Jugendliche weitgehend selbstbestimmt leben können - und das können sie beim derzeitigen Stand der öffentlichen Erziehung in Hamburg, in Jugend-WGs und ähnlichem meistens eher als bei den Eltern. Auf der anderen Seite ist auch hier schnell die Grenze der Selbstbestimmung erreicht, es muß also auch den Kampf gegen die Betreuung geben. Dafür gibt es keine Strukturen, die das leisten können, einmal, weil viele nicht klarhaben, welche Bedeutung das hat, zum anderen, weil schon ohne derartige Strukturen Kriminalisierung droht."

Nachbemerkung

Diese Geschichte habe ich am Rande miterlebt, da ich eine der "Kontaktpersonen" im Amt für Jugend war. Daß die Jugendlichen ein KGB gründen wollten, fand ich gut, wie sie sich für Jan einsetzten, ebenfalls. Geärgert hat mich manche Kritik, z.b. daß Erzieher mit "Papa" angesprochen werden wollten. Selbst wenn es das gegeben haben sollte, war es ein Einzelfall. Und die reformierte Heimerziehung als Terror zu bezeichnen, das ging zu weit. Und den KJND (Kinder- und Jugend-Notdienst), eine der wichtigsten Einrichtungen im Kampf um die Abschaffung der geschlossenen Unterbringung, derart zu kritisieren, fand ich ungerecht.

Als mir auffiel, daß wir in ähnlicher Weise die traditionelle Heimerziehung kritisiert hatten, zwang mich der Ärger zum Nachdenken. Auf der einen Seite konnte ich die Abwehr der Vertreter der alten Heimerziehung jetzt besser verstehen, auf der anderen Seite machte mir das KGB auch praktisch klar, was ich theoretisch wußte: Eine Organisationsreform der Heime schafft noch kein Selbstbestimmungsrecht für Kinder und Jugendliche, ohne eine derartige Reform kann dieses Recht aber auch nicht verwirklicht werden. Diesen Widerspruch drückt das KGB (im letzten Absatz des Auszuges) sehr drastisch aus, der Gestaltwandel dieses Widerspruchs in der Heimerziehung und die damit verbundenen Praxen, Hoffnungen und Konflikte stehen im Mittelpunkt der nächsten beiden Kapitel.

2. "Eine totale Institution kann man nicht reformieren, man muß sie abschaffen."

Eine empirische Collage zur Heimreform in Hamburg von
Lieselotte PONGRATZ, Fred WOHLERT, Dorothee BITTSCHEIDT-PETERS,
Jochen RÖSSLER, Wolfgang HEINEMANN und Hagen WINTER

In einer Collage wird für gewöhnlich mit unterschiedlichen Materialien ein Thema als Bild gestaltet, wobei die Materialien in der Regel verfremdet werden - z.B. wird aus Werbeanzeigen das Bild der idealen Familie zusammengesetzt. Im übertragenen Sinne gilt das auch für den folgenden Versuch, die Hamburger Heimreform der 80er Jahre als empirische Collage darzustellen. Ihre "Aufgabenstellung" lautet nicht, im Sinne eines Vorher-nachher-Vergleiches darzustellen um wie vieles besser es den Kindern und Jugendlichen nach der Heimreform geht (was ich natürlich meine), sondern die der Collage zugrunde liegende These geht davon aus, daß Kinder und Jugendliche (und deren Familien) erst in zweiter Linie Zielgruppe der Jugendhilfe sind, daß es in erster Linie die hegemonialen Gruppen in dieser Gesellschaft sind, die ein Interesse daran haben, ein bestimmtes Bild vom "guten Kind/Jugendlichen" aufrechtzuerhalten. Daß dieses Bild aber nicht mehr unumstritten ist (vgl. KUNSTREICH/PETERS 1988), ist m.E. der Kern der Heimreform.

Die Berichte und Erzählungen von sechs an diesem Vorhaben Beteiligten haben deshalb zwar die Situation von Kindern und Jugendlichen der Heimerziehung als Hintergrund, als Akteure kommen diese aber nicht vor. "Wie im wahren

Leben" sind Kinder und Jugendliche die "Rohmaterialien", die zu bearbeiten sind. Das Kräfte- und Herrschaftsfeld "Heimerziehung" folgt ganz anderen Regeln als denen, wonach Kinder und Jugendliche ihr Leben gestalten. In diesem Widerspruch liegt ein Hauptmotiv der Heimreform, nämlich Kindern und Jugendlichen in der Jugendhilfe ein Leben zu ermöglichen, das sich möglichst wenig vom "üblichen" Leben unterscheidet.

Anders als in sonstigen Collagen, bei denen der Hintergrund, auf dem das Bild gestaltet wird, ein leerer Bogen Papier ist, soll der Hintergrund mit einigen Konturen versehen werden, die das Feld "Heimerziehung" als sozialen Raum zeichnen, dessen Relationen von den Akteuren reproduziert, aber auch verändert werden. Am Ende dieser virtuellen Collage können dann die Veränderungen, die dieser soziale Raum durch die Akteure erfahren hat, in das Bild eingezeichnet werden.

Bild 1: Sozialer Raum "Heimerziehung" - Hamburg 1973/1981

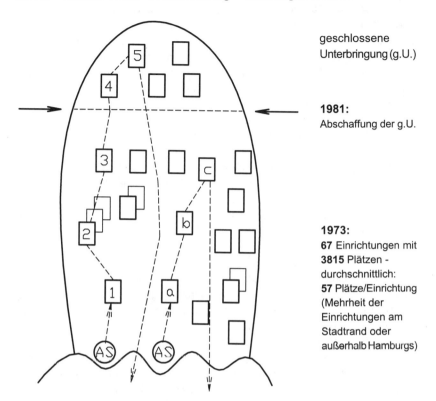

geschlossene Unterbringung (g.U.)

1981: Abschaffung der g.U.

1973: 67 Einrichtungen mit 3815 Plätzen - durchschnittlich: 57 Plätze/Einrichtung (Mehrheit der Einrichtungen am Stadtrand oder außerhalb Hamburgs)

"**L e b e n s w e l t e n** " der Kinder, Jugendlichen, Eltern und deren Sozialitäten

Aus einem physikalischen Raum (Heimgebäude, Straßen, Gärten, Verwaltungsbüros usw.) wird ein sozialer Raum, wenn Akteure diesen mit ihren Interessen belegen, durch ihre Praxen aneignen und ihn in ein machtvolles Netz von Relationen einspinnen (BECKER/MAY 1986, BOURDIEU 1991). Der soziale Raum Heimerziehung wird durch Gesetze, Vorschriften, finanzielle und andere Organisationsmittel zu einem sehr einseitigen Kräftefeld, in dem die Beziehungen klar sind: Alle Machtmittel stehen auf Seiten der Professionellen, die Insassen des Systems können sich entweder nur anpassen, individuell rebellieren oder aussteigen. Der soziale Raum Heimerziehung ist darüber hinaus relativ abgeschlossen. Außer den üblichen Versorgungsbeziehungen (Nahrungsmittel etc.) gibt es nur eine wichtige Schnittstelle mit der Umwelt, die dafür sorgt, daß der Zustrom neuen "Materials" nicht versiegt: Die Agenten (AS) in oder dicht an den Lebenswelten der Adressaten, haben die Macht, äußerst unterschiedliche soziale Ereignisse in gesetzes-kompatible, individuelle Defizite zu verwandeln - die Voraussetzung dafür, daß jemand in das geschlossene System aufgenommen wird (durch AS - die Allgemeinen Sozialen Dienste).

Bis 1981 war dieser soziale Raum kontinuierlich gewachsen und hatte sich heilpädagogisch und sozialtherapeutisch ausdifferenziert. Nach den Vorgaben des HAMBURGER JUGENDBERICHTS von 1973 sollten die 67 Einrichtungen mit über 3800 Plätzen deutlich reduziert werden, um so die durchschnittliche Platzanzahl zu erhöhen, von einem Mittel von 57 auf über 100. Die Stadtrandlage sollte weiterhin bevorzugt werden (Bungalow-Bauweise); ein Paradebeispiel für das Modell Ausbau nach der Melodie "Mehr-desselben".

Die Verweildauer in diesem sozialen Raum hing vom Konsens der Professionellen im System mit den "Agenten" außerhalb ab. Die Linie 1-5 kennzeichnet die typische Heimkarriere eines längeren Aufenthalts. Nach dem Aufnahmeheim (1) ("Diagnose") kommt z.B. ein Zwölfjähriger in ein Heim (2) für Schulkinder (mit Heim(sonder)schule auf dem Gelände), nach der Schulentlassung in ein Heim für Jugendliche (3). Mittlerweile der Zwangserziehung müde, haut der Insasse mehrfach ab, so daß er in der geschlossenen Unterbringung (g.U.) landet, wo er bis zum 20. Lebensjahr bleibt, weil er seine Lehre beenden soll. Danach wird er in seine (alte) Lebensumwelt entlassen.

Typischer ist allerdings die Linie a) - c): Nach der "Diagnose" im Aufnahmeheim (a) kommt die Vierzehnjährige in das Mädchenheim (b). Weil sie nicht in die Gruppe paßt, wird sie in Heim (c) verlegt, von wo sie die Mutter nach vier Monaten wieder abholt - obwohl sich zu Hause so gut wie nichts geändert hat. Aber die Professionellen innerhalb und außerhalb des Heimsystems wissen auch nichts Besseres. Damals wie heute beträgt die durchschnittliche Verweildauer ca. sechs Monate.

Wenn man von weitem auf dieses Bild schaut, sieht der soziale Raum Heimerziehung wie eine Festung aus, die sich über die Lebenswelten der Adressaten erhebt - für die einen "Schutzburg", für die anderen "Zwingburg". Geht man aber näher heran, sieht man, daß dieser Raum eher einem Fesselballon gleicht, der viele Anker im Boden hat, in dem unaufhörlich Menschen aufsteigen und wieder absteigen. Daß dieser Ballon so mächtig und gerade steht, verdankt er der "heißen Luft", die die gesicherte oder geschlossene Unterbringung (g.U.) produziert.

Wie wir in den folgenden Abschnitten der Collage sehen werden, sackt dieser Ballon ziemlich schnell in sich zusammen, kappt man dessen oberen Teil (1). Auch die Streben Zentralisierung (2), Formalisierung (3), Spezialisierung (4) und

Klassifizierung (5), die bewährten bürokratischen Handlungsmuster des Modells Ausbau (s.o.S. 185 ff.), nützen dann nichts mehr. Notwendig wird ein anderes professionelles Selbstverständnis, um am "Boden" - in den "Lebenswelten" - mit der neuen Situation fertig zu werden (6), die alles andere als widerspruchsfrei ist und neue Herausforderungen stellt (3. Kapitel).

(1) Spannungen, Konflikte und Widersprüche im sozialen Raum "Heimerziehung" entladen sich: die g.U. (geschlossene Unterbringung) wird abgeschafft[1)]

Lieselotte Pongratz (Abkürzung: L.P.) geb. 1923

Meine schulische und berufliche Ausbildung vor Beginn des Studiums der Sozialwissenschaften wurde durch die Lebensverhältnisse während der Zeit des Nationalsozialismus geprägt. Nach einem "Pflichtjahr" 1938 absolvierte ich eine kaufmännische Lehre, wurde kriegsdienstverpflichtet und bis Kriegsende zum Reichsarbeitsdienst eingezogen. Nach einigen kurzen Beschäftigungen in der freien Wirtschaft begann ich 1946 mit einem halbjährigen Praktikum in einer Fürsorgeerziehungsanstalt die Ausbildung als Sozialarbeiterin in Hamburg (1947-1949). Während meiner Berufstätigkeit als Sozialarbeiterin in der Jugendbehörde Hamburg wurde ich für wissenschaftliche Forschungsarbeiten freigestellt, so für eine Untersuchung der Heime der Offenen Tür und für eine Untersuchung über das Schicksal aus der Fürsorgeerziehung entlassener Jugendlicher. 1954 begann ich ein sozialwissenschaftliches Studium und arbeitete nach Abschluß zunächst als Wissenschaftliche Assistentin im damals neu gegründeten Sozialpädagogischen Zusatzstudium (SPZ) der Universität Hamburg, wechselte nach einigen Jahren zum Seminar für Sozialwissenschaften und war dort mit dem Aufbau der Kriminalsoziologie und der empirischen Sozialforschung beschäftigt. 1975 wurde ich Hochschullehrerin für Kriminologie in dem neu gegründeten juristischen Fachbereich 17 (Einstufige Juristenausbildung) an der Universität Hamburg und gründete dort - kurz vor meiner Emeritierung - das Aufbau- und Kontaktstudium Kriminologie.

Schwerpunkte in meiner Forschungs- und Lehrtätigkeit waren die soziale Randständigkeit von Kindern und Jugendlichen, von Personengruppen, die aus der Gesellschaft ausgegliedert werden sowie Prozesse der Stigmatisierung, Diskriminierung und Kriminalisierung und die damit im Zusammenhang stehende Institutionalisierung sozialer Kontrollinstanzen.

Die mir wichtigen Veröffentlichungen sind: "Lebensbewährung nach öffentlicher Erziehung" (1956); "Prostituiertenkinder" (1964); die Nachuntersuchung dieser Studie: "Herkunft und Lebenslauf" (1988) und zum Thema Kinderkriminalität (zusammen mit Peter Jürgenssen): "Kinderdelinquenz und kriminelle Karriere" (1990) sowie "Karrieren drogenabhängiger Straftäter" (1997).

L.P.: "Ich habe die Fürsorgeerziehung noch auf ihrem Höhepunkt miterlebt. 1946 absolvierte ich vor der Sozialarbeiterausbildung ein Praktikum in der Feuerbergs-

---

1) Das Gespräch mit Lieselotte PONGRATZ, Dorothee BITTSCHEIDT-PETERS und Wolfgang HEINEMANN wurde am 17. Mai 1995, das mit Jochen RÖSSLER und Fred WOHLERT am 10. Mai 1995 aufgezeichnet.

traße. Damals war 'Feuerbergstraße' das für die weiblichen Fürsorgezöglinge, was das Heim Wulfsdorf für Jungen war. Bei Kriegsende war ich aus dem Reichsarbeitsdienst entlassen worden. Da war nun gar kein Unterschied in beiden Formen der Kasernierung. Im Arbeitsdienst war es etwas freier, würde ich sagen, wir wurden nämlich nachts nicht eingeschlossen. Die Mädchen in der Feuerbergstraße wurden ja Tag und Nacht weggeschlossen. Das war ein ziemlicher Schock für mich. Ich habe das nur ein halbes Jahr mitgemacht und begann dann die Sozialarbeiterausbildung hier in Hamburg. ... Die Jugendbehörde war eine sehr hartleibige Behörde, mit orthodoxen und bürokratischen Vorstellungen. Und gerade die Heimerziehung-Abteilung war sehr verkrustet. Da saßen Leute, die die Kinder zu lange im Heim beließen, bis schließlich ein extra Sozialdienst eingerichtet wurde, um zu prüfen, ob nicht 'mal wieder einige Kinder entlassen werden können. Ein Grund dafür war, daß man die sogenannten besseren Kinder gern länger behielt, weil man als Erzieherin besser arbeiten konnte, wenn man nicht nur schwierige Kinder in der Gruppe hatte. Also behielt man die Guten dann auch noch. Das waren alles so Sachen, die man nicht mehr mit ansehen konnte."

Fred Wohlert (Abkürzung: F.W.)   **geb. 1941**

Nach der Ausbildung zum Sozialarbeiter praktische Tätigkeiten in Erziehungsheimen der Freien und Hansestadt Hamburg sowie der damaligen Jugendbehörde; anschließend Studium der Sozialwissenschaften unter der Fragestellung: Was bringt die guten sozialpädagogischen Absichten praktisch zum Entgleisen? Daraus resultierten u.a. meine Dissertation und die Publikation "Jugendhilfe und Organisation" (1980). Anschließend im Amt für Jugend mehrere Jahre verantwortlich für die Ausführung "öffentlicher Erziehung" sowie für die Trägerberatung und "Heimaufsicht". Daraus resultierten u.a. Publikationen zur Bewährung von Pflegeverhältnissen und zur Reform der Heimerziehung; insbesondere: "Strukturelle Aspekte der Heimerziehung", in: PETERS 1988; sowie "Außenwohngruppen und öffentliche Verwaltung" in: WOLF 1993.
Gegenwärtige Tätigkeit über Grundsatzfragen der Jugendhilfeplanung im Amt für Jugend, Hamburg.

F.W.: "Wenn man zusammenfassend darüber nachdenkt, wie es eigentlich möglich war, eine Staatsbürokratie um 1980 so sehr zum Tanzen zu bringen, wie das damals möglich gewesen war, so kann man folgendes sagen: Es bedarf massiver Krisen, damit der nötige Hintergrund vorhanden ist. In den Krisen manifestiert sich im Grunde genommen der Handlungsbedarf fast von selbst. Unsere Krise war erstens das Zurückbleiben hinter den Entwicklungen in der Bundesrepublik und zweitens ein großer Überhang an Heimplätzen. Was die Krise noch massiver machte, war die große Gefahr, daß das durch Heimplatzreduzierung eingesparte Geld schlicht abzuliefern war an den Gesamthaushalt. Ferner bedarf es des Wollens der politischen Leitung von Behörden, daß die Verhältnisse zum Tanzen gebracht werden. Sie müssen dahinterstehen, sonst bewegt sich nichts."

Dorothee Bittscheidt-Peters (Abkürzung: D.B.) geb. 1943

Diplomsoziologin und Doktorin der Sozialwissenschaften, in den 70er Jahren in der kriminalsoziologischen Forschung und als Hochschullehrerin an der Universität Bremen tätig.
1980-1988 Leiterin des Amtes für Jugend in der Behörde für Arbeit, Jugend und Soziales und 1988-1993 Leiterin des Amtes für Soziales und Rehabilitation in dieser Behörde.
1993-1996 Staatssekretärin im Ministerium für Arbeit, Soziales, Jugend und Gesundheit, Schleswig-Holstein.
Derzeit Lehrbeauftragte an der Universität Hamburg und freiberuflich tätig in der berufsbegleitenden Fortbildung im sozialen Bereich.

D.B.: "Es gab ein paar Faktoren, die die Heimreform möglich gemacht haben. Sonst wäre das auch nicht so gelaufen. Ein besonders wichtiger war die Unterauslastung: es waren damals etwa 1600 Mitarbeiter im Amt für Jugend in 27 Einrichtungen. Alle Einrichtungen waren unterausgelastet. Wir hatten ein Riesenproblem, weil die geburtenschwachen Jahrgänge und auch die anwachsende Bedeutung ambulanter Betreuungsformen, die es ja schon gab, die Heime leerer machten. Sie hatten im Schnitt 70 % Auslastung und das hält keine Verwaltung durch. Das brodelt. Und so gut die Leitgedanken der Reformer auch immer waren, eine bessere Idee von Heimerziehung allein hätte Veränderungen solchen Ausmaßes nicht bewirken können. Vielmehr schaffte erst die geringere Nachfrage nach Heimplätzen ein strukturelles Problem und bedeutete zugleich eine Chance. Die Möglichkeit, aus den abzubauenden Kapazitäten die Betreuungsrelationen zu verbessern, also das zahlenmäßige Verhältnis von Erziehern zu Kindern, erhöhte die Akzeptanz der anderen gravierenden Veränderungen in diesem System."

L.P.: "Interessant ist aber doch, daß das alles erst 1980 geschah. Die Studentenrevolte 1968 hatte ja die Fürsorgeerziehungspraktiken wirklich bloßgelegt. Von daher kam eine Welle der Reform in die Heimlandschaft, d.h. man wollte die Heime zwar behalten, man wollte aber Korrekturen, z.B. mehr Ausgang für die Kinder, die Zäune und Mauern wegnehmen usw. Das hat einiges in Bewegung gesetzt. Man kann aber so ein Rad dann nicht zurückdrehen. Ich glaube, daß wir ohne die Studentenrevolution noch länger mit solchen kleinen Schritten zu tun gehabt hätten."

Jochen Rößler (Abkürzung: J.R.) geb. 1941

1965-1967	Studium der Sozialpädagogik FHS
1967-1969	leitende Tätigkeit in der Heimerziehung in Hamburg
1969-1975	Studium der Erziehungswissenschaft, Soziologie und Politik
1975-1977	Dozent an der Fachhochschule für Sozialpädagogik des Rauhen Hauses
1977-1991	Leiter der Erziehungsabteilung des Rauhen Hauses und stellvertretender Vorsteher des Rauhen Hauses
1991-1993	Referatsleiter und stellvertretender Abteilungsleiter der Abteilung Jugend und Sport im Kultusministerium des Landes M/V
1993-1994	Ausländerbeauftragter der Landesregierung M/V
seit 1994	Beigeordneter für Soziales, Jugend, Kultur und Kliniken der Landeshauptstadt Schwerin

- Vorstandsmitglied der AGJ, Mitglied der IGfH, Sozialausschuß des Deutschen Städtetages

Publikationen:
- Institutionelle und individuelle Bedingungen sozialpädagogischen Handelns im Erziehungsheim, in: Theorie und Praxis der Sozialen Arbeit, 10/1973, S. 373-392.
- Vom klassischen Heim zum Wohnungsverbund. Das Beispiel des "Rauhen Hauses", in: PETERS (Hrsg.), Jenseits von Familie und Anstalt, Entwicklungsperspektiven in der Heimerziehung. Bielefeld 1988, S. 97-111.
- Perspektiven der Gestaltung der Hilfen zur Erziehung - Das Beispiel Mecklenburg-Vorpommers, in: KLATETZKI (Hrsg.), Flexible Erziehungshilfen. Münster 1995^2, S. 118-145.
- Das Jugendamt im Gefüge kommunaler Sozialpolitik, in: Forum Erziehungshilfen. 2/1997, S. 68-72.

J.R.: "Wir hatten damals im Wichern-Haus nur männliche Jugendliche. Ich weiß nicht, ob Sie sich vorstellen können, wie das ist, wenn 60 männliche Jugendliche in einem Haus in sechs Gruppen wohnen. Die hatten natürlich auch einen Speisesaal. Da gingen sie rein und bewarfen sich mit Löffeln und Gabeln. Es war allein schon vom Lärm her kaum auszuhalten, wenn 60 Jugendliche dort zum Mittagessen kamen. Das war ein Rülpsen und Furzen. Wie Jungbullen so sind. Wenn man nicht aufpaßte, konnte man nur noch in Deckung gehen. Dann flogen die Margarine und die Tomaten. Deswegen mußte das so organisiert werden, daß immer ein kräftiger Erzieher dabeistand. Das ist der Hintergrund, vor dem sich irgendwann die Frage stellt, wie das zu ändern ist. Wir haben das erstmal ein bißchen räumlich geteilt, verschiedene Essensräume gemacht.

Dann kam irgend jemand auf die Idee, auch Mädchen aufzunehmen. In den kleinen Kindergruppen war das ja auch ungefährlich. Aber bei 15-, 16-, 17jährigen Jugendlichen Jungen und Mädchen zusammen in eine Gruppe zu nehmen, da gab es Ärger. Die Heimaufsicht kam und stellte fest: Für Jungen und Mädchen liegen die Toiletten nebeneinander, und man kann die Toilette von außen mit einem Groschen aufmachen. Sie können sich vorstellen, was die Mitarbeiter der

Heimaufsicht für Phantasien entwickelten. Sie meinten, Mädchen und Jungen seien sexuell gefährdet und sie könnten es miteinander treiben. Dies taten die natürlich ohnehin. Ob man sie zusammen in der Gruppe hat oder nicht, sie haben so viele Möglichkeiten, irgend jemanden kennenzulernen. Das Gelände ist riesig groß, und es hat noch kein Jugendlicher keinen Weg gefunden, um das irgendwie zu machen, wenn es denn sein sollte. Aber die Heimaufsicht sagte, Gefährdung in den nebeneinander liegenden Toiletten, das geht nicht. Aufnahmesperre, keine Neuaufnahmen. Zwei Jahre lang haben sie uns hingehalten und haben gesagt, daß sie keine Neuaufnahme vornehmen würden."

F.W.: "Die Hamburger Heimerziehung war hinter'm Mond, auch bundesweit. Ich habe beobachten können, wie die zuständigen Referate im Hause das Rauhe Haus bei den Reformen massiv behinderten, indem sie sich als Instrument der Heimaufsicht mißbrauchen ließen, indem sie das Instrument der Pflegesatzgestaltung mißbrauchten, indem sie mit anderen Ländern gekungelt haben und sich z.B. mit der Heimaufsicht in Schleswig-Holstein kurzgeschlossen haben. Die Verwaltung machte Sachen, die gibt es gar nicht. Also kurz und gut, es war richtige Verwaltungskonspiration gegen die Tendenzen im Rauhen Haus.

Ich konnte das Rauhe Haus damals noch nicht richtig in Schutz nehmen, weil unser Haus selbst noch den alten Geist atmete. Es war ein Haus, das von Lehrern und Juristen geprägt war. Auch gab es noch keine politische Leitung, die sich hinter einen gestellt hätte. Das wurde erst 1980 anders. Dann kam die politische Wende in der Weise, daß Frau Dr. Bittscheidt-Peters Leiterin des Amtes für Jugend wurde."

J.R.: "Es brodelte natürlich nicht nur bei uns, sondern auch in den staatlichen Heimen. Dann gab es eine Veranstaltung in der Markthalle: 'Neue Wege in der Heimerziehung' oder so ähnlich. Jedenfalls eine Veranstaltung, zu der eine ganze Reihe Mitarbeiter aus den städtischen Heimen und denen der freien Träger kamen. Wir begannen eine öffentliche Diskussion darüber, ob es denn noch so weitergehen kann. Das war eine komplizierte Veranstaltung, weil sie einigen, eigentlich gutwilligen HeimleiterInnen zu weit ging. Sie haben ihre Heime zäh verteidigt und betont, welch große Mühe sich die Erzieher geben. Sie haben mir auch gezeigt, was sie alles basteln und was sie zu Weihnachten verschicken, wie schön die gemeinsamen Feste sind usw. Diese KollegInnen fühlten sich sauwohl in ihrem Heim, in dem sie jahrelang gearbeitet hatten, und fanden uns wirklich nur gemein, wenn wir diese Heimerziehung kritisierten. Und dann kam in dieses Klima, die neue Amtsleitung."

> **Wolfgang Heinemann** (Abkürzung: W.H.)   **geb. 1951**
>
> Zweiter Bildungsweg, d.h. Volksschule, Handelsschule, Ausbildung zum Versicherungskaufmann, Fachoberschule. Mit 21 Jahren "Eintritt" in die Heimerziehung beim Amt für Jugend als "Angestellter in der Tätigkeit von Erziehern", nebenbei Fachhochschulstudium.
> 1980: erste Stelle als Einrichtungsleiter, im berüchtigten Helmuth-Hübener-Haus, kurz "Hütten" genannt, ein Heim mit ausschließlich baulich gesicherten Gruppen; ohne Erlaubnis konnten die Jugendlichen dieses Heim nicht verlassen. Die Schließung dieses Heimes erfolgte im Jahr 1981, und es fand der Wechsel in das Leitungsgremium des Jugendheimes Wulfsdorf statt. In diesem Heim wurden die Alternativen zur "gesicherten Unterbringung", die mit der Schließung "Hüttens" in Hamburg abgeschafft waren, erprobt.
> 1985: Aufbau des Projektes "Ambulant betreutes Einzelwohnen" (nebenbei der Versuch, Soziologie zu studieren; dieser Versuch endet kurz vor dem Examen). Dieses Projekt verfolgte in seiner Methodik Ansätze, die heute zur professionellen Alltagspraxis gehören, bspw. seien genannt: Lebensweltorientierung, Parteilichkeit, Beteiligung und Freiwilligkeit. Da dieses Projekt aber gleichzeitig ein kritisches Verhältnis zur stationären Jugendhilfe hatte, war es innerhalb der öffentlichen Erziehung umstritten und politisch nicht gewünscht. Daher wurde das Projekt 1990 beendet, seitdem Leiter eines Jugendhilfeverbundes.
> Neben dieser Funktion sind noch folgende Daten erwähnenswert: Mitarbeit - als Regionalsprecher - bei der Internationalen Gesellschaft für Erzieherische Hilfen (GfH). Mitglied im Freiraum e.V. (Verein für akzeptierende Drogenarbeit), Mitglied im Verein Hamburger Sozialpädagogik, Vorstandstätigkeit im BRAKULA (Bramfelder Kulturladen - Stadtteilarbeit). Veröffentlichung diverser Fachaufsätze. Arbeitsschwerpunkte: Hilfen als Hilfen zu konzipieren und nicht als Mangelzuschreibungen; aktuelle Strategien, bzw. Zielvorstellungen: Entsäulung der Jugendhilfe.

W.H.: " In den 70er Jahren habe ich als Erzieher die schlechten Seiten der Heimerziehung mit ihren Verschiebepraktiken erlebt. Ich muß allerdings gestehen, daß ich auf der falschen Seite war, daß ich also immer in Kinder- und Jugendheimen beschäftigt war, die abgeschoben haben. Kinder verschwanden einfach aus meinen Gruppen, weil sie z.B. die Schule beendet hatten. Es kam vor, daß die Kinder oder Jugendlichen vom sogenannten Zuführdienst geweckt und in die Endstationsheime gebracht wurden, nach Osdorf oder Wohlstorf. Während ich noch einigermaßen über die Gründe der Verschiebung informiert war, so hat der Jugendliche das nicht erfahren, in keiner Weise.

Ich hielt dieses System für unumstößlich. So war es denn halt. Gott sei Dank stellte sich dann heraus, Anfang 1979, so ganz unumstößlich war es doch nicht. Die Einrichtungsleiter und die Betreuer, die in diesen sogenannten Endstationsheimen arbeiteten und die das geballte Elend mitbekamen, sagten, so ginge es nicht weiter. Die haben dann Leitgedanken zur Heimerziehung veröffentlicht. Da hatten sie ganz schlichte Erkenntnisse niedergeschrieben: Kein Kind darf versetzt werden; keines darf abgeschoben werden; das Kosten-Sachgebiet darf nicht die Hoheit über pädagogische Maßnahmen haben und ähnliches. Doch damit haben sie sich nicht begnügt. Sie haben sich auch vorgenommen - das war schon eine revolutionäre Tat seinerzeit - diese Praktiken zu veröffentlichen, zu skandalisie-

ren. So haben sie mit dem Markthallenleiter eine Veranstaltung gemacht, um all diese Praktiken zu skandalisieren. Das waren die berühmten Markthallenveranstaltungen. Eigentlich wollte man die Heimerziehung nur verbessern: Besseres Essen, Fahrgelder für alle Jugendlichen, keine Abschiebepraxis mehr, keine Spezialeinrichtungen mehr, keine geteilte Zuständigkeit für einen Jugendlichen im Heim, also keine Psychologen mehr usw. Das war eine heikle Angelegenheit, denn man war sich ziemlich sicher, daß man sein Amt nicht hinter sich hatte. Was man nicht wußte und was sich als Glücksfall herausstellte, war die Tatsache, daß man bei dieser Markthallenveranstaltung plötzlich einen neuen Spitzenreiter vor sich hatte. Das war der damalige Jugend- und Arbeitssenator Jan Ehlers. Der war nun gar nicht erschüttert, daß es engagierte Mitarbeiter in seinem Bereich gab, sondern der fand das Ganze in Ordnung. Er ließ sich auch aufklären und machte einige Versprechungen, die - das war nicht üblich für Politiker - auch eingehalten wurden. Damit hatten wir plötzlich eine Fraktion, die die ganze damalige Heimerziehung in Frage stellte. Und dann ging es eigentlich ratz-fatz. Dann kam Frau Bittscheidt-Peters. Sie fand den Boden also schon bereitet und stellte gleich die Frage nach der Rechtsgrundlage für die gesicherte Unterbringung. Ich war damals Leiter des Helmut-Hübner-Hauses, ein Heim zur Abwendung von U-Haft für Jugendliche und ein Aufnahme- und Beobachtungsheim. Das war total gesichert. Wer da 'reinkam, kam so schnell nicht wieder 'raus. Ich hatte nie nach irgendwelchen Rechtsgrundlagen gefragt, wieso da Kinder 'reingekommen sind und nicht wieder 'raus durften. Das habe ich einfach so gemacht wie alle Leitungen vor mir. Diese Praxis wurde von der neuen Amtsleitung vehement kritisiert und ein Jahr später hatten wir diese Einrichtung nicht mehr. Wir hatten in Hamburg überhaupt keine gesicherte Unterbringung mehr."

F.W.: "Ich hatte 1977 mein Konzept zur Heimerziehung, zur Veränderung der Heimerziehungsstrukturen aufgeschrieben. Es war im Grunde etabliertes Gedankengut, das auch im damals gerade erscheinenden sogenannten 'Zwischenbericht' der KOMMISSION HEIMERZIEHUNG entfaltet worden war, der bundesweit große Resonanz erfuhr. Bevor nun diese politische Wende in der Jugendbehörde eintrat, legte ich diesen Bericht der damaligen Amtsleitung vor. Ich sehe noch heute das angewiderte Gesicht des juristischen Leitenden Beamten und höre heute noch, wie er sagte: 'Herr Wohlert, das ist eigentlich nicht das, was wir uns vorgestellt hatten'.

Nachdem die Leitung des Hauses gewechselt hatte, legte ich dieses Papier abermals vor, und das wurde dann Gott sei Dank die Basis, auf der dann die Drucksache (Senatsvorlage für die Bürgerschaft, Parlament in Hamburg - T.K.) entstand: Reform der Heimerziehung. Bevor man dann aber 'rangehen konnte an diese eigentliche Reformdrucksache, die auch für den staatlichen Heimbereich die Strukturen grundlegend veränderte, machte die Behörde eine Reihe von Sofortmaßnahmen. Sie tat etwas ganz wichtiges: Sie schaffte die gesicherte

Unterbringung ab. Diese lastete allein auf den Schultern der staatlichen Heimerziehung. Es gab mehrere hundert Plätze in der gesicherten Unterbringung. Unter anderem gab es sie in dieser Menge nur deswegen, weil diese Gruppen am besten ausgestattet waren und die Bezahlung dort am besten war. D.h., wir hatten einen verhängnisvollen Mechanismus: Die Heimleiter und auch alle Leute, die da arbeiteten, schufen immer mehr Plätze für gesicherte Unterbringung, weil ihre Vergütung dadurch besser wurde und ihre Arbeitsbedingungen. So war in der g.U. das zahlenmäßige Verhältnis Kind-Erzieher das beste überhaupt. ...

Gerade zu diesem Zeitpunkt wurde ein Neubau fertig, in dem die gesicherte Unterbringung zur Abwendung von U-Haft für Jugendliche durchgeführt werden sollte. Es war eine Spätwirkung der Rockerkrawalle Mitte der 60er Jahre, eine klassische Behördenplanung also.

Dieses Heim wurde nun gerade in dem Moment fertig, als der neue Senator kam. Da ging ein Abteilungsleiter zu ihm hin und sagte: 'Wissen Sie, daß Sie demnächst mit einer goldenen Schere das Band zu einem Neubauknast für Jugendliche durchschneiden werden?' Dem Senator wurde ganz übel bei diesem Gedanken. Man fuhr gemeinsam 'raus nach Altengamme, zu dem fast fertigen Neubau. Der Senator hat diese Anstalt dann verschenkt an die Justizbehörde. Der zuständige Referent durfte daraufhin im Fernsehen auftreten und wurde gefragt: 'Sagen Sie mal, wie gehen Sie eigentlich mit Steuergeldern um?'"

J.R.: "Sie können sich vorstellen, daß ich ihn das auch gefragt habe, aber öffentlich. Daß es natürlich eine Ungeheuerlichkeit sei, daß Millionen für die Jugendhilfe verplant worden seien und nun der Justiz geschenkt würden. Ich meine, das mußte man polemisch ausschlachten. Ich war zwar dafür, daß das Ding nicht benutzt wurde, aber trotzdem konnte man sich das nicht verkneifen."

D.B.: "Für mich war das ein Lernprozeß. Ich war wirklich unerfahren, was Bürokratie angeht. Ich weiß noch, daß ich am sechsten Tag, als ich in diesem Amt war, dem Rechtsreferat die Frage gestellt habe, unter welchen Bedingungen und rechtlichen Voraussetzungen geschlossene Unterbringung möglich ist. Ich habe damals das Glück gehabt, daß einer, der auch wichtig ist in dieser Reform, nämlich Dietrich Mahnkopf, mir das so exakt beantwortet hat. Er kam zu dem Schluß, daß es eigentlich keine zwingende Rechtsgrundlage gab. Das war eine richtig schöne rechtliche Ausarbeitung, mit der ich dann losgezogen bin. Denn ein paar Tage später bekam ich mit, daß eine große Einrichtung von der Jugendbürokratie als eine therapeutisch ausgerichtete, geschlossene Unterbringung vorgesehen und geplant und fast fertig war. Das war ein Konzept, auf das sich alle, die damals in den Heimen arbeiteten, freuen mußten. Alle Erzieher, insbesondere natürlich die Leitungsfiguren, sollten höher gruppiert werden. Das war damals ein wichtiges Thema und es gab genug Therapeuten, die auch in dieser Einrichtung mitarbeiten wollten."

W.H.: "Die Hochschule für Bildende Künste wurde eingespannt, um den Innenhof zu verschönern und einen Nato-Stacheldraht bewachsen zu lassen, damit man es nicht so sieht."

D.B.: "Jedenfalls bin ich zu meinem Senator gegangen und habe ihm gesagt: 'Im nächsten Monat bist Du dafür vorgesehen, die neue gesicherte Unterbringung einzuweihen. Wenn Du das machst, dann können wir aufhören mit Markthalle und allen anderen Ansätzen!' Nun hatten wir 11 Mio. DM in unserem Haushalt für den Bau vorgesehen, und der Rohbau war schon fertig. Alle Beteiligten arbeiteten aus den unterschiedlichsten Interessenlagen daraufhin, das Ding fertig zu bauen.

Dann habe ich den Senator gebeten, mir den Auftrag zu geben, daß ich das Gebäude irgendwie aus dem Haushalt 'rauskriege, jedenfalls aus unserer Zuständigkeit. Den Auftrag habe ich nicht bekommen, aber immerhin durfte ich Gespräche führen. Ich bin dann zur Justizsenatorin, Frau Leithäuser, gegangen und habe gesagt, ich habe da so ein Projekt, darüber möchte ich 'mal mit Ihnen sprechen. Das Projekt fand sie für ihre Justiz ganz faszinierend. Sie hatte das aber ohne ihre Richterschaft gemacht. Dann ging ein furchtbarer Kampf los. Vor allem die Jugendrichter hatten natürlich auf die neue Anstalt gesetzt. Dahinter standen ja auch ein Senatsbeschluß und Haushaltsentscheidungen. Es dauerte einige Zeit, bis aus dem Gebäude die Sozialtherapeutische Anstalt Altengamme der Justiz wurde."

F.W.: "Diese Reformdrucksache über die neuen Strukturen der Heimerziehung war mit einer großen Anhörung verbunden. Die freien Träger haben natürlich den Senat verspottet, weil der ohnehin nur nachvollzog, was woanders schon längst Praxis war. Im großen und ganzen hat diese Drucksache geholfen, weil sie von Senat und Bürgerschaft zur Kenntnis genommen wurde und damit in Hamburg endgültig bestimmte Prinzipien verabschiedet wurden. Vor allem war das der Abschied von dem Konzept des Heims als therapeutischer Klinik. Das war nun offizielle Jugendhilfepolitik in Hamburg. Jeder konnte sich darauf berufen. Insofern hatte diese Drucksache eine wichtige Funktion. Für die staatlichen Heime hatte sie aber noch eine weitere wichtige Funktion, weil wir, ähnlich wie das Rauhe Haus es schon vorgeführt hatte, einen großen Teil der Ressourcen umwandeln konnten für andere Zwecke. So haben wir den ganzen Ausstattungswirrwarr beseitigt zugunsten anderer Formen der Jugendhilfe: Jugendwohungen, Wohn-Gruppen usw."

W.H.: "Alles ging recht schnell, als das öffentlich wurde. Wir hatten 1981 keine gesicherte Unterbringung mehr. Nun muß man solche Pioniere wie Klaus Schmidt aus der Feuerbergstraße hier mal benennen, der in den 70er Jahren schon unheimlich viel gemacht hatte. Eigentlich hätte er alle Mädchen gesichert unterbringen müssen. Aber er hat es einfach nicht getan. Er war mit denen auf Fahrt, er hat sie nicht immer eingesperrt. Solche Sachen liefen natürlich immer schon. Das wurde 1981 dann legalisiert. So war es auch mit ein paar anderen

Dingen. Es gab immer schon Nischen in der Heimerziehung, die einfach nur entdeckt werden mußten. Ich weiß, daß es 1978/1979 in den Zentraleinrichtungen z.B. leerstehende Hausmeisterwohnungen gab. Dort wurden dann 'vernünftige' Jugendliche untergebracht und nicht mehr so eng betreut. Ihnen gab man für die Woche Taschengeld, dann haben sie sich selbst versorgt. Diese Versuche wurden in einem Papier gebündelt, das hieß 'Referentenentwurf zur Heimerziehung'. Der ist schon ein Jahr nach der Aufhebung der gesicherten Unterbringung, nämlich 1982, eingebracht worden. Da wurde festgestellt, daß sich die Heimerziehung dynamisieren müsse, und daß es nicht nur darum ginge, die gesicherte Unterbringung aufzuheben, sondern daß da ein Vakuum entstanden sei, daß durch neue Formen der Heimerziehung zu füllen sei. Die Heimerziehung an sich wurde in Frage gestellt.

Was wurde festgestellt? Nicht nur, daß die gesicherte Unterbringung für äußere Zwänge gesorgt hat, sondern der Ablauf in einer zentralen Organisation überhaupt wurde in Frage gestellt. Das ganze Heimleben wurde ja nach Regeln organisiert, die nicht viel mit Pädagogik zu tun hatten. Es wurde z.B. um 12.00 Uhr gegessen, weil die Zentralküche fertig sein mußte, weil die Frauen um 14.00 Uhr Feierabend hatten. Gruppenaktivitäten richteten sich natürlich nach den BAT-Zusammenhängen, also nach den Bestimmungen des Bundesangestelltentarifes, die für die Erzieher galten. Es wurde also insgesamt in Frage gestellt, ob eine komplexe Heimerziehungstruktur das geeignete ist, und man hat Ideen gesammelt, wie man die großen Einheiten ein bißchen aufsplitten kann. Eine witere Idee war die Bildung einer Jugendwohngruppe auf dem Heimgelände. Davon war es natürlich nicht weit zu der Jugendwohngruppe außerhalb des Heimgeländes."

F.W.: "Im nachhinein muß ich sagen, es war eine Reform von oben, bei gleichzeitiger Pflege des Eindrucks, daß sie von unten gekommen ist. Von der Art der Durchsetzung der Reform war es die völlige Mißachtung der beamteten Bedenkenträger. Es war zugleich eine knallharte bis unmenschliche, rigorose Personalpolitik, die dazu geführt hat, daß in unserem Hause der gesamte Leitungskörper ausgewechselt wurde. Es war auch der fast völlige Verzicht auf Planung. Es war das Verlassen des Geleitzugsprinzips, daß die Langsamsten das Tempo bestimmen. Und es war die einmalige historische Chance, mit einer überlegenen, sozialwissenschaftlich inspirierten, verbalen Feuerkraft die anderen Behörden ins Boxhorn zu jagen. Das darf man nicht unterschätzen. Die Jugend- und Sozialbehörde hatte damals in Sachen verbaler Feuerkraft massiv aufgerüstet und massenhaft Soziologen und Sozialwissenschaftler eingestellt, die die Beamten und Juristen in den anderen Behörden völlig an die Wand argumentierten. Der Überraschungseffekt war groß, und es gelang uns, einen großen Teil der Ressourcen an Land zu ziehen und im Hause zu behalten. Nicht zuletzt möchte ich hervorheben, das betrifft insbesondere uns beide (F.W. und J.R. - T.K.), daß persönliche Querverbindungen eine große Rolle spielten bei der Verwirklichung *einer Reform, bei der die eine Institution auf die andere angewiesen ist. Da geht es auch um persönliche Bekanntschaften."*

(2) Von der zentralisierten Anstalt zur Wohnung im Stadtteil: Dezentralisierung

J.R.: "Stellen Sie sich vor, daß Sie eine Organisation hätten, die Klienten zu betreuen hat, Kinder und Jugendliche; und Sie hätten eine sehr große Organisation, wie es früher die Erziehungsabteilung des Rauhen Hauses war. Da gab es eine Zentralküche, die brachte das Essen; es gab eine Zentralwäscherei, die wusch die Wäsche und die mußte auch an einem ganz bestimmten Tag hingebracht werden. Gruppe A mußte die Wäsche am Montag bringen, Gruppe B mußte die Wäsche am Dienstag bringen, Gruppe C am Mittwoch. Die gesamte innere Struktur wurde davon bestimmt, wie die Organisation organisiert war. Wenn Sie daran was ändern wollten, z.B. wenn Sie sagen würden, wir wollen dieses Essen nicht mehr, sondern wir wollen uns gerne in der Gruppe selbst verpflegen; wir wollen selbst einkaufen und uns unser Essen selbst machen, dann konnte das so eine Gruppe gar nicht entscheiden. Sondern da mußte dann ein riesiger Weg gegangen werden, weil dann gesagt wurde: 'Wenn Ihr aber selbst kocht, dann wird ja die Küche überflüssig. Wenn die Küche überflüssig wird, dann werden die Arbeitsplätze dort überflüssig. Was machen wir dann mit der Köchin? Deshalb, weil wir die Köchin haben, müssen wir dann auch die Küche haben. Weil wir die Küche haben, müssen wir auch die Küche mit der Köchin haben, dann dürft Ihr eben nicht selbst kochen, sondern müßt Euer Essen abholen. Wenn Ihr Euer Essen abholt, dann habt Ihr auch Streit darüber, weil Ihr nicht immer wieder das gleiche Salamibrot am Montag abend haben wollt. Aber es tut uns nun mal leid, wir haben diese Organisation!!

Wenn man aber Organisationen haben möchte, die flexibler sind, wo sich die Klienten nicht an den Bedingungen der Organisation abarbeiten müssen, sondern die Abläufe sich an den Bedingungen der Klienten ausrichten müssen, dann brauchen Sie zunächst erstmal kleine Organisationen. Große Organisationen können das nicht.

Mit dem Argument, die Dezentralisierung sei zu teuer, mußten wir uns lange herumschlagen. Wir haben dann z.B. ausgerechnet, was die zentrale Küche tatsächlich kostet. Da kostete die Tagesverpflegung für die Kinder ungefähr DM 13,80, also Personalkosten, Abschreibung usw. inclusive. Wir haben dann nachgewiesen, daß die Gruppenverpflegung fünf oder sieben Mark pro Kind ausmachte, d.h. es war ungefähr halb so teuer, als wenn das Kochen zentral gemacht wird. Mit der Wäscherei war es ganz genauso. Kurz und gut, Kostenargumente sind natürlich Argumente, mit denen man Barrikaden aufbaut, hinter denen man sich verbirgt, um eigentlich zu sagen, wir wollen die Stellen erhalten."

F.W.: "Die staatlichen Heime stellten früher ihren Kindern Kleidung aus einer zentralen Kleiderkammer zur Verfügung. Die hatte ihren Sitz im Keller der Averhoffstraße, und man hatte dort die Bekleidung, die man für Jugendliche und Kinder für richtig hielt. Sie können sich natürlich vorstellen, mit welcher Abscheu sich die Jugendlichen diese Klamotten angeguckt haben: Pfeffer- und Salzmäntel und alles, was aus der Winterkollektion von Karstadt übrig geblieben war. Diese Einkleidung war eine Katastrophe. Mit Jugendlichen dort hinzugehen, war ein Abenteuer. Es war aber genauso ein Abenteuer - das habe ich selbst noch im Heim erlebt -, wenn man versuchte, für einen Jugendlichen eine normale Nietenhose in irgendeinem Laden zu kaufen. Das war ganz schwierig abzurechnen. Ich erinnere mich noch heute, wie es bei der Abschaffung dieser Kleiderkammer einen Riesenaufstand gegeben hat innerhalb der Verwaltung. Sofort kam das Argument: 'Das wird mindestens Mehrkosten erfordern von etwa 800.000 Mark, weil die Bekleidungskammer so billig einkauft durch den Großeinkauf.' Das hat uns - ehrlich gesagt - natürlich auch zu denken gegeben. Vorsichtshalber haben wir den Senat dazu gebracht, sich für die Abschaffung zu entscheiden, aber doch einen Mehraufwand für Sachmittel im Werte von 500.000 Mark einzuplanen. Ergebnis: Wir haben im nächsten Jahr 600.000 Mark weniger Geld ausgegeben für Bekleidung."

J.R.: "Diese ganzen Widerstände waren ein großes Problem und führten zu langen Verhandlungen. Das hört sich manchmal so an, als sei alles eben 'mal so schnell gemacht worden, aber dies sind mehrere Jahre gewesen, in denen wir diesen Prozeß mit den Behörden durchgemacht haben. Sie wissen, daß die Heimerziehung aus öffentlichen Mitteln über Pflegesätze bezahlt wird, die mit den Kostenträgern zu vereinbaren sind. Wir haben immer argumentiert, daß wir einen Riesenapparat von technischen Kräften haben, die für die Wäscherei usw. zuständig sind, die aber mit den Kindern nichts zu tun haben. Und wir haben die Erzieher, die wir vergleichsweise schlecht bezahlt haben. Die Therapeuten wurden alle nach BAT II bezahlt, aber die Erzieher konnten froh sein, wenn sie BAT VI mit Aufstieg nach Vc kriegten. Deshalb habe ich argumentiert, das könnte man doch einfach umschichten und diese ganzen Kosten für die technischen Kräfte, Hausmeister, Fahrer usw., für Fachkräfte, die erziehen und betreuen, einzusetzen. Mit diesem Vorschlag sind wir immer gescheitert, insbesondere bei der mittleren Ebene der Verwaltung. Also mußten wir höher ansetzen. Es gab im Rauhen Haus die Übung, einmal im Jahr den einen oder anderen Senator einzuladen zu einem sogenannten Herrenabend. Einmal war Jan Ehlers, der Jugend- und Sozialsenator, eingeladen, dem haben wir dann unsere Ideen vorgestellt: 'Gucken Sie mal, wieviel Geld wir ausgeben für Leute, die nichts mit den Kindern zu tun haben. Wenn wir das gleiche Geld nehmen würden und alle so bezahlen, wie Sozialpädagogen eigentlich bezahlt werden müssen, dann würden wir hochqualifizierte Mitarbeiter kriegen, und wir würden überhaupt gar keine Mehrkosten haben!' Das war ihm plausibel und er sagte: 'Ja, eigentlich stimmt das.' Dann ist er nach Hause gegangen zu seinen Mitarbeitern. Die hätten ihn beinahe erschlagen, weil ein Senator so etwas nicht zusagen darf. Aber damit war ein Pflock eingeschlagen. Die Behörde hat dann eine Regelung gefunden - auch mit Hilfe von Fred Wohlert -, indem sie das Personalkostenvolumen als Ganzes veranschlagt haben. Intern könnte man dann das Personal einstellen, das man wirklich für die Arbeit brauchte und sich nicht nach irgendwelchen formalen Stellenplänen richten, die mal Anfang des Jahrhunderts erfunden worden waren."

W.H.: "Aber dann ging es wirklich ratz-fatz weiter. Von 1982 bis 1986 haben wir zwei Drittel der Heime dichtgemacht und in Verbünde umgewandelt. Wer politische Entscheidungsabläufe kennt, der wird das nicht hoch genug einschätzen können. Wir haben die Senatsdrucksache, die von 150 Plätzen in Jugendwohnungen sprach, um das Doppelte hochgepowert, ohne Rückhalt und eigentlich ohne Planung. In diesen Jahren rutschte das ganze System, und zwar Richtung Jugendwohnung, Verbünde, Auflösung der Zentralheime."

D.B.: "Wenn erstmal eine Gruppe aus einer Einrichtung ausgezogen war, kam man ziemlich schnell in die Lage, diese Einrichtung zu schließen. Schon aus wirtschaftlichen Gründen. Wenn eine Gruppe 'rausging, dann konnte man die restliche Einrichtung noch ein Jahr tragen, dann mußte sich das Heim auflösen. Das war eine zusätzliche Dynamik. Hinzu kam: Wir hatten genügend Geld. Ein Heim dicht zu machen, brachte so viel Geld oder sparte so viel Geld, daß wir mühelos Wohnungen mieten konnten. Wir haben die höchsten Mieten bezahlt. Es war nicht nur der etwas entspanntere Wohnungsmarkt, sondern wir hatten die finanziellen Möglichkeiten, Jugendwohnungen und Kinderhäuser zu mieten. Durch Schrumpfung und Dezentralisierung entstand eine enorme Dynamik, so daß wir eigentlich kaum dazu gekommen sind, die Probleme, die Ideen und Konzepte richtig zu bearbeiten.

Aber auch auf die Fragen: 'Gehen die Kinder in die Schule? Kriegen die Jugendlichen eine Ausbildung?' fanden wir neue Antworten: Die Schließung der Heime ermöglichte uns die Bezahlung unserer Ausbildungsbetriebe für diejenigen Jugendlichen, die auf dem Ausbildungsmarkt keine Chance hatten. Das ehemals geschlossene Heim Wulfsdorf bot später als Ausbildungsstätte viele unterschiedliche Ausbildungsmöglichkeiten an.

Jeder Erzieher mußte darauf drängen, daß die Jugendlichen eine Ausbildung absolvierten, wenn sie in ihren Jugendwohnungen lebten. Darüber hinaus haben wir die Heimschulen aufgeben können. Die Heimschule verliert ihre Berechtigung, wenn immer mehr Kinder und Jugendliche in Jugendwohnungen leben. Dieses Veralltäglichen des Lebens der Kinder und Jugendlichen mit ihren Betreuern nimmt natürlich sehr viel Konfliktstoff heraus. Da hat sich jeder sehr darüber gewundert, wieviele Konflikte einfach weg sind, je normaler das Leben wird."

(Auszug aus RÖSSLER 1988, S. 75-78):

Während noch vor wenigen Jahren mehr als 150 Kinder und Jugendliche auf dem traditionellen Gelände des Rauhen Hauses und weitere 100 in zwei Heimen mit je 40 und 60 Plätzen lebten, wohnen heute ca. 230 Kinder und Jugendliche in etwa 50 verschiedenen Gebäuden in unterschiedlichsten Stadtteilen Hamburgs und Umgebung. In der Regel leben in den meisten angemieteten Wohnungen und Häusern fünf bis zehn Kinder und Jugendliche. Normalerweise stehen für fünf Betreute zwei sozialpädagogische Mitarbeiter, für sieben drei und für zehn Betreute vier sozialpädagogische Mitarbeiter zur Verfügung. Darüber hinaus gibt es in jeder Wohngruppe eine ständige Teilzeitkraft, die mit unterschiedlichem Stundenaufwand zur Vertretung bei Urlaub und Krankheit und an anderen freien Tagen zur Verfügung steht. Je nach Alter der Bewohner wird das Mitarbeiterteam durch eine Hauswirtschaftskraft mit unterschiedlichem Zeitaufwand ergänzt. In diesen Wohngruppen ist die Platzkapazität und die Personalzumessung meist über mehrere Jahre relativ konstant, wobei sich bei einer durchschnittlichen Fluktuation von etwa 50 % pro Jahr die Struktur der Bewohner durchaus sehr lebhaft ändern kann.

Der Gefahr der großen Instabilität dieser Wohngruppen, die sich aus der hohen Fluktuation der Bewohner ergibt, wird durch eine relativ stabile Lebenswelt begegnet, die von den mehrheitlich dauerhaft arbeitenden Sozialpädagogen auch dadurch leichter zu gestalten ist, daß sie in den kleineren Teams notwendigerweise sehr viel Zeit in den Wohngruppen verbringen.

Die Kinder und Jugendlichen und die zugehörenden Fachkräfte bilden in den einzelnen Häusern oder Wohnungen eine weitgehend autonome Haushaltsgemeinschaft, in der alle Angelegenheiten des täglichen Lebens erledigt werden. Jede Wohngemeinschaft verfügt über ein monatliches Budget, das die notwendigen Ausgaben für Lebensmittel, Reinigungsmittel, Telefon, Reparaturen und kleinere Renovierungen in der Wohnung, für gemeinsame Freizeitveranstaltungen und für Hobbies einzelner, für Fahrgeld und für Ferienreisen umfaßt. Jeder einzelne Jugendliche hat darüber hinaus einen persönlichen Anspruch auf Taschengeld und Geld für Bekleidung und anderen persönlichen Bedarf. Die Gruppen können von dem monatlichen Budget Geld ansparen und es z.B. für eine größere Reise oder für andere besondere Ereignisse ausgeben.

Neben den Wohngruppen der kurz beschriebenen Art hat sich in den vergangenen Jahren eine Form herausgebildet, die die Dezentralisation bis an die Grenze ausweitete und eine Antwort ist auf die Grenzen der Institutionalisierung. In diesem, in jüngster Zeit entstandenen Arbeitsbereich, den wir 'Flexible Betreuung' nennen, haben sich folgende Formen herausgebildet:
- Ambulante Betreuung im eigenen Wohnraum des Jugendlichen
- Betreuung in der Wohnung des Betreuers
- Intensivbetreuung in ad hoc gebildeten Zweierwohngruppen mit einer Betreuungsrelation Betreuer - Jugendlicher = 1 : 1
- Betreuung in der elterlichen Familie

Dabei räumen wir nicht einer bestimmten Betreuungsform den Vorrang ein. Vielmehr ist die flexible Schaffung von Lebensbereichen zum Programm erhoben worden. Dies ist notwendig, da jede Festschreibung von vornherein wieder be-

stimmte Ausgrenzungen zur Folge haben müßte. Die Arbeit in diesem flexiblen Bereich folgt folgenden Prinzipien:
* Das Angebot zielt nicht auf eine bestimmte Gruppe (z.B. älter als 16 bzw. Straffällige), sondern auf eine vielfältige Gruppe von Betroffenen, die - aus welchen Gründen auch immer - nicht mehr in auch noch so guter Heimerziehung leben sollen, wollen oder können.
* Dies beinhaltet, daß wir nicht eine bestimmte Wohn- und Betreuungsform bereithalten, sondern dem Prinzip des an der Biographie des Jugendlichen orientierten Neuschaffens folgen.
* Die Arbeit ist eingebunden in den Anspruch der Erziehungsabteilung des Rauhen Hauses, Probleme, die im Zuständigkeitsbereich des Rauhen Hauses entstanden oder sichtbar geworden sind, in der Zuständigkeit des Rauhen Hauses zu behandeln und zu belassen und sie nicht an andere Träger zu überweisen.
* Die Betreuer können und sollen sich bei ihrer Arbeit nicht vor allem auf die Möglichkeit der Institution beziehen, sondern werden auf die Hilfemöglichkeiten verwiesen, die das Gemeinwesen auch für nicht in öffentlicher Erziehung Befindliche bereithält.
* Es werden Mitarbeiter eingestellt, die in sich eine Balance zwischen Orientierung auf die Jugendlichen einerseits und Unabhängigkeit von deren Verhalten andererseits herstellen können. Dies impliziert, daß die Mitarbeiter sich selbst ein einem persönlichen Wachstumsprozeß sehen und sie somit auch an die Entwicklung der Jugendlichen glauben können.
* Um der Gefahr der Vereinzelung und Zusammenhanglosigkeit, die dieser Arbeitsweise innewohnt, entgegenzuwirken, finden intensive Teamsitzungen statt, die Koordinierung, Austausch und Rollenreflexion zum Inhalt haben.

(3) Von Regularien "ohne Ansehen der Person" zu Regeln "mit Ansehen der Person": Entformalisierung

J.R.: "Neben der Dezentralisierung war die Entformalisierung der Beziehung zwischen Erziehern und Kindern ein weiterer Kern dieser Veränderung und ein weiterer Unterschied zu dem klinischen Modell, das vorher existierte. Man könnte zusammenfassen und sagen: Die erste Absicht war, die Lebensbedingungen der Kinder - auch dann, wenn sie schwierig sind, oder anderen Leuten Schwierigkeiten machen und schwer zu ertragen sind - so zu verändern, daß sie nicht schon in sich pathologisch sind. Das war die klassische Heimerziehung. Die hatte etwas Pathologisches, weil die formale Organisation so ungewöhnlich verrückt war, daß man dort lernen konnte, wie man im Heim lebt, aber nicht lernen konnte, wie man draußen lebt.

Um in großen Einrichtungen mit so vielen Menschen das Zusammenleben zu organisieren, braucht man Regeln des Verhaltens. Die muß man festlegen. Als ich hierher gekommen bin, gab es einen meter-breiten Band von Dienstvorschriften, die genau regelten, was wann wie zu tun ist, wie das Essen anzumel-

den ist und tausend andere Dinge. Als ich wegging, hatten wir noch zwei Dienstanweisungen. D.h. also, die Größe der Einrichtung erfordert viele Festlegungen, die unabhängig von den Personen gelten, die da gerade leben. Die Festlegungen können nur durch Entscheidungen von oben geändert werden. Das ist das Wesen von Bürokratie. Die funktioniert nach Regeln, die gelten ohne Ansehen der Person. Bei der Steuererklärung finde ich das ganz praktisch, daß nicht ein Steuerberater kommt, der sagt: 'Bei Ihnen mache ich das aber mal ganz anders, mir gefällt Ihre Nase nicht. ...'

Aber bei dem Aufwachsen von Kindern ist das nicht so praktisch, daß die ihr Leben nach Regeln gestalten müssen, die unabhängig von ihrer konkreten Situation, sondern generell für alle Menschen gelten. Deswegen machen wir in unseren kleinen Lebenseinheiten keine Regeln, die ewige Gültigkeit haben. Eine Struktur der Beziehungen in solchen Familiengruppen oder kleinen Wohneinheiten bildet sich aus der Geschichte der gemeinsamen Erfahrungen. Die Geschichte der gemeinsamen Erfahrung strukturiert sozusagen das Handeln. Auch ist diese Geschichte - das kennen Sie ja aus Ihrer eigenen Biographie - auch veränderbar. Irgendwann sagen Sie, ich sehe es nicht mehr ein, daß ich abends um 10.00 Uhr nach Hause kommen soll; ich sehe es auch nicht ein, daß ich sonntags morgens zu einer bestimmten Zeit zum Frühstück komme. Es verändern sich die Menschen in diesem kleinen System, und es verändern sich die Regeln des Zusammenlebens. Hier gibt es also eine wechselseitige Wirkung zwischen Regeln und Heranwachsen. In einer Einrichtung aber, die aufgrund ihrer Größe so organisiert ist, daß es dauerhafte Regeln gibt, muß man sich fragen, wie sich dort eigentlich ein Kind entwickeln kann. Denn es muß ja immer den gleichen Regeln folgen, und wenn es immer den gleichen Regeln folgt, kann es sich eigentlich nicht verändern und entwickeln, sondern muß sich an bestimmte dauerhafte Prinzipien anpassen. Also muß man Wohneinheiten schaffen, die die Möglichkeit bieten, daß sich mit der Veränderung der Menschen in dieser Einrichtung die Regeln des Zusammenlebens ändern. Wir orientieren uns also daran, was jeder von uns im kleinen sozialen System erfährt und für selbstverständlich hält. In unseren Liebesbeziehungen und in unseren Familienbeziehungen klappt es ja auch so. Sie ändern sich, die Beziehungsstrukturen ändern sich, die Strukturen ändern sich."

(Auszug aus RÖSSLER 1988, S. 89 f.):

"Die Regeln, die sich in Familien und anderen einfachen sozialen Systemen herausgebildet haben, sind im Laufe der Geschichte der Beziehungen entstanden. Deren Gültigkeit ist abhängig von der Sichtweise, auf die man sich ausdrücklich oder stillschweigend geeinigt hat, und ist prinzipiell veränderbar, wenn einer der Beteiligten die Anerkennung verweigert. Die Regeln der Beziehungen verändern sich gewissermaßen parallel zur Veränderung der Personen. Die beteiligten Personen arbeiten ständig an der Erstellung gültiger Regeln, und die Personen verändern sich u.a. durch ihre Konfrontation mit den jeweils geltenden Regeln. Personen und Regeln befinden sich in einem ständigen Anpassungsprozeß.

Die Erfahrung der Veränderbarkeit von Regeln und die damit einherlaufende Anpassung an Regeln ist für gesundes Aufwachsen unverzichtbar. Dieses lebendige Zusammenspiel, das wir für eine gute Familie unterstellen, wollen wir in unseren Wohngruppen ermöglichen.

Vor dem Hintergrund der bisherigen Argumentation liegt es auf der Hand, daß wir im Zuge der Veränderung unserer Arbeit die Aufmerksamkeit vor allem darauf gerichtet haben, den Umgang zwischen den Erwachsenen und Jugendlichen so wenig wie nur eben möglich durch formalisierte Erwartungen zu strukturieren. Wenn wir auch die Entlastungsfunktion formaler Regeln für die Verwaltung im engeren Sinne durchaus anerkennen und z.B. bei Anstellungsverträgen Arbeitsrecht und Tarifverträge respektieren und in der Finanzbuchhaltung die Verfahren geordneter Buchführung einhalten müssen und wollen, scheint es für das Gelingen pädagogisch-therapeutischer Prozesse unabdingbar, daß sie weitestgehend freigehalten werden von Generalisierungen."

(4) Vom Spezialistentum zum Experten für den Alltag: Entspezialisierung

(Auszug aus RÖSSLER 1988, S. 73-75):

"Wie in anderen größeren Einrichtungen war die Arbeit im Rauhen Haus bis etwa 1979 arbeitsteilig organisiert. Spezialisten erledigten die einzelnen Arbeiten. Pädagogen erzogen, Therapeuten therapierten, Reinigungskräfte säuberten die Räume, Köchinnen kochten das Essen, Waschfrauen wuschen die Wäsche, Gärtner bestellten den Garten, besondere Fachleute spezialisierten sich auf den Umgang mit Geld, andere auf dessen ordnungsgemäße Verbuchung, andere auf den günstigen Einkauf von Bekleidung, weitere auf den Einkauf von Lebensmitteln, die nächsten bildeten sich als Experten für die Freizeitgestaltung der Bewohner heraus, und sogar die religiöse Erziehung lag mehr oder weniger in der Hand von Spezialisten.

Dieses Organisationskonzept, das sich an Maßstäben industrieller Fertigung orientierte, führte zu spezialisierten pädagogischen Teilbereichen.

Es gab Gruppen für kleinere Kinder, Gruppen für ältere männliche Jugendliche, Gruppen für Lehrlinge und Gruppen für Schüler, Gruppen für intellektuell wenig Begabte und Gruppen für Geschwisterreihen. Darüber hinaus gab es eine Aufnahmegruppe und Gruppen, in denen die jungen Menschen kurz vor ihrer Entlassung lebten.

Ein wesentlicher Schritt zur Veränderung der gesamten Organisation der Arbeit und damit zur Art der Beziehung zwischen Erwachsenen und Jugendlichen bestand in der Aufhebung der Spezialisierung. Die zentrale Person im Umgang mit den jungen Menschen ist heute der Sozialpädagoge, der im unmittelbaren Umgang mit dem Betreuten für die Gestaltung der gemeinsamen Lebenswelt verantwortlich ist. Wir haben im Zuge der Entspezialisierung nicht nur auf Fachleute der Hauswirtschaft und der Freizeitgestaltung verzichtet, sondern auch auf jede Art gruppenergänzender therapeutischer Dienste. Psychologische und therapeutische Spezialisten werden ausschließlich extern in Anspruch genommen. Das gilt sowohl für die in Einzelfällen notwendigen Behandlungen der Kinder und Jugendlichen, als auch für die regelmäßige Supervision der Mitarbeiter. So wie es heute in den meisten Heimen keinen Heimarzt mehr gibt - der früher durchaus üblich war - gibt es heute bei uns keinen Heimpsychologen.

Es gibt selbstverständlich auch keinerlei Arten von Spezial- oder Sondergruppen. Das heißt selbstverständlich nicht, alle Gruppen seien gleich. Es gibt in jeder Wohngruppe eine einzigartige Lebenswelt, die sich von der Lebenswelt einer anderen Gruppe unterscheidet, so wie sich Familien bei aller Ähnlichkeit deutlich voneinander unterscheiden."

J.R.: "Die Spezialisierung von Rollen hat natürlich eine gewisse Effektivität, denn jeder kann dann seine Rolle ganz besonders gut. Mit den Küchenfrauen habe ich damals großen Krach gekriegt, weil die sagten, wir könnten nicht kochen. Was ja zum Teil stimmte. Trotzdem haben Erzieher Weib und Kind und verhungern trotzdem nicht. Irgendwie ist es ja möglich, das Risiko gering zu halten. Irgendwann mögen wir auch nicht immer nur Pommes Frites essen. Entspezialisierung bedeutet, die Beziehungspersonen, die Menschen, mit denen wir zu tun haben, nicht nur unter einer engen Perspektive zu sehen, z.B. als Fall für die Therapie, als Fall für die richtige Hosengröße oder für die Einrichtung von Toilettenhöhen oder ähnliches, sondern das Ganze zu sehen, den ganzen Menschen zu sehen und deshalb muß die Arbeit ganzheitlich gemacht werden. Es ist auf jeden Fall so, daß Erzieher und 'Zögling' sich nicht nur partiell begegnen, wie das in der Klinik der Fall ist, sondern daß sie sich begegnen als Menschen, die potentiell nichts ausschließen, was möglich sein kann oder geltend gemacht werden kann in einer Beziehung. Deswegen Entspezialisierung. Besondere Schwierigkeiten gab es mit unseren Psychologen, denn es gab eine lange Tradition der Heimerziehung: Da waren die Erzieher, die mußten die Handtücher austeilen, und da gab es die Psychologen und Therapeuten, die die wirklich wichtige und anspruchsvolle Arbeit gemacht haben. Sie haben die Erzieher bestenfalls beraten.

Ein wichtiger Punkt ist, daß der Erzieher seine Bedeutung aufrechterhält. Erzieher haben immer dann, wenn es problematisch wurde, die Verantwortung an den delegiert, der besser bezahlt wurde. Ist ja klar. Man wäre doch bescheuert, wenn man nach IIa bezahlt wird und der Therapeut nach IIa; man die tägliche Maloche macht und immer, wenn es wirklich schwierig wird, verpißt er sich, weil ein Psychologe natürlich seine festen Termine hat. Also geht der Erzieher hin, und sagt, komm her, jetzt bist Du als Psychologe dran. Das darf nicht sein, deshalb mußte eine Allzuständigkeit her. Das hat natürlich den Sturm der Psychologen hervorgerufen. Wir hatten einen psychologisch-therapeutischen Dienst, hoch spezialisiert, mit Sekretärin und großem Karteikasten und Videokamera. Da wurde alles genau gefilmt und nochmal durchdiskutiert. Die Bedeutung war großartig. Und dann habe ich gesagt, Ihr seid die Best-Bezahlten. Laßt uns doch eine Gruppe mit den Schwierigsten machen und die übernehmt Ihr. Da war der Teufel los. Die Hälfte der Psychologen ist gegangen, weil sie das als ungeheuerlich empfanden. Mir hat das den bundesweiten Ruf des Psychologenhassers eingebracht. Aber es sind einige Psychologen geblieben, z.B. Hagen Winter."

Hagen Winter (Abkürzung: H.W.) geb. 1949

Beratung sozialer Organisationen und Supervision; freiberuflicher Psychologe.
Psychodramatherapeut und Supervisor, Mitgliedschaft im DAGG und der DGSv. Deutscher Jugendhilfe-Preis 1994.
Von 1975 bis 1978 wissenschaftlicher Mitarbeiter in der Erwachsenenbildung, zwischen 1978 und 1981 Leiter eines sozialen und psychologischen Dienstes in einer überbetrieblichen Ausbildungseinrichtung. Von 1981 bis 1992 zunächst Psychologe, dann in leitender Funktion in der Abteilung Jugendhilfe der Stiftung Rauhes Haus. Hier inhaltlich und organisatorisch verantwortlich für den Aufbau der "Flexiblen Betreuung", aus der heraus auch die ambulanten Erziehungshilfen der Stiftung Rauhes Haus entwickelt wurden.
Zwischen 1992 und 1997 wissenschaftlicher Mitarbeiter am Institut des Rauhen Hauses für Soziale Praxis (*isp*). Dort u.a. verantwortlich für die Modellprojekte "Flexible Erziehungshilfen - Jugendhilfestationen in Mecklenburg-Vorpommern" und "Gerechte Gemeinschaften in der Jugendhilfe" sowie die inhaltliche Koordination des Fortbildungsgangs "Supervision" des *isp*.
Derzeitige Arbeitsschwerpunkte: Konzeptionsberatung, Organisations- und Personalentwicklung in sozialen Einrichtungen und Administrationen, Leitungscoaching, Konfliktmoderation und Supervision.

H.W.: "Als ich 1981 als Heimpsychologe im Rauhen Haus anfing, war das noch ein ganz normaler Heimbetrieb. Ich arbeitete also in einem Spezialdienst, der psychologisch-therapeutischer Dienst hieß. Aufgabe dieses psychologisch-therapeutischen Dienstes war zweierlei. Zum einen sollte er durch besonders geschickte Diagnostik eine Unterstützung leisten bei der Zuweisung, welches Kind in welche Wohngruppe kommen soll. Die zweite Aufgabe bestand darin, wenn Kinder und Jugendliche aus den Wohngemeinschaften oder Wohngruppen therapeutischer Hilfe bedurften, diese dann auch zu leisten. Je mehr Dezentralisierung und Einbeziehung in dem Stadtteil realisiert wurden, um so obskurer wurde die Funktion eines Heimpsychologen. Denn das, wozu ein Heimpsychologe imstande sein sollte, nämlich mitzukriegen, welche Kinder und Jugendlichen z.B. in einer Wohngemeinschaft in Hamburg-Sasel sind und wie dort die inneren Prozesse laufen, das konnte er aufgrund der Entfernung nicht mehr leisten. Wie kann er außerdem gleichzeitig wissen, wie die Gruppensituation in einer Gruppe in Hamburg-Harburg aussieht, die auch zum Rauhen Haus gehört? Das konnte er gar nicht, dementsprechend konnte er auch da keine vernünftige Beratung machen, welches Kind denn wohl in welche Gruppe kommen könnte. Hinzu kam, daß eine solche Entscheidung, ob ein Kind in eine Gruppe paßt oder nicht, auch dezentralisiert wurde. Die Verantwortung tragen also die dort tätigen Sozialpäd-

agogen und Erzieher. Genauso obskur wurde natürlich die Aufgabe, Psychotherapie mit den Kindern und Jugendlichen zu betreiben, wenn man sich fragt, warum soll ein Kind, das irgendwelche therapeutischen Bedarfe hat und das in Fuhlsbüttel in einer Wohngemeinschaft untergebracht ist, denn nur für den Zweck der Therapie hier ins Rauhe Haus kommen. Wenn z.B. spieltherapeutische Maßnahmen durchgeführt werden sollen, warum geht es nicht in die dortige Erziehungsberatungsstelle, die das gleiche therapeutische Angebot hat? Das wäre doch zugleich eine gemeinwesenorientierte Ausrichtung, das würde die Situation der Kinder normalisieren, würde sie auf das Angebot hin orientieren, das auch für die anderen Kinder und Jugendlichen, die nicht in Heimerziehung sind, vorhanden ist. Das wäre doch insgesamt im Sinne von Normalisierung etwas Besseres.

Die Rolle dieser Spezialisten im Heim wurde zunehmend in Frage gestellt. Ich habe nicht an meiner Rolle festgehalten, sondern habe diese Fragen auch selbst für mich gestellt. Ich habe dann später das Konzept der flexiblen Betreuung entwickelt und bin deren Leiter geworden."

W.H.: "Das Konzept 'Menschen statt Mauern' (unter diesem Motto lief die Diskussion damals) ist nicht denkbar ohne den Entspezialisierungsgedanken. Die ganze Abschiebepraxis in den 70er Jahren wurde auch von innen legitimiert, nämlich dadurch, daß die Heime nicht nur unterschiedlich bezeichnet waren - also Kinderheime, Jugendwohnheime, Lehrlingsheime mit Wohncharakter und ähnliches, sondern sie waren auch unterschiedlich ausgestattet. So hatte z.B. Wulfsdorf als Heim für männliche Jugendliche mit Endstationscharakter eine Gruppenausstattung von fünf Erziehern zu acht Jugendlichen. Diese Gruppenausstattung war identisch mit der von gesicherten Gruppen oder der von heilpädagogischen Gruppen. 'Normale Kinderheime' hatten anfangs eine Ausstattung von zwei Erziehern auf zwölf Kinder, die sich dann im Schichtdienst abwechselten, einen um den anderen Tag. Vor diesem Hintergrund hat das abgebende Heim auch immer für sich eine Logik gehabt, zu sagen, warum sie ein Kind abgaben. Die anderen nämlich, die Spezialheime, waren viel besser ausgestattet. Die kriegten auch besser bezahlt und konnten deshalb auch mit einem schwierigen Fall besser umgehen. In einem Wohnheim waren z.B. 38 Jugendliche und 5 1/2 Betreuer, die sich im Schichtdienst abwechselten. Es waren immer zwei im Dienst und betreuten 38 Kinder und Jugendliche. Es sah dann eben so aus, daß man während seines Dienstes über einen langen Flur immer hin und her ging. Man riß irgendein Zimmer auf und hoffte, irgendeinen Jungen bei irgendeinem Mist zu ertappen. Dann gab es irgendwelche Sanktionen, wie Taschengeldsperre, Ausgangssperren, bis der dann so genervt war, daß er dann randaliert hat. Dann ging er eben nach Wulfsdorf. Im Kern war das System so. Man mußte ja nur lieb sein. Mit 38 Kids und zu zweit im Dienst, das war natürlich auch nicht einfach, aber man sagte sich, das würde in Wulfsdorf viel besser gehen. Was dann natür-

lich nicht der Fall war. Mit der Aufhebung der Spezialisierung wurden alle Ressourcen letztendlich in einen Topf gesteckt. Es gab nun einen Betreuungsschlüssel, der für alle galt. Es gab dann keine 5 zu 8 mehr und keine 5 1/2 zu 38 oder so, sondern es gab dann für alle 4 1/2 zu 10. Wenn man das 'runterrechnet, kommt man auf eine Jugendwohnung mit einen Schlüssel: für fünf Jugendliche zwei Betreuer."

D.B.: "Es gab zwei kritische Punkte bei dieser Entspezialisierung. Erstens: Wir hatten in den Einrichtungen sehr viel zentrales Personal - vor allem hauswirtschaftliches. Ich erinnere mich gut, daß wir enormen Streit gehabt hatten, auch untereinander, weil ich darauf bestanden habe, daß wir die Wirtschaftskräfte mit in die dezentralen Gruppen nehmen, bis sie was anderes gefunden hatten oder ausgestiegen waren. Denn die meisten konnten gar nichts anderes mehr suchen. Man mußte die Leute irgendwie mitnehmen, das war ja ein riesiger Personalkörper. Sonst wäre das alles nicht gegangen.

Den zweiten Punkt finde ich auch wichtig: Wir haben die Spezialisierungen zwar abgeschafft, damit wurden aber auch die wenigen Aufstiegschancen für Erzieher abgeschafft. Es gab keine 'schlimmeren' Kinder mehr und damit auch keine besser ausgestatteten Heime. Sie waren nachher alle gleich ausgestattet. Die Mitarbeiter in den geschlossen Gruppen waren alle eine Eingruppierungsstufe höher. Man kann nichts erfolgreich entspezialisieren, wenn man mit dieser Tarifthematik nicht richtig umgeht. Da hatten sich bescheidene Karrierehoffnungen entwickelt. Ein Weg, mit diesem Problem umzugehen, war die Einrichtung des weiterbildenden Kontaktstudiengangs 'Jugendwohnungen'. Wir hatten die Erwartung, daß zwar viele von sich aus einen anderen Arbeitsplatz suchen, daß aber die meisten ihren Arbeitsplatz behalten und die Chance auf eine höhere Vergütung haben wollten, wenn sie in die moderneren oder in die sich entwickelnden Betreuungsformen hineingingen. Diese Chance gaben wir mit dem Kontaktstudium: Es lohnte sich, sich qualifizieren zu lassen. Die Erzieher qualifizierten sich dadurch für Sozialarbeiterstellen und wurden entsprechend besser bezahlt."

(5) Vom klassifizierten Symptomträger zur Anerkennung einzigartiger Menschen: Individualisierung

(Auszug aus RÖSSLER 1988, S. 80 f.):

"Entspezialisierung, Entformalisierung und Dezentralisierung zielen auf eine weitgehende Individualisierung der Lebenswelten. Das Prinzip der Individualisierung ist vor allem zu würdigen vor dem Hintergrund überkommener Anstaltserziehung, deren Probleme u.a. wesentlich erwachsen aus deren Tendenz zur Generalisierung. Unsere Absicht ist es, eine Vorableistung junger Menschen zu vermeiden, die darin besteht, sich an eine bestimmte vorgegebene Struktur anzupassen, deren Sinn sich allenfalls aus dem Funktionieren eines Betriebes erschließen läßt, nicht aber aus

dem Versuch, ein lebenswertes Leben zu gestalten. Der Grundgedanke unserer Arbeit zielt vielmehr darauf ab, eine flexible Organisation zu ermöglichen, die jeweils neue Wohn- und Interaktions- und Handlungsformen schafft, die sich orientieren
* an bewußt geäußerten Absichten und Interessen,
* an den aus der Vorgeschichte abschätzbaren Wünschen, Bedürfnissen und Notwendigkeiten,
* an der Möglichkeit, gesellschaftliche Bedingungen und Forderungen zu nutzen und zu erfüllen,
* an den vom Gemeinwesen bereitgestellten Hilfemöglichkeiten und

an einem christlichen Menschenbild, das die Einzigartigkeit jedes Menschen und dessen Verantwortung vor Gott respektiert. Dieses Menschenbild verpflichtet uns, die institutionellen Bedingungen so zu gestalten, daß sowohl Mitarbeiter als auch Betreute einen eigenständigen Handlungsspielraum haben, der ihnen die Wahrnehmung eigener Verantwortung auch tatsächlich ermöglicht.

Man kann sagen, das gesamte Konzept der Dezentralisation hängt an der Frage, ob Vorgesetzte ihren Mitarbeitern und Mitarbeiter den Kindern und Jugendlichen ihr eigenes Leben überhaupt zutrauen oder ob sie sich genötigt sehen, das Leben des anderen für ihn zu leben. Wir sollten bei allem beruflich naheliegendem Streben nach zielgerichteter Arbeit nicht übersehen, daß Hilfe in unserem Hause nicht ausschließlich eine Veranstaltung ist, die ihren Sinn erst in einem - vielleicht und in vielen Fällen nie erreichten - Ziel der Behandlung findet. Unsere Hilfe ist für Mitarbeiter und junge Menschen ein Großteil des Lebens selbst. Erziehung im Rauhen Haus ist eine Form der Möglichkeit, das Leben zuzulassen, statt Menschen und deren Beziehungen für Zwecke Dritter zu instrumentalisieren."

J.R.: "Unsere Absicht war es - und das wurde ja auch die Praxis - daß wir nicht den klassifizierten Fürsorgezögling haben wollten, wie er noch im Hamburger Jugendbericht von 1973 gezeichnet wurde: den neurotisch verwahrlosten, den mit leichten neurotischen Störungen und welche Klassifizierungen es sonst noch gab, sondern daß die Entspezialisierung den Mitarbeitern auch die Chance geben sollte, die einzelnen Kinder so wahrzunehmen, wie sie sind. Auch die Erzieher sollten den Mut haben, sich als Erzieher als einzigartig wahrzunehmen und Lebenszusammenhänge zu gestalten, die einzigartig sind. Nämlich so, wie die Erzieher sie gestalten, wie die Kinder sie gestalten, die Jugendlichen sie gestalten, so daß wir weggekommen sind von Generalisierungen. Wir haben stärker darauf hingearbeitet, daß die einzelnen Beteiligten ihr Leben so gestalten, wie es ihrer Biographie und ihren Möglichkeiten entspricht. Diese Individualisierung barg aber die große Gefahr, daß man von den Mitarbeitern erwartet, daß sie mit hochkomplizierten Kindern und Jugendlichen in einer hochkomplexen Welt kraft ihrer eigenen Persönlichkeit diese schwierigen Situationen bewältigen. Deswegen haben wir immer wieder sehr ausführlich diskutiert, ob es nicht notwendig ist, diese großen Anforderungen, die wir an die Mitarbeiter stellen, durch Rituale zu entlasten oder durch andere Strukturen, die in den Einrichtungen selbst geschaffen werden. Es ist auffallend, daß Erzieher in schwierigen Situationen immer wieder nach Vorschriften gerufen haben, die von der Leitung erlassen werden sollten: So und so muß es gemacht werden, um sich von der Verantwortung zu entlasten. Dieses wirklich komplizierte Thema wird noch dramatischer, wenn man einen Schritt weitergeht und z.B. die noch stärker ambulant durchgeführten Formen ansieht, meinetwegen die flexible Betreuung. Die Erzieher oder Mitarbeiter, die den Jugendlichen auf der Straße begegnen und sie an den Zäunen und Plätzen abholen und die nicht mal mehr die stabilisierenden Accessoires eines Büros um sich haben, nicht mal mehr einen Kleiderhaken, wo sie ihre Mäntel hinhängen oder die Kaffeetasse in einer bestimmten Ecke, oder die Blumen an bestimmter Stelle haben, sondern die immer nur aus sich heraus den Tag neu gestalten sollen, scheitern häufig, weil sie damit überfordert sind. Da sind Entlastungsmomente äußerst wichtig. In dieser Individualisierung steckt ein hoher Anspruch an die Mitarbeiter, ein sehr hoher Anspruch."

H.W.: "Die geschlossene Unterbringung war ja nun abgeschafft. Nur, was man nicht machen konnte, war, auf einen Schlag die Kinder und Jugendlichen auch zu verändern, die bis dahin in geschlossene Einrichtungen gekommen waren. So gab es die Nachfrage nach einem Konzept, nach einer Strategie gegenüber solchen Kindern und Jugendlichen, die nicht in normalen Wohngruppen untergebracht werden konnten, in solchen dezentralisierten Einrichtungen, weil sie da immer sofort den ganzen Rahmen gesprengt haben oder sie auch gar nicht dahin wollten. Für solche Kinder und Jugendlichen, die also bis dahin der Stadt Hamburg solche Probleme bereitet haben, daß man sie weggesperrt hat, war ein offenes Konzept zu entwickeln. Das war ein Thema, das mich interessierte. Auf dieser Grundlage hat mein psychologischer Sachverstand auch einen gewissen Platz. Ich konnte also eine neue Rolle für mich konstruieren.

Da die Kinder und Jugendlichen, die solche Probleme für die Stadt bereiten, auch nicht mehr außerhalb von Hamburg geschlossen untergebracht werden durften, sondern in Hamburg bleiben mußten, ergab sich die Notwendigkeit, etwas Neues zu schaffen. Und das Neue war die flexible Betreuung.

Flexible Betreuung ist ein Angebot oder eine Strategie, ein Konzept, das sich von den gängigen Konzepten innerhalb der Heimerziehung radikal getrennt hat. Während vorher meine Rolle darin bestand, zu gucken, ob ein Kind oder Jugendlicher in eine ganz bestimmte Wohngemeinschaft paßt oder nicht paßt, wurde jetzt umgekehrt gefragt: Wie muß ein Arrangement sein, damit es für ein Kind paßt. Das war richtiggehend ein Perspektivenwechsel. Einen Paradigmenwechsel nennt man das in der Wissenschaft. Wenn sich die Sonne um die Erde dreht oder die Erde um die Sonne, dann ist das eine unterschiedliche Weltsicht. Ob ein Kind in eine Wohngemeinschaft paßt oder ob ein Betreuungsarrangement für ein Kind passend gemacht wird, sind auch zwei unterschiedliche Weltsichten. Die flexible Betreuung wurde vor diesem Hintergrund, mit dieser Idee konstruiert. Wir wollten eine Organisation schaffen, die imstande ist, Angebote für Kinder und Jugendliche so zu machen, daß sie deren individuellen Bedürfnissen entsprechen.

Warum sollen denn eigentlich alle, die nicht zu Hause leben können, in Wohngruppen oder in Heimgruppen leben? Wenn man sich von dem Gedanken befreit hat, daß man für ein ganz bestimmtes Angebot Kinder und Jugendliche sucht, setzt das die Phantasie frei. Wenn Sie sich von den vorliegenden Angeboten befreien, dann merken Sie fast immer, daß Ihnen bessere Sachen einfallen, als das, was normalerweise in einer Zehner-Gruppe läuft. Kein Mensch kommt auf die Idee, als allererstes zu sagen, wenn z.B. ein dreijähriges Kind nicht zu Hause bei seiner Mutter leben soll, es sollte stattdessen in ein Kinderheim, in dem zwölf Kinder in einer Gruppe leben. Flexible Betreuung wurde für alle Kinder und Jugendlichen entwickelt, die, aus welchen Gründen auch immer, nicht in Wohngruppenerziehung leben wollen, leben sollen oder leben können. Wollen, das waren solche, die haben gesagt: 'Ich habe die Schnauze voll vom Heim, da will ich nicht wieder hin, es reicht mir!'; nicht leben sollen, das waren diejenigen, die den Rahmen einer solchen Wohngemeinschaft gesprengt haben, indem sie sich z.B. an keine Regeln halten; leben können, waren solche, die z.B. wegen großer psychischer Probleme nicht mit anderen Menschen zusammen leben können. Aus dem Bereich der Psychiatrie werden immer Kinder und Jugendliche ausgegrenzt, die durch diese Art von Gruppe in ihrer Entwicklung völlig gehindert werden, als daß sie dabei genesen könnten. Da gab es immer Kinder, die so zwanghaft waren, daß sie unter Gruppenbedingungen gar nicht mehr aus ihrem Zimmer herausgekommen waren. Für die mußten dann Einzelarrangements geschaffen werden. So entstand im Bereich des Rauhen Hauses ein eigenständiger Arbeitsbereich im Umfang von 20 Mitarbeiterinnen und Mitarbeitern. Diesen Bereich habe ich organisiert und als Leiter koordiniert. Damit habe ich dann diese Rolle als Spezialist, als Psychologe, verlassen und bin in die Funktion eines Organisationsleiters gewechselt."

W.H.: "Wir sind noch einen Schritt über das Konzept der Jugendwohnungen hinausgegangen. Wir haben gar kein Angebot mehr vorgehalten als ABE-Ambulant Betreutes Einzelwohnen - das staatliche Gegenstück zur Flexiblen Betreuung des Rauhen Hauses, sondern wir haben uns auf den einzelnen und dessen Kontext konzentriert. Das bedeutete zunächst erstmal nur, daß ein Betreuer vorhanden war mit seiner Ressource - mit seiner Arbeitskraft -, der mit dem Jugendlichen zusammengeführt wurde. Beide tarierten dann aus, was der Betreuer bieten konnte und was der Jugendliche braucht. Wir haben uns um den ganzen Mist, wie Therapie oder welche Krisen im Hintergrund des Jugendlichen sind, nicht mehr gekümmert, sondern wir haben das beiseite geschoben. Wir haben uns getroffen und dann ging es los. Meistens brauchte der Jugendliche ein bißchen Geld und eine eigene Wohnung. Das haben wir ermöglicht. Aber nicht stellvertretend für ihn, sondern der Jugendliche ging immer mit. Er mußte selbst seine Wohnung suchen, er mußte diesen ganzen harten Weg selbst gehen, z.B. angucken, ob er das auch finanzieren kann. Wir haben in den Jahren '85 bis '88 immer Wohnungen gefunden. An diesem Wohnungssuchen machte sich auch fest, ob der Jugendliche wirklich wollte, ob es sein eigener Veränderungswille war, der das zustande brachte. Wenn andere Leute und Akteure, z.B. Soziale Dienste, Eltern, Schulen o.ä. gesagt haben, hier ist eine Krise, aber der Junge oder das Mädchen selbst das nicht so empfunden haben, dann haben sie einfach nicht mit uns zusammen gearbeitet. Für uns - und das war relativ neu - war das dann ok, der Jugendliche hatte das Recht, nein zu sagen. Wir haben dann auch nicht gefunden, daß wir einen Auftrag hätten, irgendetwas zu tun, was der Jugendliche nicht wollte. Diese Haltung war seinerzeit noch nicht so üblich. Normalerweise ging es dann so, daß Jugendhilfe trotzdem irgendetwas anzubieten hatte. Selbst wenn wir gewollt hätten, wir konnten gar nichts bieten, weil wir keine Wohnungen bereithielten. Man konnte uns also auch nirgendwo einen Jugendlichen 'reindrücken. So arbeitete über fünf Jahre dieses Ambulant Betreute Einzelwohnen. Wir haben damit wichtige Erfahrungen gemacht. Ungefähr 120 Kids haben wir in dieser Zeit betreut. Die wichtigste Erfahrung war, daß nichts von dem, was üblicherweise im Vorfeld als Problem, Defizit oder als Krise diagnostiziert wurde oder den Jugendlichen aufgepackt wurde, von Bedeutung war. Meistens war die Krise in dem Moment gelöst, wo wir die äußeren Bedingungen mit dem Jugendlichen zusammen neu geschnitzt hatten. Wir hatten keine Vorgaben, wir haben uns immer wieder neu arrangiert. Mit dem Jugendlichen mußte immer wieder neu ausgehandelt werden, mußten immer wieder neue Absprachen getroffen werden. Das ging eine Zeitlang gut." (ABE wurde als eigene Abteilung aufgelöst, wird aber als Form weiterhin in allen Verbünden im staatlichen Erziehungsbereich praktiziert - T.K.)

(6) Abschied vom klinischen Selbstverständnis:
die Profession auf dem Weg zu den Lebenswelten der Adressaten

J.R.: "Hier in Hamburg, wie überall, hat man damals dieses klinische Modell wirklich vertreten. Wir hingen an ihm mit einer Gläubigkeit, die man so hat, wenn man ein Studium erfolgreich abgeschlossen hat. In dem Aufnahmeheim, in dem ich arbeitete, gab es sehr qualifizierte Psychologen, die die Kinder zur Diagnose in einen Raum gebeten haben. Dort haben sie mit einer Batterie von Tests, Intelligenztests und was es alles an Instrumentarien gab, herauszufinden versucht, was denn die wirkliche Störung dieses Kindes ist. Das wurde dann hocheloquent ausgearbeitet und ein entsprechender Bericht angefertigt. Eigentlich sollte dieses tolle Instrumentarium dazu dienen, aus dem ganzen Spektrum von Heimen, die auf ein ganz bestimmtes Sympton spezialisiert waren, das richtige auszusuchen. Die Realität war anders. Es war unter anderem meine Aufgabe, die Kinder aus dem Aufnahmeheim woanders unterzubringen. Ich hängte mich also an's Telefon und rief die Heime durch: Ich habe hier noch ein hochproblemati-

sches Kind. Ihr kriegt noch einen Sack Kartoffeln dazu, wenn Ihr es nehmt. Antwort: Wir haben aber keinen Platz. Kurz und gut: Die Plazierung der Kinder verlief nach Kriterien, die mit dem, was wir diagnostiziert hatten, überhaupt nichts zu tun hatten. Weitere Zweifel am klinischen Modell bekamen wir durch den Gruppendienst: Ob denn eigentlich das Leben von 10jährigen in einer Gruppe - mit einer Erzieherin, die völlig gestreßt war - eigentlich normale Lebensbedingungen sind, unter denen man erproben kann, wie die Kinder wirklich sind. Die Ideologie stimmte mit dem Lebensbild der hier tätigen Menschen und der Kinder überhaupt nicht überein. Das war so die erste wesentliche Erkenntnis und der erste Zweifel."

F.W.: "Mir ging es genauso. Wir waren zu verschiedenen Zeitpunkten im Aufnahmeheim. Die Aufgabe, Kinder zu plazieren nach all diesen komplizierten Diagnosen und aufwendigen Berichten, die ja auch ernst gemeint und nicht irgendwie Show waren, lief nach ganz anderen Kriterien. Man konnte an drei Fingern abzählen, was dann die Kriterien waren, die die Kinder auseinandersortierten. Das erste war: war es ein Junge oder Mädchen; zweitens: ist er schon ein alter Jugendlicher; und das dritte war: schmeißt er mit Klamotten oder nicht. Das waren die Dinge, die eine Rolle spielten, und man versuchte, die Kids irgendwie zu plazieren. Das ganze brach mit der Entspezialisierung in sich sofort zusammen."

J.R.: "Ich fragte mich, was erzieht denn eigentlich die Kinder? Sind es die therapeutischen Konzepte, sind es die geplanten, die gezielten pädagogischen Programme? Und wann finden sie eigentlich statt? Damals war es üblich, Therapie im Heim zu verordnen. Eine Stunde lang am Tag. Aber 23 Stunden lief der Tag weiter. Das ist aus meiner Sicht ein wesentlicher Fehler dieses klinischen Modells. Man muß einfach eingestehen: An 23 Stunden des Tages findet keine gezielte therapeutische Intervention statt, sondern die Kinder leben unter Lebensbedingungen, die mit den sonst in der Gesellschaft üblichen überhaupt nichts zu tun haben. Es ist eine Sonderlebensform. Die Annahme, daß das zu überstehen ist wie im Krankenhaus, wenn man ein paar Tage da ist, trifft auf ein Heim nicht zu. Denn die Kinder leben oft zwei, drei oder mehr Jahre in einer Einrichtung. Da erzieht eben nicht nur das, was als offizielles pädagogisches oder therapeutisches Programm läuft, sondern es erziehen die Lebensverhältnisse, die Art und Weise, wie man kocht, wie man ißt, wie man schläft, welche Rolle die Erzieher spielen. Diese ist nicht die Elternrolle, sondern eine professionelle Rolle, mit der Folge, daß sie natürlich keine intensiven Beziehungen zu den Kindern aufbauen können; mit der Folge, daß die Erzieher eine geregelte Arbeitszeit haben wollen, die Kinder aber einen Anspruch haben auf kontinuierliche Betreuung, wenn möglich, durch die gleiche Person. Da stellt sich die Frage, wie können wir eigentlich die verrückten Lebensbedingungen, die in einem spezialisierten Heim von dieser Größe existieren, verändern, damit die Kinder zunächst erstmal normale

Lebensbedingungen haben, als eine weitgehend vernünftige Voraussetzung dafür, daß man mit ihnen leben kann. So können sie vielleicht neue Erfahrungen machen, die sie früher nicht gemacht haben."

D.B.: "Ein Riesenproblem habe ich darin gesehen, daß die Spezialisierung, die Therapeutisierung oder Medizinalisierung, eine Entwicklungstendenz war, die gerade im Sozialpädagogenbereich mit einer ganz hohen Professionserwartung verbunden war. Es machte sich ein Klima breit, daß man eigentlich erst durch diese therapeutische oder heilpädagogische Orientierung etwas als Erzieher und Sozialpädagoge galt. Damit konnte man auch etwas nach außen darstellen. Von daher war die Entspezialisierung für die meisten eine ganz hohe Gefährdung. Das merkte ich auch in Personalversammlungen. Die Vorstellung, den Alltag mit den Jugendlichen zu bewältigen, war in den Augen vieler eine Abwertung, war erstmal nichts Professionelles. Deshalb haben wir später zusammen mit der Staatlichen Fachhochschule einen Fortbildungsstudiengang konzipiert, der diese Frage, was ist eigentlich das Professionelle in dieser Art von Arbeit, zum Gegenstand hatte. Er versuchte das so ziemlich von allen geteilte Verständnis, daß sich ein eigenständiger Berufsstand nur durch ein therapeutisches Verständnis der eigenen Arbeit entwickeln konnte, zu hinterfragen. Ein großer Teil der Erzieherschaft hat uns dieses Wegnehmen der Chancen der Therapiequalifikation übelgenommen. Da gibt es heute noch Einrichtungen, die sind voll auf diesem Trip. Die hätte man auch nie für diese Reform gewonnen. Der neu entwickelte Kontaktstudiengang war Voraussetzung für eine Eingruppierung, die früher den spezialisierten Gruppen vorbehalten gewesen war. Von daher haben wir eine Tarifdynamik genutzt, die natürlich ihrerseits auf eine Ausweitung der Jugendwohnungen hin tendierte."

W.H.: "Das Schöne an der Praxis der Jugendwohnung sind folgende Veränderungen: Erstmal, daß man diese ganze Heimorganisationen nicht mehr hinter sich hat. Die Pädagogik mußte also tatsächlich - ich übertreibe etwas - neu erfunden werden. Wenn nicht Heimerziehung ohne Heim stattfinden sollte, mußte wirklich etwas Neues ausprobiert werden. Das Schöne ist weiter, daß es nun kontinuierlich dieselben Betreuer in einer Wohnung sind, daß es keine Schichtdienstproblematiken mehr gibt und daß man ganz viel an Selbständigkeit bei den Kids entdeckt hat, was man sie nun auch leben ließ. Viele Sachen waren ganz einfach als Spezialisierungsfunktion nicht mehr da. Es gab nicht mehr die Krankenschwester auf dem Heimgelände, sondern, wenn die Kids was haben, müssen sie zum Arzt gehen. Es gab eben nicht mehr die Heimschule, sondern, wenn sie zur Schule wollen, müssen sie zur Schule gehen, die irgendwo in der Nachbarschaft ist. Es gab nicht mehr die Heimküche, sondern sie müssen zu ALDI, sich etwas zu essen kaufen und das auch noch selbst zubereiten. Das schönste ist, daß es bis heute funktionierte; aber immer, das muß ich betonen, immer nur in Abgrenzung zur klassischen Heimerziehung."

(Auszug aus RÖSSLER 1988, S. 82 f.):

"Ein solches Konzept setzt freilich ein hohes Maß an Vertrauen in die Qualität der Mitarbeiter voraus. Denn wenn wir weitgehend auf Formalisierung verzichten, heißt das gleichzeitig, daß wir auf die Leistungsfähigkeit der Mitarbeiter setzen. Das bedeutet, daß wir sowohl der Anstellung als auch der Fortbildung der Mitarbeiter große Bedeutung beimessen und gegebenenfalls auch ein Arbeitsverhältnis beenden, wenn sich zeigt, daß die persönliche Voraussetzung für die Arbeit nicht ausreicht.

Prüft man genauer, worin die Professionalität der Erzieher besteht, so ist man auf den ersten Blick geneigt, das gute Gelingen einer erzieherischen Beziehung als etwas 'Natürliches', als gewissermaßen 'Naturwüchsiges' anzusehen.

Das, was bei gutem Gelingen auf den ersten Blick als 'natürlich' erscheint, ist tatsächlich die hohe Kunst des Erziehers, dem es gelingt, die gegebenen Bedingungen zunächst einmal anzuerkennen, deren innere Logik zu begreifen und im Bewußtsein dieser Gegebenheiten und im Vorgriff auf eine bessere Lebensmöglichkeit zu handeln.

Diese Alltagsorientierung setzt eine hohe Bereitschaft voraus, sich auf junge Menschen einzulassen und mit ihnen gemeinsam ein Stück ihres Weges zu gehen. Da sich Sozialpädagogen unter den bei uns geltenden Bedingungen kaum auf äußere Regeln und damit auf eine äußerlich abzuleitende Autorität berufen können, setzt dieser Arbeitsstil ein hohes Maß an persönlicher Reife und persönlicher Sicherheit voraus. In regelmäßigen Supervisionen mit externen Supervisoren arbeiten Sozialpädagogen daher ständig daran, sich offen zu halten, damit ihnen auf der einen Seite 'nicht Menschliches fremd' wird und sie auf der anderen Seite dauernd prüfen, wie es ihnen gelingt, mit Problemen umzugehen, daß die eigene Lebensorientierung nicht verlorengeht. Das Mittel der Erziehung sind die Erzieher selbst. Es kann daher nicht genügend Sorgfalt auf die Pflege dieses Mittels gelegt werden."

3. Umbau im Modell Ausbau?

Der grundlegende Gestaltwandel des sozialen Raumes "Heimerziehung" zu einem vielgestaltigen Raum "Jugendhilfe" wird deutlich, wenn wir uns wesentliche Elemente dieses fach-politischen Umbaus in einem weiteren BILD veranschaulichen und dieses mit BILD 1 (S. 261) vergleichen.

Bild 2: Sozialer Raum "Heimerziehung" - Hamburg 1990

254 Einrichtungen, 1934 Plätze:
durchschnittlich 7,6 Plätze/Einrichtung
in den Stadtteilen

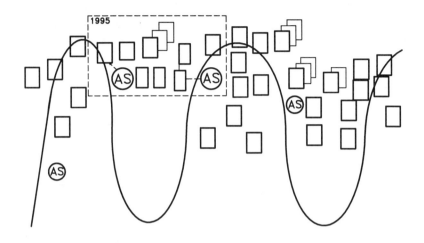

"Lebenswelten" der Kinder, Jugendlichen, Eltern und deren Sozialitäten

Was aus der Perspektive der einen aussieht wie der Trümmerhaufen der ehemaligen "Schutzburg", erscheint anderen als die erfolgreiche Schleifung der alten "Zwingburg". Oder, wenn man die Metapher des Fesselballons wählt: Nach dem Kappen der g.U. ist die "heiße Luft" doch nicht so schnell gewichen, als daß nicht fast alle Akteure einigermaßen heil in oder dicht bei den Lebenswelten der Adressaten gelandet wären. In jedem Fall hat sich ein grundlegender Gestaltwandel des Sozialen Raumes "Heimerziehung" vollzogen: Die Anzahl der Plätze hat sich halbiert, die durchschnittliche Belegung zeigt einen völlig anderen Charakter an: Es sind nur noch knapp acht Plätze pro Einrichtung. Nur noch drei Heime (mit deutlich reduzierter Platzzahl) liegen 1990 an den Hamburger Stadtgrenzen, im Stadtgebiet gibt es noch zwei Säuglingsheime. Die Jugendwohnungen (zwei bis fünf Jugendliche mit ein bis zwei SozialarbeiterInnen, die aber nicht "Rund-um-die-Uhr" anwesend sind, sondern dann, wenn beide Seiten es für angebracht halten) bzw. die Wohngruppen und Kinderhäuser(-wohnungen) (bis zu zehn Plätzen mit "Rund-um-die-Uhr"-Betreuung) sind in jedem Stadtviertel zu finden, meist mit gutem Kontakt zur Nachbarschaft, manchmal mit "Streß" (häufiger Konfliktpunkt:

Treppenreinigung und zu laute Musik). Es kam und kommt nur selten vor, daß Wohnungen gekündigt werden.

Gemessen an der Ausgangssituation ist ein zuvor nicht vorstellbarer Umbau gelungen. Doch sehen wir uns den auf das Jahr 1995 projezierten Ausschnitt genauer an, dann wird deutlich, daß die fachpolitische Strategie des Umbaus bis in die Begrifflichkeit hinein (Dezentralisisierung, Entformalisierung, Entspezialisierung ...) dem Objekt ihrer Kritik verhaftet bleibt. Der Paradigmenwechsel, von dem Hagen WINTER sprach, ist zwar schon gedacht, aber noch nicht Praxis.

Bild 3: Ausschnitt des sozialen Raumes "Heimerziehung/Jugendhilfemaß-nahmen" (1995)

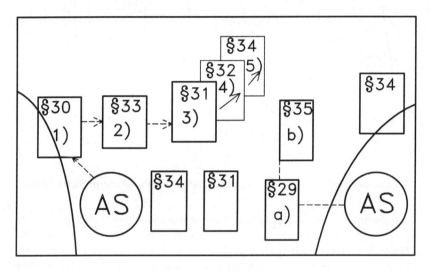

Der vergrößerte Ausschnitt für das Jahr 1995 macht die neue Gestalt deutlich. Aus dem unter bürokratischen Gesichtspunkten chaotischen Zusammenbruch der alten Ordnung ist eine neue entstanden: die auf die alle Jugendhilfemaßnahmen (§ 28 ff. KJHG) erweiterte. Ihre Grundfigur ist die "Säule". Im Jahre 4 des neuen Kinder-und Jugendhilfegesetzes (KJHG) ist die Jugendhilfelandschaft nach den Paragraphen dieses Gesetzes "versäult" - jeder Paragraph steht wie eine "Säule" in und dicht bei den Lebenswelten der Adressaten.

Sehen wir uns die Linie 1 - 5 an: Unser 12jähriger (vgl. S. 262) bekommt zunächst einen Erziehungsbeistand (§ 30), kommt dann für einige Zeit in Vollzeitpflege (§ 33), versteht sich aber mit seinen Pflegeeltern nicht, so daß er zu seiner Mutter zurückkehrt. Nun hält man sozialpädagogische Familienhilfe (SPFH, § 31) für "indiziert", um der Mutter und den Kindern (es gibt noch eine 7jährige Tochter) über die Scheidungsfolgen hinwegzuhelfen. Der Träger der SPFH hält auch eine Tagesgruppe (§ 32) vor - in Hamburg eine Ausnahme -, die unser inzwischen 13jähriger besucht. Zu Hause wird es aber nicht erträglicher, so daß er nach einiger Zeit in die Wohngruppe desselben Trägers nach § 34 kommt.

Produzierte die alte Ordnung Heimkarrieren, so produziert die neue Maßnahmekarrieren. Natürlich gibt es auch hier immer wieder den Punkt, wo alle Professionellen ratlos sind - wie etwa bei den Crash-Kids, deren gemeinsames Kennzeichen ist, 12 - 18 Maßnahmen durchlaufen zu haben (LANGHANKY 1993). In solchen Situationen wird deutlich, daß ein professioneller sozialer Raum wie die "Heimerziehung/Jugendhilfemaßnahmen" offensichtlich ein kulturelles Gedächtnis hat, denn in solchen Momenten entsteht so etwas wie der Phantomschmerz bei einem Beinamputierten: Man sehnt sich die g.U. zurück oder zumindest nach einer Unterbringungsmöglichkeit, die keine g.U. ist, aber doch die gleichen Funktionen erfüllt, nämlich daß der "schwierige" Jugendliche dort ist, wo er keinen Ärger mehr machen kann - z.B. in einem autoritär-paternalistischen Familienheim in den finnischen Wäldern. Derartige "Ersatzlösungen" rufen inzwischen aber Widerspruch hervor, selbst wenn sie wissenschaftlich legitimiert werden. Wie stark der "Phantomschmerz" trotz aller professionellen Beteuerungen dennoch ist, zeigt die Tatsache, daß ca. inzwischen wieder ein Fünftel aller Unterbringungen nach § 34 (Heimerziehung) bei Trägern außerhalb Hamburgs vorgenommen werden (LINDENBERG 1997.

Sehen wir uns die zweite, kürzere Linie a) bis b) an, so können wir etwas entdecken, was im alten System undenkbar war: eine "Selbstmeldung". Unsere 14jährige (vgl. S. 262) war drei Jahre in einer Gruppe der SGA (Soziale Gruppenarbeit nach § 29) der örtlichen Sozialen Dienste (AS). Nach einem Vergewaltigungsversuch durch den Stiefvater flieht sie ins Mädchenhaus (Teil der KJND - der Kinder- und Jugendnotdienste). Von dort arrangieren die Sozialarbeiterinnen zusammen mit der Kollegin von AS auf das dringende Verlangen des Mädchens eine "intensive sozialpädagogische Einzelbetreuung" nach § 35. Das gelingt, obwohl diese Maßnahme eigentlich nur für ältere Jugendliche erlaubt ist.

Auch die "Agenten" in den Allgemeinen Sozialen Diensten (AS), die Vermittler zwischen "Lebenswelten" und den Jugendhilfe-Trägern erleben wir nun in einer neuen Rolle. Sie entscheiden auf Antrag der Erziehungsberechtigten - das KJHG versteht sich als Leistungsgesetz - in einer Erziehungskonferenz über den Hilfeplan und kontrollieren dessen Einhaltung oder notwendige Veränderung in weiteren Erziehungskonferenzen. Für die einen ist das ein ersehnter Machtzuwachs, für die anderen der bedrohliche Weg vom "Eigentlichen" (der "Beziehungsarbeit") hin zum Sozialmanagement.

Kein Zweifel, in den sozialen Orten, in denen um das Verhältnis zwischen den Modellen Ausbau und Umbau gerungen wird, haben sich die Gewichte deutlich zugunsten transversaler Handlungsmuster verschoben - zu Lasten der institutionellen (vgl. Schaubild 8, S. 206). Selbst die radikalen Kritiker des KGB ("Betreuungs-Terror") gestehen ein, daß selbstbestimmtes Leben in den Wohnungen der Jugendhilfe "meistens eher (möglich ist) als bei den Eltern" (s.o.S. 258). Welche Bedeutung dieser Verschiebung tatsächlich zukommt, läßt sich durch eine "Besichtigung" der sozialen Orte feststellen.

Die institutionelle Problemdefinition und -bearbeitung - der erste soziale Ort - ist durch die Zerschlagung der großen Heime in eine Vielzahl dezentraler Orte und durch die Ausdifferenzierung der Maßnahmen sehr viel eher in der Lage, Anliegen der Adressaten wahrzunehmen als der alte Zentralismus. Das bedeutet aber nicht, daß der Zentralismus gänzlich verschwunden ist. Zwar gibt es keine allmächtigen Heimleiter mehr, was aber nicht heißt, daß zentrale Leistungen an Gewicht verloren haben - sie haben sich geändert. Wie KLATETZKI (1993a) am Beispiel der Jugendhilfeabteilung des Rauhen Hauses überzeugend herausarbeitet, kann die fachliche Kontrolle der dezentralen Orte nur kommunikativ durch reflexive Verständigung mit den dezentralen Orten geschehen - im fachlichen Austausch mit den entsprechend qualifizierten Leitungen am zentralen Ort.

Auch Jochen RÖSSLER stellt in seinem Statement zum neuen Profil der Professionellen (s.o.S. 290) fest, daß in der reformierten Heimerziehung die Fähigkeit, nach vorgegebenen Regeln zu arbeiten, nicht mehr ausreicht, sondern daß die Leitungen MitarbeiterInnen auswählen, die einen bestimmten Habitus repräsentieren, vor allem den der "Reflexion". Paßt jemand nicht in dieses Konzept, geht er/sie über kurz oder lang (vgl. KLATETZKI 1993a, S. 167).

Die soziale Kategorisierung eines Anliegens als Interpretation eines sozialen Ereignisses, die zu Handlungskonsequenzen führt, bleibt auf seiten der Sozialitäten dennoch viel breiter, selbst in solchen Situationen, die prinzipiell unter die noch immer am Defizit orientierten Maßnahmendefinition der Jugendhilfe fallen könnten, z.B. "Schulschwänzen": Die wenigsten Schulschwänzer werden den Sozialen Diensten bekannt. Am häufigsten wird dieses Problem "irgendwie" zwischen Elternhaus und Schule geregelt. Die Chance der Übereinstimmung intsitutioneller und transversaler Deutungsmuster ist zwar gewachsen, aber immer noch "zufällig", solange kein gleichberechtigter Aushandlungsprozeß darüber, was das Problem ist, systematisch möglich ist.

Eine Antwort auf die Frage, wie ein solches systematisches Annähern institutioneller und transversaler Handlungsmuster möglich ist, gibt Hagen WINTER im nächsten Kapitel am Beispiel der Arbeitsweise einer Jugendhilfestation (S. 307 ff.).

Ein Grund für das eher "zufällige" Übereinstimmen von Problemdefinitionen ist die grundlegend unterschiedliche Interpretation des zweiten sozialen Ortes, der Umgang mit Konflikten. Während es in Sozialitäten entsprechend der "Landkarte der Bedeutung" geprägte Regeln des Umgangs mit Konflikten gibt - von ihrer realen oder imaginären "Lösung" über verschiedene Möglichkeiten ihrer Regelung bis hin zur wie auch immer gearteten Austragung -, bleibt es in den jetzt zwar "reflexiven", aber immer noch prägenden Formalisierungen institutioneller Handlungsmuster bei der Umdefinition von Konflikten in Konditionalprogramme: Paßt Ereignis X in das Programm, dann Maßnahme Y.

Ein Beispiel für die modernisierte Variante sowohl von Zentralisierung als auch von Formalisierung ist der "Fall Jan Kromme".

Für Jan sind seine neuen Freunde eine Bereicherung, eine neue, spannende Sozialität, für seinen Vater sind diese ein Problem. Die sich daraus ergebenden Konflikte erscheinen durch vielfältige Formalisierungen vorab geregelt: Ein Jugendlicher hat kein Aufenthaltsbestimmungsrecht, Hamburger Einrichtungen sind für Auswärtige nicht zuständig, Jugendwohngemeinschaften sind nur für Gruppenfähige zuständig. ... Erst in der flexiblen Betreuung, zu einem Zeitpunkt, wo der Konflikt sich schon längst verselbständigt hat, kommt es zu einem Aushandlungsprozeß und damit zu einer (fast) entformalisierten Konfliktregelung.

Die Schwierigkeit, in Formalisierungen versteckte Konflikte wieder sichtbar zu machen und sie in Ansätzen zu entformalisieren, ist dort besonders groß und widersprüchlich, wo es um Formalisierungen von hoher gesellschaftlicher Akzeptanz geht. Das Strafrecht ist ein derartiges Feld und das als Schutz gedachte Jugendgerichtsgesetz macht es besonders schwierig, statt der Defizite (z.B. "schädliche Neigungen") die mit den "auslösenden Ereignissen" sichtbar werdenden Konflikte anders als unter Strafrechtsgesichtspunkten zu sehen. Über einen groß angelegten, seit Mitte der 80er Jahre betriebenen Versuch, Konflikte in diese Richtung zu entformalisieren, berichtet Ilse SCHWENKEL-OMAR am Beispiel des Hamburger Diversionsprojekts (S. 320 ff.).

Im dritten sozialen Ort - der Bearbeitung des Problems/des Themas - scheint die Sache eindeutiger zu sein.

Die alte Spezialisierung gibt es schon deshalb nicht mehr, weil ganze Berufsgruppen fehlen (z.B. das hauswirtschaftliche Personal) und somit jetzt eine andere Form von Arbeitsteilung existiert. Die "Versäulung" selbst ist die neue Form der Spezialisierung, die im Zeichen betriebswirtschaftlicher Rationalisierung (Stichwort: Neues Steuerungsmodell - NSM) dahin tendiert, sich zu verstärken.

Jede Einrichtung, die auf einem Paragraphen basiert, ist "gezwungen", durch Zuschreibung geeigneter Merkmale - und das sind weiterhin in der Regel Defizite -, ein für die Institution geeignetes Klientel auszuwählen. Das beinhaltet zugleich den Versuch, die "nicht-geeigneten" an andere Institutionen/Paragraphen abzuschieben. Wie wir gesehen haben, sind typische Maßnahme-Karrieren die Folgen. Mit dieser feingliedrigen Sortierung von Zuständigkeiten/Nicht-Zuständigkeiten verfestigt sich die Versäulung des Systems.

Die Bedeutung dieser neuen Form von Spezialisierung wird deutlich, wenn unter Konkurrenzdruck stehende Träger versuchen, ein ihnen gemäßes Klientel zu sichern. Die einen versuchen mehrere Maßnahmen zur besseren Auslastung parallel "vorzuhalten", die anderen spezialisieren sich auf eine derart besondere Gruppe, daß nur sie als geeignete Einrichtung in Frage kommen, eine Tendenz, die nicht nur bei den "Sonderangeboten" der Erlebnispädagogik zu beobachten ist.

Die (professionell) entspezialisierte (institutionelle) Spezialisierung bietet im Vergleich zu vorher ein stark vergrößertes und vielfältiges "Angebot", das sich seine eigene "Nachfrage" insofern schafft, als Fragen der Qualität weitgehend mit der Auslastung als beantwortet gelten.

Faustregel: Ist eine Maßnahme nachgefragt und ausgelastet, besteht die Vermutung, daß sie auch einen "Gebrauchswert" für Adressaten hat. Wie zweifelhaft diese Annahme ist, zeigt ebenfalls das Beispiel Jan Krommes: Mit welch geringen Ressourcen (gemessen am Aufwand, der hier betrieben wurde: SozialarbeiterInnen diverser Einrichtungen, Richter, Polizisten und Ärzte wurden benötigt) wäre die Freundesgruppe in der Lage gewesen, ein für Jan angemessenes Arrangement zu bieten.

Denkt man diese Frage weiter, stellt sich generell die Frage, wer eigentlich die "Federführung" (HEKELE 1995, S. 65 ff.) in der Praxis der "Hilfe", der "Unterstützung", des "Angebots" (oder welche Bezeichnung auch immer zu einem institutionellen Kontext paßt) innehat. In der Praxis der Sozialitäten ist diese Frage immer dann klar beantwortet, wenn ein Thema als "gemeinsames Drittes" gefunden ist, das Inhalt und Richtung der gemeinsamen Aktion vorgibt. In den historischen Beispielen war damit für die Professionellen auch ihre Aufgabe definiert: den Akteuren bei der Realisierung ihrer Vorhaben zu assistieren. Ein derartiges Verständnis von Assistenz gibt es in den Feldern der sozialen Arbeit bislang nur bei den Krüppel-Initiativen und Behinderten-Selbsthilfegruppen. Anke STEENKEN zeigt am Beispiel der Kindergärten in Reggio/Emilia, daß die Aussage: "Die Kinder sind die Regisseure, wir die Assistenten" keine Rhetorik, sondern gelebte Praxis ist (S. 335 ff.). Das stellt die weitere Frage, was passieren muß, damit "Assistenz für die Experten des Alltags", nämlich die Adressaten jeglicher Sozialer Arbeit, auch in den anderen Arbeitsfeldern Realität werden kann.

In dem vierten sozialen Ort geht es um die Bewertung des Handelns durch alle Beteiligten und die darin enthaltene Entwertung oder Wertschätzung. Eines scheint klar: Die alten Klassifizierungen haben ausgedient. Heute hört man nur noch selten den früher so beliebten Begriff "Verwahrlosung". Das in der neuen Form mögliche Eingehen auf den/die Einzelne(n) hat aber genau dort die Grenze, wo jemand nicht mehr in die Maßnahme paßt. Besonders deutlich wird das in Erziehungskonferenzen, wo die tatsächlich zur Verfügung stehenden Maßnahmen weiterhin der "heimliche Lehrplan" der Entscheidungsfindung sind (s.o.S.

121 f.). Bei sogenannten "besonders schwierigen" Jugendlichen ist immer noch der "Sack Kartoffeln" zusätzlich nötig, den früher das Aufnahme- und Diagnoseheim versprechen mußte, wollte es so jemanden plazieren (s.o. S. 288).

Die Klassifizierungen sind "reflexiver" geworden, d.h. eher situative Aspekte spielen eine größere Rolle, und der Gestus des "weißen Kittels" dominiert nicht mehr so vordergründig. Von einer Verständigung im Sinne wechselseitiger Anerkennung der Akteure, die auch nur vergleichbar der in der Praxis von Sozialitäten wäre, ist diese "reflexive" Klassifizierung aber noch weit entfernt.

Auch ein "bloßes" Verstehen führt nicht weiter, wenn in dem Moment, wo man verstanden zu haben glaubt, das weitere Bemühen um Verständigung aufhört. Marianne MEINHOLDS Warnung: "Soviel wie möglich sehen, so wenig wie möglich verstehen" (1987, S. 207), interpretiere ich dahingehend, daß meine Aufmerksamkeit nicht durch vorgängige Deutungsmuster gesteuert werden sollte ("Der ist so, weil er schizophren ist."), sondern durch gemeinsame, wertschätzende Praxis. Wie schwierig und widersprüchlich eine Verständigung dieser Art ist, zeigt Michael TÜLLMANN, der mit Menschen, für die wir keine andere Bezeichnung (Bewertung) als "schwer mehrfach behindert" gefunden haben, eine institutionelle abgesicherte Verständigung aufbauen will, ein "System" für "Systemsprenger" (S. 351 ff.).

Mit den letzten beiden Beispielen wollte ich auch darauf hinweisen, daß die Auseinandersetzungen und Verschränkungen der Modelle Ausbau und Umbau keineswegs nur den Jugendhilfebereich betreffen, sondern für alle Felder der Sozialen Arbeit gelten.

Fazit: Der Umbau im Modell Ausbau - vor allem Dezentralisierung und Entforrmalisierung, die anderen Orts und in anderen Feldern Sozialer Arbeit häufig mit neuen Spezialisierungen und Klassifizierungen verbunden sind - hat den Circulus vitiosus bürokratischer Organisation auf eine neue Stufe gehoben. Die Effektivierung der Arbeit in einer Weise, in der auch "kollektive Diskussion und Entscheidung, ja selbst Phantasie und befreite Interaktion selbst zu notwendigen Elementen vergesellschafteter Tätigkeit werden" (HEYMANN 1973, S. 111 - s.o.S. 187), hat effektivere Formen der Kontrolle hervorgebracht: kommunikative Leitung, Fachleistungsstunde, prospektiver Pflegesatz, "Neue Steuerungsmodelle" ... (vgl. AUSBLICK). Die immanenten Tendenzen des "Mehr-desselben" sind damit aber auch auf eine höhere Stufe gehoben worden. Alle Elemente der "Versäulung" - auch dieser Gestaltwandel ist in den anderen Feldern Sozialer Arbeit zu beobachten - lassen organisatorische "Problemlösungen" nur durch eine Vermehrung von "Säulen" denkbar erscheinen. Diese Entwicklung wird noch durch die größere Nähe zu den Lebenswelten verstärkt.

So wird z.B. durch die SPFH die "Drogenabhängigkeit" eines Jugendlichen erst "entdeckt", die dann zu weiteren Maßnahmen führt. Diese innere Dynamik ist **ein** Grund für die enormen "Platz"-Erweiterungen in diesem Bereich (in Hamburg:

1991 - 1752 Plätze; 1996 - 2385 Plätze für Maßnahmen nach § 34/35 KJHG; LINDENBERG 1997).

Der Umbau im Modell Ausbau hat auf der anderen Seite aber auch Elemente des Modells Umbau aufgenommen. Von besonderer Bedeutung ist die Abschaffung der geschlossenen Unterbringung und anderer totaler Institutionen z.b. im Bereich der Psychiatrie. Sie markieren einen historischen Bruch mit der fordistischen Sozialdisziplinierung, die repressiv auf die Festigung von "Massenkonformität" gerichtet war und ist.

Auch die gesteigerte Fähigkeit der Institutionen, Problemdefinitionen, Konfliktsichtweisen, Themen und soziale Bewertungen der Adressaten wahrzunehmen, ist ein Hinweis auf den Bedeutungszuwachs transversaler Handlungsmuster. Noch immer bleibt diese Fähigkeit aber "zufällig" in dem Sinne, daß die transversalen Sozialitäten nicht Ausgangs- und Bezugspunkt professionellen Handelns sind, sondern weiterhin die institutionellen Handlungsmuster. Die Frage, wie diese umzuleiten sind "in andere Sozialformen, die im Gegensatz zu den herrschenden Institutionen neue Formen politischer Aktion beinhalten" (PREIN 1988, S. 62 - s.o.S. 196), soll deshalb im Mittelpunkt der nächsten beiden Kapitel stehen. Mit dem Versuch, diese "Sozialformen" in einem **Arbeitsprinzip Partizipation** zu bündeln, soll zugleich an Antworten angeknüpft werden, die die historischen Realisationen des Modells Umbau gegeben haben, angefangen bei Jane ADDAMS über Siegfried BERNFELD und Janusz KORCZAK bis hin zu den GWA- und Heimreformprojekten der letzten 20 Jahre.

4. Das Arbeitsprinzip Partizipation

Eine professionelle Arbeitsweise, die "neue Sozialformen" unterstützen oder zusammen mit den Adressaten als ein "gemeinsames Drittes" hervorbringen will, muß diese "Arbeit am Sozialen" entsprechend begründen. Wenn dazu im Anschluß an OELSCHLÄGEL (1985) und HINTE (1985) (unter Ausklammerung ihrer Differenzen) an die Idee und das Konzept des Arbeitsprinzips (BKO 1980) angeschlossen wird, so vor allem deshalb, weil mit dem Arbeitsprinzip ein grundlegend anderes Deutungs- und Handlungsmodell verbunden ist als mit den üblichen Methoden, vor allem in deren Kanonisierung als Triologie (Einzel-, Gruppen- und Gemeinwesenarbeit - s.o.S. 109 ff.).

Zunächst aber sind beide - Arbeitsprinzip und Methoden - soziale Konstruktion **von** und **für** Wirklichkeit, beide sind Modelle dafür, wie Akteure soziale Relationen verstehen und in ihnen handeln. Diese schon mehrfach benutzte "Denkfigur" (z.B. s.o.S. 121) soll in der Erläuterung von KLATETZKI etwas ausführlicher vorgestellt werden, da sie für das Verständnis des Folgenden von Bedeutung ist.

"Mit dem einen Aspekt des hier vorgeschlagenen Modellbegriffs - daß ein Modell ein Deutungssystem der (oder von - T.K.) Wirklichkeit ist - ist gemeint, daß ein Modell eine von Praktikern aufgestellte 'Theorie' ist, mit der ein neues, bisher unbekanntes soziales Ereignis abgebildet und somit verständlich gemacht wird. Die Betonung liegt bei dieser Verwendung des Modellbegriffs auf der Änderung von sozialen Deutungsmustern. Sie sollen so konstruiert werden, daß sie den vorfindbaren unbekannten Sachverhalt, in der Sozialen Arbeit meist die 'Problemlage', möglichst genau abbilden. Die unbekannten Phänomene werden so durch ein Deutungssystem verständlich gemacht.

Der andere Aspekt, der mit dem Begriff Modell verbunden ist, besagt, daß ein Modell gleichzeitig auch ein Deutungsmuster für die Wirklichkeit ist. Die Betonung liegt jetzt auf der Änderung des (bisher unbekannten) sozialen Ereignisses nach Maßgabe der Beziehungen, die in dem bereits vorhandenen Deutungssystem zum Ausdruck kommen. Hier ist das Modell ein Deutungsmuster, nach dessen Vorbild das Neue und Unbekannte organisiert wird. Das Modell wird zu einer 'Lehre', es ist eine Richtschnur für das Handeln in der sozialen Realität.

Die beiden Aspekte des Modellbegriffs, nämlich Deutungssystem (**von** - T.K.) der Wirklichkeit und **für** die Wirklichkeit zu sein, lassen sich nur analytisch trennen. De facto bilden sie eine Einheit. Modelle sind deskriptiv und präskriptiv in eins: Sie sind zugleich Deutungsmuster der Realität wie Deutungsmuster für Realität. Sie sagen uns, was der Fall ist und sie sagen uns, wie wir handeln sollen" (1995^2, S. 44 - Hervorhebung von mir - T.K.).

Das deutungsmächtigste Modell in der Sozialen Arbeit von und für Wirklichkeit war bisher und ist mit allen neu hinzugekommenen technologischen Verfeinerungen das Modell der Handlungsschritte Anamnese-Diagnose-Behandlung-Evaluation, kurz das Modell A-D-B-E (s.o.S. 121).

Es läßt sich in seinen Vorformen bis WICHERN zurückverfolgen, wurde u.a. von SALOMON in den 20er Jahren zu einem Handlungskonzept ausbuchstabiert und erlebte im Faschismus eine erste rassistische "Vollendung", die - nach dem "Rückfall" in die Personalisierung - in den 60er und 70er Jahren in eine zweite, nun psychologistisch und klinisch aufgeladen, überging. Stark erweitert und modifiziert durch systemische und neuerdings organisationstheoretische Ansätze (Sozialmanagement), erlebt das Modell A-D-B-E z.Zt. eine Neubelebung, die selbst durch ihre Kritiker noch unterstützt wird.

MOLLENHAUERS und UHLENDORFFS "sozialpädagogische Diagnosen" (1992) und Burkhard MÜLLERS Versuch (1992), die vier "Schritte" des Modells von ihrem griechischen Wortursprung her neu zu besetzen, sind Beispiele dafür, ebenso das Drängen der Autoren des einflußreichen Frankfurter Kommentars des KJHG, nun endlich zu einer anerkannten Diagnostik zu gelangen (MÜNDER u.a. 1993).

Die Grundoperation dieses Modells ist einfach - wie in vielen Beispielen deutlich geworden ist: Die Konstruktion **von** Wirklichkeit entwirft Individuen, die mit "Defiziten" und "Störungen" behaftet sind, die Konstruktion **für** Wirklichkeit weist die Wege, wie diese zu beheben sind. Der Kontext selbst, der diese Grundoperation erst möglich macht, wird in ihr nicht thematisiert, nämlich das Modell Ausbau ("Mehr-desselben") in seinen historischen Ausprägungen. Fassen wir die einzelnen Handlungsschritte des Modells A-D-B-E noch einmal zusammen, so lassen sich im Kontrast dazu die Anforderungen an ein Arbeitsprinzip Partizipation deutlich machen, das als Konstruktion von und für Wirklichkeit des Modells Umbau für die Dynamik steht, die aus den strittigen sozialen Positionierungen von Sozialitäten resultiert (s.o.S. 195 ff.).

Anamnese

Die "Krankengeschichte" oder "Krankheitsgeschichte" hat wohl die längste Tradition in der "Methoden-Triologie" Sozialer Arbeit. Als frühe Beispiele können WICHERNS Familien-Analysen gelten und die sehr bald schon systematisierten Erhebungen der C.O.S.. Je nach Ansatz werden sie psychologisch, medizinisch oder schlicht normativ begründet. Gemeinsam ist den verschiedenen Anamneseformen dreierlei:
- die Rekonstruktion der Entstehung eines Defizits/einer Ströung in einem Individuum,
- die implizite Prüfung auf Zuständigkeit: hier ist die letzte Möglichkeit, den "Fall" eventuell loszuwerden,
- die Beteiligung des "Klienten" ist nur insoweit wichtig, als er Fragen beantwortet; seine Deutungsmuster sind bestenfalls Anregungen oder Material für Interpretation. Hier beginnt der professionelle Monolog, der in der Diagnose fortgesetzt wird.

Diagnose

In ihr faßt der Professionelle seine anamnestischen Erhebungen zu einer retrospektiven Kausalitätskette zusammen, um auf dieser Basis zu einer Erklärung der Auffälligkeit/des Defizits/der Störung zu gelangen. Bisweilen wird er zur Erhärtung seiner Diagnose auch Tests und andere für den Adressaten undurchschaubare Verfahren anwenden, um auf dieser Basis seinem exklusiven, wissenschaftlichen Erklären den Nimbus der Unwiderlegbarkeit zu verleihen. Ganze Generationen von Praxistheoretikern der Sozialen Arbeit haben mit der Festlegung von Indikatoren versucht, statistische Raster zu entwickeln, an denen Abweichungen meßbar werden. Zielten RICHMONDS und SALOMONS diagnostische Überlegungen auf ein eigenes professionelles Profil Sozialer Arbeit, so zielten die medizinisch-rassistischen Kategorisierungen der NS-Volkspflege eindeutig auf Selektion. Das

Grundmuster von Norm und Abweichung war jedoch das gleiche. Kritische Analysen von Diagnosen im Bereich Sozialer Arbeit und der Psychiatrie zeigen deutlich, daß Diagnosen dieser Art eher etwas über die Institution aussagen als über den Diagnostizierten. In diesem Sinne ist HEKELES Charakterisierung zu verstehen: "Diagnose ist üble Nachrede" (1988, S. 20 - vgl. auch DÖRNER 1975).

Anamnese und **Diagnose** beziehen sich auf die sozialen Orte "Problem" und "Konflikt" als Schnittflächen zwischen den Modellen Ausbau und Umbau (Schaubild 8, S. 206). Ein Arbeitsprinzip Partizipation müßte also Arbeitsschritte entwickeln, die **Anliegen** und **Regeln** in den sozialen Kategorisierungen von Sozialitäten aufnimmt und zur Leitschnur des eigenen Handelns macht.

Sozialraumerkundung als **eingreifendes Begreifen** (HOLZKAMP 1993) der aktuellen Situation von und in Sozialitäten, um herauszufinden, was für wen ein Problem ist ("Problemsetzung"), ist entsprechend die erste Komponente des Arbeitsprinzips Partizipation (1). Das kann ebenso nur im Dialog mit den Adressaten geschehen wie die Antwort auf die Frage: Was ist als nächstes zu tun? nur im Dialog gefunden werden kann. Die auf die Zukunft gerichtete **Handlungsorientierung** des Professionellen, die den Adressaten (in und mit seinen Sozialitäten) in seiner Federführung stärkt, ist die zweite Komponente (2).

Beide Komponenten lassen sich auf die Formel zuspitzen: **Prospektive Dialoge führen statt retrospektiver Monologe.**

Behandlung

... der Person wird in den meisten Institutionen zur Durchführung einer konkreten Maßnahme, die zur "Problemlösung" beitragen soll. Wie Fred WOHLERT und Jochen RÖSSLER aufgezeigt haben, gibt es in der Praxis häufig nur eine lose Beziehung zwischen Diagnose und Behandlung: Es wird das getan, was an Maßnahmen zur Verfügung steht ("heimlicher Lehrplan"). Selbst wenn nach einer Diagnose z.B. sozialpädagogische Familienhilfe "indiziert" wird, ist damit das Behandlungssetting noch längst nicht festgelegt - hier finden sich die häufigsten Klagen über das "Technologie-Defizit" (LUHMANN/SCHORR 1986, S. 11 ff.), d.h. über den bislang im Modell A-D-B-E immer wieder geforderten, aber nie erbrachten Nachweis, daß Maßnahme X tatsächlich Folge Y hat (was in den Konditionalprogrammen immer implizit unterstellt wird).

Evaluation

In der Praxis wird die Evaluation nach einem einfachen Muster gehandhabt: "Funktioniert" der Klient, war die Behandlung erfolgreich, "funktioniert" er nicht, hat der Klient versagt, und es erfolgt eine Zuweisung an die "richtige" bzw. dann zuständige Stelle bzw. Kategorie. Entsprechend der monologischen und retrospektiven Grundstruktur sind Fragen der Evaluation auch in vielen wissenschaftlich angeleiteten Projekten auf institutionelle Verfahren und Settings beschränkt. **Behandlung** und **Evaluation** als institutionelle Handlungsmuster in den sozialen Orten "**Bearbeitung**" und "**Bewertung**" müssen in einem Arbeitsprinzip Partizipation ebenfalls neu durchdacht und anders konzipiert werden. Den Aktionen, Handlungen und Tätigkeiten von und in Sozialitäten kann man kein "Technologie-Defizit" unterstellen, denn die Akteure geben ihnen (ihren) Sinn durch die Verständigung über ihr Tun (und Lassen). Inwieweit **Assistenz** der Professionellen zur Festigung von Mitgliedschaften in Sozialitäten oder zum Finden neuer beiträgt, ist deshalb die Anfrage an eine weitere Komponente des Arbeitsprinzips Partizipation (3).

Evaluation als **nachträgliche** Bewertung des eigenen Tuns ist nur dann plausibel, wenn man ein retrospektives, nach kausalen Wirkungszusammenhängen suchendes Modell (wie das des A-D-B-E) unterstellt. **Verständigung** (4) der Akteure untereinander - Professionelle wie Adressaten - hingegen steht nicht nur am Anfang einer Kooperation, sondern entwickelt und verändert sich auch im Verlauf der Kooperationsprozesse. Reflexionen darüber, ob die Verständigung den komplexen Prozessen noch angemessen ist, sind in professionellen Kontexten notwendig. In diesem Sinn ist Evaluation auch in einem Arbeitsprinzip Partizipation notwendig (vgl. HEINER 1988; 1996).

Die hierzu passende Kurzform könnte lauten: **Mitgliedschaften in Sozialitäten stärken und Teilhabe in neuen ermöglichen statt durch individuelle Defizitbearbeitung auszugrenzen.**

In der Praxis ist die Abfolge der vier Komponenten beliebig. Sie sind hier wegen der besseren Kontrastierung mit der linearen Schrittabfolge des Modells A-D-B-E in die vorgestellte Reihenfolge gebracht worden.

Im Unterschied zu dieser Linearität soll der Terminus "Komponente" zum einen darauf hinweisen, daß es sich hier um notwendige Abstraktionen in komplexen Prozessen handelt:

"Die Wirklichkeit, ..., wird aus Komponenten zusammengesetzt gesehen. Sie wird also z.B. nicht als ein beständiger Fluß von Verknüpfungen und Auflösungen verstanden (wie in den Routinen und Praxen des Alltags - T.K.), sondern sie wird in Form von abgeschlossenen und isolierbaren Bestandteilen konzipiert, die verschiedenartig miteinander verbunden werden können" (BERGER/BERGER/KELLER 1973, S. 30, in: KLATETZKI 1993, S. 109).

Zum anderen weist das "verschiedenartig miteinander Verbundensein" darauf hin, daß eine Komponente immer ein "integrierter, unwiderruflicher Aspekt des Ganzen (ist) und ... nicht vom Ganzen unabhängig sein (kann)", so FALCK (1986, S. 148), der Begründer des "membership"-Konzeptes, das der hier entwickelten Vorstellung von Partizipation verwandt ist.

Der folgenreichste Kontrast zwischen den Modellen "Methode" und "Arbeitsprinzip" liegt jedoch in der unterschiedlichen Bedeutung von Wissenschaft oder präziser: von wissenschaftlichem Wissen in beiden Modellen. Konstituiert dieses im Modell A-D-B-E den monologischen Charakter, da wissenschaftliches Wissen das höhere, dem Alltagswissen überlegenere, also das "wahrere" ist, so ist wissenschaftliches Wissen im Arbeitsprinzip Partizipation eine Wissensdomäne unter anderen, die prinzipiell gleichwertig ist. Begründet das erste aus der Differenz des Wissens eine hegemonial gestützte soziale Distanz, begründet das zweite eine die Differenz ermöglichende grundlegende Gleichheit der Wissensdomänen.

"Diese 'Gleichberechtigung" von Wissensdomänen besteht aus kulturanalytischer Sicht darin, daß Menschen Erzeuger und Benutzer von Deutungen sind. Ein solches erzeugtes und benutztes Bedeutungssystem ist auch das Alltagsverständnis" (KLATETZKI 1993a, S. 53).

Im Anschluß an WITTGENSTEINS Bild der Sprache als "Gewinkel von Gäßchen und Plätzen" einer Stadt (1984, S. 245) schlägt KLATETZKI vor, Wissensdomänen als unterschiedliche Stadtteile aufzufassen.

"Bestimmte Wissensgebiete gehören beispielsweise zur Altstadt, andere stellen Neubauviertel dar, wieder andere sind vornehme Gegenden oder so ausgestattet, daß sie als Ghetto gelten. Sie existieren aber 'nebeneinander', nicht über- und untereinander. Das gilt auch für das Verhältnis von Alltagswissen und Wissenschaftswissen" (a.a.O., S. 53).

Hinweise auf diese Gleichberechtigung fanden wir schon bei ADDAMS, insbesondere aber BERNFELD (Bd. I, S. 165 f.) und KORCZAK (Bd. I, S. 220). Diese, aber auch GRAMSCI, weisen darauf hin, daß erst durch die hegemoniale Deutung die Wissensdomänen als hierarchisch gestuft erscheinen, daß also nicht der Inhalt intellektueller Tätigkeiten das Unterscheidungskriterium zum Alltagswissen ist, sondern die hegemoniale Funktion der Intellektuellen (vgl. Bd. I, S. 8). Sich auf diese Tradition beziehend, spitzt BAUMAN diese Befunde zu, indem er zunächst herausstellt, daß es keinen plausiblen Grund für ein "Privileg" sozialwissenschaftlicher Erkenntnis gibt:

"Die Dinge, mit denen sich Physiker oder Astronomen beschäftigen, werden zum Beispiel von Leuten, die nicht Astronomen oder Physiker sind, meist gar nicht wahrgenommen. Die Laien können sich über solche Dinge keine Meinung bilden, wenn Wissenschaftler dieses Gebietes ihnen nicht helfen, oder sie sogar belehren" (1995, S. 102). Es gibt zu diesen Dingen weder eine "öffentliche Meinung" noch "alltagsverstandesförmige" Ansichten (a.a.O., S. 103).

Das gilt nicht für Wissensdomänen, "die parasitär von Objekten und Ereignissen existieren müssen, die schon in anderen sozialen Diskursen konstruiert und vorinterpretiert sind" (a.a.O., S. 103), also für solche, mit denen sich Sozial- und

Verhaltenswissenschaften beschäftigen, die BAUMAN unter einem breit gefaßten Verständnis von Soziologie zusammenfaßt. Die Soziale Arbeit gehört dazu.
"Als Kommentatoren menschlicher Erfahrungen teilen die Soziologen ihr Objekt mit zahllosen anderen, die zu Recht beanspruchen können, die Erfahrungen aus erster Hand zu kennen. Das Objekt des soziologischen Kommentars ist eine schon erfahrene Erfahrung" (a.a.O., S. 103).

BAUMAN verweist auf Schriftsteller, Journalisten, Politiker usw., die sich ebenfalls mit diesem "Objekt" beschäftigen. Wenn man, wie ich es hier vorschlage, das Soziale als das aktuelle Beziehungsgeflecht von Akteuren versteht, gibt es keinen überzeugenden Grund, nicht alle Akteure als prinzipiell gleichberechtigt in der Kommentierung des Sozialen zu betrachten. Der Ausweg, den die traditionelle "Verhaltenswissenschaft" glaubte gefunden zu haben, nämlich die Akteure nach dem Vorbild der Naturwissenschaften zum Objekt zu machen, verbietet sich dann. Auf diese Weise werden Akteure zu "Marionetten" (WOLFF 1991, S. 103 f. nach BAUMAN 1995, S. 104) oder "Reaktionsdeppen", die ihres eigenen sozialen Sinns beraubt sind.
"Sowohl was seine Erzählungen als auch was seine Objekte/Produkte angeht, ist der soziologische Diskurs nichts weiter als ein Strudel im unendlichen Fluß menschlicher Erfahrungen, aus dem er Material entnimmt und in den er Material entlädt" (BAUMAN 1995, S. 105).

Die sozialen Orte des herrschenden soziologischen Diskurses sind die hegemonialen Ordnungen, die in diesem Diskurs immer wieder bestätigt und verfeinert werden.
"Man hoffte, diese Soziologie würde reformerisch sein und baute sie als Regulierungswissenschaft auf. Von Anbeginn war die soziologische Erzählung (...) **monologisch** (...); sie konstruierte die von ihr studierten Bevölkerungsgruppen als **Objekte**, die durch die Konstellation äußerer Fakoren bewegt wurden, wie Körper, die durch das Zusammenspiel physischer Kräfte bewegt werden, und sie leugnete, oder ließ außer acht, daß der 'andere' ein anderes **Bewußtsein** war, ein Partner im Dialog" (a.a.O., S. 108).

Diese "Soziologie der Marionetten" (ebenda), die sich geradezu beispielhaft im Modell A-D-B-E realisiert, ist eng an die in der gesamten fordistischen Epoche vorherrschende Form der "Regulierungswissenschaften" gebunden. Diese werden sich verändern, "weil der politische Staat (und seine existierenden und aufstrebenden herrschenden Kräfte) sich Schritt für Schritt von den großen Programmen sozialtechnischer Regulierung zurückgezogen hat und die Lenkung sozialer Prozesse sowie wichtige Aufgaben allgemeiner sozialer Kontrolle, den Marktmechanismen überlassen wurden" (a.a.O., S. 112).
"Für die 'gesetzgebende und normative Soziologie' - und in ihr: die Soziale Arbeit des Modells A-D-B-E - mag das einen 'Trauerfall' darstellen, für eine kritische

Soziologie und Theorie Sozialer Arbeit "kann dieser Abschied im gleichen Maße Befreiung bedeuten, ... Vielleicht läßt sich eine neue diskursive Formation (eine **dialogische**, statt **monologische** Soziologie) stützen und am Leben erhalten durch einen Geist der Solidarität und Loyalität gegenüber Mitmenschen, die mit der unerbittlichen Wirklichkeit ihrer Kontingenz (Zufälligkeit - T.K.), dem Schrecken der Freiheit und der Verantwortung für ihre Entscheidungen konfrontiert sind" (BAUMAN 1995, S. 116 f.).

Als Versuch, eine derartige dialogische Diskurspraxis zu entwerfen, versteht sich das Arbeitsprinzip Partizipation. Übereinstimmungen und Unterschiede mit dem Arbeitsprinzip Gemeinwesenarbeit lassen sich jetzt unter dem Primat gleichwertiger, aber differenter Wissens- und Erfahrungsdomänen genauer bestimmen.

In Kontinuität mit dem Arbeitsprinzip GWA steht das Arbeitsprinzip Partizipation insofern, als beide ihren Ausgangspunkt an historisch einmaligen Situationen nehmen, die Ausdruck spezifischer Kräfteverhältnisse kapitalistischer Vergesellschaftung sind, und nicht an einer zeit- und ortlosen Sozialtechnologie wie das Modell A-S-B-E, beiden geht es um die Erweiterung restringierter Handlungsspielräume, beide sind zukunftsorientiert und zukunftsoffen (BKO, S. 109 ff.).

Nicht **daß** mit dem Abeitsprinzip GWA eine gesellschaftsverändernde Option verbunden ist, sondern **wie** diese begründet wird, unterscheidet dieses von dem hier entwickeltem Ansatz.

"So wurde die mit diesem Programm (dem Arbeitsprinzip GWA - T.K.) implizierte Totalitätsbetrachtung in der damaligen Zeit nur allzu häufig auf eine konkrete Klassensubstanz von Proletariat als historischem Subjekt zu gründen versucht. Diese Ansätze, das Proletariat als historisches Subjekt zu einem Ganzen zu stilisieren, gerieten nicht nur verdinglichend, sondern versuchten, in dem, was sie 'Politisierung' nannten, über die Vermittlung von Klassenbewußtsein auch die in unterschiedlicher Weise marginalisierten Zielgruppen der Gemeinwesenarbeit in der bloßen Manier von Sammelbeckentaktik einer Kaderorganisation der Arbeiterklasse einzuverleiben. So wurden die spezifischen Unterdrückungszusammenhänge, denen z.B. Frauen und Jugendliche unterliegen, auch über das hinaus, was unter der 'kategorialen' Dimension von Gemeinwesenarbeit (BKO, S. 298 ff.) verstanden wurde, als ein relativ beliebiger Aspekt oder als Variante in der Existenzweise der Arbeiterklasse gefaßt" (MAY 1997, S. 15).

Zusammen mit weiteren "diagnostischen" Einteilungen (z.B. funktionale oder territoriale GWA) geriet das Arbeitsprinzip GWA zum einen "alternativen" A-D-B-E-Modell, d.h., "diese Art vermeintlicher Parteilichkeit (führte) in einer völligen Einebnung des Moments der Fremdheit bis hin zu der Anmaßung, aufgrund einer theoretischen Analyse der Klassenlage die Probleme der Betroffenen besser als sie selbst verstehen zu können" (MAY 1997, S. 15).

Das führte (und führt) in ein doppeltes Dilemma. Zum einen wird die hegemoniale Macht-Asymmetrie zwischen Professionellen und Adressaten **de**thematisiert, und zum anderen umgibt GWAlerInnen die Aura besonderer Progressivität, wenn selbst HEINER z.B. schreibt: Die GWAlerInnen "benötigen im Vergleich zu nicht politisch agierenden KollegInnen einen Informations-, Autonomie- und einen Loyalitätsvorsprung" (1994, S. 100).

Das Arbeitsprinzip Partizipation hingegen geht davon aus, daß es Leitlinie jeder/jedes Professionellen in der sozialen Arbeit sein kann, die/der Settings schafft, in denen **Verständigung** (vgl. S. 351 ff.) möglich wird, und ihre/seine **Handlungsorientierung** (vgl. S. 319 ff.) an den Konfliktregelungskompetenzen der Adressaten gewinnt. Wie die konkrete Ausprägung der **Assistenz** (vgl. S. 335 ff.) in der Gestaltung oder Neugewinnung von Sozialitäten aussieht, wird von der "Federführung" der Mitglieder in diesen Sozialitäten abhängen und davon, was Partizipation aus der Perspektive der AdressatInnen tatsächlich bedeutet. Nur wenn deren Anliegen oder Themen mit der **Problemsetzung** (nächster Abschnitt) getroffen wird, werden sich soziale Kategorisierung, soziale Identität und sozialer Vergleich in Richtung eines egalitären Gerechtigkeitsbildes anreichern.

Die Sozialität, in der sich die/der Einzelne sich ihrer/seiner Einmaligkeit versichert, ist aus der Perspektive dieses Arbeitsprinzips die fundamentale Form der Partizipation und damit das reale "Gemeinwesen". Erst auf dieser Basis gewinnt die Dimension des Territoriums als sozialer Raum, als Raum der Aneignung (vgl. BÖHNISCH/MÜNCHMEIER 1990), Bedeutung. Die Erkundung des sozialen Raumes - in seinem Doppelsinn als Raum der Sozialitäten in einer Klassengesellschaft und als anzueignendes Territorium - ist damit nicht nur eine Möglichkeit der Kooperation von Professionellen und Sozialitäten, sondern auch der wichtigste Bezugspunkt der institutionellen Organisations- (d.h. auch Finanzierungs-) Form Sozialer Arbeit und somit Element jeder der vier Komponenten. Basis aller Aktivitäten und damit Konkretion der historischen Besonder- und Eigenheit jeder Partizipation ist der Dialog:

"Es kommt auf nichts anderes an, daß jedem von zwei Menschen der andere als dieser bestimmte Andere widerfährt. Jeder von beiden den anderen ebenso gewahr wird und eben daher sich zu ihm verhält ..., wobei er den anderen nicht als sein Objekt betrachtet und behandelt, sondern als seinen Partner in einem Lebensvorgang" (BUBER 1992[6], S. 274).

(1) Komponente: Problemsetzung

Der folgende Text beinhaltet Auszüge aus Vortrag und Diskussion während einer Seminarsitzung mit Hagen WINTER am 31. Mai 1995 (zur Person: s. Kasten S. 281). Beides wird durch Ausschnitte aus der Selbstdarstellung der Jugendhilfestation Greifswald ergänzt, für die Hagen WINTER und das Greifswalder Team den Hermine-Albers-Preis 1994 der Arbeitsgemeinschaft Jugendhilfe (AGJ) erhalten haben (in: KLATETZKI 1995[2], S. 53 - 71).

Hagen WINTER: Die Jugendhilfestation als lernende Organisation

"Seit der In-Kraftsetzung des KJHG bestimmen die gesamte jugendpolitische Landschaft zwei verschiedene Auffassungen darüber, wie die Hilfen zur Erziehung organisiert werden sollen. Die eine Auffassung besagt: Wir schaffen für jede dieser vom Gesetz aufgeführten Hilfearten eine eigenständige Einrichtung, ein eigenständiges Konzept. (Die Konsequenz der "Versäulung" der Jugendhilfelandschaft, wie sie im vorhergehenden Kapitel aufgezeigt wurde, kritisiert er umfassend und mit zahlreichen Beispielen - T.K.)

*Für jede dieser in den Paragraphen 28 - 31a aufgeführte Hilfeart gibt es eine eigenständige Institution. Das ist die eine Vorstellung, die auch am weitesten verbreitet ist. Dagegen gibt es eine zweite, wenig verbreitete, die aber immerhin in der Fachöffentlichkeit sehr interessiert zur Kenntnis genommen wird. Die besagt: Wir machen das ganz anders. Wir machen nicht lauter einzelne Angebote, sondern wir interpretieren das KJHG so, daß man einen Organisationstypus schafft, der imstande ist, die jeweils individuell geeignete Betreuungsform zu schaffen, und zwar ambulant, stationär, gemischt, mit aufsuchender Arbeit oder mit einer sogenannten Kommstruktur. Je nachdem, wie es der Einzelfall verlangt, so wie es in § 27 formuliert wird. Wir gucken also nicht, ob wir Erziehungsbeistand schaffen, Sozialpädagogische Familienhilfe oder Erziehungsberatung machen, wir gucken, was braucht Peter Meyer. Wie eine Organisation aussehen muß, die sich nicht von vorher festgelegten Konzepten her definiert, sondern von den sozialpädagogischen Handlungsstrategien, ist dann die wichtigste Frage. Das ist nämlich eine andere Organisation. Das sind solche Organisationen, die sich nicht darüber definieren, wofür sie **nicht** zuständig sind, sondern die sich allein darüber definieren, wofür sie zuständig sind, nämlich für alle notwendigen sozialpädagogischen Handlungsstrategien."*

"Wie sich eine Jugendhilfestation definiert:
Eine Jugendhilfestation ist eine kleine innovative Organisation, in der von einem Team Hilfen zur Erziehung nach dem Kinder- und Jugendhilfe Gesetz (KJHG) 'aus einer Hand' angeboten werden; sie ist für einen kleinen beschreibbaren Sozialraum zuständig. Jugendhilfestationen halten nicht bestimmte Hilfearten vor, sondern entwickeln für die jeweiligen Einzelfälle geeignete Betreuungsarrangements. Die besondere Leistungsfähigkeit einer Jugendhilfestation beruht also auf ihrer flexiblen Anpassungsfähigkeit an verschiedenste und sich jeweils spezifisch wandelnde Problemlagen von Klienten. Die Leistungen von Jugendhilfestationen werden als Fachleistungsstunden abgerechnet" (JUGENDHILFESTATION GREIFSWALD 1995[2], S. 53).

"Alle Elemente dieser Definition sind gleich wichtig. Ich gehe sie kurz der Reihe nach durch.

Einrichtungen, die sich an den Klienten ausrichten wollen, sind immer **kleine Organisationen**. Das bedeutet nicht, daß eine große Einrichtung etwa keine Jugendhilfestationen betreiben könnte, sondern es bedeutet, daß Sie diese große Organisation sich zellteilen müßte in lauter verschiedene Einzelorganisationen, die sich autonom entwickeln können. Jugendhilfestationen sind eher Projekte, weil sie organisiert sind und innere Strukturen haben wie ansonsten zeitlich befristete Projekte. Sie sind **innovativ**. Das bedeutet, daß sie sich neuen Bedingungen stellen können und nicht neue Bedingungen abwehren müssen, sondern daß sie sich an die besondere Situaion jeden Falles anpassen können. In diesen kleinen innovativen Organisationen arbeitet ein **Team**. Ein Team ist dadurch charakterisiert, daß es in ihm gleichberechtigte Funktionen gibt und eine innere Differenzierung, so daß die einzelnen Mitarbeiterinnen und Mitarbeiter des Teams so etwas bilden, was man mit einem Fachausdruck 'redundante Funktionen' nennt. Das heißt, es ist eine gleichberechtigte und mit spezifischen Fähigkeiten ausgestattete Gruppe, die nicht festgelegte, vor allen Dingen nicht auf einzelne Personen oder dauerhafte Rollen festgelegte Funktionen verteilt. Derartige Einrichtungen führen die **Hilfen zur Erziehung** durch. Diese sind u.a. darüber definiert, daß es einer bestimmten Prozedur bedarf, um überhaupt Anspruchsberechtigter für eine Hilfe zur Erziehung zu werden. Diese werden nur vergeben bzw. gewährt, wenn das zur Abwendung einer Notlage für ein Kind notwendig ist, oder wenn das Wohl eines Kindes in Gefahr ist. Das wird in einer Erziehungskonferenz entschieden und dann vom Jugendamt bewilligt. Die Kosten werden dementsprechend übernommen. Es ist also kein offenes Jugendangebot, sondern es ist ein besonderer Teil von Dienstleistung, von Ansprüchen, die der Bürger gegen den Staat erheben kann.

Des weiteren werden diese Hilfen zur Erziehung **aus einer Hand** oder aus einem Team heraus durchgeführt. Damit ist nun nicht gemeint, daß alle Teammitglieder das gleiche machen bzw. alle Teammitglieder 'alles' machen. Vielmehr bedeutet die Metapher 'aus einer Hand', daß die einzelnen Teammitglieder durchaus vor dem Hintergrund ihrer Ausbildung und individuellen Berufsbiographie unterschiedliche Kenntnisse, Fähigkeiten und Deutungsmuster haben. Diese werden aber im Rahmen der Fallreflexion in den Dienst des gesamten Teams gestellt, und aus ihnen entwickeln sich keine spezialisierten Berufsrollen im Team.

So wird es - gewissermaßen als 'Management des Sozialen' - möglich, das zu tun, was notwendig ist. Wir fragen also, was braucht Peter Meyer, und das, was Peter Meyer braucht, das schaffen wir. Was Peter Meyer braucht, kann ganz Unterschiedliches sein. Das kann z.B. die Unterbringung in einer Wohngemeinschaft plus Begleitung zur Schule sein, plus Aufsuchen am Hauptbahnhof, wenn er sich dort seine Drogen besorgt, plus Hinterherlaufen, wenn er nach Kassel entwichen ist und wir ihn dort abholen. Das gehört alles dazu. In einem anderen

Fall gehört aber etwas ganz anderes dazu. Wenn Frau Schulz eine alleinerziehende Mutter ist, die mit ihren beiden Kindern nicht zurechtkommt, dann ist es notwendig, daß diese Kinder am Nachmittag zwei Stunden beaufsichtigt werden, damit die Mutter sich in dieser Zeit an einem Neuorientierungslehrgang für die berufliche Wiedereingliederung beteiligen kann. Das ist in diesem Fall notwendig, um das Wohl der Kinder zu gewährleisten. Auch hier sagt die Jugendhilfestation, das machen wir. Wir sind immer dafür zuständig, was in jedem besonderen Fall notwendig ist, um die Not zu wenden. Wenn sich etwas an dem Hilfebedarf verändert, dann ändern wir das auch.

*Damit wir das machen können, brauchen wir **Flexibilität** innerhalb der Organisation, brauchen wir genügend MitarbeiterInnen, brauchen wir Flexibilität in der Finanzierungsform, brauchen wir genügend Geld. Aber vor allem brauchen wir die Möglichkeiten, auch Grenzen zu überschreiten. Grenzen, die andere Einrichtungen, die sich dadurch definieren, wofür sie zuständig sind und wofür nicht, immer einhalten müssen. Eine Erziehungsberatungsstelle muß z.B. ständig auf ihre Grenzen achten. Sie muß sagen: Nein, wir haben hier nicht die Aufgabe, aufsuchende Arbeit innerhalb der Szene zu machen, auch wenn Peter Meyer da vielleicht ist. Dann verlieren wir unser ganzes Konzept. Wir sind zuständig für die Leute, die zu uns kommen und nicht zuständig für die Leute, die aufgesucht werden müssen. Das ist bei uns anders. Wir haben eine Jugendhilfestation, die sagt genau, das machen wir, das, was notwendig ist, machen wir. Da haben wir keine Grenzen.*

*Damit wir das tun können, sind wir nur für eine ganz bestimmte **Region** zuständig. Wir haben also eine sozialräumliche Grenze, aber keine nach Fallzahlen oder Zielgruppen. Jugendhilfestationen sind Einrichtungen, die einen ganz engen regionalen Bezug haben, damit sie auch gemeinwesenorientiert arbeiten können.*

*Und schließlich, Jugendhilfestationen brauchen dafür eine ganz bestimmte **Finanzierungsform**, nämlich eine, die solche Flexibilität unterstützt. Es ist ganz klar, daß wir für Peter Meyer mehr Zeit brauchen als für Frau Schulz. So jemand verlangt natürlich viel weniger sozialpädagogischen Aufwand. Wenn eine Jugendhilfestation für beide Fälle das gleiche Geld bekommen würde, eine bestimmte Fallpauschale, dann würden natürlich alle sagen, ich mache nur noch solche netten Betreuungen wie mit den Kindern von Frau Schulz und ich kümmere mich nicht um Peter Meyer, der da am Hauptbahnhof 'rumschwirrt. Wir wären ja 'doof'. Also braucht man eine flexible Finanzierungsform. Diese ist die sozialpädagogische Fachleistungsstunde. Das ist etwas, was extra für die Arbeitsweise einer Jugendhilfestation geschaffen worden ist ."*

"Das Finanzierungsmodell von Jugendhilfestationen ist die sozialpädagogische Fachleistungsstunde. Sie gibt die Kosten für die Inanspruchnahme der Organisation Jugendhilfestation zum Zwecke der Durchführung von Hilfen zur Erziehung an. Die Kosten sind auf Stundenbasis berechnet. Diese Finanzierungsform trägt durch ihre

Flexibilität der Tatsache Rechnung, daß in der Jugendhilfestation nicht institutionalisierte Hilfearten vorgehalten werden, sondern Hilfearrangements jeweils für Einzelfälle neu geschaffen und im Verlauf der Betreuung modifiziert werden. Durch die einheitliche anpassungsfähige Finanzierungsform für unterschiedliche sozialpädagogische Interventionsstrategien können wir als Jugendhilfestation ohne großen administrativen Aufwand unsere Betreuungsarrangements stets an die fachlich begründeten Bedürfnisse des Einzelfalls anpassen.

In der Praxis verläuft die Festlegung und Anpassung der Kosten für unterschiedliche Betreuungsintensitäten dergestalt, daß im Rahmen einer Erziehungskonferenz über notwendige Schwerpunkte einer Betreuung beraten und ein diesen Handlungsschwerpunkten entsprechender Betreuungsaufwand, ausgedrückt in Fachleistungsstunden/Woche, verabredet wird. Für diesen wird eine Verfügung geschrieben, die bis zur nächsten Erziehungskonferenz Gültigkeit besitzt. Auf dieser neuen Erziehungskonferenz kann der Betreuungsumfang dann modifiziert werden. Der Betreuungsumfang je Einzelfall in unserer Jugendhilfestation variiert im Augenblick zwischen fünf und zwanzig Fachleistungsstunden pro Woche.

Einmal pro Jahr verabreden wir als Jugendhilfestation mit dem Jugendamt in einer Rahmenvereinbarung die Kapazität unserer Jugendhilfestation, ausgedrückt in Betreuungswochenstunden" (JUGENDHILFESTATION GREIFSWALD 1995^2, S. 65).

"Voraussetzung für die Bestimmung einer geeigneten Hilfe ist das Betrachten des Problems aus möglichst vielen Perspektiven. Die erste Perspektivenvariation erfolgt in der Erziehungskonferenz, die zweite im Verlauf der Hilfeleistung im Rahmen der Teamberatung der Jugendhilfestation. Dabei werden im Rollenspiel zunächst die Perspektiven der im Erziehungsprozeß Beteiligten eingenommen und danach die Perspektiven unterschiedlicher sozialpädagogischer Methoden. In der Jugendhilfestation ist für Peter Meyer ein hauptamtlicher Mitarbeiter zuständig. Der bringt seinen Fall in die Teamsitzung mit ein: Ich möchte mit Euch über Peter Meyer sprechen. Irgendwie läuft das nicht so richtig, so wie ich das bis jetzt mache, ist es nicht wirklich hilfreich. Lieber Kollege, sagen die anderen, tausche 'mal die Rolle mit Peter Meyer und beschreibe aus dessen Sicht, was jetzt eigentlich im Moment los ist. Ja, ich bin Peter Meyer und ich werde hier betreut von dieser Jugendhilfestation von dem Kollegen Frank. Ich weiß eigentlich gar nicht genau, wofür das eigentlich gut ist. In der letzten Woche hat er mit mir das und jenes gemacht, ist mit mir Eis essen gegangen. Eigentlich begreife ich gar nicht, was der immer will. Ich soll in die Schule gehen, aber ich will in Wirklichkeit gar nicht. Daß ich in die Schule gehe, das und alles, was da läuft, finde ich irgendwie doof. Der Frank sollte mich eigentlich in Ruhe lassen. Das war eine Sichtweise. Tausch' 'mal die Rolle und erzähle 'mal aus der Sicht des Lehrers. Ich bin der Lehrer von Peter. Peter ist in letzter Zeit überhaupt nicht mehr in die Schule gekommen. Es ist eigentlich ein Jammer, daß Peter nicht in die Schule kommt, denn er kann 'was. Ich glaube, am besten wäre es, wenn er jeden Tag hergebracht würde. Tausch' 'mal die Rolle mit der Mutter. Die Mutter sagt: Also wissen Sie, das Problem ist gar nicht, daß er nicht in die Schule geht, das Pro-

blem ist, daß er hier zu Hause seine Schwester immer ärgert. Das ist ganz furchtbar. Wenn Sie das miterleben würden! Das macht einen solchen Zank in unserer Familie! Wie er immer auch meinen Freund ärgert. Der kann es überhaupt nicht aushalten, wie Peter seine Schwester piesackt. Also ehrlich gesagt, ich glaube, das wichtigste wäre, wenn Peter nicht so sehr seine Schwester ärgern würde. *Rollentausch: Schwester*. Mein Bruder ist eigentlich ganz nett, aber ich finde es immer so doof, daß er die Musik so laut hört. Dann ärgere ich mich immer. Er geht nie mit mir zum Schwimmen und meine Mutter meckert dann immer so laut. Es ist ganz doof. *Rollentausch mit dem Stiefvater:* Also wissen Sie was, der Bengel muß raus. Der stört hier den ganzen Laden, es ist nicht mehr auszuhalten. Wenn er wenigstens nachmittags weg wäre. *Ende des Rollentausches*.

Diese unterschiedlichen Perspektiven machen deutlich, daß jeder etwas anderes für wichtig hält. Am Ende wird aus jeder einzelnen Perspektive immer eine sozialpädagogische Handlung verlangt, damit es besser wird. Aus diesen Handlungswünschen wird das herauskomponiert, was notwendig ist, was als nächstes zu tun ist. Als nächster Schritt werden deshalb die Perspektiven unterschiedlicher Methoden eingenommen. Da sagt dann beispielsweise eine oder einer aus dem Team: ich bin 'Wohngemeinschaft'. Wenn ich mir das so anhöre mit dem Peter, dann kann ich aus meiner Sicht sagen: Der könnte hier bei mir eigentlich untergebracht werden. Jemand anderes übernimmt die Rolle 'Beratung'. *Elternberatung:* Ich glaube nicht, daß ich etwas dazu beitragen kann. Ich habe nicht den Eindruck, das dieser Fall durch Beratung verbessert würde.

Rollentausch: Ich bin soziale Gruppenarbeit. Da wurde gesagt, der soll nachmittags weg. Das klingt so für mich, als ob Peter vor allem deshalb seine Schwester piesackt, weil er keine anderen Freunde hat. Ich glaube, um das zu ändern, könnte ich etwas dazu beitragen. Das würde in der Familie auch Entlastung bringen. Aus der Kombination beider Rollenspiele ergibt sich dann eine Handlungsstrategie. Eine komponierte, zusammengefügte sozialpädagogische Handlungsanweisung. Ziel der Perspektivenvariationen ist es, ein zentrales Problem und darauf gerichtete Handlungsschritte herauszufinden. Abschließend wird dann gefragt, wieviel Zeitaufwand brauchen wir dafür pro Woche, wenn wir das so machen wollen. Dieser Zeitaufwand pro Woche wird dann in Fachleistungsstunden ausgedrückt. Dieser Prozeß der Problemsetzung wird kontinuierlich fortgesetzt.

Das Konzept der flexiblen Erziehungshilfen geht davon aus, daß sich durch sozialpädagogisches Tun tatsächlich auch etwas ändert. Dies verlangt, in einem Hilfeprozeß immer wieder neue Problemsetzungen vorzunehmen und entsprechend die jeweils angemessene Handlungstrategie zu entwickeln und zu praktizieren. Das Konzept geht nicht davon aus, daß man sagt, das wird auf Dauer gemacht. Dadurch unterscheidet sich dieses Konzept auch von anderen, die sagen: Im Grunde genommen bleibt der Bedarf immer erhalten. Wir haben ein familientherapeutisches Konzept, also bleibt der Bedarf die ganze Zeit erhalten und ändert sich nicht. Derartige Konzepte sind auf vorgefertigte Problemlösungen getrimmt. Unser Konzept ist eines, das erst 'mal danach fragt, wer was für ein Problem hält. Es ist ein Konzept zur Problemsetzung.

Das Konzept der flexibel organisierten Hilfen ist wie eine Denkweise. Es ist richtiggehend eine Denkweise, eine andere Weise, die Welt zu sehen, anders als von den Angeboten her. Wenn Sie einmal angefangen haben, die Dinge so zu sehen, dann können Sie dieses Angebote-Machen gar nicht mehr aushalten. Dann sehen Sie nur noch, wie das alles in die verkehrte Richtung geht.

Problemsetzung als sozialräumliche Erkundung

Das Modell der Jugendhilfestation (eine treffendere Bezeichnung wurde lange gesucht, aber nicht gefunden) ist die konsequente Weiterentwicklung der Grundgedanken der Hamburger Heimreform, wie sie von den Protagonisten im Rauhen Haus mit großem Engagement und ausgeprägter "soziologischer Phantasie" vertreten wurden. Den grundlegenden Perspektivenwechsel - weg von der institutionell vorgeprägten Problemdefinition hin zu den Anliegen der Adressaten - markieren vor allem zwei Momente, die zugleich auch die hier zur Diskussion stehende Komponente "Problemsetzung" (KLATETZKI 1995[2], S. 19) prägen: zum einen die sozialräumliche Fundierung und zum anderen die "Allzuständigkeit". Beide hängen eng zusammen, aus organisationstheoretischer Sicht bedingen sie sich sogar. Will man die vorab definierende Wirkung einer Zielgruppenfestlegung ("gruppenfähige Kinder oder Jugendliche") ebenso vermeiden wie z.B. die Bindung an eine "Fallzahl" mit den Folgeproblemen von Auslastung und Reduktion der eigenen Sichtweise auf "passende Fälle", dann bleibt nur ein Kriterium, das außerhalb der Organisationslogik liegt: eine klar umrissene Region. Nicht nur, um sich an deren sozialer Besonderheit orientieren zu können, sondern auch, um die Fähigkeit auszubilden und weiterzuentwickeln, das für jede Situation angemessene professionelle Arrangement zu realisieren, bedarf es kleiner, egalitärer Teams und entsprechender Ressourcen. Diese müssen derart verfügbar sein, daß sie keinen eigenen "heimlichen Lehrplan" produzieren, etwa in der Art, daß "schwere Fälle" mehr Geld bringen als "leichte". Deshalb ist die Bindung an die tatsächlich benötigte Arbeitszeit (Fachleistungsstunde) eine stimmige Regelung.

Bei genauerer Betrachtung des Modells Jugendhilfestation wird man jedoch feststellen, daß dieses die "zentralistisch" vordefinierten Grenzen zwar wesentlich verschoben, aber nicht aufgehoben hat. Das wird deutlich, wenn wir uns noch einmal auf Schnittstellen zwischen den Modellen Ausbau und Umbau beziehen.

Ausschnitt (1), Schaubild 8 (S. 206)

Modell Ausbau	sozialer Ort	Modell Umbau
(Rationalisierung) Zentralisierung	←Problem→	(Aktivierung) Anliegen

Stellt man sich den sozialen Ort "Problem" als ein Kontinuum zwischen Zentralisierung (z.b. traditionelle Heime) und Anliegen in und von Sozialitäten vor (z.b. solche, wie sie in den Auseinandersetzungen im Fall "Peter Meyer" deutlich wurden), dann könnte man eine Jugendhilfestation etwa in der Mitte plazieren - mit einer leichten Tendenz zu den Anliegen. Die Hochschwelligkeit des Zugangs (Zuweisungen der Fälle durch das Jugendamt und durch eine Erziehungskonferenz) und die klare Begrenzung durch § 28 ff KJHG sind feste Stränge, die die Jugendhilfestation an das Modell Ausbau binden (auch wenn in der Fachleistungsstunde Anteile für "freie Beratung", d.h. solche ohne Zuweisung, vorgesehen sind).

Auf der anderen Seite wird deutlich, daß die Arbeitsweise der Jugendhilfestation es ermöglicht, die Anliegen der Adressaten als unterschiedliche und gleichberechtigte zumindest wahr- und ernstzunehmen. Damit hat diese Organisationsform mit einem bislang übermächtigen Zwang gebrochen: Aus strukturellen Gründen muß sie die Anliegen der Adressaten **nicht** mehr als individuelle Defizite definieren, sondern als das, was sie sind - prinzipiell gleichwertige Realitätsdeutungen. Das "Maß" des Abstandes zur "Zentralisierung" und die Nähe zu den Anliegen der Adressaten läßt sich auf diese Weise geradezu als die strukturelle (d.h. nicht an "zufällige" individuelle Kompetenzen gebundene) Fähigkeit einer Institution Sozialer Arbeit definieren, die Anliegen **nicht** in individuelle Defizite und Störungen umzudefinieren.

Einen Schritt weiter in Richtung auf die Anliegen zu gehen, bedeutet also, diese Grenzen noch weiter zu überschreiten. Diesen Versuch unternimmt z.Zt. das Kinder- und Familienhilfe-Zentrum (KiFaZ) des Rauhen Hauses (auch keine gelungene Bezeichnung, aber Fördergelder aus Bonn waren nur zu bekommen, wenn "Familie" im Titel steht - ein Problem, das wir schon bei der "sozialtherapeutischen" Gruppenarbeit kennengelernt hatten).

Unter den Maximen "Kooperation statt Konkurrenz" und "Beteiligen statt Helfen" wird in einem verarmten und "vergessenen" Stadtteil von ca. 2000 BewohnerInnen (Dringsheide) versucht, das gesamte soziale Geflecht in seiner ganzen Komplexität als Bezugspunkt zu nehmen. Auf der Ebene der Kooperation bedeutet das, sowohl mit allen in Frage kommenden freien und kommunalen Trägern der Jugend - und Sozialhilfe, den Schulen, den Ärzten und dem Gesundheitsamt, der Stadtplanung, den Unternehmen usw. zu konkreten Verabredungen

zu kommen, als auch auf Seiten der Bevölkerung vorhandene und mögliche Zusammenarbeit in unterschiedlichen Beteiligungsformen zu fördern:
"Die Reflexion des Planungsprozesses und die Praxis der ersten eineinhalb Jahre haben die Schubkraft und die Effektivität des Gemeinwesenarbeits-Ansatzes in der Kinder- und Jugendhilfe bereits bestätigt. Als Sichtweise sozialer Arbeit mit Blick über den Tellerrand 'erledigt' sich das Denken in abgegrenzten Arbeitsfeldern, Hilfesystemen und Institutionen (also z.B. Kinder- und Jugendhilfe auf der einen Seite - Schule, Gesundheitsförderung, Arbeitsförderung, Wohnungsbau auf der anderen, die uns nichts angeht). Alle noch kleineren, durch bürokratische Vorgaben entstandenen 'Arbeitsfeldstrukturen' - also beispielsweise: hier Hilfen zur Erziehung, da offene Jugend- und Sozialarbeit; oder im Bereich Hilfen zur Erziehung: hier stationäre, da ambulante Hilfen - lassen sich unter den Komplexitätsbedingungen eines Gemeinwesens nicht legitimieren. Hier lautet die schlichte Frage: Welche Dienstleistungen sind für die Menschen des jeweiligen Gemeinwesens nützlich und brauchbar?" (TREESS 1997, S. 88).

So die Initiatorin des Projekts und Leiterin der Jugendhilfeabteilung des Rauhen Hauses, Helga TREESS. Dieser Ansatz führt zu einer sehr viel breiteren Fassung von Problemsetzung:
"Direkt auf der Lebensweltebene, wo die Kinder und Jugendlichen mit ihren Familien, mit ihren peer groups, den Nachbarn, den Schulkameraden usw. leben, dort, wo in zahlreichen alltäglichen Situationen ihre Interaktionsfähigkeit, 'das Soziale' mitzugestalten, gefordert ist, entscheidet sich, ob dieses gelingt oder nicht, ob 'Ausgrenzung' oder 'Gemeinschaftsfähigkeit' gelernt werden. Die Bedingungen für das Scheitern an der Gemeinschaft liegen - ich betone dies nicht nur der Form halber - in der Regel nicht 'im Kind'. Es versagen ganze Systeme: Familie, Schule, Kindergarten, Massenmedien usw." (a.a.O., S. 67).

Problemformulierungen, das zeigen die Beispiele deutlich, finden auf allen Ebenen und von allen Akteuren statt. Je nach Interessenlage und Modellen von und für Wirklichkeit enthalten sie auch schon immer bestimmte "Lösungen" oder Regelungen, von denen sich üblicherweise die deutungsmächtigere durchsetzt.

Versteht man unter **Problemsetzung** die Festlegung einer Problemdefinition als Ausgangspunkt professionellen Handelns, die im Prozeß des Handelns nicht nur nicht gleichbleiben darf, sondern sich verändern **muß**, da ansonsten kein Aneignungs-, Lern- und Erfahrungsprozeß stattfindet, dann zeigen die genannten Beispiele unterschiedliche Variationen von Problemsetzung.

Steht in der Jugendhilfestation eine psychodramatisch erweiterte Form des "stellvertretenden Deutens" (DEWE u.a. 1986) im Vordergrund, gibt es im KiFaZ Dringsheide eine je nach Situation und Beteiligten unterschiedliche Formen von Problemsetzung, vom "Ratschlag" aller Institutionen mit VertreterInnen der Bevölkerung über Vereinbarungen zwischen Beteiligten bis hin zu direkten Willensbekundungen einzelner Sozialitäten (wenn z.B. eine "Jugendclique" einen Raum für sich fordert). Die Beispiele zeigen aber auch, wie schwierig es ist, die Problemformulierungen von Sozialitäten nicht nur als " Beitrag", sondern als Basis von Problemsetzungen zu realisieren, zumal wenn diese sich widersprechen - wenn alte Menschen z.b. Ruhezonen und -zeiten fordern, Kinder und Jugendliche jedoch Tobe- und Spielräume oder eigene Treffpunkte (vgl. HINTE 1985).

Bevor also eine professionelle Problemsetzung erfolgen kann, müssen die in der Regel als Problemformulierungen sich äußernden Anliegen der Adressaten "erkundet" werden. Nicht immer werden Anliegen in eindeutige Problemformulierungen umgesetzt, vielmehr müssen Professionelle zusammen mit Sozialitäten der Adressaten zunächst einen Suchprozeß beginnen, in dessen Verlauf die Problemformulierung auf einer Konkretionsebene möglich wird, die Handlungsoptionen der Teilnehmer eröffnet. Einen derartigen Prozeß schildert exemplarisch Michael MAY in einer "Lebenswelterkundung" mit einer Gruppe von Jugendlichen:

"Im Rahmen der offenen Jugendarbeit in Ffm.-Nied tauchte immer wieder das Problem auf, daß Jugendliche vorübergehend obdachlos waren bzw. wegen Konflikten nicht in ihre elterliche Wohnung zurückkehren wollten. Sehr massiv trat dieses Problem zutage, als mehrere Jungen nahezu ständig in den als Cliquentreffpunkte dienenden Zirkuswagen nächtigten, die auf dem Gelände einer Kirchengemeinde aufgestellt waren. Mehrmalige Verbote der Kirchengemeinde, die juristische Konsequenzen befürchtete (aufgrund des Fehlens von sanitären Einrichtungen sowie einer baurechtlichen Genehmigung für die Wagen), und selbst polizeiliche Vertreibungen konnten diese Übernachtungen nicht verhindern. Wegen der konfliktreichen Situation (z.B. rissen aus Nied stammende Jugendliche, die außerhalb in Heimen und sozialtherapeutischen Wohngruppen untergebracht waren, aus, um - in den Zirkuswagen nächtigend - wieder bei ihren Freunden sein zu können) mußten schließlich die Zirkuswagen abtransportiert werden.

Nicht gelöst jedoch waren die Probleme der von Obdachlosigkeit betroffenen bzw. bedrohten Jugendlichen. Die Wohnsituation blieb ständiges Thema in der offenen Jugendarbeit. So wurde darüber gewitzelt, daß einer der Jungen im Hochsommer über Wochen, ausgerüstet mit einem Seesack voller Klamotten und einer Kühltasche (seiner Küche), auf der überdachten Bank einer Nieder Omnibushaltestelle nächtigte, oder es waren die Probleme mit dem Wohnungsamt, die drohende Wohnungskündigung, der Rausschmiß aus der elterlichen Wohnung etc., mit denen umgegangen werden mußte" (MAY 1988, S. 16).

Mit sieben jungen Männern aus dieser Szene entwickelt MAY die Idee einer Ton-Dia-Schau, mit der die Gruppe die Verantwortlichen im Stadtteil und in den politischen Gremien auf ihre Situation aufmerksam machen will und ihr nunmehr konkretisiertes Anliegen vorbringt, nämlich ein leerstehendes Haus zu bekommen, um Obdachlosigkeit und Arbeitslosigkeit zu überwinden. Das scheitert zwar letztlich an den politischen Machtverhältnissen in der Stadt, aber Schritte der kollektiven Bewältigung in einer problematischen Lebenssituation konnten ohne

Kriminalisierung und weitere Ausgrenzung eine gewisse Zeitlang gegangen werden.

In diesem Beispiel entwickelte sich die Problemsetzung also schrittweise aus der Problemformulierung. Aus der abstrakten, für alle sichtbaren Definition "Obdachlosigkeit" wurde eine konkrete Problemformulierung der Jugendlichen mit dem Anliegen, ein Haus zu bekommen, was zugleich die Problemsetzung beinhaltete, wie der Professionelle diese Anliegen befördern kann, nämlich durch die gemeinsame Erarbeitung einer öffentlichen Präsentation des Anliegens.

An anderer Stelle verallgemeinert MAY diesen Prozeß der Problemformulierung in Anlehnung an FREIRE. Was hier für die GWA formuliert wird, ist auch grundlegend für die Komponente Problemsetzung des Arbeitsprinzips Partizipation. Das ausführliche Zitat rechtfertigt sich auch deshalb, weil es deutlich macht, daß die Methode des Codierens und Decodierens eben nicht nur in Lateinamerika sinnvoll ist, sondern auch bei uns (vgl. dazu auch DABISCH/SCHULZE 1991).

FREIRE (1973, 1977) "hat darauf hingewiesen, daß in den Gesprächen einer Gruppe untereinander oder mit den PädagogInnen über ihre spezifischen Alltagsprobleme immer wieder in den verschiedensten Variationen bestimmte, für die Gruppe typische und ihre Situation charakterisierende Themen auftauchen. In diesen Themen lassen sich 'Grenzsituationen' ausmachen, die durch ihren Herausforderungscharakter (direkte Betroffenheit) und ihre Herausforderung zu 'Grenzakten' Intentionen auf ein eigenes Bewußtsein der für die Gruppe charakteristischen gesellschaftlichen Problem- und Interessenlagen freilegen. Es sind dies solche Problemlagen, die von den Betroffenen selbst als Einschränkung ihrer Entfaltungsmöglichkeiten erlebt werden und gerade deshalb für sie zum Anstoß werden können, ihre Situation als Gruppe klarer einzuschätzen und sich die gemeinsamen Interessen zu vergegenwärtigen. Diese Grenzsituationen gilt es zu erkennen und - indem sie als Problem formuliert werden - zum gemeinsamen Gegenstand einer Analyse zu machen. Im Dialog läßt sich so eine Spannung herstellen zwischen den Bornierungen lebensweltlichen Wissens und dem, was Paulo Freire mit dem Begriff der 'thematischen Orientierung' bezeichnet hat als 'symbolvermitteltes Handeln' (symbolische Repräsentationen einer Problemsituation als erste Stufe der Problembearbeitung - (hier: Problemformulierung -T.K.) im Hinblick auf die Wahrnehmung der eigenen Lebenssituation als Problem, das eine Antwort auf der Ebene von Handeln erfodert.

Mit dem Prinzip Kodierung/Dekodierung schlägt FREIRE eine Methode vor, die für die GWAlerInnen und für deren AdressatInnen gleichermaßen zum Instrument werden kann, die konstitutiven Bestandteile von Grenzsituationen zu erfassen, besonders im Hinblick auf Ansatzpunkte zur Realisierung bisher unerfüllter Interessen und (Entfaltungs-)Möglichkeiten der Gruppe. Diese Methode geht davon aus, daß eine Situation ihre Diffusität verliert und im Rahmen der Ausbildung einer 'thematischen Orientierung' als Handlungsherausforderung Sinn anzunehmen beginnt, wenn für die Betrachter ihre Bestandteile und Elemente auch und gerade in ihrer Wechselwirkung untereinander Gestalt annehmen. So werden AdressatInnen der Gemeinwesenarbeit erst dann die Existenz eines Problems anerkennen, wenn die Faktoren, die ein Problem konstituieren, für sie bedeutsam werden. Damit das Problem in ihrem Leben von praktischer Relevanz werden kann, muß für sie jedoch eine prinzipielle Veränderbarkeit dieser das Problem konstituierenden Faktoren erkennbar sein. Lös- bzw. veränderbar erscheint ein solches Problem jedoch erst dann, wenn Alternativen für sie an Bedeutung gewinnen und schließlich auch tragfähig werden, indem die AkteurInnen in der prinzipiellen Veränderbarkeit der das Problem konstituierenden Fakoren für sich neue Handlungsmöglichkeiten erkennen. Da es immer mehrere Möglichkeiten der Antwort auf die von einer Gruppe erfahrenen Probleme gibt, beinhaltet dies immer auch die Verständigung über die in der Gruppe wirksamen Interessen.

Der Kodierungsprozeß im Sinne Freires versucht eine sprachliche bzw. bildliche Re-Präsentation von Grenzsituationen, die einige ihrer konstitutiven Bestandteile in ihrer Interaktion zeigt, und zwar so, daß die Situation für die Gruppe klar wiederzuerkennen ist, sich jedoch mehrere Möglichkeiten und Ansatzpunkte einer Entschlüsselung in der Dekodierung (d.h. der Analyse der kodierten Situation durch die Gruppe) ergeben können. Der Dekodierungsprozeß endet jedoch keineswegs damit, daß die Gruppenmitglieder die Kodierung in dieser Weise aufschlüsseln, um das implizite Thema bzw. die impliziten Themen zu begreifen. Vielmehr wird er mit der Wiederherstellung der Gesamtheit des zerlegten Ganzen vollendet, das nun auch in seiner Beziehung zu den anderen kodierten Situationen, die ja alle existentielle Situationen repräsentieren, klarer verstanden wird (hier: die Ton-Dia-Schau - T.K.). Kodierungen müssen in der Praxis der Gemeinwesenarbeit nicht immer auf eine didaktisch so komplexe Weise erfolgen, wie Freire sie beispielhaft in seinem auf bildliche Kodierungen gestützen Ansatz politischer Alphabetisierung entwickelt hat. So genügt es, wann immer jemand ein Problem anspricht, dies von Seiten der GWAlerInnen als 'Kodierung' zu nehmen, indem versucht wird, die Problembenennung als eine, die auch andere angeht, so zu diskutieren, daß sich die Darumherumstehenden dadurch ebenfalls angesprochen fühlen. Beteiligen sie sich nicht von alleine, gilt es, sie aktiv durch weitere 'Kodierungen' in Form von Ansprache und Fragen zu animieren. Ziel ist, auf diese Weise jenen typischen Kommunikationsprozeß in Gang zu setzen, in dem aus verschiedenen geschilderten und oft von den Betroffenen in nahezu szenischem Spiel angedeuteten Einzelerlebnissen eine gemeinsame Erfahrung der Gruppe erwächst. In dieser Art von 'Dekodierung' wird für die Beteiligten geradezu sinnlich faßbar, daß die absolute Mehrzahl von Problemen strukturell bedingt und keinesfalls so individuell ist, wie sie erscheinen mag. Pädagogisch ist dies insofern bedeutsam, als damit auch solidarische Problemlösungen verlangt und gemeinsam von den Betroffenen mit den GWAlerInnen zu antizipieren sind.

Die Erfahrungen der Gemeinwesenarbeit zeigen aber nun, daß es Gruppen oft genug mehr als schwer fällt, ihre eigenen Interessen klar zu formulieren. Vielmehr werden diffus irgendwelche Bedürfnisse bzw. Unzufriedenheiten gespürt, ohne daß die Betroffenen die Beziehung zwischen frustrierten Bedürfnissen und deren direkten oder indirekten Blockierungen zu entdecken vermögen. Der Gruppe gelingt es nicht, die unerprobten Möglichkeiten zu begreifen, die jenseits der 'Grenzsituation' liegen, auf die sich ihre Unzufriedenheiten und frustrierten Bedürfnisse beziehen. Häufig wird im pädagogischen Kontext in einem solchen Falle beklagt, die AdressatInnen seien interesselos. Dies ist aber eine problematische Sichtweise ihrer Schwierigkeiten, liegen diese doch weniger darin, keine Bedürfnisse zu haben, als vielmehr darin, nicht mehr an die Realisierung ihrer sehr wohl vorhandenen Wünsche und Träume glauben zu können. Die Kluft zwischen diesen Phantasien und der Realität scheint so groß geworden zu sein, daß sie sich als nicht mehr überbrückbar darstellt. Deshalb ist gemeinsam nach Zwischenschritten zu suchen, um zumindest Teile ihrer Wünsche und Interessen Wirklichkeit werden zu lassen. In dieser Weise hat der Verständigungsprozeß über die entsprechende Interessenlage der Gruppe zurückzukehren zur konkreten (Grenz-)Situation der Gruppe, mit dem Ziel, 'die Kraftlinien und Tendenzen des Wirklichen bis zu jenen äußersten Möglichkeiten zu verlängern' (LEFEBVRE 1977, S. 129)" (MAY 1997, S, 23-25).

In dieser Art von Problemformulierung werden zugleich die sozialen Kategorisierungen (s.o. S. 198 ff.) codiert und decodiert, d.h. in gewissem Maße verfremdet, so daß Reflexion über uniformierende Kategorien möglich werden, die im Prozeß der Auseinandersetzung bestätigt oder verändert werden (z.B. "die doofen Alten" können sich durch die Vorstellung der Ton-Dia-Schau im Altentreff relativieren). Darüber hinaus bietet dieses Vorgehen die Möglichkeit, zu prüfen, ob Problemformulierungen anderer Sozialitäten ähnlich sind, so z.B., wenn Vertreter sonst verfeindeter Cliquen feststellen, daß der Wunsch nach eigenen Räumen ein gemeinsames Anliegen ist.

Und ein letztes wird in allen drei Beispielen deutlich: Problemformulierungen sind immer zugleich sozialräumliche Bestimmungen als angeeigneter physikalischer Raum und Raum der sozialen Nähe und der sozialen Distanzen. Ein Stadtteil ist in diesem Sinn kein Raum mit gleicher Bedeutung für alle Bewohner, sondern er hat so viele Gestalten, wie Sozialitäten und Milieus gleiche (oder ähnliche) "Landkarten der Bedeutung" für diesen Stadtteil entwerfen. Daß diese unterschiedlich bis widersprüchlich sind und damit eine ständige Quelle für Konflikte zwischen Sozialitäten (und ihren einzelnen Mitgliedern), macht deutlich, daß "Gemeinwesen" nicht etwas ist, was schon existiert, sondern eher eine kontrafaktische konkrete Utopie ist (vgl. BOURDIEU 1991).

(2) Komponente: Entformalisierung von Konflikten

Auszüge aus dem Gespräch, das ich mit Ilse SCHWENKEL-OMAR am 24. Mai 1995 im Rahmen des Grundkurses geführt habe.

Ilse Schwenkel-Omar   geb. 1934

Nach dem Abitur absolvierte ich eine einjährige Ausbildung als fremdsprachliche Sekretärin. Anschließend war ich in diesem Beruf in Hamburg, Paris und London tätig.
1961 Beginn des Studiums an der Universität Hamburg. Hauptfach: Soziologie, Nebenfächer: Psychologie, Pädagogik, Jura, Sozialpädagogisches Zusatzstudium (SPZ). Während des Studiums mehrere mehrmonatige Aufenthalte in Atlanta, USA.
1972 Promotion mit der Dissertation "Jugenddelinquenz in den Mittelschichten".
Von 1975 bis 1979 Soziologieunterricht an der Staatlichen Abendwirtschaftsschule in Hamburg.
Von 1979 bis 1994 Mitarbeiterin im Amt für Jugend, Hamburg, zunächst als Leiterin des Referats "Familienpolitik", dann zehn Jahre Leiterin des Referats "Jugendstraffälligenhilfe".
Seit Januar 1995 nicht mehr im aktiven Dienst.

Veröffentlichungen:

- An Outline on Diversion in Hamburg, in: Bill Roston and Mike Tomlinson (Hg.), The Expansion of European Prison Systems, European Group for the Study of Devianve and Social Control, Belfast 1986, S. 225 ff.,
- Die Jugendgerichtshilfe zwischen Jugendhilfe und Justiz - Einige Anmerkungen zum neuen Kinder- und Jugendhilfegesetz, in: Zentralblatt für Jugendrecht, 1990, S. 493,
- Der TOA im Hamburger Diversionsprogramm, in: Krim-Info, 1992, s. 8 ff.,
- Jugendhilfe und Justiz - eine (un)-selige Liaison, in: "Wer denn sonst, wenn nicht die Justiz ...", Info der Landesgruppe Baden Württemberg in der DVJJ, 1992, S. 25,
- Grenzen der Pädagogik - Anforderungen an andere Politikbereiche, in: Gewalt von Kindern und Jugendlichen, Behörde für Schule, Jugend und Berufsbildung, 1993, S. 27,
- Die Kriminalität ausländischer Jugendlicher, in: Krim-Info 7, 1994, S. 2,
- Wer erzieht denn nun - die Justiz oder die Jugendhilfe?, in: DVJJ-Jounal, 2/1995, S. 172,
- Jugend ohne Zukunft? - Befähigen statt strafen - Stellungnahme zum Diskussionspapier der AWO-Kommission "Jugendhilfe und Jugendkriminalrecht, in: DVJJ-Jounal 3/1996, S. 265
- Wer erzieht denn nun - die Justiz oder die Jugendhilfe?, in: Sozialer Wandel und Jugendkriminalität, Schriftenreihe der DVJJ, Band 27, S. 404
- Jugendstraffälligenhilfe in Hamburg, unveröffentlichtes Manuskript, 1997,
- Der Täter-Opfer-Ausgleich in Hamburg, Ergebnisse einer Begleitforschung im Jahr 1995, unveröffentlichtes Manuskript, 1997

Ilse SCHWENKEL-OMAR: Straffällige Jugendliche sind in erster Linie Jugendliche

"Anfang der 80er Jahre hatten wir in Hamburg eine sehr hohe Zahl von Jugendstrafen. Die Justizbehörde fiel aus allen Wolken, als das in einem wissenschaftlichen Gutachten nachgewiesen wurde. Aber schon vorher hatten viele Leute ein Unbehagen in bezug auf die Jugendstrafrechtspflege, sowohl in der Justiz als auch in der Sozialarbeit. Damals war das System so, daß Jugendlichen, wenn sie in diese Maschinerie kamen, eigentlich wenig angeboten wurde. Es gab einerseits Arbeitsleistungen, andererseits Arrest und Jugendstrafe, mit oder ohne Bewährung. Auch gab es schon Betreuungsweisungen, die jedoch nicht von der Jugendgerichtshilfe, sondern von der Jugendbewährungshilfe durchgeführt wurden. Die Bewährungshilfe bildete zu diesem Zeitpunkt mit der Jugendgerichts-

hilfe eine Dienststelle. Ihre Aufgabe war es, darauf zu achten, daß das, was der Richter in den Beschluß hineingeschrieben hatte, auch erfüllt wurde. Wenn der Jugendliche die Auflagen nicht erfüllte, dann wurde das relativ schnell an das Gericht zurückgemeldet. Das hieß dann sehr viel häufiger als heute: Widerruf der Bewährung. Heute gibt es praktisch keinen Widerruf mehr in Hamburg, jedenfalls keinen Widerruf mehr, nur weil ein Jugendlicher seine Bewährungsauflagen nicht erfüllt hat. Es gibt ihn nur, wenn er wieder massiv straffällig geworden ist.

Die Jugendgerichtshilfe war bis Ende 1984 tatsächlich ein Gerichtsgehersystem. Das heißt, ein Jugendlicher wurde straffällig, bekam eine Anklage, die Durchschrift ging an die Jugendgerichtshilfe, die wendete sich an den Bezirk, in dem der Jugendliche wohnte. Der zuständige Sozialarbeiter machte dann einen Bericht, den er wieder an die Jugendgerichtshilfe schickte, und die ging mit diesem Bericht in die Verhandlung. Die Jugendgerichtshilfe kannte den Jugendlichen bis dahin in der Regel nicht persönlich.

Die Aussagen vor Gericht waren oft entsprechend schematisch, inhaltsleer und nicht auf den Jugendlichen abgestimmt. Nach der Verhandlung ging der Jugendgerichtshelfer in sein Büro zurück, machte einen Bericht und schickte ihn wieder an den Bezirk. Entweder mußte der Bezirk den Jugendlichen weiter betreuen oder der Jugendliche mußte eine Arbeitsleistung erfüllen. Die wurde vom Gericht ziemlich schematisch zugeteilt. Das war keine wirkliche Betreuung.

Dieses Image, keine richtige Sozialarbeit zu machen, haftete dem Jugendgerichtshelfer noch für lange Zeit an, auch noch, nachdem die Neuorganisation der Jugendgerichtshilfe vollzogen war. Mit ihr wurde die Jugendgerichtshilfe in den Bezirksämtern organisiert. Sie war nun von Anfang an, mit Beginn der Übersendung der Anklageschrift, für den Jugendlichen zuständig. Sie nahm mit ihm Kontakt auf und betreute ihn bis nach der Verhandlung. So ist es auch heute noch.

Bei den Jugendrichtern spielte sicher auch Unbehagen eine Rolle. Wer Jugendrichter wird, macht das ja häufig aus einer besonderen Motivation. Sie merken natürlich, daß die Jugendlichen, die sie verurteilt hatten, über kurz oder lang wieder bei ihnen landeten. Vielen ging auf, daß das, was sie machten, nicht so wahnsinnig viel brachte. Dieses Unbehagen führte 1984 zu der Einrichtung einer interbehördlichen Arbeitsgruppe, die sich mit anderen als den bisherigen Reaktionsformen auf Jugendkriminalität befassen sollte. Daß andere Reaktionsformen möglich und notwendig waren, wurde durch wissenschaftliche Untersuchungen bestätigt. Besonders zu bedenken gaben Dunkelfelduntersuchungen, die feststellten, daß mindestens 95 % aller männlichen Jugendlichen zwischen einer und drei Straftaten begehen. Die meisten werden nicht erwischt, und die meisten hören von selbst damit auf. Wenn praktisch alle Straftaten begehen, dann kann ich nicht mehr einige, die zufällig auffällig werden, herauspicken und besonders bestrafen. Das macht keinen Sinn, denn das Strafrecht lebt ja davon, daß die Ausnahmeregel umgekehrt ist, daß also nur wenige die Ausnahme - die Straftat - begehen, und viele nach der Regel, also gesetzes-konform leben. Wenn jedoch alle die Ausnahme begehen, dann ist es äußerst schwierig, die Strafrechtsnormen aufrechtzuerhalten.

Zum zweiten gab es die Ergebnisse der Kohorten-Studien, die die Geburtsjahrgänge über viele Jahre bis hin zum Erwachsenenalter in regelmäßigen Abständen untersuchten. Man stellte fest, daß die Faktoren der sozialen Benachteiligung keine Prognose in bezug auf eine spätere Straffälligkeit erlauben. Wenn ich also heute eine Gruppe von Jugendlichen habe, in der die Väter trinken, die Eltern geschieden oder die Wohnverhältnisse schlecht sind, und diese vergleiche mit einer Gruppe, in der das alles nicht der Fall ist, dann werde ich sehen, daß in beiden Gruppen genauso viele Jugendliche oder Erwachsene nicht straffällig wie straffällig werden. Das Kaputte-Familien-Syndrom ist kein Kriterium. Daß wir natürlich mehr von diesen benachteiligten jungen Menschen im Gefängnis haben, ist eine ganz andere Sache. Da spielen Selektionsprozesse eine Rolle. Aber von vornherein gibt es überhaupt keinen Anlaß zu sagen, nur weil ein Kind aus schlechten Verhältnissen kommt, weil es benachteiligt ist, wird es auch irgendwann straffällig werden.

Das dritte wissenschaftliche Ergebnis war die Erkenntnis, daß Einsperren überhaupt nichts bringt, daß die Jugendlichen schlechter, gefährdeter, aber auch eingeschränkter in ihren Handlungsmöglichkeiten aus dem Knast herauskommen als sie 'reingegangen sind. Und nicht zuletzt war es der Labeling-Ansatz, der Etikettierungsansatz, der in der ganzen Diskussion eine wichtige Rolle spielte. Dieser besagte u.a., daß, ganz gleich, mit welcher Instanz der sozialen Kontrolle ein Jugendlicher in Berührung kommt, ob eine Intervention mit der offiziellen staatlichen Kontrolle anfängt oder auch mit nicht-staatlicher, die Wahrscheinlichkeit steigt, daß eine kriminelle Karriere beginnt und sich mit zunehmenden Interventionen verfestigt. Deshalb ist es besser, nicht mit staatlichen oder quasistaatlichen Mitteln auf eine Straftat zu reagieren, sondern am besten gar nicht. Das meiste regelt sich am besten ohne formelles Verfahren. Das ist auch der Grundgedanke der Diversion. Wörtlich übersetzt heißt das: Umleitung - hier also: Umleitung der Jugendlichen um staatliche Sanktionen herum."

"So wird unter dem Thema 'Diversion' ... über die Vermeidung von jugendgerichtlichen Eingriffen überhaupt und über die Vermeidung von jugendgerichtlichen Eingriffen zugunsten von verschiedenen Formen erzieherischer Maßnahmen diskutiert. Inzwischen liegen Ergebnisse aus Untersuchungen in den USA vor, die den dort nunmehr über 10 Jahre währenden Diversionsstrategien und -maßnahmen der reaktiven Jugendgerichtsbarkeit wenig Erfolg bescheinigen. Das Netz sozialer Kontrolle sei im Zuge dieser Entwicklung enger geknüpft und ausgeweitet worden, die Jugendkriminalität und die Zahl und Dauer der Jugendstrafen sei im Zuge dieser Bestrebungen weiter deutlich gestiegen. Für die meisten Jugendlichen gelte, daß diejenigen, auf deren Straffälligkeit nicht reagiert werde, in der Folge weniger kriminell belastet seien, als diejenigen, bei denen reagiert werde, und zwar unabhängig davon, ob diese Reaktion erzieherischen oder strafenden Charakter hatte bzw. der Justiz oder der Jugendhilfe zuzurechnen sei. Es besteht also Grund zu der Befürchtung, daß die Suche nach Alternativen für jugendgerichtliche Maßnahmen zuviel Hoffnung auf Jugendhilfe und Erziehung setzt. Die eindeutig schädlichen Wirkungen der Freiheitsstrafe für jugendliche Straffällige verstellen den Blick dafür, daß auch Erziehungsmaßnahmen schädigen können und zwar insbesondere dann, wenn öffentliche Erziehung dazu gedacht ist, jugendgerichtliche Sanktionen, insbesondere die Freiheitsentziehung, zu vermeiden. Erziehung soll dann gegen den Willen des zu Erziehenden aufgezwungen werden können. Darüber, ob die Erziehung Erfolg verspricht oder erfolgreich ist, soll fremdbestimmt, außerhalb der Beziehung zwischen Erziehenden und Jugendlichen, entschieden werden können. Und hinter diesem Prozeß steht dann in der Regel die Drohung, daß Schlimmeres folgt, wenn die Erziehung nichts fruchtet" (BITTSCHEID-PETERS 1984, damalige Leiterin des Amtes für Jugend in Hamburg - zur Person: s.o.S. 265. Zum Thema insgesamt und zu den erwähnten Forschungsergebnissen, gibt der von JANSSEN/PETERS (1996) herausgegebene Reader einen guten Überblick. Insbesondere zu empfehlen ist der Artikel von DEICHSEL, der sich speziell mit Diversion befaßt).

"Diversion bedeutet im Strafverfahren, den Jugendlichen so schnell wie möglich aus diesem wieder herauszuleiten, weil wir eben wissen, daß sich das meiste sowieso von selbst erledigt und wir überhaupt nicht aktiv werden müssen - weder als freie oder staatliche Jugendhilfe noch als Polizei oder Justiz. Es ist also besser, sich erst einmal 'rauszuhalten.

Nur wissen wir natürlich, daß es Jugendliche gibt, die weiter Straftaten begehen. Da haben wir uns in der überbehördlichen Arbeitsgruppe gesagt, bevor wir sie ins Gefängnis schicken, was nun allemal nichts bringt, versuchen wir wenigstens, sie auf eine andere Art zu betreuen. Aus dieser Erkenntnis sind in Hamburg zwei Konsequenzen gezogen worden. Erstens wurden ambulante Betreuungsprojekte für junge Straffällige gegründet, die von oder in Zusammenarbeit mit den Jugendgerichtshilfen ins Leben gerufen wurden. Zweitens wurde die Jugendbewährungshilfe, die nur in Hamburg und Berlin bei der Jugendhilfe angesiedelt ist, in dieses Diversionskonzept einbezogen. Ihr wurde gesagt, auch Ihr müßt Angebote machen, damit die Jugendlichen, selbst wenn sie nochmals eine Straftat begangen haben, nicht gleich in den Knast kommen."

(Anmerkung zur Reichweite des Diversionsbegriffs):
"Die engste Auslegung des Diversionsbegriffs bezeichnet ausschließlich die Verfahrensformen als Diversion, die auf der Ebene der Staatsanwaltschaft zur Einstellung des Strafverfahrens führen. Dieses staatsanwaltschaftliche Diversionsverfahren beginnt nach der polizeilichen Registrierung und endet unterhalb der Schwelle der Hauptverhandlung.

Die geläufigste Variante bezeichnet alle die Verfahrensformen und Reaktionsweisen innerhalb des Strafrechtssystems der BRD als Diversionsstrategien, die auf die Ersetzung formeller durch informelle Sanktionen hinzielen. Neben dem Abbruch des Strafverfahrens unterhalb der Stufe der Hauptverhandlung werden auch die Verfahrensabbrüche innerhalb der Hauptverhandlung als Diversionsverfahren bezeichnet, soweit sie keine formellen Sanktionen beinhalten.

Die weiteste Auslegung des Diversionsbegriffs beinhaltet die als 'Hamburger Modell' bezeichnete Variante, die unter Ausschöpfung bzw. Neuinterpretation bestehender rechtlicher Regelungen des Jugendgerichtsgesetzes zurückhaltendere Reaktionen auf allen seinen Ebenen anstrebt, also auch den Bereich der formellen Sanktionen umfaßt, um stationäre Sanktionen auch noch auf dieser Stufe des Strafverfahrens durch Bereitstellung geeigneter ambulanter Alternativen so weit wie möglich zurückzudrängen" (KEGLER 1991, S. 30 f.).

"Wir haben im Grunde nichts anderes gemacht, als die gegebenen Möglichkeiten des Jugendgerichtsgesetzes auszunutzen und auszuweiten. 85 % aller Verfahren, aller Eingänge bei der Staatsanwaltschaft werden eingestellt. Das ist in der Bundesrepublik eine relativ hohe Zahl. Nur der Rest kommt zur Anklage. Was dann passiert, muß noch lange nicht Gefängnis heißen, es kann alles andere sein. Die Zahl der Jugendstrafen lag zum Zeitpunkt, als wir über Diversion noch nicht sprachen (1983), bei 497 oder fast 500 pro 100.000 Jugendlichen. Halte ich die demografische Entwicklung neutral, sind es jetzt etwa 385. Die Quote ist besonders massiv in den Jahren von 1983 bis 1985 zurückgegangen. Allein die Diskussion um die Diversion hat eigentlich schon gereicht, und seitdem hält sich die Quote auf diesem Level.

Um auch bei schwereren Straftaten eine Alternative zum Gefängnis zu schaffen, hatte die Jugendgerichtshilfe zunächst vor, mit freien und kommunalen Trägern der offenen Jugendarbeit zusammenzuarbeiten. Das ist aber weitgehend gescheitert, weil diese Träger nicht in den Geruch der Straffälligenhilfe kommen wollten. Eine Kooperation wurde kategorisch abgelehnt, bis hin zu dem Beschluß einer Bezirksversammlung. Es war schon eine besonders heiße Debatte. Daraufhin hat die Jugendgerichtshilfe gesagt, wir finden die Idee gut. Wir wollen den Jugendlichen etwas anbieten, anstatt sie in den Jugendarrest oder ins Gefängnis zu schicken oder schicken zu lassen. Die Jugendgerichtshilfen haben dann selbst Projekte gegründet. Das sind aber bis auf den Verein 'Nöldekestraße e.V.' in Harburg JGH-eigene Vereine. Es ist eine Spezialität in Hamburg, daß Behörden ihnen nahestehende Vereine gründen, also wurde das im Bezirk Mitte und im Bezirk Altona auch gemacht. Nur in Harburg ist uns tatsächlich eine Kooperation mit einem freien Träger geglückt. Einmalig ist dort auch, daß Jugendgerichtshilfe und Jugendbewährungshilfe kooperieren.

Bei diesen Projekten ging es mir als Vertreterin der Fachbehörde nicht nur um die Jugendlichen, sondern es ging mir auch um die Jugendgerichtshelfer, die ja sonst nur Schreibtischarbeit machen. Der Jugendliche kommt nur wegen einer Straftat zu ihnen. Das ist zunächst ein Defizit, und es wird auch immer nur dar-

über gesprochen. Sehr schnell kommen dann auch traurige Familiengeschichten etc. Die Stärken, die jeder Jugendliche hat, werden in solchen Gesprächen nicht erkannt. Straffällige haben aber auch besondere Stärken. Die können auch etwas, das muß man einfach wissen. Ich z.B. kann kein Auto aufbrechen. Das klingt vielleicht blöde, aber ich bin sicher, daß viel Power in manchem Jugendlichen steckt, der Straftaten begeht. Ich habe mir also vorgestellt, wenn die Jugendgerichtshelfer mit den Jugendlichen in den Projekten direkt zusammenarbeiten, erleben sie auch deren Stärken. Der Jugendliche erlebt umgekehrt den Sozialarbeiter 'mal in seinen Schwächen. Die Jugendlichen können z.B. sehr viel besser Billard spielen und kickern. Aber auf jeden Fall kommen beide ins Gespräch. Sie können besser miteinander umgehen. Der Jugendgerichtshelfer hat die Möglichkeit, auch besser zu erkennen, wo es bei dem Jugendlichen hapert, wo er Hilfe anbieten kann. Er erlebt also den Jugendlichen in einem breiteren Spektrum seiner Persönlichkeit. Und nicht zuletzt haben sie mehr Spaß miteinander. Wenn dann der Jugendgerichtshelfer vor Gericht geht, kann er a) das Projekt besser vertreten, aber er kann b) über den Jugendlichen auch etwas Differenzierteres sagen.

Die Projekte arbeiten handlungs- und erlebnisorientiert. Es hängt so ein bißchen von den Kollegen ab, die dort mitarbeiten, was sie können und was nicht. Es hängt natürlich - so sagen wir immer - von den Bedürfnissen und Bedarfen der Jugendlichen ab. Ganz stimmt das nicht. Denn wenn ich das Werkzeug für Tiffany eingekauft habe, dann kann ich nicht das nächste Mal Fitness-Sachen kaufen, weil das Geld dann fehlt. ... Es werden angeboten: Arbeiten mit Holz, Metall, Computer, Fahrrad-Gruppen, Zweirad-Werkstätten, Tiffany, Gürtel behämmern. Auch Fitness-Training ist sehr beliebt, alles mögliche eben. Der Jugendliche muß Spaß dran haben, und das haben sie auch in der Regel. Aber wichtig ist, daß die beiden etwas gemeinsam tun, um miteinander klarzukommen.

Darin eingebettet ist eine intensive Einzelhilfe, zunächst natürlich als Gespräch zwischen Sozialarbeiter und Jugendlichem. Es werden aber auch andere hinzugezogen: Arbeitsberater, Drogenberater, Schuldnerberater usw. Die Jugendgerichtshelfer kennen die Richter und kennen manchmal auch die Staatsanwälte. Sie haben ein Feeling dafür, was wohl anstehen wird, ob es z.B. Jugendarrest oder gar Jugendstrafe geben wird. Wenn sie meinen, es könnte auf eine Jugendstrafe hinauslaufen, sagen sie dem Jugendlichen: Wir haben hier dieses Projekt, komm doch bitte mal her und gucke es dir an. Wenn er es sich angeschaut hat und man ihn fragt: Könntest Du Dir vorstellen, für drei bis höchstens sechs Monate - so schreibt es das Gesetz vor, wir haben uns diese Regel schon vorher gegeben - einmal in der Woche hierherzukommen? Wenn Du kommst, mußt Du aber auch regelmäßig kommen. Das sagen sie den Jugendlichen vorher: Wenn Du über längere Zeit nicht kommst, müssen wir irgendwann dem Gericht das auch sagen. Es ist schon eine relativ strenge Sache. Sie muß *aber sein, sonst hätte die Jugendgerichtshilfe die Projektweisungen bei der Justiz überhaupt nicht durchgekriegt. Wenn der Jugendliche sagt: Ja, das kann ich mir vorstellen, dann kann der Jugendgerichtshelfer das vor Gericht vorschlagen. Allerdings sollte er erst einmal ein bißchen zögern, bevor er das vorschlägt. Die Jugendgerichtshilfe achtet inzwischen sehr darauf, daß die Jugendrichter nicht auf die Idee kommen, von sich aus einen Jugendlichen in ein Projekt 'reinzudrükken'. Zu Anfang taten sie es, es ist aber bislang immer schiefgegangen, weil es nicht gut vorbereitet war. Der Jugendliche wollte es nicht. Er nahm es zu sehr als Strafe, und das hat dann im Projekt nicht geklappt. Die Zustimmung des Jugendlichen zu dieser Projektweisung muß vorher gegeben sein.*

Schwierig ist so eine Projektweisung mit Drogenabhängigen. Wir wissen, bei Drogenabhängigen ist es mit der Regelmäßigkeit so eine Sache. Aber sie kommen. Es wird versucht, ihre Lebensumstände so zu stabilisieren, daß der Verelendungsprozeß einigermaßen gestoppt werden kann, um sie am Leben zu erhalten, bis sie dann von selbst oder mit Hilfe einer Therapie, das kommt natürlich auch vor, in ein Stadium kommen, wo sie auch ohne Droge oder mit einem kontrollierten Drogengebrauch leben können. Das war eine heftige Diskussion, vor allem in der Bewährungshilfe, die gut über 50 % Heroinabhängige betreut. Die Kollegen haben immer wieder versucht, teils auch unter Druck des Gerichtes, Abhängige in eine Therapie zu drängen - in der Hoffnung: wenn Du eine Therapie machst, dann kann ich Dich vielleicht aus dem Knast raushalten. Nur scheiterten solche Therapien mit fast 100 %iger Regelmäßigkeit. Die Kollegen waren dann auch frustriert. Inzwischen ist den meisten klar, daß jemand nur eine Therapie macht, wenn er selbst dazu bereit ist. Sonst kriegt man ihn mit keinen Mitteln dazu. Auch hier geht es eigentlich darum, dem Jugendlichen dabei zu helfen, daß er überlebt, daß er weiterkommt und irgendwann aufhört."

Handlungsorientierung in konflikthaften Situationen

Das Diversionsprogramm ist zwar noch Basis der Jugendstrafpolitik in Hamburg, es gerät z.Zt. aber zunehmend von politischer und auch wissenschaftlicher Seite unter Druck. Auch wenn die Grundüberlegungen "im Prinzip" nicht in Frage gestellt werden (die Tatsache der Ubiquität von Strafrechtsverletzungen - "alle tun's" -, die Nutzlosigkeit sozialer Indikatoren - nur die "unteren Schichten" werden erwischt - und die Erkenntnis, daß Einsperren und andere "Übelzufügungen" schädlich sind), führt der angebliche Anstieg der Gewalt und Gewaltbereitschaft von Jugendlichen zum Ruf nach schärferen und schnelleren justitiellen Reaktionen. Also wieder "Mehr-desselben", auch wenn bekannt ist, daß es weder "Tätern" noch "Opfern" nützt (vgl. ORTNER 1986). Das ist aber auch nicht der Zweck der Kritik. Es geht um symbolische Politik, die glaubt, durch verschärfte Formalisierungen soziale Konflikte regulieren zu können (vgl. CREMER-SCHÄFER 1992; 1997). In diesem Klima haben es Ansätze, wie sie Ilse SCHWENKEL-OMAR darstellt, schwerer, die strafrechtlichen (Konflikt-)Regelungen von solchen der Jugendhilfe soweit entkoppeln wollen, daß die Problemformulierungen der Jugendlichen im Vordergrund stehen (wie das in den Diversions-Projekten versucht wird). Die Akzeptanz der Projekte durch die zugewiesenen Jugendlichen wird auch dadurch unterstrichen, daß viele ihre Freunde und Freundinnen mitnehmen und viele auch nach Beendigung der formellen Zuweisungszeit weiterhin "ihr" Projekt besuchen. Das läßt sich zweifellos so interpretieren, daß diese Jugendlichen ihre "Anliegen" dort realisieren können.

Auf den ersten Blick mag es so scheinen, daß in einer gelungenen Problemsetzung auch schon eine Übereinkuft darüber enthalten ist, was weiter getan werden soll. Das ist mit hoher Wahrscheinlichkeit auch immer dann der Fall, wenn - wie MAY es dargestellt hat - Codierungs- und Decodierungsprozesse so ineinander übergehen, daß Problemsetzung und die Bearbeitung des Themas kaum mehr unterscheidbar werden. Auf der anderen Seite haben wir das Beispiel der Jugendhilfestation, die das Setting der Problemsetzung (erste Runde der "stellvertretenden Deutung") deutlich von dem Setting trennen (zweite Runde), in dem nach der adäquaten Handlungsstrategie gesucht wird, **Problemsetzung** und **Handlungsorientierung** also systematisch getrennt sind.

Daß dieser Unterschied nicht zufällig ist, wird deutlich, wenn man sich den sozialen Ort "Konflikt" im Spannungsfeld zwischen Formalisierung und Regeln von Sozialitäten genauer ansieht.

Ausschnitt (2), Schaubild 8 (S. 206)

Modell Ausbau	sozialer Ort	Modell Umbau
(Rationalisierung) Formalisierung	←Konflikt→	(Aktivierung) Regeln

Geht man wiederum davon aus, daß die Wahrnehmung eines Konfliktes auf einem Kontinuum verläuft, dessen einer Pol seine völlige Formalisierung ist und auf dessen anderem ein Konflikt innerhalb oder zwischen Sozialitäten geregelt wird, so lassen sich die drei Beispiele entsprechend zuordnen. In der Jugendgerichtshilfe spielt die formalisierte Wahrnehmung von Konflikten für den gesamten Kontext die entscheidende Rolle, was Anlaß und Zugang zu ihr angeht. Auch wenn versucht wird, die Handlungsorientierung **nicht** in erster Linie aus diesem formalisierten Rahmen abzuleiten, sondern sich daran ausrichtet, welche Konflikte (und Interessen und Fähigkeiten) die Jugendlichen haben (Berufs- und Schuldenberatung), dominiert die formalisierte Einbindung. Entsprechend tendiert die Jugendgerichtshilfe auf dem Kontinuum zum Pol der Formalisierung. Auch der Kontext der Jugendhilfestation ist hoch formalisiert, ihre systematische Multiperspektivität erlaubt ihr aber eine im Vergleich zur JGH größere Variabilität in der Konfliktwahrnehmung und der Handlungsorientierung. Auf dem Kontinuum könnte man sie also in der Mitte einordnen. Die Sozialität von ausgegrenzten Jugendlichen unterliegt zwar vielen Zwängen, aber in dem von Michael MAY moderierten Verfahren des Codierens und Decodierens verständigt sich die Sozialität über die Deutung des Konflikts und die darin liegende Handlungsorientierung. Entsprechend tendiert diese Situation zum Pol (sub-)kultureller Regeln.

Betrachtet man nur das Verhältnis von Professionellen und Adressaten auf diesem Kontinuum unter dem Aspekt der sozialen Kategorisierung, so machen die drei Beispiele deutlich, daß, je bestimmender Formalisierungen das Verhältnis zwischen beiden prägen, desto uniformer die Zuordnungen sein werden - hier die "Wachteln" (Gefängniswärter), dort die "Gefährlichen" (Gefangenen); hier "die da oben", dort "die da unten". Je stärker die Regeln der Sozialitäten die Kooperation und das Geschehen bestimmen, desto eher ist eine interpersonale Kategorisierung wahrscheinlich, was aber - für sich genommen - noch keine Veränderung in der Kategorisierung einer als "feindlich" wahrgenommenen Gruppe/Institution/ Sozialität mit sich bringen muß. "Der Michel ist ok", mögen die Jugendlichen in Nied sagen, "aber die Sozialarbeiter sind ...".

Der Stellenwert dieser Überlegungen gewinnt an Bedeutung, wenn man
(a) das Verhältnis von **formeller** und **informeller Konfliktregelung** grundsätzlicher thematisiert und
(b) die daraus folgenden Konsequenzen für ein Konzept **prospektiver Dialoge** zieht.

(Zu a)
Konflikt wird in den meisten sozialwissenschaftlichen und verhaltenstheoretischen Ansätzen als Störung oder Abweichung interpretiert. Das verwundert nicht weiter, ist es doch geradezu die wichtigste Legitimation der "Regulierungswissenschaften" (BAUMAN 1995, S.108) für einen möglichst störungsarmen gesellschaftlichen Kontext der "inflexiblen Massenproduktion" des Fordismus zu sorgen. Entsprechend dominiert die Sorge um die Bestandserhaltung dieser Gesellschaft, sowohl in der Forschung als auch in der Literatur, auch (und lange Zeit: vor allem) in der Sozialen Arbeit. HANAK, den ich hier als Repräsentanten der kritischen Kriminologie zitiere, faßt diese Wissenschaftstradition als "Kontrollparadigma" zusammen.

Dieses Paradigma, "dessen Zentralbegriffe Normbruch/Sanktionierung/ Prävention sind, generiert gleichsam automatisch immer wieder dieselben Problemstellungen und Forschungsdesigns: Ätiologie devianter Handlungsmuster und Karrieren, Legitimierung und Evaluation unterschiedlicher Sanktionsformen und Kontrollstrategien, Arbeitsteilung zwischen strafenden, pädagogisierenden und therapeutischen Interventionsformen, wobei der Gesichtspunkt der Individualprävention zu merkwürdiger Dominanz gelangt" (1984, S. 163).

Diese Vorstellung ist deshalb hegemonial, weil Konfliktregelung ohne staatliche Lizensierung nicht nur bei Wissenschaftlern kaum vorstellbar ist, sondern fast überall in unserer Gesellschaft, obwohl jede und jeder von uns täglich Konfliktregelungen erlebt, die ohne staatliche Beauftragte erledigt werden. Aus der Handlungsperspektive ist es deshalb viel erhellender, an diesen Alltagsregelungen anzusetzen.

"Wenn Konfliktregelung und Sanktionierung von Normbrüchen in komplexen Sozialsystemen angesichts des Bestehens staatlicher/rechtlicher Zentralinstanzen erfolgen - ... - und damit eine tendenzielle Verrechtlichung alltäglicher Konfliktsituationen und der Formen ihrer Austragung plausibel scheinen könnte, so gilt doch auch, daß die Varianten rechtsförmiger Konfliktverarbeitung umgekehrt geprägt sind durch das Spektrum alternativ zur Verfügung stehender - außerrechtlicher - Strategien und Institutionen sozialer Kontrolle" (HANAK 1984, S. 161).

In seiner tatsächlichen Bedeutung dreht sich unter dieser Perspektive das Verhältnis von formeller und informeller Konfliktregelung geradezu um:
"Wir könnten sagen, daß das Recht, d.h. die Tatsache, daß die Sanktionierung bestimmter Normen in bestimmten Instanzen monopolisiert ist, eine relativ unbedeutende Sache ist. Die Sicherung der normativen Ordnung im Alltagsgetriebe unseres Miteinanders obliegt nicht jenen ominösen Rechtsinstanzen, sondern den interagierenden Subjekten selbst" (TROTHA 1982, S. 21).

Kritische Sozialwissenschaft interpretiert deshalb Konflikte entgegengesetzt: Konflikte sind Alltag, der Umgang mit ihnen eine Kompetenz und Basis dafür, das gesellschaftlicher Wandel bzw. gesellschaftliche Alternativen überhaupt denkbar sind. Konflikte auf allen gesellschaftlichen Ebenen sind also die Motoren gesellschaftlicher Bewegung - genau das, was die "Soziologie der Marionetten" (BAUMAN 1995, S. 108) fürchtet.
Auch eine kritische Theorie Sozialer Arbeit basiert deshalb auf dem "Konfliktregelungsparadigma", wie HANAK die Opposition zum Kontrollparadigma nennt.

Aus diesem kritischen Paradigma resultiert "eine ganz andere Gewichtung der Forschungsschwerpunkte: Ätiologie interpersoneller/sozialer Konflikte, Voraussetzungen und Folgewirkungen der Thematisierung bzw. Mobilisierung von Recht in Konfliktsituationen, Ethnographie kriminalisierbarer Handlungen bzw. ihrer privaten wie institutionellen Verarbeitung, Situationsdefinitionen und Interpretationsmuster, die mitentscheiden, auf welche Weise der Konflikt verarbeitet wird, wobei klarerweise vor allem jene Situationsdefinitionen von besonderem Interesse sind, die den strafjuristischen widersprechen und gewissermaßen auf eine 'unterirdische' Alltagskultur der Konfliktverarbeitung verweisen, über die wir allenfalls fragmentarisch und anekdotenhaft Bescheid wissen" (1984, S. 163).

HANAK fragt von dieser Position aus, unter welchen Konflikt-Konstellationen sich Sozialitäten oder einzelne Mitglieder an die Polizei (als rund-um-die-Uhr zur

Verfügung stehende, kostenlose Regelungsinstanz) wenden, hier soll (kurz) gefragt werden, bei welchen Konflikten Menschen Einrichtungen der Sozialen Arbeit mobilisieren. Diese Frage wurde zwar schon häufiger gestellt, aber nie wirklich untersucht, obwohl bekannt ist, daß die meisten Einrichtungen Sozialer Arbeit nicht "freiwillig" kontaktiert werden. Dabei läßt schon ein kurzes Gedankenexperiment deutlich werden, daß es keinen sozialen Konflikt (sozial hier "als die aktuelle Beziehung umfassend" verstanden - Bd. I, S. 8) gibt, der nicht **ohne** Soziale Arbeit regelbar wäre - und daß dieses sogar sehr viel häufiger der Fall ist, als daß Einrichtungen der Sozialen Arbeit mobilisiert würden:

- Mißhandlungen und Mißbrauch werden überwiegend familienintern "gelöst",
- Konflikte, die zu "Maßnahmen" nach dem KJHG führen können, "landen" nur sehr selten dort, und wenn, dann oft als Folge eines rechtlich regulierten Konflikts (Scheidung) oder als Folge einer Meldung Dritter (Schule, Polizei),
- Konflikte, die mit Alkohol und anderen Drogen zusammenhängen, gelangen nur selten zu Einrichtungen Sozialer Arbeit (gemessen an der vermuteten Gesamtzahl Abhängiger),
- Konflikte zwischen jugendlichen Sozialitäten werden in der Regel untereinander geregelt. Jugendarbeit bekommt nur dann davon etwas mit, wenn der Konflikt z.B. um die Einrichtung entbrennt.
- usw.

HANAKS Schlußfolgerung ist demnach zuzustimmen:

"Strafrecht (und die kontroll- und ordnungspolitischen Funktionen anderer Rechtsbereiche wie z.B. das KJHG, aber auch z.B. das Betreuungsrecht -T.K.) stellt (stellen - T.K.) sich im Rahmen dieser Konzeption als (untypischer) Sonderfall (last resort?) sozialer Kontrolle dar, der dort wirksam werden kann, wo die Mechanismen von 'relational control' (...) aus strukturellen oder situativen Bedingungen nicht (mehr) greifen" (1984, S. 178 f.).

(Zu b)
Die Konsequenzen aus diesen Befunden für die Entwicklung von Handlungsorientierungen und damit für die Praxis von Dialogen, die sich auf Erweiterung zukünftiger Handlungsalternativen richten, sind beträchtlich. Im Bild des Kontinuums von hochformalisierter zu sozialitärer Konfliktregelung ausgedrückt, bedeutet das: Je stärker eine Einrichtung dem Pol formalisierter Konfliktregelung (oder präziser: Konfliktstillegung durch Konditionalprogramme) zuzuordnen ist, desto schwieriger wird es, sozialitäre Konfliktregelungen überhaupt zu erkennen, geschweige denn zu unterstützen (wer im Gefängnis gearbeitet hat, weiß das); desto stärker dominieren formalisierte Erwartungen (Straffreiheit, Drogenfreiheit, Schulbesuch ...), mit denen Professionelle sich zwar nicht identifizieren, die sie aber in irgendeiner Weise berücksichtigen müssen; desto brisanter sind in der Regel die den Zu-/Einweisungen zugrunde liegenden Konflikte. Deren Mehrzahl

dürfte ohne staatliche Intervention in oder durch Sozialitäten geregelt werden, was aus der Perspektive der Instanzen als "Dunkelziffer" interpretiert, was aus der von Sozialitäten als (mehr oder weniger) geglückte "Lösung" empfunden wird, die möglichst "geheim" gehalten wird, da man die öffentliche Mißbilligung kennt. Das ist z.B. dann der Fall, wenn in (familialen) Sozialitäten dafür gesorgt wird, daß ein verprügeltes Kind eine Zeitlang bei der Tante, den Großeltern oder bei Freunden wohnt.

Für die Handlungsorientierung in mehr oder weniger stark formalisierten Einrichtungen bedeutet das, daß auf der "Landkarte der Bedeutung" der Adressaten immer auch andere, "bessere" Regelungen verzeichnet sind, als die, die eine Institution anbieten kann.

Diese sozialitären Konfliktregelungen liegen auf dem anderen Pol des Kontinuums. Je stärker eine Einrichtung zum Pol sozialitärer Konfliktregelungen tendiert, desto eher ist es möglich, deren soziale Kategorisierungen von Konflikten zur Orientierung eigener Handlungsentwürfe zu machen, desto eher ist es aber auch möglich, daß damit Konflikte mit anderen Instanzen/Sozialitäten verstärkt werden (s.o. das Beispiel von Michael MAY).

Das Bild des Kontinuums formalisierter-sozialitärer Konfliktregelung könnte jetzt um ein weiteres, parallel verlaufendes ergänzt werden. Auf diesem könnten institutionelle Handlungssituationen eingetragen werden, die sich nach dem Grad des institutionellen Zwanges der Einbeziehung formalisierter Erwartungen in die Handlungsorientierung unterscheiden. Aus der Perspektive der Adressaten sind dieses "äußere Bedingungen", die es (graduell abgestuft) schwierig machen, eigene Vorstellungen von zukünftigem Handeln einzubringen oder zu verfolgen.

Ein Konzept, wie mit diesem Dilemma konstruktiv umzugehen ist, ohne daß Professionelle auf diagnostische Zuschreibungen zurückfallen, haben Kurt HEKELE und KollegInnen als Praxis des VSE[1] entwickelt. Im Mittelpunkt des Konzeptes, das sie zunächst "sich am Jugendlichen orientieren" genannt haben, es jetzt aber auf "sich am Subjekt orientieren" erweitert haben (HEKELE 1995), steht die Frage, wie zukünftige Handlungen sinnvoll begründet werden können. Diese "Zentralorientierungen" konkretisieren sich in Handlungsschritten der Professionellen, die es den Adressaten ermöglichen, die "Federführung" in der Kooperation zu behalten. Das Konzept beruht auf der oben skizzierten Gleichwertigkeit der Wissens- und Erfahrungsdomänen (S. 303 f.) und hat damit einen "prinzipiell anderen methodischen Zugang zum professionellen Handeln" (HEKELE 1987, S. 21), den ich hier, mit einigen Erläuterungen versehen, ansatzweise vorstellen möchte.

---

1) Verbund Sozialtherapeutischer Einrichtungen, der seit über 20 Jahren in Niedersachsen und Nordrhein-Westfalen (seit kurzem auch in Hamburg) als demokratisch selbstverwaltete Organisation im Bereich der Jugendhilfe arbeitet (vgl. AREND/HEKELE/RUDOLPH 1987, 1993 in der zweiten Auflage mit einer neuen Einführung versehen).

"Wichtig ist nicht die diagnostische Erkenntnis und das Herausfinden von Störungen und Persönlichkeitsdefiziten bei den Jugendlichen, also die ihnen zugeschriebene 'Macke', sondern wie die Jugendlichen unter diesen persönlichen Voraussetzungen und ihren äußeren Bedingungen ihre Situation begreifen, damit umgehen und Perspektiven entwickeln können.

Die im Konzept vermittelte Herangehensweise bedarf jedoch, wie die Beratungsgespräche und Fortbildungen gezeigt haben, einer gründlichen Einarbeitung möglichst anhand konkreter Beispiel aus der eigenen Praxis. Denn einiges scheint den gewohnten Handlungs- und Denkweisen zu widersprechen. Dies gilt besonders für den Begriff der 'Zentralorientierung', der einer diagnostischen Sichtweise entgegengestellt wird, der aber ohne ausreichende Reflexion immer wieder als diagnostische Kategorie verwandt wurde. ...

Mit 'Orientierung' ist eine Leitlinie gemeint für den Betreuer in seinen Überlegungen, wie er mit dem Jugendlichen hilfreich umgehen kann. Es ist also eine Orientierung für die Reflexion und das Handeln. Ein Orientierungs-Wert ist keine 'absolute' Festlegung. Hier entsteht ein erster Gegensatz zu einem diagnostischen Begriff. Eine diagnostische Kategorie zielt schon vom Begriff her auf eine eindeutige ursächliche Erklärung. Der Orientierungs-Begriff entspricht jedoch besser dem Betreuungsalltag, der komplex und vieldeutig ist und in dem es nicht eine einzige richtige, sondern immer nur mehr oder weniger hilfreiche Vorgehensweisen gibt. Mit 'zentral' ist gemeint, daß unter den vielen Möglichkeiten, die sich zur Orientierung anbieten, die wesentliche zur Leitlinie, zur zentralen Orientierung werden soll. Unter 'wesentlich' sind hier die Orientierungen gemeint, die im Sinne des Jugendlichen besonders wichtig sind. Sie erfordern für ihre Bestimmung die Gemeinschaftsleistung des Teams. Sie bedeuten auch eine entlastende, handlungspragmatische Reduzierung in der Vielfalt des Betreuungsalltages.

Mit den gewählten Begrifflichkeiten wird eine Vorrangigkeit 'am Jugendlichen orientierter' Kriterien angestrebt. Damit sollen nicht, wie manchmal befürchtet wurde, andere Kriterien wie z.B. Sichtweisen und Standpunkte der Betreuer altruistisch aufgegeben werden. Sie finden sich in dem Konzept wieder als 'äußere Bedingungen' für den Jugendlichen. Die Notwendigkeit, diese Vorrangigkeit zu betonen, ergibt sich aus der Erfahrung, daß im Alltag die 'am Jugendlichen orientierten' Sichtweisen am schnellsten aufgegeben werden und alle anderen Gesichtspunkte viel weniger Gefahr laufen, unberücksichtigt zu bleiben.

Die 'Zentralorientierungen' ergeben sich, wie im Konzept ausführlich dargestellt, aus 3 Bereichen.
1. Die äußeren Bedingungen des Jugendlichen (Fremdplazierung, professionelle Betreuer etc.)
2. Verbale Äußerungen des Jugendlichen
3. Verhaltens-Äußerungen des Jugendlichen

Das Konzept verlangt, um zu 'Zentralorientierungen' zu kommen, diese 3 Bereiche **gleichwertig** und **gleichzeitig** heranzuziehen. Dies ist jedoch nicht einfach und bereitet Schwierigkeiten.

Die Gleichwertigkeit bezieht sich auf den Inhalt. Schwierigkeiten, die hier entstehen, scheinen auch mit der jeweiligen 'Persönlichkeit' der Betreuer, ihrer Herkunft und ihrer Sozialisation zusammenzuhängen. Gleichwertigkeit der 3 Bereiche bedeutet nicht nur, daß die Verhaltens-Äußerungen in gleicher Weise beachtet werden wie die verbalen Äußerungen, sondern vor allem auch, daß zu diesen subjektiven Kategorien die 'äußeren Bedingungen' gleichwertig mit herangezogen werden. Diese 'äußeren Bedingungen' enthalten jedoch prinzipiell eine gesellschaftsbezogene politische Dimension" (HEKELE 1987, S. 21 f. - Hervorhebung von mir - T.K.).

... bzw. die Zwänge, die mit der formalisierten Konfliktregelung verbunden sind und die der Professionelle repräsentiert. Hier liegt die Schwierigkeit, daß sich der Professionelle selbst als (auch) "äußere Bedingung" im Erleben der Adressaten verstehen muß, insbesondere wenn im Alltag die auf Gestaltung der Beziehung zielende Kommunikation im Vordergrund steht.

"Vom Konzept her ergibt sich die professionelle Forderung, solche persönlichen Festlegungen zu überdenken und sich mit den vernachlässigten Sichtweisen mehr zu beschäftigen. Dies geht nur über kollegiale inhaltliche Auseinandersetzungen, (weshalb 'Teams als Methode' im Konzept von besonderer Bedeutung ist - a.a.O., S. 48 ff. - T.K.).

Während sich die **Gleichwertigkeit** auf den Inhalt bezieht, ist die geforderte **Gleichzeitigkeit** eine Sache der Methode. Wenn man also die 3 Bereiche inhaltlich als gleich wichtig, als 'gleichwertig' anerkennt, dann muß es in der Praxis noch gelingen, diese 'Gleichwertigkeit' konkret im Umgang mit dem Jugendlichen umzusetzen. In der Regel ist jedoch im Umgang, z.B. in einem Gespräch, immer ein Bereich vorrangig und dominierend: eine verbale Darlegung des Jugendlichen, ein massiver Verhaltensausdruck oder Forderungen, die sich von den 'äußeren Bedingungen' her aufdrängen. Es bedarf vorwiegend einer methodischen Fähigkeit, die nicht in Erscheinung tretenden Bereiche angemessen miteinzubeziehen. In diesem Zusammenhang fällt z.B. auf, daß bei mangelnder methodischer Sicherheit in der Einbeziehung der 3 Bereiche es leicht zu einer Reduzierung beim Herausfinden der 'Zentralorientierungen' auf die rein verbalen Äußerungen kommt. Der Jugendliche soll dann äußern, was er will oder nicht will. Dies ist eine grobe und unzulässige Simplifizierung des Konzeptes. ...

Es handelt sich hier um kein harmonisches Konzept. Die 3 Bereiche scheinen prinzipiell im Widerspruch miteinander zu stehen, der sich beim Heimjugendlichen lediglich noch verschärft. Die 'äußeren Bedingungen' sind bei den Jugendlichen in der Regel fremdverfügt und professionell arrangiert, Anlaß genug für Widersprüche zu ihrem subjektiven Bereich, die dann über verbale, aber vor allen Dingen durch Verhaltens-Äußerungen zum Ausdruck kommen. Zwischen Verhaltens- und Verbal-Äußerungen gibt es zudem noch eigene Widersprüche.

Diese Widersprüche können insgesamt einen hohen Konfrontationsgehalt haben. Von daher ist die Forderung nach der gleichzeitigen und gleichwertigen Beachtung der 3 Bereiche nicht ganz so harmlos, wie es vielleicht in der Formulierung erscheinen mag. Sie beinhaltet das gleichzeitige und gleichwertige Aufrechterhalten der verschiedenen Seiten von massiven Widersprüchen. Diese haben nach dem Konzept aber die Chance, als eigene Widersprüche begriffen zu werden mit der Möglichkeit, sich damit auseinanderzusetzen. Sie müssen sich nicht, wie es bei ihrer ungleichzeitigen und ungleichwertigen Behandlung sein kann, in irrationalen Konfrontationen entladen" (HEKELE 1987, S. 23 f. - Hervorhebungen von mir - T.K.).

Diese Widersprüchlichkeit und damit Konflikthaftigkeit gewinnt dadurch an besonderer Schärfe, als nach diesem Konzept nicht der Adressat, wohl aber der Professionelle scheitern kann. Es ist die Handlungsorientierung des Professionellen, die an eigener Widersprüchlichkeit oder aber wegen der Zwänge der "äußeren Bedingungen" scheitern kann, wohingegen der Adressat unglücklich sein kann, das, was er sich vorgenommen hat, nicht erreicht zu haben. Im Sinne des institutionellen Arrangements, in der der Adressat die Federführung innehat, kann nur dieses Arrangement unzureichend sein. Auch dieser Aspekt steht im deutlichen Gegensatz zum A-D-B-E-Modell, in dem grundsätzlich nur der "Klient" scheitern kann.

Abschließend sollen die Herausforderungen dieses Konzepts an einem der vielen im Buch dargestellten Beispiele anschaulich gemacht werden.

"Eine Jugendliche, 17 Jahre und 3 Monate, befindet sich ungefähr 1/2 Jahr in der MOBILEN BETREUUNG, hat gerade angefangen, sich einzuleben. Mit Schule und Ausbildung hapert es noch. Wie der Stand ist, wird sie auf jeden Fall noch Betreuung über das 18. Lebensjahr hinaus brauchen. Über die Bedingungen der Weitergewährung ist sie durch die Betreuer aufgeklärt. Das Jugendamt signalisiert Möglichkeiten der Weitergewährung dem Träger gegenüber.

Die Jugendliche möchte in der Betreuung bleiben und auch etwas für sich erreichen in Richtung Ausbildung. Konkret jedoch unternimmt sie eher alles, was dem widerspricht. Das Scheitern ist angelegt. Die Betreuer fangen nun an 'herumzupäppeln', machen Termine aus, bedrängen, legen nach, das natürlich umso stärker, je mehr Zeit verstreicht. Sie sichern nach außen hin gegen das Jugendamt ab, beugen vor usw. Das bringt alles nichts. Die Jugendliche wird aggressiv gegenüber den Betreuern, das Jugendamt fragt: was ist denn nun... wie soll es weitergehen...? Die Betreuer wissen es auch nicht mehr genau.

Wir beraten und versuchen, nach unserem Konzept vorzugehen, stellen fest, daß wir es so richtig noch gar nicht beachtet haben. Die verbale Äußerung der Jugendlichen ist, daß sie die Ausbildung machen will und auch noch Betreuung möchte. Mit der verhaltensmäßigen Äußerung drückt sie genau das Gegenteil aus. Sie verhindert dieses von ihr formulierte Ziel. Die äußeren Bedingungen waren ihr zwar erklärt worden, aber nicht klar genug. Sie wurden durch das sicher gutgemeinte fürsorgliche Verhalten der Betreuer noch unklarer, verschleiert. Die Bedingungen konnten in ihrer Realität gar nicht erlebt werden. Sie wurden gemildert und gefiltert, einfach schon dadurch, daß Gespräche Belastung und Druck vermindern. Dies ist hier gefährlich, denn die äußeren Bedingungen bleiben ja unverändert bestehen.

Wir wählen, kurz gefaßt, ihr gegenüber folgenden Weg:
- wir gehen von ihrem Verhalten aus, nehmen dieses ernst und teilen ihr mit, daß eine weitere Betreuung/Ausbildung für sie - so erscheint es uns - gar nicht so wichtig ist;
- wir teilen ihr mit, daß wir dann annehmen müssen, daß mit dem 18. Lebensjahr die Betreuung zu Ende ist;
- wir teilen ihr weiter mit, daß wir rechtzeitig das Jugendamt von der Situation informieren;
- wir informieren über alternative Hilfen, z.B. Sozialhilfe;

- wir teilen ihr aber auch weiter mit, daß wir sie gerne hier hätten, ihr auch gerne helfen möchten. Wir machen deutlich, wo unsere Stärken liegen. Aber wenn die Maßnahme wirklich zu Ende sein sollte, können wir ja noch lockeren Kontakt haben.

Es kommt zum längeren Gespräch mit ihr. Sie ist sehr aufgebracht, teilweise sauer, warum ihr nicht geglaubt wird, daß sie wirklich dieses Ziel erreichen will. Wir halten uns an die oben skizzierte Struktur unserer Sichtweise, und das ist nicht einfach. Es entsteht eine emotionale Belastung. Die Jugendliche erweist sich durchaus in der Lage, bei den Betreuern das 'Helfersyndrom' anzusprechen, schlechtes Gewissen zu erzeugen. Und immer wieder entsteht die Neigung, doch Verbindlichkeit und Lösung zu signalisieren in dem Stil 'irgendetwas werden wir schon hinkriegen, es wird schon klappen'. Aber gerade diese Art des Helferverhaltens wäre möglicherweise der Fehler. Für die Jugendliche waren einerseits 9 Monate bis zur Volljährigkeit lange, und sie hatte das Gefühl, irgendwie werden die Betreuer schon was hinkriegen. Dieser aufschiebenden Erwartung wurde nun der Boden entzogen, die Situation war gespannt und aggressiv, aber sie erwies sich als richtig.

Nach einer Zeit des Durchhängens, Ausweichens und auch des Beschimpfens wurde es immer enger für sie, und plötzlich fing sie an, Lösungen zu suchen, das Jugendamt anzurufen, sich um eine Stelle zu bemühen und auch die Betreuer anzusprechen, ihr zu helfen. Eine Ausbildungsmöglichkeit konnte gefunden werden. Diese Art der Hilfe hatte nun einen ganz anderen Stellenwert. Die 'innere Federführung' blieb bei der Jugendlichen. Die Betreuer konnten da helfen, wo sie in Orientierung am Jugendlichen gefordert wurden" (HEKELE 1987, S. 33 f.).

(3) Komponente: Assistenz

Am 14. Juni 1995 hatten wir Anke STEENKEN in die Fachhochschule eingeladen, um uns über die Idee der "Reggio-Pädagogik" - so die inzwischen geläufige Bezeichnung für Theorie und Praxis der Arbeit in den Kindertageseinrichtungen in Reggio/Emilia in Norditalien - und über das von ihr initiierte "Reggio-Projekt" in Hamburg - K.I.D.S. - zu berichten.

Als Einstieg zeigte sie uns einen Film über die Arbeit in Reggio, in dessen Mittelpunkt die verschiedenen Weisen der Kinder stehen, sich den steinernen Löwen auf dem Marktplatz in Reggio anzueignen. Da dieser Film in dem folgenden, von Anke STEENKEN überarbeiteten Ausschnitten aus dem Referat und der Diskussion nicht darzustellen ist, hat Anke STEENKEN ein Projektbeispiel aus der K.I.D.S. Kindertagesstätte angefügt.

Anke Steenken   **geb. 1944**

Diplomsoziologin mit dem Schwerpunkt Sozialisationsforschung und Vorschulerziehung. Examen an der FU Berlin 1970. Planerin an der Universität Bremen (Grundstudium Lehrerbildung und Sozialpädagogik) - Erzieherin im Kindergarten der Dietrich-Bonhöffer-Gemeinde, Bremen - Adoptions- und Pflegestellenvermittlung beim Diakonischen Werk, Oldenburg - Setzerin im Druckzentrum Montanhof, Hamburg - Lehrbeauftragte im Fachbereich Sozialpädagogik an der Fachhochschule Hamburg - Pressesprecherin bei der Vereinigung Städtischer Kinder- und Jugendheime Hamburg - Lehrerin (Pädagogik, Psychologie, Methodik im Schwerpunkt der Ausbildung von Immigrantinnen) an der Fachschule für Sozialpädagogik, Hamburg-Altona. - Verheiratet, ein Kind. - In den 80er Jahren Mitglied in der "Elterninitiative Hamburger Kindertagesstätten". Diese Elterninitiative hat im Bündnis mit den ErzieherInnen und ihren gewerkschaftlichen Organisationen Mitte der 80er Jahre einen zähen und erfolgreichen Kampf gegen die Sparpolitik des Hamburger Senats geführt. Von da aus Mitglied in der Projektgruppe Reggio/Hamburg, die die Ausstellung aus Reggio 1988 nach Hamburg holte und begleitend dazu einen Kommunalpolitischen Kongreß und eine Fachtagung organisierte, Initiatorin und Vorstandsmitglied des Vereins K.I.D.S. - Kinder in der Stadt e.V., der, inspiriert durch die Begegnung mit der Reggio-Pädagogik, 1994 eine Kindertagesstätte in Burgwedel gegründet hat mit 40 Plätzen für 3 bis 6jährige Kinder.

Veröffentlichungen:
Mitarbeit an der "Hamburger Dokumentation: Wenn das Auge über die Mauer springt" (1990), in der die Beiträge aus Reggio rund um die Ausstellung zusammengestellt sind.
Über die Erfahrungen des K.I.D.S.-Projekts, teilweise zusammen mit der Koordinatorin der Kita, Monika Thissen und Erzieherinnen Bettina Klingner und Andreas Eggers-Roth, Artikel in Fachzeitschriften (Welt des Kindes 5/95 (über die Gründung des Kita-Trägers K.I.D.S.). klein & groß 4/95 und 11-12/95 (Interviews und Bericht der Journalistin Erika Berthold, darin das "Hasenprojekt"); standpunkt: sozial, hamburger forum für soziale arbeit 1/96 (darin Gedanken über die "100 Sprachen-Pädagogik" im Zusammenhang mit interkultureller Erziehung und Erfahrungen aus dem K.I.D.S.-Alltag, u.a. mit dem "Postprojekt"); klein & groß 2/97 (das "Sonnenblumenprojekt"), TPS 1/98 (das "Wasserprojekt").

Anke STEENKEN: Die Kinder sind die Regisseure, wir die Assistentinnen und Assistenten

"Welches Bild habt Ihr von den Kindern, wie seht Ihr sie?
Klein, schwach, ohnmächtig - sozusagen das letzte Glied in der Kette der Abhängigen? Schutz- und hilfsbedürftig, besonders heute, in "schwieriger Zeit"?
Und erziehungsbedürftig, damit sie in "Form" gebracht werden für eine rauhe Zukunft, vor der Ihr vielleicht auch Angst habt?
Oder zu bemitleiden, weil ihre Kindheit heute so anders ist, als sie früher war?
Ein solcher Blick auf Kinder ist sehr verbreitet, auch bei Wissenschaftlern. Viele Kindheitsforscher transportieren dieses Bild vom schwachen, ohnmächtigen Kind mit ihren nostalgischen Begriffen: verplante, verinselte, vermauerte Medien- und Institutionenkinder werden beschrieben. Diese Leute nehmen zwar die Lebensbedingungen der Kinder in den Blick und betrachten sie mehr oder weniger genau. Aber die Kinder und welche Kraft in ihnen steckt, die sehen sie nicht.
Mit dem Bild des Kindes als kleinem und armem Geschöpf wird in der sogenannten Reggio-Pädagogik radikal gebrochen. Die Leiden der Kinder werden

*nicht verleugnet, aber der Blickwinkel ist ganz anders. Aus der Perspektive des Optimismus wird auf die Potentiale der Kinder und auch der Erwachsenen, die bei ihnen sind, gesehen, auf die Potentiale ihrer Sinnesorgane, ihrer Gefühle und Phantasien, ihrer Ethik und Logik, ihrer Fähigkeit zu wählen, zu kommunizieren und tätig zu sein in vielen Ausdrucksformen. Diese Potentiale sind mit den **100 Sprachen der Kinder**, der Erkennungsmelodie der Reggio-Pädagogik, gemeint.*

Aber der Optimismus dieses Bildes vom Kind ist nicht naiv. Es ist ein herausfordernder Optimismus, der Einsatz und Arbeit verlangt. Ganz besonders die Anstrengung, Vorurteile, Banalitäten und Gewohnheiten in Theorie und Praxis zu überwinden, die Entwicklungschancen der Kinder verbauen. Zum Beispiel den Sprung zu wagen, sich über neue und mehr Fragen zu freuen, statt auf der Frage herumzukauen, wozu etwas "letztlich" gut ist.

In Reggio sind die Kinder aber anerkannt als Menschen, die selbst etwas zu sagen haben, die sich selbständig mit der Welt auseinandersetzen und die außergewöhnliche Auskünfte über ihre Wahrnehmungen, über ihre Erkenntnisse, über ihre Auffassung geben können - also als Menschen, die eine sehr komplexe und wohl begründete "Weltanschauung" haben. Wobei es sich für Erwachsene lohnt, hinzuhören: Welche Theorien Kinder eigentlich darüber entwickeln, was eine Stadt, was eine Pfütze ist. Oder wie Kinder bestimmte Merkmale in einer Stadt wahrnehmen, wie der steinerne Löwe auf dem Marktplatz in Reggio die Geschichte dieser Stadt repräsentiert, und wie Kinder sich diesem Löwen nähern. Wie kann man sie unterstützen, sich mit diesem steinernen Dokument einer lebendigen Geschichte auseinanderzusetzen, sich ihr eigenes Bild davon zu machen? So sind die Fragestellungen in Reggio. Die Kinder sind Regisseure ihrer eigenen Entwicklung, die Erzieher ihre Assistenten.

*Die Kindergärten heißen Scuolo d'ell infanzia - "Schulen der Kindheit" oder "Schulen **der** kleinen Kinder".*

Die Kinder in den kommunalen Krippen und Kindergärten von Reggio kommen aus der ganzen Stadt, quer durch alle Schichten. Die Aufnahmekriterien orientieren sich an den Interessen der Kinder. Kinder von alleinstehenden Eltern und behinderte Kinder werden automatisch aufgenommen. Dann kommen die, die in beengten Wohnungen wohnen und draußen keine Spielmöglichkeiten haben. Also Kinder, die von Haus aus nicht die Möglichkeit haben, sich zu entfalten oder nicht so gute Möglichkeiten haben, werden bevorzugt aufgenommen, und zwar von Elternkomitees, denen auch Erzieherinnen angehören. Ein derartiges Leitungsgremium, bestehend aus 15-30 Eltern, Erzieherinnen und Bürgern aus dem Quartier, gibt es in jedem der 19 Kindergärten und 13 Krippen (Stand 1994). Neben der Aufnahme der Kinder sorgen die Komitees dafür, daß Möbel eingekauft werden und die Materialien da sind. Das organisieren sie eben in einer anderen Arbeitsteilung als bei uns. Von seiten der Eltern wird ein großer "ehrenamtlicher" Beitrag geleistet. Diese kommunalen Einrichtungen betreuen rund 75 % der Altersjahrgänge, die es in Reggio gibt. Es gibt auch noch andere Institutionen, von der Kirche, von Kooperativen, vom Staat und eine von den Eltern selbst organisierte Krippe. Die meisten Eltern wollen ihre Kinder lieber in die kommunalen Kindergärten bringen, weil sie sehen, wie gut das für die Kinder ist.

Vergleicht man die Kosten mit unseren Einrichtungen, sind die Einrichtungen in Reggio trotz der hervorragenden Ausstattung und der Beschäftigung von Kunstpädagogen nicht teurer - eher etwas kostengünstiger als bei uns. Uns kommt die Abschiebung von Verantwortung, der Mangel an Kommunikation, die Vernebelung des Alltags der Kindergärten und eine schlechte Organisation durch zu viel Hierarchie und ein Durcheinander von Verwaltung und Pädagogik teuer zu stehen!

Die Kindergruppen der 3 bis 6jährigen bestehen mittlerweile aus 25 Kindern pro Gruppe. Zum Team der Häuser gehören dann noch KunstpädagogInnen, die Köchinnen und Hilfskräfte mit voller Stundenzahl und Teilzeitbeschäftigung. Zu den Gruppenräumen gehören Nebenräume - "Miniateliers". Hinzu kommt das große Atelier, das von der Atelierista geleitet wird. Die Zeitorganisation ist sehr präzise ausgearbeitet. Die Erzieher (Lehrer heißen sie in Reggio!) arbeiten von morgens um 8.00 Uhr bis mittags um 14.00 Uhr mit den Kindern zusammen. Sie kommen auch zeitversetzt, manche kommen also um 8.00 Uhr und manche später. Ein Spätdienst von 16-19 Uhr wird von Teilzeit-Hilfskräften geleistet. Die Erzieherinnen arbeiten 31 Stunden in der Woche mit den Kindern; 5 Stunden sind Verfügungszeit. In diese fallen dann Besprechungen, Vorbereitungen, Kontakte mit den Eltern, Zeiten für die Leitungsarbeit und für die Fortbildung. Das wird sehr genau organisiert, und die Zeit wird unterschieden nach konkreter Arbeit mit den Kindern und Zeit, die für andere wichtige Dinge gebraucht wird. Es werden Zeitbudgets organisiert, so daß die Erzieherinnen nicht von morgens bis abends immer mit über 20 Kindern zusammen sind.

Sie haben gut ausgebildete Kräfte, und sie müssen nicht den ganzen Tag in den Gruppen sein. Man geht davon aus, daß der Nachmittag die Zeit ist, die den Kindern allein zur Verfügung steht. Da genügt jemand, der aufpaßt, daß kein Unglück passiert. Die Räume sind mit viel anregendem Material gut eingerichtet. Zur Fortbildung und Entwicklung der Projekte und Erstellung der Dokumentationen haben sie ein pädagogisches Zentrum mit mehreren Pädagogistas, ähnlich unseren FachberaterInnen, aber verantwortlich eingebunden in die Entwicklung des Konzepts und z.B. auch in die Personalauswahl, womit das Team nicht befaßt ist. Eine Pädagogista steht für vier, maximal fünf Einrichtungen zur Verfügung.

Die Raumgestaltung ist in Reggio von besonderer Bedeutung. Der 'Raum ist der dritte Erzieher', sagt man dort - die ersten Erzieher sind die Kinder selbst, die zweiten Erzieher sind die Mütter, Väter, ErzieherInnen, also die Erwachsenen, der dritte aber ist der Raum.

Ab 14.00 Uhr ist nur noch eine Erzieherin bzw. eine Aushilfskraft in der Gruppe. Die Kinder haben die Möglichkeit, Arbeiten vom Vormittag weiterzuführen, wenn sie Lust haben. Oder sie spielen. Die Räume verlocken zu vielen Spielen. Mit Verkleidungsecken, mit "Kaufmannsläden", Spiegeln und Spiegelzelt, Klettergeräten, kleinen "Wohnzimmern" als Räume im Raum, mit vielen Anregungen also.

In den sogenannten Piazzen, in den zentralen Plätzen in jeder Kindertagesstätte, in den großen Hallen, denkt man, man hat einen großen Spielplatz vor sich. Da spielen die Kinder oder sie sitzen in den Ecken und erzählen sich Geschichten oder sie machen Theater oder sie schauen durch Riesenfernrohre nach draußen, oder sie senden sich "Nachrichten" zu in den "Briefkästen der Freundschaft". Oder sie arbeiten eben weiter an ihren Projekten. Ich habe da 'mal in einer Ecke einen Lichttisch gesehen, an dem ein Kind äußerst konzentriert an seiner Arbeit gesessen hat. Das suchen sie sich selbst aus und da ist das, was wir "Erzieher-Kind-Relation" nennen, äußerst ausgedünnt. Aber das macht nichts, weil die Prozesse eingeleitet und die Kinder durchaus selbständig in der Lage sind, das zu tun, was sie machen wollen. Auch draußen sind Spielplätze der Kinder. Aus ihren Projekten kommt da ein eigenartiges "Gesicht" des Außengeländes zustande, z.B. "ein Vergnügungspark für Vögelchen", den Kinder und Erwachsene zusammen gebaut haben, "damit sich die Vögel nicht langweilen".

*Hierzu höre ich manchmal die Kritik, das sei "Anthromorphismus" (also Überbetonung der Menschzentriertheit) oder abwertend "Biedermeier". Diese Kritik übersieht, wie **Kinder** in solchen Projekten **ihre** Fähigkeiten üben, und nur darauf kommt es an.*

Es gibt natürlich auch strukturierende Momente. Meinem Eindruck nach gibt es an jedem Tag zwei Höhepunkte: die Arbeit an einem Projekt und das Mittagessen.

Bis morgens um 9.00 Uhr sollen die Kinder in ihrem Gruppenraum sein. Dann findet eine Versammlung statt, eine Besprechung. Die Kinder sitzen auf hohen Podesten, auf Treppenstufen und unterhalten sich: Was haben wir gestern gemacht, was wollen wir heute machen, wer fehlt, und warum wohl. Dann teilen sie sich zu ihren Projekten ein. Manchmal wechseln sie auch ihre Tätigkeiten. Das ist kein Problem, dann wird eben gewechselt. Aber das, was wir "Binnendifferenzierung" nennen, ist natürlich auch darauf angewiesen, daß Raum und Materialien viele Möglichkeiten der Betätigung anbieten. Es ist ein sehr komplexes Zusammenspiel von Räumen, Einrichtung, Materialien, Zeiteinteilung und den Wünschen und den Fähigkeiten der Kinder.

Die Kindergruppen sind altershomogen. Sie wechseln zusammen mit den Erzieherinnen jedes Jahr den Gruppenraum. Da die Individualität der Kinder in einer Altersstufe schon sehr verschieden ist und berücksichtigt wird, lehnen die Reggianer das Konzept der Altersmischung ab.

Wie wir eben im Film gesehen haben, begann die Arbeit für das Portrait des Löwen mit einem von den Erzieherinnen her- und dargestelltem Zebra, das durch das Fenster hereinkam und die Kinder beim Mittagessen überraschte. Es setzte sich auf einen Stuhl. Es bekam auch eine Serviette.

Die Kinder essen nicht in den Gruppenräumen. Sie haben ein Restaurant in Verbindung mit der Küche. Das Essen spielt eine große Rolle. Erinnert Euch an das kleine Mädchen, wie sie die Serviette auf ihrem Schoß ausbreitete. Die Tische sind schön gedeckt mit Tischtuch, Blumen, Porzellangeschirr. Es gibt Speisekarten für die Kinder, auf denen sie sehen können, was es heute zu essen gibt. Sie haben insgesamt eine sehr gesellige Atmosphäre beim Essen. Wie dies auch mit Projekten verbunden werden kann, auf die Idee muß man erst mal kommen, daß man ein Element, wie dieses Zebra als Einstieg ins Projekt, in den Kindergarten bringt. Das weckt die Assoziation zu den großen, wilden, gefährlichen, imposanten Tieren, beschäftigt die Phantasie der Kinder und macht sie "heiß". Die Gespräche über große Tiere fliegen hin und her, Wissen und Erfahrungen werden ausgetauscht, das Projekt beginnt zu fließen.

Das Essen ist eine kulturelle Veranstaltung. Da unterhalten sich auch die Erwachsenen. Warum sollen sich nicht auch die Kinder darüber unterhalten, was sie sich als Projekt vorgenommen haben, nämlich ein Portrait des steinernen Löwen zu malen? Erzieherinnen müssen aber auf solche Ideen erstmal kommen. Dazu müssen sie die Zeit haben, um solche Ideen zu entwickeln. Und das Wissen, daß sich Affekte, Wissen, Erinnerungen, Bilder, Motive, Handlungen im Gehirn gegenseitig hervorrufen, anregen und ordnen. So re-integriert sich das Kind und wächst auf. In Reggio werden die Gehirnforschung und die Entwicklungspsychologie genau studiert und für die Praxis in Fortbildungen nutzbar gemacht. In der Wechselwirkung von Theorie und Praxis qualifiziert sich die pädagogische Erfahrung. Die ganze Organisation des Reggio-Modells ist eine "Assistenz" für diese Qualifikation. Die Projektarbeit ist immer ein suchendes Forschen, eine Kommunikation aller Beteiligten, auch der Eltern, über die Werte, die Mittel, die Erfahrungen. Doch zurück zum Löwen-Film.

Auf dem Marktplatz haben wir eine kleinere Gruppe von sechs Kindern gesehen. Die machen häufig solche Exkursionen. Im Kindergarten nehmen unterschiedlich große Gruppen an einem Projekt teil; bei dem Schattentheater mit der Löwenmaske waren es ja sehr viele. In der Werkstatt waren es zwischen 10 und 12 Kindern. Es nehmen auch unterschiedlich viele Erwachsene an einem Projekt teil. Hier waren es eine Erzieherin, ein Werkstattleiter und der kommunale Puppenspieler Mariano Dolci, der den Kindern den Kopf und die Pranken des Löwen machte. Wichtig für die Kinder sind die Materialien, in denen sie sich ausdrücken wollen. Es stehen Staffeleien mit Papier bereit, aber auch auf dem Tisch lagen Papier, Buntstifte, Bleistifte, Tusche, Pinsel und Ton. Das sind offene Angebote. Die Kinder fangen dann mit etwas an und werden auch dazu an-

gehalten und ermuntert, ihr Werk zu vollenden. Aber sie sind "von sich aus" in dieses Projekt eingestiegen, so daß größere Probleme von Ablenkung nicht entstehen. Die Kinder werden von ihren Gefühlen und Phantasien her eingestimmt oder sogar auch ein bißchen "gefangen" genommen. Sie werden "fasziniert" von diesen Geschichten. Das erzeugt auch ihre Konzentration. Ein Tarzan-Heft gehört genauso dazu, einen Löwen auch mal in einer anderen Form anzugucken, wie Sachbücher. Das sind keine Einheiten wie oft noch bei uns, wo nach dem Motto verfahren wird: Liebe Kinder, guckt euch das jetzt mal an. Sondern alles Material liegt bereit. Es steht den Kindern zur Verfügung. Aber es ist wohl bedacht und ausgewählt worden, damit die Kinder sich selbst das für sie Passende auswählen können. Auf jeden Fall ist es so, daß auf offenen Regalen eine Fülle von Materialien, von Steinen, Muscheln, Glasperlen, Federn, Farben usw. vorhanden ist und die Kinder freien Zugang dazu haben, um sich das für ihre Arbeiten holen zu können, was sie brauchen. Auch die Wahl der Materialien sind **kommunikative Akte** und kein laissez-faire. Die Kinder lernen sehr früh, das auch zurückzubringen, was sie nicht mehr brauchen. Weil es schöner ist, wenn andere Kinder oder sie selbst am nächsten Tag die Materialien dort vorfinden, wo sie waren.

Wenn die Kinder in eine Werkstatt kommen, kommen sie in eine Art von Ausstellung. Ich weiß nicht, ob Ihr das Gefühl in einer Werkstatt kennt. Die großen Arbeitstische, die halbfertigen Produkte und dann diese vielen Materialien. Sie strahlen etwas von Kreativität, von Schöpfertum aus. Man hat einfach Lust dazu, das zu benutzen, zu erhalten und nicht kaputt zu machen. ...

Es gibt ein paar Verrückte in Hamburg, denen ist "Reggio" so unter die Haut gegangen - dazu zähle ich mich auch -, daß wir gesagt haben, das wollen wir auch so machen. Erstens, weil es für die Kinder gut ist. Zweitens, weil es für die Entwicklung der politischen Kultur in dieser Stadt gut ist. Wenn man etwas Kommunikatives und Kooperatives entwickelt, dann sägt das an den bürokratischen Strukturen, auch an den mentalen. Und drittens aber auch, weil das für uns selbst als Individuen gut ist, in einer anderen Weise zu arbeiten. Trotz des chaotischen Beginns unserer K.I.D.S.-Kindertagesstätte haben wir den Glauben daran nicht verloren, daß es funktioniert. Nach einigen Monaten beginnt das Ganze auch schon klarere Formen anzunehmen. Der Alltag strukturiert sich besser. Die Kinder bewegen sich sicherer, und ihre Werke lassen die Wände schon sprechen. Die Eltern sind fast ein bißchen erschüttert darüber, was ihre Kinder da in der kurzen Zeit zustande gebracht haben. Aus solchen Prozessen schöpft man Kraft und auch den langen Atem. Wir müssen unsere Organisationsform noch entwickeln, vor allem die Form, uns besser über die Projekte der Kinder auszutauschen und die Erfahrungen zu dokumentieren, aber auch die Verbindung zu anderen Kindertagesstätten herzustellen. Und: das Pädagogische Zentrum! Aber das braucht

Zeit. Es soll ja kein Haus mit "alter Besetzung" sein, wo herkömmliche "Fachleute" über den "Praktikern" thronen. Fachleute sind die, die bei den Kindern sind. Orte der Assistenz für sie müssen Orte der Kommunikation und Kooperation für die "100 Sprachen der Kinder" sein. Er muß hervorgebracht werden. Für die "Re-Habilitation der Kinder und Erzieher" (MALAGUZZI).

Bettina Klingner, Anke Steenken, Monika Thissen

"Ich möchte den Regen fragen, ob er hereinkommt."

Einblicke in das Wasserprojekt der K.-I.D.S.-Kindertagesstätte, Hamburg
(Zuerst veröffentlicht in: TPS 1/98, S. 42-44)

Ein Beispiel für die Kultur der Kinder: In der Zeit von Februar bis Juli 1997 haben zehn Kinder im Alter von 5 bis 6 Jahren eine Begegnung mit dem Wasser voller Vergnügen und Erkenntnisse erlebt. Einmal in der Woche trafen sie sich am Projekttag für zwei Stunden; Ausflüge kamen dazu. Außerhalb der "offiziellen Projektzeit" blieben sie eigensinnig am Thema dran. Sie wiederholten und variierten Spiele und Experimente. Die Pädagoginnen Bettina und Monika begleiteten das Projekt.

Wasser - Theater

Am Anfang stand Bettinas Frage an die Kinder: "Was fällt Euch ein zum Thema Wasser?" Angelina brachte die Sprache auf den Regen, auf's Blumengießen, ihren Kaktus und Planschen. Tjorven, Friederike, Claudia, Simon, Per und Lucas weiteten die Wasser-Welt der Kinder aus: "Schwimmen. Regentropfen. Mit Gummistiefeln in Pfützen laufen. - Fische fangen. - Wasser kann man ansaugen. Mit dem Föhn kann man Wasser trocknen. Im Wasser kann man ertrinken, dann kommt ein Taucher und hilft. - Nordsee, viel Matsch. Pfützen entstehen durch Regen. Jedes Lebewesen braucht Wasser. Strom und Wasser dürfen nicht zusammenkommen. - Wasser fließt in den Abfluß." Eine erregende Fülle von Erfahrungen und Wissen. Was fangen wir damit an? Theater spielen! Diese expressive Sprache ist den Kindern geläufig; in unserer Kita ist eine richtige Bühne, mit Vorhang. Zusammen mit Malte, Hans-Ferdi, Larissa und der vierjährigen Nora wollten sie ihre Einfälle zum Wasser zur Aufführung bringen, um die anderen Kinder in der Kita über das Projekt zu informieren. Aber Bettina sollte "es machen", sie trauten sich nicht, auf der Bühne zu sprechen. Bettina schlug ihnen vor, zu spielen ohne zu sprechen. Das ginge nicht, meinten die Kinder; im Theater wird geredet, und sie solle wenigstens die einzelnen Stücke ansagen. Dem Schau-Spiel ging eine genaue Planung der Kinder (aber keine Probe) voraus - und am Tag der Aufführung so großes Lampenfieber, daß einige Kinder nicht mehr mitmachen wollten. Aber die Mutigen fingen an, und bald schwemmte die allgemeine Spiellust alle Hemmungen, auch die Sprach-Angst, weg, und das Publikum aus Kindern, Eltern und Erzieherinnen wurde in die Experimente, Belustigungen und Belehrungen der Kinder einbezogen.

Wasser - Experiment

Das Thema Wasser hatte die Emotionalität und Intelligenz der Kinder erobert und

341

in ihnen Fragen ausgelöst, denen sie mit verschiedenen Mitteln nachgingen: Wie wird aus Wasser Eis - und umgekehrt? Welche Wasserarten gibt es, und wovon hängt ihre Farbe ab? Wie ist Wasser zu messen? Forschungsmittel, teils von den Kindern selbst gefunden, teils von den Pädagoginnen besorgt, waren: der Kühlschrank in der Kita - Wasserproben aus der Leitung, dem Schwimmbad, einer Pfütze; drei Reagenzgläser und ein Mikroskop - Wasserwannen, Plastiktüten, Schläuche und Gefäße. Jede einzelne Operation warf neue Probleme auf, die die Kinder lösten. Auch ihr Wunsch, eine Ordnung zu schaffen, trat zutage. Zum Beispiel zeichneten sie die verschieden großen Meßgefäße, die ungeordnet auf dem Tisch standen, in einer Reihenfolge von klein nach groß auf ihre Blätter. Sie verstanden auch die Logik der Striche und Zahlen auf den Gefäßen. Bei der Untersuchung der Wasserarten entwarfen sie ein Bezeichnungssystem auf Zetteln für die Gläser. Ihre Kategorien "schon angeschaut, noch nicht gemalt - bereits gemalt" setzten sie um in die Zeichen "-" und "+".

Wasser - Exkursion

"Das Eis ist zu dünn, da darf man nicht drauftreten." Noras Erfahrung führte zu einem See in der Nähe ihres Wohnortes, Eisplättchen vom Rand flogen auf die Eisschicht, zerbarsten und glitzerten in der Sonne "wie Glassplitter". In den Händen der Kinder schmolz das Eis, auch in einem Plastikbeutel, "das dauert aber länger". Larissa wollte wissen, was passiert, wenn man Geld ins Wasser legt. Gefragt, getan, und mit Geduld gesehen: Es bildet sich Rost. Friederike stocherte mit einem großen Ast im brüchigen Eis. Was hat sie da in der Hand? "Ein Monstrolot." Und im Kopf? Die "Wasserschlange", von der sie schon häufiger erzählt hat. Das Projekt stand vor einer unerwarteten Wende. Die "Wasserschlange" ließ die Kinder schwanken zwischen Faszination und Skepsis. "Sicher gibt es die Wasserschlange, die schläft noch." Am Wassertümpel unweit der Kita wurde sie gesucht. Trotz Anschleichen, Rufen, Steinen und Stöcken, die ins Wasser flogen, zeigte sie sich nicht. Gibt es sie, oder gibt es sie nicht? Die Kinder stimmten am Tümpel ab: die Mädchen mit Ja, die Jungen mit Nein. Ein Kind schlug vor, ein Netz zu bauen - "das kenne ich aus dem Fernsehen" - und sie damit zu fangen. Das Netz entstand, erst in Zeichnungen, in denen auch Bäume zu sehen waren, die sich im Wasser spiegelten: "Die Bäume stehen auf dem Kopf". Geschichten wurden erzählt: "Ich sehe dich. Aber du siehst mich nicht." "Du mußt näher herangehen, es ist so dunkel." Mit dem selbst entworfenen und gebauten Netz aus Latten und alten Fischernetzen und mit diversen Käschern, die die Kinder von zuhause mitgebracht hatten, wurde der Tümpel "ausgefischt". Hervor kamen nur Stöcke, verrostete Coladosen, stinkende Äpfel und Vogelfedern. Die Funde wurden auf Gips gelegt, und diese Schlangenskulptur hängt jetzt als Kunstwerk in der Kita. Als weiteres Kunst-Abfall-Produkt der Schlangensuche ergab sich das Laufen auf Stelzen. Ein Junge wollte mit Stelzen durch den Tümpel gehen. "Ich kann das zwar nicht, aber dafür würde ich es lernen." Stelzen wurden besorgt, und nun probieren sich die Kinder in einer neuen Gangart aus. - Das Geheimnis der Wasserschlange wurde bis in Hagenbecks Tierpark verfolgt, wo es von den sichtbaren Tieren verdrängt - und von den Kindern vergessen wurde.

Angeregt von einer Traumreise durch die Erfahrungen des Zoobesuchs und die dahinterliegenden Wege des Projekts zeigten die Kinder in Zeichnungen, einem großen Bild, Figuren aus Knete, mit Bausteinen, durch spontane Tänze zur Wassermusik, was sie noch mit dem Wasser verband. Die Pädagoginnen erkannten drei Schwerpunkte: Antje, das Walroß, Wasserleitungen und Wasserräder, Wassergarten und Wassermusik.

Wasser - Werk

Nach der experimentellen und exkursiven Phase des Projekts fand es in einer intensiven Phase der Gestaltung seinen Abschluß. Mit der Laubsäge wurden Wasserräder aus Holz gebaut, mit Lack überzogen und auf dem Balkon der Kita zum Laufen gebracht. Die dazu benötigte Konstruktion aus verbundenen Schläuchen, dem passenden Wasserdruck und nötigem Gefälle haben die Kinder selbst erfunden. Die Kinder selbst - das heißt nicht: sie allein. Monika hat z.B. ihr Problem mit dem Gefälle verstanden und überlegt, wie sie ihnen helfen kann, ohne ihnen die Lösung aus der Hand zu nehmen. Sie lehnte eine Leiter an das Geländer des Balkons. Die Kinder erkannten sofort, wozu sie die Leiter gebrauchen können. Für den Bau der Wasserräder hat sie eine gezeichnete Anleitung besorgt, die sie den Kindern erklärte, und nach der sie mit ihnen zusammenarbeitete. - Und wie können die Kinder ein Formgefühl für den gebogenen Leib von Antje, dem Walroß entwickeln? Bettina machte vier Versuche: Sie schaute sich mit den Kindern Dias und Fotos vom Zoobesuch an und ließ sie die Linien des Tierkörpers mit dem Finger nachfühlen. Sie hielt eine Banane neben das "Lieblingsfoto" von Antje. Sie setzte eine geschwungene Abwaschbürste auf den Rand eines Eimers, die zu einem Antje-Lied die Kinder naßspritzte. Sie lachten, liefen weg - und kamen wieder. In Bewegungen und Geschmatze ahmten die Kinder das Wassertier nach in Zeichnungen und Bildern wurde es wieder geboren, dann in einer großen Plastik. Dieser Prozeß dauerte vier Wochen. Etwas zu dünn erschien sie den Kindern, aber: Sie hatte Flossen, ähnlich den Händen der Kinder "mit - da sind fünf - Dingerzacken", und: "Sie kann sogar winken". In einem "Wassergarten" auf dem Tisch ruhte zwischen Blumen, Schnecken und Fröschen aus Ton unter einer kleinen Fontaine die Wasserschlange.

An einem sonnigen Julinachmittag stellten die Kinder den eingeladenen Eltern, Geschwistern, Großeltern und Gästen das ganze Projekt vor. Umgeben von ihren Werken und unterstützt von Dias, Photos, Erläuterungen der Pädagoginnen und Wassermusik präsentierten sie nach eigenem Plan ihren Weg und ihre Ergebnisse: selbstsicher, kompetent und gut gelaunt. "Kinder, die den Kopf hochhalten" (Loris Malaguzzi, Reggio E., Italien) - eine Herausforderung an die "Hauptsache Kultur".

Bettina Klingner ist Erzieherin in der K.I.D.S.-Kita, Monika Thissen ist die Pädagogische Koordinatorin der Kita und freie Fortbildnerin, Anke Steenken ist Lehrerin an der Fachschule für Sozialpädagogik in Hamburg-Altona; Initiatorin und Vorstand von K.I.D.S.-Kinder in der Stadt e.V. K.I.D.S.-Kindertagesstätte, Burgwedel 3a, 22457 Hamburg, Tel.: 0 40/5 50 87 77, Fax: 0 40/5 59 48 83

Literaturhinweise zu Reggio

Die Veröffentlichungen von Reggio über ihre "pädagogische Erfahrung" sind bisher hauptsächlich in italienischer und englischer Sprache erschienen. Nach und nach werden sie in der deutschen Sprache zugänglich. Interessenten wenden sich bitte an den Hermann Luchterhand Verlag, Redaktion klein & groß, Pestalozzistraße 5 - 8, 13187 Berlin.

Elena Giacopini (Reggio): Das Recht auf Selbstverwirklichung. Erfahrungen der Jungen und Mädchen aus Reggio Emilia. In: klein & groß 1/98.

Carolyn Edwards, Lelle Gandini, Georg Forman: The Hundred Languages of Children. The Reggion Emilia Approach to Early Childhood Education. Norwood, New Jersey 1993. ISBN: 0-89391-933-0. (Ausführliche Interviews mit Loris Malaguzzi und anderen Fachleuten von Reggio) rechild. Reggio Children Newsletter. (Zeitschrift für den Internationalen Erfahrungsaustausch). Bezugsadresse (auch für die Ausstellung "Die 100 Sprachen der Kinder", Studienreisen nach Reggio usw.): Reggio Children S.R.L., Via Guido da Castello, 12 42100 Reggio Emilia, Italien. Tel. 0522/455416. Fax: 05227455621

Zu den Veröffentlichungen über die Reggio-Pädagogik von deutschen AutorInnen in Büchern und Zeitschriften hat der deutsche Verein "Dialog Reggio" eine Literaturliste erstellt. Bezug über das Büro von Dialog Reggio e.V., c/o Beatrice Vinci, Rigaerstr. 101, 10247 Berlin. Tel. 030/4279189, Fax 030/4279660

Assistenz als Praxis prospektiver Dialoge

Anke STEENKENS Erläuterungen zur Reggio-Pädagogik und das Beispiel des Wasser-Projekts veranschaulichen, was Assistenz meint: Eine professionelle Praxis der Förderung, Unterstützung und Entwicklung von Arrangements, in der die Adressaten ihre Sinne erproben und bereichern können - die fünf "materiellen" (Sehen, Hören, Schmecken, Fühlen, Riechen) ebenso wie die sozialen (der Mitgliedschaft in Sozialitäten). Auch die wechselseitige Verschränkung der Sinne, daß die einen nicht ohne die anderen praktiziert werden können, wird deutlich.

Der Einwand, daß es sich hier um Kinder handele, daß hier also die "Entwicklungstatsache" (BERNFELD) das Besondere sei, ist nicht stichhaltig. Er hätte nur dann Gültigkeit, wenn man Kinder unter dem Aspekt des "Noch-nicht-Erwachsen-Seins" betrachtet. Wenn man das Beispiel der Reggio-Pädagogik aber unter dem Aspekt der ungeheuren Potentialität des Kind-Seins betrachtet, die im Erwachsen-Werden auf das hegemoniale Maß des Üblichen gestutzt wird, dann wird in den vielfältigen Sinngebungen von Kindern etwas deutlich, was jeder mit Sinnen und Sinn gestalteten Situation unterliegt: die Aneignung durch Tätigkeiten und Handlungen als konkrete Aktion, die aus der Reichhaltigkeit von Alternativen als die in der Situation angemessene "gewählt" wird. Insofern läßt sich jede Situation als "Grenzsituation" im Sinne FREIRES verstehen, als Situation, die immer schon auf jenseits dieser liegende Möglichkeiten und Alternativen deutet.

Das "hegemoniale Maß des Üblichen" bringen die Reggianer auf den Punkt, wenn sie uns das schöne Bild von den 100 Sprachen der Kinder ergänzen: "... wir rauben ihnen 99", d.h. daß wir mit der ungeheuren Potentialität nicht gerade förderlich umgehen, sondern sie auf unser kulturelles "Normalmaß" einschränken. Wenn man jedoch unterstellt, daß Potentialität bleibt, daß Bildungsprozesse in diesem Sinn immer möglich sind, auch in den Erstarrungen des "Älterwerdens" und damit in jeder Altersphase, dann ist Assistenz in jeder sozialen Situation als professionelle Aktivität möglich.

Diese These soll in den Erörterungen der Schnittfläche zwischen Professionalität/Spezialisierung und Aktion/Solidarisierung, des sozialen Orts "Bearbeitung", belegt und dahingehend präzisiert werden, daß Assistenz als Praxis prospektiver Dialoge verstanden werden kann.

Ausschnitt (3), Schaubild 8 (S. 206)

Modell Ausbau	sozialer Ort	Modell Umbau
(Rationalisierung) Spezialisierung	←Bearbeitung→	(Solidarisierung) Aktion

Stellen wir uns auch hier ein Kontinuum zwischen den beiden Polen Spezialisierung und Aktion vor, so läßt sich der soziale Ort "Bearbeitung" als Unzahl sozialer Situationen denken. Während auf dem Pol "Aktion" Assistenz ein ununterscheidbares Element gemeinsamer Praxis einer Sozialität ist (welchen Inhalts auch immer), ist die Wahrscheinlichkeit von Assistenz auf dem Pol "Spezialisierung" relativ gering. Sie kann nur dann realisiert werden, wenn das spezifische Handlungs- und Deutungsmuster genau den Ausschnitt in den "Bearbeitungswünschen" der Adressaten trifft. Wenn z.B. eine Mutter mit ihrem Sohn wegen Schwierigkeiten in der Schule eine Erziehungsberatungsstelle aufsucht, hat die Beratung dann Assistenz-Charakter, wenn Mutter und Sohn mit der Beratung "etwas anfangen können", d.h. wenn Problemsetzung und Konfliktsichtweisen ihrer "Landkarte von Bedeutung" entsprechen und die Sitzung mit dem Professionellen ihnen "Sinn" machte, sie in ihren sozialen Identitäten also "bestätigten" (Bestätigung als Element der Verständigung - siehe nächste Komponente). Trifft das nicht zu, sagen sich Mutter und Sohn z.B.: "Was sollen wir reden, wir brauchen eine Schularbeitshilfe", dann gehen sie erst gar nicht zur Beratungsstelle, bzw. kommen nach dem ersten Gespräch nicht wieder. Je spezialisierter ein Bearbeitungskonzept ist, desto höher ist seine gesellschaftliche und situative Selektivität.

Das Beispiel enthält zugleich den Hinweis, daß sich im Praktizieren von Assistenz Problemsetzung und Handlungsorientierung realisieren und im Prozeß der Assistenz verändern - als gemeinsamer Lernprozeß von Adressaten und Professionellen. Darin ist der weitere Hinweis enthalten, daß in der Assistenz die sozialen Identitäten der Akteure im Mittelpunkt stehen, in den sozialen Kategorisierungen der jeweiligen Sozialitäten. Da soziale Identität die Interpretation der eigenen sozialstrukturellen Einbindung umfaßt, enthält sie zugleich die Ebene des sozialen Vergleichs, die die eigene Positionierung als gerecht oder ungerecht erscheinen läßt (s.o.S. 202).

Dieser komplexe Zusammenhang soll an den bisher dargestellten Beispielen erläutert werden und in einem situations-orientierten Ansatz von Assistenz für die Festigung oder die Veränderung der sozialen Positionierung der Adressaten gebündelt werden.

Geht man vom Pol "Spezialisierung" aus, so bedeutet eine Annäherung an den Pol "Aktion" aus institutioneller Perspektive "Entspezialisierung" (Beispiele: s.o.S. 279 ff.).

Die Projekte der Jugendgerichtshilfe, die Arrangements der Jugendhilfestationen und der Mobilen Betreuung (MOB) des VSE sind ungefähr in gleicher Weise entspezialisiert, nehmen wir auch hier als Maß der Entfernung vom Pol der Spezialisierung die systematische Fähigkeit der Professionellen, ihre Adressaten nicht unter Zuschreibungen individueller Defizite zu verstehen, sondern Problemsetzungen und Handlungsorientierungen zu entwickeln, die den sozialen Kategorisierungen der Adressaten und ihrer Sozialitäten entsprechen.

Die Aktionen und Aktivitäten der Jugendlichen in den Werkstätten, an den Spieltischen, während gemeinsamer Unternehmungen, aber auch die Beratungen in Fragen der Existenzsicherung, der Schuldenregulierung und ggf. der Partner- und Familienprobleme entfalten sich in räumlichen, zeitlichen und organisatorischen Settings, die von den Professionellen bereitgestellt bzw. angeboten werden.

Das Setting der Jugendhilfestation für "Peter Meyer" (s.o.S. 311) sieht vielleicht ein Angebot in der Sozialen Gruppenarbeit vor, gepaart mit unterstützenden Gesprächen mit den Lehrern, um Situationen zu arrangieren, damit Peter sich auch einmal von seiner "Schokoladenseite" zeigen kann.

Die junge Frau, die kurz vor ihrer Volljährigkeit steht, bewältigt nach einigen Konflikten und Mühen beiderseits die von ihr selbst geteilten Erwartungen Dritter. Das Setting der MOB - eigene Wohnung, klare Position der Professionellen, Unterstützung bei einigen Handlungsschritten - erweist sich als eine letztlich gelungene Assistenz.

Diese und vergleichbare Settings ermöglichen das, was BÖHNISCH "Lebensbewältigung" nennt (vgl. auch BÖHNISCH/SCHEFOLD 1985).

"Lebensbewältigung - ... - meint die in Alltagssituationen abverlangte biographische Verfügbarkeit von psychischen und sozialen Kompetenzen zur Bewältigung von Lebensereignissen. Dabei wird aber nicht nur gefragt, welche Hypotheken sozialer Herkunft, welche Problembelastungen und Ressourcen in der Biographie von Jugendlichen entscheidend sind für eine 'gelungene' bzw. 'mißlungene' Bewältigung der sozialintegrativen Anforderungen im Jugendalter (Qualifikation, Arbeit, Sozialverhalten). Es wird gleichzeitig gefragt, welche positive Bedeutung dieses 'mißlungene' Bewältigungsverhalten für die Jugendlichen aktuell hat. ...

Die Orientierung an diesem sozialpädagogischen Konzept Lebensbewältigung bezieht sich nicht nur auf aktuelle Belastungssituationen und Lebensschwierigkeiten, sondern weitergehend auch auf die sinnhafte Veränderung der biographischen Situation insgesamt. Die Arbeit mit funktionalen Äquivalenten und alternativen Milieus kann auch genutzt werden, Jugendlichen Horizonte für einen neuen 'Lebenssinn' zu eröffnen, der aus der konkreten Individualität der Jugendlichen heraus im neuen Bezug zur sozialen Umwelt geweckt werden soll" (1992, S. 78 f.).

Mit "funktionalen Äquivalenten" ist der Ansatz von KASTNER/SILBEREISEN (1987) gemeint,

"milieubezogene Angebote zu entwickeln, in denen diese Jugendlichen auf eine andere Weise als bisher Handlungsfähigkeit, Selbstwertgefühl und Anerkennung erfahren können. Hier leitet sich das sozialpädagogische Handeln nicht aus der aktuellen oder befürchteten Normverletzung ab, sondern aus der biographischen Bewältigungskonstellation, vor deren Hintergrund sich die Jugendlichen so verhalten" (BÖHNISCH 1992, S. 77 f.).

Diese Erörterungen über die Lebensbewältigung stellt BÖHNISCH in einen Zusammenhang mit der "Sozialintegration":
"Mit dem Begriff der Sozialintegration ist die Vorstellung von einer tendenziellen Übereinstimmung von persönlichen, subjektiven Wertorientierungen und den geltenden gesellschaftlichen Werten und Normen verbunden. Pädagogisch bedeutet dies die gelungene Vermittlung von personalen und gesellschaftlichen Wertmustern" (a.a.O., S. 74).

Die professionelle "Option Lebensbewältigung" sieht BÖHNISCH entsprechend in der Balance von Sozialintegration und Lebensbewältigung (a.a.O., S. 78).

Bezieht man Sozialintegration nicht auf das gesamte "hegemoniale Gebirge Gesellschaft" (KUNSTREICH 1994a), sondern auf den Kontext, den Akteure als Gesellschaft sinnlich wahrnehmen, dann meint "Sozialintegration" in erster Linie Mitgliedschaft in Sozialitäten. Von daher ergibt sich ein konkreterer Zugang zur gesellschaftlichen Positionierung, was an der Bedeutung von Assistenz für soziale Identität und sozialen Vergleich erläutert werden soll.

Soziale Identität als "Bestandteil des individuellen Selbstkonzepts" (TAJFEL 1982, S. 24 - s.o.S. 200 ff.) beinhaltet immer auch eine Deutung der eigenen Sozialitäten im Gesellschaftsgefüge, d.h. sie sagt der Sozialität kognitiv und emotional, "wo sie hingehört". Mit dieser Selbstverortung ist auch immer eine Bewertung verbunden, die - wie wir gesehen haben - wesentlich auf der Dimension gerecht-ungerecht bzw. legitim- illegitim zu finden ist. Welche Dimension in einer aktuellen Situation die jeweils wichtige und bestimmende ist, hängt von den sozialen Vergleichen ab, die von den Akteuren jeweils gezogen werden. Welche Vergleiche von Bedeutung sind, hängt wiederum von den kulturellen Deutungsmustern oder "Landkarten von Bedeutung" einer Sozialität ab (bezogen auf die jeweils wichtigste Sozialität).

So erlebt z.B. ein Jugendlicher "seinen" Jugendgerichtshelfer als mächtig und kompetent, wenn es um Besprechung der Strategie vor Gericht geht, aber als lächerlich und inkompetent, wenn es ums Kickern oder Billard-Spielen geht.

So findet Peter Meyer den Sozialarbeiter Frank "doof", weil der nicht kapiert, was Peter eigentlich will. Arrangiert Frank eine soziale Situation, in der Peter seine "Schokoladenseite" zeigen kann, also im Vergleich zu anderen gut dasteht, ändert sich vielleicht Peters Urteil über Frank.

Die junge Frau in der MOB war über ihre Betreuerin wütend, aber das Gefühl, es ihr zu zeigen, ihr also eine neue Vergleichsebene anzubieten, verschafft ihr ein Stück Befriedigung.

Alle drei Beispiele zeigen, daß soziale Vergleiche in jeder Handlungssituation vorkommen, auch wenn sie längst nicht immer im Mittelpunkt stehen. Den Vorschlag von KASTNER/SILBEREISEN, "funktionale Äquivalente" für gesellschaftlich abgelehnte oder kriminalisierte Vergleichsinhalte zu schaffen, ließe sich erweitern, indem, ausgehend von den in Sozialitäten jeweils wichtigen Vergleichsdimensionen, diese in ihren "positiven", sozial akzeptierten Varianten unterstützt werden.

Dieser wichtige Aspekt von Assistenz wird noch deutlicher, wenn wir die anderen Beispiele einbeziehen.

Die von Michael MAY unterstützte Sozialität von Jugendlichen, die bislang durch "negative" Vergleiche aufgefallen waren (Ausschluß aus dem Jugendzentrum, Gewalttätigkeiten usw.), etabliert durch ihre Aktivitäten (Dia-Projekt) neue Vergleichsebenen - sowohl für sich selbst als auch für die für sie wichtigen Sozialitäten (in und außerhalb von Institutionen).

Den verschiedenen Sozialitäten und Zweckbündnissen im ausgegrenzten Dringsheide ermöglicht das KiFaZ untereinander, aber auch nach "außen" eine neue soziale Vergleichsmöglichkeit bzw. eine Neubewertung der alten. So erleben sich Mütter, die sich für die Einrichtung einer Kindertagesstätte stark gemacht haben, untereinander in bislang ungewohnter Weise und als Gruppe im Vergleich zu anderen aufgewertet.

Die Kinder in Reggio "erfinden" - unterstützt von ihren Erzieherinnen - jeweils eigene Vergleichsmaßstäbe, mit denen sie das entdecken, was Erwachsene (vielleicht) schon immer gewußt haben. Im Prozeß der Aneignung aber gewinnen sie über die Sinnlichkeit der Vergleiche einen eigenen Zugang zu der für sie neuen Welt. Im Medium dieser eigenen Vergleiche gelingt es den Kindern, sich als gleichwertig in dieser Welt zu erleben.

Daß neue soziale Vergleiche zu einer erweiterten und befriedigenden sozialen Identität beitragen - und damit auch zu veränderten Kategorisierungen, was die Einschätzung anderer angeht - haben TAJFEL und andere in ihren Forschungen nachgewiesen.

Welche das in den verschiedenen Sozialitäten sind, kann sich immer nur in der spezifischen sozial-räumlichen Situation herausstellen. Auch die Antwort auf die Frage, ob solche Veränderungen eine gerechtere Plazierung insgesamt oder "nur" eine Variabilität in der Kategorisierung bestimmter Gruppen und Personen/Institutionen mit sich bringen, läßt sich nur empirisch beantworten.

Für die professionelle Gestaltung von Assistenz haben diese Überlegungen - neben dem Arrangieren neuer Vergleichsdimensionen (vgl. dazu auch: KLATETZKI 1993 b) - eine wichtige Konsequenz: die Gestaltung von sozialen Situationen. In der bisherigen Darstellung der Komponenten habe ich immer wieder die Situationalität sowohl sozialitären als institutionellen Handelns hervorgehoben, ohne jedoch die Besonderheit dieser Sichtweise zu begründen.

Beginnend mit dem "Situationsansatz" in den 70er Jahren gab und gibt es in allen Bereichen Sozialer Arbeit Ansätze, die die Handlungssituationen - und nicht "die Person" - zu ihrem Ausgangspunkt machen (vgl. BÖHNISCH 1992; HINTE/KARRAS 1989). Am prägnantesten ist dieser Ansatz meines Erachtens bislang von Marianne MEINHOLD formuliert worden. Unter dem programmatischen Titel "Wir behandeln Situationen - nicht Personen" (1982, S. 165 ff.) macht sie am Beispiel der Veränderung des Arbeitsansatzes eines "Familienzentrums" in Melbourne die Stärken dieses Ansatzes deutlich. Er zeigt zugleich, wie der bisher entwickelte Zusammenhang von Assistenz, Problemsetzung und Handlungsorientierung gedacht werden kann.

"Nicht selten zweifeln Sozialarbeiter aus der Familienfürsorge an der Wirksamkeit ihrer Arbeitsformen und Hilfsprogramme. Ungewöhnlich ist es allerdings, wenn die Mitarbeiter einer Dienststelle ihre Frustration zum Anlaß nehmen, das naheliegende zu tun: Sie stellen die unbefriedigende Fallarbeit ein und beantragen beim Träger ihrer Dienststelle Mittel, um innerhalb eines bestimmten Zeitraumes angemessenere Ziele und Methoden für die Arbeit mit Problemfamilien zu entwickeln. Ungewöhnlich ist es auch, wenn die Mitarbeiter nach Bewilligung der Mittel ihren Auftrag, Hilfe zur Selbsthilfe zu leisten, so weitgehend wörtlich nehmen, daß drei Jahre später von ehemals 15 Mitarbeiterstellen 13 Stellen mit 'Klienten' besetzt werden können" (a.a.O., S. 165).

Das geschah in einem zunächst nach A-D-B-E-Modell arbeitenden Familienzentrum und einem konventionell arbeitenden Jugendzentrum.

"Die bis 1972 betreuten Familien waren vielfach benachteiligt, wirtschaftlich, sozial und persönlich. Die gleichen Familien wurden über Generationen betreut, ohne daß sich etwas veränderte. Der Sozialdienst arbeitete nach dem Prinzip 'Einzelfallhilfe' und benutzte finanzielle Hilfen als Anreize für die Familien. Die Fallarbeit war einerseits eher anspruchsvoll und andererseits sehr entmutigend. Sie bestand zunächst darin, kleine Geldbeträge auszuhändigen, von denen alle Beteiligten wußten, daß diese nicht im entferntesten die vielfältigen Bedürfnisse der Familien abdecken konnten. Die 'eigentliche' sozialpädagogische Betreuung der Familien bestand in Gesprächen mit Familienmitgliedern, meistens den Müttern. Es waren Gespräche, die sich oft über Jahre hinzogen und die an den Lebensbedingungen der Familien wenig änderten. Die Sozialarbeiter hatten wenig Klarheit über die Ziele ihrer Arbeit, und noch weniger wußten sie, ob ihre Anstrengungen etwas bewirkten, geschweige denn, ob dauerhafte Effekte zu erzielen waren. Die Unzufriedenheit der Mitarbeiter wurde durch eine Studie ... über Familien mit niedrigem Einkommen auch noch wissenschaftlich abgesichert. Daraufhin entschlossen sich die Mitarbeiter zur radikalen Abkehr vom bisher Praktizierten.

Die ersten formulierten Zielvorstellungen aus dem Jahre 1972 lauten:
- Drei Jahre lang sollen Wege gesucht und erprobt werden, um die Selbsthilfe-Fähigkeiten von Klienten-Familien zu entwickeln und ihr Selbstwertgefühl zu steigern.

- Die Familien sollen sich nicht als Opfer verstehen, sondern als aktiv Teilnehmende, die potentiell selbst Änderungen herbeiführen können: Änderungen bei sich selbst und ihrer Umwelt" (a.a.O., S. 166).

Die dabei entwickelten Zielsetzungen und methodischen Orientierungen lassen sich als Problemsetzung und Gewinnen einer Handlungsorientierung (a) bzw. als Assistenz (b) verstehen.

(a)
- "Die Mitarbeiter wollen nicht länger primär auf Krisen der Klienten-Familien reagieren ('Non-Problem-Ansatz'). Die Familien sollen vielmehr Mittel und Wege kennenlernen, derer sie sich in Krisen bedienen können. Eine Krise ist selten der günstigste Zeitpunkt, um neue Fähigkeiten zu entfalten. Der Betroffene ist zu sehr auf die aktuellen Sorgen fixiert, aber auch der Berater kann vor lauter Problemen die Stärken und Fähigkeiten des Betroffenen übersehen.
- Die materielle Sicherheit einer Familie muß gewährleistet sein, bevor die Familienmitglieder die nötige Frustrationstoleranz aufbringen, um in einem Gemeinwesen an Entscheidungen mitzuwirken und diese zu tragen.

(b)
- Erfahrungen und Einstellungen verändern sich nicht im luftleeren Raum, sondern in der sozialen Wirklichkeit. Deshalb lautet ein Grundprinzip des Projekts: Erfahrung und Erleben beinhalten und bewirken mehr als Belehrung und Gespräche. Neue Einstellungen werden gelernt und praktiziert, wenn sich dadurch die Situation des Betroffenen in einer Weise verändert, daß diese Fähigkeiten sinnvoll sind. Die Interventionen der Mitarbeiter bestehen darin, Situationen zu schaffen, in denen Fähigkeiten auf natürliche Weise erlernt werden, weil sie erforderlich sind zur Situationsbewältigung. Diese Fähigkeiten werden gelernt, weil sie sich lohnen.

In weiteren Diskussionen wurden die Richtlinien für die Arbeit entworfen, die unter dem Begriff 'Power-Concept' zusammengefaßt sind. In diesem Konzept wird die Verschränkung von Autonomie mit entsprechenden Kompetenzen deutlich. Danach sollen die Klienten-Familien:
- Selbstbestimmte Entscheidungen treffen: Sie sollen zunehmend mehr an Entscheidungen über das Projekt beteiligt werden, bis sie schließlich das Projekt in eigener Regie führen;
- Entscheidungsgewalt über die Mittel und Finanzen erhalten: langfristig sollen die Familien die Verteilung der Mittel selbst übernehmen. Außerdem sollen sie Fähigkeiten und Kenntnisse erwerben, um andere Unterstützungsformen nutzen zu können;
- Bestimmen, mit welchen Mitarbeitern sie Beziehungen aufnehmen;
- Zugang zu allen Informationen erhalten, die über die Familien gesammelt werden" (MEINHOLD 1982, S. 167 f.).

Von zentraler Bedeutung für das Gelingen des Projekts war die Verfügung über Ressourcen, die zunächst Einkommensergänzungen, dann auch Arbeits- und Ausbildungsplätze ermöglichten. Am Ende des Projekts stand der Antrag der

Bewohner auf Übertragung des Gebäudekomplexes auf ihre Namen (a.a.O., S. 174). Assistenz gelingt offensichtlich dann besonders gut, wenn die Adressaten über die Macht ("Power") verfügen, ihre soziale Identität auch durch anerkannte und in dieser Gesellschaft überlebensnotwendige soziale Vergleichsmaßstäbe zu stärken.

(4) Komponente: Verständigung

Auszüge aus dem einen Gespräch, das ich am 24. September 1995 mit Michael TÜLLMANN führte.

Michael Tüllmann geb. 1951

Nach Abitur verschiedene Praxiserfahrungen im sozialen Bereich in Deutschland und England, von 1971 bis 1974 Studium an der Fachhochschule Rauhes Haus mit dem Abschluß als Dipl. Sozialpädagoge und Diakon.
Während des Studiums arbeitete ich in der Erziehungsabteilung des Rauhen Hauses mit und später an der in der Gemeinwesenarbeit der Kirchengemeinde St. Raphael in Hamburg-Wilhelmsburg. Nach dem Studium absolvierte ich mein Anerkennunspraktikum in den Kirchengemeinden Öjendorf und Osdorfer Born und vertiefte dort mein Interesse für Gemeinwesenarbeit. Mit diesem Schwerpunkt war ich von 1975 bis 1981 Diakon in der Kirchengemeinde Osdorfer Born. 1981 wurde ich Heimleiter in der Erziehungsabteilung des Rauhen Hauses und bin seit 1991 Abteilungsleiter der Behindertenhilfe des Rauhen Hauses. Meine fachliche Position findet sich in mehreren Veröffentlichungen zum Thema "Neue Wege emanzipatorischer Hilfen für behinderte Menschen" in Publikationen der IGfH, der Reihe Impulse der FHS des Rauhen Hauses und der Gütersloher Fortbildungs Woche.

Michael TÜLLMANN: Auch mit "Systemsprengern" ist Verständigung möglich

"1985 fing ich an, aus der Jugendhilfe des Rauhen Hauses heraus die Behindertenhilfe aufzubauen. Das war eine neue Herausforderung für mich. Hier konnte ich all die Erfahrungen, die ich in der Jugendhilfe gemacht hatte, übertragen: sich mit den Schwächsten auseinandersetzen und sie nicht zu vergessen, die Flexibilisierung von Strukturen für diese Menschen und Einbeziehung von Gemeinwesen und Umfeld. Die Dezentralisierung habe ich auf die Behindertenhilfe zu übertragen versucht. Das mache ich eigentlich bis heute - nur in größerem Stil. Im Gegensatz zu den 16 Plätzen von 1985 haben wir jetzt, einschließlich der ambulanten Betreuung und Arbeitsbegleitung, 250 Plätze.

Zuerst habe ich große Schwierigkeiten gehabt, mich mit relativ stark geistigbehinderten Menschen auseinanderzusetzen. Ich habe bei mir gemerkt, da gibt es nichts 'Normales'. Auf geistig-behinderte Menschen locker zuzugehen, war für mich nicht normal. Ich konnte das nicht. Das war die erste zentrale Erfahrung. Die zweite zentrale Erfahrung war, daß ich einige Behinderte kennengelernt und mich relativ schnell auf sie einzustellen gelernt habe. Ich brauchte also einige Behinderte, die mir den Weg ebneten, sie zu verstehen. Ich war auf die Hilfe dieser Menschen angewiesen, das war die zweite große Erfahrung. Die dritte Erfahrung waren die Gespräche mit den Mitarbeitern, die alle aus der Jugendhilfe kamen und sich z.T. ganz stark gegen Behinderte wehrten. Die Alternative war, entweder in die Arbeit mit Drogenabhängigen zu gehen oder den Arbeitsplatz zu verlieren. Da haben die meisten lieber die Geistig-Behindertenarbeit vorgezogen. Die sollte aber möglichst so ähnlich sein wie in der Jugendhilfe. Wir besuchten dann Hamburger Schulen und versuchten, handverlesen Einfach-Geistig-Behinderte zu finden, die uns möglichst an die Jugendlichen erinnerten, die bei uns lebten. Das war erstmal verständlich, denn die Arbeit wurde den MitarbeiterInnen zugemutet. Die haben sie nicht freiwillig gewählt. Ohne Sonderstrukturen, ohne therapeutisches Sonderprogramm haben wir uns dann diesen behinderten Kindern und Jugendlichen genähert. Die ersten haben wir zum großen Teil in normale Wohngruppen aufgenommen, in denen auch Kinder aus der Jugendhilfe waren.

Wir haben dann ganz schnell erfahren, daß die behinderten Kinder die ganz normalen Alltagsdinge, die wir sowieso gemacht haben, mit den Jugendhilfekindern einfach mitgemacht haben. Wir konnten auch wahrnehmen, daß die Kinder, die damals noch vor der Pupertät waren, die behinderten Kinder einfach so angenommen haben, wie sie waren. Wir hatten also schnell gemerkt, daß wir Sonderstrukturen nicht brauchen. Die dienen nur dazu, mit unserer Angst fertigzuwerden, wie wir mit Menschen umgehen sollen, die uns fremd sind. Wir haben diese Sonderstrukturen also nicht aufgebaut, um den Menschen zu helfen, sondern das wesentliche Moment war, mit unserer Angst vor Fremdheit fertigzuwerden. Diese Erfahrung war das prägende Element, und alles andere ist dann wie von selbst gekommen - der Aufbau von autonomen Wohngruppen; die Förderungsmöglichkeiten dort zu suchen, wo andere diese auch finden. Wir machten das genau wie bei den Jugendhilfekindern. Wir nutzten das, was in Hamburg da ist. Wir fanden auch eine ganze Menge - allerdings nicht ohne Probleme.

'Normale' Beratungsstellen sagten z.B.: Für Geistig-Behinderte sind wir nicht zuständig. Aber wenn man selbst die Erfahrung gemacht hat, wie Fremdheit zu überwinden ist, kann man auch anderen Leuten dabei helfen. Wenn man z.B. erst einmal einen Therapeuten gefunden hat, dann ergibt sich daraus eine kleine Bewegung, so daß sich immer mehr 'normale' Institutionen für den Bereich der behinderten Menschen öffnen. Das hatte auch zur Folge, daß wir unsere eigenen Psychologenstellen abgeschafft haben. Wenn wir Beratung brauchen, waren ganz spezielle und sehr unterschiedliche Kompetenzen gefordert, die ein einzelner Psychologe sowieso nicht vorhalten kann. Es ist also vernünftig, andere Dienste zu nutzen. Normalisierung bedeutet für uns, daß der behinderte Mensch in den Lebensbezügen lebt, in denen wir alle leben, die für uns normal sind: daß *man nicht in einer Klinik lebt, daß man sein eigenes Zimmer hat, daß man selbst bestimmt, was und wann man essen will und es nicht einfach ungefragt vorgesetzt bekommt; daß man Feste begeht, wie andere Leute das auch tun, ob es das Osterfeuer, das Weihnachtsfest oder sonst etwas ist; daß man also einen ganz normalen Tagesrhythmus und Lebensrhythmus hat, der durch Arbeit und Freizeit gestaltet ist; daß es nicht so ist, daß Behinderte nur Freizeit haben, oder nur zur Schule gehen. Das ist der eine Punkt.*

Auf der anderen Seite ist es natürlich klar, daß die behinderten Menschen, so wie sie sind, auch Besonderheiten haben. Oder genauer gesagt, immer auf besondere Aspekte des Menschseins hinweisen. Das bedeutet, daß man Normalisierung nur als Prozeß sehen kann. Wo Menschen mit offensichtlichen Einschränkungen auf andere stoßen, deren Einschränkungen nicht so offensichtlich sind, da verändert sich etwas. Normalisierung darf man nicht als einen Prozeß begreifen, in dem die Menschen mit offensichtlichen Einschränkungen sich den anderen anzupassen hätten, sondern es kommt darauf an, daß ein gemeinsames Drittes gefunden wird. Wenn ein behindertes Kind in einer Wohngruppe lebt, dann muß sich die Wohngruppe insgesamt verändern.

Dieser Prozeß stellt an die Betreuer besondere Anforderungen. Da reicht es nicht aus, daß einfach Hausschilder ummontiert werden und bei der Arbeit mit geistig-behinderten Menschen einfach das Etikett 'Assistenz' aufgeklebt wird. Dieser Ansatz kommt aus der Körperbehindertenbewegung. Ihn einfach zu übernehmen, ist für geistig Behinderte zum großen Teil Etikettenschwindel. Da bleibe ich lieber bei dem Begriff 'Betreuer'. Der läßt die ganze Problematik und Unzulänglichkeit zu, die wirklich in dieser Beziehung, die ja hochkompliziert ist, steckt. Deswegen finde ich einen unvollkommenen Begriff besser als so eine elegante Lösung wie mit der Assistenz, wenn damit die Probleme unter den Tisch gekehrt werden. Die Grundidee der Assistenz, daß der Behinderte die 'Federführung' behalten sollte, ist richtig. Das Schwierige an diesem Punkt ist aber, sich ein Bild davon zu machen, was der geistig-behinderte Mensch wirklich will. Das ist wahnsinnig schwer. Es gibt viele behinderte Menschen, denen man in gut gemeinten Formulierungen in den Mund legt, was sie gerne möchten. Man kann zu 80 % davon ausgehen, daß sie diese Formulierungen wiederholen, diese also zu ihrem Bedürfnis machen. Von daher passiert es in der Behindertenhilfe oft, daß Mitarbeiter ihre eigenen Lebensvorstellungen mit behinderten Menschen ganz hervorragend verwirklichen können. Es lebt bzw. arbeitet sich nirgends so bequem, wie mit angepaßten geistig-behinderten Menschen.

Es sei denn, einige von ihnen haben 'systemsprengende' Kompetenzen. Einige haben hervorragende Fähigkeiten, ja geradezu Sensoren, mit denen sie die Schwächen eines Systems erkennen und jedes System zum Platzen bringen. Solche Betreute nennen wir Menschen mit systemsprengendem Verhalten. Das sind oft Menschen mit autistischen Zügen. Sie nehmen in ihrer Umwelt jede

Veränderung und jede Dissonanz sehr genau wahr. Das ist z.B. der Fall, wenn ein Betreuer eine 'Double-bind-Botschaft' sendet - nach dem Motto: Ich finde Euch alle gut, ich mag Euch, aber kommt nur nicht in mein Dienstzimmer. Solche Unstimmigkeiten merken sie genau und fangen dann an, in Form von sehr auffälligem und oft auch aggressivem Verhalten, z.B. indem sie Herdplatten anmachen, auf sich aufmerksam zu machen. Sie reagieren sehr stark auf Ablehnung. Solche Reaktionen mit Worten zu beschreiben ist sehr schwer. Wenn Systemsprenger z.B. nicht die Fähigkeit haben, Bedürfnisse aufzuschieben, sondern sie sofort erfüllt haben wollen, dann fällt ihnen eine Menge ein, so daß sie die Gruppensituation so belasten, daß sie kaum noch ertragbar ist. Es sind oft die ganz kleinen Dinge des Alltags, die das Verhalten auslösen. Wir versuchen, das aus ihrer Sicht zu sehen, was wahnsinnig schwer ist. Während die nicht in dieser Weise geistigbehinderten Menschen sehr liebevoll und tolerant sind und eine ungeheure Geduld mit den Mitarbeitern haben, fordern die mit systemsprengendem Verhalten einen ständig heraus. Wenn Menschen mit systemsprengendem Verhalten aggressiv reagieren, Wutausbrüche bekommen, zerstören, schreien, dann fallen sie in solche Zustände zurück, die sie eigentlich schon mal überwunden hatten. Sie ziehen sich ganz in sich zurück und werden depressiv. Stereotype Bewegungen treten dann wieder auf.

Auf der einen Seite ist der Begriff 'Systemsprenger' eine ganz furchtbare Zuschreibung, auf der anderen Seite ist aber das Gute an diesem Begriff, daß wir sagen: Wir akzeptieren sie als Menschen mit solchen Kompetenzen. Das heißt, wir akzeptieren die, die unsere Systeme sprengen. Das war der erste Schritt, sie überhaupt aufzunehmen. Wenn man das alles schöngeredet hätte, dann hätten wir sie nur aufgenommen, wenn sie von diesen Kompetenzen praktisch keinen Gebrauch gemacht hätten. So aber kommen sie zu uns, wie sie sind. Wir haben fünf oder sechs dieser Menschen in ein Projekt aufgenommen und haben festgestellt, daß sie nach zwei bis drei Jahren Eingewöhnung immer mehr Sicherheit bekommen und daß diese systemsprengenden Episoden immer mehr zurückgegangen sind. Diese Gruppierung hatte zwar zusammen einen Lebensort, aber jeder wurde am Tage im Kontext einer eigens arrangierten Betreuung begleitet. So haben wir versucht, eine Zwischenlösung zu finden, indem wir Situationen herstellten, in denen der Mensch mit herausforderndem Verhalten mit den anderen Menschen - behinderten oder nichtbehinderten - zusammenleben konnte. Begonnen haben wir mit einer halben Stunde und haben dann solche Situationen immer stärker ausgeweitet. Nach drei Jahren konnten wir die Wohngruppe auflösen, um jedem eine ihm gemäße Umgebung gestalten zu können.

Die 'Systemsprenger' haben uns also gezeigt, wie unsere Systeme Menschen einengen. Wir mußten also unsere Arbeitsweisen, unsere Interventionen und Hilfeformen in Frage stellen. Wir haben gelernt, daß wir uns diesen Menschen individuell nähern müssen. Wir nehmen keinen dieser Menschen mehr in *eine nicht auf diese Menschen vorbereitete Wohngruppe auf, weil wir ja wissen, daß dieses System ihnen nicht entspricht. Deshalb fangen wir mit ambulanter Betreuung an dem Lebensort an, wo diese Menschen sich aufhalten. Das ist in der Regel eine überbelastete Familie, die Psychiatrie und manchmal auch das Gefängnis. Dort lernen wir sie kennen und versuchen, viele Verständigungsprozesse auf unterschiedlichen Ebenen zu initiieren. So haben wir angefangen, tagesstrukturierende Settings zu entwickeln, also etwas Strukturierendes anzubieten. Dann erst haben wir eine sehr individuelle Wohnform mit ihnen entwickelt. Wir haben die Betreuungsarbeit langsam nach und nach aufgebaut. Ich denke, daß wir das verantwortlich weiter machen sollten und müssen, denn die Alternative in der Bundesrepublik ist, diese Menschen in Spezialgruppen unterzubringen, in denen Tische und Stühle festgeschraubt sind und in denen Fixierung über viele Stunden des Tages üblich ist. Aber die einfache Lösung, diese Menschen nur auf Wohngruppen zu verteilen, ist gescheitert, genau wie unsere Hoffnung damals, das wird schon irgendwie werden. Das war unsere naive Vorstellung in dem System.*

Da hätten uns auch medizinische Diagnosen nichts genutzt, aber die gab es kaum. Selbst wenn man eine Diagnose im Kopf hat, so hat man nur erreicht, daß man das Problem auf irgendwas zurückführen kann. Man kann das Problem einordnen. Das ist vielleicht ein Stück Lebenshilfe für den Pädagogen und hat zumindest zunächst eine Art Entlastungsfunktion - die hält aber nicht lange vor. So haben wir durch Versuch und Irrtum Verschiedenes ausprobiert und mußten uns hinterher darüber auseinandersetzen, was sinnvoll gewesen ist, d.h. wir haben uns immer Schritt für Schritt an diese Situation herangewagt. Es gab Mitarbeiter, die genau das wollten. Die hatten keine Lust mehr zu der ganz normalen Behindertenbetreuung. Die waren motiviert, mögliche Wege und Zugänge herauszufinden, zu recherchieren, das Spannende auszuprobieren und Grenzen zu überschreiten.

Ich hoffe, daß bald noch mehr Mitarbeiter motiviert sind, genau in diesem Bereich zu arbeiten - als 'Keyworker'. Wir haben noch keine passende deutsche Übersetzung gefunden. Ein Keyworker ist eine Person, die ganz viel Hintergrundwissen hat, ein breites Fallverstehen, das auch die sozialen Hintergründe ausleuchtet, Elternkontakte pflegt und ein soziales Netzwerk aufbaut. Diese Person ist auch Ansprechpartner für den Betreuten selbst und für den gesetzlichen Betreuer bzw. für das gesamte soziale Umfeld. Der Keyworker erschließt das soziale Hilfesystem und muß auch in dem sozialen Netzwerk seine Position haben. Das ist die Voraussetzung. Er muß sich mit dem behinderten Menschen intensiv verständigen können und ihn begleiten. Daher bekommt er seine Legitimation, nicht durch eine einmalige Betreuungskonferenz. Für den einzelnen Keyworker bedeutet das eine totale Veränderung seiner bisherigen Arbeit. Nun wird das Heiligtum der Mitarbeiter angekratzt; das Heiligtum ist das Mitarbeiter-

team. Mit dem Team, z.B. in einer Wohngruppe, wird entschieden, was richtig oder falsch ist, welche Strukturen sinnvoll sind, welcher Dienstplan machbar ist. Dem Betreuten und anderen Menschen, die davon betroffen sind wie z.b. Eltern, werden diese Entscheidungen verkündet. Jetzt dreht sich das alles um. Der Hilfeplan wird in der Betreuungskonferenz mit allen Beteiligten - auch dem Betreuten - abgestimmt. Der Keyworker ist nun nicht mehr Teil des Teams, hat zwar auch noch so etwas wie eine Teamloyalität, aber er ist auch der Großmutter des Betreuten gegenüber loyal, die eine besondere Beziehung zu ihrem Enkel hat, oder den Eltern und Freunden gegenüber. Er muß aber auch allen Beteiligten gegenüber den beschlossenen Hilfeplan vertreten und umsetzen. Wenn man ein bißchen Phantasie hat, kann man sich vorstellen, welche Veränderungen das für den Mitarbeiter bedeutet.

Er wird also eine richtige Schlüsselperson. De facto übt er eine Rolle aus, in der er den größten Einfluß hat. Daran kann sich jeder Heimleiter die Zähne ausbeißen, wenn ein Keyworker den beschlossenen Hilfeplan umsetzt, weil nur dieser von der Behörde auch finanziert wird. Ich hoffe, daß auf diesem Wege viele behinderte Menschen, die jetzt Wohngruppenbewohner sind, demnächst zu Mietern werden. Viele behinderte Menschen wollen übrigens alleine leben, wollen aber auch den Schutz und die Sicherheit haben, die wir in Wohngruppen bieten. Wir haben vor, möglichst viele Gruppenwohnungen zu Appartements umzubauen, für kleine Wohngemeinschaften, in denen zwei bis höchstens vier Menschen zusammenleben - als Mieter. Für weite Bereiche wird es dann unterschiedliche Fachleistungsstunden geben. Es wird auch unterschiedliche Kostenträger geben. Es ist jetzt schon klar, daß im Versorgungsbereich Erzieher und Sozialpädagogen von den Kranken- und Pflegekassen wohl nicht akzeptiert werden. Wenn man Betreuung zurücknimmt, dann bedeutet das auch, daß es wirklich Zeiten gibt, in denen die Menschen sich selbst überlassen sind. Gleichzeitig mußt Du aber im Behindertenbereich Schutz organisieren. Wenn jemand in einen psychotischen Zustand kommt, muß er einen Knopf drücken können und Hilfe bekommen. Das muß klappen, denn gerade die Vertreter der Eltern haben hier die größten Bedenken.

Ich hoffe - wenn ich 'mal ganz größenwahnsinnig sein darf - daß wir ein System kriegen, in dem wir aufhören können mit Zuschreibungen wie psychisch-behindert, geistig-behindert, geistig-psychisch-behindert, psychisch-geistig-körper-behindert, mehrfach-behindert usw. Wir arbeiten dann mit behinderten Menschen, die aus irgendwelchen Gründen soziale Leistungen brauchen und müssen uns individuell auf sie einstellen, d.h. wir müssen eine gute Gemeinwesenarbeit und eine gute Einzelfallarbeit für sie machen - gute Keyworker-Arbeit also."

Verständigung als egalitäre Praxis

Liest man Michael TÜLLMANNS Bericht **nicht** mit dem Interesse, herauszufinden, welche besonderen, zusätzlichen Maßnahmen ergriffen werden müssen, um den Besonderheiten behinderter Menschen soweit wie möglich gerecht zu werden, sondern umgekehrt unter der Fragestellung: Welche generellen Schwierigkeiten sind mit der Verständigung zwischen Professionellen und Adressaten verbunden? - dann verweisen behinderte Menschen auf die Verständigungsprobleme von uns "Normalen" oder - wie Michael TÜLLMANN es treffend ausdrückt: von denen, deren Behinderungen nicht so offensichtlich sind. Unsere Verständigungsprobleme mit besonders originellen Menschen verweisen dann nicht nur auf unsere Angst vor den Fremden, sondern auch auf die Grenzen unseres Verstehens im Sinne von Grenzen unserer Deutungsmuster oder Modelle von und für Wirklichkeit (s.o.S. 299 f.). Marianne MEINHOLDS Aufforderung: "Nicht verstehen, sondern sehen" kann dann mit FREIRE so interpretiert werden, daß wir diese Grenzsituationen überschreiten müssen, um zu einer Verständigung über die (noch) nicht realisierten Möglichkeiten gemeinsamer Praxis zu gelangen (s.o. MAY, S. 317).

Nach HABERMAS ist Verständigung an lebensweltliche Kommunikation gebunden und der wichtigste Unterschied zu dem zweck- und erfolgsorientierten Programmen der systemischen Kommunikation in der vor allem die Medien Geld und Recht organisierenden hegemonialen Bürokratie (1981). Deren praktischer Ausdruck sind Klassifizierungen der unterschiedlichsten Art - von "harten" (z.B. Entscheidung über Sozialhilfeberechtigung) bis zu "weichen" (z.B. Definition des "guten Klienten"). In Schaubild 8 habe ich die Schnittfläche von "System" und "Lebenswelt" als den sozialen Ort der Bewertung gekennzeichnet.

Ausschnitt (4), Schaubild 8 (S. 206)

Modell Ausbau	sozialer Ort	Modell Umbau
(Professionalisierung) Klassifizierung	←Bewertung→	(Solidarisierung) Verständigung

Versuchen wir auch hier, die beiden Pole nicht nur als Gegensätze zu begreifen, sondern stellen wir uns auch hier ein Kontinuum vor, das ein Spannungsfeld zwischen den Polen aufbaut, so ist das Gemeinsame beider Pole die Tatsache, daß sie nur in direkter Kommunikation realisiert werden können. Dieser Umstand legt es nahe, den sozialen Ort "Bewertung" auch unter kommunikationstheoretischen Gesichtspunkten zu untersuchen.

Verständigung im Sinne von **Bestätigung** ist geradezu der Sinn von Mitgliedschaft in Sozialitäten. Die solidarische Mitteilung auf der Beziehungsebene - unabhängig davon, was Inhalt der Kommunikation ist -: Ich sehe Dich auch so, wie Du Dich siehst, ist nichts anderes als die Praxis der Vergewisserung der eigenen Einmaligkeit durch Mitgliedschaft in Sozialitäten. WATZLAWICK u.a. führen dazu aus:

> "Die Vielfalt der Gefühle, die Menschen füreinander haben können, würde kaum existieren, und wir würden in einer Welt leben, in der es nichts außer reiner Zweckmäßigkeit gäbe, einer Welt ohne Schönheit, Poesie, Spiel und Humor. Es hat den Anschein, daß wir Menschen mit anderen zum Zweck der Erhaltung unseres Ichbewußtseins kommunizieren **müssen**" (1969, S. 84).

Bestätigung als Begegnung oder "Umfassung" gehört nach BUBER zur Grundlage sozialer Beziehungen:

> "Die Grundlage menschlichen Zusammenlebens ist eine zweifache und doch eine einzige - der Wunsch jedes Menschen, von dem anderen als das bestätigt zu werden, was er ist, oder sogar als das, was er werden kann" (BUBER nach WATZLAWICK u.a. 1969, S. 85).

Die Praxis der Bestätigung bezeichnet LANGHANKY als "kleines Narrativ" - im Unterschied zum "großen Narrativ", der "großen Erzählung" einer Universalgeschichte. (Die Frage, ob die kleinen Narrative die bedeutungslosen, peripheren Geschichten des Alltags sind, oder ob sich "Universalgeschichte" nicht umgekehrt aus einer Unzahl kleiner Narrative bildet, die nur noch nicht zu einer "gemeinsamen Erzählung" zusammengefunden haben, soll hier offen bleiben. Ich vermute in Bezug auf BAUMAN 1995 letzteres.) Diese kleinen Narrative sind das Medium einer Verständigung, in denen sich die Akteure ihres sozialen Sinns vergewissern:

> "In der Sinnverständigung, dem kleinen interindividuellen Narrativ, teilen sich die Menschen wechselseitig mit, welche Perspektive auf die Wirklichkeit sie eingenommen haben, wie sie sich und ihre Handlungen in dieser verstehen, welche Wünsche und Gedanken sie hegen. Das kleine Narrativ ist die Form der Darstellung, in der Individuen ihre individualgeschichtliche und gesellschaftshistorische Erfahrung komprimieren" (LANGHANKY 1995, S. 38).

Die kleinen Narrative nehmen die gemeinsam geteilten sozialen Kategorisierungen auf, festigen oder verändern diese in Richtung stärkerer Uniformität oder größerer Interpersonalität. Die Bedeutung des "Geschichten-Erzählens" für die Bestätigung der sozialen Identität als Bestätigung der sozialen Positionierung und der darin enthaltene "soziale" Vergleiche mit anderen unterstreichen die Untersuchungen des CCCS (s.o.S. 197) über die Aktionsformen jugendlicher Sozialitäten (so z.B. COHEN 1979, S. 253 f.). Gerade eine als ungerecht erfahrene gesellschaftliche Positionierung macht die Bedeutung der kleinen Narrative als Bestätigung der (sub-)kulturellen Identität als "Außenseiter" noch größer.

Die Frage der Sinnverständigung besonders origineller Menschen ist damit zugleich die nach den Möglichkeiten, kleine Narrative zu erzählen. Daß derartige Praxen möglich sind, belegt CHRISTIE in seinem beeindruckenden Bericht von einem Dorf, in dem alle Einwohner durch verantwortliche Tätigkeiten Mitglieder von Sozialitäten sind und entsprechend kleine Narrative gestalten können (1992).
"Geht man nun von der Bedeutung dieses kleinen Narrativs für die Individuen, von seiner Bedeutung für die Konstruktion von und die Vergewisserung in Milieus, Lebenswelten und sozialen Netzen aus, so stellt sich die Frage, wie Pädagogik und Soziale Arbeit diesen Aspekt menschlicher Sinnkonstruktion und -verständigungen berücksichtigen" (LANGHANKY 1995, S. 38).

"Berücksichtigen" beinhaltet eine hohe Anforderung, denn:
"Es gilt wegzukommen von der **Illusion und Anmaßung, das 'Soziale' könne produziert werden**; soziale Netze, Sinn und Biographie könnten aus Sozialpädagogik und Maßnahmen **gemacht** werden" (DIEMER 1992, S. 62).

Verständigung als Bestätigung erfordert von den Professionellen also den Verzicht oder "den Verlust der einseitigen Zielerfüllung" (LANGHANKY 1995, S. 39). Mag der Verzicht "zufällig" gelingen - es gibt kein Setting, von dem nicht auch Adressaten von Bestätigung berichten (selbst aus der geschlossenen Unterbringung) -, der "Verlust einseitiger Zielerfüllung" hätte tiefgreifende Konsequenzen, denn gerade diese kennzeichnet systemisches Handeln. In Anlehnung an den "Ethnozentrismus" spricht LANGHANKY in diesem Zusammenhang von "Telozentrismus":
"Es ist die Form vorwiegend assimilatorischer Erkenntnis, bei der das Fremde nicht wirklich als Fremdes, sondern irgendwie Eigenes umgedeutet und damit von wirklichem Erkennen ausgeschlossen wird. In ihr eignet sich der Beobachter die Bedeutungsmuster des Gegenübers durch Einpassung derselben in das je eigene Bedeutungssystem an. Diese 'totalitäre Aneignung' (...) ist in der Pädagogik als Form der Einpassung der symbolischen Äußerungen des Gegenübers in ein a priori definiertes zielorientiertes Handlungs- und Deutungsmuster wiederzufinden. Der Ethnozentrismus mutiert zum Telozentrismus, zum Primat der Zielorientierung" (1995, S. 40 f.).

"Verständigung" unter dem "Primat der Zielorientierung" bedeutet **Entwertung** der Adressaten, bestenfalls **Verwerfung** ihrer sozialen Identitäten. **Verwerfung** meint die Botschaft: Ich weiß, wie Du Dich siehst; ich sehe Dich aber nicht so, sondern anders.
"Verwerfung jedoch, wie schmerzlich sie auch sein mag, setzt zumindest eine begrenzte Anerkennung dessen voraus, was verworfen wird, und negiert daher nicht notwendigerweise die Wirklichkeit des Bildes, das A von sich hat" (WATZLAWICK u.a. 1969, S. 85).

Die reflektierteste Art der Verwerfung in professioneller Kommunikation sind zweifelsohne alle Formen "stellvertretender Deutung" (DEWE u.a. 1986). Die sensible Ausdeutung der Problemformulierung der Adressaten in der Jugendhilfestation und die reflektierte Handlungsorientierung nehmen die Selbstentwürfe auf und verwandeln diese in eine Maßnahme, die nach Fachleistungsstunden abrechenbar ist.

Die Botschaft ist klar: Wir können nachempfinden, wie Ihr Euch seht; wir sehen das zum Teil auch so, aber mit den uns zur Verfügung stehenden Möglichkeiten sehen wir Euch in einer anderen, nämlich den Maßnahmen entsprechenden Weise.

Noch widersprüchlicher ist die Verwerfung durch den Keyworker. Mit dem "Ziel" der Bestätigung des Behinderten beauftragt, nämlich so zu handeln, wie der Keyworker glaubt, daß der Behinderte es tun würde, wenn er es könnte, gerade darin liegt die Verwerfung. Das ist aber wiederum Voraussetzung dafür, daß der Behinderte nicht eine Entwertung erfährt. Diese würde er ohne Keyworker mit hoher Wahrscheinlichkeit erleiden.

Im Konflikt um eine Verwerfung behalten die sozialen Kategorisierungen ihre Gültigkeit (auch wenn sie nicht akzeptiert werden), wird die soziale Identität bewahrt (wenn auch nicht ohne Kritik) und bleiben die sozialen Vergleichsmaßstäbe unberührt (werden vielleicht noch bestärkt: "Die vom Amt können eben nicht anders"), die **Entwertung** jedoch negiert das alles.

"Die Entwertung, ..., hat nichts mehr mit der Wahrheit oder Falschheit - ... - von A's Selbstdefinition zu tun; sie negiert vielmehr die menschliche Wirklichkeit von A als dem Autor diese Definition. Mit anderen Worten, während eine Verwerfung letztlich auf die Mitteilung: 'Du hast in Deiner Ansicht über Dich unrecht' hinausläuft, sagt die Entwertung de facto 'Du existierst nicht'" (WATZLAWICK u.a. 1969, S. 86).

Derartige Entwertungen realisieren sich überall dort, wo institutionelle Klassifizierungen exekutiert werden. Entwertung ist also der "Normalfall" einer nach bürokratischen Regeln verfahrenden Institution. Das A-D-B-E-Modell ist das klassische, inzwischen modernisierte Verfahren dafür. Eine Drogenberatungsstelle, die als Zugang das "Versprechen" der Abstinenz fordert, entwertet den Adressaten ebenso wie alle Einrichtungen des Einsperrens (Gefängnis) oder Bewachens (Psychiatrie). Wenn WATZLAWICK u.a. hervorheben, daß Entwertungen vor allem "bei pathologischer Kommunikation" zu finden sind, unterstreicht das die Funktion der Klassifizierung nur auf besondere Weise (s.o. RÖSSLER, S. 277 und WINTER, S. 312; vgl. auch KUNSTREICH 1975, S. 122 ff.)

Auf seiten der entwerteten Sozialität allerdings kommt es zu einer "Bestätigung" ihrer "uniformen" Kategorisierung derartiger Professioneller bzw. ihrer Institutionen: als "Sozi-Tanten/-Onkel", "Wachteln", "Psycho-Bullen" usw., als ohnmächtige Korrespondenz zu den aufgeherrschten Klassifizierungen.

Daß es in der Praxis dennoch immer wieder gelingt, die monologischen Strukturen aufzubrechen und dialogische Verständigungen zu ermöglichen, die so etwas wie stets prekäre Bestätigungen sind, ist transversalen Solidarisierungen geschuldet, d.h. der Fähigkeit kooperierender Mitglieder unterschiedlicher Sozialitäten, sich durch praktische Tätigkeit auf ein "gemeinsames Drittes" zu beziehen. Die Diversions-Projekte der Jugendbewährungshilfe sind ein Beispiel, in dem auf der sozialen Vergleichsebene, die der Adressat bestimmt, die also Element seiner sozialen Identität ist, eine bestätigende Neudefinition des Verhältnisses zueinander gefunden werden kann.

Gerade dieser letzte Aspekt weist darauf hin, daß Verständigung ein wesentliches Element auch in den anderen Komponenten ist, ebenso wie Problemsetzung, Handlungsorientierung und Assistenz in ihren jeweils konkreten Ausprägungen Verständigung erleichtern oder erschweren.

Prospektive dialogische Verständigung als **Praxis der Einheit von Reflexion und Aktion** ist ein "Akt der Schöpfung" (FREIRE 1973, S. 72):

"Weil Dialog Begegnung zwischen Menschen ist, die die Welt benennen, darf er keine Situation bilden, in der einige Menschen auf Kosten anderer die Welt benennen (z.B. durch Klassifizierungen - T.K.) ... (Der Dialog) darf nicht als handliches Instrument zur Beherrschung von Menschen durch andere dienen. Die Herrschaft, die der Dialog impliziert, ist die Beherrschung der Welt durch die im Dialog Befindlichen. Er ist die Eroberung der Welt um der Befreiung der Menschen willen" (a.a.O., S. 72).

5. Statt einer Zusammenfassung: das Arbeitsprinzip Partizipation als "Tagtraum"

Die theoretisch-analytische Entwicklung und Darstellung des Arbeitsprinzips Partizipation gleicht dem Versuch, das pralle Leben eines Stadtteils auf der zweidimensionalen Ebene eines Stadtplans abzubilden. Die vier Komponenten, die versuchen, die Teilnehmerperspektive aus der des Beobachters zu rekonstruieren, sind zwar notwendige Abstraktionen in der professionellen Verständigung, bilden auf dem Stadtplan aber nur unterschiedlich gefärbte Höhenlinien, auf denen sich im Alltagsleben Begegnung, Dialog und Konflikt ereignen. Eine Zusammenfassung wäre da nur eine weitere Abstraktion von (notwendigen) Abstraktionen.

Statt dessen möchte ich die Überlegungen mit einem "Tagtraum" abrunden, der vor und während der Arbeit an diesem Text immer neue Formen annahm und der zugleich auch darauf hinweisen soll, daß dieser Text gerade dort, wo er vielleicht hermetisch erscheint, dieses eher der Unsicherheit über den Gegenstand der "Spekulation" geschuldet ist.

Im Anschluß an BLOCH (1960) und HAUG (1984) die folgende Geschichte als Tagtraum zu titulieren, begründet sich zum einen darin, daß ich diese Phantasie seit langem während Auto- und Bahnfahrten oder während langweiliger Vorträge in immer neuen Farben ausgemalt habe. Zum anderen sind Tagträume "Vorauseilungen", "Antizipationen einer besseren Welt", die vom "Willen zum besseren Leben" erfüllt sind (BLOCH 1960, S. 100 ff.). Sie sind damit zugleich die Voraussetzung, Grenzsituationen zu überschreiten. Nur wenn ich mir eine Vorstellung davon mache, wie es jenseits aufgeherrschter Grenzen aussieht, kann ich etwas unternehmen, dorthin zu gelangen (FREIRE 1973, S. 85). In diesem Tagtraum war ich nie allein, meistens war ich nicht einmal der "Sprecher". Es war wie in einer virtuellen Sozialität, es war, als "ließen sich gemeinsam die Punkte herausarbeiten, an denen die geträumten Widerstände und Vorkehrungen auf Widersprüche in unseren alltäglichen Anforderungen verweisen und auf Hoffnungen, die uns zugleich als einzelne gefangen halten, wie sie ebenso kollektiv zur Befreiung führen würden" (HAUG 1984, S. 697).

Der besseren Lesbarkeit wegen habe ich den Tagtraum in die Form eines Referates gebracht, das Sabine HOFFNUNG, die Sprecherin des "Kommunalen Ressourcen-Fonds" (KoReF) anläßlich des ersten Jahresberichtes über die Arbeit des Fonds in Eimsbüttel (ein Hamburger Stadtteil) hält:

*"... Ich möchte über den Euch vorliegenden schriftlichen Bericht hinaus einige Akzente in der Bewertung unseres ersten vollen Arbeitsjahres als Kommunaler Ressourcen-Fond vornehmen. Zum ersten Mal sind also nun alle Personal- und Sachmittel für die Kindertagesbetreuung - im Kern also die für die Kindertagesheime und Kindergärten -, für die offene Jugendarbeit, für die Hilfen zur Erziehung, für wichtige Leistungen des BSHG - Wiedereingliederung, Haushaltshilfen, Schuldenregulierung - sowie die Mittel nach dem Betreuungsgesetz und die für die Sozialstationen im Kerngebiet Eimsbüttel zu einem Fond zusammengefaßt worden. Sie wurden durch Mittel aus dem Arbeitsförderungsgesetz, aus Sondermitteln der Europäischen Union, insbesondere aber durch Mittel aus der regionalen Wirtschaftsförderung im Verhältnis zum Vorjahr mehr als verdoppelt. Bevor ich auf die wichtige Frage des Verhältnisses von Autonomie und Kooperation der einzelnen beteiligten Einrichtungen komme, möchte ich noch einmal die vier Grundprinzipien erläutern, nach denen wir arbeiten und die beispielhaft in unserem **Stadtteilservice** verwirklicht worden sind, der aus dem 'Haus für Alle' in der Amandastraße und umliegenden Beratungsstellen bzw. Einrichtungen heraus realisiert wurde.*

Diese vier Funktionen des Stadtteilservices sind:
- *Unterstützung*
- *Entlastung*
- *Teilhabe*
- *Intermediäre Öffentlichkeit*

Unterstützung

Hierzu gehören alle Familien - oder Personen - unterstützende Hilfen - z.B. Beratung in Konfliktsituationen von Familien, von Kindern oder von einzelnen Personen - seien sie nun in irgendeiner Weise als behindert definiert oder nicht; Verhandlungen mit Behörden, Vermietern usw. Hierzu gehören weiterhin auch Hilfen für spezielle Personengruppen beim Formulieren und Durchsetzen ihrer Ansprüche, ihrer Rechte und Interessen. Zu nennen sind hier vor allen Dingen Mitglieder nationaler Minderheiten, Behinderte, Alleinerziehende, Wohnungslose, Sozialhilfeempfänger und alte Menschen in schwierigen Situationen, aber auch Drogenabhängige und Kranke.

Wichtig ist, daß die Problemdefinition eindeutig bei den Nutzern des Stadtteilservices liegt: Ihre Anfrage, ihr Wunsch, ihre Sicht der Dinge ist der Ausgangspunkt für das Tätigwerden des Services.

Entlastung

Hierzu gehören alle praktisch-konkreten Entlastungsarbeiten, die z.B. auch über Sozial- und Diakoniestationen wahrgenommen werden. Das können sein: Babysitting, Kinderbetreuung, Schularbeitenhilfe, Mittagstisch, Einkäufe machen, Hilfen im Haushalt, Hilfe bei administrativen Problemen, Krankenpflege usw..

Die Angebote der Unterstützung und Entlastung orientieren sich an folgenden Kriterien:

- *Verstehbarkeit: Das Angebot muß von potentiellen NutzerInnen verstanden werden - der Nutzen muß klar herausgestellt werden.*
- *Nicht-Diskriminierung: NutzerInnen müssen nicht erst Schwächen oder Mängel eingestehen, um Unterstützung oder Entlastung zu bekommen. Es muß deutlich sein, daß die Angebote von Angehörigen aller sozialen Gruppierungen abgefordert werden und gebraucht werden können (z.B. Babysitterdienst).*
- *Freiwilligkeit: Die Nutzung ist freiwillig. Über Beginn, Häufigkeit und Beendigung des Kontaktes entscheidet der/die Nutzerin.*
- *Mitbestimmung: Über die Art und Weise des Angebotes entscheiden die NutzerInnen mit. Viele NutzerInnen sind auch MitarbeiterInnen in den Angebotsprojekten geworden. Die Angebote des Stadtteilservices können mit Äquivalenten in Form von eigener Tätigkeit oder Geld ausgeglichen werden. Es funktioniert also wie die Tauschbörse, deren Wertpunkte auch im Stadtteilservice verrechnet werden können. Wer weder über die Möglichkeit verfügt, eigene Tätigkeit einzubringen, noch über ausreichende finanzielle Mittel verfügt, kann die Leistung des Stadtteilservices unentgeltlich in Anspruch*

nehmen. Dafür stehen entsprechende Mittel im Kommunalen Ressourcen-Fond zur Verfügung. Daß hier keine Diskriminierung entsteht, darauf achten die jeweils zuständigen Kommissionen.

Teilhabe

Neben der Möglichkeit, an den Angeboten mitzuarbeiten, haben sich für verschiedene Bereiche Kommissionen gebildet. Die Zusammensetzung ist noch immer nicht ganz unstrittig. Unstrittig ist aber das Prinzip, daß nämlich erfahrene Bürgerinnen und Bürger gleichberechtigt mit den Professionellen in den Kommissionen entscheiden. So arbeiten in der Kinder- und Jugendkommission vor allem Jugendliche, aber auch Väter und Mütter und andere interessierte Bürger mit. Die Kinder- und Jugendkommission ist entscheidungsberechtigt in allen Fragen der Hilfe zur Erziehung und löst damit die frühere Erziehungskonferenz ab. Die Ausführung und Durchführung der Hilfen zur Erziehung liegt in der Regel bei Professionellen, kann aber auch - je nach Einzelfall - von Mitgliedern der Kommission oder anderen interessierten Bürgern übernommen werden. Wichtig ist uns, daß kein Verschiebebahnhof entsteht. Ihr erinnert Euch noch an die Heim- und Maßnahmekarrieren früherer Zeiten.

Besonders aktiv ist die 'Krüppel-Kommission', die sich für die Belange der Behinderten einsetzt und ihr vorrangiges Ziel darin sieht, die vorhandenen gesetzlichen Möglichkeiten nach dem KJHG, BSHG und dem Betreuungsgesetz so zu organisieren, daß normale Teilhabe in möglichst vielen Lebensbereichen für Menschen mit Behinderungen erreicht wird, daß also die Normalisierung der Situation und nicht die Anpassung, sprich Normalisierung der Person - wie in den alten Rehakonzepten - im Mittelpunkt steht.

(... Es folgen Ausführungen zur Interkulturellen Kommission, in der Angehörige der nationalen Minderheiten, aber auch 'Eingeborene' mitarbeiten, über die Mieter-Kommission, die eng mit dem Verein 'Mieter helfen Mieter' zusammenarbeitet, über die Drogen-Kommission, die sich als Interessen-Vertretung der Drogennutzer versteht, über die Alten-Kommission, in der die Grauen Panther stark vertreten sind, sowie über die Gesundheits-Kommission, in der u.a. alle Pflegedienste vertreten sind. ...)

Erwähnen möchte ich noch zwei Kommissionen, die vor einem Jahr neu gegründet wurden - die Kommission für lokale Ökonomie und die Mädchen- und Frauenkommission.

Die Kommission für lokale Ökonomie, in der VertreterInnen der Unternehmen in unserem Stadtteil, VertreterInnen der Gewerkschaften und der ökologischen Projekte sitzen, hat es geschafft, durch Sanierungs- und Neubauarbeiten, durch dezentrale Energieversorgung, durch Kooperationen mit anderen Kommissionen *(vor allem der Kinder- und Jugend-Kommission und der Gesundheitskommission) und durch Verbreitung kultureller und sportlicher Möglichkeiten, die Arbeitslosigkeit beträchtlich zu senken. Auch wenn es heftigen Streit gegeben hat, so ist doch jetzt klar, daß überall nach Tarif bezahlt wird.*

Die Mädchen- und Frauenkommission spielt insofern eine besondere Rolle, als sie ein Veto-Recht in allen Kommissionen hat. Wenn nach Meinung der Kommission etwas gegen die Rechte der Mädchen und Frauen verstößt, haben sie die Möglichkeit, ein derartiges Vorhaben zu stoppen. Entgegen der Befürchtung der Gegner dieser Regelung ist ein Veto nur selten, nämlich nur in zwei Fällen, eingelegt worden. Durch die Präsenz von engagierten Mädchen und Frauen in allen Kommissionen konnte vieles schon im Vorwege geklärt werden. Zusammengefaßt: Die Kommissionen sind auch deshalb wichtig, weil sie - wissenschaftlich ausgedrückt - das funktionale Äquivalent zur weggefallenen Kontrolle durch die Hierarchie der Leitungen und zentralen Ämter ist - oder, wie es die Krüppel-Kommission allgemeinverständlich ausdrückt: Demokratische Kontrolle von unten statt bürokratischer von oben.

Intermediäre Öffentlichkeiten

Die vielfältigen Aktivitäten der mit Entscheidungsbefugnis ausgestatteten verschiedenen Kommissionen sind zugleich das Herzstück dessen, was wir intermediäre Öffentlichkeiten nennen. Wir suchen noch nach einem besseren Ausdruck, aber erst dann, wenn die Sache sich stärker entwickelt hat, werden wir sicherlich noch einen entsprechenden, treffenderen Ausdruck finden. Unter 'intermediären Öffentlichkeiten' verstehen wir die themenspezifische Vermittlung zwischen den öffentlichen Medien Geld, Recht und Organisation und den privaten Medien direkter Kommunikation, Vertrauen, Solidarität und natürlich auch Konfliktfähigkeit. Derartige intermediäre Öffentlichkeiten entstehen immer dann, wenn ein Thema, wie z.B. in den letzten Jahren das der minderjährigen Flüchtlinge, sowohl aus der Enge privater Bearbeitung als auch aus der Erstarrung der öffentlichen Verwaltung herausgeholt wird und mit geeigneten Formen von Öffentlichkeitsarbeit wie Aktionen, Festen, Demonstrationen, aber auch sit-ins oder go-ins zunächst in der unmittelbaren kommunalen Öffentlichkeit, in der Regel aber auch sehr schnell in der gesamten Hamburger Öffentlichkeit und zum Teil darüber hinaus im gesamten Bundesgebiet Beachtung erfährt.

Ein besonders gelungenes Beispiel einer intermediären Öffentlichkeit ist auch die neue Selbstverwaltungsstruktur der früheren Kindertagesheime, die jetzt Kinderhäuser heißen. Hier im Eimsbüttler Kerngebiet waren wir die ersten, die die Einrichtungen für Kinder in Genossenschaften umwandelten, deren Genossenschaftsanteile durch Eltern erworben wurden. Auf diese Weise hoffen wir, Bürger des Viertels auch dann noch für die Arbeit in den Kinderhäusern zu interessieren, wenn ihre Kinder schon längst nicht mehr in der Einrichtung sind. Diese Kinderhäuser sind zugleich aber auch deshalb in die intermediäre Öffentlichkeit geraten, da durch sie auch andere Formen der Kinderbetreuung (früher Tagespflegestelle) organisiert werden sowie insbesondere deshalb, weil hier eine demokratische Leitungsstruktur gefunden wurde, die sich an dem Vorbild der kommunalen Kindergärten in Reggio Emilia orientiert: Ca. 20 bis 30 Eltern und Erzieherinnen organisieren ihr Kinderhaus jeweils gemeinsam!

Die Mittel für die Leitungsstellen konnten für sinnvollere Aufgaben verwendet werden. ... Abschließend möchte ich noch zwei Punkte erwähnen, die wir im nächsten Jahr in Angriff nehmen werden:
Das ist zum einen eine klarere Kompetenzverteilung zwischen den professionellen und den gesellschaftlichen Mitarbeitern - wie wir die früheren Ehrenamtlichen inzwischen nennen. Während das im Bereich der Kinderhäuser und des Jugendhilfeverbundes in unserem Ortsteil schon ganz gut klappt, gibt es dennoch gewisse Schwierigkeiten mit Teilen der sozialen Dienste, die weiterhin noch am alten Muster der Eingriffsorientierung hängen. Aber auch hier bin ich optimistisch.

Beeindruckend ist die Weiterentwicklung der Zusammenarbeit mit dem Kommunalen Bildungs-Fond, der im nächsten Jahr als Zusammenschluß der Schulen im Eimsbüttler Kerngebiet entstehen soll. Hier ergeben sich schon jetzt vielfältige Anknüpfungspunkte vor allem im Bereich der offenen Jugendarbeit.

Ein letztes Problem wird sich nur im Laufe der Zeit sich lösen lassen: Einige der früheren MitarbeiterInnen aus den aufgelösten Zentralverwaltungen und den nicht mehr existierenden Hierarchiestufen können sich noch nicht mit der neuen Situation abfinden. Hier bedarf es von allen Seiten großer Geduld und praktischer Überzeugungsarbeit, diesen KollegInnen Arbeitssituationen zu schaffen, die ihren Kompetenzen und Intentionen entsprechen. ..."

6. Wie im Westen so auf Erden - im Osten nichts Neues?
Ein Gespräch zwischen Ulrike OSCHWALD, Reinhard HOSMANN, Peter NEUTZLING und Jochen SCHMACHTEL

Wie mehrfach schon festgestellt, ist es äußerst schwierig, einen Blick auf etwas zu werfen, wenn man sehr dicht davor steht. Stehe ich nur wenige Zentimeter von der Wand eines sehr interessanten Gebäudes entfernt, sehe ich genau die Poren des einzelnen Steines - das Gebäude in seiner gesamten Gestalt sehe ich nur schemenhaft. Vergleichbares gilt für die Situation in Ost-Deutschland. Wir alle - insbesondere aber wir West-Deutschen - stehen noch viel zu dicht vor unseren eigenen Gebilden und sind noch sehr befangen von den eigenen Sichtweisen. Zu häufig werden noch die eigenen Denkschablonen zum Maßstab für die historisch einmalige Situation in Ost-Deutschland gemacht. Geläufige Redewendungen machen das deutlich: "Es ist noch nicht wie in West-Deutschland. Es ist schon beinahe so wie in West-Deutschland. Hier herrscht hohe Übereinstimmung bzw. hier gibt es **noch** deutliche Differenzen." Der NEUNTE JUGENDBERICHT (1995) gibt dafür ein gutes Beispiel, obwohl dieser ganz sicherlich zu den kritischeren Darstellungen gehört.

Da fundierte Analysen sowohl der Entwicklung in der DDR als auch der Nach-Wendezeit noch ausstehen und wohl erst in einigen Jahren möglich sind, soll im folgenden ein Podiumsgespräch dokumentiert werden, das am 21. März 1996 in Markgrafenheide bei Rostock geführt wurde. Vier RostockerInnen, die schon zu DDR-Zeiten im pädagogischen Bereich gearbeitet haben, berichten von ihren Erfahrungen, insbesondere von Brüchen und Kontinuitäten in ihren Biographien. Jede und jeder repräsentiert zunächst ihren bzw. seinen ganz persönlichen beruflichen und politischen Werdegang - zugleich repräsentieren sie aber auch Erfahrungen, die so oder ähnlich in anderen Biographien von Bedeutung sind. Von daher gibt das Gespräch einen exemplarischen Eindruck über die Spannbreite und Widersprüchlichkeit professioneller Selbstverständnisse, die nicht voreilig an der westdeutschen Elle gemessen, sondern aus ihrer eigenen Geschichte heraus verstanden werden sollten.

Übereinstimmungen und Unterschiede in den Positionen sprechen für sich selbst, so daß die (gekürzte) Darstellung des Gespräches unkommentiert bleiben kann.

Das Gespräch hat drei Schwerpunkte:

(1) Die berufliche und persönliche Situation in den 80er Jahren
(2) Erfahrungen während der Wende 1989/1990
(3) Positionen und Einschätzungen zur heutigen Situation

(1) Die berufliche und persönliche Situation in den 80er Jahren

OSCHWALD: *"Seit 1978 war ich Lehrerin gewesen. Ich ging voll in meiner Tätigkeit auf, ich war Kunsterzieherin und Deutschlehrerin und auch Klassenlehrerin. Ich hatte das Gefühl, daß ich meinen Platz gefunden habe, in der Schule und bei den Schülerinnen und Schülern. Ich erinnere mich noch gut, daß ich viele Bücher, viel Literatur an die Schule geholt habe und wir intensiv diskutierten. Aus heutiger Sicht weiß ich, daß das wohl etwas Besonderes war, aber für mich gehörte das damals einfach dazu. Dann fing ich irgendwann an, stärker nachzudenken. Ich weiß noch, die Zeitschrift 'Sputnik' spielte eine ganz wichtige Rolle. Es waren ja die Zeiten von Gorbatschow. Auch erinnere ich mich gut, was ich damals alles mit unheimlicher Vehemenz für die Schule getan habe. Unsere Kinder waren noch klein. Ich habe sie jeden Morgen früh im Kindergarten abgegeben. Die Katharina weinte fast jeden Morgen, auch das erinnere ich noch gut, aber für mich und meinen Mann, der auch Lehrer ist, war alles so selbstverständlich. Ich fühle mich jetzt noch unbehaglich, wenn ich daran denke. Es war eine schlimme Zeit, aber Mitte der 80er Jahre hatte ich mich freigeschwommen, da waren die Kinder dann größer. Es war für mich auch eine ganz wichtige Zeit, und es war insgesamt eine schöne Erfahrung. An eine Situation erinnere ich mich noch besonders. Ich hatte einen Schüler, der war homosexuell, und ich wußte überhaupt nicht, wie ich damit umgehen soll. Ich glaube, es waren damals Leute aus der Kirche, die mir geholfen haben, ihn zu verstehen. Ich wußte überhaupt nicht, wie ich mich verhalten sollte. Und ich freue mich, daß ich heute noch mit ihm befreundet bin."*

Ulrike Oschwald   **geb. 1954**

Mein Lebensweg führt mich immer wieder zur Schule, in die Schule und um Schule herum. Lehrerin zu werden, war mein Wunsch, und ich habe diesen Beruf seit 1978 gerne ausgeübt, mit allen Höhen und Tiefen, die damit verbunden sind. Klassenleiterin bin ich gewesen und Vorsitzende der Schulgewerkschaftsleitung, was immer Arbeit mit Kindern und Erwachsenen bedeutete.
Politisches Interesse und die Lust, auch etwas verändern zu wollen, führten mich 1982 in die Politik, zu den Liberalen in der DDR, in die Stadtverordnetenversammlung Rostocks und schließlich auch in die Wendezeit. Zu denen, die in Rostock die politische Wende auslösten, zählte ich nicht, aber zu denen, die für sich Entscheidungen zu treffen hatten. Ich begriff, daß der Sozialismus, den ich wollte, nicht realisierbar war. Im großen Bündnis mit den neuen politischen Kräften der Stadt übernahm ich 1990 für die FDP eine Senatorentätigkeit. Das bedeutete lernen und Gestaltungsspielräume nutzen, die es damals gab. So mußten wir z.B. die Strukturen des Schulnetzes in Rostock innerhalb eines Vierteljahres völlig umstellen, hatten ein Theater zu sichern und schufen als Stadt wesentliche Voraussetzungen für die Gründung einer künstlerischen Hochschule.
1993 mußte ich mich beruflich neu orientieren, ging in die Jugendsozialarbeit, leitete das Anti-Gewalt-Projekt "Durch Konfrontation zur Integration - Gegen Gewalt und Aggression an Schulen". In verschiedenen von uns entwickelten Seminarformen ging es um die Auseinandersetzung mit der Frage, was Gewalt und Aggression mit mir zu tun haben. Wiederzulassen emotionaler Reaktionen auf Erlebtes bzw. echten Beziehungen verhindert, daß Andere und Schwächere verletzt werden müssen. Das war Gegenstand unserer Arbeit mit Jugendlichen und Erwachsenen, besonders auch mit Lehrern. Die Möglichkeit, in der Gruppe zu üben, mit Konflikten auch anders umzugehen, ist eine wesentliche Voraussetzung für Veränderungen.
1997 begann ich die Ausbildung zur Supervisorin. Ebenfalls 1997 begann ich mit meiner neuen Tätigkeit, der Leitung des Jugendprojekts "Zur sozialen und beruflichen Neuorientierung". Nebenberuflich setze ich meine Lehrer-Seminare fort.

HOSMANN: *"Seit 1980 war ich Lehrer, übrigens auch wie Ulrike für Deutsch und Kunst. Ich kann mich erinnern, daß wir es seit 1983/84 mit Punks in der Schule zu tun hatten. Diese waren von Stigmatisierungs- und Ausgrenzungsprozessen sehr betroffen. Sie wurden genauso diskriminiert, wie vorher schon in der Ulbricht-Zeit die Langhaarigen. Ich war damals in einer Jugendhilfekommission und habe von Anfang an mit sogenannten schwierigen und ausgegrenzten Jugendlichen zu tun gehabt. Und vor diesem Hintergrund bin ich 1986 in eine große Auseinandersetzung mit der Schule, d.h. mit der Schulpolitik, geraten. '87 bin ich dann mit Be-*

rufsverbot belegt worden. Ich war dann als Hilfskellner, Barmann, Türsteher etc. tätig. Für mich war in der damaligen Zeit die Lösung von dieser scheinbar heilen Welt wichtig. Die politischen Grundideen fand ich damals und finde ich heute auch noch gut. Aber ich merkte deutlich, daß bestimmte Sachen, vor allem der Umgang mit auffälligen Jugendlichen, nicht mehr tragbar waren. Das war für mich der Kern, diese Stigmatisierung und Ausgrenzung nur aufgrund von Äußerlichkeiten und aufgrund anderer Meinungen und Positionen. Aber das bleibt ja aktuell, weil der Staat heute genau das gleiche macht.

Besonders positiv habe ich die Arbeit im Freizeitbereich in Erinnerung. Es gab viele Arbeitsgemeinschaften, und es war kein Problem, an Raum und Geld heranzukommen. Negativ war, daß im Unterricht alles auf vorgegebene Antworten hinauslaufen sollte, auf die richtigen politischen Antworten, was auch von der Schulleitung noch kontrolliert wurde. Daß z.B. in jeder Literaturbearbeitung die politisch richtige Linie mit verarbeitet werden mußte, das fand ich nicht so tragisch, das fand ich manchmal eher lustig. Aber es war doch sehr eingrenzend."

Reinhard Hosmann **geb. 1957**

Polytechnische Oberschule, Wehrdienst, Studium (Diplom in bürgerlicher Pädagogik/ Mitte 19. Jh.),
1981 Einstieg in das Berufsleben als diplomierter Lehrer (Kunst/Germanistik),
u.a. Arbeit mit schwierigen Jugendlichen innerhalb der Erziehungsberatungskommissionen der damaligen Jugendhilfe, 1987 Kündigung aus der Volksbildung, danach Hilfskellner, Barmann, Rausschmeißer;
1988 Arbeit als Heimerzieher für schwierige/straffällige Jugendliche;
1990 Ablösung der alten Heimleitung, selbst Heimleiter von ca.(800!!!) Jugendlichen und "Abwicklung" des Heims.
Ab Ende 1991 ernannte ich mich selbst zum Freien Sozialarbeiter und arbeitete ab 1992 als Projektleiter beim Straffälligenhilfeverein "Balance of Power e.V." in Rostock, wo ich u.a. 1992/93 Klubleiter im "Nautilus" war, einen Treff für sogenannte gewaltpraktizierende rechte Jugendliche.
Mitte 1993 wurde ich Geschäftsführer des "Balance of Power e.V.", aus dem ich Ende 1994 wegen prinzipieller Meinungsverschiedenheiten innerhalb der Arbeit mit straffälligen Jugendlichen ausschied. Ich gründete Anfang 1995 die "Soziale Initiative e.V.", deren Geschäftsführer und Betreuungsleiter ich seit dem bin. Ich mache weiterhin Basisarbeit vor allem mit gewaltorientierten jugendlichen Straffälligen.
Zur gesellschaftlichen/politischen Einbindung: Zur DDR-Zeit in FDJ, DSF und GST; Bekenntnis zur DDR weit bis nach deren Zerfall, damals und heute ohne Parteizugehörigkeit, habe jegliches Vertrauen in Politik/Politiker verloren, empfinde mich als "Selbsthelfer".

SCHMACHTEL: "Mitte der 80er Jahre war ich schon einige Jahre Pastor auf dem Lande. Es war meine erste Stelle, und ich habe unterschiedliche Dinge probiert, um mit den Menschen in Kontakt zu kommen. Vor allem bekam ich einen guten Draht zu den Heranwachsenden, besonders mochte ich die Aufsässigen und

Verweigerer. Heute würde ich die Arbeit als offene Sozialarbeit mit erlebnispädagogischen Elementen und religiösem Touch beschreiben. Die Kerntruppe eine Motorrad-Gang mit acht Jungs und einem Mädchen. In Spitzenzeiten trafen sich 60 bis 80 Jugendliche in unserem Pfarrhaus.

Als Pastor war ich für zehn Kirchen bzw. kirchliche Gebäude, deren Dächer fast ausnahmslos marode waren, zuständig. So haben die jungen Leuten und ich Dächer repariert und teilweise neu eingedeckt, weil die DDR-Wirtschaft sich nicht in der Lage dazu sah. Als ich 1988 die Gemeinde verließ, dachte ich, jetzt kann ich mich mit der Truppe selbständig machen und durch das Land ziehen und mit Kirchendächerreparaturen dicke Kohle machen. Da ich nicht auf Geld stehe, ließ ich es.

Als Gegenstück für das gemeinsame Arbeiten machten wir gemeinsame Reisen. Zunächst als Gruppe, dann trafen wir uns mit Jugendlichen aus der Gemeinde meines Studienfreundes, und schließlich fuhren wir ins Ausland und trafen uns mit Jugendlichen aus Norderstedter Kirchengemeinden. Diese Ost-West-Begegnungsarbeit ist von den staatlichen Organen behindert und blockiert worden. So war mein Einfallsreichtum gefragt, immer wieder Wege und Möglichkeiten zu finden, die Begegnungen ermöglichten. Zum Beispiel bekam ich die Einreise der westdeutschen Jugendlichen nicht genehmigt. So habe ich Freunde und meine Mutter eingespannt, die Einreisen zu beantragen. Siehe da, außerhalb meines staatlichen Verwaltungsbezirkes wurden die Einreisen genehmigt. In der DDR-Vergangenheit gab es diese Auseinandersetzungen, wenn kirchliche Jugendarbeit irgendwo aufblühte. Da ich eine starke Kämpfernatur habe, machten mir die Auseinandersetzungen auch Spaß. Die Bedrohung, daß unsere Schmerzgrenze überschritten wird, war bei den Auseinandersetzungen latent da. Meine Schmerzgrenze wurde überschritten, als die staatliche Allmacht unseren Ältesten mit sechs Jahren beim Schuleintritt, weil er kein Pionier wurde, ausgrenzte. Seit Bestehen dieser Schule, seit über 20 Jahren, war er der erste, der kein Pionier wurde. Diesen Rummel, diesen Zirkus, diese Diskriminierung eines Sechsjährigen kann man sich heute kaum noch vorstellen. Dies sind die starken biographischen Einschnitte, die menschliches Leben in unguter Weise bleibend verändern und wofür ich DDR-Pädagogen noch heute schlagen könnte, gerade weil ich durch meinen Sohn einen lebenden Beweis für diese Art der Unpädagogik vor Augen habe. Vielleicht bin ich auch so ärgerlich, weil wir Eltern umgefallen sind in dieser Zeit. Wir haben versucht, dem Knaben die Last abzunehmen, indem wir ihn zum Eintritt bei den Pionieren überreden wollten. Wir, die Eltern, haben es nicht mehr ausgehalten, doch Jakob blieb bei seiner Verweigerung. Eine Lehrerstochter solidarisierte sich offen mit unserem Sohn, und so entstand eine freundschaftliche Beziehung zwischen den Kindern, die bis heute Bestand hat. Bei aller Solidarität, die wir erfahren haben und auch geben konnten, blieb auch ein ungutes Gefühl, *daß wir Menschen durch unsere Freundschaft mit ihnen schaden. So wurde diese Freundschaft für einen Major der NVA (Nationale Volksarmee) zum Stolperstein. Er wurde entlassen, mit der inoffiziellen Begründung, daß die Freundschaft zu einem Pastor dem Ansehen der NVA in der Öffentlichkeit schade. Auch Jakobs Lehrerin verließ die Schule und ging in die Arbeitslosigkeit, nachdem sie sich rechtfertigen mußte, weil sie mich in ihrem Auto zu einer offiziellen Filmvorstellung der Lehrergewerkschaft ins Nachbardorf mitgenommen hatte."*

Jochen Schmachtel geb. **1952**
verheiratet, Vater einer Tochter und zweier Söhne

Beruflicher Werdegang:
- nach 8 Jahren die Schule verlassen
- Bäckerlehre und Realschule in Abendschule
- Grundwehrdienst bei der Volksmarine
- Jobs als Bäcker (Meisterausbildung), Tankwart, Hilfsarbeiter auf dem Bau, in einer Schlosserei, bei der Post und im Krankenhaus
- Seminaristische Ausbildung zum Pastor
  1. und 2. Theologisches Examen
- Landpastor, zeitweise Probst und nebenamtlicher Jugendpastor im Kirchenkreis Güstrow
- unterschiedliche Seelsorgeausbildungen
- seit 1988 Stadtjugendpastor in Rostock
- Seelsorgeberater- und Supervisorenausbildung

Selbstverständnis:
Ich bin Seelsorger, Beziehungsarbeiter mit Hauptinteresse für alleingelassene, wütende und trauernde Kinder und Jugendliche bzw. Erwachsene, die dies in sich tragen. Ich suche immer wieder Freunde fürs (und zum) Leben, und nach Wegen, die meist abgespaltenen, destruktiven Gefühle Einzelner in die Beziehungssysteme zu integrieren und damit bewußt gesellschaftliche Prozesse zu begleiten bzw. mitzugestalten.

NEUTZLING: "Ich glaube, ich bin der jüngste hier in der Runde. Ursprünglich wollte ich Trainer werden an der Sporthochschule in Leipzig. Das ging aber dann nicht, weil ich einen schweren Sportunfall hatte und mir die Schulter gebrochen hatte. Was also tun? Lehrer wollte ich nicht werden. In dieser Zeit wurden in der Heimerziehung in Rostock insbesondere männliche Kollegen gesucht, weil fast alle, die dort arbeiteten, Frauen waren. So bin ich 1982 in die Heimerziehung eingestiegen. Bis 1985 habe ich in verschiedenen Heimen gearbeitet, mit den ganz kleinen Kindern bis hin zu den Jugendlichen. Für mich war das eine wichtige Zeit. Ich habe in den Heimen Dinge kennengelernt, von denen ich vorher überhaupt nicht wußte, daß es sie gibt. Ich bin in einer ziemlich runden, wenn man so will, heilen Familie groß geworden. Mit Abstand die schwierigste Arbeit im Heim war die mit den Drei- bis Fünfjährigen. Die Lütten haben viele Dinge überhaupt nicht verstanden, die dort passierten. Ich war der einzige Mann außer dem

Hausmeister, und die Lütten saßen mir wirklich ständig auf dem Schoß. Die konnten nicht verstehen, daß auch für mich 'mal Feierabend war. Dieser ständige Beziehungswechsel war sehr schwierig. Wenn ich daran denke, läuft mir heute noch die Gänsehaut runter - gerade, wenn ich an die Weihnachtszeit denke. Einmal habe ich ein Kind mit nach Hause genommen. Aber ich wußte, da waren noch zehn andere. Ich fragte mich, wie ist es eigentlich mit der Entscheidungsfindung, bis ein Kind in die Heimerziehung kommt? 1986 bin ich deshalb ins Referat Jugendhilfe gewechselt. Auch da gibt es Schlüsselerlebnisse. Ich war Fürsorger in der Altstadt, im sogenannten Nachtjackenviertel. Dort habe ich Wohnsituationen von Familien mit Kindern erlebt, die ich nicht für möglich gehalten hätte. Da sind bei mir viele Zweifel gewachsen: So kann das doch nicht bleiben, was ist hier eigentlich los? Ich war aber nicht so weit, daß ich das System insgesamt hinterfragt hätte. Ich hatte dann das Glück, an der Humboldt-Universität Heimerziehung studieren zu dürfen. Ich habe meine Diplomarbeit aus dem Jahre 1986 mitgebracht. Ich habe damals so geschrieben, wie ich gedacht und gelebt habe. Heute muß ich ehrlich sagen, daß man damals doch sehr einseitig ausgerichtet war."

Peter Neutzling   geb. 1959

In Rostock geboren, habe ich hier immer gearbeitet und gelebt. Ich bin verheiratet und habe zwei Kinder.

1976 - 1980	päd. Fachschulstudium
1980 - 1985	Heimerzieher
1985 - 1986	Dipl. Studium - Jugendhilfe/Heimerziehung an der Humboldt-Universität zu Berlin (Prof. Mannschatz)
1986 - 1988	Heimleiter
1988 - 1990	Jugendfürsorger
1990 - 1992	Teamleiter Straßensozialarbeit
1992 bis heute	Abteilungsleiter Kinder und Jugend, Jugendamt
1994 - 1996	Akademiekurs des Deutschen Vereins für Öffentliche und Private Fürsorge in Frankfurt/M.

(Frage aus dem Publikum: Wie kam es eigentlich, daß Ihr bzw. wir alle das System damals nicht grundsätzlich in Frage gestellt haben?)

SCHMACHTEL: "Mit der Infragestellung des DDR-Systems bin ich aufgewachsen. Im Gegensatz zu meinen Eltern erschien mir der Westen jedoch nicht als Alternative. Meine DDR-Prägung wurde mir 1988 deutlich, als ich zu einer Besuchsreise im Westen weilte. Ich konnte mir zum Beispiel nicht vorstellen, im Westen als Pastor zu arbeiten. Mein Theologiestudium und meine Arbeit als Pastor war mein Versuch, in der bzw. am Rand der sozialistischen Gesellschaft meinen Platz zu finden. So ging es für mich darum, mich mit Leuten zusammenzutun, die guten Willens waren und die gesellschaftlich etwas verändern wollten. Daß sich etwas verändern mußte, erschien mir notwendig. Bis zur Maueröffnung habe ich stets an eine eigenständige Entwicklung in der DDR gedacht. Die Idee der Wiedervereinigung fand ich zunächst völlig abartig, wie Gleichaltrige im Westen übrigens auch. Damals wollte ich nichts mit dem Westen zu tun haben. Wahrscheinlich hatte ich unbewußt Angst, meine Selbstbestimmung zu verlieren, Angst vor Besserwessies und vor erneuten Verletzungen durch eine gesellschaftliche Allmacht. Ich war sehr skeptisch bei den Begegnungen mit Westdeutschen, vielleicht hat diese anfängliche Vorsicht aber doch zu wertvollen Begegnungen geführt."

OSCHWALD: "Wir wohnten damals mit meinen Eltern zusammen. Mit den Wendeereignissen kamen meine Eltern genauso ins Grübeln wie wir. Wir haben lange Zeit vieles geglaubt. Erst Mitte der 80er fingen wir an, etwas in Frage zu stellen. Ich bin weit entfernt davon, ein Widerstandskämpfer zu sein, um Gottes Willen. Neulich kam mein Vater - das ließ ihm wohl keine Ruhe - und fragte, habt Ihr damals eigentlich gemerkt, daß wir einiges angezweifelt haben? Ich mußte sagen, daß ich nichts gemerkt hatte. Ich hatte wohl gemerkt, wie sich meine Eltern etwas zurückzogen, aber ich habe so gelebt wie immer. Aber daraus kann ich ihnen keinen Vorwurf machen. Ich bin für mich selbst verantwortlich und muß mich fragen, wann mir die Schuppen von den Augen gefallen sind. Eine ähnliche Frage haben wir uns natürlich auch gestellt, was ist mit unseren Kindern? Haben sie etwas von unseren Sorgen und Zweifeln gemerkt? Ich freue mich jedenfalls, daß ich mit meinen Eltern darüber reden kann."

HOSMANN: "Das politische System als Grundidee habe ich überhaupt niemals in Frage gestellt. Als ich Berufsverbot bekommen habe, war ich der Meinung, da haben die Leute, die das taten, etwas nicht verstanden. Meine pädagogische Arbeit basiert auf bestimmten Prinzipien, die dadurch nicht berührt wurden. Sie haben mir dann eine Art Friedensangebot gemacht, daß ich öffentlich im Lehrerkollegium meine Fehler bekennen sollte. Es ging um Stigmatisierung, Ausgrenzung, Lehrplanproblematik und um entsprechende pädagogische Grundsätze. Ich habe das abgelehnt, denn ich meine, die haben das einfach nicht verstanden. So wie der Sozialismus auf dem Papier stand, war er für mich o.k., und das ist er für mich heute noch. Die herrschenden Leute haben die Angelegenheit einfach nicht mehr in den Griff gekriegt."

NEUTZLING: "In der damaligen Zeit lebte ich in einem ausgesprochenen Nischensystem. Ich hatte viele Freunde, Arbeitsgemeinschaften, Sportinteressen usw. Darin habe ich meine Erfüllung gesehen. Das Politische war für mich nicht so ein Problem."

OSCHWALD: "Ich habe eine Kusine im Westen, die zugleich auch meine Freundin ist. Wir haben damals viel diskutiert und ab einem bestimmten Punkt *immer heftig gestritten. Ich habe den Sozialismus damals bis auf's Messer verteidigt. Mit Händen und Klauen habe ich den Sozialismus verteidigt und habe gedacht, meine Kusine spinnt."*

SCHMACHTEL: "Mein Leitspruch war: Bleibe im Lande und wehre Dich täglich. Das war insbesondere wichtig in der Zeit, wo viele aus meinem Freundes- und Bekanntenkreis in den Westen auswanderten. Viele Pastorenkinder gingen, als sie erwachsen wurden, weil sie keine Perspektive für sich sahen im real-existierenden Sozialismus. Ihr Weggehen fragte uns an, weil wir Eltern zwar unseren Platz gefunden hatten, doch ob unsere Kinder einst ihren Platz finden würden? Die Familie zu zerreißen, war uns ein unerträglicher Gedanke.

Ich fand, ähnlich wie Reinhard Hosmann, die Idee des Sozialismus gut. Damit konnte und kann ich etwas anfangen. Ich bin in einem Haus groß geworden, in dem mein Vater sagte, fünf Jahre gebe ich den Kommunisten noch, dann haben sie abgewirtschaftet. So wurde bei uns stets gesprochen, daß demnächst Schluß ist. Schon in den 50er Jahren war das so. Als ich Anfang der 70er Jahre zur Kirche ging und dort mein Studium begann, waren dort auch 'Hardliner', die alles gegen den Sozialismus setzten. Da habe ich mit Freunden eine rote Zelle gegründet. So ist meine Position fast immer Teil einer gesellschaftlichen Ambivalenz gewesen. Opposition und Widerstand erweisen sich letztlich als eine besondere Form der Kooperation. Dieser Umstand ist mir aber erst in der Wende deutlich geworden. Damals in meiner Studienzeit überwog die lustvolle Seite des Dagegenseins. Wir haben uns für die Bader-Meinhoff-Gruppe und ihre Sympathisanten stark gemacht und damit gegen die Konservativen und die beschränkt Frommen gekämpft. In dieser Zeit in Erfurt traf ich mit Leuten aus der offenen Arbeit von Pastor Schilling zusammen. Für mich als schlichtem Mecklenburger waren einige Typen stark gewöhnungsbedürftig. Die Leute aus dieser Arbeit zogen mich gleichermaßen an, wie sie mich abstießen. Es war das erste Mal, daß ich mit derart ausgegrenzten und abweichenden Jugendlichen zu tun hatte. Ich war gleichsam erschreckt und fasziniert und es hatte stets den Hauch des Verbotenen, des Bösen und Illegalen."

(2) Erfahrungen während der Wende 1989/1990

OSCHWALD: "Ich mußte erstmal mit mir selbst fertig werden, und das mußte alles fürchterlich schnell gehen. Es dauerte einiges, bis ich eigene Vorstellungen entwickeln konnte. Ich war seit Anfang der 80er Jahre in der LDPD, seit '85 war ich Stadtverordnete in Rostock und habe die Runde-Tisch-Zeit sehr intensiv miterlebt. Ich kam da wie in einen Sog 'rein. Ich hatte in meiner Schule das Gefühl, fast alles stand still und ich raste los. Ich weiß noch, wir waren im Kröpeliner Tor-Bereich in einer Bar. Ich war sonst nie in einer Bar. Aber da war irgendeine Feier, und wir standen mit Sektgläsern an den Fenstern. Und draußen im

Nebel ging die erste spontane Demonstration vorbei. Die Tür war abgeschlossen, und wir konnten nicht raus. Es war wie in einem surrealistischen Film.

Ich geriet dann in den Gerechtigkeitsausschuß. Durch die Begegnung mit den vielen Schicksalen, die ich dort hörte, bekam ich überhaupt zum ersten Mal mit, was überhaupt möglich gewesen war. Es gab unheimlich viel zu tun. Es wurde noch eine zweite Arbeitsgruppe gegründet, die sich mit Schulstrukturen beschäftigen sollte. Es waren Eltern und Lehrer dabei - es war eine ganz verrückte Situation. Uns ging es vor allen Dingen darum, was man mit der Schule wirklich machen kann. Einige Punkte davon haben wir sogar wirklich realisiert. Es ging dabei überhaupt nicht um das gegliederte Schulsystem. Darüber haben wir uns überhaupt keine Gedanken gemacht. Es ging darum, wie kann man die Substanz, die da ist, besser nutzen. Klar war uns, daß die Ideologisierung 'raus mußte. Es ging nicht darum, etwas kaputtzumachen, sondern darum, etwas aufzubauen, z.B. eine Schule für Nichtbehinderte und Behinderte zu machen, eine integrierte Schule also. Es war unheimlich lebendig, und wir haben ungeheuer viel getan, bevor das dann alles von oben kam."

NEUTZLING: *"Für mich teilt sich die Wende in zwei Etappen. Die erste war bis zum 13. Januar 1990, dem Gründungsparteitag der SED/PDS. Bis dahin war ich sehr aktiv und habe mir viele politische Gedanken gemacht. Auf diesem Parteitag wurde aus meiner Sicht Vertrauen gegen Geld eingetauscht.*[1] *Mit diesem Tag ist für mich sehr viel zusammengebrochen. Da habe ich mir gesagt, jetzt ist erst einmal Schluß. Jetzt müssen wir uns neu orientieren. Das war die eine Sache. Die andere Sache war im sozialarbeiterischen Bereich. Da hatte ich das Gefühl, hier muß etwas Neues passieren. Ich bekam einen Anruf vom Oberbürgermeister oder von Dir (an Ulrike OSCHWALD gewandt) als Schulsenatorin. Da gäbe es auf einem Platz ein paar bunte Vögel, die würden sich da unanständig benehmen. Es fielen da natürlich ganz andere Beschreibungen. Da müssen wir doch etwas machen, geh doch dort 'mal hin. Wir haben uns mit den Jugendlichen unterhalten und haben ihre Forderungen weitergetragen. Das war im Frühjahr 1990. So haben wir dann erste konkretere Gedanken zum 'Streetwork', zur Straßensozialarbeit entwickelt. Uns war klar, daß das nicht als Feuerwehrtruppe möglich war, sondern daß dazu eine solide Basis notwendig war. Dort habe ich für mich eine völlig neue berufliche Perspektive gesehen. Da wurde ich wieder wach. Was Straßensozialarbeit und offene Jugendarbeit angeht, habe ich, glaube ich, eine ganze Menge in Rostock mit auf den Weg gebracht."*

HOSMANN: *"In der Wendezeit habe ich im Internat eines großen Kombinats gearbeitet. Im gesamten Internatsbereich waren etwa 1000 junge Leute untergebracht. Da die aus den verschiedensten Gegenden der DDR kamen, brachten die*

---

1) Ein Argument gegen die Selbstauflösung der SED war die Rettung des Pensionsfonds der Partei und der parteieigenen Liegenschaften - T.K.

aus den Wochenendurlauben die unterschiedlichsten Erlebnisse mit. Aber auch ihre Ängste und Illusionen und ihren Haß. Als 1989/90 das ganze Ding zusammenbrach, ging das hoch wie ein kochender Kessel - mit richtig extremer Gewalt, mit Gewaltkonfrontation zwischen den Jugendlichen und gegen die Pädagogen. Die Szenen kämpften gegeneinander, es gab Auseinandersetzungen mit wirklich lebensgefährlich Verletzten, mit halbtotgeschlagenen Leuten. Der Haß setzte sich weiter in das Wohngebiet fort. Das nahm also richtige Ausmaße an. Das war übrigens so ein Gefecht, wo ich mit Peter (NEUTZLING - T.K.) zum ersten Mal Kontakt hatte. Da war richtig Chaos angesagt. Hinzu kam, daß Anfang 1990 die damalige Internats- und Schulleitung von einem Tag zum anderen abgesägt wurde. Es gab dann eine Art Interessenvertretung der Beschäftigten, und ich hatte dann die Ehre, dieses Internat als Leiter zu übernehmen und bis 1991 abzuwickeln. Diese chaotischen Zustände haben mir überhaupt keine Zeit gelassen zu überlegen. Es ging um die bloße Existenz. Von einem Tag zum anderen setzte die vorher sichergestellte Verpflegung aus. Die Betriebe, die Jugendliche im Internat hatten, haben einfach gesagt: 'Was haben wir mit der Verpflegung am Hut? Hier wird nichts mehr bezahlt.' Es gab also von einem Tag zum andern kein Essen mehr. Das absolute Chaos brach aus. Die Jugendlichen sind in die naheliegende Kaufhalle 'rein, haben eine Bekleidungspuppe kaputtgehauen und sind mit Körben und Einkaufswagen voll mit Verpflegung wieder rausgegangen. Im Frühjahr '90 sagte man den Jugendlichen: Den Facharbeiterberuf, den Ihr abschließen wollt, den gibt es jetzt nicht mehr. Ihr müßt 'was anderes machen oder Ihr müßt nach Hause gehen. Ihr könnt auf einen anderen Facharbeiterberuf umsatteln, dann müßt Ihr aber noch wenigstens ein Jahr weitermachen. Man kann sich vorstellen, daß jemand, der im dritten Lehrjahr stand und der mit der Schule eh nichts am Hut hatte - es gab viele ohne richtigen Schulabschluß -, daß diese Jugendlichen durchdrehten. Es kanalisierte sich dann in einer gewaltorientierten Szene, die eindeutig rechts war.

Es war eine Wahnsinnszeit. Es gab auch Suizide von Mitarbeitern."

SCHMACHTEL: "1989 und 1990 war wohl die verrückteste Zeit meines Lebens. Wenn ich von dieser Zeit erzähle, geht immer noch vieles durcheinander. Im Herbst 1988 sind wir vom Lande nach Rostock gezogen, und ich begann meine Arbeit als Stadtjugendpastor. Zwei Jahre später lag ich auf der Intensivstation der Universitätsklinik. Ich hatte eine Sickerblutung am Zwölffingerdarm. Während der Wendezeit hatte ich durch das intensive Leben nicht auf meine Gesundheit geachtet. Die Alarmsignale meines Körpers bemerkte ich nicht.

Im Herbst 1989 vertrat ich die These, daß gesellschaftliche Krisen persönliche Krisen auslösen. Wie recht ich damit hatte. Das emotionale Chaos dieser Zeit erfaßt mich sogar heute, wenn ich von einigen Erlebnissen erzähle. Zum Beispiel rührten mich die Eltern, die ich Ende August auf einem Zeltplatz in Ungarn erlebte, seltsam an. Sie suchten ihre gerade erwachsen gewordenen Kinder, um sie *von der Flucht in den Westen abzuhalten. Später, als wir im Stadtjugendpfarramt ein Kontaktbüro eingerichtet hatten, kamen Eltern, die ihre Kinder suchten bzw. die uns Mitteilung machten, daß ihre Kinder wegen Republikfluchtversuch im Gefängnis saßen. Aus meinen Augen liefen stets Tränen bei diesen Gesprächen. Ich weinte mit den Eltern. Um über meine eigene Traurigkeit nachzudenken, hatte ich jedoch keine Zeit, denn Andere und Anderes war viel wichtiger. Das ist die Falle, die mich schließlich auf die Intensivstation brachte. Das Wichtige war zunächst die Arbeit im Kontaktbüro. Die dort gesammelten Informationen wurden in den Donnerstagsgottesdiensten bekanntgegeben. So wurden z.B. alle Republikflüchtlinge aus dem Gefängnis entlassen, deren Namen wir aussprachen. Dieses Machtspiel gab uns Auftrieb. So haben wir mit den sieben parallel stattfindenden Gottesdiensten den Umbruchprozeß mitgestaltet und Dinge kundgetan, die die sozialistische Einheitspresse verschwieg. Eine der spektakulärsten Bekanntmachungen war die Entdeckung der Waffenlager in Katelsdorf vor den Toren Rostocks. Plötzlich entdeckten wir Dinge, die wir bei aller Boshaftigkeit unserem Staat nicht zugetraut hätten. Mit Schmerz und Wut im Bauch zogen wir auf die Straße und unterdrückten gleichzeitig diese starken Gefühle, weil wir uns als Mitinitiatoren Gewaltlosigkeit auf die Fahnen geschrieben hatten. So stand ich bei aller Arbeit unter einer Dauerspannung, die durch all mein Tun nicht abgebaut wurde. Ein paarmal habe ich Jochen Gauck die Endredaktion der Gottesdienste vor die Füße geworfen. Es hat mir nicht geholfen, nach jedem Ausbruch sah ich die Notwendigkeit der Arbeit ein und begann von neuem. Da waren auch die Initiatoren der Friedensgebete, junge Studenten, die plötzlich in einer Rolle waren, die sie teilweise überforderte oder die ihnen einfach nur fremd war, z.B. vor mehreren tausenden Menschen frei zu sprechen und an der Spitze einer Bewegung zu stehen, die auf dem Höhepunkt die Initiatoren einfach überrollte. Wenn ich heute die verschiedenen Sachen meines damaligen Engagements aufzähle, dann frage ich mich, wie das alles zu schaffen war. Das ist vielleicht das Verrückte dieser Zeit: die anhaltende Intensität, wenig Schlaf, Daueranspannung, Weinen und Lachen, und ständig lagen wir uns in den Armen.*

Am 9. November 1989, bei all dem unglaublichen Jubel über die Maueröffnung, erfaßte mich gleichzeitig ein tiefer Schmerz. Das Gefühl, nun ist es vorbei mit der Selbstbestimmung, und es war doch alles nur Illusion mit einem dritten Weg. Innerlich begann mein Rückzug, weil äußerlich weiter sehr viel zu tun war und ich wohl mit meinem äußerlichen Engagement gegen meine innere Resignation ankämpfte. Den nächsten Hieb erhielt ich zur Volkskammerwahl im März 1990. Nun stand mir deutlich vor Augen, ich gehöre einer Minderheit an. Und ich hatte das Gefühl, die Minderheit wird immer kleiner, denn ein Teil meiner Freunde hatte sich in ein ganz anderes politisches Lager eingeordnet. Mein innerer Rückzug setzte sich fort. Ich machte weiter meine normale Arbeit, Seelsorge an Heranwachsenden und schirmte mich, soweit es überhaupt möglich war in dieser Zeit, gegen alle westlichen Einflüsse ab. So machte mir die Aktion der Jugendlichen zur Währungsunion, Kondome mit Ölfarbe an die Deutsche Bank zu klatschen, Spaß. Diese kindliche Freude zu diesem Zeitpunkt zeigt mir heute deutlich, wie total resignativ ich damals war, und vor dem Vereinigungstag lag ich halbtot in der Klinik. So lief der Prozeß ohne mich bzw. hatte mich an den Rand gespült und ich zog mich auf mein Erlerntes zurück. Ich machte wieder Jugendarbeit wie eh und je."

NEUTZLING: "Als ich mit der Straßensozialarbeit anfing, war ein Punkt für mich sehr wichtig: die Frage der Legitimation. Ich fragte mich: 'Wie wirst Du eigentlich von denen gesehen, mit denen und für die Du damals gearbeitet hast.' Das weiß ich noch sehr gut, denn gerade in dieser Zeit, in der die Jugendhilfekommissionen aufgelöst wurden, gab es einen starken Bruch. Nun habe ich Jugendliche wieder getroffen, die ich vorher im Heim hatte und die ich als Fürsorger kennengelernt habe. Als die mich 'reinholten und mir ihre Zigaretten angeboten haben und wir miteinander geredet haben, merkte ich, daß sie sich freuten, mich wiederzusehen. Als ich das merkte: 'Mensch, Du wirst angenommen, Du wirst gebraucht, und Deine Hilfe auch', da habe ich für mich gesagt: 'So, jetzt geht es los.' Aber diese Legitimation brauchte ich. Jeder von uns hat sich sehr stark hinterfragt, denn die Vergangenheit in der DDR wurde ja sehr einseitig aufgearbeitet. Ich übertreibe jetzt mal etwas: Wenn von Jugendhilfe die Rede war, dann wurde in der Regel von Zwangsadoptionen und ähnlichem geredet. Das mag es auch gegeben haben, aber ich bin der Meinung, daß es sehr viel mehr Leute gegeben hat, die mit großem Engagement Jugendarbeit gemacht haben. Für mich war die Anerkennung durch die Jugendlichen ganz wichtig, weil das die Frage beantwortete: 'Bist Du überhaupt noch glaubwürdig? Kannst Du in diesem Bereich überhaupt noch weitermachen?'"

HOSMANN: "Wir standen vor dem Problem: Was kann man machen, was ist wirklich notwendig? Der eigentliche Gradmesser waren für mich die Jugendlichen, die ich betreute und zu denen ich Kontakt hatte. Auf der einen Seite habe ich intuitiv gespürt, daß jetzt die Wende da ist. Ich habe überhaupt keine Vision, überhaupt keinen Traum gehabt, daß es irgendwann 'mal wieder aufwärts geht, daß es wieder besser wird. Im Gegenteil, ich hatte die Intuition einer beginnenden sozialen Apokalypse. Auf der anderen Seite war für mich der soziale Absturz der sogenannten Schwachen eindeutig klar. Ich versuchte, irgendwie zu erfragen, zu hinterfragen, wo mein Platz jetzt sein könnte. Verkaufe ich was, wie viele andere? Jeder wollte auf einmal Versicherungsvertreter werden. Die Pädagogen saßen in irgendwelchen Gremien und hatten Angst, ob ihre Ausbildung anerkannt wird. Ein Schwachsinn im Zusammenhang mit dem Elend und mit dem sozialen Zusammenbruch, den man jeden Tag gesehen hat. Sie vergaßen diejenigen, denen sie ihre Existenzberechtigung schuldeten: die Jugendlichen auf der Straße. Ich sagte mir: 'Ich mache das, was ich kann und was glaubwürdig ist.' Das sind situativ *geprägte Hilfen, d.h. Existenzhilfe, Kleidung, Unterkunft, Essen und vielleicht etwas Geld. Im Zusammenhang mit der Internatsabwicklung bedeutete das, die Frage zu beantworten: 'Wie kriegen wir etwas zu essen her.' Das habe ich hingekriegt, indem ich Massen von Zeug aufgekauft habe, das ein paar Tage das Verfallsdatum überschritten hatte. Das waren Dinge, von denen ich gesagt habe: 'Das kann ich und das mache ich.' Diese Richtung wird im Rahmen einer sozialen Apokalypse immer glaubwürdig sein. Damit hängt auch die bedingungslose Hinwendung zu den sogenannten Schwachen zusammen. Bedingungslos: Es darf überhaupt keine politischen oder sozialen Ausgrenzungen geben. Auf einmal waren es die sogenannten Rechten, die keine Lobby hatten, obwohl es Jugendliche waren, wie alle anderen auch. Für mich war also klar, wichtig war die situativ notwendige Hilfe, die existenzerhaltende Elementarhilfe. Die ist immer glaubwürdig."*

OSCHWALD: "Ich war eher optimistisch. Das hing auch mit der FDP zusammen, in der ich nun Miglied bin. Bei einem Treffen habe ich Hans-Dietrich Genscher erlebt, und das hat mich sehr beeindruckt. Wenn man mal erlebt hat, wie er damals dachte und die Dinge darlegte, da war alles irgendwie folgerichtig. Ich hatte das Gefühl, daß ich jetzt hier etwas gestalten kann. Im Nachhinein glaube ich, daß ich etwas überfordert gewesen sein muß, damals habe ich das gar nicht so richtig realisiert. Ich habe mich eingemischt, und nach den Koalitionsverhandlungen bin ich in Rostock Kultur- und Schulsenatorin geworden. Wir haben zusammen gesessen und versucht, aus den Bedingungen heraus, wie sie waren, etwas zu gestalten. Wir wollten möglichst Jugendhilfe und Schule zusammen lassen. Wir hatten eine Vorahnung, daß das wohl auseinandergerissen wird, und da wir etwas tun mußten, wollten wir Jugendarbeit und Schule zusammenhalten. In der ersten Phase hatten wir das Gefühl, daß wir alle unsere Energie brauchten, um inhaltlich etwas Neues zu gestalten. Ich weiß es noch wie heute: Es muß verrückt gewesen sein, neue Leute nur danach auszusuchen, was sie konnten. Die alten Inspektoren und Schulamtsleiter gingen nach und nach weg. Bei der Besetzung der Stellen bin ich davon ausgegangen, wie die etwas Neues machen können. Ein halbes Jahr später regte sich die CDU fürchterlich auf, warum kein CDU-Mann oder keine CDU-Frau berücksichtigt worden wäre. Das war mir damals völlig egal. Wir hatten den Eindruck, wir hätten eine Chance, das Bildungswesen von innen her zu erneuern. Aber durch das Schulreformgesetz ist dann alles gekappt worden. Da haben wir brüderlich getrauert, auch das weiß ich noch. Die Eltern waren fürchterlich aufgeregt und versuchten, noch etwas zu machen, noch etwas an diesem Ding zu drehen. Wir merkten, das sind Macht- und Parteiinteressen, die ab jetzt die entscheidende Rolle spielten. Es wurde das dreigliedrige System durchgesetzt, ohne zu berücksichtigen, was sich hier entwickelt hatte. Diese Schule von Klasse 1 bis 10 hatte ja auch ihre Vorteile. Allein die Tatsache, daß Kinder unterschiedlicher Begabung oder Interessen zusammen unterrichtet werden, fand ich immer ganz wichtig. Das soziale Zusammenleben war für mich immer die ganz wichtige Erfahrung, auch als Lehrer, was meine Klassen betraf. Wir konnten einfach nicht einsehen, daß man das einfach so abbricht, weil wir soziale Folgen vorhergesehen haben. Dann wurde auch noch alles, was Jugendarbeit betraf, weggeschnitten. Auf einmal waren nur noch lauter Stümpfe da, die alle zusahen, wie sie selbst ihre Wunden versorgten. Nun war kein Anfassen mehr möglich."

NEUTZLING: "Wenn wir vergleichen, was wir damals in wenigen Wochen bewegen konnten, mit dem, was wir heute nach nur vier Jahren noch bewegen können, so ist das ein Riesenunterschied. Heute braucht man für jeden Schritt eine gesonderte Vorlage. Damals hatten wir alles mit einer einzigen Senatsvorlage erledigt. Ich möchte das anhand eines Beispiels kurz erläutern: Zu Anfang hatten wir keine Vorstellung, welche Leute mit welchen Qualifikationen wir für die Straßensozialarbeit brauchten - und auch nicht, wie viele. Da haben wir zwanzig Stellen beim Arbeitsamt beantragt, und relativ schnell bekamen wir in der Tat diese zwanzig Stellen zugewiesen. Jetzt wurde es richtig spannend: Wen bekamen wir denn nun zugewiesen? Damals begannen die ersten Stellen-Streichungen im Kinderbereich: Meistens waren das ältere Kollegen jenseits der fünfzig. Fachlich war klar: Mit denen kannst Du keine Straßensozialarbeit machen. Auf der anderen Seite war es ein großes Politikum: Das geht nicht, nach dem Gesetz müßt Ihr die nehmen, die am ärmsten dran sind - und das sind die entlassenen KollegInnen. Wir fragten uns, wie wir aus dieser Situation herauskommen. Also haben wir der Personalabteilung und dem Personalrat in stundenlangen Diskussionen erzählt, was für eine Arbeit sie erwartet. Wir haben die Bewerber aber auch vergrault, daß die von sich aus gesagt haben, diese Arbeit können wir nicht. Wir hatten natürlich auch Ärger mit dem Arbeitsamt. Wir haben denen gesagt: 'Paßt mal auf, wir wollen keine Pädagogen haben, wir wollen Leute haben, die einfach unvoreingenommen sind, die einfach eine Antenne haben für Straßensozialarbeit.' Dann haben wir also Schuster, Schneider und alle genommen, von denen wir annahmen, daß sie mit den Jugendlichen arbeiten könnten.

So haben wir begonnen, und nach zwei Jahren konnten wir auf einen Schlag zehn feste Stellen daraus machen. Heute wäre so ein Verfahren nicht mehr möglich."

HOSMANN: "Ich habe mir damals die Frage gestellt: 'Was ist eigentlich ein Sozialarbeiter?' Auf keinen Fall wollte ich ein Hackenbeißer der Gesellschaft sein. Das war ich ja gewesen, und das wollte ich nicht mehr sein. Nach der Wende war das für mich die Definition der Sozialarbeit: Hackenbeißer für die schwarzen Schafe zu sein, damit diese wieder zur Herde zurückgezwungen werden. Das wurde von der Sozialarbeit zwar nicht offiziell verlangt, aber inoffiziell doch schon. Also wenn irgendwo etwas los war, aufmüpfige Jugendliche z.B. sich präsentiert *und artikuliert hatten, sollte Sozialarbeit es leisten, die wieder ruhig zu stellen. Das hat mich angekotzt, weil es heute noch genauso ist wie damals. Die zweite Antwort ist, keine bezahlte Marionette am Tropf des politischen Systems mehr zu sein. Ich kann doch nicht Sozialarbeit machen, mich hinwenden zu einer Klientel, die mir ihren Bedarf reflektiert und genau wissend, daß die Artikulation, wie sie von dieser Klientel kommt, an die Wurzel des Systems geht. Wenn ich diesen Anspruch erfüllen würde, dürfte ich nicht nur Oberflächenbehandlung machen, sondern Wurzelbehandlung. Als Sozialarbeiter müßte ich also das politische System angreifen. Heute ja genauso wie damals. Wie kann ich das aber, wenn ich als Sozialarbeiter vom politischen System bezahlt werde. Kritisiert Ihr 'mal, wenn Ihr an der Basis arbeitet, direkt aus Eurer Erfahrung administrative Stellen. Das müßt Ihr 'mal richtig kompakt versuchen. Dann ist es schnell aus mit dem Rechtsstaat.*

Da taucht die Frage auf: 'Wie kann ich einen straffälligen Jugendlichen wieder in Arbeit bringen?' Und wenn Du das hinterfragst, heißt das noch, soll er blöder Konsum- und billiger Arbeitstrottel werden. Was macht er denn, wenn er mit seiner intellektuellen Kompetenz als Abrißarbeiter arbeitet? Selbst wenn er wirklich fleißig ist, kommt er nie zu Geld, nie zum Wohlstand. Aber der Abrißunternehmer kauft sich den zweiten großen Wagen. Wenn Du das hinterfragst, stößt Du ständig auf Grenzen und Widersprüche, die Du nicht mittragen kannst."

(3) Positionen und Einschätzungen zur heutigen Situation

HOSMANN: *"Ich habe mir die Frage gestellt: 'Welche Orientierungen werden für mich jetzt und in Zukunft relativ unangefochten Bestand haben?' Meine Antwort war: 'Ich kann menschliche Zuwendung vermitteln. Ich kann ohne Einschränkung bedingungslos für jemanden da sein, egal, welche politischen Standpunkte er artikuliert, egal welches Handeln er vorzuweisen hat oder praktiziert, völlig egal.' Zwar gibt es in der Praxis bestimmte Probleme, aber es geht. Zweite Position ist: Die Hilfe, die ich anbiete, die muß nicht eine Hilfe sein, wovon ich selbst überzeugt bin, sondern in erster Linie muß der Klient das als Hilfe begreifen. Wir haben häufig die Situation, daß Sozialarbeiter immer wissen, wie zu helfen ist. Das bekommen sie im Studium gesagt, und das haben sie auch selbst erfahren. Da gibt es Schemen oder Schablonen. Aber Hilfe ist das, was der Hilfesuchende als solche begreift. Und das nicht erst in zehn Jahren, sondern jetzt und heute, sofort. Wenn er sagt, ich weiß nicht, wo ich heute schlafen soll, dann muß ich sagen, aber ich weiß das. Und wenn er zu mir sagt: 'Ich brauche jetzt unbedingt eine halbe Flasche Schnaps, sonst kippe ich hier um', dann muß er die halbe Flasche haben. Das kann ich beliebig ausweiten. Natürlich gibt es auch da wieder Probleme und persönliche Konfrontationen, die man erfährt und durchlebt. Aber das ist egal, wichtig ist Soforthilfe, faßbare, anfaßbare Hilfe. Das Dritte ist lebens-*

praktische Kompetenz. Wie kann ich als Sozialarbeiter lebenspraktisch selbst vorleben, daß ich fähig bin, dem Klientel zu erzählen, wo es lang geht, wie es durch's Leben kommt, wenn ich es selbst nicht kann? D.h., ich muß zumindest einen faßbaren, auch nach außen hin transparenten Wohlstand haben. Es muß mir jedenfalls so gehen, daß ich nicht mit Existenzproblemen behaftet bin.

Die ersten Erfahrungen habe ich '93 mit diesem Konzept gemacht. Da wurde ich gefragt, Du kaufst Dir die ja, wenn Du Ihnen Geld gibst. Ich habe geantwortet: 'Wir leben in einer kapitalistischen Gesellschaft; da ist alles käuflich. Da ist Politik käuflich, ich kann von Korruptionsfällen von oben bis ganz unten berichten. Warum soll menschliches Wohlverhalten nicht käuflich sein? Und wenn menschliches Wohlverhalten auch käuflich ist - und das ist es ohne Zweifel - warum soll ich das nicht tun?' Weiter wurde ich gefragt: 'Wenn Du sie dafür bezahlst, daß sie zu Dir kommen, was haben sie denn bei Dir gelernt?' Ich habe geantwortet: 'Sie haben bei mir Glaubwürdigkeit erfahren.' Ich möchte mich nicht in die Reihe derer stellen, die relativ gut bezahlt sind und die sogenannte gute Ratschläge für die Zukunft geben. Ich wage für mich selbst nicht mit Sicherheit zu wissen, wie es in Zukunft weitergeht, wie kann ich jungen Menschen einen Rat geben, wohin ihre Zeit, wohin ihr Lebensweg geht? Ich kann aber glaubwürdig sofort helfen. Vielleicht hat der Jugendliche zum ersten Mal einen Menschen erfahren, der die Klappe gehalten und ihm das gegeben hat. Leute mit Heimkarrieren vom elften oder zwölften Lebensjahr an haben so viele Laberleute erfahren. Alle haben gute Ratschläge parat.

Dazu ein Beispiel: In unserem Verein 'Sozialpädagogische Initiative' schreiben wir Stipendiate aus. Ein Stipendiat, z.B. ein notorischer Klauer, bekommt nach drei Jahren ca. 9.500,-- DM ausbezahlt, wenn er sich bis dahin zumindest nicht hat erwischen lassen. Konkret sieht das so aus, daß er einen monatlichen Betrag auf ein Sperrkonto überwiesen bekommt, der zunächst 150,-- DM beträgt, dann 300,-- DM und im letzten Jahr schließlich 450,-- bis 650,-- DM umfaßt. Mit Zinsen gibt das mindestens 9.500,-- DM. Das erste Stipendiat ist an einen jungen Mann gegangen, der bis dahin vom Klauen gelebt hat. Dieses Stipendiat läuft jetzt ein Jahr und er hat nichts mehr angefaßt. Er kommt fast jeden Monat und fragt: 'Wie hoch ist denn meine Summe?' Er wird den Teufel tun, dieses Geld für einen Kassettenrecorder oder kleine Klauereien auf's Spiel zu setzen. Mir ist dann der Vorwurf gemacht worden: 'Du kaufst ja die Leute.' In der Tat, aber was ist so schlimmes daran? In einer kapitalistischen Gesellschaft ist so gut wie alles käuflich. Also kaufe ich sein Wohlverhalten, und er lernt in dieser Zeit auch ohne Klauen zu leben, lernt bei uns Glaubwürdigkeit und Worthalten. Wenn er das drei Jahre durchgehalten hat, hoffe ich, daß er zu einer anderen Lebensphilosophie gefunden hat. Ich weiß, das geht nicht an die Wurzeln, aber an die Wurzeln können wir als Sozialarbeiter sowieso nicht 'ran. Natürlich werden derartige

Stipendiate nicht über die Kommune finanziert. Uns ist es gelungen, eine kleine Gruppe von Sponsoren davon zu überzeugen, daß ihr Geld als Spende bei uns besser angebracht ist als bei irgendwelchen Großorganisationen, die sich davon ihren zweiten Palast bauen. Auf diese Weise können wir zumindest den Beginn unserer Arbeit selbst finanzieren und brauchen nicht irgendwelche Glanzbroschüren zu schreiben, die wir den Ämtern vorlegen und von denen jeder weiß, wie leicht solche Konzepte zu schreiben sind. Wir sind an unserer Praxis meßbar und wissen natürlich, daß wir von öffentlicher Anerkennung abhängig sind, aber die - da sind wir uns sicher - bekommen wir eher über aktives Handeln als über das Schreiben von Glanzbroschüren.

Übrigens: Eine Nebenabsicht dieses Stipendiatenprogramms ist es, deutlich zu machen, daß mit weniger Geld, das sinnvoll eingesetzt wird, mehr erreicht werden kann, als durch teures Einsperren oder teure betreute Arrangements."

OSCHWALD: "Seit 1993 arbeite ich in einem vom Kultusministerium geförderten Projekt im Jugend- und Sozialwerk Rostock e.V. mit dem etwas hochtrabenden Titel "Durch Konfrontation zur Integration". Wenn man dieses Motto allerdings etwas genauer betrachtet, steht doch einiges dahinter. Es ist mittlerweile zur zentralen Leitlinie unseres Trägers geworden. Das Projekt ist im Spagat zwischen Schule und Jugendhilfe angesiedelt, und wir hoffen, daß Lehrer, aber auch Erzieher durch unser Projekt einen Zuwachs an sozialpädagogischer Kompetenz erfahren. In unserem Projekt steckt auch ein Stück Provokation. Wenn von immer gewalttätigeren Jugendlichen die Rede ist, so müssen wir zunächst akzeptieren, daß diese Kinder und Jugendlichen unsere eigenen sind - Ihre, meine, unsere. Wir müssen uns also als Erwachsene fragen, was hat das alles mit uns zu tun? Die Tatsache, daß wir dieses Projekt unter dem Obertitel 'Gewaltprävention an Schulen' eingereicht haben, macht uns natürlich nicht überall Freunde. Mancher Schulleiter blockt ab, wenn er das hört, weil er glaubt, daß ihm bzw. der Schule wieder etwas zugeschrieben werden soll. Aber darum geht es nicht. Die Grundüberlegung ist, in kleinen Gruppen erfahrbar zu machen, daß es nicht die Verletzung ist, die jeder einzelne von uns schon einmal erfahren hat, die uns aggressiv werden läßt, sondern daß es vielmehr die Tatsache ist, daß wir es nicht gelernt haben, mit Verletzungen adäquat umzugehen, d.h. nicht richtig darauf zu reagieren, entweder weil wir es nicht können, nicht wollen oder nicht sollen. Dieser kleine, aber wichtige Unterschied ist in unserem Projekt erfahrbar durch soziale Gruppenarbeit. Dabei wird erfahren, daß es in einer geklärten Beziehung auch wieder möglich ist, adäquat zu reagieren. Das ist besonders wichtig, wenn ich mit Kindern und Jugendlichen arbeite. Auch wenn dieser Ansatz nicht sehr populär ist, weil er uns selbst zum Gegenstand macht und auch in der Öffentlichkeit manchmal schwer zu vermitteln ist, sind wir jedoch der Meinung, daß dies ein richtiger Weg ist. Denn er ermöglicht Kindern und Jugendlichen, wieder eine verbindliche Beziehung zu Erwachsenen aufzuneh-

men. Die Initiative dazu muß allerdings von uns Erwachsenen kommen, denn nur der Erwachsene, der als echt erlebt wird, mit eigenen Freuden, Ängsten und Hoffnungen, wird vom Kind gebraucht, und der kann dem Kind auch Grenzen setzen, die dieses akzeptiert. Diese Grenzen sind natürlich immer sehr individuell.

Dieses kleine Projekt, das nun im vierten Jahr existiert, ist sehr nachgefragt, nicht nur von Schulen, sondern auch von Erziehergruppen aus den Heimen. Es sind auch etliche dabei, die zum zweiten oder dritten Mal unsere Unterstützung nachfragen. Wir arbeiten aber auch viel mit Jugendgruppen und Schulklassen, mit sogenannten komplizierten Jugendlichen - auch wieder so ein blödes Wort. Das betrifft insbesondere auch Jugendliche aus den berufsvorbereitenden Lehrgängen verschiedener Träger. Das kurz darzustellen, ist sehr schwer. Es braucht dazu eigentlich längere Zeit, um deutlich zu machen, wie das tatsächlich aussieht.

Momentan ist unser Träger in einer sehr schwierigen Situation. Wahrscheinlich sind wir der erste Freie Träger, der sich in einen Clinch mit unserem Jugendamt in Bad Doberan einlassen muß. Wir sind beim Jugendamt denunziert worden; ich weiß nicht, aus welchem Grund. Vielleicht paßte unsere Art manchen nicht, klare Forderugen an die Erzieher und an die Konzeption zu stellen. Das Jugendamt in Bad Doberan will alle unsere Kinder und Jugendlichen überprüfen. Das ist eine Art Rufmord, gegen den wir uns nur schwer wehren können. Ich kann das hier leider nicht so genau darstellen,weil das natürlich auch eine sehr vielschichtige Sache ist. Ehrlicher wäre es, wenn das Jugendamt uns die Anerkennung entziehen würde, dann könnten wir auch aktiv dagegen angehen. Ich habe den Eindruck, daß es pure Machtinteressen sind, die dahinter stehen und die uns als kleinen Träger ohne Anbindung an eine starke westliche Organisation besonders trifft. Allerdings sind wir als einer der neuen, hier gegründeten Träger schon relativ groß. Vielleicht stehen dahinter auch Konkurrenzängste. Vielleicht stört manche auch unser Selbstbewußtsein, aber wir lassen uns da nicht irre machen. Das kann natürlich auch andere Projekte kaputtmachen. Wichtig und hilfreich für uns ist es, daß wir vom Kultusministerium nicht nur eine formelle, sondern auch inhaltliche Anerkennung haben und daß wir von verschiedenen anderen Trägern unterstützt werden. Ich weiß, es ist ein etwas hilfloser Apell, aber ich bitte Sie alle, diese Kampagne, die ja auch in der Presse geführt wird, weiter zu verfolgen und uns zu unterstützen."[1]

SCHMACHTEL: "Von meinem beruflichen Selbstverständnis bin ich zunächst Seelsorger und das sage ich mal etwas flapsig: 'Beziehungsarbeiter'. Ich kann an Reinhard Hosmann anschließen: Für mich ist die Achtung vor dem Gewordensein die Grundvoraussetzung für Beziehungsarbeit. Dies muß ich mir selbst wieder

---

1) Kurz zum jetzigen Stand: Das JSW und sein Kinderheim gibt es immer noch; das Anti-Gewalt-Projekt wird zwar nicht mehr öffentlich gefördert, aber die Kurse für Schulen werden weiterhin angeboten - und neuerdings auch für die Jugendgerichtshilfe.

und wieder sagen: Es gibt Gründe dafür, daß die Heranwachsenden sind wie sie sind. Meine Achtung vor ihrem Gewordensein läßt ihnen auch die Entscheidung, ob sie bei sich etwas verändern wollen oder nicht. Ich vertrete also auch einen Ansatz der völligen Akzeptanz. Sie können tun und lassen, was sie wollen. Das ist ihr Ding und mir steht es nicht zu, darüber zu urteilen. Falls ich mit ihnen zu arbeiten beginne, setze ich natürlich meine Bedingungen, die mir über Jahre zugewachsen sind, dann müssen sie sehen, ob sie wollen oder nicht. Wenn ich ihr Wollen spüre, manchmal hinter starkem Nichtwollen versteckt, bin ich sehr flexibel, eine gemeinsame Arbeitsgrundlage zu suchen. Ich arbeite prozeßorientiert und am liebsten mit Gruppen. Häufig mache ich auch Einzelberatung und Seelsorge. In einigen sozialpädagogischen Projekten arbeite ich supervisorisch mit dem Arbeitsteam. Als ich ein Kind war, sagte meine Mutter: 'Jochen ist mit einem Arsch auf zehn Hochzeiten.' Ich habe das Gefühl, dies ist geblieben. Ich liebe die Abwechslung und mache gerne unterschiedliche Dinge. Sehr gerne arbeite ich am Rand, am Rand der Kirche, am Rand der Gesellschaft und mit Menschen, die bewußt oder unbewußt in die Nähe des Todes drängen, z.B. mit Suizidgefährdeten oder Magersüchtigen. Die Auf-des-Messers-Schneide-Situationen reizen mich. Wenn es um Leben oder Tod, Alles oder Nichts geht, werde ich hellwach. In solchen Situationen stellt sich fast immer die Frage, ob mein Gegenüber mehr dem Tode oder mehr dem Leben zugeneigt ist. Ob er oder sie mehr auf Zerstören oder Gestalten ihres Lebens aus ist, das ist der interessante Punkt, und da pulsiert das Leben voll, selbst in unmittelbarer Nähe des Todes.

Dieser mein Background und die Ereignisse in Lichtenhagen 1992 haben mich dazu gebracht, mit anderen eine Mobile Aggressionswerkstatt aufzubauen. 'WUMM' heißt das Teil, und ich entwickelte die Anfänge mit meiner damaligen Kollegin Ulrike Radke. Inzwischen betreiben wir beide unabhängig voneinander die Aggressionswerkstatt, indem wir andere Kollegen in die Leitung miteinbeziehen. Die beste Voraussetzung für diese Arbeit ist ein festes Team oder eine feste Gruppe, die unter der Aggressivität im Umgang miteinander leidet. Gute Erfahrungen mache ich in der Regel mit Wohngruppen aus dem Betreuten Wohnen, wobei die Jugendlichen und ihre Sozialarbeiter eine Gruppe bilden. Zunächst gibt es ein Treffen, bei dem die Arbeitsgrundlage ausgehandelt wird. Für mich ist das die Aufgabe, herauszubekommen: Will die Gruppe zu diesem Thema arbeiten und will sie mit mir arbeiten. Für mich stellt sich häufig die Frage: Mute ich mir dies zu oder laß' ich lieber die Finger davon, weil die Grenze zur Therapie ständig latent da ist. Kommt es zur Arbeitsgrundlage, vereinbaren wir sechs Sitzungen im wöchentlichen Abstand zu je zwei Stunden. In diesen Sitzungen einigen wir uns auf ein Thema und spielen mit vielerlei Übungen die Situation durch. Hierbei geht es um Spüren und Fühlen, um Eigen- und Fremdwahrnehmung. Ich gehe zunächst wertfrei mit jeder Aggressivität um. Wenn Menschen unter ihrer eigenen oder unter fremder Aggressivität zu leiden beginnen und wenn sich in ihnen der

Wunsch nach Veränderung meldet, bin ich unterstützend und beratend an ihrer Seite. Dann kann ich ihnen sagen, was ich fühle, was mir auffällt, was ihr Tun, ihr Erzählen für Gefühle in mir auslösen. In der Regel kommen die Gruppen weicher aus der Aggressionswerkstatt, weil Schmerz Raum bekommt und Tränen fließen. Einige haben es gelernt, ihre Position klar zu vertreten. Das gegenseitige Verständnis hat zugenommen. Manchmal machen sie die schmerzhafte Erfahrung, daß nicht alle Konflikte zu lösen sind. Für mich als Pastor ist die Arbeit der Aggressionswerkstatt eine gute Möglichkeit, mit konfessionslosen Jugendlichen in eine Beziehung zu kommen. Ein Erfahrungsfazit ist auch, einen Pastor kennengelernt zu haben, mit dem man sich prügeln kann und der ganz o.k. ist. Bislang ist es so, daß die Kirche sich zu meiner Arbeit am Rand bekennt und mich bezahlt. Wie alle Engagierten in dieser Arbeit habe ich nicht nur Freunde, sondern auch Gegner. So ist das Leben und mir gefällt es."

NEUTZLING: "Hier meine Position zu formulieren, fällt mir schwer. Auf der einen Seite habe ich natürlich meine Vision, auf der anderen Seite bin ich aber auch Realist. Ich möchte einen Weg finden, in dem beides berücksichtigt wird. Ich glaube, die wichtigste Aufgabe besteht jetzt - sechs Jahre nach der Wende - darin, daß die entstandenen Strukturen im Jugendhilfebereich und in der Jugendarbeit gefestigt werden. Eine zentrale Bedeutung haben in diesem Punkt die freien Träger in der Hansestadt Rostock. Wir haben knapp 90 freie Träger, die im Bereich offener Jugendarbeit tätig sind und die sich vor einigen Jahren sehr schnell gegründet haben. Diese haben sich zunächst aus ABM- und anderen prekären Beschäftigungsverhältnissen gegründet und sind jetzt dabei, sich zu etablieren. Hier steht jetzt die Frage an: 'Wie geht es weiter?' Wenn ich jetzt von der Hansestadt Rostock rede und weiß, daß wir im nächsten Jahr Mindereinnahmen von 80 bis 100 Mio. DM haben werden, dann bereitet mir das natürlich ganz große Sorgen. Das muß ich sehr deutlich sagen. Ich bin auch nicht so angezogen, daß ich nur noch Lobby für Kinder und Jugendliche mache und darüber die Alten und Schwachen vergesse. Für die hat die Gesellschaft und damit wir als Jugendhilfe genauso eine Verantwortung. Um nicht mißverstanden zu werden, in meiner täglichen Praxis kämpfe ich um jede Stelle für den Bereich der Jugendarbeit. Aber ich muß realistisch einkalkulieren, daß jede Mark, die ich im Jugendbereich mehr bekomme, nicht von irgendwoher kommt, sondern daß sie im gesamten Sozialbereich umverlagert wird. Daß diese Mark also von anderen sozialen Einrichtungen, z.B. der Altenarbeit, weggenommen wird. Mit dieser Realität habe ich einfach zu tun.

Der Erhalt der jetzigen Trägerstruktur und deren Konsolidierung ist ganz sicherlich die größte Herausforderung momentan. Ich meine, daß zwischen 80 und 90 freie Träger eine angemessene Größe für unsere Stadt ist. Das ist aber auch eine absolute Obergrenze. Das bedeutet nicht, daß es keinen neuen Träger mehr in der Stadt geben wird, sondern daß die Träger in der Stadt, die in bezug auf Konzeption und Arbeitsweise nicht die erforderlichen Qualitäten erbringen, daß solche Träger perspektivisch nicht mehr existieren werden. Das ist eine ganz zentrale und schwierige Frage, und ich kenne auch sofort die Frage, die darauf folgt: 'Wo sind denn dafür die Kriterien, z.B. im Jugendhilfeplan?' Das wird zu klären sein, aber ich weiß, daß, wenn wir das KJHG als Grundlage nehmen, es in der Stadt Bereiche gibt, die noch unterversorgt sind. Und daß es andere Bereiche gibt, in denen das Angebot schon relativ breit gefächert ist. Der Bedarf in diesen Bereichen ist nicht mehr so groß wie in anderen. Das kann man sich vorstellen wie ein großes Quadrat, bei dem in der einen Ecke ein dicker schwarzer Punkt ist und in anderen Bereichen noch ziemlich weiße Stellen sind. Wir haben in diesem Jahr angefangen, das gezielt zu bearbeiten. Ich möchte hier nur den Bereich der Jugendberufshilfe nennen. Das ist der eine Bereich. Der andere Bereich, der 1996/97 in jedem Fall weiterentwickelt wird, das ist die aufsuchende Sozialarbeit, ausgehend von den Bedürfnissen der Jugendlichen, also "Streetwork". Über die Formen des "Streetwork" muß man sich nochmal unterhalten: Soll es individuelle Straßensozialarbeit sein, soll es Cliquenarbeit sein? Es laufen inzwischen mit mehreren Trägern Gespräche, um sie für diese Arbeit zu gewinnen."

(Nachfrage zum Selbstverständnis von Peter NEUTZLING, wenn er als leitender Mitarbeiter des Jugendamtes auch die Belange der Alten mit einbezieht: Ob er dann seiner Lobbyfunktion gerecht wird.)

"Natürlich ist die Lobbyarbeit für die Belange der Jugend meine wichtigste Arbeit. Aber ich meine, daß gerade in der Sozialarbeit die Grenzen zwischen Jugend und Erwachsensein, zwischen Kindheit und Jugend sich zunehmend mehr verwischen und wir das Gesamte der Sozialen Arbeit im Auge haben müssen. Insbesondere dann, wenn die Tendenz besteht, Soziales und Jugend auch immer aus einem Haushaltsbereich zu finanzieren. Es ist fatal, wenn ein Bereich gegen den anderen ausgespielt wird. Es müßte doch darum gehen, diesen Bereich insgesamt zu vergrößern. Ich will das an einem Beispiel deutlich machen: Im Haushalt '96 haben wir 840.000,-- DM mehr für Jugendarbeit als 1995. Diese Mittel wurden äußerst hart erstritten. Das hat zur Folge, daß möglicherweise das Altenpflegeheim Abstriche hat und andere Bereiche ebenso, weil wir uns so erfolgreich durchgesetzt haben. Deshalb ist es mein Ansatz, generell diesen gesamten Bereich zu stärken, daß man nicht mit dem Stopfen eines Loches ein anderes aufreißt. Ich streite bis auf's Letzte und das macht über 50 % meiner Arbeit aus, daß ich derartige Lobbyarbeit mache. Aber da es hier ja auch um meine persönliche Sichtweise geht, habe ich das einfach mal so benannt.

Was ich mir noch wünsche, ist, daß trotz der vielen Veranstaltungen, die es für Jugendliche gibt, mehr engagierte Leute in diesem Bereich arbeiten. Im Grunde genommen kann ich auf jeder dieser Veranstaltungen alle Leute mit Handschlag begrüßen. Es sind immer dieselben, die sich engagieren. Insgesamt müßte das gesellschaftliche Engagement größer sein, daß z.B. auch die Eltern über ihren eigenen Tellerrand hinausschauen. Noch etwas gibt es, was ich mir wünsche: daß wir mehr über solche Grundwerte wie **Liebe, Vertrauen** *und* **Zuwendung** *reden würden und nicht immer nur über Gewalt, Intoleranz usw. Für mich heißt das, für diese menschlichen Werte Räume zu schaffen, in denen sie sich realisieren können."*

AUSBLICK:	**Das "Neue Steuerungs-Modell" (NSM) als Modernisierung konservativer Hegemonie**

1. Das NSM als hegemoniale Codierung

   (1) Responsive Rationalisierung
   (2) Managerielle Professionalität
   (3) Soziotop als Raum von Kolonialisierung

2. Das Arbeitsprinzip Partizipation als Versuch einer Decodierung

   (1) Transversale Aktivierung
   (2) Solidarische Professionalität
   (3) Selbstregulierung als Opposition zur Soziotopisierung

Der AUSBLICK basiert auf meinen Artikeln zum Thema "Ausbau/Umbau" (1988/1995), zur Möglichkeit einer kritischen Theorie der Sozialarbeit (1994a) sowie auf einem Essay zum "Neuen Steuerungsmodell" (1996).

AUSBLICK: Das "Neue Steuerungs-Modell" (NSM) als Modernisierung konservativer Hegemonie

Als Anfang der 80er Jahre statt des weiteren Ausbaus des Sozialstaates von grün-alternativer Seite dessen Umbau gefordert wurde (vgl. OPIELKA u.a. 1983, HEINZE/OLK/HILBERT 1988), gab es zwar eine dunkle Ahnung, daß das Modell "Mehr-desselben" auf die Dauer mehr Probleme schaffen als "lösen" würde, aber der Optimismus, daß ein sozialökologischer Umbau die schlimmsten Konsequenzen kapitalistischen Wirtschaftens bändigen könne, war ungebrochen. Inzwischen ist der Umbau des Sozialstaates längst zu einem Projekt des neo-liberal gewandelten Konservativismus geworden, unter dessen Fahne Thatcher und Reagan einen Abbau sozialstaatlicher Sicherung begannen, der von den eher sozialliberalen Nachfolgern Blair und Clinton verfeinert und "sensibler" fortgesetzt wird. Diese Wende auch in Deutschland zu schaffen, war das erklärte Ziel Genschers, als die FDP 1982 dorthin zurückkehrte, wo sie von ihrer sozialen Zusammensetzung her hingehört, ins national-konservative Lager. Mit Schmidt wäre die Wende vielleicht auch noch zu machen gewesen, mit der damaligen SPD aber (noch) nicht. Inzwischen hat sich aber auch das geändert, mit Schröder als Blair- und Clinton-Verschnitt hat auch die SPD - und in ihrem Schlepptau die Mehrheit der Gewerkschaften - die Wende zum Neo-Liberalismus vollzogen, mit sozialdemokratischer "Abfederung". Ob die Dynamik dieser neo-liberalen Hegemonie, die ihren sichtbarsten Ausdruck in einer neuen Qualität von "Globalisierung" findet (vgl. ALTVATER/MAHNKOPF 1997), zum schnelleren Ende des Staats-Sozialismus beigetragen hat oder nicht, mag dahingestellt bleiben, in jedem Fall lassen sich die Grundlinien neo-liberaler Politik als erneuerte konservative Hegemonie eindrucksvoll in Osteuropa und insbesondere in Ostdeutschland nachzeichnen.

Betrachtet man unter diesem Aspekt den Anschluß der DDR an die siegreiche Bundesrepublik, so lassen sich die sich dort vollziehenden Prozesse der Entwertung und Deregulierung als Experimentierfeld modernisierter sozialstaatlicher Agenturen ebenso interpretieren wie als Versuch, anstehenden Problemen nicht durch quantitative Ausdehnung, sondern durch qualitative, "chirurgische" Eingriffe und Problemsetzungen zu begegnen, allerdings auf der Basis "bewährter" Instrumente.

Die fast völlige Demontage der industriellen Infrastruktur und die Regulierung dieser historisch einmaligen Situation mit politischen Organisationsmitteln, die in den Jahrzehnten davor in der BRD in einer völlig anderen sozio-ökonomischen Situation geschaffen worden waren (BSHG als Ausfallbürge einer ansonsten durch Lohnarbeit und der darauf zugeschnittene Versorgungssysteme gesicherten Bevölkerung; AFG als Instrument der Qualifizierung von Arbeitskräften und damit als Element einer auf Vollbeschäftigung gerichteten Politik), führten und führen zu einer derartigen "Überdehnung" dieser Organisationsmittel, daß deren Abbau und Umbau unabweisbar erscheint (vgl. KUNSTREICH 1994b). Verallgemeinert könnte man sagen, daß Instrumente, die die "inflexible Massenproduktion" (HOFFMANN 1996, s.o.S. 24) störungsfrei halten sollten - und hier weitgehend funktional waren (vgl. Kap. 5 im SECHSTEN BLICK) - in einem sozialökonomischen Prozeß, der ganze Menschengruppen und Landstriche als Produktionsbasis nicht mehr benötigt, fragwürdig werden, weil sie nicht mehr "greifen".

Unter diesem Aspekt liest sich die Kritik an der "Kostenexplosion im sozialen Bereich" sowohl als Abschied vom Modell Ausbau mit der Melodie "Mehr-desselben" als auch als die Vorzeichen einer qualitativ neuen Regulationsform der Staatsapparate zur Absicherung des "Standortes Deutschlands" auf dem Weltmarkt.

Daß die Hervorhebung des Kostendrucks, des "Sparzwanges", des sozialen Ab- und Umbaus als Indikatoren für eine grundlegendere Anpassung der Staatsapparate an eine neue Stufe kapitalistischer Vergesellschaftung interpretiert werden kann, ist die Ausgangsthese des AUSBLICKS. Das "Neue Steuerungs-Modell" (NSM) wie es seit 1990 in der Sozialen Arbeit in aller Munde ist, möchte ich als ein "generatives Thema" (FREIRE) erneuerter konservativer Hegemonie codieren und decodieren (vgl. MAY 1997, s.o.S. 316). Als Codes dieses Modells lassen sich weiterhin die regulativen Strategien der Rationalisierung, Professionalisierung und Kolonialisierung ausmachen, wie sie in den sieben BLICKEN erörtert wurden. Deren sozio-ökonomische Neu-Komposition besteht in dem Kunststück, im Modell Ausbau einen sozialtechnologischen Umbau zu bewerkstelligen. Hegemoniale Grundprinzipien der bürokratischen Herrschaftsform als weiterhin rationalste lassen sich so mit den Anforderungen einer "flexiblen, spezialisierten Massenproduktion" (HOFFMANN 1996, S. 521) in globalem Maßstab verbinden (1.).

Die Decodierung des NSM als widersprüchlicher Modernisierungsprozeß soll entlang der kooperativen Strategien Aktivierung, Solidarisierung und Selbstregulierung versucht werden, ein Versuch, der eine Spekulation über die Chancen egalitärer Gerechtigkeitsvorstellungen einschließt (2.).

1. Das NSM als hegemoniale Codierung

Die wichtigsten Merkmale der als "Neues Steuerungsmodell" firmierenden Modernisierungsstrategien faßt OLK unter fünf Punkten zusammen:

"- Dezentrale Ressourcenverantwortung: Die gesamte Verwaltung einer Kommune wird im Idealfall nach dem Vorbild eines Konzerns (Stichwort: 'Unternehmen Stadt') strukturiert. Eine vergleichsweise kleine Steuerungszentrale koordiniert und kontrolliert die Aktivitäten von Fachämtern (Einzelkonzernen), die relativ autonom sowohl Fach- als auch Ressourcenentscheidungen verantworten.
- Output-Steuerung: Die Dezentralisierung von Verantwortlichkeiten erhöht die Flexibilität und Qualität des Verwaltungshandelns ...

- Kontraktmanagement und Controlling: Konzernspitze (Verwaltungsführung) und Fachämter schließen sodann Kontrakte ab. Während sich die Fachämter, die zur Erreichung bestimmter Ziele mit Budgets ausgestattet werden, zur Erfüllung der vereinbarten Leistungsziele verpflichten, stellt die Verwaltungsführung die notwendigen Ressourcen zur Verfügung ...
- Neue Verwaltungsmodelle und Organisationskulturen: Eine solche Aktivierung und Output - Orientierung der kommunalen (Sozial-)Verwaltung erfordert eine Abkehr von bisherigen Aufbau- und Ablaufroutinen wie formale Hierarchien und strikte Regelorientierung. An deren Stelle treten Elemente wie die Dezentralisierung von Verantwortlichkeiten, Teamorientierung und ein Einbezug der Mitarbeiterinnen und Mitarbeiter in die Verantwortung für die Zielerreichung. Die Fachämter entwickeln sich zu 'lernenden Organisationen' ...
- Contracting out: Entsprechend dem Bemühen, die öffentlichen Aufgaben neu zu bestimmen und möglichst zu begrenzen, sollen auch die Grenzlinien zwischen öffentlicher und privater Leistungserbringung neu gezogen werden" (1994, S. 21 f.).

Diese Strategieelemente verarbeitet MERCHEL in seinen kritischen Überlegungen zur Sozialverwaltung als "kundenorientiertem Unternehmen" (1995). Darin macht er den sinnvollen Vorschlag, die im Zusammenhang mit dem NSM gebrauchte Begrifflichkeit dahin zu unterscheiden, ob sie zur analytischen Klärung von Sachverhalten dienlich ist oder ob sie eher unter strategischen Aspekten verwendet wird (1995, S. 32). Es verwundert nicht, daß die Überprüfung der Begriffe "Kunde" und "Unternehmen" in analytischer Hinsicht für die Klärung des Verhältnisses der sozialen Administration zu ihren Adressaten wenig beiträgt, daß die Verwendung dieser Begriffe als Chiffren in strategischen Konzepten jedoch sehr plausibel ist.

Aus analytischer Sicht ist der Kundenbegriff z.B. in der Jugendhilfe ziemlich unbrauchbar, wie MERCHEL in bezug auf OLK (1994) herausstellt, wenn er die bekannte Tatsache unterstreicht, daß das Handeln der Jugendhilfe weniger auf Nachfrage der Adressaten zustande kommt als vielmehr im Vollzug eines "gesellschaftlichen Normalisierungsauftrages", d.h. durch die Identifizierung von Auffälligkeiten durch dazu befugte Instanzen sozialer Kontrolle. Auch die Tatsache, daß Leistungen der Jugendhilfe in der Regel auf gesetzlichen Entscheidungen beruhen (vor allem § 27 ff. KJHG, aber auch die Zuteilungskriterien für Tagesbetreuungen), läßt den Kundenbegriff ebenso obsolet erscheinen wie die Reduktion der Jugendhilfe auf Einzelfallhilfe, wodurch stadtteilorientierte oder infrastrukturell angelegte Ansätze nicht mehr in das Blickfeld geraten (vgl. ZIEBARTH 1994). Darüber hinaus reduziert der Kundenbegriff die komplexe Struktur der Sozialarbeiter-Adressat-Beziehungen auf eine schlechte Analogie, die zugleich Ideologien des Kunden als freiem Wirtschaftsbürger bzw. König in einem Feld aufladen, in dem gerade die Kritik systemischer Imperative vorherrschend ist, wie in der intensiven Diskussion um Lebensweltorientierung deutlich wird (vgl. MER-

CHEL 1995, S. 329). Wenn sich trotzdem der Kundenbegriff und die entsprechenden Metaphern der Dienstleistungsrethorik in der Sozialen Arbeit so großer Beliebtheit erfreuen, ist MERCHEL zuzustimmen, daß es sich hierbei stärker um eine "assoziativ wirkende Chiffre mit hohem Aufmerksamkeits- und Irritationswert" handelt, lenkt sie doch die Aufmerksamkeit auf
- die Notwendigkeit, Adressatenwünsche stärker zur Kenntnis zu nehmen.
- die Selbstbezüglichkeit der Institutionen einer kritischen Analyse zu unterziehen,
- professionelle Denk- und Handlungsmuster zu überprüfen, um z.b. die
- Transparenz von Leistungen zu ermöglichen (vgl. MERCHEL 1995, S. 330).

In gleicher Weise untersucht MERCHEL den Begriff des "Unternehmens" und kommt auch hier zu einer abwägenden Position:

"Der Chance einer flexiblen, die Adressaten einbeziehenden und nach Qualitätskriterien strukturierten Hilfegestaltung steht das Risiko einer Dequalifizierung durch eine einseitige Orientierung an Kostenkalkülen und quantifizierbaren Ergebnissen (Produkte, Kennziffern) gegenüber" (S. 331).

Vor diesem Hintergrund gelangt MERCHEL zu sieben Thesen, in denen er plausibel Anforderungen an die Organisationsgestaltung im Hinblick auf eine Intensivierung der Kundenorientierung in Einrichtungen herausarbeitet. Es entsteht ein Leitbild einer modernisierten Sozialverwaltung, deren Chancen es zu nutzen gelte. In der Diskussion der Hintergründe dieser Entwicklung bleibt MERCHEL allerdings wortkarg. Er bemüht den "Zeitgeist" (S. 325) und bezieht sich inhaltlich auf die augenscheinlich unhinterfragt geltenden Maximen von Individualisierung und Pluralisierung, wie sie beispielhaft von der Arbeitsgruppe "Präventive Jugendhilfe" formuliert werden:

"Hintergrund dieser Situation sind gesellschaftliche Modernisierungsfolgen, die die z.B. von BECK (1986) beschriebenen Prozesse der Pluralisierung von Lebensstilen, Temporalisierung von Lebensverläufen und Relativierung traditioneller Werte und Deutungsmuster einen zunehmend heterogenen AdressatInnenkreis der Jugendhilfe erwarten und somit standardisierte und routinisierte Ab- bzw. Bearbeitungsprozesse klienteler Problemlagen mehr und mehr unangebracht und obsolet werden lassen. Jugendhilfe, die weiterhin an traditionellen Normalitätskonstruktionen festhält, läuft somit Gefahr, von der gesellschaftlichen Entwicklung überholt zu werden, respektive an den Interessen und Bedürfnissen ihrer AdressatInnen vorbei zu agieren. ... Bezogen auf die Jugendhilfe als Teilsegment Sozialer Arbeit bedeutet dies, daß die den abstrakt gefaßten gesetzlichen Vorgaben und professionellen Problemdeutungsmustern immanenten Normalitätskonstruktionen immer weniger mit den alltagsweltlichen Erfahrungen und Probleminterpretationen der Betroffenen übereinstimmen" (1995, S. 119).

Ich hoffe, in den BLICKEN einige Argumente dafür gebracht zu haben, daß sich das, was "Pluralisierung von Lebenslagen" und "Individualisierung von Lebensführung" (vgl. insbesondere ACHTER JUGENDBERICHT 1990, S. 28 ff.) genannt wird, aus sozialhistorischer Perspektive beträchtlich relativiert. In jedem untersuchten Zeitraum gab es charakteristische "Pluralisierungen" und "Individualisierungen", die quantitativ wahrscheinlich von weit größerem Ausmaß waren (Massenmigration gegen Ende des letzten Jahrhunderts, Folgen von Faschismus und Kriegen). Nur wurden diese von den ton-angebenden Wissenschaften (BAUMAN nennt sie "Regulierungswissenschaften" s.o.S. 304) nicht so interpretiert. Wenn heute behauptet wird, daß Familie, Schule, Betrieb, Kirche, Parteien und Verbände ebenso ihre Orientierungsfunktion verloren hätten wie die sozio-kulturellen Zugehörigkeiten zur Arbeiterschaft oder dem Bürgertum ("Pluralisierung"), wenn neben den Chancen individueller Wahlmöglichkeit für den zukünftigen Lebensweg natürlich auch Risiken hervorgehoben werden ("Individualisierung"), und wenn als Basis für beide Tendenzen das hohe Niveau sozialstaatlicher Sicherung angeführt wird, dann stellt sich die Frage, was in diesem fast einmütig geführten Diskurs **nicht** thematisiert wird. Ist der Bedeutungsverlust hegemonialer Institutionen und sozio-kultureller Positionierungen nicht schon immer die Chance gewesen, "neue Sozialformen" (s.o.S. 196) hervorzubringen? Diesen Aspekt versuche ich mit dem Konzept der transversalen Sozialitäten, die sich um ein gemeinsames Drittes - also solidarisch - bilden (Bd. I, S. 16 f.), zu unterstützen. Sind erweiterte Entscheidungsoptionen und erhöhtes Risiko wirklich "klassenneutral" verteilt oder haben sich die Klassenströmungen (SCHWENDTER 1997) etwas verschoben, es aber - wie gehabt - so bleibt, daß die "unteren Schichten" überproportional das Risiko, die "oberen" überproportional die "Chancen" besitzen? VESTERS milieustrukturelle Analysen (1997) verbunden mit entsprechenden Untersuchungen über Arbeitslosigkeit, Armut und Beschäftigungsrisiken (DÖRING/HANESCH/ HUSTER 1990; HUSTER 1997) deuten jedenfalls darauf hin. Und wird nicht angesichts von 15 Mio. Arbeitslosen und "Unterbeschäftigten" das Transferniveau des Sozialstaats soweit reduziert, daß sich "Arbeit wieder lohnt" - auf unterstem Niveau (die Anzahl von Menschen mit zwei und mehr Jobs nimmt rapide zu)? Liegt bei diesen Entwicklungen nicht die Vermutung nahe, daß eine Gesellschaft des "share-holder-value" keinen anderen Kitt als die reine kapitalistische Ökonomie braucht, daß es gleichgültig ist, wie jemand denkt oder lebt, Pluralisierung und Individualisierung also auch "nur" die andere Seite des Kozepts "Globalisierung" sind?

Ein anderer Antwortversuch wird den Gestaltwandel hegemonialer Deutungsmuster selbst zum Gegenstand der Analyse machen. Er basiert zunächst auf der Prämisse, daß Adressaten des KJHG in erster Linie **nicht** Kinder, Jugendliche und deren Familien sind (s.o.S. 259), daß die Adressaten des AFG **nicht** die Arbeitslosen und Arbeitssuchenden sind und daß selbst die Krankenversicherungen nur in zweiter Linie dem Schutz der Versicherten dienen, sondern daß die eigentlichen Adressaten derartiger "Organisationsmittel" (OFFE 1975, s.o.S.

167 ff.) die politischen Machtgruppen sind, die ein spezielles Interesse an den jeweiligen gesellschaftlichen Settings von "Jugend", "Arbeit" und "Gesundheit" haben. Die Realisierung derartiger Leistungsgesetze in ihrer gesellschaftlichen Praxis läßt sich als Konstitution spezifischer sozialpolitischer "Arenen" beschreiben und damit "als ein kondensierter Machtkonflikt zwischen und innerhalb von Klassen bzw. Klassenfraktionen, da es sich sowohl um ein wirkliches Reproduktionsverhältnis handelt, als auch um den Konflikt darüber", was Jugend, Arbeit und Gesundheit jeweils als gesellschaftliches Konstrukt beinhalten soll. "Dieser Konflikt erscheint in Zeiten eines vorherrschenden Konsenses gar nicht mehr als solcher, sondern nur in Phasen, in denen die herrschende Definition von Jugendlichkeit (und Arbeit bzw. Gesundheit usw. - T.K.) in Frage gestellt wird" (KUNSTREICH/PETERS 1988, S. 43).

Diese Neukondensierung unterschiedlicher politischer Interessen wird im KJHG besonders deutlich. Auch viele Experten haben bis kurz vor seiner Verabschiedung nicht daran geglaubt, daß das Gesetz tatsächlich in Kraft tritt. Zu lange schon währte der Streit, zu strittig schienen die Positionen zwischen Regierungslager und Opposition, als daß in diesem Jahrhundert noch ein neues Jugendhilfegesetz beschlossen würde. Im nachhinein verwundert dieser überraschende Kompromiß jedoch nicht, sieht man ihn als Element der Herausbildung eines neuen sozialpolitischen Konsenses der herrschenden Parteien und Gruppierungen an, in dem das "fordistische", sozialdemokratisch-gewerkschaftliche Spektrum sich zunehmend den Forderungen der liberal-konservativen Deregulierung nicht nur unterwirft, sondern sie adaptiert und "kreativ" weiterentwickelt.

Dieser von der letzten Regierung Schmidt/Genscher begonnene, dann von der Kohl/Genscher-Regierung forcierte Umbau war zwar in vielen Deregulierungsvorhaben umstritten, hat jedoch die liberal-konservative Hegemonie gefestigt, nicht zuletzt durch Zugeständnisse an den sozialdemokratischen und grün-alternativen Teil des "Blocks an der Macht" (GRAMSCI, s.o.S. 99), dem man in vergleichsweise randständigen Gebieten wie dem KJHG durchaus Zugeständnisse machen konnte. Stellt man die Verabschiedung dieses Gesetzes darüber hinaus in den Zusammenhang mit dem von eher sozialdemokratisch orientierten ReformerInnen verfaßten 8. Jugendbericht, der sich über weite Strecken wie ein Kommentar zum KJHG liest, so entsteht das Bild eines umfassenden gesellschaftlichen Konsenses, der Abschied vom alten, auf Homogenisierung der Lebenslagen gerichteten Modell signalisiert und sich weitgehend "postfordistischen" Vorstellungen von heterogenen Lebenslagen nähert. Sieht man das KJHG also nicht isoliert, sondern im Kontext des zentralen Ziels liberal-konservativer Deregulierung, nämlich "Verbilligung" d.h. Entwertung von Arbeitskraft, so liest sich das KJHG als Abfederung der Kostenumverteilung in der Gesundheitsreform und in den AFG-Novellierungen, deren zentraler materieller und ideologischer Fixpunkt die Privatisierung von Risiken als Basis immer umfangreicherer Berechtigungsprüfungen ist.

Ein anderer wichtiger Aspekt des neuen sozialpolitischen Konsenses wird in der Pflegeversicherung deutlich, die ausschließlich zu Lasten der Lohnabhängigen geht und somit die (letztlich schon immer symbolische) "Lastenteilung" zwischen Arbeitgebern und Arbeitnehmern über Bord wirft, was einer Aufkündigung der traditionellen Sozialpartnerschaft von seiten der herrschenden Konservativen gleichkommt. Insgesamt geht es also um die Umverteilung von Ressourcen zugunsten des neuen Heiligtums "Standort Deutschland", ein Prozeß, der unter anderem begleitet wird von den Schlagworten: schlanke Verwaltung, Delegation von Entscheidungen, Eingrenzung der Kernaufgaben des Staates, Dienstleistungs- und Produktorientierung - also den Optionen des "Neuen Steuerungs-Modells". Mit ihnen wird eine Modernisierung angestrebt, die die Weltmachtposition Deutschlands nicht nur halten, sondern ausbauen soll (die Militarisierung der Außenpolitik ist die konsequent andere Seite dieser Medaille).

Bei dieser Modernisierung darf nicht unterschlagen werden, daß der Abbau feudalistischer Bürokratie zugunsten einer Dienstleistungsorganisation, die den "Klienten" (den Unmündigen) zum "Kunden" und damit immerhin zum halbwegs mündigen Wirtschaftsbürger macht, die Staatsapparate auf die Höhe bürgerlich-kapitalistischer Vergesellschaftung hebt. Damit ist aber die Frage nach realer Demokratie, nach Partizipation in allen Angelegenheiten der Gesellschaft weder offensiv gestellt, geschweige denn im Ansatz beantwortet.

Die neue Qualität von "Inklusion" und "Exklusion", die mit dieser Entwicklung erreicht wird und vor der selbst die Systemtheoretiker nicht mehr die Augen verschließen können (beispielhaft: KLEVE 1997), läßt sich in der regulativen Strategie der **Rationalisierung** als eine neue Dynamik des Circulus vitiosus, als ein neues Verhältnis von Effektivierung von Leistung und Kontrolle beschreiben (s.o.S.187), als den Weg von den "fordistischen" Bürokratien hin zu **responsiven** (1). Diese Strategie ist die dominante, weshalb sie ausführlicher als die anderen beiden dargestellt wird.

Daß damit auch eine weitere Facette in der Entwicklung der **Professionalisierung** als der Vermittlung sozialer Ereignisse in diesen modernisierten Organisationen verbunden ist (vgl. Bd. I, S. 68), liegt auf der Hand, läßt sich doch diese regulative Strategie als die andere Seite der Rationalisierung verstehen. Die Aufhebung der klinischen in einer **manageriellen Professionalität** deutet sich an (2).

Beide Regulationen sind eingebettet in neue Variationen "sozialer Zensuren" (Bd. I, S. 22) und damit empirischer Ausdruck einer veränderten Form von **Kolonialisierung**. In ihnen kristalliert sich eine neue Bedeutung des Raumes als Praxis sozialer Kontrolle (3).

(1) Responsive Rationalisierung

Mit DIESSENBACHER (1986 - vgl. ERSTER BLICK) hatte ich den Beginn moderner Sozialer Arbeit als eine erste erfolgreiche Rationalisierung identifiziert: die Abschaffung der Bettelanarchie durch eine regulierte Vermittlung von Geld und guten Worten. Der Armenpfleger sammelt das Geld über gute Worte von den Wohlhabenden, um es an die "wirklich Bedürftigen" zu geben, wobei dieses "Prädikat" erst in zweiter Linie die materiell Notleidenden meint, in erster Linie jedoch diejenigen, die sich nicht an die bürgerlichen Moralvorstellungen von Arbeit, Familie und "Anständigkeit" halten. Dieser Tatbestand wurde vor allem durch die Folgen der Migration deutlich (ZWEITER BLICK). Beides zusammen läßt sich als die "ursprüngliche Akkumulation" der Sozialen Arbeit verstehen. Der Ursprung Sozialer Arbeit liegt also nicht in der Bekämpfung der Armut, sondern in der Anpassung der moralisch Abweichenden, der Fremden und MigrantInnen. Organisatorische Ergebnisse waren die verschiedenen Systeme der kommunalen Armenpflege (z.B. Elberfelder System) und die kirchlichen Großorganisationen Innere Mission und Caritas. In ihre Organisationsformen übernahmen sie Entwicklungen aus den expandierenden Industriebereichen Stahl und Kohle. So wie die großen Fabriken Ausbeutung und fürsorgliche Disziplinierung zugleich symbolisierten, so funktionierte auch die organisierte Armenpflege: die nun die immer mehr professionell vorgenommene Unterteilung in "würdige" und "unwürdige" Arme versprach Hilfe und Kontrolle zugleich und ist das erste Kennzeichen moderner Sozialarbeit sowie das Gemeinsame aller entstehenden Einrichtungen und Organisationen.

Genauso wie vergleichbare Formen der Rationalisierung in allen anderen gesellschaftlichen Bereichen stattfanden (vom Handwerksbetrieb zur Fabrik, von der Postkutsche zur Eisenbahn usw.), ebenso hatte die innere Funktionsweise dieser Rationalisierung ein gemeinsames Kennzeichen: die Mechanik. Was im industriellen Bereich ohne Schwierigkeiten als die Entwicklung einer mechanisierten Maschinerie zu erkennen ist, vollzog sich im Bereich moralischer und intellektueller Entwicklung auf der Folie von Norm und Abweichung. Ähnlich wie die Deutsche Industrienorm (DIN) für die Entwicklung einer vereinheitlichten Mechanisierung eine zentrale Rolle spielte, spielt die Entwicklung von allen am gesellschaftlichen Produktionsprozeß geteilten Arbeitsnormen eine zentrale Rolle in dieser ersten Rationalisierung Sozialer Arbeit. Die vom Bürgertum und großen Teilen der Arbeiterschaft in gleicher Weise favorisierten sekundären Arbeitstugenden wie Fleiß, Pünktlichkeit und Unterordnung machte Armut in letzter Konsequenz zu einer moralischen oder krankhaften individuellen Abweichung, auf deren Erkennen quasi mechanisch reagiert wurde: Durch Arbeitszwang, durch diskriminierende Vergabe von geringen Mitteln zum Überleben, durch Herausnahme der Kinder aus ihrer Umgebung usw. . Was für den Bürger der bettelnde Arme oder der undisziplinierte Arbeiter war, war für den guten Proletarier das "Lumpenproletariat". Insbesondere nachdem für die zentralen Risiken der Lohnarbeiterexistenz versicherungsförmig gesorgt war (was zugleich die Trennung von Arbeiter- und Armenpolitik beinhaltete), gewannen die konkreten Ausprägungen dieser ideologischen Mechanik eine derart unumstrittene Hegemonie, daß sie als quasi natürlich erschienen: Daß auf "kriminelle" Abweichungen und Verfehlungen mit dem Strafrecht und ggf. mit Einschließung im Gefängnis zu reagieren sei, wurde ebenso selbstverständlich wie die Ansicht, daß Armut in der Regel individuell verschuldet sei, daß aber "schuldlose Arme" von der kommunalen Armenpflege zu versorgen seien. Diese mechanische Rationalisierung wies im Prinzip keine Probleme auf - sie mußte nur verfeinert, verbessert und ggf. auch ausgeweitet werden. Die Basis für das Modell Ausbau war gelegt.

Die zweite Rationalisierungswelle erreichte in der Weimarer Republik ihren ersten Höhepunkt (vgl. DRITTER BLICK). Die Armenpflege war nun ausdifferenziert zur Jugend-, Familien-, Gesundheits-, Arbeits- und Wohnungsfürsorge. Diese qualitative Differenzierung und quantitative Ausweitung begleitete eine nationalstaatliche Monopolbildung, die nach den Bereichen Stahl und Kohle nun auch die Bereiche Chemie und Elektrotechnik umfaßte. Die gemeinsamen Kennzeichen dieser Rationalisierungswelle sind Massenproduktion, Massenkonsumption und Massenkonformität, die zu Signaturen der "unflexiblen Massenproduktion" werden oder des "Fordismus", da wohl keine Technologie die neue Form der Rationalisierung so gut charakterisierte wie das von Henry Ford erfundene Fließband zur Produktion des Symbols dieser Epoche - des Automobils (Bd. I, S. 115). Die Einrichtungen der Sozialen Arbeit schlossen die durch die veränderte Lebensweise entstandenen Kontroll- und Versorgungslücken, so z.B. die zwischen Schule und Militär oder die zwischen Lohnarbeit und Kranken- bzw. Rentenversicherungen. Auch diese Rationalisierungswelle hatte ein gemeinsames Kennzeichen, nämlich die Teilung der AdressatInnen Sozialer Arbeit in "arbeitsfähig" und "nicht-arbeitsfähig". Diese war weniger eine Alternative als eine Präzisierung der ersten Einteilung in "würdige" und "unwürdige" Arme. Daß dieses Konglomerat unterschiedlicher Ideologien nur noch rassistisch aufgeladen werden mußte - z.B. mit der Einteilung in "arisch" und "nicht-arisch" -, um mit dem faschistischen System kompatibel zu sein, ist im VIERTEN BLICK erörtert worden.

Den Übergang von einer eher handwerklichen Mechanik zu einer tendenziell sozial-technologischen Mechanik Sozialer Kontrolle untersucht MÜNCHMEIER (1981) für die Entwicklung der Sozialen Arbeit nach dem Ersten Weltkrieg. Er weist nach, wie diese sich von dem dualistischen Schema Schuld/Nichtschuld emanzipiert und sich auf dem Niveau klinischer, pädagogischer und psychologischer Wissensbestände in Bürokratien formiert, die zwar immer noch das Ziel haben, die "wirklich Bedürftigen" herauszufinden, die aber in den Staats- und

Wohlfahrtsapparaten der Weimarer Zeit zugleich die staatsinterventionistische Absicherung der fordistischen Normierungen von Massenproduktion und Massenkonsumption realisieren. Wie in der von Ford und Taylor entwickelten Fließbandproduktion von Autos versinnbildlicht wird, daß menschliche Arbeitsfähigkeit ein möglichst wegzurationalisierendes Restrisiko ist, wird in den Bürokratien Sozialer Arbeit jede Abweichung vom fordistischen Idealmenschen als Defizit ausgemacht und den Individuen als Abweichung zugeschrieben. Der auf diese Weise diskursiv hervorgehobene fordistische "Spitzensportler" läßt sich ohne Schwierigkeiten als männlich, deutsch, hochqualifiziert, konsumfreudig und zu Hause gratis von seiner Ehefrau reproduziert erkennen und alle, die davon abweichen: weiblich, Ausländer, minderqualifiziert; konsumfreudig, ohne Geld zu haben usw., lassen sich ohne weiteres als jene Gruppierungen identifizieren, die noch heute als Risikogruppen des Arbeitsmarktes gelten. Die in den 20er Jahren begonnene Selektion dieser Abweichenden in Fürsorgeheime, Gefängnisse und große Anstalten haben in den Konzentrationslagern des Faschismus und in den Gulags des Stalinismus ebenso ihre konsequente Entwicklung erfahren, wie sie sich heute in der exorbitanten Verknastungsquote in den USA ausdrückt.

Ihren letzten Höhepunkt erreichte die fordistische Form der Rationalisierung in den 70er Jahren im sozialdemokratisch geprägten "Modell Deutschland". Unter dem Signum der Vollbeschäftigung dominierten nun Begriffe der Integrationswilligkeit und -fähigkeit, begleitet allerdings von ausgrenzenden und stigmatisierenden Etikettierungen für solche, die weder das eine noch das andere waren (z.B. gruppenfähig/nicht gruppenfähig; resozialisierungsfähig/nicht resozialisierungsfähig; therapiefähig/therapieresistent - vgl. FÜNFTER und SECHSTER BLICK).

Daß wir am Beginn einer dritten, neuen Rationalisierungswelle stehen, ist unumstritten, auch wenn die Bezeichnung noch strittig ist. Sprechen die einen von "Globalisierung", um die nicht mehr an Nationalstaaten gebundene Monopolisierung der großen Industrie- und Finanzkonzerne zu kennzeichnen, sind andere vorsichtiger und sprechen von "Post-Fordismus". Andere sind wiederum etwas forscher und kennzeichnen die beginnende Epoche mit "Toyotismus", also nach dem Unternehmen, das in allen Erörterungen über das NSM als Ausgangspunkt und Modell gilt. Wie immer diese auf **spezialisierte Konsum- und entsprechend vervielfältigte und flexible Produktionsformen** orientierte Rationalisierungsform genannt werden wird, ein Kennzeichen steht jetzt schon fest: Immer mehr Menschen und immer mehr Regionen werden in diesem ökonomischen System nicht mehr gebraucht. Will man keine neo-faschistische Lösung der Vernichtung, muß eine Versorgung auf Mindestmaß staatlich neu organisiert werden. Diese Auseinandersetzung erleben wir gerade in der Diskussion um die Renten- und Steuerreform. Für die Felder Sozialer Arbeit läßt sich diese Entwicklung als die von der Kontrollbehörde zur Dienstleistungsorganisation charakterisieren. Die bisherigen Zweiteilungen erfahren eine neue Interpretation, nämlich die in "Berechtigte" und "Nicht-Berechtigte", die die vorhergegangenen ("würdige/unwürdige Arme"; "arbeitsfähig/nicht arbeitsfähig") aufhebt.

Gab es bis in die 80er Jahre eine Tendenz, die mit den sozialpolitischen Organisationsmitteln verbundene Vergabe von Ressourcen (Geldtransfers, gesundheitliche Versorgungen usw.) an systematische Rechtsansprüche **ohne** individuelle "Berechtigungsprüfung" zu binden (vor allem in der Renten- und Krankenversicherung), so erleben wir seitdem auch hier eine Wende, nämlich eine quantitative und qualitative Ausdehnung von "Berechtigungsprüfungen".

Schon ohne Veränderung der entsprechenden Verordnungen und Gesetze vermehrte sich die Anzahl der Menschen, die sich den nach dem BSHG und dem AFG (Arbeitslosenhilfe) "Berechtigungs-Prüfungen" i.S. von Bedürftigkeitsprüfungen unterziehen müssen. Man denke nur an die enorme Steigerung von "Berechtigungen" für Sozial- und Arbeitslosenhilfe in den letzten 25 Jahren.

Zunächst in der Krankenversicherung, dann aber auch in der Rentenversicherung wurden die "Tatbestände", in denen eine individuelle Berechtigung nachgewiesen werden muß, ständig erweitert und erhöht, zählt man die immer belastenderen Formen von "Selbstbeteiligung" und ihre einkommensabhängigen Ausnahmen dazu. Aber auch die Leistungsansprüche nach dem KJHG und der Pflegeversicherung erfordern "Berechtigungs-Prüfungen". Was in der Kfz-Versicherung am "Screening" von Risiko-Gruppen vorgemacht wird, sucht in allen anderen Versicherungszweigen seine Nachahmer. Übergewichtige, Raucher und andere Drogennutzer werden demnächst als Risikopopulationen gelten, was für die nicht so Etikettierten automatisch die Berechtigung z.B. zu geringeren Versicherungsbeiträgen bedeutet. Daß diese Berechtigung in irgendeiner Weise geprüft werden wird, zeigen die entsprechenden Beispiele in den USA oder Großbritannien. Die Botschaft dieser Ausweitung aller Arten von individualisierten Berechtigkeitsprüfungen liegt auf der Hand: Die Gesellschaft löst sich auf in eine Ansammlung von selbstverantwortlichen Individuen, die frei und eigenständig für ihr Dasein sorgen. Folgt man der Argumentation BAUMANS (1997) zu dieser Tendenz, ergänzt sich dieses Bild des "Berechtigten" um das des "guten Konsumenten", der neuen Leitfigur post-fordistischer Vergesellschaftung. Aus diesem Zusammenhang ergibt sich eine ganz andere Bedeutung des "Kunden" in der Sozialen Arbeit: Er ist der "Berechtigte", dessen Anspruch allerdings individuell geprüft werden muß. In dieser Neuorientierung im Sozialstaat spiegelt sich eine Neuformierung des hegemonialen Konsenses.

Das erste moderne Leistungsgesetz in diesem Sinne war das BSHG, in den letzten Jahren folgten in kurzer Folge das KJHG, das Betreuungsgesetz, das Pflegegesetz und die entsprechenden Modifizierungen im Arbeitsförderungsgesetz. Bei aller Kritik an der enormen Ausdehnung des "Berechtigungswesens" ist doch nicht zu übersehen, daß die in ihnen begründeten Rechtsansprüche insofern neuer Qualität sind, als sie dazu beitragen können, bisher stigmatisierende Zweiteilungen zumindest zu modifizieren und ihnen soziale Schärfen zu nehmen. Als Beispiel sei hier das Verschwinden des Begriffes "Verwahrlosung" aus der Diskussion um Kinder und Jugendliche in Schwierigkeiten genannt.

Ein Ausdruck der Umorientierung von der Kontroll- zur Dienstleistungsorganisation ist das NSM, das selbst ein Element einer neuen Stufe von Regulationen im Übergang zum "Post-Fordismus" ist.

Aus regulationstheoretischer Perspektive lassen sich dabei folgende gesellschaftliche Tendenzen ausmachen:
- Extreme Segregation räumlicher und sozialer Art mit der Entstehung einer neuen "Underclass" (SCHAARSCHUCH 1994/BAUMAN 1997)
- Nicht mehr die "Homogenisierung der Lohnarbeiterschaft im Rahmen des Normalarbeitsverhältnisses" - wie in der fordistischen Sozialpolitik - ist Ziel sozialpolitischer Intervention, sondern im Gegenteil, Ziel der Organisationsmittel, die die notwendigen Flexibilisierungsanforderungen der neuen Akkumulationsweise absichern, ist die "Heterogenisierung der Lohnarbeiterschaft, d.h. die Spaltung in Kern- und Randbelegschaften, die Flexibilisierung und Deregulierung der Arbeitsverhältnisse und -zeiten, die Auflösung tradierter Lebensformen, neue Mobilitätsanforderungen usw." (SCHAARSCHUCH 1994, S. 78; vgl. CHASSE 1989, S. 34/35). Insgesamt ist das Ziel die Absicherung des Übergangs von der "inflexiblen" zur "flexiblen Massenproduktion (HOFFMANN 1996).
- Diese Tendenzen erfordern einen entsprechenden Umbau der ökonomischen Staatsfunktionen, wie z.B. KRÖLLS deutlich macht.

"Die Betrachtung von Zweck, Inhalt und Konsequenzen der Politik der Ökonomisierung von Staatsfunktionen erweist Privatisierung, Deregulierung und Budgetierung als Hebel der Kostensenkung im Interesse der Schonung der Staatsfinanzen bzw. zur Stärkung der Akkumulationsbedingungen des privaten Eigentums als ökonomischer Basis der Existenz des Staates" (1996, S. 14).
- Die Deregulierung arbeitspolitischer Strukturen führt durch eine Re-Privatisierung der Kosten und Risiken zu einer ökonomischen Effektivierung sozialer Dienstleistungen durch "deren Spezialisierung, Ambulantisierung, Familialisierung sowie die Regulation und Bearbeitung der für die Flexibilität der nachfordistischen Akkumulationsweise funktional notwendigen Reservearmee und der dauerhaft aus dem Produktionsprozeß Ausgegrenzten" (SCHAARSCHUCH 1994, S. 78). Die empirische Realisierung geschieht durch ein ausuferndes Berechtigungswesen.

Fazit:

"Es ist nicht mehr das Ziel der Regulation, ein ganz bestimmtes Normalitätskonzept durchzusetzen, sondern der Sozialpolitik kommt die umfassendere Aufgabe der Regulation einer gespaltenen Gesellschaft zu" (SCHAARSCHUCH 1994, S. 78).

Entsprechend zielt das Arsenal sozialpolitischer Organisationsmittel auf Spaltung und Heterogenisierung der Gesellschaft insgesamt. Wenn SCHAARSCHUCH daraus folgert, daß die interne Rationalisierung der Organisation zugleich eine Industrialisierung sozialer Dienstleistung (Dequalifizierung; extreme Arbeitsteilung) hervorruft, so ist dies in der Tat eine Möglichkeit, die unter den ausgeführten Widersprüchlichkeiten des Circulus vitiosus jedoch nicht sehr wahrscheinlich ist. Das Modell der Industrialisierung folgt weitgehend tayloristischen/fordistischen Vorstellungen, während die neuen Leistungen einer postfordistischen Bürokratie gerade im Gegenteil darin besteht, "sensibel" Flexibilisierung und Segregation in einer Weise zu steuern, die eben nicht auf Homogenisierung, sondern auf Heterogenisierung ("Pluralisierung/Individualisie- rung") hinausläuft. Gerade unter diesem Aspekt bekommen die auch von SCHAARSCHUCH beschriebenen Modernisierungsvorstellungen der KGSt[1] (1994) ihre Bedeutung: In ideologischer Form wird darin beschrieben, was es bedeuten würde, von einer mechanischen sozialtechnologischen Form bürokratischer Steuerung auf eine responsible, die jeweiligen sozialen Gruppierungen und Spaltungen bzw. Ausgrenzungen unterstützende, aber auch abfedernde Form überzugehen. Insgesamt deutet sich damit eine Form von Rationalisierung an, die - und darin liegt der reale Kern der Analogie zur Autoproduktion - in der Lage ist, die jeweiligen Adressatengruppe gemäß (und in diesem Sinne "kundenorientiert") mit qualitativ und quantitativ unterschiedlichen Interventionen und Berechtigungen zu reagieren. Diese Anpassungsfähigkeit an unterschiedliche Adressatengruppen erfordert eine entsprechende interne Flexibilität und ist nicht mehr nach den traditionellen Formen fordistischer Bürokratie zu steuern. Wie es scheint, ist im Bereich der Autoproduktion der Übergang von einem eher mechanischen Rationalisierungsmuster zu einem High-Tech-Muster von Rückkopplungsprozessen, Regelkreisen und sich selbst steuernden Subsystemen einigermaßen gelungen. Dieser Prozeß steht im Bereich sozialer Sicherung und Sozialer Arbeit noch aus: Zur Zeit erscheinen die fordistischen Bürokratien des Sozialstaates noch wie Dinosaurier in einer post-fordistischen Umwelt. Das NSM ist der erste Versuch, auch in diesem Bereich zu vergleichbaren - sich selbst steuernden - Subsystemen zu gelangen, die in neuer Weise responsiv sind und die sich gerade in ihrer Umwelt-Sensibilität grundlegend von mechanischen Rationalisierungsmustern unterscheiden.

(2) Managerielle Professionalität

Der zweite Code des Neuen Steuerungs-Modells: Professionalisierung ist historisch von MÜNCHMEIER (1981 - vgl. ZWEITER BLICK) und sowohl historisch als auch systematisch von OLK (1986) hinreichend analysiert worden (vgl. auch Kapitel 4 im SECHSTEN BLICK). Diese Untersuchungen machen deutlich - darauf wurde in jedem BLICK hingewiesen -, daß die jeweiligen Ausprägungen

---

1) Kommunale Gemeinschaftsstelle für Verwaltungsvereinfachung

und dominanten Deutungsmuster von Professionalität eng an die dominierenden bürokratischen, wissenschaftlichen und politisch-kulturellen Strömungen gebunden waren und sind, bzw. deren spezifischer Ausdruck in den Feldern Sozialer Arbeit waren und sind.

OLK faßt die Kritik am dominierenden klinischen Modell und die Perspektiven einer alternativen, reflexiven Professionalität unter drei Gesichtspunkten zusammen:

- Die "Sozialsysteme", also die sozialen Orte und Problemlagen, in denen Organisationen Sozialer Arbeit und Lebenswelten der Adressaten sich überschneiden und die Akteure beider Seiten in Kontakt zueinander treten, "müssen unter die Kontrolle von Professionellen **und** Laien gebracht werden" (1986, S. 253).
- "Dies gelingt nur, wenn in der Interaktion zwischen Professionellen und Klient die Anerkennung der Entscheidungs- und Handlungsautonomie des Klienten gesichert und durch ständig mitlaufende Prozesse der **reflexiven Kontrolle und Selbstthematisierung** ein situationsgebundenes Einverständnis über Sinn, Ziel und Art des professionellen Problembearbeitungsprozesses hergestellt wird" (a.a.O., S. 253).
- Um die Netzwerke der Adressaten, deren sozialökonomische und sozialräumliche Lebenslage wirkungsvoll in das professionelle Handeln einzubeziehen, ist statt einer **Fall**- die **Feld**bezogenheit Voraussetzung (a.a.O., S. 253).

Diese Position deckt sich im Ansatz mit vielem, was ich zum Arbeitsprinzip Partizipation entwickelt habe (s.o.S. 298 ff.). In der Verbindung mit der Herausbildung responsiver Bürokratien lassen sich mit der reflexiven Professionalität zwei strategische Optionen professioneller Identität ausmachen: die solidarische als Weiterentwicklung der in den 70er Jahren in der Sozialarbeiterbewegung entstandenen (dazu im 2. Kapitel mehr) und die **managerielle Professionalität** als Aufhebung der bislang dominierenden klinischen.

Die weitgehende Übereinstimmung einer manageriellen Professionalität mit den Erfordernissen einer responsiven Bürokratie liegt auf der Hand, zum einen wegen der in beiden Modellen dominierenden systemischen Konzepte, zum anderen wegen der gemeinsamen Kritik an fordistischen Bürokratien und klinischen Normalitätsvorstellungen. Wie im DRITTEN bis SECHSTEN BLICK hervorgehoben, entsprach den fordistischen Bürokratien ein Professionsmodell, das den jeweils zentralen normativen Orientierungen dieser Gesellschaftsepochen angemessen war (insbesondere: s.o.S. 150 ff.). Reichte es zu Beginn der Sozialen Arbeit noch aus, sich an der normativen Selbstverständlichkeit eines bürgerlichen Weltbildes zu orientieren, dominierte mit zunehmender Verwissenschaftlichung die Orientierung am Arzt oder Juristen. Die ideologische Orientierung an klinischen Deutungsmustern, die in der Lage waren, Defizite so zu bearbeiten, daß sie entweder in die richtige Zuständigkeit selektiert oder "normalisiert" wurden, erforderte einen Vermittler von "Geld und guten Worten", der über eine zunehmend spezialisierte Ausbildung verfügte. Gerade in der Kritik an dieser generalisierten Normalitätsorientierung entwickelten OLK (1986), GILDEMEISTER (1983) u.a. das Bild einer reflexiven Professionalität, in der unter verschiedenen Aspekten das deutlich wird, was in der Rationalisierung postfordistischer Bürokratien noch nicht so richtig gelingt: die Orientierung an Aushandlungsprozessen, an der Subjektivität des Gegenübers, das Bereitstellen von Ressourcen usw. Insgesamt entspricht der reflexiven Professionalität eine Orientierung an der Lebenswelt der Adressaten und deren Alltag, wie es THIERSCH in seinen einflußreichen Publikationen gefordert hat (1978, 1992 und als Mitautor im ACHTEN JUGENDBERICHT). Reflexivität und Lebensweltorientierung sind aber offensichtlich nicht so "sperrig", wie die AutorInnen es gehofft haben (THIERSCH 1992), sondern sind dabei, ebenfalls Bezugspunkte einer manageriellen Professionalität als neues hegemoniales Deutungsmuster zu werden. Gerade weil bestimmte Aspekte des Neuen Steuerungs-Modells wichtige Forderungen der reflexiven wie der manageriellen Professionalität aufnehmen - wie Eigenständigkeit, Selbstverantwortlichkeit, Arbeiten im Team, Enthierarchisierung - ist zu erwarten, daß dieser Typus demnächst in den responsiven Bürokratien dominieren wird, denn nur eine derartige Professionalität wird in der Lage sein, "stellvertretend deutend", Anforderungen der AdressatInnen adäquat zu verarbeiten und die dafür notwendigen Berechtigungsprüfungen kompetent umzusetzen.

(3) Soziotop als Raum von Kolonialisierung

War der dritte Code im Neuen Steuerungs-Modell - Kolonialisierung - in der Anfangsphase Sozialer Arbeit bis in die Begrifflichkeit hinein offensichtlich ("Innere Mission" - vgl. ERSTER BLICK), so war die Wiederbelebung dieses Begriffes in der Diskussion um die Kolonialisierung von Lebenswelten durch die Dominanz der bürokratisierten Systeme schon komplizierter und nicht unumstritten (vgl. SÜNKER 1984; 1989; RICHTER 1998). Nicht zuletzt war es aber diese Debatte, die der Professionalisierungsdiskussion einen wesentlichen Impuls zu ihrer derzeitigen Reflexivitätsorientierung gab. Wenn Subjekte in erster Linie kompetent und strategisch erfolgreich in ihrer Lebenswelt agieren ("Lebensbewältigung" - BÖHNISCH/SCHEFOLD 1985; BÖHNISCH 1992, s.o.S. 346 f.), wenn aus dem fordistischen "Defizit" ein postfordistisches Kennzeichen für die Pluralisierung von Lebenswelten geworden ist, dann scheinen sich traditionelle Formen der Kolonialisierung der Subjekte zu erübrigen, die sich auf die äußere und innere Verhaltenskontrolle beziehen. Neue Formen der Kolonialisierung deuten sich in der Tat erst an; sie ersetzen aber nicht die traditionellen, sondern modifizieren diese und machen sie flexibler. Entsprechend der vielfältigen Spaltungen und Ausgrenzungen und des "Überflüssig-Werdens" von Menschengruppen und Regionen geht es nun nicht mehr um die Re-Integration **aller** Gesellschaftsmitglieder, sondern um die Kontrolle bestimmter Räume und Zeiten. Damit verändern sich auch die "sozialen Zensuren" (vgl. Bd. I, S. 22). Wie u.a. LINDENBERG und SCHMIDT-

SEMISCH in ihrem Essay (1994) herausarbeiten, werden es in Zukunft eher "Kunden-Soziotope" sein, zu deren Gestaltung die Professionellen Sozialer Arbeit dadurch beitragen, daß sie Zugänge zu Räumen und Zeiten dosiert öffnen bzw. schließen. Die neue Dimension wird deutlich, wenn man bedenkt, daß die Metapher des Fordismus der "ordentliche Garten" war.

"Die Ordnung und der ihr zugrunde liegende Plan bestimmen, was Werkzeug, und legen fest, was Rohmaterial ist, was nutzlos, was überflüssig war - Unkraut oder Schädling ist. Alle Elemente sind in ihrem Verhältnis zur Ordnung klassifiziert. Dieses Verhältnis verleiht ihnen ihre Bedeutung und bestimmt das jeweilige gärtnerische Handeln. Nach planerischen Maßstäben beurteilt, ist das gärtnerische Handeln per se zielgerichtet, allerdings sind dessen Objekte danach unterschieden, ob sie etwas bewirken oder etwas verhindern. ... Alle Vorstellungen von einer Gesellschaft als Garten definieren bestimmte soziale Gruppen als Unkraut: Unkraut muß ausgesondert, gebändigt, an der Ausbreitung gehindert werden, von der Gesellschaft fern gehalten, und wenn all dies nichts nützt, vernichtet werden" (BAUMANN 1992, S. 107). - Wenn nötig, durch einen modernen Genozid, wie BAUMANN überzeugend herausarbeitet (Bd. I, S. 223 ff.).

Genau hier unterscheidet sich die "Pflege" des Soziotops: Wie aus ökologischer Perspektive die Unterscheidung zwischen Kraut und Unkraut hinfällig ist, geht es nicht mehr darum, einer allgemein verbindlichen Normativität zur Geltung zu verhelfen, sondern jede soziale Gruppe in ihrem "So-sein" zu akzeptieren und lediglich die Übergänge zwischen unterschiedlichen sozialen Räumen und Zeiten moderierend und flexibel in einer Weise zu gestalten, daß keine Gefährdung des Gesamtsystems zu befürchten ist. Die Segregation sozialer Räume in Armutsgebiete und die Quartiere der Reichen braucht sensibel deutende, reflexive Professionelle, die die Realisierung ihres Outputs weitgehend autonom managen können, um so den unterschiedlichen Soziotopen ihre jeweilige Eigenheit zu lassen. Drogenabhängigkeit, Prostitution, Gewalttätigkeit, aber auch allen Formen von Verrücktsein kann so der Stachel des Unmoralischen, aber auch des Aufrührerischen genommen werden. Sie können so in einer Moral der Gleich-Gültigkeit aufgehen - im Doppelsinn des Wortes.

Die drei Codierungen des Neuen Steuerungs-Modells enthalten neben ihren spezifischen Botschaften auch eine gemeinsame: das mit einem egalitären Anstrich versehene Bild einer universellen Leistungsgerechtigkeit. Daß die Egalität darin besteht, von den Armen wie von den Reichen zu erwarten, "nicht unter den Brücken der Seine zu schlafen" (frei nach Merleau-Ponty) kaschiert diese moderne Variante patriarchaler Gerechtigkeit (Bd. I, S. 20) erfolgreich, ist doch die Figur des "Leistungsträgers" und des "Leistungslohnes" von rechts bis links im politischen Spektrum ein hoch konsensfähiges Konstrukt. Postmodern wird es um die Attribute des kritischen, auswählenden Konsumenten erweitert, der gerechterweise seine materielle und symbolische Distanz gegenüber den weniger Erfolgreichen genießt (vgl. BAUMAN 1995; BOURDIEU 1998).

2. Das Arbeitsprinzip Partizipation als Versuch einer Decodierung

Unter Decodierung versteht Paulo FREIRE (1973) den kreativen und kooperativen Prozeß der Aneignung von Schlüsselthemen (generativen Themen) durch die Ausgebeuteten und Unterdrückten einer Gesellschaft (s.o.S. 316). Daß diese Bildungsprozesse offen und auf die Zukunft gerichtet sind, unterstreicht z.b. SÜNKER mit seiner Formulierung einer "mäeutischen" Bildungstheorie, d.h. einer Theorie, "die Geburtshilfe (= Mäeutik, T.K.) für die Zukunft einer Gesellschaft leistet und bei ihrem hervorbringenden Tun eben solcher Unterstützung bedarf" (1989, S. 147).

Mit der gleichen Intention habe ich die vier Komponenten des Arbeitsprinzips Partizipation versucht auszuarbeiten (Kap. 4, SIEBTER BLICK). **Problemsetzung**, **Handlungsorientierung**, **Assistenz** und **Verständigung** sollen im folgenden als Decodierungen verstanden werden, die die gesellschaftlichen Prozesse, auf die sich die Schlüsselthemen Sozialdisziplinierung und Pädagogik des Sozialen beziehen, in ihrer Widersprüchlichkeit und Konflikthaftigkeit analysieren. Decodierungsprozesse finden also nicht in der Zukunft, sondern hier und jetzt statt; Decodierungsprozesse versuchen, gesellschaftliche Entwicklung ohne teleologische Implikationen zu rekonstruieren - was Utopien und "Tagträume" nicht ausschließt (s.o.S. 361 ff.).

Dabei knüpfe ich an die Thesen der WIDERSPRÜCHE-Redaktion aus dem Jahre 1984 an, als wir uns mit dem Beginn der sich erneuernden konservativen Hegemonie unter dem Titel: "Verteidigen, kritisieren und überwinden zugleich!" auseinandersetzten.

Unsere Kritik an den drei herrschenden Strömungen der Sozialpolitik, dem sozialdemokratischen Etatismus, der liberal-konservativen Deregulierung und der grün-alternativen Romantisierung der Selbsthilfebewegung, bündelten wir in drei Stränge. Unter dem Aspekt des Verteidigens entwickelten wir einen Strang gegen die zunehmenden Spaltungen der Gesellschaft mit der Forderung nach sozialen Garantien (in Anknüpfung an das bisherige Netz sozialer Sicherung). In einem zweiten Strang bündelten wir unsere Kritik an der Herrschaftsfunktion unter dem Schlagwort einer "Produzenten-Sozialpolitik", um im dritten Strang unsere Überlegungen zur Überwindung der sozial-staatlichen Hegemonie zu begründen - mit der Forderung nach selbstbestimmter Vergesellschaftung **im** Sozialstaat als einer Alternative zur herrschenden Sozialpolitik.

An die Idee einer Produzenten-Sozialpolitik soll hier angeknüpft werden, da wir mit dieser "Denkfigur" der hegemonialen Problemsetzung eine Alternative entgegensetzen wollten.

"Um den Janus-Kopf von Hilfe und Herrschaft von beiden Seiten ins Gesicht zu schlagen, müssen Formen und Inhalte einer 'Produzenten-Sozialpolitk' gefunden werden, die hilfreich, aber nicht beherrschend sind, individuell zureichend, aber nicht parzellierend; Lebenszusammenhänge stützend, aber nicht kompensatorisch; und wirkungsvoll, aber nicht herrschaftlich funktional sind.

'Produzenten-Sozialpolitik' ist der Arbeitstitel für eine Strategie, die **selbst bestimmt**, was das psychisch-soziale Problem ist, und die eingreift in die Bedingungen **im** Bereich der Verursachung selbst. Das Beispiel 'Arbeitermedizin statt Arbeitsmedizin' (in Italien, aber auch in der BRD) macht deutlich, daß die Alternative zur Kompensation eine selbständige 'Prävention von unten' wäre, also der Kampf gegen krankmachende Arbeit und Arbeitsbedingungen in der Perspektive der Kontrolle und ökologisch-humanen Konversion der Arbeit.

Fassen wir den 'Produzenten'-Begriff weiter und verstehen wir darunter alle, die ihre Lebenszusammenhänge, Krisen und Probleme **kollektiv** und **öffentlich** bearbeiten und ändern wollen, so geschieht 'Produzenten-Sozialpolitik' auch in vielen anderen Bereichen. Genannt seien hier Frauenhäuser. Sie entstanden, als das Problem der Gewalt gegen Frauen aus dem Individuellen und Privaten herausgeholt, öffentlich gemacht und von Frauen gemeinsam bekämpft wurde. Noch ein weiteres Kriterium von 'Produzenten-Sozialpolitik' läßt sich an diesem Beispiel verdeutlichen: Wer hat die **Macht zur Definition des Problems?** Sind es die Sozialämter, die den Frauen den individualisierenden und diskriminierenden Stempel der 'hilflosen Person' aufdrücken wollen, oder sind es die Frauen selbst, die die Gewalt gegen Frauen als das, was sie ist, anprangern: als ein gesellschaftliches Problem - und entsprechende gesellschaftliche Anerkennung fordern, einschließlich der Anerkennung der Verfügung über die Mittel und Inhalte der Frauenhausarbeit. Und ein letztes macht dieses Beispiel deutlich: Den Umgang mit **Experten/innen**. Statt durch Statusdifferenzierung und herrschaftliche Hierarchie in die bürgerliche Hegemonie eingebunden, sind hier die ExpertInnen in einen lebendigen Diskussionszusammenhang einbezogen, der 'von unten' kontrolliert, der vor Vereinzelung, Machtanhäufung und unausgewiesenen Normalitätskriterien schützt" (WIDERSPRÜCHE, Heft 11, 1994, S. 131).

Diese Idee der Produzenten-Sozialpolitik haben wir in unseren Überlegungen zu einer "Politik des Sozialen" weiter vertieft und zum Teil konkretisiert (WIDERSPRÜCHE, Heft 32, 1989, S. 7-15). Unter drei Aspekten gingen wir der Frage nach, wie die Subjekte selbst ihre Lebensverhältnisse gestalten, was das für das Geschlechterverhältnis bedeutet und wie unter dieser Perspektive die Gestaltung von Konflikten innerhalb und zwischen gesellschaftlichen Klassen interpretiert werden kann.

Der zentrale Gedanke der Politik des Sozialen als Produzenten-Sozialpolitik ist, daß es die Gesellschaftmitglieder selbst sind, die als Produzenten ihrer Gesellschaftlichkeit agieren, und daß sich das Soziale erst durch ihre Aktionen konstituiert; das Soziale verstanden als die spezifischen, aktuellen, historisch einmaligen Beziehungen real existierender Subjekte untereinander (vgl. Bd. I, S. 8). Wir bezogen uns dabei sowohl auf MARX ("Das Individuum **ist** das Ensemble gesellschaftlicher Beziehungen") als auch auf Max WEBER ("Soziales Handeln ist sinnhaftes, auf den realen oder imaginären anderen bezogenes Handeln"). In der aktuellen wissenschaftlichen Debatte hat BOURDIEU beide Traditionen aufgehoben (1982, 1998), indem er das Soziale als den wechselseitigen Konstitutionsprozeß der Subjekte in gesellschaftlichen Räumen begreift und damit die typisch deutsche Dichotomie von Individuum und Gruppe/Gesellschaft überschreitet. Auf diese Weise läßt sich das Soziale als ein Prozeß begreifen, in dem sich die Subjekte ihrer Einmaligkeit dadurch versichern, daß sie Mitglieder in unterschiedlichen informellen und formellen Gruppierungen, Institutionen, Milieus usw. sind. In Anlehnung an ARIES bezeichne ich diese Mischung aus aktueller Relationalität und Geselligkeit als **Sozialitäten** (Bd. I, S. 16 f.), deren interne Konstitutionsprozesse ich mit TAJFEL im Modell Umbau zu verstehen versucht habe (s.o.S. 195 ff.). Das Schlüsselthema für die professionelle Auseinandersetzung mit Sozialitäten ist Partizipation, so wie ich es in dem Arbeitsprinzip entwickelt habe (s.o.S. 298 ff.). Die wichtigsten Kategorien sind Mitgliedschaft (FALCK 1986) und Teilhabe. Von einem derartigen Ansatz aus kann sich Soziale Arbeit als Arbeit am Sozialen verstehen und sich auf diese Weise von ihrer Fixierung auf das hegemonial vordefinierte Defizit befreien. Soziale Arbeit als Theorie und Praxis gewinnt damit einen Bezugspunkt, der sowohl von eigenständiger Qualität für **alle** gesellschaftlichen Subjekte ist, als auch eine eigenständige Orientierung in der Analyse und im Handeln ermöglicht - und nicht subalterne Anleihen an Psychologie, Medizin, Juristerei usw. erfordert.

Hier läßt sich kritisch anschließen an das von BADURA und GROSS (1976) herausgearbeitete Konzept personenbezogener Dienstleistungen, deren besonderes Kennzeichen das uno-actu-Prinzip ist, d.h. die Tatsache, daß aus der institutionellen Perspektive der Konsument bei der Erbringung der Dienstleistung durch Kommunikation und Kooperation zumindest "mitmachen" muß. In dem Konzept des Arbeitsprinzips Partizipation dreht sich dieses Verhältnis um: Die Produzenten des Sozialen sind die Sozialitäten selbst, "Dienstleister" können zu Mitproduzenten werden - im gelungenen Fall. In allen anderen Fällen dominiert in der "Dienstleistung" das Moment der Herrschaft und Fremdbestimmung (vgl. die Beispiele zu den einzelnen Komponenten des Arbeitsprinzips Partizipation).
Von dieser Position
- läßt sich responsive Rationalisierung als **ein** Element unter vielen anderen Strategien und Prozessen der aktiven Lebensbewältigung identifizieren, als das hegemonial bedeutsamste allerdings (1),
- stellt sich die Frage nach dem Verhältnis reflexiver Professionalität zu solidarischen Milieus und Sozialitäten (2) und
- stellt sich die Frage, wie Selbstregulierung zu einem Element der Opposition gegen die Soziotopisierung gesellschaftlicher Spaltungen weiterentwickelt werden kann (3).

(1) Transversale Aktivierung

Theorie und Konzept responsiver Rationalisierung kennzeichnen Steuerungsprobleme aus herrschaftlicher Perspektive. Decodiert man diese Tendenz und versucht man ihren empirischen Gehalt zu bestimmen, so wird man in der sozialpolitischen Arena eine immer größere Bedeutung der materiellen Transferleistungen für eine wachsende Anzahl von aus den Produktionszentren post-fordistischer Prägung ausgeschlossener Menschen entdecken, jedoch immer weniger ideologisch oder moralisch Bindendes, obwohl es immer noch erstaunlich ist, wie gering der angebliche und tatsächliche "Mißbrauch" ist. Das zeugt von einer hohen Loyalität der Mehrheit der Bevölkerung zu den offiziell propagierten Intentionen sozialstaatlicher Interventionen.

Wählt man hingegen den hier vorgeschlagenen Ausgangspunkt der Konstitution der Subjekte im Sozialen, dann lassen sich - wie schon angedeutet - die hegemonial aufgeladenen Vorstellungen von Individualisierung und Pluralisierung kritisch gegen den Strich lesen: Man kann diese Prozesse auch als ideologischen und tatsächlichen Bedeutungsverlust hegemonialer Institutionen von der Familie über die Schule bis hin zum Betrieb traditioneller Prägung lesen und ein gleichzeitiges Anwachsen **transversaler**, also quer zu den herrschenden Institutionen liegender Kommunikations- und Kooperationsgeflechte feststellen. Die Bedeutung transversaler Sozialitäten, die in der französischen kritischen sozialwissenschaftlichen Diskussion ein zentraler Forschungsansatz sind (z.B. WIEGAND/HESS/PREIN 1988, s.o. Bd. I, S. 13) wird in der deutschen Diskussion bestenfalls unter dem Peer-Gruppenphänomen bei Jugendlichen rubriziert, aber nicht als ein aktivierendes Moment sozialer Beziehungen überhaupt rezipiert.

In der wechselseitigen Konstitution der Subjekte im Sozialen kommt der Mitgliedschaft in denjenigen Sozialitäten, in denen die Akteure sich subjektiv in einmaliger Weise aufgehoben erfahren (mit denen sie ihre sozialen Kategorisierungen teilen - s.o.S. 198 f.), eine besondere Bedeutung zu, da diese zugleich die Art und Weise weiterer Mitgliedschaften in anderen Sozialitäten und Zusammenhängen strukturiert. Daß diese primäre Sozialität immer weniger in traditionellen Familienformen gesucht und immer häufiger in unterschiedlichen Sozialitäten gefunden wird, kann nur aus hegemonialer Sicht als Individualisierung oder Pluralisierung gewertet werden, nicht allerdings hingegen, wenn man in der Familienstruktur in der Tradition von FROMM u.a. (1936), BRÜCKNER (1972) und anderen immer auch den strukturellen Gewalt- und Herrschaftszusammenhang sieht.

Von hier aus lassen sich Sozialitäten und die darin konstituierten sozialen Identitäten (s.o.S. 200 f.) danach unterscheiden, inwieweit sie durch ihren Solidarcharakter eine besondere Bedeutung erlangen - nach innen, was die Position des Einzelnen in dieser Sozialität angeht - nach außen, was die Selbstpositionierung dieser Sozialität in bezug auf das gesamte Gesellschaftsgefüge angeht. Sozialitäten erfahren ihre ebenfalls wechselseitig konstituierte soziale Plazierung durch soziale Vergleiche, die entweder mit hegemonialen Vorstellungen von sozial gerechter Plazierung in Übereinstimmung stehen oder - im Gegenteil - in Konflikt mit derartigen Vorstellungen, so daß sie sich also im Vergleich zu anderen ungerecht plaziert erfahren (s.o.S. 202 f.).

Die Transversalität von Mitgliedschaften und Teilhabemöglichkeiten bedeutet auch, daß diese hegemonial nicht mehr so präformiert, sondern vielfältiger geworden sind, so daß zum Teil bislang sich ausschließende Mitgliedschaften möglich werden (z.B. in einem Tennisclub und in einem sozialistischen Zeitschriftenkollektiv).

Derartige Aktivitäten in Form von Mitgliedschaften und Teilhabe können die Responsivität postfordistischer, bürokratischer Rationalisierung erhöhen oder behindern. Sie können sie dann erhöhen, wenn sie mit transversalen Deutungsprozessen der Sozialitäten übereinstimmen, sie können be- oder sogar verhindert werden, widersprechen sie diesen. Beispiele für die Schwierigkeiten, Ambivalenzen und Möglichkeiten zwischen institutioneller und sozialitärer Problemformulierung und gemeinsamer Problembearbeitung sind in der Erörterung der Komponente Problemsetzung gegeben worden (S. 306 ff.), ebenso für vergleichbare Schwierigkeiten bei der Entwicklung von Handlungsorientierungen (der anderen Komponente, die zur Aktivierung beiträgt, S. 319 ff.).

Weitere Beispiele aus der Jugendarbeit, der Drogenarbeit und der Arbeit mit Wohnungslosen lassen sich als Beleg anführen. Diese erreichen ihre "Zielgruppe" dann, wenn Problemsetzung und Handlungsorientierung mit denen der AdressatInnen in der Praxis übereinstimmen; wenn Jugendliche, die einen Raum brauchen, diesen tatsächlich bekommen, wenn Drogennutzern Spritzentausch und gesundheitliche Versorgung ohne Diskriminierung ermöglicht werden, wenn Wohnungslosen anonyme Übernachtungsmöglichkeiten garantiert werden etc. Passiert das nicht, be- oder verhindert das die Responsivität, d.h. die Kontroll- und Herrschaftsfunktionen der Bürokratien treten wieder in den Vordergrund.

(2) Solidarische Professionalität

Reflexive als solidarische Professionalität, die sich an den oft widersprüchlichen Äußerungen und Handlungserwartungen ihrer AdressatInnen orientiert, steht in einem spezifischen Zusammenhang zur Solidarität transversaler Sozialitäten. Allerdings nicht in dem schlichten Sinne, daß die Professionellen sich einfach mit den Adressaten solidarisieren könnten, sondern in dem viel voraussetzungsvolleren, daß eine gelingende professionelle Beziehung nur dann realisiert werden kann, wenn sie eine wichtige Bedeutung im solidarischen Beziehungsgeflecht der Sozialitäten erhält. Diese Schwierigkeiten sind ausführlich in der Entwicklung der Komponenten Assistenz (s.o.S. 335 ff.) und Verständigung (s.o.S. 351 ff.) diskutiert worden.

Die Kennzeichnung "solidarisch" für transversale Sozialitäten resultiert neben der Freiwilligkeit der Mitgliedschaft vor allem aus der Interessengleichheit oder Ähnlichkeit des Sinns und des Zwecks der Kooperation und nicht zuletzt in der gemeinsamen Aktion - welchen Inhalt und Aktivitätsgrad diese auch immer haben mag. Dem widerspricht nicht, daß sich auf der Basis dieser Gleichheit unterschiedliche Positionen an Bedeutung und Gewicht in derartigen Sozialitäten herausbilden. Gerade diese Differenz ist es, die es rechtfertigt, von einem pädagogischen Moment in derartigen Beziehungen zu sprechen (und nicht z.b. von einem nur "sozialen" vgl. Bd. I, S. 17). Diese "Pädagogik des Sozialen" (Bd. I, S. 17) konstituiert Sozialitäten als "Aneignungssubjekte" (MANNSCHATZ 1996, S. 16), die in vielfältigen Situationen in der Lage sind, derartigen Differenzen eine produktive Bedeutung zu geben: sei es in der Ausprägung einer spezifischen Kultur durch wichtige Personen in der Sozialität, sei es durch die Ausbalancierung von Machtpositionen durch wechselseitige Anerkennung, sei es durch unterschiedliche Identifikationsmöglichkeiten in der Übernahme dessen, was jeweils für gut und richtig, gerecht und ungerecht, für schön und häßlich empfunden wird. Jede/jeder von uns wird sich an Situationen in solchen spezifischen Zusammenhängen erinnern, die für ihren oder seinen Werdegang von großer Bedeutung waren. Häufig sind dies Momente, die später als Befreiung von vorher als belastend empfundenen Umständen erlebt wurden. Hierbei können Mitgliedschaften in formellen Institutionen durchaus eine Rolle spielen: Die entsprechende Identifikation mit einem wichtigen Lehrer oder einer imponierenden Sozialarbeiterin sind ein Hinweis darauf, daß derartige Momente einer Pädagogik des Sozialen durchaus in sozialpädagogischen Einrichtungen vorkommen können.

Konsequenz einer derartigen Interpretation des Sozialen für eine Professionalität, die sich als solidarisch versteht, ist: Unterstützung der Subjekte bei der Wahl von Mitgliedschaften in Sozialitäten, die ihren Lebensentwürfen, ihren regionalen, geschlechtsspezifischen und biographischen Situationen entsprechen, die Schranken im Zugang zu ihnen abbauen bzw. Ressourcen vermitteln, um wichtige Teilhabe zu ermöglichen. Anders ausgedrückt: Solidarische Professionalisierung **kann** gelingen. Je repressiver der Kontext, desto geringer allerdings die Wahrscheinlichkeit, irgendeine Rolle in den transversalen Sozialitäten zu spielen - es sei denn, die des "Polizisten". Das bedeutet nicht, daß solidarische Professionalität in derartigen Situationen und Institutionen nicht möglich ist, nur dafür gilt, was BASAGLIA/BASAGLIA-UNGARO generell für Motivation und fachlich-politische Option von solidarischen Professionellen gesagt haben: Solidarische Professionelle können sich die Motivation für ihr Handeln nicht von den Adressaten "leihen", sie müssen selbst Gründe für die Veränderung der Gesellschaft finden (1980).

(3) Selbstregulierung als Opposition zur Soziotopisierung

Selbstregulierung ist ein konstitutives Element transversaler Sozialitäten. Mit der postfordistischen Tendenz der Verstärkung von Spaltungen und Ausgrenzungen und dem Bedeutungsverlust hegemonialer Ordnungen (Familie, Schule, Verbände etc.) erfährt die Soziotopisierung transversaler Sozialitäten eine ambivalente Aufladung. Auf der einen Seite werden die Kompetenzen solidarischer Selbstregulierung immer überlebenswichtiger, auf der anderen Seite können diese Kompetenzen überfordert und überdehnt werden, wie wir aus der Netzwerkforschung wissen (KEUPP 1987). Plausibel ist auch ist die Hypothese, daß es keinen Konflikt, kein Lebensärgernis und auch keine Katastrophe im Leben von real existierenden Sozialitäten gibt, die von diesen nicht in irgendeiner Form reguliert (nicht "gelöst") werden könnten. Neben der Netzwerkforschung hatte ich auf die Ergebnisse kritischer Kriminologie zur Ethnographie von Konflikten hingewiesen, die es nahelegen, daß nur im Ausnahmefall, d.h. dann, wenn die Ressourcen einer Sozialität erschöpft sind, Instanzen sozialer Kontrolle aufgesucht werden (s.o.S. 328 f.). Der Analogieschluß ist zulässig, daß es für alle Problemsetzungen, für die sich die Instanzen Sozialer Arbeit zuständig fühlen, äquivalente Konfliktregelungsmöglichkeiten in den Sozialitäten selbst gibt, und daß diese Instanzen das soziale Ereignis als Fall oder als Zuständigkeit nur dann bearbeiten können, wenn die Produzenten des Sozialen die Professionellen zu Ko-Produzenten wählen, oder - was in der Realität häufiger passieren dürfte - diese ihnen in unterschiedlichen Transformationen (GILDEMEISTER 1995) zugeordnet oder aufgezwungen werden. Die Identifizierung derartiger Sozialitäten oder isolierter Teile von ihnen als Soziotop im Sinne der modernisierten sozialen Kontrolle treffen sich solidarisch verstehende Professionelle und deren Adressaten gleichermaßen. Inwieweit hieraus eine Möglichkeit der Politisierung von Ausgrenzung und Diskriminierung erwächst, ist offen, aber denkbar und möglich, zumal hier einer der wenigen Ansätze liegt, daß Professionelle und Adressaten zu gemeinsamer politischer Aktion gelangen könnten.

Entlang der Decodierung der erneuerten konservativen Hegemonie im Bereich von Sozialpolitik und Sozialer Arbeit als Aktivierung, Solidarisierung und Selbstregulierung vielfältiger transversaler Sozialitäten lassen sich Umrisse einer partizipativen Sozialen Arbeit erkennen, die im hegemonialen Konsens in soweit aufgehoben ist, als sie die Tendenzen responsiver Rationalisierung unterstützt, die auf Enthierarchisierung, Verselbständigung und Autonomie der Arbeitseinheiten hinauslaufen, diese fördert und sogar vorantreibt, dort aber Widerstand leistet, wo "neue Steuerungen" zu neuen Ausgrenzungen führen (vgl. KUNSTREICH 1995). Ein derartiges partizipatives Verständnis Sozialer Arbeit teilt weitgehend die Vorstellung einer solidarischen Professionalität, wie sie in allen Feldern Sozialer Arbeit seit den 70er Jahren z.T. praktiziert wird. Entschieden bekämpft sie allerdings die Separierung in Soziotope und versucht diese zum politischen Skandal zu machen - als ein Element einer Politik des Sozialen. In diesen drei Optionen ist die Utopie einer egalitären Gerechtigkeit aufgehoben, in der sich Sozialitäten zu Assoziationen entwickeln, **"worin die freie Entwicklung eines jeden die Bedingung für die freie Entwicklung aller ist"** (MEW, Bd. 4, S. 482; aktuell: GIL 1997).

ABKÜRZUNGEN

AJK	ARBEITSGRUPPE JUNGER KRIMINOLOGEN
AKS	ARBEITSKREIS KRITISCHE SOZIALARBEIT
BDM	Bund Deutscher Mädchen
BKO	J. BOULET, J. KRAUS, D. OELSCHLÄGEL, Gemeinwesenarbeit als Arbeitsprinzip. Eine Grundlegung
BSHG	Bundessozialhilfegesetz
CWM	C.W. MÜLLER, Wie Helfen zum Beruf wurde
EKR	A. EBBINGHAUS, H. KAUPEN-HAAS, K.-H. ROTH, Heilen und Vernichten im Mustergau Hamburg
HKWM	Historisch-kritisches Wörterbuch des Marxismus
JWG	Jugendwohlfahrtsgesetz
KGB	Kommitee gegen Betreuung
KGSt	Kommunale Gemeinschaftsstelle für Verwaltungsvereinfachung
KJHG	Kinder- und Jugendhilfegesetz
MEW	MARX-ENGELS-WERKE
ND	Nachrichten Dienst des Deutschen Vereins für öffentliche und private Fürsorge
RFV	Reichsfürsorgepflichtverordnung
RG	Reichsgrundsätze
RJWG	Reichsjugendwohlfahrtsgesetz
SDS	Sozialistischer Deutscher Studentenbund
SPK	Sozialpädagogische Korrespondenz
SPK/R	Reprint von 1978, R. BARON u.a. (Hg.), Sozialarbeit zwischen Bürokratie und Klient. Die Sozialpädagogische Korrespondenz 1969-1973 (Reprint)
SPZ	Sozialpädagogisches Zusatzstudium
VSE	Verbund Sozialtherapeutischer Einrichtungen

LITERATURVERZEICHNIS

ABELSHAUSER, W., Wirtschaft in Westdeutschland 1945-1948, Stuttgart 1975
ABELSHAUSER, W., Wirtschaftsgeschichte der Bundesrepublik Deutschland 1945-1980, Frankfurt/M. 1983
ACHTER JUGENDBERICHT, hg. v. Bundesministerium für Jugend, Familie, Frauen und Gesundheit, Bonn 1990
ADORNO, T.W. (Hg.), Spätkapitalismus oder Industriegesellschaft. Verhandlungen des 16. Deutschen Soziologentages, Stuttgart 1969
AKADEMIE FÜR SOZIALARBEIT UND SOZIALPOLITIK e. V. (Hg.), Soziale Gerechtigkeit. Lebensbewältigung in der Konkurrenzgesellschaft, Bielefeld 1994
AKS, Geschichte und Funktion der Sozialarbeit, Frankfurt/M. 1971
AKS BERLIN, Sozialarbeit zwischen Verwaltung und Caritas oder: Was die Sozialarbeiter hindert, die Interessen der 'Klienten' zu vertreten, in: W. HOLLSTEIN, M. MEINHOLD (Hg.), Sozialarbeit unter kapitalistischen Produktionsbedingungen, Frankfurt/M. 1973, S. 241 ff.
AKS HAMBURG, Institutionalisierung und Stadtteilarbeit, in: Informationsdienst Sozialarbeit, Heft 11, 1975, S. 5 ff.
ALINSKY, S., Die Stunde der Radikalen, Gelnhausen 1974
ALTVATER, E., F. HUISKEN, Materialien zur Politischen Ökonomie des Ausbildungssektors, Erlangen 1971
ALTVATER, E., B. MAHNKOPF, Grenzen der Globalisierung. Ökonomie, Ökologie und Politik in der Weltgesellschaft, Münster 1997³
ANSORGE, D., Erfahrungen eines Studenten in einer Schutzaufsichtsgruppe, in: Unsere Jugend, Sammelband 1952, S. 187 ff.
ANSORGE, D., Erfahrungen auf Auslandsfahrten mit Jugendlichen der Schutzaufsichtsgruppe, in: Unsere Jugend, Heft 4, 1957, S. 168 ff.
ARBEITSGRUPPE „Präventive Jugendhilfe", Zwischen Kundenorientierung und Fürsorge. Notwendigkeit einer stärkeren AdressatInnenorientierung in der Jugendhilfe, in: Neue Praxis, Heft 2/97, S. 118 ff.

ARBEITSKREIS JUNGER KRIMINOLOGEN (Hg.), Kritische Kriminologie, München 1974
AREND, D., K. HEKELE, M. RUDOLPH, Sich am Jugendlichen orientieren, 3. Auflage, Frankfurt/M. 1993 (1. Auflage von 1987)
ARIES, P., Geschichte der Kindheit, München 1978
AUTORENKOLLEKTIV (R. AHLHEIM, W. HÜLSEMANN, H. KAPCZYNSKI, M. KAPPELER, M. LIEBEL, C. MARZAHN, F. WERKENTIN), Gefesselte Jugend. Fürsorgeerziehung im Kapitalismus, Frankfurt/M. 1971
BAACKE, D., Klassenlage und primärer Status (1971), in: M. FALTERMAIER (Hg.), Nachdenken über Jugendarbeit. Zwischen den fünfziger und achtziger Jahren, München 1983, S. 303 ff.
BADURA, B., P. GROSS, Sozialpolitische Perspektiven, München 1976
BÄUERLE, W., Sozialarbeit und Gesellschaft, 2. Auflage, Weinheim/Berlin/Basel 1970
BARABAS, F., T. BLANKE, C. SACHSSE, U. STASCHEIT (Hg.), Jahrbuch der Sozialarbeit 1976. Projekte, Konflikte, Recht, Reinbek b. Hamburg 1975
BARON, R., K. DYCKERHOFF, R. LANDWEHR, H. NOOTBAAR (Hg.), Sozialarbeit zwischen Bürokratie und Klient. Die Sozialpädagogische Korrespondenz 1969-1973 (Reprint) - Dokumente der Sozialarbeiterbewegung, Offenbach 1978
BARTOLOMÄI, R. u.a., Sozialpolitik nach 1945. Geschichte und Analysen, Bonn 1977
BASAGLIA, F., F. BASAGLIA, Die negierte Institution, Frankfurt/M. 1973
BASAGLIA, F., F. BASAGLIA-ONGARO, Befriedungsverbrechen, in: dies. (Hg.), Befriedungsverbrechen. Über die Dienstbarkeit der Intellektuellen, Frankfurt/M. 1980
BAUMAN, Z., Dialektik der Ordnung. Die Moderne und der Holocaust, Hamburg 1992
BAUMAN, Z., Ansichten der Postmoderne, Hamburg 1995
BAUMAN, Z., Die Armen: Unnütz, unerwünscht, im Stich gelassen, in: WIDERSPRÜCHE, Heft 66, 1997, S. 115 ff.
BECK, U., Jenseits von Stand und Klasse?, in: R. KRECKEL (Hg.), Soziale Ungleichheit, Sonderband 2, Soziale Welt, Göttingen 1983, S. 35 ff.
BECKER, H., Außenseiter. Zur Soziologie abweichenden Verhaltens, Frankfurt/M. 1973
BECKER, H., J. EIGENBRODT, M. MAY, PfadfinderInnen, Teestube, Straßenleben. Jugendliche Cliquen und ihre Sozialräume, Frankfurt/M. 1984
BECKER, H., M. MAY, Unterschiedliche soziale Milieus von Jugendlichen in ihrer Konstitution von Sozialräumen, in: R. LINDNER, H.H. WIEBE (Hg.), Verborgen im Licht. Neues zur Jugendfrage, Frankfurt/M. 1985
BECKER, H., M. MAY, Selbstorganisation deklassierter Jugendlicher. Ein Modellprojekt mobiler Jugendarbeit in Frankfurt/M., in: W. SPECHT (Hg.), Straßenfieber, Stuttgart 1991, S. 202 ff.
BELARDI, N., Die vernachlässigte Beziehungs- und Erfahrungsebene in der Jugendarbeit (1975), in: M. FALTERMAIER (Hg.), Nachdenken über Jugendarbeit. Zwischen den fünfziger und achtziger Jahren, München 1983, S. 442 ff.
BENTIVEGNI, G.v., Versuch einer Auswertung einer einjährigen Gruppenarbeit mit sozial nicht angepaßten Jugendlichen, Ms., Hamburg 1960
BERGEMANN, J., G. BRANDT, K. KÖRBER, E.T. MOHL, C. OFFE, Herrschaft, Klassenverhältnis und Schichtung, in: T.W. ADORNO (Hg.), Spätkapitalismus oder Industriegesellschaft. Verhandlungen des 16. Deutschen Soziologentages, Stuttgart 1969
BERGER, P., B. BERGER, H. KELLER, Das Unbehagen an der Modernität, Frankfurt/M. 1973
BERGER, P., T. LUCKMANN, Die gesellschaftliche Konstruktion der Wirklichkeit. Eine Theorie der Wissenssoziologie, Frankfurt/M. 1970
BERNFELD, S., Sämtliche Werke, Weinheim 1992ff. (auf 16 Bände angelegte Gesamtausgabe)
BERNHARD, C., G. KUHN, DDR-Jugendhilfe - „Ein Schönheitsfehler des Sozialismus"?, Institut für Soziale Arbeit, Oranienburg 1997
BIANCHI, J. u.a. (Hg.), Gemeinwesenarbeit, Projektstudium und soziale Praxis, in: Neue Praxis, Sonderheft, 1976
BIESTEK, F., Wesen und Grundsätze der helfenden Beziehung in der sozialen Einzelhilfe (1957), 3. Auflage, Freiburg 1970
BILGER, I., Sozialarbeit zwischen Caritas und Protest, in: Kritische Justiz, Heft 1, 1974, S. 83 ff.
BITTSCHEIDT-PETERS, D., Geballte gute Absicht im Souterrain des Strafsystems. Kriminalsoziologische Bewertung des Hamburger Diversionskonzepts in 10 Thesen, unver. Ms., Hamburg 1986

BLAU, P. M., R. W. SCOTT, Professionale und bürokratische Orientierung in formalen Organisationen - dargestellt am Beispiel der Sozialarbeiter, in: H.-U. OTTO, K. UTERMAN (Hg.), Sozialarbeit als Beruf. Auf dem Wege zur Professionalisierung?, München 1971, S. 125 ff.
BLOCH, E., Das Prinzip Hoffnung, Frankfurt/M. 1959 (Berlin, DDR 1960)
BLUM, R., Soziologische Konzepte der Sozialarbeit. Mit besonderer Berücksichtigung des Social Casework, Freiburg 1964
BÖHNISCH, L., Sozialarbeit und Staat, in: Neue Praxis, Heft 4, 1974, S. 291 ff.
BÖHNISCH, L., Sozialpädagogik des Kindes- und Jugendalters. Eine Einführung, Weinheim / München 1992
BÖHNISCH, L., Alltagskonzept und Pädagogik der Milieubildung, in: Neue Praxis, Heft 2, 1995
BÖHNISCH, L., Pädagogische Soziologie. Eine Einführung, Weinheim/München 1996
BÖHNISCH, L., H. LÖSCH, Das Handlungsverständnis des Sozialarbeiters und seine institutionelle Determination, in: H.-U. OTTO, S. SCHNEIDER (Hg.), Gesellschaftliche Perspektiven der Sozialarbeit, Neuwied/Berlin 1973, S. 21 ff.
BÖHNISCH, L., R. MÜNCHMEIER, Pädagogik des Jugendraums. Zur Begründung und Praxis einer sozialräumlichen Jugendpädagogik, Weinheim/München 1990
BÖHNISCH, L., W. SCHEFOLD, Lebensbewältigung: Soziale und pädagogische Verständigungen an den Grenzen der Wohlfahrtsgesellschaft, Weinheim/München 1985
BOULET, J., J. KRAUSS, D. OELSCHLÄGEL, Gemeinwesenarbeit als Arbeitsprinzip. Eine Grundlegung, Bielefeld 1980
BOURDIEU, P., Physischer, sozialer und angeeigneter Raum, in: WENTZ (Hg.), Stadt-Räume, Frankfurt/M./New York 1991, S. 26 ff.
BOURDIEU, P., Die verborgenen Mechanismen der Macht, Hamburg 1992
BOURDIEU, P., Praktische Vernunft. Zur Theorie des Handelns, Frankfurt/M. 1998
BOWERS, S. (1950), in: Der Rundbrief 6-7, 1964, S. 76
BRAUN, W., Untersuchung anläßlich des 25jährigen Bestehens der Ev. Fachhochschule für Sozialpädagogik des Rauhen Hauses, Ms., Hamburg 1996
BROSCH, P., Fürsorgeerziehung, Heimterror und Gegenwehr, Frankfurt/M. 1971
BRÜCKNER, P., Zur Sozialpsychologie des Kapitalismus, Frankfurt/M. 1972
BUBER, M., Das dialogische Prinzip, 6. Auflage, Gerlingen 1992
CAMMERER, D.v., Die Methode der Einzelfallhilfe. Begriff und Grundlagen, Sonderdruck aus: „Neue Auswahl" aus den Schwalbacher Blättern, Beitrag zur Gruppenpädagogik, Wiesbaden 1965
CHASSE, K.-A., Lebensweise und Sozialstaat, in: WIDERSPRÜCHE, Heft 31, 1989, S. 21 ff.
CHRISTIE, N., Jenseits von Einsamkeit und Entfremdung. Gemeinwesenarbeit für außergewöhnliche Menschen, Stuttgart 1992
CLARKE, J. u.a., Jugendkultur als Widerstand. Milieus, Rituale, Provokationen, Frankfurt/M. 1979
COHEN, P., Territorial- und Diskursregeln bei der Bildung von „Peer-Groups" unter Arbeiterjugendlichen, in: J. CLARKE u.a., Jugendkultur als Widerstand. Milieus, Rituale, Provokationen, Frankfurt/M. 1979, S. 238 ff.
COLLA-MÜLLER, H., Zur Wiedererweckung des Pädagogischen im Aushandlungsprozeß, in: K. GRUNWALD u.a. (Hg.), Alltag, Nicht-Alltägliches und die Lebenswelt, Weinheim / München 1996, S. 225 ff.
CREMER-SCHÄFER, H., Skandalisierungsfallen, in: Krim. Jour., Heft 1, 1992, S. 23 ff.
CREMER-SCHÄFER, H., Ausschließen und Grenzen verwalten. Zur Arbeitsteilung von sozialer Arbeit und Kriminalpolitik, in: WIDERSPRÜCHE, Heft 66, 1997, S. 151 ff.
CREMER-SCHÄFER, H., H. STEINERT, Die Institution „Verbrechen & Strafe", in: Krim. Jour., Heft 4, 1997, S. 243 ff.
DABISCH, J., H. SCHULZE (Hg.), Befreiung und Menschlichkeit. Texte zu Paulo Freire, München 1991
DAMM, D., Möglichkeiten emanzipatorischer Bildungsarbeit in Jugendzentren (1973), in: M. FALTERMAIER (Hg.), Nachdenken über Jugendarbeit. Zwischen den fünfziger und achtziger Jahren, München 1983, S. 362 ff.
DEICHSEL, W., Diversion - eine bestehende Alternative zur Strafrechtsordnung?, in: H. JANSSEN, F. PETERS (Hg.), Kriminologie für Soziale Arbeit, Münster 1997, S. 206 ff.
DER BOTE, Heft 1-4, Hamburg 1997

DEWE, B., W. FERCHHOFF, F. PETERS, G. STÜWE, Professionalisierung - Kritik - Deutung, Frankfurt/M. 1986
DIEMER, N., Für eine Politik des Sozialen, in: WIDERSPRÜCHE, Heft 31, 1989, S. 13 ff.
DIEMER, N., Verliererproduktion. Über Arbeit und Sozialpädagogik nach Hoyerswerda und Bremen, in: WIDERSPRÜCHE, Heft 45, 1992, S. 57 ff.
DIESSENBACHER, H., Der Armenbesucher: Missionar im eigenen Land. Armenfürsorge und Familie in Deutschland um die Mitte des 19. Jahrhunderts, in: C. SACHSSE, F. TENNSTEDT (Hg.), Soziale Sicherheit und soziale Disziplinierung, Frankfurt/M. 1986, S. 209 ff.
DÖRNER, K., Diagnose der Psychiatrie, Frankfurt/M. 1975
DÖRNER, K., U. PLOOG, Irren ist menschlich oder: Lehrbuch der Psychiatrie/Psychotherapie, Wunstorf 1978
DORING, D., W. HANESCH, E.-U. HUSTER (Hg.), Armut im Wohlstand, Frankfurt/M. 1990
DREISSBACH, D., Machtanspruch und Gehorsamspflicht, Vortrag, Ms., Hannover 1995
DYCKERHOFF, K., Die Fürsorge in der Nachkriegszeit, in: R. LANDWEHR, R. BARON (Hg.), Geschichte der Sozialarbeit, Weinheim/Basel 1983, S. 219 ff.
EDWARDS, C., L. GANDINI, G. FORMAN, The Hundred Languages of Children. The Reggion Emilia Approach to Early Childhood Education. Norwood, New Jersey 1993
EGGEBRECHT, A., Die zornigen alten Männer. Gedanken über Deutschland seit 1945, Reinbek b. Hamburg 1979
FALCK, H.S., Neuere Entwicklungen der Sozialarbeitstheorie in den Vereinigten Staaten von Amerika, in: H. OPPL, A. TOMASCHEK (Hg.), Soziale Arbeit 2000. Soziale Probleme und Handlungsflexibilität, Freiburg i.Br. 1986, S. 139 ff.
FALTERMAIER, M. (Hg.), Nachdenken über Jugendarbeit. Zwischen den fünfziger und achtziger Jahren, München 1983
FAMILIENGESETZBUCH der DDR, Berlin 1966
FOGGON, G., Alliierte Sozialpolitik in Berlin, in: R. BARTOLOMÄI u.a., Sozialpolitik nach 1945. Geschichte und Analysen, Bonn 1977
FOUCAULT, M., Was ist Kritik. Vortrag vor der Societé française philosophie am 27.5.1978, Berlin 1992
FREIRE, P., Pädagogik der Unterdrückten, Hamburg 1973
FREIRE, P., Erziehung als Praxis der Freiheit, Reinbek b. Hamburg 1977
FRIEDLÄNDER, W.A., H. PFAFFENBERGER (Hg.), Grundbegriffe und Methoden der Sozialarbeit, Neuwied/Berlin 1966
FRITZ, J., Möglichkeiten gruppendynamischer Methoden in der Jugendarbeit (1975), in: M. FALTERMAIER (Hg.), Nachdenken über Jugendarbeit. Zwischen den fünfziger und achtziger Jahren, München 1983, S. 429 ff.
FROMM, E. u.a. (Hg.), Autorität und Familie, Paris 1936
GÄNGLER, H., TH. RAUSCHENBACH, „Sozialwissenschaft" ist die Antwort. Was aber war die Frage?, in: K. GRUNWALD u.a. (Hg.), Alltag, Nicht-Alltägliches und die Lebenswelt, Weinheim/München 1996
GASTERSTAEDT, CH., „Draußen war Druck, aber im HJB konntest Du aufatmen". Der Hansische Jugendbund Hamburg. Ein Modell der Sozialen Gruppenarbeit im Rückblick, Hamburg/Wien 1995
GEISSLER, K.A., M. HEGE, Konzepte sozialpädagogischen Handelns, München/Wien/Baltimore 1978
GIACOPINI, E. (REGGIO), Das Recht auf Selbstverwirklichung. Erfahrungen der Jungen und Mädchen aus Reggion Emilia, in: klein & groß, 1/98
GIDDENS, A., Interpretative Soziologie. Eine kritische Einführung, Frankfurt/M. 1984
GIESECKE, H., Politische Bildung in der Jugendarbeit, München 1966
GIL, D., Dem politischen Diskurs einen neuen Rahmen geben: Für eine Politik der menschlichen Bedürfnisse, in: WIDERSPRÜCHE, Heft 66, 1997, S. 103 ff.
GILDEMEISTER, R., Als Helfer überleben. Beruf und Identität in der Sozialarbeit/Sozialpädagogik, Darmstadt/Neuwied 1983
GILDEMEISTER, R., Kunstlehren des Fallverstehens, in: M. LANGHANKY (Hg.), Verständigungsprozesse der Sozialen Arbeit, Impulse Bd. 3, Hamburg 1995, S. 26 ff.
GOFFMAN, E., Asyle - Über die Situation psychiatrischer Patienten und anderer Insassen, Frankfurt/M. 1972
GRAMSCI, A., Philosophie der Praxis, Frankfurt/M. 1967

GRAMSCI, A., Gefängnishefte, Bd. 1-6, Hamburg 1991ff.
GRÜNBERG, W. (Hg.), Friedrich Siegmund-Schultze. Friedenskirche, Kaffeeklappe und ökomenische Vision, München 1990
GRUNWALD, K. u.a. (Hg.), Alltag, Nicht-Alltägliches und die Lebenswelt, Weinheim/München 1996
HAAG, F. u.a., Aktionsforschung, Forschungsstrategien, Forschungsfelder und Forschungspläne, München 1972
HAAG, F., Projektorientierte Sozialarbeit, in: H.-U. OTTO, S. SCHNEIDER (Hg.), Gesellschaftliche Perspektiven der Sozialarbeit, Bd. 2, Neuwied/Berlin 1973, S. 187 ff.
HABERMAS, J., Theorie des kommunikativen Handelns. Bd. 1: Handlungsrationalität und gesellschaftliche Rationalität, Bd. 2: Zur Kritik der funktionalistischen Vernunft, Frankfurt/M. 1981
HADDEN, S.B., Gruppenpsychotherapie mit Homosexuellen, in: H.G. PREUSS, Analytische Gruppenpsychotherapie. Grundlagen und Praxis, Reinbek b. Hamburg 1972, S. 134 ff.
HAMBURGER JUGENDBERICHT von 1973, hg. v. Senat der Freien und Hansestadt Hamburg, Hamburg 1973
HAMILTON, G. (1948), in: H. KRAUS (Hg.), Casework in USA. Theorie und Praxis der Einzelfallhilfe, Frankfurt/M. 1950, S. 48
HANAK, G., Kriminelle Situationen, in: Krim. Jour., Heft 3, 1984, S. 161 ff.
HASENKLEVER, C., Jugendhilfe und Jugendgesetzgebung seit 1900, Göttingen 1978
HAUG, F., Tagträume, in: Das Argument, Heft 147, 26. Jg., 1984, S. 681 ff.
HAUG, W. F., Der hilflose Antifaschismus, Frankfurt/M. 1970
HAUG, W.F., Gramsci und die Politik des Kulturellen, in: Das Argument, Heft 167, 1988, S. 32 ff.
HEGE, M., Engagierter Dialog, München 1974
HEINEMANN, W., Ambulant betreutes Einzelwohnen. Mehr als ein Modell?, in: WIDERSPRÜCHE, Heft 28, 1988, S. 49 ff.
HEINER, M. (Hg.), Selbstevaluation in der sozialen Arbeit, Freiburg i.Br. 1988
HEINER, M. (Hg.), Qualitätsentwicklung durch Evaluation, Freiburg 1996
HEKELE, K., Sich am Jugendlichen orientieren - konzeptionelle Grundlagen, in: D. AREND, K. HEKELE, M. RUDOLPH, Sich am Jugendlichen orientieren, 3. Auflage, Frankfurt/M. 1993, S. 19 ff.
HEKELE, K., Das Konzept „Sich am Subjekt orientieren", in: M. LANGHANKY (Hg.), Verständigungsprozesse der Sozialen Arbeit. Beiträge zur Theorie- und Methodendiskussion, Impulse Bd. 3, Hamburg 1995, S. 64 ff.
HELFER, I., Die tatsächlichen Berufsvollzüge der Sozialarbeit. Daten und Einstellungen, Reihe: Deutscher Verein für öffentliche und private Fürsorge (Hg.), Arbeitshilfen, Heft 3, Frankfurt/M. 1971
HESS, H., S. SCHEERER, Was ist Kriminalität. Skizze einer konstruktivistischen Kriminalitätstheorie, in: Krim. Jour., Heft 2, 1997, S. 83 ff.
HEYMANN, K., Bürokratisierung der Klassenverhältnisse im Spätkapitalismus, in: K. MESCHKAT, O. NEGT (Hg.), Gesellschaftsstrukturen, Frankfurt/M. 1973, S. 92 ff.
HINTE, W., Von der Gemeinwesenarbeit zur stadtteilbezogenen Sozialen Arbeit - oder: die Entpädagogisierung einer Methode, in: C. MÜHLFELD, H. OPPL, K. PLÜISCH, H. WEBER-FALKENSAMMER (Hg.), Brennpunkte Sozialer Arbeit, Frankfurt/M. 1985, S. 23 ff.
HINTE, W., F. KARRAS, Studienbuch Gruppen- und Gemeinwesenarbeit, Frankfurt/M. 1989
HIRSCH, J., Staatsapparat und Reproduktion des Kapitals, Frankfurt/M. 1974
HKWM (Historisch-kritisches Wörterbuch des Marxismus), Hamburg 1994ff.
HOBSBAWN, E., Das Zeitalter der Extreme. Weltgeschichte des 20. Jahrhunderts, München/Wien 1995
HOERNLE, E., Grundfragen proletarischer Erziehung, 3. Auflage, Frankfurt/M. 1971
HÖRSTER, R., B. MÜLLER, Jugend, Erziehung und Psychoanalyse, Neuwied/Berlin 1992
HOFFMANN, J., Politisches Handeln und gesellschaftliche Struktur. Grundzüge deutscher Gesellschaftsgeschichte. Von Feudalsystem bis zur Vereinigung der beiden deutschen Staaten 1990, Münster 1996
HOLLIS, F. Die psychosoziale Arbeitsweise als Grundlage Sozialer Einzelhilfe-Praxis (1964), in: R.W. ROBERTS, R.H. NEE, Konzepte der Sozialen Einzelhilfe, Freiburg 1974, S.47 ff.

HOLLSTEIN, W., Hilfe und Kapital. Zur Funktionsbestimmung der Sozialarbeit, in: W. HOLLSTEIN, M. MEINHOLD (Hg.), Sozialarbeit unter kapitalistischen Produktionsbedingungen, Frankfurt/M. 1973, S. 167 ff.
HOLLSTEIN, W., MEINHOLD, M. (Hg.), Sozialarbeit unter kapitalistischen Produktionsbedingungen, Frankfurt/M. 1973
HOLZKAMP, K., Lernen - Subjektwissenschaftliche Grundlegung, Frankfurt/M./New York 1993
HORNSTEIN, W. (Hg.), Kindheit und Jugend in der Gesellschaft. Dokumentation des 4. Deutschen Jugendhilfetages, München 1970
HUSTER, E.-U., Determinanten der westdeutschen Restauration 1945-1949, Frankfurt/M. 1972
HUSTER, E.-U., Reichtum in Deutschland. Die Gewinner in der sozialen Polarisierung, Frankfurt/M./New York 1997
INFODIENST SOZIALARBEIT Nr. 6, Schwerpunktthemen: Jugendhilferecht, Jugendhilfetag, 1974
JANSSEN, H., F. PETERS (Hg.), Kriminologie für Soziale Arbeit, Münster 1997
JÖRNS, G., Der Jugendwerkhof im Jugendhilfesystem der DDR, Göttingen 1995
JUGENDHILFESTATION GREIFSWALD, Erfahrungen beim Aufbau eines innovativen Projektes in Mecklenburg-Vorpommern, in T. KLATETZKI (Hg.), Flexible Erziehungshilfen, Münster 1995², S. 53 ff.
JUGENDHILFE IM VERBUND, Erste Erfahrungen von und mit BeraterInnen im Land Brandenburg, in: Jugendhilfe, Heft 3, 1992
KALCHER, J., Ambrosius war kein Dinosaurier, in: Praxis der Kinderpsychologie und Kinderpsychiatrie, Heft 6, 1979, S. 212 ff.
KALCHER, J., Gisela Konopka wurde 85. Ein Besuch bei der Grand Old Lady on Social Group Work, in: standpunkt: sozial 1/1995
KALCHER, J., Mitarbeiterinnen und Mitarbeiter im „Hansischen Jugendbund" (HJB), in: CH. GASTERSTAEDT, „Draußen war Druck, aber im HJB konntest Du aufatmen". Der Hansische Jugendbund Hamburg, Hamburg/Wien 1995, S. 85 ff.
KAMPHUIS, M. (1963), in: ders., Die persönliche Hilfe in der Sozialarbeit unserer Zeit. Eine Einführung in die Methode der Einzelhilfe für Praxis und Ausbildung, 3. Auflage, Stuttgart 1968
KANITZ, O.F., Das proletarische Kind in der bürgerlichen Gesellschaft, Frankfurt/M. 1974 (Erstausgabe 1970)
KARSTEN, M.E., H.-U. OTTO (Hg.), Die sozialpädagogische Ordnung der Familie, Weinheim/München 1987
KASTNER, P., R. SILBEREISEN, Jugendentwicklung und Drogen, in W. SPECHT (Hg.), Die gefährliche Straße Bielefeld, 1987, S. 227 ff.
KEGLER, R., Geschichte der Diversion. Die Implementation eines politischen Programms, in: F. SACK, Entkriminalisierung jugendlicher durch innere Reform des Jugendgerichtssystems (Abschlußbericht der Begleitforschung), Hamburg 1991, S. 18 ff.
KENTLER, H., „Jugendarbeit in der Industriewelt", 2. erw. Auflage, München 1962
KEUPP, H., Abweichung und Alltagsroutine. Die Labeling. Perspektive in Theorie und Praxis, Hamburg 1976
KEUPP, H., B. ROHRLE (Hg.), Soziale Netzwerke, Frankfurt/M./New York 1987
KGSt (Kommunale Gemeinschaftsstelle für Verwaltungsvereinfachung), Das neue Steuerungsmodell. Begründung, Konturen, Umsetzung, Bericht 5, Köln 1993
KGSt (s.o.), Outputorientierte Steuerung in der Jugendhilfe, Bericht 9, Köln 1994
KLATETZKI, T., Wissen, was man tut. Professionalität als organisationskulturelles System, Bielefeld 1993a
KLATETZKI, T., Intergruppenverhalten als Grundlage sozialpädagogischen Handelns gegen Rassismus und Gewalt, in: H.-U. OTTO, R. MERTEN (Hg.), Rechtsradikale Gewalt im vereinigten Deutschland, Bonn 1993 b), S. 356 ff.
KLATETZKI, T. (Hg.), Flexible Erziehungshilfen. Ein Organisationskonzept in der Diskussion, 2. überarb. Auflage, Münster 1995
KLEIN, M., Die Psychoanalyse des Kindes (Wien 1932), Berlin 1968 (Raubdruck: Antiautoritäre Erziehung II)
KLEVE, H., Soziale Arbeit zwischen Inklusion und Exklusion, in: Neue Praxis, Heft 5, 1997, S. 412 ff.

KLINGNER, B., A. STEENKEN, M. THISSEN, „Ich möchte den Regen fragen, ob er hereinkommt." - Einblicke in das Wasserprojekt der K.I.D.S.-Kindertagesstätte, Hamburg, in: TPS 1/98, S. 42 ff.
KÖNIG, R. (Hg.), Handbuch der empirischen Sozialforschung, Bd. 12: Wahlverhalten, Vorurteile, Kriminalität, Stuttgart 1969
KOLLEKTIV SPK, Wem nützt die Modellbewegung?, in: H.-U. OTTO, S. SCHNEIDER (Hg.), Gesellschaftliche Perspektiven der Sozialarbeit, Bd. 2, Neuwied/Berlin 1973, S. 73 ff.
KOMMISSION HEIMERZIEHUNG, Zwischenbilanz, o.O., o.J. (1977)
KONOPKA, G., Mit Mut und Liebe, eine Jugend im Kampf gegen Ungerechtigkeit und Terror, Weinheim 1996
KRAUS, H., Casework in USA. Theorie und Praxis der Einzelhilfe, Frankfurt/M. 1950
KRAUS, H., Community Organization for Social Welfare, in: Soziale Welt, Heft 2, 1951, S. 184 ff.
KRAUSHAAR, W., Die Protest-Chronik, Bd.2: 1953 - 1956, Hamburg 1996
KRAUSSLACH, J., F. DÜWER, G. FELLBERG, Aggressive Jugendliche. Jugendarbeit zwischen Kneipe und Knast, München 1976
KRECKEL R. (Hg.), Soziale Ungleichheit, Sonderband 2, Soziale Welt, Göttingen 1983
KRIMINOLOGISCHES JOURNAL, Kritische Kriminologie heute, 1. Beiheft 1986
KRÖLLS, A., Die Ökonomisierung der Sozialarbeit im Zeichen des neuen Sozialstaates, in: ders. (Hg.), Neue Steuerungsmodelle. Der Einzug der Betriebswirtschaftslehre in der Sozialarbeit/Diakonie, Impulse Bd. 5, Hamburg 1996, auch erschienen unter: A. KRÖLLS, Zwekke, Folgewirkungen und Ideologien staatlicher Privatisierungspolitik, in: WIDERSPRÜCHE, Heft 59, 1996, S. 45 ff.
KRÖLLS, A. (Hg.), Neue Steuerungsmodelle. Der Einzug der Betriebswirtschaftslehre in der Sozialarbeit/Diakonie, Impulse Bd. 5, Hamburg 1996
KRÜGER, G., Erinnerungen an den Fortschritt, in: CH. GASTERSTAEDT, „Draußen war Druck, aber im HJB konntest Du aufatmen". Der Hansische Jugendbund Hamburg, Hamburg/Wien 1995 a), S. 13 ff.
KRÜGER, G., Entwicklungsgeschichte des HJB, in: CH. GASTERSTAEDT, „Draußen war Druck, aber im HJB konntest Du aufatmen". Der Hansische Jugendbund Hamburg, Hamburg/Wien 1995 b), S. 27 ff.
KRÜGER, G., Befragung ehemaliger Besucher des HJB, in: CH. GASTERSTAEDT, „Draußen war Druck, aber im HJB konntest Du aufatmen". Der Hansische Jugendbund Hamburg, Hamburg/Wien 1995 c), S. 55 ff.
KRÜGER, H.-H. (Hg.), Einführung in Theorien und Methoden der Erziehungswissenschaft, Bd. 2, Opladen 1995
KUNSTREICH, T., Der institutionalisierte Konflikt. Eine exemplarische Untersuchung zur Rolle des Sozialarbeiters in der Klassengesellschaft am Beispiel der Jugend- und Familienfürsorge, Diss., Offenbach 1975
KUNSTREICH, T., Staatsintervention und Sozialarbeit, in: Krim. Jour., Heft 4, 1976, S. 263 ff.
KUNSTREICH, T., Die alltäglichen „heimlichen" Methoden in der Sozialarbeit. Identitätsprobleme von Sozialarbeitern und soziologische Phantasie, in: Neue Praxis, Heft 4, 1978, S. 348 ff.
KUNSTREICH, T., Proletarische Gesellschaft - „Prometheus in Fesseln"?, in: WIDERSPRÜCHE, Heft 18, 1986, S. 7 ff.
KUNSTREICH, T., Ausbau oder Umbau?, in: sozial extra, Heft 2, 1988, S. 4 ff.
KUNSTREICH, T., Ist kritische Soziale Arbeit möglich? Für eine Pädagogik des Sozialen, in: WIDERSPRÜCHE, Heft 50, 1994 a), S. 85 ff.
KUNSTREICH, T., Soziale Gerechtigkeit und regionale Spaltung der Gesellschaft, in: AKADEMIE FÜR SOZIALARBEIT UND SOZIALPOLITIK e. V. (Hg.), Soziale Gerechtigkeit. Lebensbewältigung in der Konkurrenzgesellschaft, Bielefeld 1994 b), S. 30 ff.
KUNSTREICH, T., Ausbau oder Umbau? Einige Überlegungen darüber, wie es in Zeiten wachsender Verarmung und verknappter Mittel in den Arbeitsfeldern sozialer Arbeit weiter gehen wird, in: Forum, Heft 1, 1995, S. 17 ff. (auch in: sozial extra, Heft 11, 1995, S. 8 ff.)
KUNSTREICH, T., Das „Neue Steuerungsmodell" (NSM). Essay über die Hegemonie konservativer Modernisierung, in: WIDERSPRÜCHE, Heft 59, 1996, S. 57 ff., auch erschienen unter: T. KUNSTREICH, Das „Neue Steuerungsmodell" (NSM), in: A. KRÖLLS (Hg.), Neue Steuerungsmodelle. Der Einzug der Betriebswirtschaftslehre in der Sozialarbeit/Diakonie, Impulse Bd. 5, Hamburg 1996, S. 28 ff.

KUNSTREICH, T., Grundkurs Soziale Arbeit. Sieben Blicke auf Geschichte und Gegenwart Sozialer Arbeit, Bd. 1, Impulse Bd. 6, Hamburg 1997
KUNSTREICH, T., F. PETERS, Die „heimlichen" Adressaten der Sozialarbeit - Ansatzpunkte zur Rückgewinnung des Politischen, in: WIDERSPRÜCHE, Heft 28, 1988, S. 41 ff.
LANDWEHR, R., R. BARON (Hg.), Geschichte der Sozialarbeit, Weinheim/Basel 1983
LANGHANKY, M., Wider die Pädagogik als „fünfte Grundrechenart". Janusz Korczaks Dreisprung einer forschenden, diskursiven und kontemplativen Pädagogik, Diss., Hamburg 1993
LANGHANKY, M., Annäherung an Lebenslagen und Sichtweisen der Hamburger Straßenkinder, in: Neue Praxis, Heft 3, 1993, S. 271 ff.
LANGHANKY, M. (Hg.), Verständigungsprozesse der Sozialen Arbeit. Beiträge zur Theorie- und Methodendiskussion, Impulse Bd. 3, Hamburg 1995
LEFEBVRE, H., Kritk des Alltagslebens, 2 Bände, Kronberg 1977
LESSING, H., Für „Offene Jugendarbeit" (1976), in: M. FALTERMAIER (Hg.), Nachdenken über Jugendarbeit. Zwischen den fünfziger und achtziger Jahren, München 1983, S. 449 ff.
LIEBEL, M., Aufforderung zum Abschied von der sozialintegrativen Jugendarbeit (1970), in: M. FALTERMAIER (Hg.), Nachdenken über Jugendarbeit. Zwischen den fünfziger und achtziger Jahren, München 1983, S. 266 ff.
LINDENBERG, M., Beschlagnahmung oder Kollektivierung? Die gesellschaftlichen Gerichte der DDR und die Diversion der BRD, Godesberg 1993
LINDENBERG, M., H. SCHMIDT-SEMISCH, Gefangene Könige oder: Ordnung als Dienstleistung, in: WIDERSPRÜCHE, Heft 52, 1994, S. 55 ff.
LINDENBERG, M., Bezirksweise Entwicklung der Hilfen zur Erziehung 1996, Amt für Jugend, Hamburg 1997
LINDNER, R., H.H. WIEBE (Hg.), Verborgen im Licht. Neues zur Jugendfrage, Frankfurt/M. 1985
LORENZ, P., Soziale Gruppenarbeit als Eingliederungshilfe für gefährdete Jugendliche, Diss., Kiel 1966
LOWY, L., Sozialarbeit/Sozialpädagogik als Wissenschaft im angloamerikanischen und deutschsprachigen Raum, Freiburg i.Br. 1983
LUHMANN, N., Formen des Helfens im Wandel gesellschaftlicher Bedingungen, in: H.-U. OTTO, S. SCHNEIDER (Hg.), Gesellschaftliche Perspektiven der Sozialarbeit, 1. Halbband, Neuwied/Berlin 1973, S. 21 ff.
LUHMANN, N., K.-E. SCHNORR, Das Technologiedefizit in der Pädagogik, in: diess. (Hg.), Zwischen Intransparenz und Verstehen, Frankfurt/M. 1986, S. 11 ff.
LUHMANN, N., K.-E. SCHNORR (Hg.), Zwischen Intransparenz und Verstehen, Frankfurt/M. 1986
MAAS, H.S. (1958), in: W. FRIEDLÄNDER, H. PFAFFENBERGER, Grundbegriffe und Methoden der Sozialarbeit, Neuwied 1986, S. 23
MÄHLERT, U., Die Freie Deutsche Jugend 1945-1949: Von den „Antifaschistischen Jugendausschüssen" zur SED-Massenorganisation, Paderborn u.a. 1995
MÄHLERT, U., Blaue Hemden - Rote Fahnen. Die Geschichte der Freien Deutschen Jugend, Opladen 1996
MANNSCHATZ, E., Gedanken zum Wesen der sozialpädagogischen Aufgabe, in: Jugendhilfe, Volk und Wissen Verlag Berlin, 4. Jg., Heft 7, 1966
MANNSCHATZ, E., Jugendhilfe als DDR-Nachlaß, Münster 1994
MANNSCHATZ, E., Gemeinschaftserziehung und Individualerziehung, AG Bildungspolitik der PDS, Berlin 1996
MANNSCHATZ, E., Zum Erziehungsanspruch der Jugendhilfe, in: Jahrbuch der Sozialen Arbeit, Münster 1997a
MANNSCHATZ, E., Erziehung zwischen Anspruch und Wirklichkeit, Würzburg 1997b
MANNSCHATZ, E., E. WEISS, Jugendhilfe als spezielle Aktivität weiter ausprägen, in: Jugendhilfe, Volk und Wissen Verlag Berlin, 21. Jg., Heft 3, 1983
MARCUSE, H., Der eindimensionale Mensch. Studien zur Ideologie der fortgeschrittenen Industriegesellschaft, 20. Auflage, Darmstadt/Neuwied 1985 (1967)
MARX, K., Grundrisse der Kritik der Politischen Ökonomie, 2. Auflage, Berlin 1974
MARX, K., F. ENGELS, Manifest der Kommunistischen Partei (1848), MEW Bd. 4, S. 459 ff.

MARZAHN, C., 4. Deutscher Jugendhilfetag in Nürnberg vom 10.-13. Mai 1970, in: Erziehung und Klassenkampf, Nr. 1, 1971, S. 67 ff.
MATTHES, J., Sozialarbeit als soziale Kontrolle, in: H.-U. OTTO, S. SCHNEIDER (Hg.), Gesellschaftliche Perspektiven der Sozialarbeit, Bd. 1, Neuwied/Berlin 1973, S. 107 f.
MATZA, D., Abweichendes Verhalten. Untersuchungen zur Genese abweichender Identität, Heidelberg 1973
MAY, M., Provokation Punk. Versuch einer Neufassung des Stilbegriffs in der Jugendforschung, Frankfurt/M. 1986
MAY, M., Lebenswelterkundung mit Jugendlichen. Leitfaden für die Jugendarbeit, Ms., (Frankfurt/M.) 1988
MAY, M., Gemeinwesenarbeit als Organizing nicht nur von Gegenmacht, sondern auch von Erfahrungen und Interessen, in: WIDERSPRÜCHE, Heft 65, 1997, S. 13 ff.
MEINHOLD, M., „Wir behandeln Situationen - nicht Personen", in: S. MÜLLER u.a. (Hg.), Handlungskompetenz in der Sozialarbeit/Sozialpädagogik, Bielefeld 1982, S. 165 ff.
MEINHOLD, M., Hilfsangebot für Klienten der Familienfürsorge, in: M.E. KARSTEN, H.-U. OTTO (Hg.), Die sozialpädagogische Ordnung der Familie, Weinheim/München 1987, S. 197 ff.
MERCHEL, J., Sozialverwaltung oder Wohlfahrtsverband als kundenorientiertes Unternehmen - ein tragfähiges zukunftsorientiertes Leitbild?, in: Neue Praxis, Heft 4, 1995, S. 325 ff.
MESCHKAT, K., O. NEGT (Hg.), Gesellschaftsstrukturen, Frankfurt/M. 1973
MESLE, K., Orientierungsdaten zur Gemeinwesenarbeit, in: Theorie und Praxis 2/1977
MINISTERIUM für Bildung, Jugend und Sport des Landes Brandenburg, Einweisung nach Torgau. Texte und Dokumente zur autoritären Jugendfürsorge in der DDR, Basisdruck 1997
MOLLENHAUER, K., Die Ursprünge der Sozialpädagogik in der industriellen Gesellschaft, Reprint d. Orig., Weinheim u.a. 1959 (Basel 1987)
MOLLENHAUER, K., U. UHLENDORFF, Sozialpädagogische Diagnosen: Über Jugendliche in schwierigen Lebenslagen, Weinheim/München 1992
MÜHLFELD, C., H. OPPL, K. PLÜISCH, H. WEBER-FALKENSAMMER (Hg.), Brennpunkte Sozialer Arbeit, Frankfurt/M. 1985
MÜLLER, B., Sozialpädagogisches Können. Ein Lehrbuch zur multiperspektivischen Fallarbeit, Freiburg 1993
MÜLLER, C.W., Wie Helfen zum Beruf wurde. Eine Methodengeschichte der Sozialarbeit, Bd. 1: 1883 - 1945, Bd. 2: 1945 - 1985, Weinheim 1988
MÜLLER, C.W., P. NIMMERMANN (Hg.), Stadtplanung und Gemeinwesenarbeit, München 1970
MÜLLER S. u.a. (Hg.), Handlungskompetenz in der Sozialarbeit/Sozialpädagogik, Bielefeld 1982
MÜLLER, W., C. NEUSÜSS, Die Sozialstaatsillusion und der Widerspruch von Lohnarbeit und Kapital, in: Sozialistische Politik, II, 6/7, 1970, S. 4 ff.
MÜNCHMEIER, R., Zugänge zur Geschichte der Sozialarbeit, München 1981
MÜNCHMEIER, R., F. ORTMANN, Soziale Arbeit im Wandel der Moderne, in: K. GRUNWALD u.a. (Hg.), Alltag, Nicht-Alltägliches und die Lebenswelt, Weinheim/München 1996, S. 141 ff.
MÜNDER, J., Zukunft der Sozialhilfe. Sozialpolitische Perspektiven nach 25 Jahren BSHG, München 1988
MÜNDER, J. u.a. (Hg.), Frankfurter Lehr- und Praxiskommentar zum Kinder- und Jugendhilfegesetz, 2. Auflage, Münster 1993
NARR, W.-D., Gefragt: eine Verwaltungsökonomie, in: Leviathan, 2/1974, S. 157 ff.
NEGT, O., Achtundsechzig, Göttingen 1995
NEUFFER, M., Die Kunst des Helfens, Weinheim/Basel 1990
NEUNTER JUGENDBERICHT, hg. v. Bundesminister für Jugend, Familie, Frauen und Gesundheit, Bonn 1994
NIEMEYER, C., Robert stört. Sozialpädagogische Kasuistik eines Kindes, das Schwierigkeiten macht, weil es welche hat, in: Jahrbuch der Sozialen Arbeit, Münster 1997
NOOTBAAR, H., Sozialarbeit und Sozialpädagogik in der Bundesrepublik 1949-1962, in: R. LANDWEHR, R. BARON (Hg.), Geschichte der Sozialarbeit, Weinheim/Basel 1983, S. 251 ff.
OELSCHLÄGEL, D., Gemeinwesenarbeit als Prinzip sozialer Arbeit - Überlegungen zu einer notwendigen Diskussion, in: Rundbrief 2/1978

OELSCHLÄGEL, D., Strategiediskussion in der Sozialen Arbeit und das Arbeitsprinzip Gemeinwesenarbeit, in: MÜHLFELD, C., H. OPPL, K. PLÜISCH, H. WEBER-FALKENSAMMER (Hg.), Brennpunkte Sozialer Arbeit, Frankfurt/M. 1985, S. 7 ff.
OFFE, C., Strukturprobleme des kapitalistischen Staates, Frankfurt/M. 1972
OFFE, C., Berufsbildungsreform. Eine Fallstudie über Reformpolitik, Frankfurt 1975
OLK, T., Jugendhilfe als Dienstleistung. Vom öffentlichen Gewährleistungsauftrag zur Marktorientierung?, in: WIDERSPRÜCHE, Heft 53, 1994, S. 11 ff.
OLK, T., Abschied vom Experten. Sozialarbeit auf dem Weg zu einer alternativen Professionalität, Weinheim/München 1986
OPPL, H., A. TOMASCHEK (Hg.), Soziale Arbeit 2000. Soziale Probleme und Handlungsflexibilität, Freiburg i.Br. 1986
OTTO, H.-U., R. MERTEN (Hg.), Rechtsradikale Gewalt im vereinigten Deutschland, Bonn 1993
OTTO, H.-U., S. SCHNEIDER (Hg.), Gesellschaftliche Perspektiven der Sozialarbeit, 2 Bände, Neuwied/Berlin 1973
OTTO, H.-U., K. UTERMAN (Hg.), Sozialarbeit als Beruf. Auf dem Wege zur Professionalisierung?, München 1971
PABST, G., Die sozialistische Aktion auf dem Jugendhilfetag 1970, in: Informationsdienst Sozialarbeit, Heft 6, 1974, S. 39 ff.
PAULSEN, P., Zum Problem der Organisation von Sozialarbeitern, in: Erziehung und Klassenkampf, Nr. 4/1971, S. 5
PERLMAN, H.H. (1969), in: R.W. ROBERTS, R.H. NEE, Konzepte der Sozialen Einzelhilfe. Stand der Entwicklung. Neue Anwendungsformen, Freiburg 1974, S. 179
PERLMAN, H.H., Soziale Einzelhilfe als problemlösender Prozeß, 2. Auflage, Freiburg 1970 S. 18 (1957)
PETERS, F. (Hg.), Jenseits von Familie und Anstalt, Bielefeld 1988
PETERS, F. (Hg.), Professionalität im Alltag, Bielefeld 1993
PETERS, H., Moderne Fürsorge und ihre Legitimation. Eine soziologische Analyse der Sozialarbeit, Köln/Opladen 1968
PETERS, H., H. CREMER-SCHÄFER, Die sanften Kontrolleure. Wie Sozialarbeiter mit Devianten umgehen, Stuttgart 1975
PFAFFENBERGER, H., Ausbildung für Soziale Gruppenarbeit. Ein Bestandteil der Sozialarbeiterausbildung, in: Unsere Jugend, Sammelband, 1956, S. 113 ff.
PONGRATZ, L., Prostituiertenkinder: Umwelt und Entwicklung in den ersten 8 Lebensjahren, Stuttgart 1964
PONGRATZ, L., Herkunft und Lebenslauf. Längsschnittuntersuchung über Aufwuchsbedingungen und Entwicklung von Kindern randständiger Mütter, Weinheim/München 1988
PONGRATZ, L. u.a., Kinderdelinquenz: Daten, Hintergründe und Entwicklungen, 2. Auflage, München 1990
PONGRATZ, L., Karrieren drogenabhängiger Straftäter, Ms., Hamburg 1997
PONGRATZ, L., H.-O. HÜBNER, Lebensbewältigung nach öffentlicher Erziehung. Eine Hamburger Untersuchung über das Schicksal aus der Fürsorgeerziehung und der Freiwilligen Erziehungshilfe entlassener Jugendlicher, Darmstadt/Berlin/Neuwied 1959
POTT, P., Jugendarbeit muß daher auch schön sein! (1975), in: M. FALTERMAIER (Hg.), Nachdenken über Jugendarbeit. Zwischen den fünfziger und achtziger Jahren, München 1983, S. 420 ff.
POULANTZAS, N., Staatstheorie. Politischer Überbau, Ideologie, sozialistische Demokratie, Hamburg 1978
PREIN, G., Gegeninstitutionen, in: G. WEIGAND, R. HESS, G. PREIN, Institutionelle Analyse. Theorie und Praxis, Frankfurt/M. 1988, S. 60 ff.
PREUSS, H.G., Analytische Gruppenpsychotherapie. Grundlagen und Praxis, Reinbek b. Hamburg 1972
QUENSEL, S., Let's abolish theories of crime: Zur latenten Tiefenstruktur unserer Kriminalitätstheorie, in: Krim. Jour., 1. Beiheft, Kritische Kriminologie heute, 1986, S. 11 ff.
RABATSCH, M., Kollektiven Widerstand organisieren, in: angepackt extra-Sondernummer, 1977, S. 24 ff.
RASPE, J.-C., Zur Sozialisation proletarischer Kinder, Frankfurt/M. 1970
RAUSCHENBACH, T., M. SCHILLING, Das Ende der Fachlichkeit?, in: Neue Praxis, Heft 1, 1997, S. 22 ff.

RECHILD, Reggio Children Newsletter - Zeitschrift für den Internationalen Erfahrungsaustausch
REDAKTION WIDERSPRÜCHE, „Verteidigen, kritisieren und überwinden zugleich!", in: WIDERSPRÜCHE, Heft 11, 1984
REDAKTION WIDERSPRÜCHE, Sozialpolitik und Politik des Sozialen, in: WIDERSPRÜCHE, Heft 32, 1989
RICHTER, H., Sozialpädagogik - Pädagogik des Sozialen, Frankfurt/M. 1998
RÖSSLER, J., Zwischen Familienprinzip, Organisation und Professionalität, in: ders., M. TÜLLMANN (Hg.), Zwischen Familienprinzip, Organisation und Professionalität, Hamburg 1988, S. 66 ff.
RÖSSLER, J., M. TÜLLMANN (Hg.), Zwischen Familienprinzip, Professionalität und Organisation. Erziehung im Rauhen Haus, Hamburg 1988 (Eigenverlag)
ROSS, M.G., Gemeinwesenarbeit - Theorie, Prinzipien, Praxis, Freiburg i.Br. 1968
ROSTON, B., M. TOMLINSON (Hg.), The Expansion of European Prison Systems, European Group for the Study of Deviance and Social Control, Belfast 1986
RÜHLE, O., Zur Psychologie des proletarischen Kindes, 3. Auflage, Frankfurt/M. 1973
SACHSSE, C., F. TENNSTEDT (Hg.), Soziale Sicherheit und soziale Disziplinierung, Frankfurt/M. 1986
SACK, F., Probleme der Kriminalsoziologie, in: R. KÖNIG (Hg.), Handbuch der empirischen Sozialforschung, Bd. 12: Wahlverhalten, Vorurteile, Kriminalität, Stuttgart 1969, S. 192 ff.
SACK, F., Definition von Kriminalität als politisches Handeln, in: ARBEITSKRIES JUNGER KRIMINOLOGEN (Hg.), Kritische Kriminologie, München 1974, S. 18 ff.
SACK, F., Entkriminalisierung Jugendlicher durch innere Reform des Jugendgerichtssystems (Abschlußbericht der Begleitforschung), Hamburg 1991
SAUERMANN, E., Das „Hineintragen des sozialistischen Bewßtseins" - eine antimarxistische Position, in: Forum Kritische Psychologie, Heft 31, 1993, S. 86 ff.
SCHÄFER, G., C. NEDELMANN (Hg.), Der CDU-Staat. Analysen zur Verfassungswirklichkeit der Bundesrepublik, 2 Bände, Frankfurt/M. 1969
SCHAARSCHUCH, A., Zwischen Regulation und Reproduktion, Bielefeld 1987
SCHAARSCHUCH, A., Soziale Dienstleistungen im Regulationszusammenhang, in: WIDERSPRÜCHE, Heft 52, 1994, S. 73 ff.
SCHERPNER, H., Theorie der Fürsorge, Göttingen 1962
SCHÖNEBURG, K., Kriminalwissenschaftliches Erbe der KPD, Berlin 1989
SCHUMANN, K., Gegenstand und Erkenntnisinteresse einer konflikttheoretischen Kriminologie, in: AJK (Hg.), Kritische Kriminologie, München 1974, S. 69 ff.
SCHWENDTER, R., 18 Thesen zur Politik des Sozialen, in: WIDERSPRÜCHE, Heft 66, 1997, S. 221 ff.
SCHWENKEL-OMAR, I., An Outline on Diversion in Hamburg, in: B. ROSTON, M. TOMLINSON (Hg.), The Expansion of European Prison Systems, European Group for the Study of Deviance and Social Control, Belfast 1986, S. 225 ff.
SCHWENKEL-OMAR, I., Die Jugendgerichtshilfe zwischen Jugendhilfe und Justiz. Einige Anmerkungen zum neuen Kinder- und Jugendhilfegesetz, in: Zentralblatt für Jugendrecht, 1990, S. 439
SCHWENKEL-OMAR, I., Der TOA im Hamburger Diversionsprogramm, in: Krim.-Info, 1992, S. 8 ff.
SCHWENKEL-OMAR, I., Jugendhilfe und Justiz - eine (un)-selige Liasion, in: „Wer denn sonst, wenn nicht die Justiz...", Info der Landesgruppe Baden-Württemberg in der DVJJ, 1992, S. 25
SCHWENKEL-OMAR, I., Grenzen der Pädagogik - Anforderungen an andere Politikbereich, in: BEHÖRDE für Schule, Jugend und Berufsbildung (Hg.), Gewalt von Kindern und Jugendlichen, Hamburg 1993, S. 27
SCHWENKEL-OMAR, I., Die Kriminalität ausländischer Jugendlicher, in: Krim.-Info 7, 1994, S. 2
SCHWENKEL-OMAR, I., Wer erzieht denn nun - die Justiz oder die Jugendhilfe?, in: DVJJ-Journal, 2/1995, S. 172
SCHWENKEL-OMAR, I., Jugend ohne Zukunft? Befähigen oder strafen. Stellungnahme zum Diskussionspapier der AWO-Kommission „Jugendhilfe und Jugendkriminalrecht", in: DVJJ-Journal 3/1996, S. 265
SCHWENKEL-OMAR, I., Wer erzieht denn nun - die Jugendhilfe oder die Justiz?, in: Sozialer Wandel und Jugendkriminalität, Schriftenreihe der DVJJ, Band 27, S. 404

SCHWENKEL-OMAR, I., Jugendstraffälligenhilfe in Hamburg, unver. Ms., o.O. 1997
SCHWENKEL-OMAR, I., Der Täter-Opfer-Ausgleich in Hamburg. Ergebnisse der Begleitforschung im Jahr 1995, unver. Ms., o.O. 1997
SEIDENSTÜCKER, B., Anmerkungen zur Transformation der Jugendhilfe der Altbundesländer in die neuen Bundesländer, in: Jahrbuch der Sozialen Arbeit, Münster 1997
SIMON, T., P. WIELAND, Offene Jugendarbeit im Wandel, Stuttgart 1987
SMALLEY, R.E., Praxisorientierte Theorie der Sozialarbeit, Weinheim/Basel 1974
SMAUS, G., Versuch um eine materialistisch-interaktionistische Kriminologie, in: Krim. Jour., 1. Beiheft, Kritische Kriminologie heute, 1986, S. 179 ff.
SPECHT, W. (Hg.), Die gefährliche Straße, Bielefeld 1987
SPECHT, W. (Hg.), Straßenfieber, Stuttgart 1991
STEENKEN, A. u.a., „Wenn das Auge über die Mauer springt". Hamburger Dokumentation zur Reggio-Pädagogik, Hamburg 1990
STEINVORTH, G., Diagnose Verwahrlosung. Eine psychologische Analyse anhand von Jugendamtsakten (Forschungsbericht DJI), München 1973
SÜLAU, E., Noch einmal: Junge Mannschaft, in: Unsere Jugend, 6/1949
SÜLAU, E., Erfahrungen mit der Schutzaufsicht, in: Unsere Jugend, 6/1950
SÜLAU, E., Schutzaufsicht in der Gruppe, in: Unsere Jugend, 10/1952
SÜLAU, E., Schutzaufsicht in der Gruppe, in: Rundbrief der Gilde Sozialer Arbeit, Heft 3/4, 1955
SÜLAU, E., Soziale Gruppenarbeit - eine Lebenshilfe für unsere Jugend, in: Jugendschutz, 2/1961
SÜLAU, E., Pädagogische Gruppenarbeit als Lebens- und Entwicklungshilfe, in: Blätter des Pestalozzi-Fröbel-Verbandes, 4/1961
SÜNKER, H., Bildungstheorie und Bildungspraxis, Bielefeld 1984
SÜNKER, H., Bildung, Alltag und Subjektivität. Elemente zu einer Theorie der Sozialpädagogik, Studien zur Philosophie und Theorie der Bildung, Weinheim 1989
TAJFEL, H., Social Psychology of Intergroup Relations, in: Annual Revue of Psychology, Vol. 33, 1982, S. 1 ff.
TENORTH, H.-E., „Unnötig" und „unerwünscht" - Siegfried Bernfeld und die Universitätswissenschaft, in: R. HÖRSTER, B. MÜLLER, Jugend, Erziehung und Psychoanalyse, Neuwied/Berlin 1992, S. 23 ff.
THEORIE-PRAXIS-GRUPPE, Politische Disziplinierung von Sozialarbeitern in der Fafü Neukölln, in: Informationsdienst Sozialarbeit, Heft 5/1973/74
THIERSCH, H., Lebensweltorientierte Soziale Arbeit, Weinheim/München 1992
THIERSCH, H., Ganzheitlichkeit und Lebensweltbezug als Handlungsmaximen der sozialen Arbeit, in: ASD, Münster 1993
THIERSCH, H., Alltagshandeln und Sozialpädagogik (1978), in: Neue Praxis, Heft 3, 1995, S. 215 ff.
THIERSCH, H., Wohlfahrtsstaat im Umbruch. Perspektiven der Sozialen Arbeit, in: Neue Praxis, Heft 3, 1995, S. 311 ff.
THOMPSON, E. P., Plebejische Kultur und moralische Ökonomie. Aufsätze zur englischen Sozialgeschichte des 18. und 19. Jahrhunderts, Frankfurt/M./Berlin/Wien 1980
THORUN, W., Geschichte der Jugendhilfe in Hamburg. Eine Zeittafel seit dem 16. Jahrhundert, (Selbstverlag) Hamburg 1988
TREES, H., Kinder- und Jugendhilfe als Gemeinwesenarbeit am Beispiel sozialer Praxis in einem Kinder- und Familienhilfezentrum, in: WIDERSPRÜCHE, Heft 65, 1997, S. 57 ff.
TROTHA, T.v., Recht und Kriminalität, Tübingen 1982
VERORDNUNG über die Aufgaben und die Arbeitsweise der Jugendhilfeorgane, Berlin 1966
VESTER, M., Die Entstehung des Proletariats als Lernprozeß. Die Entstehung antikapitalistischer Theorie und Praxis in England 1792-1848, Frankfurt/M. 1970
VESTER, M., Klassengesellschaft ohne Klassen: Auflösung oder Transformation der industriegesellschaftlichen Sozialstruktur?, in: WIDERSPRÜCHE, Heft 66, 1997, S. 25 ff.
VICTOR-GOLLANCZ-STIFTUNG (Hg.), Reader zur Theorie und Strategie von Gemeinwesenarbeit, Materialien 8, Frankfurt/M. 1974 (2. Auflage Bonn 1978)
VOGEL, R.M., Die Kommunale Apparatur der öffentlichen Hilfe, Stuttgart 1966
VOGEL, M., P. OEL, Gemeinde und Gemeinschaftshandeln, Stuttgart 1966
WATZLAWIK, P., J. BEAVIN, D. JACKSON, Menschliche Kommunikation. Formen, Störungen, Paradoxien, 4. Auflage, Bern/Stuttgart/Wien 1974 (1969)

WEBER, M., Wirtschaft und Gesellschaft, Köln/Berlin 1956
WEBER, G., Sozialarbeit zwischen Arbeit und Profession. Ein berufssoziologischer Versuch, in: Soziale Welt, Jg. 23/1972, S.432 ff.
WEIGAND, G., R. HESS, G. PREIN, Institutionelle Analyse. Theorie und Praxis, Frankfurt/M. 1988
WENTZ (Hg.), Stadt-Räume, Frankfurt/M./New York 1991
WERDER, L.v., R. WOLFF (Hg.), Texte zur antiautoritären Erziehung (Raubdruck), o.O. o.J.
WERKENTIN, F., M. HOFFERBERT, M. BAURMANN, Kriminologie als Polizeiwissenschaft oder: Wie alt ist die neue Kriminologie?, in: Kritische Justiz, Heft 3, 1972, S. 221 ff.
WIELER, J., S. ZELLER (Hg.), Emigrierte Sozialarbeit. Portraits vertriebener SozialarbeiterInnen, Freiburg i.Br. 1995
WINKLER, M., Flexible Systeme - ein Tanz zur Melodie moderner Gesellschaften?, in: Forum Erziehungshilfen, Heft 1, Münster 1996
WINTER, H. u.a., Die Jugendhilfestation Greifswald. Erfahrungen beim Aufbau eines innovativen Projektes in Mecklenburg-Vorpommern, in: T. KLATETKI (Hg.), Flexible Erziehungshilfen. Ein Organisationskonzept in der Diskussion, 2. überarb. Auflage, Münster 1995, S. 53 ff.
WOHLERT, F., Strukturelle Aspekte der Heimerziehung oder: Die Grenzen organisierter Erziehung, in: F. PETERS (Hg.), Jenseits von Familie und Anstalt, Bielefeld 1988, S. 50 ff.
WOHLERT, F., Außenwohngruppen und öffentliche Verwaltung, in: K. WOLF (Hg.), Entwicklungen in der Heimerziehung, Münster 1993, S. 162 ff.
WOLF, K., Entwicklungen in der Heimerziehung, Münster 1993
WOLFF, R., L. v. WERDER, Antiautoritäre Erziehung, 3 Bände, Frankfurt/M. 1969
WOLFF, R., Sozialarbeit als Beruf - der Traum vom unabhängigen Sachverständigen, in: Erziehung und Klassenkampf, Nr. 4, 1971, S. 73 ff.
WOLFF, S., Die Produktion von Fürsorglichkeit, Bielefeld 1981
WOLFFERSDORF, C.v., Neuer Bedarf an alter Praxis?, in: K. GRUNWALD u.a. (Hg.), Alltag, Nicht-Alltägliches und die Lebenswelt, Weinheim/München 1996
WOLFFERSDORF, C.v., V. SPRAU-KUHLEN, Geschlossene Unterbringung in Heimen, Weinheim/München 1990
WULFF, E., Transkulturelle Psychiatrie, Berlin 1979
WULFF, E., Psychiatrie und Klassengesellschaft. Zur Begriffs- und Sozialkritik der Psychiatrie und Medizin, Frankfurt/M. 1972
ZIEBARTH, U., Abschied vom Klienten. Ein Organisations- und Handlungsmodell im Amt für Soziale Dienste als Jugendamt vor Ort, in: WIDERSPRÜCHE, Heft 52, 1994, S. 11 ff.
ZILTENER, W. (1963), in: CARITAS (CH), 6-7/1963, S. 268

Timm Kunstreich   geb. 1944

Nach dem Abitur 1964 ging ich drei Jahre als Freiwilliger zur Bundeswehr. Von 1967 bis 1974 studierte ich offiziell Soziologie an der Universität Hamburg, tatsächlich versuchte ich mir mit Hilfe des Sozialpädagogischen Zusatzstudiums (SPZ) ein eigenes Programm eines Sozialarbeiterstudiums zusammenzustellen. Also studierte ich Soziologie mit dem Schwerpunkt "Abweichendes Verhalten" (bei Lieselotte PONGRATZ), Sozialgeschichte, Erziehungswissenschaft und Ökonomie - "politische" vor allem.

Nach meiner Promotion ("Der institutionalisierte Konflikt", 1975) war ich bis 1983 Studentenberater an der Fachhochschule Hamburg - meine sozialpädagogische Praxis. Lieselotte PONGRATZ und Fritz SACK unterstützte ich danach bei der Etablierung des Aufbau- und Kontaktstudiums Kriminologie der Universität Hamburg. 1986 überzeugte mich Dorothee BITTSCHEIDT-PETERS, die Leitung des Referates Sozialpädagogische Aus- und Fortbildung im Amt für Jugend zu übernehmen. Bis 1992 war ich für die Fortbildung in allen sozialpädagogischen Arbeitsfeldern - von der Kinder- bis zur Altenarbeit - verantwortlich.

Kurz vor meinem 50. Geburtstag hatte ich die Chance, endlich das zu tun, was ich schon lange wollte, nämlich Studentinnen und Studenten an der Fachhochschule zu unterrichten - und das auch noch dort, wo ich es immer wollte: am Rauhen Haus.

Weitere Einzelheiten meines fachlich-politischen Werdegangs habe ich in die BLICKE dieses Bandes eingeflochten.

Harald Ihmig (Hrsg.)
Wochenmarkt und Weltmarkt
Kommunale Alternativen zum globalen Kapital

Impulse Werkstatt Fachhochschule, Band 8
2000, ISBN 3-89370-341-1, 148 Seiten
€ 15,80 / DM 30,90 / SFr 28,50 / ÖS 226

● Weltmarkt, Globalisierung, Freihandel, Deregulierung, Standortpolitik - diese Schlagworte stecken den Kurs einer „Modernisierung" ab, nach der die kleinen Räume, in denen Menschen ihr Leben als ein gemeinsames, als Gemeinwesen, als Kommune zu gestalten suchen, ausgespielt zu haben scheinen – hoffnungslos zurückgeblieben hinter der Dynamik des Kapitals, das weltweit seiner Verwertung nachjagt!?
● Die in diesem Band dokumentierte interdisziplinäre Konferenz u.a. mit dem amerikanischen Theologen *John B. Cobb* bezieht eine umfassende und konkrete Gegenposition. Im Gegenzug zur sozialen Destruktivität einer liberalisierten Welt-Markt-Wirtschaft sondiert sie Formen und Reichweiten einer *„economy for community"* und sucht alternative globale und lokale Handlungslinien aufzuweisen und zu verflechten im Blick auf das Miteinander-Leben auf einer bleibend bewohnbaren Erde.

Kleine Verlag

Michael Lindenberg (Hrsg.)
Von der Sorge zur Härte
Kritische Beiträge zur Ökonomisierung Sozialer Arbeit

Impulse Werkstatt Fachhochschule, Band 9
2000, ISBN 3-89370-347-0, 166 Seiten
€ 16,40 / DM 32,00 / SFr 29,50 / ÖS 234

● Der Diskurs zur „Ökonomisierung des Sozialen" und deren Folgen für die Soziale Arbeit wird derzeit von zwei Richtungen geprägt: neben der ursprünglich vorherrschenden und immer noch bestehenden Ablehnung innerhalb der Profession wird die Ökonomisierung zunehmend auch bejaht und als (möglicherweise einziger) Weg aus der Krise gedeutet.
● Die AutorInnen in diesem Band vermeiden in ihrer Betrachtung der Entwicklung derartige Polarisierungen. Ihre Analysen und Perspektiven basieren auf der gemeinsamen Beurteilung der Entwicklung der Sozialen Arbeit als *deutliche Tendenz von der Sorge zur Härte*, die eine fundamentale Änderung der Hintergrundsregeln staatlichen Handelns dokumentiert.
● Mit Beiträgen von Karl-Heinz Boeßenecker, Albert Krölls, Michael Lindenberg, Andreas Schaarschuch, Marianne Schmidt-Grunert.

Kleine Verlag

Werkstatt Fachhochschule

Schriftenreihe der Ev. Fachhochschule für Sozialpädagogik der Diakonenanstalt des Rauhen Hauses, Hamburg

Band 1
Harald Ihmig, Nils Kuhnert, Kirstin Rickerts
Selbstwert und Marktwert
Inszenierungen und Fallen des Wettbewerbs um Wert
ISBN 3-89370-334-9, 1994, 144 Seiten
€ 12,80 / DM 25,00

Band 2
Barbara Rose
Und sie bewegt sich doch ...
Beispiele reflexiver Praxis in diakonisch-sozialpädagogischen Institutionen
ISBN 3-89370-330-6, 1994, 144 Seiten
€ 12,80 / DM 25,00

Band 3
Michael Langhanky (Hrsg)
Verständigungsprozesse der Sozialen Arbeit
Beiträge zur Theorie- und Methodendiskussion
ISBN 3-89370-331-4, 1995, 140 Seiten
€ 12,80 / DM 25,00

Band 4
Hans-Jürgen Benedict (Hrsg)
Wenn die Posaune einen undeutlichen Ton gibt ...
Stichworte für eine streitbare Diakonie
ISBN 3-89370-332-2, 1995, 142 Seiten
€ 12,80 / DM 25,00

Band 5
Albert Krölls (Hrsg)
Neue Steuerungsmodelle
Der Einzug der Betriebswirtschaftslehre in der Sozialarbeit / Diakonie
ISBN 3-89370-333-0, 1996, 126 Seiten
€ 12,80 / DM 25,00

Kleine Verlag

WIDERSPRÜCHE
Zeitschrift für sozialistische Politik im Bildungs-, Gesundheits- und Sozialbereich

... ein anerkanntes Forum für
▷ Theorie & Politik des Sozialen
▷ Kritik und Kontroverse
▷ Entwürfe alternativer Praxis

... viermal jährlich
• kritisch • undogmatisch
• theorieorientiert & praxisnah

1981 von Mitgliedern der Arbeitsfelder Gesundheit, Sozialarbeit und Schule des Sozialistischen Büros gegründet, sind die **WIDERSPRÜCHE** zu einem festen Bestandteil der kritischen linken Öffentlichkeit und zu einem politischen Korrektiv der ‚normalisierten' professionellen und wissenschaftlichen Diskurse geworden.
Über die Kritik an den hegemonialen Positionen zur Sozialpolitik verfolgen die **WIDERSPRÜCHE** als längerfristiges Projekt die Identifizierung und theoretische Präzisierung der Bedingungen und Dimensionen einer von den Subjekten ausgehenden *Politik des Sozialen*.

Die **WIDERSPRÜCHE** erscheinen jeweils zu einem *Schwerpunktthema* und beinhalten darüber hinaus ein *Magazin* mit *Rezensionen, Informationen, Materialien* und *Terminen*.

Jahresabonnement € 36,00 / DM 70,00
Abo für Studierende € 23,50 / DM 46,00
(bitte Studienbescheinigung beifügen)

Einzelhefte € 11,00 / DM 21,00
(jeweils zuzügl. Versandkosten)

Kleine Verlag GmbH
Postfach 101668, 33615 Bielefeld
Tel.: 0521/15811, Fax: 0521/140043
e-mail: KV@Kleine-Verlag.de

Videos
zum
Grundkurs Soziale Arbeit

In seinem **Grundkurs Soziale Arbeit** lässt Timm Kunstreich in jedem seiner BLICKE auf die Jahre 1955, 1970 und 1995 Zeitzeuginnen und Zeitzeugen zu Worte kommen. Für diese Zeitzeugnisse liegen auch folgende lieferbare Video-Dokumentationen vor:

- „Wir wollten einen Neuanfang" – Erich **Hass** und Lisel **Werninger** berichten
- Der Hansische Jugendbund (HJB) – Gesa **von Bentivegni** und Jürgen **Kalcher** berichten über ein „unzeitgemäßes" Projekt
- Peter Jürgen **Boock**: „Heimterror und Gegenwehr"
- Jan und das KGB (Komitee gegen Betreuung) – Wiebke **Hansen** berichtet
- „Eine totale Institution kann man nicht reformieren, man muss sie abschaffen."
  Eine empirische Collage zur Heimreform in Hamburg
  ▷ Jochen **Rößler** und Fred **Wohlert**
  ▷ Liselotte **Pongratz**, Dorothee **Bittscheidt-Peters** und Wolfgang **Heinemann**
- Hagen **Winter**: Jugendhilfestation als lernende Organisation
- Ilse **Schwenkel-Omar**: Straffällige Jugendliche sind in erster Linie Jugendliche
- Anke **Steenken**: Die Kinder sind die Regisseure, wir die Assistentinnen und Assistenten
- Michael **Tüllmann**: Auch mit „Systemsprengern" ist Verständigung möglich
- Wie im Westen so auf Erden – im Osten nichts Neues? Ein Gespräch zwischen Ulrike **Oschwald**, Reinhard **Hosmann**, Peter **Neutzling** und Jochen **Schmachtel**
- Rückblick auf die Soziale Arbeit in der DDR – Eberhard **Mannschatz** berichtet am Beispiel der Jugendhilfe

Darüber hinaus ist noch das Video
- 100 Jahre **RAUHES HAUS**

erhältlich.

Alle Video-Kassetten können zum Selbstkostenpreis von **€ 11,00 / DM 22,00** zuzüglich Versandkosten von der

      Ev. Fachhochschule für Sozialpädagogik,
      Horner Weg 170, 22111 Hamburg
      Telefon 040 / 65 59 1180, Fax 040 / 65 59 12 28

bezogen werden.